中共六枝特区委
执政纪要
（2020）

中 共 六 枝 特 区 委 办 公 室
六枝特区档案馆（六枝特区史志办公室） 编

方志出版社
Publishing House of Local Records

图书在版编目(CIP)数据

中共六枝特区委执政纪要. 2020 / 中共六枝特区委办公室, 六枝特区档案馆(六枝特区史志办公室)编.—北京:方志出版社, 2021.11
ISBN 978-7-5144-5244-0

Ⅰ. ①中… Ⅱ. ①中… ②六… Ⅲ. ①中国共产党-执政-概况-六枝特区-2020 Ⅳ. ①D25

中国国家版本馆CIP数据核字(2023)第059976号

责任编辑: 董 琳
责任校对: 刘玉霞
责任印制: 梅中英
出 版 者: 方志出版社
地　　址: 北京市朝阳区潘家园东里9号(国家方志馆4层)
邮　　编: 100021
网　　址: http://www.zgfzcb.cn
发　　行: 方志出版社图书营销中心(010-67110500)
印　　刷: 云南速盈印刷有限公司
开　　本: 889毫米×1194毫米 1/16
印　　张: 29
字　　数: 933千字
版　　次: 2021年11月第1版
印　　次: 2021年11月第1次印刷
定　　价: 160.00元

《中共六枝特区委执政纪要（2020）》编委会

《中共六枝特区委执政纪要（2020）》编撰人员

编辑说明

一、《中共六枝特区委执政纪要（2020）》以马克思列宁主义、毛泽东思想、邓小平理论、“三个代表”重要思想、科学发展观、习近平新时代中国特色社会主义思想为指导，坚持辩证唯物主义和历史唯物主义的立场、观点和方法，全面、客观、系统地记述中共六枝特区党委的执政理念与执政实绩，为六枝特区的不断发展提供及时的信息资料。

二、《中共六枝特区委执政纪要》是由中共六枝特区委员会主办，六枝特区党委办公室、六枝特区档案馆（六枝特区史志办公室）编辑出版的年度资料性文献，于 2014 年首次出版，每年出版一卷，此卷为第七卷。

三、《中共六枝特区委执政纪要（2020）》全面系统地记载了 2020 年度全区各级党委（党组）在特区党委的领导下，主要工作的成效、经验、做法及存在的问题等，旨在为各级领导决策提供翔实可靠的参考依据，为社会各界人士了解和研究六枝提供全面、系统的信息。

四、本卷内容着重反映全区 2020 年特区党委、人大、政府、政协工作，纪委工作，党委各部门、政府各部门党委（党组）工作，群团工作，各社区、乡（镇）党委工作，经开区（园区）党工委工作，以及全区经济发展状况。主要内容包括党委、人大、政府、政协工作，纪委监委工作，重要决策，部门工作，党委（党组）工作，群团工作，街道、乡（镇）党委工作，经开区、园区党工委工作，附录。其中，本卷所涉及的重要决策包括重要讲话，重要文件，重要决议、决定三个方面的内容。

五、《中共六枝特区委执政纪要（2020）》采用分类编辑法，以综述条目为全书的主要载体，内容层次设为总述与分述，综合条目分段记述。所录资料的时间为 2020 年 1 月 1 日至 2020 年 12 月 31 日（为全面体现 2020 年工作成效，部分讲话稿采用 2021 年年初的讲话）。全书稿件由党委各部门，人大、政府、政协党组，群团组织，政府各部门党委（党组）、社区党委、乡（镇）党委、经开区（园区）党工委提供，社会经济发展数据来源于特区统计局公报数据。

六、本卷使用规范简化汉字，但对极少数特殊姓氏、人名及地名，根据实际情况加以特殊处理。书中标点符号用法遵循《标点符号用法》（GB/T 15834—2011）的规定，数字用法遵循《出版物上数字用法》（GB/T 15835—2011）的规定，计量单位名称和符号使用遵循 1993 年发布的《量和单位》系列国家标准。

2020 年 5 月 15 日，中国共产党六枝特区第十一次代表大会第四次会议召开

（供稿：区委办公室）

2020 年 12 月 31 日，中共六枝特区委经济工作会议召开

（供稿：区委办公室）

2020年5月18日，六枝特区第十二届人民代表大会第四次会议召开

（供稿：区人大常委会办公室）

2020年5月17日，中国人民政治协商会议第九届六枝特区委员会第五次会议召开

（供稿：区政协办公室）

2020 年 4 月 15 日，中国共产党六枝特区第十一届纪律检查委员会第五次全体会议召开

（供稿：纪委办公室）

2020 年 4 月 16 日，中共六枝特区委政法工作会议召开

（供稿：政法委办公室）

2020 年 8 月 31 日，六枝特区委平安六枝建设大会暨市域社会治理现代化工作部署会议召开

（供稿：政法委办公室）

2020 年 12 月 5 日，六枝特区市域社会治理现代化治理推进暨政法信访系统“入村寨进社区走企业访群众”动员会召开

（供稿：政法委办公室）

2020 年 12 月 19 日，六枝特区“一中心一张网十联户”工作暨政法信访系统“入村寨进社区走企业访群众”大走访活动推进会召开

（供稿：政法委办公室）

2020 年 6 月 18 日，六枝特区 2020 年度总河长会议暨 6 · 18 巡河座谈会议召开

（供稿：生态环境局办公室）

2020 年 3 月 18 日，省委编办赴六盘水市调研生产经营类事业单位改革工作座谈会召开

（供稿：编委会办公室）

2020 年 11 月 20 日，六盘水市委常委、市委组织部部长瓦标龙一行赴六枝经开区调研座谈会召开

（供稿：区委组织部）

2020 年 11 月 17 日，六枝特区档案馆装修设计图审核审查会议召开

［供稿：档案馆（史志办）］

2020 年 4 月 17 日，新场乡第八届人民代表大会第六次会议第一次全体会议召开

（供稿：新场乡党政办）

2020 年 12 月 21 日，六枝特区政法系统十九届五中全会和省委十二届八次全会精神宣讲会召开

（供稿：政法委办公室）

2020 年 9 月 3 日，中央纪委党风政风监督室一行人员到六枝调研监督工作

（供稿：纪委办公室）

2020 年 11 月 26 日，贵州省委党史研究室一级巡视员杨樱（左二）到六枝调研党史工作

［供稿：档案馆（史志办）］

2020 年 3 月 25 日，贵州省总工会成员到塔山街道调研“新市民 · 追梦桥”工程建设情况

（供稿：特区总工会）

2020年10月29日，新华社贵州分社社长李自良（中）带队到六枝特区采访

（供稿：区委宣传部）

2020年11月14日，脱贫攻坚成效考核组在六枝考核工作结束后留影

（供稿：区委组织部）

2020 年 10 月 20 日，六盘水市纪委书记、监委主任蔡光辉（右）到六枝调研党内政治生态工作

（供稿：特区纪委）

2020 年 6 月 4 日，六盘水市老年大学副校长周尚书（左三）一行到六枝调研老年教育工作

（供稿：老年大学）

2020 年 4 月 27 日，六枝特区党委书记杨昌显（中）在六枝西站调研安六铁路建设推进情况

（供稿：区委办公室）

2020 年 4 月 18 日，六枝特区区长方裕谦（中）在关寨镇调研地质灾害工作

（供稿：区政府办公室）

2020 年 12 月 25 日，六枝特区党委副书记王光全（左一）调研六枝档案馆装修工作进展情况

［供稿：档案馆（史志办）］

2020 年 5 月 13 日，六枝特区党委副书记何宏端（中）到梭戛乡乐群村调研产业发展

（供稿：区委办公室）

2020 年 8 月 4 日，六枝特区委纪委书记、监委主任龙超（右）到落别乡安排部署调研准备工作

（供稿：特区纪委）

2020 年 12 月 3 日，六枝特区“廉爱书屋”首批赠送书籍发放仪式举行

［供稿：档案馆（史志办）］

2020 年 11 月 15 日，2020 第二届牂牁江铁人游跑两项邀请赛活动举行

（供稿：牂牁镇）

2020 年 6 月 23 日，郎岱镇“新市民 · 追梦桥”2020 年“护工就业行动”培训会开班典礼举行

（供稿：郎岱镇）

2020 年 1 月 18 日，“红红火火过大年 · 多彩贵州迎新春”社区健身运动会（六枝站）在聚福新苑举行
（供稿：塔山街道）

2020 年 5 月 31 日，“新市民 · 追梦桥”启动仪式在聚福新苑举行
（供稿：塔山街道）

2020 年 7 月 8 日，六枝特区塔山街道党工委庆祝中国共产党成立 99 周年主题党日活动“高铁圆梦时刻共见证　三线建设精神铭记心”举行

（供稿：塔山街道）

2020 年 7 月 9 日，六枝特区“廉洁文化进家庭”系列活动举行

（供稿：特区妇联）

2020 年 11 月 3 日，六枝特区人民法院开展送法进企业促进双提升主题党日活动

（供稿：特区法院）

2020 年 6 月 24 日，庆祝中国共产党成立 99 周年“守初心　担使命　助力经济建设　讴歌祖国发展”诗歌朗诵比赛举行

（供稿：区直机关工委）

2020 年 10 月 15 日，六枝特区新场乡人民政府与太平洋保险公司签订“防贫保”协议

（供稿：新场乡）

2020 年 7 月 26 日，新场乡人民政府组织干部职工在龙桥烈士陵园开展祭奠活动

（供稿：新场乡）

2020 年 11 月 6 日，省、市、特关工委 2020 年“开学季、关爱行”（秋季）六枝特区新场乡黑塘承玲学校资助活动举行 （供稿：新场乡）

目　录

党委、人大、政府、政协工作

纪委监委工作

重要决策

重要讲话

重要文件

部门工作

党委（党组）工作

群团工作

街道、乡（镇）党委工作

经开区、园区党工委工作

附 录

党委、人大、政府、政协工作

忠诚干净担当　苦干实干加油干
为“十三五”规划圆满收官，“十四五”规划
开局起步保驾护航

——中共六枝特区委员会2020年执政情况综述

2020年，面对突如其来的新冠肺炎疫情和严峻复杂形势，在党中央和省委、市委的坚强领导下，特区党委团结带领全区各族人民，在抢抓机遇中砥砺前行、在应对挑战中奋力拼搏，统筹推进疫情防控、脱贫攻坚和经济社会发展，全力以赴做好“必答题”、答好“加试题”，全区经济建设、政治建设、文化建设、社会建设、生态文明建设和党的建设取得新成效，为“十三五”收官画上了圆满句号。2020年，全区生产总值完成133.64亿元，同比增长4.6%；规模以上工业增加值同比增长6.6%；500万元及以上固定资产投资同比增长5.5%；社会消费品零售总额同比增长4.6%；限额以上社会消费品零售总额同比增长6.5%；一般公共财政预算收入增速同比增长3.1%；金融机构人民币存款余额同比增长2.5%；金融机构贷款余额同比增长13.8%；税收收入完成7.53亿元；城镇、农村居民人均可支配收入分别增长4.6%和8.8%。

执政实践和成效

一、脱贫攻坚成果全面巩固

始终坚持以脱贫攻坚统揽经济社会发展全局，努力克服新冠肺炎疫情、灾情对脱贫攻坚的影响，始终把脱贫攻坚成果巩固提升，“确保高质量、打好收官战”作为主攻目标，把补短板强弱项作为防止返贫致贫重要抓手，确保脱贫质量高、成色足，圆满完成脱贫攻坚全员普查，成功接受省级脱贫攻坚成效考核、国家2020年财政专项扶贫资金绩效评价工作。一是持续巩固脱贫质量。建立健全《六枝特区脱贫攻坚防贫监测预警机制》，每月对全区脱贫不稳定户和边缘易致贫户进行常态化动态监测和帮扶。组织开展“巩固提升专项排查”，“冲刺90天、打赢歼灭战”，脱贫攻坚全员摸底排查，“查缺补漏”排查等4次大型信息排查工作，对全区建档立卡户档案资料进行收集更新。组织开展全区农户受灾情况排查和统计，对全区脱贫户、边缘户及其他非建档立卡户受灾情况进行调度，确保帮扶措施落地落实。全面做好全区贫困劳动力务工就业工作，完成69554名贫困劳动力务工就业信息登记。二是强化项目资金监管。围绕查缺补漏、巩固脱贫成果，重点聚焦产业扶贫、金融扶贫、就业扶贫等投资方向，优化资金使用和项目实施方式，通过上措施补短板，进一步扩大产业规模、完善生产设施、提升综合能力、提高就业保障水平、稳定增加贫困群众收入，确保资金如期发挥扶贫效益，为巩固脱贫成果和有效防止返贫致贫奠定坚实基础。2020年，整合各级财政涉农资金2.87952亿元，聚焦基础设施、产业扶贫等重点，安排实施项目119个，所有项目全部覆盖建档立卡户，带动群众持续增收，稳定脱贫。三是强化山海携手同谋。持续高位推动、各方参与、前后联动的工作运行机制，2020年，召开党委常委会、政府常务会、领导小组会议、专题会议研究东西部协作工作40次，互访3次。选派5名同志到甘井子区挂职。新增产业合作项目2个，完成投资6839.706万元，带动贫困户439人增收。完成消费扶贫2215.97万元，占年度目标

任务数2000万元的110%。

二、常态化做好疫情防控工作

按照“坚定信心、同舟共济、科学防治、精准施策”要求，坚持“四早”“四集中”，全面落实群防群控和联防联控，坚决守好外防输入的第一道关口。一是建强组织机构。成立以特区党政主要负责同志任双组长的疫情防控工作领导小组，下设6个专班16个工作组，统筹全区力量，开展疫情防控各项工作。充分运用脱贫攻坚组织体系坚决打好疫情防控阻击战，明确43名县级领导干部领衔，18个乡（镇、街道）党政主要负责同志负责，统筹乡镇力量全面防控，构建起区乡村三级“1+18+N”的组织保障体系。整合脱贫攻坚帮扶单位轮战干部、驻村干部、村组干部力量开展疫情防控，做到统一指挥、三级联动、分级负责，形成全区共同抗疫的良好格局。二是强化联防联控。执行好首站责任制，在落地查人上下功夫，采取全面入户排查和小区、村（居）民自治相结合方式，全面加强境外人员管理，实时落实各项疫情防控措施，筑牢外防输入第一道防线。从辖区内医院抽调232人医务人员组成专家组，精选10人组建核心专家组，对全区排查出的重点人群进行核酸检测，严格落实“应检尽检、愿检尽检”防控措施。全年共开展核酸采样36147人，反馈结果均为阴性。加强对全区2290个城市小区和农村自然村寨疫情防控。疫情防控期间，累计发动2828名党员组建“疫情防控党员先锋队”299个，带动群众1万人参与群防群控。设置交通卡点26个，累计排查车辆7.05万辆、人员18.56万人。三是加快恢复生产生活秩序。在全区企业设置复工复产医疗服务室21个，对全区37所高三或初三学校实行“一院包一校”制度，派驻115名医务人员驻点服务，组织79名医务人员开展巡诊服务，服务复工复产、复学复课等人员20.68万人次。累计为外出务工人员办理健康证明10万人。疫情防控期间，20名在职县级领导到40家重点企业开展走访服务166次，累计协调解决产品销售、物流、用工等问题75个。实施减负、稳岗、扩就业措施，协调区内银行支持企业复工复产信贷资金141笔10.59亿元，累计办理展期30笔1.02亿元。安排抗疫特别国债资金500万元，对区内60家符合条件的企业进行资金补助，切实减轻企业复工复产负担。

三、农村产业革命纵深推进

一是加大农业产业结构调整力度。在提高农业供给质量和拓宽销售渠道上下功夫，推动全区猕猴桃、刺梨等十大特色产业向规模化、市场化、集约化发展。完成农业特色产业73.74万亩以上，一产增加值达42.45亿元。二是推进“千家万户小康菜园”建设。按照要求，纵深推进“千家万户小康菜园”建设，从主干道沿线向边远农村发展，为接续推进乡村振兴战略作出了有益探索、奠定了坚实基础，有效提升了乡村环境颜值、群众生活品质、乡风文明气质、庭院经济价值。三是加快农业产业项目建设。六枝特区生态屠宰科技产业园建成并投入使用，贵州二表哥农业发展有限公司跑山猪存栏基础母猪5000头生态特色猪养殖基地、大北农集团（梭戛乡）7500头能繁母猪饲养场建成并投入使用，贵州黄牛集团六枝特区有限责任公司正式挂牌，3000吨/年刺梨深加工、六枝特区凉都生态肉牛全产业链、农产品批发市场、凉都大樱桃东西部扶贫协作产业园等重大项目有序推进。

四、经济运行秩序全面恢复

坚持把疫情防控和经济社会发展统筹起来，千方百计推动经济运行秩序全面恢复到正常水平。一是扎实推进经济复苏。出台《六枝特区县级领导联系工业企业制度》，积极帮助工业企业协调解决生产经营中的实际困难，全力为各类企业解决资金、运输、用工等问题100个，有效帮助企业复工复产，满负荷生产。二是紧盯项目建设进度。围绕推进农村产业革命、七大产业板块发展、现代服务业发展、山地旅游融合发展、巩固脱贫攻坚成果、城市发展定位、教育强区等7个重大课题，谋划储备重点领域补短板项目520个，总投资966.75亿元。三是积极恢复市场消费。以“旅游两会”举办为契机，推进全区旅游产业融合发展，成功举办2020年“翱翔贵州”第八届牂牁江滑翔伞公开赛暨“速度贵州”第二届牂牁江铁人游跑邀请赛，持续激发旅游消费。

五、基础设施建设加快推进

一是区位优势逐步凸显。安六城际铁路顺利开通，六枝迈入高铁时代。六枝中心客运站一期项目建成并投入使用，立体交通网络格局逐步形成。纳雍至晴隆高速公路六枝段、六枝至安龙高速公路六枝段顺利开工。大木路等一批重大交通项目收边收尾。G356落别至大用、S214梭戛至岩脚、S310大草坝至新华等重点项目改扩建工程顺利推进。二是水利、通信、设施稳步推进。松树林水库、懒龙河水库、阿雨水库等9座水库建设序时推进，丁孝塘等5座水库前期工作稳步开展，农村饮水安全工作持续巩固提升。新一轮农村电网提质改造工作稳步实施，5G基站实现中心城区全覆盖。

六、改革开放活力全面增强

一是体制机制不断创新。聚焦重点领域和关键环节，谋划和推动实施8个方面51项改革任务，探索推行特区深化改革委员会办公室成员领衔责任制和牵头部门包抓责任制，14位深化改革委员会办公室领导牵头领衔产业转型升级等14项重大改革项目。坚持市场化改革取向和去行政改革方向，管理运行机制不断优化。二是发展活力明显增强。深入推进煤炭产业转型升级发展，在产煤矿全部完成机械化改造和智能化建设，中渝煤矿急倾斜煤层机械化开采技术达到国内领先水平。探索推进经济开发区“管委会+平台公司”管理运行机制，区属平台公司实现集团化管理，七大产业板块布局加快形成。持续深化涉企改革，企业登记全程电子化率达95%，审批时间大幅压缩，减税降费深入落实，新登记市场主体2478家，营商环境持续优化。农村“三变”（资源变资产、资金变股金、农民变股东）改革纵深推进，累计实现8.92万户34.56万个农民变股东。大力实施强龙头行动，新增国家级合作社3家、省级农业龙头企业6家。三是民生改革蹄疾步稳。稳岗就业，城镇新增就业1.19万人，农村劳动力转移就业17.6万人。全面推进学前教育“集团化办园”“教研指导责任区”管理和公办、民办学校联建共建，办学水平和教育质量不断提升。持续深化“医共体”改革，深入实施DRG改革，医疗服务水平显著提升。深化生态文明体制改革，城乡生活垃圾无害化处理率84.73%，森林覆盖率58%。四是对外开放局面更加彰显。积极抢抓高铁开通的重大机遇，积极融入黔中经济圈，积极参与数博会、茶博会、贵洽会等重大活动。成功举办2020年“翱翔贵州”第七届牂牁江国际滑翔伞邀请赛暨首届“速度贵州”游跑两项邀请赛等重大开放活动，对外开放水平全面提升。落实四大班子主要领导领衔外出招商制度，全年共开展各种外出招商33次，新引进项目67个，新增到位资金78.97亿元。

七、生态环境质量持续改善

一是生态效益成效显著。持续推进林业生态建设，林业生态功能逐渐增强，完成退耕还林工程1.39万亩，完成石漠化综合治理3.18万亩，成功申报贵州省省级森林城市，全区森林覆盖率达58%。二是环保治理有序推进。狠抓中央、省、市环保督察及“回头看”反馈问题整改，完成六枝河主河道9.2公里污水管网建设，旧院水库至六枝河生态补水工程完成，六枝河水质持续改善。以“降煤、控尘、治车、减排、增绿、打违”六大综合治理方针为抓手，积极淘汰中心城区燃煤锅炉等污染源，全力打赢蓝天保卫战。全年共下达行政处罚执法文书30份，立案查处环境违法行为11起，有力打击环境违法违规行为。

八、民生社会事业加快发展

一是切实保障基本生活需求。全面落实低保等民生政策，及时足额发放民生资金，确保群众生活有保障。全年共发放各类民生保障资金23063.86万元，有效保障了贫困群众基本生活。二是切实保障就业务工需求。对疫情防控期间全区劳动力情况进行全面摸排，采取就地就近就业和省外“点对点、一站式”直达运输服务等方式帮助群众返岗就业。多渠道释放就业岗位，积极帮助群众就近务工就业。三是切实保障教育教学需求。教育工程项目建设稳步推进，教育基础设施短板逐步补齐。用好网课平台，疫情防控期间坚持停学不停课，全区中高考成绩再创佳绩。全面兑现教育资助，共发放各级各类资助 44454 人 6020.4655 万元。四是切实保障医疗卫生需求。“医共体”改革纵深推进。市二医、人民医院、妇幼保健院等项目加快推进。全面落实医疗保障政策，全区建档立卡贫困人口 100% 参合。五是深化平安六枝建设。扫黑除恶专项斗争纵深推进，实现本地涉黑案件“零突破”。全面落实安全生产政治责任，坚持“守土有责、守土负责、守土尽责”，全区未发生较大及以上安全生产事故，安全生产形势总体向好，社会大局总体平稳可控。

九、宣传思想文化与时俱进

一是落实意识形态工作责任制。全面落实意识形态工作责任制，将意识形态工作纳入特区党委重要议事日程，定期听取意识形态工作情况汇报，牢牢掌握意识形态工作主动权、话语权，全区意识形态领域积极健康向上。二是内外宣传多点发力。将镜头对准基层，将画面留给群众，一年来，市级以上主流媒体累计刊播六枝特区相关稿件 5000 条。《王金涛：白领回乡养猪助村民脱贫》在中央广播电视总台新闻直播间栏目播出，获时任省委书记孙志刚同志的批示，六枝好声音得到传播、六枝好形象得到展示。三是发展共识更加凝聚。结合党的十九届五中全会和省委十二届七次全会精神的宣传宣讲，及时将党的政策和声音传递到千家万户。一年来，共开展各类宣传宣讲 5200 场次，参听群众达 35.5 万人。持续开展文明创建活动，顺利通过“省级文明城市”复核。四是文化活动丰富多彩。牂牁江滑翔伞赛系列活动、农民丰收节、猕猴桃节等活动有声有色。公共文化服务体系和文化产业体系更加健全，美善乡风民风持续彰显，高质量发展的精神动力更加凝聚。

十、从严管党治党纵深推进

始终坚持用习近平新时代中国特色社会主义思想和党的十九大精神武装头脑、指导实践、推动工作，切实增强“四个意识”、坚定“四个自信”、做到“两个维护”，思想政治建设进一步加强。一是加强党的全面领导。全面落实新时代党的建设总要求，认真履行全面从严治党主体责任，坚持“零容忍”态度惩治腐败。全年全区对受理的各类信访举报加以及时妥善处理。二是加强党的基层组织建设。结合六枝实际，探索制定出台《六枝特区关于探索创新村干部专职化管理的实施办法（试行）》《六枝特区村（居）干部“基本报酬 + 绩效报酬 + 集体经济发展创收奖励”办法（试行）》，村（居）干部干事创业激情更加高涨。稳步推进村（居）支书、主任“一肩挑”达 109 个，全面做好村“两委”换届准备工作，储备村（居）党组织后备干部 793 名、村级经济组织后备人才 765 名。三是坚持党管干部原则。坚持在重大斗争中考察识别任用干部，大力选拔使用在脱贫攻坚、疫情防控、信访调解等工作一线敢拼敢干敢担当的好干部。2020 年，从脱贫攻坚、疫情防控一线提拔重用干部 47 人，晋升职级干部 216 人次。注重年轻干部培养，把选好苗子作为干部选拔任用基础性工作来抓，推进“双向跟岗锻炼”工作。四是持续巩固和发展民主政治。坚持“党领导一切”的政治原则，积极支持人大、政府、政协和法院、检察院依法履职、开展工作。支持民主党派、工商联和无党派人士履职尽责，扎实做好党外知识分子、新的社会阶层人士工作。充分发挥工会、共青团、妇联群团组织纽带作用，党管武装、退役军人、民族、宗教、外事、侨务、档案、关工委等工作有序推进，齐心协力干事创业的大好局面得到持续巩固和发展。

执政启示

一、坚持党的领导是干好一切工作的根本

党政军民学，东西南北中，党是领导一切的。2020 年，特区党委全面加强党对各项工作的领导，团结带领全区上下增强“四个意识”、坚定“四个自信”、做到“两个维护”，不断提高政治判断力、政治领悟力、政治执行力，坚决做到党中央号召的坚决响应，党中央决定的坚决执行，党中央禁止的坚决不做，切实把党的主张要求内化于心，外化于行，确保中央决策和省委、市委各项安排部署在六枝特区落地生根、开花结果。一年的执政经验启示我们，中国共产党所具有的无比坚强的领导力，是风雨来袭时中国人民最可靠的主心骨。唯有始终在政治立场、政治方向、政治原则、政治道路上同以习近平同志为核心的党中央保持高度一致，方能从容应对各种风险挑战，阔步前行。实践证明，只有毫不动摇坚持和加强党的全面领导，不断增强党的政治领导力、思想引领力、群众组织力、社会号召力，永远保持党同人民群众的血肉联系，我们才能形成强大合力，战胜各种风险挑战。

二、坚定制度自信是干好一切工作的保障

2020年，面对突如其来的新冠肺炎疫情和严峻复杂的经济发展形势，在中央、省委、市委的坚强领导下，特区党委团结带领全区上下抗疫情、战灾情，始终把人民的身体健康和生命安全放在第一位，在抢抓机遇中砥砺前行、在应对挑战中奋力拼搏，统筹推进疫情防控、脱贫攻坚和经济社会发展，打赢了一场又一场硬仗，攻占了一个又一个山头，各项工作齐头并进，成效显著。一年的实践表明，中国特色社会主义制度所具有的显著优势是抵御风险挑战、提高国家治理效能的根本保证。只有坚持和完善中国特色社会主义制度、推进国家治理体系和治理能力现代化，善于运用制度力量应对风险挑战冲击，我们才能经受一次次压力测试，不断化危为机、浴火重生。

三、坚守民生情怀是干好一起工作的前提

习近平总书记指出，“让人民过上好日子，是我们一切工作的出发点和落脚点，要抓住人民最关心最直接最现实的利益问题，扭住突出民生难题，一件事情接着一件事情办，一年接着一年干，争取早见成效”。2020 年，特区党委坚持把全心全意为人民服务作为一切工作的出发点和落脚点，按照政府过紧日子、群众过好日子的理念，把有限的资金用在保障民生上，全面补齐教育、医疗、卫生等短板弱项，让脱贫攻坚成色更足；全面实施水利、道路交通、通信设施改造提升等基础性工程，为全面实施乡村振兴奠定坚实的基础；全面推进“千家万户小康菜园”等一系列惠民惠农政策，群众真正得到实惠，人民群众幸福感、满意度显著提升。一年的实践证明，唯有坚持全心全意为人民服务，坚持从群众中来，到群众中去，帮助群众解决“急难愁盼”问题，才能赢得群众的肯定和掌声。

四、坚守清廉本色是干好一切工作的先导

习近平总书记指出，“坚持党要管党、从严治党，不断提高党的领导水平和执政水平、提高拒腐防变和抵御风险能力，增强自我净化、自我完善、自我革新、自我提高能力，确保党始终成为中国特色社会主义事业的坚强领导核心。”2020 年，特区党委始终把全面从严治党作为首要政治任务，严守政治纪律和政治规矩，严格执行中央八项规定及其实施细则精神和省市作风建设有关规定，切实发挥示范引领作用，始终做到干干净净做事、清清白白做人，为全区上下树立了标杆、做出了示范，为全区经济社会发展营造了风清气正的社会氛围。一年的发展实践表明，唯有党委一班人始终永葆清正廉洁的政治本色，方能在矛盾面前坚定信念，在诱惑面前岿然不动，在挑战面前砥砺前行；唯有树立身正不怕影子斜的忠贞，

才能团结带领全区上下用铁的纪律、严的作风、钢的意志在矛盾重叠的征程中破浪前行，带领全区各级领导干部以更加务实的作风、更加昂扬的斗志、更加饱满的激情贡献到全区经济社会发展中去。

存在的问题及下一步工作打算

2020 年，六枝特区认真贯彻落实中央各项决策部署和省委、市委各项工作要求，始终在思想上、政治上、行动上同以习近平同志为核心的党中央保持高度一致，不断提高政治判断力、政治领悟力、政治执行力，全区经济社会秩序快速恢复，民生事业稳步推进，人民群众幸福感、获得感、满意度显著提升。同时，也还存在发展不平衡、不充分，运用习近平新时代中国特色社会主义思想指导实践有差距，管党治党责任还需进一步压紧压实等情况。在下步工作中，六枝特区将始终坚持以习近平新时代中国特色社会主义思想为指导，切实增强“四个意识”、坚定“四个自信”、做到“两个维护”。始终把“四新”作为总要求、“四化”作为总抓手，高标准、高质量编制“十四五”规划，在引领全区经济社会高质量发展上先行先试。全面推动脱贫攻坚同乡村振兴有效衔接，有序推动乡村产业振兴、人才振兴、文化振兴、生态振兴、组织振兴。坚定不移实施工业倍增行动，紧紧扭住新型工业化的重点领域和关键环节攻坚突破，确保年度目标顺利实现。把践行“两个维护”落实到统筹推进“五位一体”总体布局、协调推进“四个全面”战略布局各方面，坚持党管干部和落实好干部标准，全面做好区乡村三级换届工作。持之以恒正风肃纪，着力增强全区各级领导干部的识变之智、应变之方、求变之勇，把党领导的制度优势转化为治理效能。严格执行新形势下党内政治生活若干准则，严格执行中央八项规定及其实施细则精神和省委、市委有关规定，持续巩固全区上下风清气正的政治生态，为“十四五”规划开好局、起好步提供坚强的政治保障，以优异的成绩喜迎中国共产党成立一百周年。

（撰　稿：中共六枝特区委办公室）

勇担使命　披荆斩棘
全力推动六枝特区经济社会向高质量发展

——中共六枝特区人民政府党组2020年工作综述

2020年，面对前进道路上的各类风险挑战，在特区党委的坚强领导下，在特区人大、政协的监督支持下，特区政府党组坚持以习近平新时代中国特色社会主义思想为指导，聚焦疫情防控和脱贫攻坚两场战役，扎实做好“六稳”“六保”工作，按照高质量发展要求，全力推进经济社会持续健康稳定发展。

一、坚持党的领导，持续推进政府班子建设

特区政府党组认真贯彻落实《中国共产党党组工作条例》，坚持把党的领导贯彻到政府工作的各个方面，全面推进治理体系和治理能力现代化，努力打造党委放心、人民满意政府。

（一）深化学习讲党性。特区政府党组成员积极参加特区党委中心组及特区政府党组中心组学习，围绕“不忘初心、牢记使命”这一新时代主旋律，深刻领会习近平新时代中国特色社会主义思想，学习贯彻党的十九届历次全会精神和习近平总书记在贵州省代表团重要讲话精神，带头宣讲党的十九届五中全会、省委十二届八次全会、市委七届十二次全会、特区委十一届十次全会精神，在学懂、弄通、做实上下功夫，铸牢精神支柱和政治灵魂，自觉用党的创新理论武装头脑、指导实践、推动工作。2020年，特区政府党组中心组召开集中学习会4次、“防风险、守底线”专题会1次，党组成员撰写发言材料34篇。

（二）严格纪律讲规矩。始终把讲政治作为第一要求，把政治合格作为第一标准，切实增强“四个意识”、坚定“四个自信”、做到“两个维护”，始终向习近平总书记的治国理念、为民情怀看齐。坚定理想信念，任何情况下始终保持政治信仰不变、政治立场不移、政治方向不偏。严守党和国家秘密，不信谣、不传谣、力辟谣，在思想上、行动上与中央和省委、市委、特区党委保持高度一致。始终做到“五个必须”，坚决杜绝“七个有之”，全力贯彻落实意识形态工作责任制、民主集中制、重大事项请示报告、“三重一大”决策监督机制等党内重要法规制度。

（三）压实责任讲担当。特区政府党组以学习贯彻落实2020年3月9日中共中央办公厅印发的《党委（党组）落实全面从严治党主体责任规定》为契机，把落实管党治党政治责任作为最根本的政治担当，牢牢抓住党组主体责任、党组书记第一责任人责任、党组成员分管范围内主要领导责任这个“牛鼻子”，真正做到知责、明责、畏责、履责、尽责。充分发挥特区政府领导班子成员走在前、作表率的示范带动作用，挑最重的担子，啃最难啃的骨头，把初心使命转化为为民解难的责任担当和抗疫脱贫、决战决胜的坚强动力，全力助推特区党委各项决策部署落地落细落实，以实绩践行对党和人民的绝对忠诚。2020年，特区政府党组成员党风廉政约谈分管部门、单位32次，参加“三会一课”19人次，党组书记带头讲党课3次。

二、坚持务实为民，努力开创高质量发展新局面

全区地区生产总值预计增长5.5%，规模以上工业增加值预计增长7%，500万元及以上固定资产投资预计增长7%，限额以上零售业商品销售额预计增长6.2%，一般公共财政预算收入增速预计增长3%；金融机构贷款余额预计增长18%，增速为近四年以来新高；城镇、农村居民人均可支配收入预计分别增长8%和10%，城乡居民收入增速继续快于经济增长速度，经济发展更加普惠于民。

（一）**疫情防控取得积极成效**。特区政府党组始终把新冠肺炎疫情防控作为压倒一切的重大政治任务，坚持科学防治、精准施策，特区政府领导班子成员在紧要关头始终奋战在疫情防控第一线。坚持常态化防控措施，不断巩固持续向好的防控形势，因时因势完善外防输入举措，严把“境外管控关”“境内防控关”，保持“零确诊”“零疑似”的防控成果，保障了全区75.6万人民群众生命健康这一重大使命。疫情发生以来，全区核酸采样42272人次，集中隔离2256人次，投入550万元采购防疫物资，筑牢疫情防控“安全网”；在企业设置复工复产医疗服务室21个，派驻115名医务人员驻点服务，组织79名医务人员开展巡诊服务，有序保障复工复产；统筹安排3393.77万元提升“九大能力”，建成特区人民医院、疾控中心核酸实验室，从根本上保障疫情防控阻击战各项要素。

（二）**脱贫成果持续巩固提升**。特区政府党组深入贯彻落实习近平总书记“四个不摘”重要指示，从思想上全面克服盲目自信和骄傲自满的心理，带头以昂扬的干劲始终活跃在脱贫攻坚一线，顺利完成省级脱贫攻坚成效考核和国家扶贫资金绩效评价。全面核实建档立卡贫困户基础信息，深入查找短板弱项，从严压实各级责任，确保脱贫质量。2020年以来，争取上级专项扶贫资金12914万元、东西部扶贫协作资金4026万元，实施扶贫项目63个；发放2768户住房困难家庭补贴139.12万元；落实各类教育资助30.75万人次1.09亿元；投入4335万元整合安置点周边44所校（园）教育资源，4035名搬迁群众适龄学生100%实现就近入学；搬迁群众中有劳动力家庭3357户8068人，实现就业3357户7166人；认定扶贫产品供应商33家107个产品，价值总量3.7亿元，累计销售岩脚面、红米、菜籽油、蜂蜜等产品2184.89万元。

（三）**产业融合发展更加协调**。我们聚焦扩规模、提质效、应需求，产业发展硕果累累。第一产业基础夯实。聚焦农业产业革命“八要素”，发展茶叶、刺梨、猕猴桃、樱桃等特色优势产业131.8万亩。建成省级现代高效农业示范园区9个、万亩产业基地8个、规模养殖场416个、农产品加工企业55家。培育省市级农业产业化经营重点龙头企业69家。认证绿色食品、有机食品、地理标志产品33个。贵州二表哥生态农业有限公司获评“国家级生猪标准化示范场”。一产增加值年均增长6.22%。第二产业提质增效。完成135万吨煤炭去产能目标任务，原煤产量1026万吨，生产水泥1103.33万吨，发电量295.6亿度，较“十二五”末分别增长9.74%、67.74%、3988%。中渝煤矿急倾斜煤层机械化开采技术达到国内领先水平。2×66万千瓦福能（贵州）发电项目投产发电。锂电新能源全产业链项目有序推进。第三产业后劲充足。获批国家AAAA级旅游景区2家、国家AAA级旅游景区1家、省级旅游度假区1家。圆满承办第四届六盘水市旅游文化产业发展大会。国家全域旅游示范区创建高分通过省级评审。旅游接待人次及旅游综合收入年均增速保持在20%以上。贵阳银行、富民村镇银行入驻六枝，为全区发展注入新的金融活力。建成区级电商运营中心和133个农村电商服务站，国家级电子商务进农村综合示范项目通过中期绩效评价。三产增加值年均增长10.04%。产业发展向好向快势头不减，为六盘水产业转型升级示范区建设贡献六枝力量！

（四）**重大项目建设稳步推进**。特区政府党组牢牢抓住项目建设这个“牛鼻子”，结合重点领域补短板、“十四五”规划等方面要求，不遗余力谋项目、争项目、推项目。谋划中央预算内投资项目171个，总投资127.43亿元；谋划地方政府专项债项目178个，总投资474.5亿元；谋划两张清单项目24个，总投资63.49亿元；谋划重大项目324个，总投资532.3亿元。抢抓国家、省、市稳投资政策机遇，争取中央预算内投资4.39亿元、地方政府专债资金8.65亿元、特别国债资金2.21亿元，支持32个重大项目建设。开通运营六枝高铁南站、长箐站及六枝中心客运站，大木路建成通车，纳晴高速、六安高速顺利启动建设，安盘高速、织六高速纳入省级规划；市二医改扩建（一期）、妇幼保健院项目主体顺利完工；松树林水库、懒龙河水库、阿雨水库、河头上水库下闸蓄水，母猪田水库、小长冲水库、竹林脚水库开工建设；全区重大工程和重点项目143个，2020年预计完成投资155.37亿元。

（五）**生态环境质量持续改善**。特区政府党组深入贯彻落实中央、省、市关于生态环境保护的部署要求，坚决扛起生态文明建设和环境治理的政治责任，以空前力度打好污染防治攻坚战，全面落实污染防治重点任务，生态环境保护工作成效显著。深入实施退耕还林、石漠化综合治理等重点工程，全区森林覆盖率达58%。大力开展“碧水、蓝天、净土、固体废物和农村环境综合整治”行动，中心城区燃煤锅炉全部淘汰，18个加油站油气回收治理率达100%，地表水断面Ⅰ～Ⅲ类水质占比达100%，$PM_{2.5}$年均浓度为19微克/立方米，中心城区环境空气质量连续五年排名全市第一。完成老黑山垃圾填埋场渗滤液污染整治，建成投运垃圾焚烧发电及中心城区污水处理厂（二期）工程，新增15个千人以上饮用水水源地标准化建设，六枝河水体污染综合整治成效持续巩固。建成投运15座生活垃圾中转站，城乡生活垃圾无害化处理率达90%，完成19家矿山矿渣及尾矿库环境治理，整改“2019清废行动”卫星遥感发现疑似问题12个。

（六）**社会民生事业更加普惠**。特区政府党组始终坚持民生优先，多谋民生之利、多办民生之事、多解民生之忧，“十件民生实事”全面完成，人民群众满意感、获得感明显增强。推动义务教育优质均衡发展，增加普惠性学前教育资源供给，提升高中教育、职业教育质量，2020年改（扩）建幼儿园13所，“营养改善计划”惠及学生10.9万人次，自2017年以来时隔3年再次实现“清北梦”。深化医疗、医保、医药“三医”联动改革，积极推进中医诊疗医保支付改革，完成38家区乡定点医疗机构、211家村卫生室省级医保系统信息化改造，医保资金支出5.59亿元，实施医疗救助3.1万人次2400万元。2020年新增城镇就业10786人，城镇登记失业率控制在4.2%以内；开展农民全员培训6616人次，发放3039人次失业保险金489万元。全面完成2020年低保提标工作，分别发放农村、城市低保金35562人1.36亿元、11438人5119万元；发放80周岁以上高龄老人津贴1334万元惠及1.29万人、孤儿基本生活费194万元惠及139人、残疾人护理补贴401万元惠及5990人。

（七）**风险防范化解步履坚实**。特区政府党组深化认识发展与稳定的辩证关系，既保持战略定力，推动经济发展沿着正确方向前进，又增强忧患意识，精准研判、妥善化解可能出现的重大风险。严格落实债务管理“七严禁”，积极推动债务化解“八个一批”，加快“红转橙”“隐转企”工作进度，在各项政策收紧的大环境下想方设法打好突围战，2020年偿还本息15.17亿元。稳步推进国家、省、市交办重点攻坚信访案件，化解率93%。以防范遏制重特大事故为重点，妥善应对极端天气和自然灾害，进一步落实安全生产责任，织密扎牢安全生产防护网，GDP死亡率为0.068人/亿元，道路死亡率为1.168人/万车，煤矿、非煤矿山、工矿商贸等重点行业实现“零事故、零死亡”，经济社会保持和谐稳定。

三、存在的问题及今后努力的方向

2020年，特区政府党组全力落实特区党委各项决策部署，六枝特区经济社会保持稳中求进的发展态势，但工作中也存在一些突出困难和问题，主要表现在：一是理论学习有差距，班子建设有待进一步加强，“三会一课”还存在短板。二是各类风险隐患交织复杂，疫情防控、防灾减灾等方面还存在不少挑战，经济运行不确定性风险增多，虽然各项经济指标有序转好，但下行压力依然较大，保持平稳较快增长任务十分艰巨。三是基础设施不够完善，教育、医疗、卫生、交通、水利等基础设施较为薄弱，优质公共服务供给相对不足，城乡发展不够均衡，基本公共服务水平仍需提高。围绕这些困难和问题，我们将重点抓好以下几个方面的工作：

（一）**始终坚持政治建设**。把党的领导贯穿政府治理各领域、各方面、各环节，增强“四个意识”、坚定“四个自信”、做到“两个维护”，自觉用习近平新时代中国特色社会主义思想武装头脑、指导实践、推动工作。压紧压实全面从严治党主体责任，巩固提升“不忘初心、牢记使命”主题教育成果，扎实开展好党史学习教育，统筹一体推进“牢记殷切嘱托、忠诚干净担当、喜迎中国共产党成立一百周年”专题教育，不断提高政治判断力、政治领悟力、政治执行力，以高质量发展实效诠释对党的绝对忠诚。

（二）始终坚持为民务实。始终把人民放在最高位置，怀着对人民群众的深厚感情推动工作，围绕人民群众意愿制定政策，紧扣人民群众需求谋划举措。始终把群众的“急、难、愁、盼”作为确定民生工程的“方向标”，始终把群众的“衣、食、住、行”作为感知群众冷暖的“温度计”，推动政策向民生聚焦、财力向民生倾斜、服务向民生覆盖，让老百姓过上更加美好的生活。

（三）始终坚持依法行政。持续弘扬宪法精神，坚持按程序办事、按规矩办事、按法律办事，做到“法定职责必须为、法无授权不可为”。健全完善重大行政决策程序制度、合法性审查制度和公平竞争审查制度，强化行政权力制约监督，提高决策科学化、法治化。认真办理人大代表议案和政协委员提案，广泛听取各方面意见建议，将依法行政贯穿政府工作全过程。加强诚信政府建设，坚决杜绝“新官不理旧账”。

（四）始终坚持市场导向。坚持市场导向和政府调控相结合，着力提高对市场经济规律的认识和驾驭能力，厘清政府与市场、政府与社会的边界，用市场经济的办法谋划工作、破解难题，减少对资源的直接配置和对微观经济活动的直接干预，让市场更加有效、政府更加有为。坚持从全局谋划一域、以一域服务全局，树立系统观念，善于弹“钢琴”、转“盘子”，避免顾此失彼、进退失据，突出抓好“牛鼻子”和关键点，以重点环节的攻坚突破，带动全局工作的整体提升。

（五）始终坚持担当作为。坚定不移解放思想，敢于突破思维定式和传统经验束缚，勇于用改革的思路、创新的办法解决复杂疑难问题，直面矛盾不“缩手”，深入一线不“甩手”，扭住关键不“放手”。强化“抓早赶前”意识，以项目化管理推动重点工作，绘制“施工图”，制定“时间表”，明确“责任人”，最快时间启动、最大力度推进、最好效果呈现，努力让政府工作“定了干、干必成、成必优”。

（六）始终坚持廉政建设。纵深推进政府系统党风廉政建设和反腐败斗争，加强重点领域、关键岗位监督管理，压缩寻租空间，严厉惩治侵害群众利益的不正之风和腐败行为。认真履行“一岗双责”，一体推进不敢腐、不能腐、不想腐，营造风清气正的良好政治生态。厉行节约，反对浪费，压减非重点非刚性资金安排，优化财政支出结构，筑牢“三保”底线。

（撰　稿：六枝特区人民政府办公室）

秉持初心　勇担使命　砥砺前行

——中共六枝特区人大常委会党组2020年工作综述

2020年，在特区党委的坚强领导下，特区人大常委会党组坚持以习近平新时代中国特色社会主义思想为指导，持续推进“不忘初心、牢记使命”主题教育，深入学习贯彻党的十九大，十九届二中、三中、四中、五中全会，习近平总书记关于坚持和完善人民代表大会制度重要思想和省委、市委、区委全会，省、市、区人大工作会议精神，围绕特区党委部署的疫情防控、“三大攻坚战”、产业发展等中心工作，充分发挥人大常委会党组在人大常委会机关“把方向、管大局、保落实”职能作用，确保年度人大常委会工作各项目标任务如期完成。

一、坚守正确政治方向，自觉把党的领导贯穿人大常委会依法履职全过程

坚持党的领导是人民代表大会制度的一项重大政治原则，是做好人大常委会工作的根本保证和关键所在。人大常委会党组始终将党的领导贯穿于人大常委会工作的各个方面各个环节，毫不动摇地坚持党的领导。

（一）强化理论武装，始终坚定理想信念。人大常委会党组始终把理想信念教育牢牢抓在手上，发挥党组在系统内的举旗定向作用。一是统筹安排规划学。制定《中共六枝特区人大常委会党组理论学习中心组2020年度学习计划》，对年度学习重点、学习形式等作出具体安排，保障学习有序开展。认真落实党组意识形态工作主体责任，将意识形态工作纳入党组重要议事日程，制定《六枝特区人大常委会机关意识形态工作责任制责任清单》，压实意识形态工作责任，通过学习教育管理，切实守护好意识形态工作阵地；二是线上线下创新学。运用新兴媒体，依托“学习强国”学习平台、“法宣在线”等，强化线上学习。为党组成员、支部委员及干部职工订购《习近平谈治国理政》第三卷、《中国制度面对面》，发放《中华人民共和国民法典》读本等，并有序安排在党组会、支部会、干部职工会上学习，组织开展法治专题讲座3期，多形式加强人大常委会机关干部职工的理论法规学习。三是适时跟进常态学。坚持干部职工例会学习、党组理论学习及党组中心组集中学习研讨等制度，推进“不忘初心、牢记使命”主题教育制度化常态化。2020年，人大常委会党组中心组集中学习研讨4次、人大常委会党组会学习26次，支委会学习12次，干部职工例会学习16次。持续跟进学习习近平总书记重要讲话精神及党的最新理论成果。学习了中央政治局重要会议，全国“两会”，党的十九届四中、五中全会，省委、市委、区委全会，省、市、区人大工作会议、党建工作会议等重要会议精神，通过适时跟进学、与时俱进学、联系实际学，着力以理论滋养初心、坚定理想信念、把牢政治方向。

（二）坚持重大事项报告制度，与党委同心同向同行。始终把“两个维护”作为最高的政治原则和最重的政治纪律，自觉把坚持党的领导、人民当家作主和依法治区有机统一起来，自觉在政治上、思想上、行动上同以习近平同志为核心的党中央保持高度一致，与特区党委同心同向。认真贯彻落实习近平总书记“四个善于”的政治要求，严格落实请示报告制度，对人大常委会年度工作要点、人民代表大会召开、人大常委会党组履职情况、上级人大常委会重要会议精神贯彻落实等重大事项，及时向特区党委请示报告，根据特区党委的意见和要求，不断加强和改进人大常委会工作，有效推动人大常委会工作与时俱进开展。

（三）**围绕中心大局积极作为，助力经济社会全面发展。**紧紧围绕特区党委中心工作和重大安排部署，科学谋划人大常委会工作，积极投身三大攻坚战、疫情防控、产业发展等重点工作，坚决做到党委有安排、人大常委会在行动。

1. 推进疫情防控常态化。积极响应特区党委疫情防控安排部署，闻令而动、听令而行，班子成员带头分赴联系的乡（镇、街道），与基层干部一道打好疫情防控阻击战，守护人民的生命安全和身体健康。指导帮助企业复工复产，助力全区经济复苏。发出倡议，号召各级人大代表和人大工作者积极投身战“疫”工作，在战“疫”一线践行初心使命、展现责任担当。贵州人大网以“坚决遏制疫情蔓延势头，坚决打赢疫情防控阻击战”为标题，《贵州日报》当代融媒体“天眼”新闻以“积极响应勇于担当！六枝人大全力遏制疫情蔓延势头”为标题，分别刊载了特区人大代表、人大常委会干部在抗疫工作中的先进典型，展现了人大在疫情防控工作中的担当作为，传播了人大正能量。

2. 持续巩固提升脱贫攻坚成果。按照习近平总书记“扶上马，送一程”和“四个不摘”要求，坚决做到人员不撤、职责不变、力度不减，持续加强脱贫攻坚巩固提升工作。特区人大常委会县级领导按照区委各阶段脱贫攻坚工作部署，深入一线与乡镇干部、村支“两委”干部及群众面对面查找问题、研究问题、解决问题，有效发挥了团长、副团长指挥员、战斗员的示范引领作用。人大常委会党组定期听取驻村干部工作汇报，党组成员适时到挂帮村检查指导，及时研究解决帮扶工作中存在的问题。2020 年帮助解决月亮河村、补雨村第一书记工作经费各 1 万元；协调解决月亮河村等小康菜园建设所需经果苗木 499 株、化肥 5 吨等。压紧压实人大常委会机关干部职工帮扶职责，落细落实政策宣传、资料更新、全员普查、环境整治等各项工作要求，强化问题排查整改，进一步巩固和提升脱贫攻坚成果。

3. 助力经济社会各项事业全面发展。特区人大常委会班子成员积极投身全区经济社会发展各项事业，认真履行特区各产业专班组长、副组长职责，主动到联系的企业走访调研，力所能及帮助企业协调解决发展中存在的困难和问题。组织市、区人大代表开展民营经济发展状况专题调研，共同为六枝特区民营经济发展把脉问诊、出谋划策，共商发展大计。带领联系乡镇干部积极推进“千家万户小康菜园”建设，谋划产业发展，促进群众持续增收致富；领衔开展基层软弱涣散党组织整治，夯实基层组织基础，充分发挥基层党组织战斗堡垒作用。2020 年，人大常委会党组班子成员积极争取、多方筹措，协调解决小康菜园、产业发展、基础设施建设等各类资金 115 万元。如，周金平同志为中寨新场村协调解决活动室建设资金 10 万元，为大补王村协调解决人畜饮水工程资金 10.8 万元；赵孝和同志协调挂帮木岗镇瓦窑村的单位为该村解决公共场所建设资金共计 80 万元等。

二、勇于担当，围绕职能定位全面履职尽责

人大常委会党组立足自身职能，恪守为民初心，牢记使命担当，坚持党组领导核心作用与支持人大常委会依法履职相统一，积极主动围绕中心、服务发展，保障各项工作有效开展。一年来，顺利召开了特区第十二届人民代表大会第四次会议，依法选举特区人大常委会副主任 1 名、人大常委会组成人员 5 名；召开人大常委会党组会 26 次、主任会议 25 次；依法召开人大常委会 7 次，听取和审议政府专项工作报告 19 项，开展执法检查 1 次，专题询问 1 次，组织市、区人大代表专题调研 1 次、集中视察 1 次。强化对乡（镇、街道）人大工作的指导，严格执行领导包保责任制，一体推进区、乡人大规范化建设，形成了区乡人大工作“一盘棋”的格局。

（一）**强化统筹领导，在管大局上履职尽责。**一是定目标。为确保特区人大常委会依法履职到位，年初，人大常委会党组会专题研究了《六枝特区人大常委会 2020 年工作要点》，并报经特区党委常委会研究确定，给人大常委会工作明确了年度工作目标和重点任务，确保人大常委会工作有序、高效开展。二是提规范。在特区深改委的领导下，研究制定《六枝特区人民政府向六枝特区人民代表大会常务委员会报告国有资产管理情况办法》《六枝特区预算审计监督办法》等 3 个监督办法，为规范人大监督、提升监督质效提

供了制度保障。三是压责任。为确保人大常委会班子成员及委室干部职工尽职履职，人大常委会党组会专题对《六枝特区人大常委会2020年工作要点》进行了细化分解，将各项任务压实到分管领导、责任委室和责任人，确保工作样样有人管、事事有人抓、件件有落实。为激发人大代表履职能力，出台《六枝特区人大常委会组成人员联系代表制度》，明确了常委会组成人员联系代表的具体工作要求。

（二）强化职责定位，在保落实上履职尽责。紧紧围绕特区党委各项重大决策部署和宪法法律赋予县级人大常委会“监督、重大事项决定、人事任免”三项核心职能，强化履职担当，全力服务好、保障好区委重大决策部署落地见效。

依法行使监督权。一是常规审议监督。2020年共召开7次常委会，分别听取和审议了特区人民政府和法院、检察院关于农村产业革命、公共卫生应急管理、脱贫攻坚、环境保护、国民经济和社会发展计划执行、民商事案件繁简分流等工作开展情况的专项工作报告，并将审议意见交“一府两院”办理落实。二是创新方式监督。综合运用执法检查、专题询问、专题调研和集中视察等监督方式，着力增强监督实效。对《中华人民共和国农药管理条例》贯彻落实情况开展执法检查，对全区教育工作情况进行专题询问，组织市、区人大代表对全区民营经济发展状况开展专题调研，对全区污染防治工作情况开展集中视察，为推进经济社会发展建言献策、贡献力量。三是紧盯重点监督。对六枝河综合治理、脱贫攻坚、债务风险防范等重点工作，紧盯不放，连续3年列入人大常委会审议议题或集中视察、专题调研内容，以监督促落实。

依法行使重大事项决定权。把党委决策作为讨论决定重大事项的政策依据、行动方向和指导原则，抓住事关改革发展的全局性、根本性、长远性问题和涉及人民群众切身利益的重大问题，依法作出决议决定，并抓好督促落实。召开特区十二届人民代表大会第四次会议，审查批准了六枝特区2019年国民经济和社会发展计划执行情况与2020年国民经济和社会发展计划草案的报告、六枝特区2019年财政预算执行情况与2020年财政预算草案的报告，召开人大常委会，审查批准了特区人民政府关于2020年财政预算调整方案的报告，作出了决议，为政府依法履职提供了保障。

依法行使选举任免权。坚持党管干部原则和人大常委会依法行使选举权、任免权相统一。2020年，选举特区人大常委会副主任1名、人大常委会组成人员5名，任命国家机关工作人员19人，补选代表1人，接受代表辞职2人，任命人民陪审员38人。上述人事任免程序合法，手续完备，并依照法律规定组织所选举或任命人员进行宪法宣誓。

（三）强化代表工作，在服务代表上履职尽责。一是切实加强与代表的联系和指导，出台《特区人大常委会组成人员联系特区十二届人大代表的通知》，明确了联系代表的内容、方式、具体要求，为激励代表履职和提升代表履职能力提供了保障。二是强化代表联络站（室）作用发挥。特区人大常委会主要领导带队，连续1周对各乡（镇、街道）代表联络站（室）建设和作用发挥情况进行检查指导，督促乡镇人大认真开展代表活动，充分发挥代表联络站（室）作用，着力打通代表联系服务群众的渠道。三是认真做好代表议案建议转办、督办工作。完善跟踪督办制度，既注重过程监督，更注重效果监督。特区十二届人大四次会议期间，收到代表建议57件，均按程序转交特区政府办理。11月3日，人大常委会主任、副主任对十二届人大三次、四次会议重点建议进行现场调研督办；11月27日，召开人大常委会听取和审议特区政府办理落实情况报告，以督促办。截至年底前，57件代表建议全部办理答复完毕，代表满意率100%。

三、强化队伍建设，打造让党放心的人大常委会干部队伍

人大常委会党组始终把抓班子、带队伍作为履行全面从严治党主体责任的重要抓手，将管人和管事结合起来，着力打造信念坚定、业务过硬、让党放心的人大常委会干部队伍。

（一）强化党性教育。严格落实《关于新形势下党内政治生活的若干准则》，认真召开党组民主生

活会。指导人大常委会各支部多形式开展“三会一课”和重温《共产党宣言》、援鄂英雄先进事迹宣讲、缅怀抗日烈士英雄事迹等主题党日活动，班子成员均以党员身份积极参加组织活动，以形式多样的党内政治生活促进党员党性意识提升，组织建设得到进一步加强。2020年，共召开党员大会4次、上党课4次，其中，党组书记带头上党课两次，开展主题党日活动12次。

（二）**落细落实党风廉政建设主体责任。**一是强化廉政教育。2020年，人大常委会党组组织学习有关党纪法规20次，传达学习有关典型案例18篇次，党组专题研究党风廉政建设工作4次，党组会专题听取党组成员履行全面从严治党主体责任情况汇报，压实党组成员责任。二是推进约谈常态化。党组书记对党组成员及全体干部职工开展集体约谈两次，上廉政党课1次，单独与班子成员开展廉政谈话6人次，党组成员分别与分管委室干部开展廉政谈话10人次，对干部的苗头性、倾向性问题及时纠错纠偏，推进“第一种形态”常态化。三是认真整改巡察问题。针对区委巡察人大常委会机关移交的问题，人大常委会党组专题研究制定了《关于十一届区委第八轮巡察组巡察反馈问题整改工作方案》，逐一对照问题制定整改措施，明确责任领导、责任委室、责任人和整改时限。12月14日，党组听取巡察整改情况汇报，对整改工作提出明确要求，全力保障巡察整改真改实改到位。2020年，特区人大常委会机关无干部职工受到党纪政务处分或通报批评。

（三）**强化制度建设，规范程序提升效能。**制定《六枝特区预算审查监督办法》《六枝特区人大常委会组成人员联系人大代表工作制度》《常委会各委室职责责任清单》等制度性文件，从提升监督质效、明确工作方向、压实工作责任等方面规范人大常委会干部履职行为，为提升工作效能提供了制度保障。

四、存在的问题及下一步工作打算

回顾2020年的人大常委会党组工作，虽然在把方向、管大局、保落实上取得一定成绩，但总体上看，人大常委会党组的职能作用还未得到充分发挥，还存在一些短板弱项。如，体制机制还不够健全；结合新形势、新任务需要，科学谋划人大工作不够有力；监督的刚性依然较弱；人大常委会干部、人大代表履职能力和水平仍需提升等。针对以上问题和不足，人大常委会党组将认真研究、切实改进。

2021年是“十四五”规划实施开局之年，人大常委会党组将始终坚持以习近平新时代中国特色社会主义思想为指导，认真贯彻落实党的十九大和十九届二中、三中、四中、五中全会精神和省委、市委、区委全会，人大工作会议及相关文件精神，切实履行好管党治党政治责任，着力抓好以下工作：

一是持续强化政治建设。毫不动摇地坚持党的领导，持续深化党的创新理论武装，深入推进“不忘初心、牢记使命”主题教育制度化常态化，认真开展“忠诚干净担当，喜迎中国共产党成立一百周年”专题教育；严肃认真开展党内政治生活，增强党员党性意识，增强“四个意识”、坚定“四个自信”、做到“两个维护”；坚决贯彻落实习近平总书记关于党的建设系列重要论述和省委、市委、区委党的建设工作会议精神，充分发挥人大常委会党组把方向、管大局、保落实的职能作用。二是持续强化担当尽责。紧紧围绕特区党委关于国民经济和社会发展第十四个五年规划“一二三四五”总体思路，找准人大常委会工作定位，明确全年工作重点，忠诚履行宪法法律赋予的职权，着力健全和完善人大常委会工作相关体制机制，在提升人大代表、人大常委会干部履职能力，加强代表工作、提升监督实效等方面务求新突破、展示新作为。突出抓好特区十二届人民代表大会第五次会议筹备、召开特区人大常委会班子、人大代表换届工作。三是持续强化队伍建设。深入落实全面从严治党主体责任，按时限完成巡察问题整改销号，进一步加大对人大常委会干部的管理、教育、监督力度，坚持严管和厚爱并重，既压实干部责任，又关心关爱干部，激发干部职工干事创业激情，全力打造“政治过硬、作风过硬、业务过硬”的人大常委会干部队伍。

（撰　稿：六枝特区人大常委会办公室）

凝心聚力谋发展　团结奋进新征程

——政协六枝特区委员会2020年工作综述

2020年，在中共六枝特区委员会的坚强领导和上级政协的指导下，特区政协常委会坚持以习近平新时代中国特色社会主义思想为指引，深入学习贯彻中共十九大和十九届二中、三中、四中、五中全会精神，全面落实习近平总书记关于加强和改进人民政协工作的重要思想和中央、省委、市委、区委政协工作会议精神，充分发挥协商民主重要渠道和专门协商机构的重要作用，坚持建言资政和凝聚共识双向发力，紧紧依靠和团结带领全体政协委员，聚焦全区中心工作，认真履行政协职能，奋力担当作为，为统筹推进疫情防控、脱贫攻坚和经济社会发展做出了积极贡献。

主要工作成效

2020年，特区政协充分发挥协商民主重要渠道和专门协商机构作用，围绕党委、政府中心工作，在建言资政和凝聚共识上双向发力，务实协商议政，勠力建言献策，广泛凝心聚力，政协事业呈现新气象，为助力六枝特区经济社会持续健康发展贡献了政协智慧和力量。

一、履职舞台不断拓宽

特区党委高度重视政协工作，把政协工作纳入全区发展大局，大力支持政协依法遵章履职，让政协在大局中有重要地位、条件上有充分保障、履职有广阔舞台。特区党委常委会听取政协党组工作汇报，专题研究政协常委会工作要点和年度协商议题计划。特区党委、政府领导出席特区政协全会、常委会等重大议政活动，有力推动人民政协事业发展。

二、工作思路不断完善

在思想上牢固确立“学习引领方向、履职贡献力量、团结促进和谐、创新提升形象”的履职理念；在工作上始终坚持“党委想什么、政协议什么，政府干什么、政协帮什么，群众盼什么、政协做什么”的履职原则；在行动上自觉践行“务实、创新、主动、求精”的履职要求，真正做到协商有高度、监督有力度、参政有深度、联谊有广度。

三、履职方式不断改进

紧扣特区党委、政府重大部署，紧盯经济社会发展重点，精心挑选履职议题，坚持“少而精、专而深”的原则，切实增强履职的针对性、实效性。在履职方式上，坚持“力求突破、务实有效”。在集体协商上，突出做足做细会前工作，做深做透会中文章，做好做精会后服务。在民主监督上，注重监督与协商相结合，力求在广开言路、集思广益中形成“睿智之言”和“务实之策”。

四、参政议政能力不断增强

紧扣特区党政中心工作精心选题，紧盯“六稳”“六保”任务落实开展协商议政，在深入调研的基础上，组织召开常委会4次，重点围绕疫情防控、城区水污染防治、信息基础设施建设、乡村振兴示范村建设等进行议政协商；召开双月协商座谈会4次，围绕生猪养殖、易扶搬迁安置点幼儿园建设、规范培训托管机构管理、少数民族文化进校园等进行专题协商；召开对口协商会4次，对煤矿机械化智能化建设、依法治区工作、红色文化与革命遗址挖掘、规范校外培训机构等进行对口协商。形成信息专报、会议纪要等20篇报送特区党委、政府及相关部门决策参考，为全区改革发展建真言、出实招、谋良策、增共识。

五、提案水平不断提高

特区政协常务委员会坚持把提案质量作为提案工作的生命，把提高提案质量作为工作的重点，认真贯彻落实习近平总书记关于提高提案质量和办理质量的重要指示，坚持“围绕中心、服务大局、提高质量、讲求实效”的提案工作方针，充分发挥专门协商机构的作用，以提高提案质量为主攻方向，以增强办理实效为主要目标，以健全完善机制为重要保障，加强思想政治引领，聚焦建言资政和凝聚共识双向发力，全力推进提案工作制度化、规范化、信息化建设，提案工作得到创新发展。

主要工作措施

一、强化思想政治引领，确保“高站位”，人民政协履职方向更加笃定

特区政协常委会坚持把学习贯彻习近平新时代中国特色社会主义思想作为首要政治任务，发挥政治思想引领作用，增强“四个意识”、坚定“四个自信”、做到“两个维护”，确保政协工作始终沿着正确方向笃定前行。

（一）**理论武装进一步夯实**。建立习近平新时代中国特色社会主义思想学习制度，将政协党组中心组集中研讨学、政协常委会专题学、政协机关政治理论日常学等有机结合起来，组织开展多层次、多形式的学习。深入学习中共十九大和十九届二中、三中、四中、五中全会精神，学习习近平总书记关于加强和改进人民政协工作的重要思想和中央、省委、市委、区委政协工作会议精神。积极推进“书香政协”读书活动，坚持读原著、学原文、悟原理，切实在学懂、弄通、做实上下功夫，夯实思想政治基础，在事关道路、制度、旗帜、方向等根本问题上统一思想、统一意志、统一步调。

（二）**党的领导进一步强化**。始终坚持党对政协工作的领导，坚定不移地在特区党委领导下谋划和推进工作，重要工作、重大事项及时向区委请示报告，区委常委会年初专题研究政协工作要点、协商计划，年终听取政协工作情况汇报，确保政协履行职能与全区工作大局同轴运转、同频共振、同向发力。充分发挥政协党组把方向、管大局、保落实的领导作用，广泛凝聚思想共识、汇集智慧力量，在聚焦中心、凝心聚力、服务大局、促进发展中发出“政协声音”、释放“政协力量”。

（三）**政治建设进一步深化**。认真落实党建工作、党风廉政建设、意识形态工作责任，巩固深化“不忘初心、牢记使命”主题教育成果，召开“防风险、守底线”专题会议，着力提升政协党的政治建设质量。对标对表党的基本理论、基本路线、基本方略，引导广大政协委员和政协机关干部严守政治纪律和政治规矩，自觉在宪法法律和政协章程内开展履职活动。加强政协机关党支部建设，严格落实“三会一课”等制度，以宣讲党的十九届五中全会精神、走访慰问困难群众为载体，深入开展“机关联基层”活动，着力打造机关党建品牌。

二、聚焦中心助力发展，发出“好声音”，专门协商机构作用更加彰显

紧紧围绕区委、区政府的决策部署，充分发挥专门协商机构作用，聚焦全区改革发展中的重点、难点问题，广泛开展各类协商活动，以协商议政实效展现政协作为。

（一）围绕党政中心大局，政治协商“议”。在特区政协九届五次会议期间，组织委员围绕“一府两院”工作报告及经济社会发展中具有全局性、战略性的问题发表意见建议；9名委员围绕压实脱贫责任、做好医疗保障、加强住宅小区物业管理等课题作了大会发言，讨论热烈，引起共鸣。紧扣特区党政中心工作精心选题，紧盯“六稳”“六保”任务落实开展协商议政，在深入调研的基础上，组织召开常委会4次，重点围绕疫情防控、城区水污染防治、信息基础设施建设、乡村振兴示范村建设等进行议政协商；召开双月协商座谈会4次，围绕生猪养殖、易扶搬迁安置点幼儿园建设、规范培训托管机构管理、少数民族文化进校园等进行专题协商；召开对口协商会4次，对煤矿机械化智能化建设、依法治区工作、红色文化与革命遗址挖掘、规范校外培训机构等进行对口协商。形成信息专报、会议纪要等20篇报送特区党委、政府及相关部门决策参考，为全区改革发展建真言、出实招、谋良策、增共识。

（二）聚焦民生关切领域，民主监督“推”。把落实特区党委、政府的重要决策和民生实事作为民主监督的重点，对事关人民群众切身利益的脱贫攻坚、安全生产、食品卫生、教育医疗、环境治理等问题开展专项监督，对民生领域投资项目的实施情况和民生实事的落实情况进行调研性监督。围绕食用菌产业发展、垃圾焚烧发电站建设、职业技能培训、农业体育健身工程建设等议题开展深入研究，提交调研报告10份。组织驻六枝特区市政协委员围绕民营经济发展情况开展视察，针对存在的问题提出有针对性的意见和建议，形成视察报告报市政协转报市委、市政府决策参考。组织委员30人次列席特区党委、政府重要会议、重大活动，推荐24名委员担任各类特邀监督员，组织12名委员旁听法院有关案件庭审，委派3名委员参与特区有关考聘工作巡视等，发挥了委员在民主监督中的主体作用。

（三）紧扣重点难点问题，提案协商“办”。坚持把提案办理协商作为拓展协商民主的重要形式，注重加强与委员的联系沟通，引导委员紧紧围绕全区改革发展中的重大问题和群众关心关注的热点难点问题积极撰写提案、建言献策，不断完善提案工作机制，着力提高提案撰写质量、办理质量、服务质量，切实发挥提案工作“助推器”作用。政协九届五次会议以来，共收到提案73件，经审查立案69件，提案所提的许多意见建议得到特区党委、政府及有关部门高度重视、充分采纳，为服务科学决策、改进部门工作、凝聚各方共识发挥积极作用。

三、发挥优势履职为民，搭建“连心桥”，服务改善民生成效更加突出

始终践行以人民为中心的发展思想，充分发挥政协独特优势，积极组织引导广大政协委员、政协机关干部坚持一线思维、落实一线任务，积极投身脱贫攻坚、疫情防控、产业推进、“千家万户小康菜园”、基层社会治理等各项工作中，始终在参与支持中体现担当作为，协力增进民生福祉。

（一）在脱贫攻坚主战场上显身手。7名政协领导班子成员分别担任6个乡（镇、街道）脱贫攻坚决胜工作团团长或副团长职责，长期俯下身子、重心下移，奋战在脱贫攻坚一线，统筹各种资源力量，加快补齐短板弱项，助力脱贫攻坚取得全面胜利。先后选派5名干部到政协机关党建扶贫点和包保贫困村任第一书记或驻村干部，全体机关干部深入包保贫困村开展帮扶工作，倾情帮助群众谋划产业发展、协调资金项目、解决困难问题。持续开展脱贫攻坚“百千万行动”，引导广大政协委员、委员企业积极投身脱贫攻坚主战场，切实在本职岗位和政协工作中“双责担当、双岗奉献”。2020年，特区政协领导班子共协调各类帮扶资金100万元，政协委员、委员企业共协调（投入）各类帮扶资金500万元，在帮助农村基础设施建设、产业发展、小康菜园建设、关爱弱势群体等方面发挥重要作用。

（二）在疫情防控阻击战中勇担当。面对突如其来的新冠肺炎疫情，特区政协党组会议、主席会议、

干部职工会第一时间传达学习贯彻习近平总书记关于统筹推进疫情防控和经济社会发展工作系列重要讲话精神，第一时间组织全体政协委员、政协机关干部积极响应中央、省委、市委和特区党委号召，在抗击疫情、保卫人民群众生命健康中展现政协作为。政协领导班子成员身先士卒、以身作则，第一时间分赴各自联系的乡（镇、街道）指挥作战，积极协调抗疫物资、组织捐款捐物，深入企业走访调研，有效助推复工复产、复商复市、复学复课。广大政协委员充分发挥优势、各尽所能，迅速投入疫情防控阻击战中，在医疗服务、捐款捐物、值班值守、安全维稳等各自岗位上担当作为，凝聚起战胜“疫情”的政协力量。

（三）**发挥智力支边优势补短板**。注重加强协调对接，积极争取各类慈善机构和爱心人士开展慈善救助、捐资助学等公益活动，为巩固拓展脱贫成果、携手共赴小康注入了动力和活力。2020 年，共联系香港慈恩基金会、中国社会福利基金会、中国陶瓷城集团等慈善机构和爱心人士为六枝特区捐助爱心资金 49.56 万元、爱心物资价值 20 万元，共资助贫困学生 1000 名，为 29 名困难老人送去温暖，为郎岱镇安乐小学、月亮河乡中寨小学建设暖流教室。协调护送 3 名孤儿赴云南丽江民族孤儿学校免费就读。

四、深化团结民主主题，汇聚“正能量”，共同思想政治基础更加牢固

牢牢把握人民政协作为爱国统一战线组织的本质属性，始终把凝聚人心作为衡量人民政协工作的重要标准，增强包容性、扩大朋友圈、画好同心圆，最大限度凝聚共识、汇聚力量。

（一）**不断深化团结联谊**。坚持围绕中心大局增进共识、促进团结，着力在践行新型政党制度中凝心聚力，加强与各民主党派、工商联、无党派人士和其他社会各界人士的沟通联系，积极搭建协商议政平台，大会发言优先安排，协商活动邀请参加，不断扩大团结面、增强包容性。着力在推进协商民主中凝聚共识，紧扣特区党委、政府决策部署和重点工作，丰富协商形式，扩大参与面，做到协以成事、商以求同。认真贯彻党的民族宗教政策，密切与民族宗教界人士联系，充分听取和反映意见诉求，促进民族团结、宗教和睦、社会和谐。

（二）**积极加强系统联动**。主动加强与省、市政协联系沟通，积极争取上级政协指导支持。积极参加省、市政协组织的学习培训、调研视察等活动，精心做好省、市政协和兄弟县政协来六枝特区调研视察服务保障工作，共接待全国及省、市政协有关领导和委员到六枝特区调研视察 20 批（次），协同省、市政协完成了脱贫攻坚、产业转型升级、小康菜园建设、民营经济发展等专题调研任务。制定《六枝特区政协领导班子成员联系走访界别、委员、乡（镇、街道）政协工作联络组工作方案》，完善结对联系、常态化走访工作机制，通过电话联系、实地走访、召开座谈会等方式，经常了解委员思想动态、解决困难问题、激发履职热情。2020 年，共联系走访委员 150 人，委员企业 17 家。

（三）**广泛凝聚社会共识**。引导委员积极开展送医送药送法律送文化下乡活动，协助做好政策宣传、解疑释惑等工作。注重以史化人，做好六枝民族民间文化、三线建设文化、历史人物相关史料征集编纂工作，创办《六枝文史》，充分发挥存史、资政、育人作用。积极向各级政协和有关人士推送《六枝文史资料选辑》《夜郎文化研究》《六枝故事》等书籍，广泛宣传推荐六枝文化底蕴、旅游资源等，提升六枝知名度。认真做好政协门户网站管理，广泛宣传特区党委、政府和特区政协工作，在政协门户网站开设“委员风采”栏目，大力宣传政协委员履职情况，凝聚社会共识力量。

五、注重强基固本增效，增强“内动能”，政协队伍自身建设更加有力

始终把提质增效贯穿政协工作的全过程和各方面，着力加强政协委员和政协机关干部“两支队伍”建设，不断增强政治把握能力、调查研究能力、联系群众能力、合作共事能力。

（一）**着力激发委员主体活力**。修订完善政协全体会议工作规则、常委会工作规则、委员履职工作规则、提案工作暂行办法等制度 6 个，推进政协委员履职规范化、制度化、程序化建设。通过邀请委员参加有

关会议、调研视察等活动，引导委员积极撰写提案、社情民意信息等，不断增强委员履职意识，提升履职能力。设立委员服务中心，加强委员服务管理，完善委员履职考评办法，不断提升委员责任感和使命感。加强委员队伍建设，及时协商增补特区政协第九届委员 17 名、常委 7 名。

（二）着力增强机关服务保障能力。紧盯“两个薄弱”问题，坚持把政治理论学习放在能力建设的首位，完善学习制度，创新学习方式，丰富学习内容，注重学习实效。加大政协干部的培养培训力度，激励干部干事创业激情。2020 年，共交流提拔政协干部 6 人，选派 5 批次 15 人次参加省市政协及特区党委组织的学习培训，选派 1 名同志到省政协挂职锻炼，从乡镇和相关部门抽调 4 名年轻干部到政协机关跟班学习，不断增强政协干部队伍整体活力。自觉接受区委第八轮政治巡察，以严肃认真态度抓好巡察整改，修订完善内部财务管理、车辆管理、考勤管理等制度，建立科级以上干部工作动态日志，政协机关工作更加规范高效，机关干部主动谋事、拼搏干事、努力成事的氛围更加浓厚。

存在的问题

一是建言资政和凝聚共识双向发力的制度、程序和机制还不够完善；二是协商议政质量和水平仍需进一步提高；三是政协工作基础薄弱、人员力量薄弱问题仍然存在；四是委员履职尽责的自觉性和主动性有待提升。

下一步打算

（一）坚持以新思想为引领，坚定不移把好方向。发挥政协政治组织作用，把旗帜鲜明讲政治贯穿政协履职全过程，用新思想武装头脑、领航定向、寻策问道，确保人民政协工作始终保持正确的政治方向。

（二）坚持以高质量为目标，齐心协力助推发展。充分发挥政协专门协商机构的优势和作用，立足新发展阶段、贯彻新发展理念、融入新发展格局，积极建言资政，广泛凝聚共识，齐心协力助推全区“十四五”好开局、起好步。

（三）坚持以增效能为导向，创新机制高效履职。坚持把高效履职放在更加突出的位置，正确处理履职数量与质量的关系，持续推动政协履职工作务实高效。

（四）坚持以强基础为保证，勤勉尽责勇担使命。紧扣新发展阶段新要求，牢牢把握新时代人民政协的新方位新使命，加强政协自身建设，切实提高政协委员和政协干部政治判断力、政治领悟力、政治执行力，为推动政协事业创新发展提供坚强的保证。

（撰　稿：六枝特区政协办公室）

纪委监委工作

中共六枝特区纪委监委2020年工作综述

2020年，全区各级纪检监察机关坚持以习近平新时代中国特色社会主义思想为指导，增强“四个意识”、坚定“四个自信”、做到“两个维护”，在防控疫情斗争、决胜全面建成小康社会、决战脱贫攻坚等大战大考中忠诚履职尽责，充分发挥监督保障执行、促进完善发展作用，深入推进正风肃纪反腐，纪检监察工作高质量发展取得新成效。

一、工作成效

2020年，全区纪检监察机关立案177件179人；党纪政务处分157人；移送司法机关8人。社会公众对领导重视反腐败程度、反腐败工作成效、干部作风和廉洁从政、反腐败斗争信心等4项正向评价性指标分别达97.45%、96.3%、96.01%、98.02%，创历年新高。

二、主要措施

（一）深学笃用习近平新时代中国特色社会主义思想，在坚决做到“两个维护”上彰显新担当。始终把学习贯彻习近平新时代中国特色社会主义思想作为首要政治任务和主题主线，专题传达学习、研究贯彻习近平总书记最新重要讲话和重要指示批示以及党中央、中央纪委国家监委、省纪委省监委、市纪委市监委有关领导讲话、文件、会议精神38次。深入学习贯彻十九届四中、五中全会精神和赵乐际书记到贵州考察调研时讲话精神，贯通学习《习近平谈治国理政》第一、二、三卷，开展中央纪委四次全会精神和《中华人民共和国民法典》《中华人民共和国公职人员政务处分法》学习培训，切实将学习培训成果转化为推动纪检监察工作高质量发展的不竭动力。聚焦“两个维护”强化政治监督，积极投身战疫一线，闻令而动，在做好自身防控的同时，快速建立疫情防控督查问责体系，特区纪委监委领导班子成员带头，统筹内部力量和外部力量，组建21个督查组，围绕8个重点督查内容，实施8类追责问责情形，开展监督检查3000次，发现并督促整改问题240个，责任追究23人，党纪政务处分10人。紧跟时势调整监督重点，聚焦常态化疫情防控、复工复产、做好“六稳”工作、落实“六保”任务等跟进监督、精准监督、做实监督，为统筹推进疫情防控和经济社会发展提供坚强纪律保障。突出重点领域加强监督，将各级各部门贯彻落实党中央重大决策部署、习近平总书记重要指示批示精神、十九届四中全会精神和各部门履行职责使命等作为监督检查重点，加强对冒名顶替上大学、人防系统腐败和作风问题、违建别墅项目问题、遗留工程项目问题、农村乱占耕地建房问题的政治监督，强化对各级各部门全面从严治党主体责任落实、党委（党组）履行职责、党内法规制度执行、严肃党内政治生活等情况的监督检查，组织28名党委（党组）书记向纪委全会述廉述责，推动党委（党组）切实担负起全面从严治党政治责任。持续严明政治纪律政治规矩，聚焦“七个有之”，严肃查处主体责任严重缺位、对抗组织审查等违反政治纪律和政治规矩案件8件8人。

（二）全力保障脱贫攻坚圆满收官，在集中整治群众反映强烈的突出问题上体现新作为。坚持把全面从严治党要求贯穿脱贫攻坚全过程，围绕脱贫攻坚“挂牌督战”“冲刺九十天、打赢歼灭战”“确保高质量、打好收官战”等行动，加强对脱贫工作绩效、脱贫政策连续性稳定性的监督检查，对国家、省、市督导检查涉及六枝特区整改的52个问题开展督查整改，严肃查处脱贫攻坚工作中形式主义官僚主义突出问题，确保脱贫攻坚真实可靠、够格达标。持续整治扶贫领域腐败和作风问题，一以贯之落实纪委监委班子成员带头访、片区协作组（乡镇纪委、街道纪工委）专门访、民生监督员随时访，常态化开展“访村寨、重监督、助攻坚”专项行动，组织开展农村饮水安全专项监察和集体“三资”达到一定规模的村（居）党组织书记、主任“提级监督”试点，运用“贵州省扶贫民生领域监督系统”，探索建立民生监督云“黑名单库”，倒逼主管部门查找问题根源，让屡禁不止的“死亡领补”问题得到有效解决，全年查处扶贫民生领域案件 88 件 90 人，党纪政务处分 68 人。巩固深化漠视侵害群众利益问题专项整治，推动解决群众住房、就业、社保、就学等方面的操心事、烦心事和揪心事，严肃查处月亮河乡医疗保险征缴工作中不作为、乱作为行为，责任追究乡、村两级干部 9 人，该乡 249 名群众错过集中征缴期未能参保问题得到及时督促落实，全区查处医疗保险领域案件 16 件 16 人。扎实开展“伞网清除”行动，对问题线索迅速分办、直查直办、督办催办，集中力量攻坚“清零”。截至 2020 年年底，共处置涉黑涉恶腐败和“保护伞”问题线索 120 件，“三类问题”分别立案 3 件 3 人、15 件 15 人、18 件 18 人。

（三）持之以恒落实中央八项规定精神，在推动化风成俗、成为习惯上取得新成效。持之以恒落实中央八项规定及其实施细则精神，以永远在路上的坚韧和执着，一个节点一个节点坚守，一个问题一个问题突破，深入纠治违规收送礼品礼金、违规吃喝、违规操办婚丧喜庆、违规发放津补贴或福利、公款旅游以及违规接受管理和服务对象旅游活动安排等问题，严查私车公养、不吃公款吃老板等隐形变异问题，不断增强纠治“四风”的针对性和实效性，节假日期间监督检查 616 次，抽查酒楼 8 家，调查核实存疑公车 14 辆，调取核实公务用车油卡 327 张，共发现问题 5 个，责任追究 6 人；联合公安、市场监管等部门组建 6 个组开展突击检查，对在公共场所打麻将的 7 名干部进行立案审查调查。全年查处享乐主义、奢靡之风问题 28 件 28 人，党纪政务处分 21 人。始终站在坚持政治原则、严明政治纪律的高度，加大整治形式主义、官僚主义力度，深化治理贯彻落实党中央决策部署只表态不落实，维护群众利益不担当、不作为，困扰基层的形式主义、官僚主义等突出问题，着力解决文山会海、过度留痕等问题，查处形式主义、官僚主义突出问题 23 件 27 人，党纪政务处分 24 人。精准施治舌尖上的浪费，开展制止餐饮浪费监督检查，结合各单位职能职责，梳理细化监督任务清单 35 条，对全区 57 家单位开展监督检查，督促整改问题 10 个，对省、市纪委监委制止餐饮浪费行为明察暗访反馈问题进行“回头看”，督促整改问题 3 个。

（四）强化巡察上下联动，在深入推动巡察工作高质量全覆盖上呈现新亮点。坚持巡察上下联动，注重把握共性问题、突出个性问题，精准开展政治监督，根据市委授权巡察路喜、牂牁、木岗、郎岱 4 个副县级园区，统筹开展党办、人大办、政府办、政协办等 9 家单位的“同步巡”，推动形成上下联动、同频共振、形成震慑的良好工作格局。稳步推进巡察全覆盖，认真做好十一届区委第七轮巡察反馈工作，围绕“三个聚焦”，开展第八轮、第九轮对 20 个区直单位、7 个区直学校、92 个村（居）党组织的巡察工作，提前一年完成本届区委巡察全覆盖目标任务，第七、第八轮巡察发现问题 1159 个，督促整改 1024 个，移交纪检监察机关问题线索 46 个，立案 21 件，党纪政务处分 18 人。做实巡察整改“后半篇文章”，认真落实巡察“三汇报”制度，巡察情况及建议经巡察工作领导小组会、书记专题会、区委常委会审定后及时反馈整改；创新建立巡察发现问题线索研判机制，由特区纪委特区监委分管或协管案件领导、巡察办主任和副主任、巡察组组长和副组长共同召开问题线索研判会，对拟移送问题线索概况、支撑的事实依据、性质进行共同研判会审，提高移送线索质量；建立联动督办机制、巡察“回访”机制，立足“当下改”和“长久立”相结合，推动巡察整改工作落细落实。六枝特区村（居）巡察工作在全省市县巡察工作推进会上做经验交流发言。

（五）扎实履行监督首要职责，在推动制度优势向治理效能转化上推出新举措。推动健全全面从严治党制度，采取细化全面从严治党主体责任清单、监督责任清单、廉政档案、检查考核、述廉述责、政治生态分析研判等方式，综合运用重大事项请示报告、提出意见建议、监督推动党委（党组）决策落实等途径，压紧责任链条、拧紧责任螺丝，推动形成“四责统一”的管党治党工作格局。协助特区党委切实加强党的建设，构建“3+1”监督工作格局，配合市纪委完成六枝特区政治监督活页建设工作，建立涉及区级各部门党委（党组）、各乡（镇、街道）党（工）委政治监督活页102份。按照《六盘水市政治生态综合分析评价办法（试行）》“10+2”评价指标和“九看”标准，全力配合市纪委对六枝特区开展政治生态分析研判。把干部廉政档案作为强化日常监督的基础性工作，规范建立科级干部、股级干部廉政档案1114份，延伸建立村党支部书记、村委主任廉政档案444份，实行统一管理、动态更新。严把选人用人政治关、品行关、作风关、廉洁关，审查回复党风廉政意见2882人次。做实派驻监督“1+1+4”工作机制，综合运用七种监督方式，对问题进行链条式、闭环式管理，逐一列入监督台账，开展监督1146次，发现问题338个，立案45件，党纪政务处分44人。规范推进片区协作，突出“一月一重点”，每月制定监督检查事项，确定2个乡镇作为重点监督对象，采取交叉、联合等方式开展监督检查，提升监督实效，开展监督检查1391次，发现问题380个，处置问题线索196件，立案127件，党纪政务处分104人。贯彻落实《纪检监察机关处理检举控告工作规则》，搭建纪检监察系统检举举报平台，定期筛选分析，精准研判办理，推动党内监督与群众监督贯通衔接，受理信访举报。坚持“惩前毖后、治病救人”，落实“三个区分开来”要求，运用容错纠错机制对1名干部予以免责，运用“四种形态”处理干部604人，一、二、三、四种形态分别占71.36%、21.52%、4.64%、2.48%，“教育”和“惩处”双重作用充分彰显。坚持尽职免责、失职追责，全年问责党组织1个，党员领导干部5人。积极推行函询回复采信反馈机制，对反映问题较为轻微、指向不具体的25个单位和个人予以函询并采信。充分发挥回访教育的监督、管理、激励作用，对336名受处理干部开展回访教育。

（六）持续深化纪检监察体制改革，在增强监督的严肃性协同性有效性上迈出新步伐。坚持和加强党对纪检监察工作的领导，严格落实重大事项请示报告制度，全年书面向市纪委市监委和特区党委请示、报告有关监督检查、审查调查、干部人事等工作39次。深入推进纪检监察体制改革，制定《规范乡（镇、街道）纪（工）委副书记（监察办公室副主任）、监察办公室专职监察员任免职办理工作程序》，完善对乡镇一级纪委“两为主一报告”机制，切实加强对下级纪检监察机关（机构）的统筹联络和领导指导，严格督促下级纪检监察机关（机构）向特区纪委特区监委报告工作，真正把双重领导体制落细落实。分类推进派驻机构改革，协助党委出台《关于深化中共六枝特区纪委六枝特区监委派驻机构改革的实施意见》，完成8名派驻纪检监察组组长分别担任1家被监督部门的党委（党组）成员或领导班子成员，有效发挥“派”的权威和“驻”的优势。有序推进区管企业纪检监察体制改革，明确机构设置、主要职责、工作权限、工作制度等，完成对民生公司设立监察机构工作，纪委书记任命为监察专员。持续深化监察体制改革，从特区人大代表、政协委员、政法干警以及基层干部中，聘请9名同志作为特区监察委员会第一届特约监察员，制定工作要点，明确职责权限，丰富特约监察员活动内容，举办2020年纪检监察开放日活动，增强纪检监察工作透明度。研究确定特区监委向特区人大常委会报告专项工作主题，依法有序推进特区监委向特区人大常委会报告专项工作。

（七）一体推进不敢腐、不能腐、不想腐，在巩固发展反腐败斗争压倒性胜利上实现新进展。突出重点削减存量、零容忍遏制增量，深刻分析各行各业廉政风险点，按照系统抓、系统查的思路，重点查处六枝特区交通运输综合行政执法大队有关人员“靠行吃行”，利用职务便利违规放行超限货车并收受驾驶员“通行费”20万元进行私分的问题，立案17人，采取留置措施1人，移送司法机关3人。全年立案177件179人，结案177件，党纪政务处分157人，移送司法机关8人。扎实开展问题线索清零，线索办结率达85%，为区乡村换届打下坚实基础。深入开展案件质量评查，确保案件经得起历史和人民检验。纵深推进“一案一整改”工作，精选4件12人典型案例开展“一案一整改”，督促案发地区、单位整改问题13个、修订制度4个。多形式多场合开展警示教育，在年初纪委全会期间套开党风廉政警示教育大会，通报部分党员干部任性滥权典型案例，编印警示教育读本，强化以案示警、以案明纪。在特区政府廉政工作会议上通报查处政府系统人员违纪违法问题，会同特区妇联、精神文明办组织开展“廉洁文化进家庭”

活动，教育引导全区党员干部及家庭成员守好家庭廉洁门、管好家庭廉洁账、把好家庭廉洁关。更新新窑镇廉政文化展厅警示教育内容，组织全区党员干部共431人次参观学习、接受廉政教育洗礼。持续向社会和群众通报党风廉政建设和反腐败工作，提升群众对全面从严治党的信心和对反腐败工作的认可度、满意度。

（八）坚持强化自我革命精神，在建设高素质专业化纪检监察干部队伍上展现新气象。把“严”的主基调贯穿机关党建全过程，建设1个标准化示范党支部，调整完善6名纪委监委班子成员分别联系6个党支部。严格执行“三会一课”制度，5个党支部召开支委会70次，党员大会27次，上党课20次，主题党日活动51次，班子成员以党员身份参加组织生活28次，带头上党课、开展宣讲8次。严肃党内政治生活，扎实开展庆祝中国共产党成立99周年爱国主义主题教育系列活动、机关联基层活动，持续增强机关党建的时代性和感召力。机关党委荣获“全市脱贫攻坚先进党组织”“全区脱贫攻坚先进党组织”称号，2名同志分别获全区疫情防控阻击战“最美家庭”“巾帼建功标兵”称号。全面加强干部能力建设，贯彻落实纪检监察干部能力提升年、能力建设三年规划部署要求，大力实施政治业务能力提升工程、“人才双千”工程、大数据信息化工程、监督执纪执法保障强化工程，用心用力把队伍建强、让干部过硬，提拔干部10人，交流10人、职级晋升29人，6名、12名优秀同志分别进入省级、市级执纪执法青年业务骨干和拔尖人才人选名单。有序推进全员培训，组织参加上级培训25期107人次，本级培训5期600人次。加强实战锻炼，推选5名同志驻扎脱贫攻坚一线，9名同志参加中央纪委国家监委、省纪委省监委、市纪委市监委专案查办、挂职锻炼和专项工作，轮流安排新进同志到信访、监督检查、审查调查岗位实战训练。设立机关事务保障中心，为纪检监察工作提供事务服务和保障。强化自我监督，自觉接受市纪委对六枝特区纪委特区监委的内部督查，结合反馈问题整改，制定完善自身建设、干部管理、资产管理、财务管理等29个制度，编制《内部管理手册》，纪检监察工作运行体系更加健全。常态化“打扫庭院”，建立完善纪检监察干部廉政档案80份，完成对辖区14个乡（镇、街道）纪（工）委内部督查工作，实现乡镇一级纪检监察机构内部督查全覆盖。

三、主要经验

（一）必须始终坚持党的全面领导。把党的集中统一领导作为纪检监察工作的政治原则和政治底线，增强“四个意识”、坚定“四个自信”、做到“两个维护”，坚决服务中心工作和发展大局，让党的领导贯穿纪检监察工作始终，确保纪检监察工作行稳致远。

（二）必须始终坚定正确政治方向。把政治建设作为全面从严治党首要任务，紧紧围绕“两个维护”强化政治监督，对标对表党中央重大决策部署和省委、市委、特区党委贯彻措施，既带头抓好落实，又充分发挥监督保障执行、促进完善发展作用，做到党中央重大决策部署到哪里，政治监督就跟进到哪里，确保全区各级党组织和党员干部令行禁止、步调一致向前进。

（三）必须始终坚持以人民为中心。坚定站稳人民至上的根本立场，依靠群众开展工作，及时回应人民群众关切，人民群众反对什么、痛恨什么，就坚决防范和纠正什么，更加突出整治群众身边腐败和不正之风，以正风肃纪反腐凝聚党心民心，不断夯实党执政的政治根基。

（四）必须始终保持战略定力。坚持把正风肃纪反腐和国家治理体系贯通融合，充分发挥监督在国家治理中的基础性保障性作用，发挥反腐败在维护国家制度、保障政治安全中的特殊作用，以严密监督体系防范风险挑战、筑牢安全屏障，以党的伟大自我革命保障和引领伟大社会革命，促进国家治理体系和治理能力现代化。

（五）必须始终坚持高质量发展。坚持稳中求进、实事求是、依规依纪依法，坚持“三不”一体推进、纪法情理贯通融合，坚持系统观念、发挥组织优势和系统作用，精准掌握高质量发展科学方法，促进纪检监察工作规范化、法治化，实现政治效果、纪法效果和社会效果有机统一。

（六）**必须始终坚持从严加强自身建设。**坚守对党忠诚的政治本色，严格教育监督管理，不断提高纪检监察干部的政治素质和业务能力，引导纪检监察干部坚定理想信念、筑牢初心使命，在做到“两个维护”上当模范、作表率，确保党和人民赋予的权力不被滥用、惩恶扬善的利剑永不蒙尘。

四、下一步工作打算

一是坚定不移践行党的初心使命，以“两个维护”实际行动推动习近平总书记视察贵州重要讲话精神落地见效、保障“十四五”规划顺利实施；二是坚定不移深化反腐败斗争，不断实现“不敢腐、不能腐、不想腐”一体推进战略目标；三是坚定不移整治形式主义、官僚主义突出问题，推动形成求真务实、清正廉洁的新风正气；四是坚定不移整治群众身边腐败和作风问题，促进社会公平正义、维护群众切身利益；五是坚定不移推进政治巡察上下联动，充分发挥综合监督平台和联系群众纽带作用；六是坚定不移健全完善监督体系，推动各类监督贯通融合、协同高效；七是坚定不移深化纪检监察体制改革，加快推进规范化、法治化建设；八是坚定不移推进自身建设，锻造一支政治素质高、忠诚干净担当、专业化能力强、敢于善于斗争的纪检监察铁军。

（撰　稿：杨　苏）

重要决策

重要讲话

奋进新征程　开创新局面
全面谱写画廊六枝高质量发展新篇章
确保“十四五”开好局起好步再创新辉煌

——在中国共产党六枝特区第十一次代表大会第五次会议上的工作报告

（2021年1月15日）

六枝特区党委书记　杨昌显

现在，我代表中国共产党六枝特区第十一届委员会向大会作报告，请予审议。

中国共产党六枝特区第十一次代表大会第五次会议，是在我区同步全面建成小康社会胜利在望、乘势而上开启全面建设社会主义现代化新征程的重要历史时刻，召开的一次十分重要的会议。这次大会的主要任务是：高举习近平新时代中国特色社会主义思想伟大旗帜，全面贯彻党的十九大和十九届二中、三中、四中、五中全会精神，以及省委十二届八次全会、市委七届十二次全会、区委十一届十次全会精神，总结2020年和“十三五”工作，部署2021年和“十四五”工作，团结带领全区上下创新开放、奉献担当，奋进新征程、开创新局面，全面谱写画廊六枝高质量发展新篇章，确保“十四五”开好局、起好步，再创新辉煌！

一、2020年和“十三五”工作回顾

刚刚过去的2020年，是全面建成小康社会和“十三五”规划收官之年。一年来，面对突如其来的新冠肺炎疫情和严峻复杂的形势，在党中央和省委、市委的坚强领导下，特区党委团结带领全区各族人民，在抢抓机遇中砥砺前行、在应对挑战中奋力拼搏，统筹推进疫情防控、脱贫攻坚和经济社会发展，全力以赴做好“必答题”、答好“加试题”，全区经济建设、政治建设、文化建设、社会建设、生态文明建设和党的建设取得新成效，为“十三五”收官画上了圆满句号。

一年来，我们群策群力，取得了疫情防控的好成绩。第一时间启动最严格、最深入、最广泛的防控措施，全力阻击来势汹汹的新冠疫情，1.6万名干部闻令而动、逆行坚守，75.6万名六枝人民守望相助、同心战疫，排除一个个疫情隐患，守牢一块块责任网格，筑起一道道防疫长城，取得“零输入、零疑似、零确诊”的好成绩，高质量发展的信心、决心更加坚定！

一年来，我们共克时艰，实现了经济发展稳中向好。积极应对经济下行压力和疫情灾情的影响，全力化解多年少有的财政压力，坚决落实“过紧日子”的要求，全力抓好“六稳”“六保”工作，有效对冲不利因素的影响，全区经济迅速回稳、稳中提质。预计全年地区生产总值同比增长5.5%，规模以上工业增加值同比增长9.5%，500万元以上固定资产投资同比增长6%，社会消费品零售总额同比增长2%，

金融机构存、贷款余额同比分别增长18%、8%，城镇、农村居民人均可支配收入同比分别增长5.5%、10%，脱贫攻坚质量和成色持续提升，高质量发展的源头活水更加汇聚！

一年来，我们苦干、实干，增强了人民群众的幸福感。安六高铁开通运行，中心客运站建成投用，水、电、路、讯等基础设施不断巩固。财政八项民生支出同比增长14.43%。农村劳动力转移就业24962人，城镇登记失业率控制在4.2%以内。54个教育工程和11个医疗卫生项目加快建设，住房、养老、医保等社会保障体系更加健全。法治六枝建设深入推进，平安六枝建设持续深化，扫黑除恶专项斗争圆满收官。安全生产、政府债务、信访调解等领域风险防范化解有力有效，人民群众获得感幸福感安全感不断提升，高质量发展的成果共享更暖人心！

一年来，我们真抓实改，守住了绿水青山的好生态。坚决打好污染防治攻坚战，持续深化环保督察反馈问题整改，中心城区污水处理厂二期建成投运，六枝河水质持续改善，连续四个季度达到Ⅲ类标准。城乡生活垃圾无害化处理率达85%，环境空气质量AQI优良率为100%。全面落实河长制，千人以上集中式饮用水水源地水质达标率为100%。森林覆盖率达58%，高质量发展的生态标签更具魅力！

一年来，我们传承创新，焕发了文化事业的新活力。自觉履行新时代宣传思想工作举旗帜、聚民心、育新人、兴文化、展形象的使命任务，意识形态领域安全稳定。先进典型选树成效明显，荣获全省未成年人思想道德建设工作先进县称号，57人获评市级以上身边好人。牂牁江滑翔伞赛系列活动、农民丰收节、猕猴桃节等活动有声有色。公共文化服务体系和文化产业体系更加健全，美善乡风民风持续彰显，高质量发展的精神动力更加凝聚！

一年来，我们强基固本，筑牢了党的建设的压舱石。始终坚持和加强党的全面领导，党的建设不断加强。基层党支部标准化规范化达标率达85%，各领域党组织更加坚强有力。新发展党员490人，提拔交流使用干部100人次，教育培训干部4666人次，党员干部队伍能力不断提升。一以贯之推进全面从严治党，“不敢腐、不能腐、不想腐”机制持续构建，群众对反腐败工作成效满意度达96.3%。老干部优势和作用充分发挥，工会、共青团、妇联、科协、残联、红十字会等群团工作亮点纷呈，统战、民族、宗教、外事、侨务、老龄、档案、党史、关心下一代等工作成效显著，党管武装和国防后备力量建设不断加强，高质量发展的政治生态向上向好！

时间镌刻前行足印，岁月记录奋斗历程。2020年的特殊历程，在六枝发展史上写下了浓墨重彩的一笔；“十三五”的风雨兼程，全区经济社会发展又跃上一个新台阶。回首五年的奋斗之路，我们收获了来之不易的成就。五年来，我们一年一件大事，精彩出彩承办全省第五届小城镇建设发展大会、全市第四届旅游文化产业发展大会，如期实现脱贫攻坚“减贫摘帽”和贫困人口、贫困村全部清零，统筹推进疫情防控和经济社会发展取得双胜利，年年都有新成就，年年展现新亮点！五年来，我们齐头并进，推进各方面工作，发展成果亮点纷呈。脱贫攻坚全面告捷，累计减贫130个村13.38万人，各项考核考评连续取得“好”成绩、处于“好”方阵，同步全面建成小康社会胜利在望，实现了从解决温饱、总体小康到全面小康的历史性跨越。经济发展行稳致远，传统产业转型升级蹄疾步稳，特色农业发展迅猛，新兴产业加快培育，旅游产业持续“井喷”，地区生产总值年均增长7.83%，县域综合实力显著增强，跻身全省经济强县行列。城乡发展更加协调，城镇化率达48.65%，比“十二五”末增长14.2%；县乡村公路里程达3754.8公里，比“十二五”末增加1669.65公里；农村群众全部住上安全房、喝上放心水、用上稳定电、通上小康讯，城镇、农村居民人均可支配收入分别达32579元、11692元，比“十二五”末分别增加11264元、4578元，农村面貌和群众生产生活条件发生了翻天覆地的变化。改革开放成果丰硕，“三变”（资源变资产、资金变股金、农民变股东）改革、“医共体”改革、“放管服”改革、城乡垃圾收运处置一体化改革等荣获上级点赞，区外重大开放活动积极参与，区内特色节庆赛事活动有声有色，六枝发展正式进入高铁、高速时代，全面对外开放新格局加快形成。生态建设卓有成效，蓝天保卫、碧水保卫、净土保卫、固废治理、乡村环境整治“五场战役”成效显著，“双十工程”深入推进，森林覆盖率较“十二五”末提高12个百分点，获“贵州省森林城市”称号，生态优先、绿色发展的主旋律持续唱响。党的建设全面加强，“两学一做”学习教育常态化、制度化，“不忘初心、牢记使命”主题教育成果巩固深化，基层组织建设和干部队伍建设全面加强，正风反腐成效明显，各级党组织凝聚力、战斗力、号召力极大增强。五年来，我们精准施策，沉着应对禽流感、非洲猪瘟、干旱、洪涝、地质灾害、地震等前所未有的重大考验，在取得一个又一个胜利的同时，也锻造了一支敢打敢拼、勇于担当、善于作为的干部队伍，为推进高质量发展奠定坚实基础、积蓄中坚力量。

一路风雨兼程，一路砥砺前行。刚刚过去的2020年和“十三五”时期的工作，困难比预料的多、结果比预想的好，奋斗充满艰辛、成就令人振奋。这些成绩的取得，是以习近平同志为核心的党中央掌舵领航、科学指引的结果，是省委、市委坚强领导、亲切关怀的结果，是特区“四大班子”齐心协力、克难奋进的结果，是全区各级党组织凝心聚力、顽强拼搏的结果，是广大党员、干部、群众夙夜奋战、苦干实干的结果，是驻境武警官兵和社会各界大力支持、积极参与的结果。在此，我谨代表中国共产党六枝特区第十一届委员会，向全区各级党组织和广大党员干部群众、离退休老同志、武警官兵、民主党派、工商联和社会各界人士，以及所有关心支持六枝改革发展稳定事业的朋友们，表示衷心的感谢并致以崇高的敬意！

在总结成绩的同时，我们也清醒地看到发展中的问题和不足。从区域发展来看，发展不平衡、不充分问题仍然存在，城乡二元结构造成的居民收入、教育均等化、医疗服务水平等深层次矛盾依然突出，保障和改善民生还需付出更多努力。从产业结构来看，农业产业发展仍不充分，工业经济总量小、占比低，新兴产业支撑不足，旅游资源挖掘利用不够，企业主体均不同程度地存在实力弱、链条短和产品种类少、层次低的问题。从风险防范来看，生态环保、安全生产、自然灾害、政府债务、社会治理、经济运行等方面的风险依然存在，相互交织，不容忽视。从党的建设来看，少数党组织和党员干事创业劲头不足、服务意识不强，工作质量和效率距离群众期盼还有差距。对此，我们必须高度重视，下大力气解决好。

二、“十四五”时期经济社会发展的总体要求、主要目标和二〇三五年远景目标

“十四五”时期是全面建成小康社会、实现第一个百年奋斗目标之后，乘势而上开启全面建设社会主义现代化国家新征程、向第二个百年奋斗目标进军的第一个五年。站在新的历史起点和交会点，我们必须胸怀“两个大局”，抢抓新发展机遇、贯彻新发展理念、融入新发展格局，在危机中育先机，于变局中开新局。

“十四五”时期的总体要求是：坚持以习近平新时代中国特色社会主义思想为指导，全面贯彻党的基本理论、基本路线、基本方略，深入贯彻落实习近平总书记对贵州工作重要指示精神，牢记嘱托、感恩奋进，统筹推进“五位一体”总体布局，协调推进“四个全面”战略布局，坚持稳中求进工作总基调，以高质量统揽经济社会发展全局，牢牢守好发展和生态底线，深入实施乡村振兴、大数据、大生态战略行动，大力推动新型工业化、新型城镇化、农业现代化、旅游产业化，坚定不移实现好市委“打造转型升级新样板、厚植区域竞争新优势、构筑对外开放新高地、提升市域治理新效能、开启幸福六盘水新生活”的新目标，打造幸福生活六枝新样板，全面谱写画廊六枝高质量发展新篇章。

“十四五”时期的主要预期目标是：

——经济实力跃上新台阶。经济平稳健康发展，地区生产总值达200亿元，增速保持在8%以上。经济结构和产业结构明显改善，农业现代化水平显著提高，工业化发展水平大幅提升，“7+2”产业板块全链条发展成效明显，发展质量和效益显著提高。

——生态环境实现新进步。城镇生活污染和水土流失得到有效治理，森林覆盖率稳定保持在60%以上。环境质量明显改善，空气质量AQI达标天数进一步增加，地区生产总值能耗、用水量、碳排放、$PM_{2.5}$平均浓度等重要控制指标保持达标。

——改革开放迈出新步伐。重点领域和关键环节改革取得决定性成果。政府职能进一步转变、行政效能进一步提高、发展环境进一步优化，行政干预更少、发展环境更优、服务质量更好，有利于经济发展方式转变的体制机制和开放新环境基本形成。

——民生福祉达到新水平。教育医疗卫生事业、社会保障、收入分配、养老服务、食品安全、饮水安全、住房保障、公共文化、安全生产等方面指标更加优化。城镇登记失业率控制在4%以内。城镇居民人均可支配收入年均增长9%左右，农村居民人均可支配收入年均增长10%左右。

——文明建设取得新成果。社会主义核心价值观深入人心，群众思想道德、科学文化和身心健康等明显提高。公共文化服务体系和文化产业体系更加健全，民族文化、三线文化等不断发展，群众精神文化生活更加丰富，社会文明程度更加提高。

——治理水平得到新提升。社会治理能力和治理水平显著提高，法治政府、法治社会建设取得新成效，自然灾害防御能力明显增强，各类风险总体可控，社会公平正义更加彰显，平安六枝建设成效更加巩固，人民群众安全感、满意度保持较高水平。

展望二〇三五年的愿景，我区将与全国、全省、全市同步基本实现社会主义现代化，建成经济更加发达、环境更加优美、文化更加繁荣、社会更加和谐、生活更加美好的画廊六枝。经济实力、科技实力实现赶超跨越，基本实现新型工业化、信息化、城镇化、农业农村现代化，建成现代化经济体系；社会文明程度达到新高度，文化软实力显著增强；生态文明建设达到更高水平；基本公共服务、基础设施通达程度、人民生活水平高于全省平均水平，基本实现治理体系和治理能力现代化。

三、2021年工作部署

2021年是开启全面建设社会主义现代化国家新征程的第一年，是“十四五”规划的开局之年和中国共产党成立100周年，也是本届党委任期的最后一年，做好今年的工作意义重大。通过综合研判，初步考虑今年工作的主要预期目标是：地区生产总值增速8.5%；规模以上工业增加值增速13%；500万元及以上固定资产投资增长6.5%；社会消费品零售总额增长10%；一般公共预算收入增长1.5%；城镇、农村居民人均可支配收入分别增长8%、9%，经济社会发展和党的建设各项事业再上新台阶。

完成以上目标，我们必须紧扣高质量发展主题，按照区委十一届十次全会确定的“一二三四五”总体思路，持续推进农业稳区、工业强区、旅游兴区、城镇靓区、文化活区、生态立区六项战略，重点抓好以下六个方面的工作，不断开创新局面，实现新作为。

（一）着力在巩固脱贫成果、接续乡村振兴上开创新局面。全面巩固拓展脱贫攻坚成果。严格落实“四个不摘”（摘帽不摘政策、不摘责任、不摘帮扶、不摘监管）要求，保持现有帮扶政策、资金支持、帮扶力量总体稳定，健全防止返贫监测帮扶机制，确保不返贫和不发生新的贫困。深化“五个体系”（基本公共服务体系、培训和就业服务体系、文化服务体系、社区治理体系、基层党建体系）建设，高质量抓好易地扶贫搬迁后续扶持工作。用足、用好东西部扶贫协作、定点帮扶、社会帮扶等机制，全面巩固拓展脱贫攻坚成果，实现与乡村振兴有效衔接。

全面实施乡村建设行动。力争将我区纳入全国乡村振兴重点帮扶县名单，积极争取更多政策支持。聚焦产业兴旺，大力支持乡村特色产业发展壮大，注重产业后续长期培育，进一步提高市场竞争力和抗风险能力。聚焦生态宜居，进一步提升农村基础设施和基本公共服务水平，持续改善乡村生态环境，扎实推进美丽宜居乡村建设，让乡村人与自然和谐共生。聚焦乡风文明，加强农村思想道德建设和公共文化建设，传承、发展、提升农村优秀传统文化，大力开展移风易俗行动，不断提高乡村文明建设程度。聚焦治理有效，加强农村基层党组织建设，深化村民自治实践，推进法治乡村、平安乡村建设，提升乡村法治水平，让乡村社会充满活力、和谐有序。聚焦生活富裕，围绕群众最关心、最直接、最现实的利益问题，抓重点、补短板、强弱项，让乡村成为幸福美丽新家园。

（二）着力在实施四轮驱动、厚植发展优势上开创新局面。推进新型工业化实现大突破。加快推进以六枝经济开发区为载体的百亿级产业转移示范基地建设，大力开展主导产业培育提升行动，搭建起实现工业大突破的“四梁八柱”。全力推进煤矿建设和技改提升，实现聚鑫、宏顺发等煤矿建成投产，力争完成原煤产量300万吨。加快推进平桥萤石（锂）矿资源勘查开发。扎实做好福能六枝电厂电煤保障，统筹抓好水电、垃圾发电、瓦斯发电、光伏发电，完成发电量80亿度。优化“7+2”产业板块布局，大力推进锂电产业园、豆制品产业园、木岗园区20万平方米标准厂房项目建设，推动黔狼智能装备、润恒医疗防护物资、丰翼智能无人机及机器人、一汽解放小型消防车项目建成投产，加快引进太平洋纺织弹力丝生产项目、特盈有机玻璃高分子助剂生产项目，不断延伸产业链、拓宽产业幅。鼓励支持六矿瑞安、宏狮机械制造、金指纹、华兴管业等企业加大科研投入，开发新产品。实现二产增速达10.7%。

推进新型城镇化实现大提升。进一步优化城市布局，加快旧城改造和高铁新城、南部新区等规划建设，促进中心城区东拓西延、南扩北改。大力实施城市更新工程，加快推进22个老旧小区改造，不断完善城市基础设施和公共服务设施，着力提升城市综合承载能力和品质品位。加大房地产市场调控监管，推进房地产市场有序健康发展。强化城市综合执法，提高城市精细化管理能力和水平。突出产业核心，鼓励乡镇因地制宜发展各具优势的特色小镇。持续推进各类资源要素向乡镇延伸，使城乡更畅通、更健康、更安全、更美丽、更宜居。

推进农业现代化实现大振兴。持续深化农村产业革命，坚持农、林、牧、副、渔全面发展，发展优势农业产业83.71万亩以上，实现全年生猪出栏33.8万头、肉牛存栏10万头出栏3.4万头、特色水产养殖面积达5000亩以上。大力发展农副产品精深加工，鼓励企业加快产品研发和品牌推广，促进第一、二、三产业融合发展，实现农产品就地转化率达50.3%以上。深入推进“黔货出山”，大力拓展销售市场，完成农产品省外销售2万吨以上。大力推进土地整治和高标准农田建设，增强排涝抗旱能力。不断完善加工仓储、冷链物流、科技信息、电子商务等配套设施，提升农业科技水平。实现第一产业增速达6.5%。

推进旅游产业化实现大发展。稳步推进国家全域旅游示范区创建。积极推进瀑布源龙井布依风情景区创建国家AAAA级旅游景区。推动回龙溪康养休闲度假旅游景区提档升级。加快推进牂牁江旅游景区、郎岱山地旅游度假区、“六枝记忆·三线文化”产业园等重点旅游项目建设，进一步盘活现有旅游资源。持续推进旅游设施、旅游业态、服务水平提档升级，着力开发打造一批精品旅游线路，培育壮大和引进一批旅游市场主体。深入推进“旅游+”“+旅游”模式发展，加快完善旅游产业链条。继续办好文化旅游宣传推介活动，加快构建与周边景区景点有机衔接机制，持续提升“中国凉都·画廊六枝”知名度、美誉度。大力扶持和发展现代服务业，推进传统服务业改造升级，深入挖掘消费潜力，不断激发消费市场活力。实现三大产业增速达9.1%。

推进项目建设实现大提速。统筹推进产业项目建设和基础设施建设“六网会战”，全力保障六枝至安龙、纳雍经六枝至晴隆、安顺经六枝至盘州等高速公路六枝段建设，大力推进G356大用至落别段、西嘎至毛口等交通项目建设，力争启动六枝至黄果树公路建设，加快实施国省道、县乡道改造，持续巩固“四好农村路”省级示范县成果。加快推进母猪田、小长冲等水库工程建设，不断完善水旱灾害防御工程，持续夯实用水保障。加快教育、医疗、体育等领域项目建设，推进天然气管网建设，加大以互联网、5G网络为代表的新型基础设施投入，厚植发展新优势。

（三）**着力在深化改革开放、释放发展活力上开创新局面**。坚持全面深化改革增动力。深化要素市场化配置改革，抓好土地制度、财税金融等改革，不折不扣落实减税降费政策。深化“放管服”改革，简化行政审批流程，大力推进“全省通办、一次办成”。深入推进六枝经济开发区综合改革。深化农村综合改革和民生领域改革，巩固拓展“三变”“医共体”城乡水务一体化、城乡生活垃圾收运处置一体化等改革成果，积极探索创新一批改革举措。

坚持扩大对外开放强活力。抢抓贵州内陆开放型经济试验区建设机遇，积极参与“长江经济带”建设，主动融入和服务国家“一带一路”倡议，在国内大循环和国内国际双循环中持续拓展和开辟发展空间。积极开展对外开放活动，继续办好旅游品牌宣传和文化文艺活动，不断拓展画廊六枝“外交圈”“活动圈”。深入推进产业大招商，持续开展营商环境大提升行动，千方百计引进更多国内外优强企业，力争招商引资到位资金达100亿元以上。

（四）着力在守好生态底线、推动绿色发展上开创新局面。坚持绿色发展。深入践行“绿水青山就是金山银山”理念，大力推进产业生态化、生态产业化。深入实施绿色经济倍增计划，不断提升绿色经济比重。大力发展绿色农业、绿色制造业、绿色服务业、绿色金融业，推进节能降耗、清洁生产、资源综合利用，倡导绿色低碳出行，让“绿色经济”成为高质量发展的原动力。

狠抓生态治理。一以贯之抓好生态环保督察反馈问题整改，坚决防止反弹回潮。深入推进国家储备林建设和新一轮退耕还林，完成营造林7.51万亩、石漠化治理10平方公里、水土流失治理30平方公里。大力实施空气质量优化工程、水环境净化工程、净土保卫工程、固体废物治理工程、乡村环境整治工程。建立健全生态环境监管和应急保障体系，强化生态环境执法，让高质量发展绿起来、强起来。

（五）着力在发展社会事业、改善民生福祉上开创新局面。加快社会事业发展。坚持就业优先政策，多举措稳定现有就业、增加新的就业，支持多渠道灵活就业，注重发展新就业形态，实现更加充分更高质量就业。坚持办好人民满意的教育，持续深化教育体制改革、教师队伍建设和教育基础设施建设，统筹推进学前教育、义务教育、高中教育、职业教育、特殊教育、民办教育等各类教育多样特色、优质均衡发展。深入实施健康六枝建设，不断完善城乡医疗卫生体系、重大疫情防控体系、公共卫生服务和应急管理体系，深化医药卫生体制改革，加强食品药品安全监管，开展全民健身运动，保障人民群众身体健康和生命安全。继续推进全民参保计划，健全社会救助、慈善救助、法律援助、社会保险、红十字会、退役军人服务等保障体系，切实保障妇女、儿童、老年人、残疾人合法权益，推动发展成果人人共享。

提升社会治理能力。加快社会治理体系和治理能力建设，扎实开展“一中心、一张网、十联户”社会治理机制工作，常态化开展扫黑除恶专项斗争，严厉打击各类犯罪活动，构建全方位立体化平安网，全面提升社会治理水平。深入推进基层治理现代化，加强和改进信访工作，有效预防和多元化化解社会矛盾纠纷。深入推进法治六枝建设，广泛开展法治宣传教育，营造尊法、学法、守法、用法的良好氛围。

着力防范化解风险。牢固树立总体国家安全观，切实维护国家安全和政治稳定。认真落实常态化疫情防控措施，坚持人防、物防、技防结合，强化中高风险地区入境人员管控，落实重点人群“应检尽检”，做好疫苗接种工作，坚决巩固来之不易的疫情防控成果。大力推进安全生产源头治理、依法治理，全面提升安全生产保障能力，坚决遏制重特大事故发生。多渠道化解债务存量，严控增量，支持金融发展，维护金融稳定，确保不发生系统性区域性金融风险。加强地质灾害、自然灾害、气象灾害隐患排查治理，完善防灾、减灾、救灾体制机制，牢牢守住、守好各领域风险底线，让“安全引擎”保障下的高质量发展成色更足、质量更高。

（六）着力在强化思想引领、蓄聚精神力量上开创新局面。突出宣传思想引领。始终把思想文化建设摆在突出位置，坚持用习近平新时代中国特色社会主义思想凝心铸魂，认真举办庆祝中国共产党成立100周年系列活动，唱响主旋律，弘扬正能量。严格落实意识形态工作责任制，强化意识形态工作阵地建设和管理，牢牢掌握意识形态工作领导权和话语权。加强网络安全和信息化建设，发展积极健康的网络文化。持续提高宣传引导能力，讲好六枝故事，传播好六枝声音。

提高社会文明程度。大力开展全国文明城市创建，深入开展爱国主义、公民道德、家庭家教家风教育，持续开展先进评选活动和志愿服务行动，不断提高精神文明建设水平。全面加强科普工作，提升公民科学素质。弘扬诚信文化，倡导勤俭节约，用社会主义核心价值观引领淳朴社会风气。

坚持文化为民惠民。以创建国家公共文化服务体系示范区为抓手，积极推进重点文化产业项目和新时代文明实践中心建设。深入挖掘和传承民族文化、夜郎文化、三线文化、山地文化等特色文化资源，加强民族优秀传统手工艺保护，推进文旅、文创、文体等产业创新发展，让文化“软实力”成为经济社会高质量发展的“硬支撑”。

四、坚定不移全面从严治党

奋进新征程、开创新局面，必须充分发挥党的领导核心作用，把抓好党建作为最大政绩，推动全面从严治党迈上新台阶。

（一）**坚持把党的领导贯穿始终，汇集团结奋进的强大合力。**充分发挥特区党委总揽全局、协调各方的领导作用，支持和保障特区人大、政府、政协和监察机关、审判机关、检察机关依法、依规、依章程独立负责、协调一致地开展工作。加强和改进工、青、妇等群团组织工作，不断增强群团工作和群团组织的政治性、先进性、群众性。坚决贯彻军地深度融合发展战略，认真做好国防动员、国防教育、人民防空、退役军人事务等工作。大力支持民族、宗教、外事、侨务、档案、关心下一代等工作。牢牢把握大团结大联合主题，做好工商联、民主党派、无党派人士、新的社会阶层人士统战工作，不断巩固和发展最广泛的爱国统一战线。

（二）**坚持把党的政治建设摆在首位，铸就绝对忠诚的政治品格。**坚持不懈用习近平新时代中国特色社会主义思想武装头脑、指导实践、推动工作，深入贯彻落实习近平总书记对贵州工作的重要指示精神，引导广大党员干部坚定政治方向、树牢理想信念，自觉践行初心使命。严肃党的政治纪律和政治规矩，严格执行民主集中制、重大问题请示报告等制度。深入推进“两学一做”学习教育常态化、制度化，巩固拓展“不忘初心、牢记使命”主题教育成果，认真开展“忠诚干净担当、喜迎中国共产党成立一百周年”专题教育，不断锤炼党性，提高政治觉悟和政治能力。

（三）**坚持把干部队伍建设作为关键，激发干事创业的担当精神。**坚持党管干部原则，落实好干部标准，完善干部担当作为激励机制，以正确用人导向引领干事创业导向。认真做好区乡村换届工作。加强党政领导班子建设，提高各级领导班子和党员干部推动高质量发展的能力。大力发现和培养选拔优秀年轻干部，用好各年龄段干部，注重培养选拔高素质专业化干部。统筹做好培养选拔女干部、少数民族干部和党外干部工作。坚持“三个区分开来”，建立健全容错纠错机制，让想干事、肯干事、能干成事的干部有更好用武之地。持续推进老干部服务管理工作。完善人才引进机制，有效解决人才紧缺问题，提高人才吸附力，确保优秀人才引得进、留得住、用得好。

（四）**坚持把党的基层组织建强建优，筑牢坚强有力的战斗堡垒。**扎实推进各领域党建工作，深入推进“五联五共”和“凉都先锋”工作，巩固基层党建“两个覆盖”成果，选优配强村（居）干部，推动基层组织建设全面进步、全面过硬。认真做好党员发展、教育、管理、服务和关怀工作，促进党员先锋模范作用更好发挥。持续深入开展基层腐败、农村黑恶势力违法犯罪等突出问题治理。常态长效整顿软弱涣散基层党组织。更加重视基层、关心基层、支持基层，加快基层组织活动阵地建设，切实改善服务群众条件。

（五）**坚持把党风廉政建设抓严抓实，巩固风清气正的政治生态。**认真执行党内法规制度，细化配套措施和工作规范，坚决维护党规党纪的严肃性。严格落实中央八项规定及其实施细则精神，从重处理隐形变异“四风”问题，着力推动作风建设制度化、长效化。加强反腐倡廉教育和廉政文化建设，引导党员干部敬畏人民、敬畏组织、敬畏法纪。深化纪检监察体制改革，扎实推进规范化、法治化建设。加强党委巡察工作，用好巡视、巡察成果，切实抓好巡视、巡察发现问题整改落实。严格落实“两个责任”，抓住“关键少数”，层层传导责任。坚持实事求是原则，精准运用“四种形态”，精准监督执纪问责。一体推进“不敢腐、不能腐、不想腐”，严肃整治和查处侵害群众利益的不正之风和腐败问题，持续巩固发展反腐败斗争压倒性胜利，为开启全面建设社会主义现代化国家新征程提供坚强保证。

功崇惟志，业广惟勤。让我们更加紧密地团结在以习近平同志为核心的党中央周围，高举习近平新时代中国特色社会主义思想伟大旗帜，在党中央和省委、市委的坚强领导下，不忘初心、牢记使命，同心同德、拼搏进取，为全面谱写画廊六枝高质量发展新篇章，确保“十四五”开好局、起好步，再创新辉煌而努力奋斗，以优异的成绩向中国共产党成立100周年献礼！

把握新机遇　贯彻新理念　融入新格局
全面谱写百姓富生态美画廊六枝高质量发展新篇章

——在区委十一届十次全会第一次全体会议上的讲话

（2020 年 12 月 22 日）

六枝特区党委书记　杨昌显

这次全会的主要任务：以习近平新时代中国特色社会主义思想为指导，认真学习贯彻党的十九届五中全会精神，深入贯彻习近平总书记对贵州工作重要指示精神，全面落实省委十二届八次全会和市委七届十二次全会决策部署，报告区委十一届八次全会以来特区党委常委会的工作，总结“十三五”时期我区经济社会发展取得的显著成就，分析我区在新发展阶段面临的新形势新任务，审议通过《中共六枝特区委关于制定六枝特区国民经济和社会发展第十四个五年规划和二〇三五年远景目标的建议》，把握新发展机遇，贯彻新发展理念，融入新发展格局，深入巩固拓展脱贫攻坚成果，全面谱写百姓富、生态美画廊六枝高质量发展新篇章，奋力开启全面建设社会主义现代化六枝新征程。

党的十九届五中全会，是我们党在全面建成小康社会胜利在望、乘势而上开启全面建设社会主义现代化国家新征程的重要历史时刻，召开的一次具有全局性、历史性、里程碑意义的重要会议。习近平总书记在全会上的重要讲话高屋建瓴、总揽全局、内涵丰富、思想深邃，科学回答了事关全局、事关长远的重大理论和实践问题，为我们立足新发展阶段、贯彻新发展理念、融入新发展格局、夺取新征程胜利提供了科学指南和根本原则。全会审议通过的《中共中央关于制定国民经济和社会发展第十四个五年规划和二〇三五年远景目标的建议》，擘画第二个百年奋斗目标第一阶段的宏伟蓝图，吹响全面建设社会主义现代化国家的时代号角，指明今后一个时期我国发展的指导方针、目标任务、战略举措，是开启全面建设社会主义现代化国家新征程、向第二个百年奋斗目标进军的行动指南。省委十二届八次全会和市委七届十二次全会，紧跟中央部署，紧扣全省、全市实际，紧贴人民群众意愿，为全省、全市今后五年和未来一个时期发展明确了路线图、时间表、任务书，为我们奋力推动全区经济社会高质量发展找准了工作路径。全区各级党组织和广大党员干部要切实提高政治站位，把学习宣传贯彻党的十九届五中全会精神和省委十二届八次全会、市委七届十二次全会精神作为重大政治任务，持续掀起学习宣传贯彻的热潮，全面推动党中央和省委、市委决策部署在六枝落地生根、开花结果。

下面，我代表特区党委常委会，就贯彻落实党的十九届五中全会精神和省委十二届八次全会、市委七届十二次全会精神，谋划好、实施好全区“十四五”规划，讲四点意见：

一、全面把握“十三五”时期六枝经济社会发展取得的历史性成就

“十三五”时期，是六枝发展史上攻坚克难、砥砺奋进的五年。五年来，在党中央和省委、市委的坚强领导下，特区党委团结带领全区各族干部群众，深入学习贯彻习近平新时代中国特色社会主义思想，坚持稳中求进工作总基调，始终以脱贫攻坚统揽经济社会发展全局，统筹推进稳增长、促改革、调结构、

惠民生、防风险、保稳定等工作，各项事业取得新成就。

回首“十三五”时期的工作，最催人奋进的是我们一年一件大事，发展成果亮点纷呈。我们万众一心、赶超跨越，2016年精彩出彩承办全省第五届小城镇建设发展大会，2017年圆满成功承办全市第四届旅游文化产业发展大会，2018年如期实现脱贫攻坚“减贫摘帽”，2019年实现贫困人口和贫困村全部清零，2020年统筹推进疫情防控和经济社会发展取得双胜利，年年都有新成就，年年展现新亮点！最引以为豪的是：我们一步一个脚印，脱贫攻坚全面告捷。我们精准施策、尽锐出战，全力总攻“绝对贫困”，所有贫困乡镇全部摘帽，130个贫困村全部出列，13.38万名贫困人口全部脱贫，年均减贫2.23万人，彻底撕掉了千百年来的绝对贫困标签，兑现了小康路上不漏一户、不落一人的庄严承诺，在六枝大地上书写了减贫奇迹的精彩篇章！最让人欣慰的是：我们一点一滴的投入，换来人民福祉显著改善。我们尽力而为、量力而行，始终把人民对美好生活的向往作为奋斗目标，致力于强基建、兴产业、办实事、惠民生，以前所未有的力度推进水、电、路、讯等基础设施建设，硬化路通乡到村、串组连户，农村群众全部住上安全房、喝上放心水、用上稳定电、通上4G网，城镇、农村居民人均可支配收入分别突破3万元、1万元大关，实现了从解决温饱、总体小康到全面小康的历史性跨越！最令人振奋的是：我们一时一刻不松，“两高”时代全面到来。我们高位推动、高频调度，服务好、保障好安六高铁建设，安六高铁提前建成并开通运营，实现半小时融入黔中经济圈、4小时连接成渝双城经济圈、5小时进入粤港澳大湾区、半日内抵达江浙沪核心经济区，六枝发展正式进入“两高”新时代！最倍感自信的是：我们一丝一毫不惧，应对挑战有力有效。我们主动作为、沉着冷静，在积极应对经济下行压力的同时，勇于直面禽流感、非洲猪瘟、干旱、洪涝、地震等突发事件的严峻考验，取得一个又一个胜利。特别是面对2020年来势汹汹的新冠肺炎疫情，我们果断出击、从容作战，第一时间启动了最紧急、最严格、最深入、最广泛的排查、隔离、监测和防控，3686名医务人员不分昼夜战斗在一线，18名医务人员请战驰援湖北，1.6万名干部放弃春节假期，75.6万名六枝人民守望相助、同心“战疫”，统筹推进疫情防控和经济社会发展，以“零疑似、零确诊”“两手抓、两战赢”的好成绩交上了组织放心、人民安心的时代答卷。

五年来，全区各方面工作齐头并进、相映生辉。经济发展行稳致远，主要经济指标脱虚向实，传统产业改造升级步伐加快，特色农业发展迅猛，全域旅游井喷式增长，地区生产总值年均增长7.83%，县域综合实力显著增强，跻身全省经济强县行列。城乡发展更加协调，中心城区面积20.1平方公里，比“十二五”末增长28.85%；城镇化率48.65%，比“十二五”末增长14.2%；城镇人口25.24万人，比“十二五”末增长61.36%；县乡村公路里程达3754.8公里，比“十二五”末增加1669.65公里。生态建设卓有成效，以六枝河为重点的污染治理成效显著，城乡生活垃圾、生活污水治理不断完善，森林覆盖率达58%，城市绿地率达35.03%，获“贵州省森林城市”称号，生态优先、绿色发展的主旋律持续唱响。改革开放成果丰硕，“三变”改革、“医共体”改革、“放管服”改革、城乡垃圾收运处置一体化改革等荣获上级点赞，区外重大开放活动积极参与，区内特色节庆赛事活动有声有色，内联外通、多方合作的全面对外开放新格局加快发展。社会治理能力持续提升，重大风险可防可控，扫黑除恶纵深推进，社会治安形势持续向好，平安六枝建设取得新成效，人民群众安全感满意度不断提高。党的建设全面加强，“两学一做”学习教育常态化、制度化，“不忘初心、牢记使命”主题教育成果巩固深化，基层组织建设和干部队伍建设全面加强，正风反腐成效明显，政治生态向上向好。

通过五年的攻坚克难、砥砺奋进，“十三五”规划目标任务即将完成，全面建成小康社会胜利在望，六枝发展站在了新的历史起点上。回顾“十三五”时期的工作，我们之所以能经受住艰巨考验，勇毅笃行，取得令人鼓舞的成就，最根本的是得益于以习近平同志为核心的党中央集中统一领导，最重要的是得益于习近平新时代中国特色社会主义思想的科学指引，最关键的是得益于省委、省政府，市委、市政府的正确领导，最可贵的是得益于全区广大党员干部群众的苦干、实干、攻坚克难。全区上下必须始终坚持以习近平新时代中国特色社会主义思想为指导，坚决把习近平总书记对贵州工作重要指示精神作为一切工作的根本来遵循，坚决贯彻落实好党中央决策部署和省委、市委各项要求，一张蓝图绘到底，一年接着一年干，不断谱写全面建设社会主义现代化新六枝的崭新篇章。

二、全面抢抓“十四五”时期推动六枝高质量发展的历史性机遇

“十四五”时期是我国全面建成小康社会、实现第一个百年奋斗目标之后，乘势而上开启全面建设社会主义现代化国家新征程、向第二个百年奋斗目标进军的第一个五年，我国将进入新发展阶段，国内外环境的深刻变化带来一系列新机遇、新挑战。站在新的历史起点和交会点，我们必须胸怀“两个大局”，客观分析六枝发展的内外环境，在“形”与“势”中抢抓历史性机遇，坚定信心、准确识变、科学应变、主动求变，趋利避害，奋勇前进，努力在危机中育先机，在变局中开新局。

第一，要增强工作主动性，紧紧抢抓推动高质量发展的重大机遇。贻琴书记在省委全会上深刻指出，当前，贵州的发展面临“五个期”的机遇，我们必须紧紧抢抓，绝不能错过。一要紧紧抢抓我国发展仍然处于重要战略机遇期的重大机遇。当前，我国经济长期向好的基本面没有变，特别是2020年以来，面对严峻复杂的国际形势和新冠肺炎疫情的严重冲击，我国经济展现出强大的发展韧性、巨大潜力和回旋余地，成为全球唯一实现经济正增长的主要经济体，这为我们乘势而上、后发赶超、推进高质量发展创造了最重要的外部环境和条件。二要紧紧抢抓脱贫攻坚成果，巩固拓展期的重大机遇。中央和省、市均把巩固拓展脱贫攻坚成果作为“十四五”时期的一项重点任务，特别是中央明确提出，“要保持财政投入力度总体稳定，持续推进脱贫地区发展”“要在西部地区脱贫县中集中支持一批乡村振兴重点帮扶县”等，这为我们争取政策、资金、项目支持，以及继续得到各方帮扶协作提供了重大政策机遇。三要紧紧抢抓国家构建新发展格局的重大机遇。当前，国家正在构建以国内大循环为主体、国内国际双循环相互促进的新发展格局，很多产业将在国内有序转移，只要我们积极做好承接准备，主动走出去、引进来，就一定能够在产业增链、补链和做大做强上取得新突破。四要紧紧抢抓区域发展战略叠加带动期的重大机遇。“十四五”时期，中央将加快推进新时代西部大开发、长江经济带发展、粤港澳大湾区建设等，随着我区高铁时代的到来和高速网络的不断健全，只要我们积极争取、主动融入，就能够在国家区域发展战略中找到发展新机遇、拓展发展新空间、享受发展新红利。五要紧紧抢抓西部陆海新通道加快建设期的重大机遇。“十四五”时期将是西部陆海新通道加快建设的关键期，随着成都经泸州、黄桶、百色至北部湾出海通道的打通，如果我们深入谋划推进一批交通等重大基础设施项目，加快形成内外联通、安全高效的物流网络，提高流通效率、降低流通成本，就能带来更多发展机遇。

第二，要坚定发展自信心，深入挖掘推动高质量发展的自身优势。经过长期发展，我们在一些领域已经培植了独特的发展优势，为下一步高质量发展创造有利条件，必须深入挖掘、用足用好。一要深入挖掘新格局中“两高”时代带来的新优势。随着安六高铁的开通和“公交化”运营，以及六安、纳六晴、安盘等高速网络的不断健全，六枝即将形成日益发达的“米”字形高速公路交通网络，向东可融入黔中经济圈甚至长三角经济带，向南可融入珠三角经济带，向西可融入滇中经济圈甚至搭上通向东盟国家的列车，向北可融入成渝双城经济圈、长江经济带，相信六枝必将成为人流、物流、资金流、信息流的重要集散地，为推动经济社会高质量发展创造必要条件。二要深入挖掘新挑战中战略安全带来的新优势。当前，错综复杂的外部形势对我国经济安全带来新的挑战。六枝矿产资源丰富，煤炭储量达33亿吨，可供开发利用的煤层气储量达2280亿立方米，已探获氧化锂资源量约25.1万吨，加之地处中缅油气管道、西南高铁经济的重要走廊和战略节点，且被纳入国家增量配电改革试点，为积极承接东部地区产业转移提供了难得的比较优势。三要深入挖掘新需求中生态环境带来的新优势。后疫情时代，人们对环境健康的关注度越来越高，以旅游、文化、康养等为特征的高端消费和新兴消费规模正在释放，消费升级将成为“十四五”时期国内需求市场的强劲动力。六枝气候温和，夏无酷暑，冬无严寒，雨量充沛，年均气温14.5℃，夏季平均气温22.3℃，加之生态优美、植被良好，水资源特别是温泉资源丰富，是避暑康养的好去处。如果我们进一步把业态做丰富、把服务做优质、把品质做精致，必将吸引更多的人前来投资兴业、旅游度假，让绿水青山变为源源不断的“金山”“银山”。四要深入挖掘新理念中特色产业带来的新优势。通过我们年复一年扎实苦干，特别是“十三五”时期以来的拼搏奋斗，全区工业园区建设稳步推进，产业基础不断增强，产业结构趋于合理。特别是农业特色产业发展迅猛，猕猴桃、茶叶、刺梨、食用菌、生态畜牧业等初具规模。只要我们立足现有基础，在产业提升上狠下功夫，就一定能为高质量发展提供关键支撑。五要深入挖掘新征程中人文政治环境带来的新优势。六枝历史文化源远流长，牂牁文化、夜郎文化、“三线”文化等多种文化相融共生，形成了创新、开放、包容、进取的人文精神和城市精神，加之通过“十三五”期间各项重大活动的锤炼，全区各级干部聚精会神搞建设、心无旁骛抓发展，风清气正的政治生态持续巩固，为高质量发展提供了十分必要的环境保障。

第三，要时刻保持清醒，加快补齐推动高质量发展的差距短板。认真审视目前六枝的发展，我们仍然面临不少的差距与短板，必须下大力气加快补齐。一是经济发展水平仍有差距。经济总量小、人均水平低这个最突出的矛盾仍然没有得到根本解决，在全市发展中处于长期靠后的位置，且在全省发展中标兵渐远、追兵渐近。同时，经济发展质量效益亟待提升，发展方式粗放，市场主体不强，缺乏骨干企业作为支撑，一般公共预算收入、居民人均可支配收入等指标在全省排位都比较靠后。二是工业化和城镇化水平低。工业化方面，作为一个老工业城市，工业占比却较低，2019 年工业增加值占 GDP 的比重仅为 12.77%，工业企业少且实力不强、产业链条短，主要工业产品少、层次低。城镇化方面，规划水平和品质功能亟待提升，城镇生活品质不够高，城镇经济实力不够强，辐射带动力偏弱，集聚人口、集聚资源的能力不够强。三是创新能力不足。创新意识不强，创新投入不够，人才总量少、结构不优、容易流失，高质量发展缺乏必要的人才支撑。四是民生事业仍有弱项。交通、水利、通信、环保等基础设施条件虽然取得明显改善，但与群众期望还有不小落差；教育、医疗、养老等领域的优质资源供给明显不足，与群众对美好生活的向往还有较大差距。五是风险防范压力较大。公共安全、社会治理、经济运行、政府性债务、干部能力、工作作风等方面的风险依然存在、相互交织，稍有疏忽就会造成“黑天鹅”或“灰犀牛”效应。这些问题，归根到底是与高质量发展要求不相适应的问题，我们必须且只能通过加快推动高质量发展来解决。

总体来看，推动我区“十四五”时期经济社会高质量发展，机遇与挑战并存、机遇大于挑战，但机遇不会等待我们、挑战也不会自动消失。我们要进一步增强机遇意识、责任意识、危机意识，保持战略定力、增强发展信心，把机遇转变为发展红利，把挑战转化为前进动力，向着高质量发展目标奋勇前进。

三、全面谱写百姓富、生态美画廊六枝高质量发展新篇章

在省委十二届八次全会上，省委深入总结了党的十八大以来贵州发展的成功经验做法，对“十四五”时期的工作提出“一二三四”总体思路；在市委七届十二次全会上，市委对标省委，结合六盘水实际，提出了“一二三四五”的总体思路。我们要坚定不移地落实好省委和市委的总体思路，并以此指导好、规划好、推进好六枝“十四五”时期的工作。一要坚定不移地以高质量发展统揽全局。以高质量发展为主题，这是党中央和省委、市委的明确要求。“十三五”时期，我们坚持以脱贫攻坚统揽经济社会发展全局，为打赢脱贫攻坚战凝聚各方面的资源和力量。打赢脱贫攻坚战之后，以高质量发展统揽全局，是我们进入新发展阶段后的内在逻辑和必然选择。只有高质量发展，我们才能更好地解决发展中的矛盾和问题；只有高质量发展，我们才能更好地实现人民对美好生活的向往。二要坚定不移地牢牢守好发展和生态两条底线。守好“两条底线”，是习近平总书记对贵州工作的总体要求，坚持生态立区也是六枝坚定不移的主战略。在新发展阶段，我们必须坚持走生态优先、绿色发展之路，大力推进产业生态化、生态产业化，并在守好发展和生态两条底线的同时，牢牢守好安全底线，让安全保驾下的六枝经济社会发展更加高质量。三要坚定不移地深入实施乡村振兴、大数据、大生态三大战略行动。实施乡村振兴、大数据、大生态三大战略行动，是对“十三五”时期大扶贫、大数据、大生态的继承与发展，把乡村振兴

战略放在首位，主要目的是实现巩固拓展脱贫攻坚成果同乡村振兴有效衔接，这是在脱贫攻坚之后，党中央和省委、市委与时俱进提出的重大战略，我们必须努力取得更大成效。四要坚定不移地大力推动新型工业化、新型城镇化、农业现代化、旅游产业化。推动新型工业化、新型城镇化、农业现代化、旅游产业化四个轮子一起转，是习近平总书记对贵州工作提出的明确要求。在新发展阶段，我们必须把“四化”作为高质量发展的主攻方向，以马力更足的“四轮驱动”，做强工业、做精城镇、做美农村、做活旅游，跑出画廊六枝高质量发展的“加速度”。五要坚定不移地实现好市委“打造转型升级新样板、厚植区域竞争新优势、构筑对外开放新高地、提升市域治理新效能、开启幸福六盘水新生活”的新目标。这是市委贯彻落实党中央和省委决策部署，立足做大经济总量、提高发展质量、提升全局分量，不断增强全市产业支撑力、区域竞争力、开放引领力、安全保障力和群众幸福感提出来的。我们要通过定性与定量相结合的目标设定、长远与当前相结合的务实举措，认真实现好市委提出的这个新目标。

“十四五”时期以高质量发展统揽全局，必须要正确处理好高质量发展与巩固拓展脱贫攻坚成果的关系。巩固拓展脱贫攻坚成果是“十四五”时期的重大政治任务，是必须完成的硬任务，如果脱贫攻坚成果巩固不住、巩固不好，我们无法向总书记和党中央交代、无法向省委和市委交代、无法向全区人民交代。我们必须不折不扣地落实好党中央和省委、市委关于巩固拓展脱贫攻坚成果的各项政策措施，且不能就巩固谈巩固，必须推进经济社会高质量发展，特别是把产业发展起来、把城镇化水平提高上来，为巩固拓展脱贫攻坚成果提供最根本的支撑。对此，全区上下务必保持思想高度统一，决不能顾此失彼，更不能把两者对立起来。

以上总体思路，是省委、市委立足全局、放眼大局作出的决策部署，全面贯穿着党中央精神和习近平总书记对贵州工作重要指示精神，完全符合全省、全市的实际和人民的期盼，是我们做好今后工作的科学指南。全区上下要认真学习领会，坚决抓好贯彻执行，紧扣高质量发展主题，结合六枝实际，持续推进农业稳区、工业强区、旅游兴区、城镇靓区、文化活区、生态立区六项战略，奋力开启全面建设社会主义现代化六枝新征程，全面谱写百姓富、生态美画廊六枝高质量发展新篇章。

区委初步考虑，“十四五”时期全区经济增长的预期目标为年均增长8%左右，到“十四五”末，地区生产总值突破200亿元，农民人均收入进入全省前十水平。围绕上述思路、重点抓手和预期目标，全区上下要在全面落实好本次会议即将审议通过的《建议》基础上，着力抓好以下重点工作：

第一，要瞄准高质量发展主攻方向，以“四化”引领推动产业转型升级再上新台阶。以六盘水市创建转型升级示范区为契机，按照“一个生态绿心、两条开发轴带、三块集聚高地、全域绿色发展”的要求，推动产业转型升级，做大、做强、做优产业，是“十四五”时期我区经济发展重大而紧迫的任务，要以“四化”为引领，着力固根基、扬优势、补短板、强弱项，实现发展质量、结构、规模、速度、效益、安全相统一。

一要全力推动新型工业化取得大突破。工业是立区之本、兴区之器、强区之基，工业兴则六枝兴，工业强则六枝强。当前，工业是全区三次产业发展中最大的短板，必须抢抓机遇，攻坚克难，奋力推进“工业大突破”。要优化产业布局。以产业园区为载体，努力构建特色鲜明、错位发展的产业格局。合理规划并分步建设锂电产业园、循环经济产业园和豆制品产业园，建成以六枝经济开发区为支撑的百亿级产业转移示范基地。要做大做强传统产业。坚持立足煤、做足煤，加快猴子田、洒志、青菜塘、六龙、竹林等19处资源优化布局和整合后煤矿转型升级，尽快启动古茶、大寨、夜郎等3处新设矿权开发，到“十四五”末全区煤炭产量力争达到1000万吨/年。积极发展煤化工及煤炭关联产业，加快构建以煤、电为核心的循环经济产业链。深入实施煤电联营、热电联产，积极稳妥推动光伏、水电、生物质能、垃圾焚烧等非化石能源发电。加强煤电和水泥建材等传统产业的技术改造和新产品研发，积极推进粉煤灰、脱硫石膏、蒸汽等综合利用。要狠抓新兴产业。按照板块布局、产业耦合、链条发展、集聚建设的思路，围绕纺织业、农产品加工、新材料、新型能源化工、旅游装备、现代物流、物联网、医药大健康、文化旅游等“7+2”产业板块，以太平洋包芯纱、大用生态屠宰科技产业园、金指纹、特盈有机玻璃、宏狮煤机装备制造、葵花药业、华兴管业等现有企业为依托，着力构建上下游联动的全产业链条，形成新的经济增长极。大力培育和壮大企业主体，精准引进一批具有较强竞争力的行业领军企业。用好、用活企业扶持政策，积极推进大中小企业融通发展，统筹推动企业联结成行业、行业聚合成产业，全面拓展产业发展空间，支撑全区经济高质量发展。

二要全力推动新型城镇化取得大突破。紧紧抓住国家新型城镇化战略机遇，以六枝被省级作为重要节点城市加以培育发展为契机，推动以人为核心的城镇化，奋力推进“城镇大提升”。要做优城镇布局。以全域城镇化为目标，按照“一轴两心、两翼多点”的思路，持续打造“岩脚园区—中心城区—木岗园区”为主的区域城镇和产业轴，着力加快以郎岱为副中心的特色城镇建设，提升东部、优化西部的两翼共进，加快构建“大六枝”发展新格局。要做大城镇规模。大力实施“强城区”行动，加快旧城改造和高铁新城、南部新区开发，着力提升中心城区经济规模和人口规模。积极培育和发展落别、龙河、关寨、新华、梭戛、牂牁等特色城镇，促进区域整体发展。要做强城镇经济。结合资源优势和区位条件，坚持以城聚产、以产兴城、产城融合，发展一批各具特色的工业小镇、农产品精深加工小镇、文体旅游小镇、商贸物流小镇，形成各具活力、生机勃勃的城镇发展局面。要提升城镇品质。着力推进城镇精细化规划建设治理，推动城市更新，补齐城镇基础设施短板，提升城镇基本公共服务承载能力，让城镇更美丽、更健康、更安全、更宜居。

三要全力推动农业现代化取得大突破。始终把解决“三农”问题作为重中之重，全面实施乡村振兴战略，奋力推进“乡村大振兴”。要持续巩固脱贫成果。严格落实“四个不摘”，保持现有帮扶政策、资金支持、帮扶力量总体稳定，健全防止返贫监测帮扶机制，确保不返贫和不发生新的贫困。要深入实施乡村建设行动，全面深化“千家万户小康菜园”建设，以产业振兴为重点全面推动人才振兴、文化振兴、生态振兴、组织振兴。要深化农村产业革命。紧盯发展现代山地特色高效农业目标，统筹推进猕猴桃、茶叶、刺梨、食用菌、生态畜牧业等十大特色产业发展，着力在建设、管理、生产、加工、销售五大环节上发力，进一步提高农业发展的标准化、规模化、品牌化水平，大力推动一、二、三产业融合发展。要用好“三变”改革“金腰带”，着力培育壮大农业经营主体，完善利益联结机制，加强新型职业农民培育，让更多农民聚在产业链上、富在产业链上。要确保粮食安全。加强农田水利等基础设施和基层农技推广体系建设，加强农民技术培训，提高农业机械化、科技化、信息化、标准化水平。

四要全力推动旅游产业化取得大突破。更加注重旅游高质量、内涵式发展，大力推进国家全域旅游示范区创建，奋力推进“旅游大发展”。要推进旅游设施提档升级。加快旅游基础设施和信息化建设，提升旅游公共服务质量，推动大旅游大数据互联互通，构建智慧营销、智慧出行、智慧服务、智慧管理等一站式旅游业信息服务体系。要推进旅游业态提档升级。立足生态、气候、温泉、文化等旅游资源，加快优质旅游资源开发，盘活现有旅游资源，精心打造全域旅游精品线路，以牂牁江旅游景区为重点，推进郎岱山地旅游度假区、“六枝记忆・三线文化”产业园二期等重点旅游项目建设，大力发展康养旅游、生态旅游、避暑旅游、体育旅游、乡村旅游等，进一步做好“旅游＋多产业”融合发展文章。要推进服务水平提档升级。持之以恒推进“文明在行动・满意在贵州”创建活动，加强旅游市场监管，大力提升旅游服务水平，让游客行之顺心、住之安心、食之放心、娱之开心、购之称心、游之舒心，不断提升“中国凉都・画廊六枝”知名度、美誉度。

第二，要紧扣高质量发展根本目的，坚持造福于民推动民生福祉再上新台阶。高质量发展，根本上就是要老百姓过上高品质生活。我们必须在推进高质量发展中更好地保障和改善民生，努力让人民有更多的获得感、幸福感和安全感。

一要全面提升基础设施建设水平。要加快推进在建骨干水源工程建设，确保阿雨、松树林等 11 座水库工程早日投用，因地制宜修建一批中、小型水库和经济实用小山塘，持续巩固提升供水设施配备工程，更好保障生产、生活和生态用水。要抢抓交通强国建设试点机遇，以优质高效的保障确保建成六枝至安龙、纳雍经六枝至晴隆、安顺经六枝至盘州等高速公路，力争开工建设六枝至织金高速公路，推进六枝至黄果树、西嘎至毛口等旅游公路建设和国省干道、农村道路改造，大力完善乡村客运网，全面提升交通基础网络服务能力。要加快推进电力、成品油网络站点、充电基础设施、天然气管道、煤层气气源基地等建设，不断提高能源供应水平。要持续巩固农村4G网络，稳步推进5G基础设施项目向乡村延伸，提升新型基础设施覆盖面。

二要全面提升基本公共服务水平。加快基本公共服务均等化，是让广大群众共享发展成果的直观体现。要坚持就业优先政策。多举措稳定现有就业、增加新的就业，支持多渠道灵活就业，注重发展新就业形态，健全完善各类就业创业政策和机制，保障劳动者待遇和权益，实现更加充分更高质量就业。要办好人民满意的教育。统筹抓好学前教育、义务教育、高中教育、职业教育、特殊教育和民办教育，扎实推进集团化办学典型做法，加强教育基础设施建设和教师队伍建设，全面落实教育保障政策，促进各类教育多样特色、优质均衡发展。要推进健康六枝建设。加快建成特区人民医院、中医院、疾控中心、妇幼保健院等医疗卫生项目，推进村级卫生室规范化建设，深化“医共体”改革，提高基层防病、治病和健康管理的能力，支持社会办医，推广远程医疗，大力发展中医药产业，健全公共卫生体系，提升疾病防控能力，推进医疗卫生高质量发展。要完善社会保障体系。实施城乡居民增收计划和全民参保计划，健全完善以城乡低保、特困人员供养、医疗救助等为重点的社会救助保障体系，关心关爱妇女儿童、退役军人、残疾人、老年人等事业发展，推动发展成果人人共享。

三要着力提升生态文明建设水平。良好的生态是最普惠的民生福祉。要牢固树立“绿水青山就是金山银山”的理念，大力实施生态建设、生态修复、石漠化治理、退耕还林、绿化工程，在提升绿水青山颜值中做大金山、银山价值。要全力打好污染防治攻坚战，深入推进“五大战役”和“双十工程”，抓好环保督察反馈问题整改，提升生态环境质量。要积极培育普及生态文化，加快形成绿色生产方式和生活方式，大力发展绿色经济，让青山永驻、碧水长流、蓝天常在。

第三，要聚焦高质量发展动力要素，坚持推动改革开放创新再上新台阶。改革是破解发展难题的关键一招，开放是推动发展的重要动力，创新是高质量发展的不竭源泉，我们要坚定不移深化改革、扩大开放、加快创新。一要以更大的力度推进改革。坚持向改革要动力，聚焦“四化”建设、巩固拓展脱贫攻坚成果、乡村振兴、民生改善等领域进一步深化改革，紧跟上级部署，结合六枝实际，努力再推出一批改革举措。二要以更宽的维度扩大开放。充分发挥区位优势，主动融入“一带一路”、长江经济带、成渝双城经济圈、粤港澳大湾区、黔中经济圈等区域协作发展，深化用好中国科大、大连市、甘井子区等帮扶机遇，不断拓宽对外开放平台。要办好各类开放活动、推介活动、文体旅活动，不断提高对外开放水平。要大力开展招商引资，着力优化营商环境，加强本地企业家队伍建设，激发市场主体活力，构建亲清新型政商关系。三要以更实的强度加快创新。加强与中国科学技术大学、贵州科学院等科研院校的深度合作，共同搭建科研所、产业技术研发中心等创新平台，进一步建立完善产学研相结合的协同创新机制，以创新驱动经济高质量发展。

第四，要创造高质量发展良好环境，奋力推动风险防控再上新台阶。安全和稳定是高质量发展的基础和前提，我们必须更加树牢安全稳定和风险防范意识，统筹好发展和安全的关系。一要坚决维护政治安全。要保持高度政治警觉，坚决同一切违背、歪曲、否定党的政治路线和否定党的领导、社会主义制度的言行作斗争。要严格落实意识形态工作责任制，做到守土有责、守土负责、守土尽责。要加强和改进思想政治教育，引导广大干部群众形成正确的世界观、人生观、价值观。二要坚决维护经济安全。要有效防范化解债务风险，积极化解存量，严控增量，守好不发生系统性区域性金融风险的底线。三要坚决维护人民安全。要牢固树立大安全观，在慎终如始抓好常态化疫情防控工作的基础上，严格落实安全生产责任，统筹抓好煤矿、地质灾害、道路交通、山塘水库、建筑工地、旅游景区、非煤矿山、食品药品、危化物品、防火防爆等各行业各领域安全，确保不发生重特大安全事故。四要坚决维护社会安全。要深入推进平安六枝建设，常态化开展扫黑除恶，依法严厉打击各类违法犯罪活动，不断提升群众安全感满意度。要深入推进法治六枝建设，加强法治宣传教育，引导群众用法治手段解决纠纷，杜绝发生重大恶性案件。要深入推进信访矛盾纠纷化解，确保社会大局和谐稳定。

四、全面凝聚“十四五”时期百姓富、生态美画廊六枝高质量发展的强大合力

事业成败，关键在党，关键在党要管党、从严治党。我们必须要全面加强党的建设各项工作，为“十四五”时期的新征程、新发展聚集各方资源、汇聚各方力量。

第一，要加强党的集中统一领导。党的集中统一领导是实现高质量发展的根本保证。一要坚决做到“两个维护”。要坚决维护党中央权威和集中统一领导，增强“四个意识”、坚定“四个自信”、做到“两个维护”，自觉在思想上、政治上、行动上同以习近平同志为核心的党中央保持高度一致。二要强化理论武装。要坚持不懈用习近平新时代中国特色社会主义思想武装头脑、指导实践、推动工作，持续深化巩固“不忘初心、牢记使命”主题教育成果，扎实开展“忠诚干净担当、喜迎中国共产党成立一百周年”专题教育，自觉践行共产党员的初心和使命。三要全面加强党的领导。要坚持把党的领导贯穿于统筹推进经济社会高质量发展的各个环节，充分发挥党组织的领导核心作用，扎实抓好中央、省、市和特区各项决策部署落地落实。四要加强基层组织建设。要深入开展提升基层党建质量行动，持续深入推进党支部标准化、规范化建设，大力推进“五联五共”，统筹各领域党组织向高质量发展，全面做好村支“两委”换届工作，完善“第一书记”及驻村干部工作机制，继续壮大村级集体经济积累，持续整治软弱涣散党组织，推动基层党组织政治功能快速增强，组织力快速提升，切实把广大党员和群众团结在党的周围，把“十四五”发展重大部署落实到位。

第二，要打造敢闯善拼的干部队伍。高素质干部队伍是实现高质量发展的关键引擎。一要激发干部干事创业激情。要全面贯彻落实新时期好干部标准，突出政治标准，把抓落实的成效作为选人用人的重要依据，注重在改革发展和基层一线发现、培养、使用和锻炼干部，加快优化干部队伍年龄、知识、专业结构，源源不断为事业发展注入新生力量。要注重关爱激励干部，坚持“三个区分开来”，健全完善容错纠错机制，让想干事、能干事、干成事的干部有舞台。二要提升干部干事创业能力。要聚焦高质量发展，进一步加大干部教育培训力度，推动广大干部进一步提高政治能力、调查研究能力、科学决策能力、改革攻坚能力、应急处突能力、群众工作能力、抓落实能力，更好担负起推动高质量发展的重任。三要锤炼干部干事创业作风。要着力加大治庸治懒治拖力度，防止干与不干一个样、干多干少一个样、干好干坏一个样，让忠诚干净担当、为民务实清廉、奋发有为、锐意进取、实绩突出的干部得到褒奖和重用，让阳奉阴违、阿谀逢迎、弄虚作假、不干实事的干部没市场、受惩戒。

第三，要巩固向上、向好的政治生态。风清气正的政治生态是实现高质量发展的重要保障。一要压实管党治党“责任链”。要进一步健全完善从严管党治党的制度体系，充分发挥巡察监督作用，督促各级党组织自觉履行主体责任、党组织书记带头履行第一责任人责任、班子成员积极履行“一岗双责”责任，把负责、守责、尽责体现在每个党组织、每个岗位、每名党员上。二要一体推进“三不腐”。要坚持“严”的主基调不动摇，始终保持无禁区、全覆盖、零容忍，坚持有案必查、有腐必反、有贪必肃，严厉查处各种违法违纪行为和不正之风，持续强化“不敢腐”的震慑、扎牢“不能腐”的笼子、增强“不想腐”的自觉。三要用好监督执纪“四种形态”。要紧盯“关键少数”和“关键环节”，加强对重点领域、重要部门、关键岗位领导干部特别是“一把手”的监督，推动形成决策科学、执行坚决、监督有力的权力运行机制，确保权力在阳光下运行。

回望“十三五”，我们收获满满、问心无愧；展望“十四五”，我们使命在肩、信心百倍！让我们更加紧密地团结在以习近平同志为核心的党中央周围，坚持以习近平新时代中国特色社会主义思想为指导，在党中央和省委、市委的坚强领导下，不忘初心、继续前行，同心同德、拼搏进取，以更加坚定的信心、更加昂扬的斗志、更加务实的作风、更加为民的情怀，为巩固拓展脱贫攻坚成果、全面谱写百姓富、生态美画廊六枝高质量发展新篇章而不懈奋斗！

在区委经济工作会议上的讲话

（2020 年 12 月 31 日）

六枝特区党委书记　杨昌显

这次会议的主要任务：以习近平新时代中国特色社会主义思想为指导，深入学习贯彻中央、省委、市委全会和经济工作会议精神，总结全区 2020 年经济工作，分析当前经济形势，部署 2021 年经济工作。

2020 年的中央经济工作会议，是党的十九届五中全会之后中央召开的一次十分重要的会议。习近平总书记的重要讲话，科学回答了对当前经济形势怎么看、明年经济工作怎么干的问题，为我们做好下步工作指明了方向、提供了遵循。李克强总理的讲话，具体部署了明年经济社会发展的主要工作，具有很强的指导性、针对性和操作性。12 月 24 日至 25 日召开的省委经济工作会议，回顾总结了 2020 年以来全省经济工作，对 2021 年全省经济工作的形势、原则、任务、举措等进行了明确，为我们推动经济高质量发展提供了行动指南。12 月 29 日召开的市委经济工作会议，全面对标中央和省委部署，进一步明确了任务、明晰了目标、拓展了思路，为我们做好明年经济工作坚定了信心、细化了路径。全区上下要深入学习贯彻中央、省委、市委经济工作会议精神，切实统一思想、认清形势，铆足干劲、攻坚克难，全面抓好 2021 年经济工作，确保“十四五”开好局、起好步，以优异成绩迎接中国共产党成立 100 周年！

下面，我讲四点意见：

一、全面总结来之不易的成绩，坚定高质量发展的信心决心

今年是六枝发展历史上极其艰难的一年。面对突如其来的新冠疫情，面对严峻复杂的发展挑战，面对一系列攻坚克难任务，全区上下坚持以习近平新时代中国特色社会主义思想为指导，坚持稳中求进工作总基调，深入贯彻新发展理念，全面落实党中央决策部署和省、市工作要求，统筹推进疫情防控、脱贫攻坚和经济社会发展取得新成效，为“十三五”圆满收官、“十四五”顺利开局奠定了坚实基础。一年来，我们全力阻击来势汹汹的新冠疫情，第一时间启动最严格、最深入、最广泛的排查、隔离、监测、防控，干群齐心织紧织密“外防输入”防疫大网，全区始终保持“零确诊、零疑似”的防疫成果，并率先在全省复工复产、复学复市，为打赢两场战役、夺取两个胜利创造了必要条件。我们全力巩固提升脱贫攻坚成果，持续发起“冲刺九十天、打赢歼灭战”“确保高质量、打好收官战”等攻坚行动，深入开展“七查”工作，常态化对标“两不愁三保障”补齐短板、巩固成果，圆满完成脱贫攻坚全员普查，成功接受省级脱贫攻坚成效考核和国家 2020 年财政专项扶贫资金绩效评价，牢牢掌握了同步小康的制胜权、主动权。我们全力应对前所未有的经济下行压力，着力调结构、抓项目、扩投资，完成农业产业种植 73.74 万亩，新增农业特色产业 13.6 万亩，9 处正常生产煤矿全部完成机械化改造和智能化建设，安六高铁建成通车，纳雍至晴隆、六枝至安龙高速公路开工建设，新增招商引资到位资金 90 亿元；1 月至 11 月，固定资产投资增速排全市第一，规上工业增加值增速、一般公共预算收入增速、城乡居民可支配收入增速均排全市第二；地区生产总值预计全年增长 5.5% 左右，呈现出稳步发展、逆势上扬的良好态势。我们全力化解多年少有的财政收支压力，坚决落实中央、省、市关于“过紧日子”的要求，大力压减一般性、

非刚性、非重点支出，积极争取抗疫特别国债、抗洪救灾资金、地方政府专项债以及中央、省、市预算内投资，坚决保住必要性和刚性支出，基本实现“红转橙”目标，有效稳住了经济基本盘。我们全力抗击多年难遇的自然灾害，坚持人民至上、生命至上，迅速启动防汛、自然灾害救助、地质灾害应急响应等措施，全力做好监测预警、隐患排查、转移群众、灾后重建等工作，取得了“6·13”“9·6”特大暴雨洪涝灾害等防灾、救灾工作的重大胜利，有力保障了人民群众生命财产安全。

2020年是“十三五”规划收官之年，随着2020年各项工作任务的全面完成，标志着“十三五”胜利收官，六枝站在了更高的发展起点。回首过去的五年，全区上下同心同德、持续奋斗，一步一个脚印，一年一个台阶，在全面建成小康社会征途上，夺取一个又一个胜利，开创全区经济社会发展的崭新局面，奠定全面建设社会主义现代化国家新征程的坚实基础，取得了来之不易的成绩！这些成绩的取得，得益于以习近平同志为核心的党中央集中统一领导和省委、省政府、市委、市政府的正确领导，得益于全区广大干部、群众和企业家的苦干实干、攻坚克难。借此机会，我谨代表特区党委，向全区各级党组织和广大干部、群众、企业家、无党派人士、各人民团体，以及所有关心、支持、参与六枝建设发展的朋友们，表示衷心的感谢，并致以崇高的敬意！

通过五年来的奋斗历程，特别是过去一年应对前所未有的严峻挑战，我们深刻感受到：只有始终做到“两个维护”、听从指挥，才能够战胜一切艰难险阻，乘风破浪，勇往直前；只有始终做到人民至上、生命至上，以百姓心为心，才能够得到人民群众支持和拥护；只有始终做到精准施策、果断行动，才能够化危为机，掌握工作主动权，立于不败之地；只有始终做到团结一心、真抓实干，才能够战胜一切困难、夺取一切胜利；只有始终做到自立自强、善用外力，才能够不断开创各项工作新局面。这些有益经验，值得我们在今后工作中倍加珍惜、加以运用、发扬光大。

二、客观分析面临的形势，精准把握明年经济工作的目标

2021年是“十四五”开局之年，是开启全面建设社会主义现代化国家新征程的第一年，也是中国共产党成立100周年，做好2021年的经济工作尤为关键、意义重大。对2021年的经济形势，中央、省委、市委经济工作会议都作了科学判断，对我们来讲，既有利好和机遇，又有挑战和困难。从利好和机遇来看，一是2021年世界经济有望出现恢复性增长，中国经济稳定恢复态势正在不断巩固和拓展，国家宏观政策将保持连续性、稳定性、可持续性，明确积极的财政政策要提质增效、更可持续，稳健的货币政策要灵活精准、合理适度。这些宏观形势和政策导向，为我区发展提供了有利的大环境。二是省委、市委全会分别提出“一二三四”和“一二三四五”的总体思路，特别是随着乡村振兴、新型工业化、新型城镇化、农业现代化、旅游产业化、“六网会战”等重大战略的深入实施，必将为我们在争取项目、资金等方面支持带来诸多政策利好。三是我区通过“十三五”时期的发展积淀，为推动高质量发展打下坚实基础，加之面临我国发展仍然处于重要战略机遇期、脱贫攻坚成果巩固拓展期、新发展格局加速构建期、区域发展战略叠加带动期、西部陆海新通道加快建设期等重大机遇优势，经济发展的形势总体向好。从挑战和困难来看，一是全球疫情仍在扩散蔓延，世界经济复苏不稳定、不平衡，循环不畅，产业链供应链区域化、本地化特征更趋明显，特别是中美战略博弈将更加复杂尖锐，我国经济发展将面临更多不利因素。二是受疫情变化和外部环境不确定性等影响，国内经济恢复基础尚不牢固，居民消费仍受制约，投资增长后劲不足，推进经济高质量发展面临的形势依然严峻复杂。三是我区经济总量小、人均收入水平低，高质量发展特别是新型工业化、新型城镇化、农业现代化、旅游产业化的短板依然突出，巩固拓展脱贫攻坚成果同乡村振兴有效衔接任务艰巨，防范化解风险挑战还有不少薄弱环节，人民群众生产生活还面临一些亟须解决的问题。总体来看，做好2021年的经济工作，机遇与挑战并存，机遇大于挑战，只要我们客观看待、坚定信心，把问题想得深一些，把措施考虑得多一些，把工作做得实一些，就一定能排难而进、乘势而上，在危机中育先机，于变局中开新局，全力推动经济高质量发展。

2021年经济工作的总体要求是：以习近平新时代中国特色社会主义思想为指导，全面贯彻党的十九大和十九届二中、三中、四中、五中全会精神，以及习近平总书记对贵州工作重要指示精神和省委十二届八次全会、市委七届十二次全会、区委十一届十次全会精神，认真落实中央、省委、市委经济工作会议精神，牢记嘱托、感恩奋进，坚持稳中求进工作总基调，立足新发展阶段、贯彻新发展理念、融入新发展格局，按照“一二三四五”发展思路，坚持系统观念，巩固拓展疫情防控、脱贫攻坚和经济社会发展成果，更好统筹发展和安全，扎实做好“六稳”工作、全面落实“六保”任务，塑造新优势、培育新动能，努力保持经济运行在合理区间，确保“十四五”开好局、起好步，以优异成绩庆祝中国共产党成立100周年。

特区党委考虑，明年经济工作的主要预期目标是：地区生产总值增速8.5%；规模以上工业增加值增速13%；500万元及以上固定资产投资增长6.5%；社会消费品零售总额增长10%；一般公共预算收入增长1.5%；城镇、农村居民人均可支配收入分别增长8%、9%。

这个预期目标，是特区党委、政府经综合研判各方面形势、慎重研究确定的，既考虑了实现“十四五”规划和二〇三五年远景目标的必要性，又考虑了宏观政策的支撑性和发展形势的不确定性，既实事求是，又体现“跳起来摘桃子”的精神。我们坚信，只要全区上下坚定不移贯彻落实中央、省委、市委决策部署，统筹处理好当前与长远、质量与速度、规模与效益、政府与市场、发展与安全等各方面的关系，真抓实干，奋力追赶，这个目标是完全可以实现的。

三、紧紧聚焦开局之年重点任务，奋力开启高质量发展新征程

好的开始是成功的一半。2021年经济工作要立足新发展阶段、围绕融入新发展格局、推动高质量发展来展开，区委全会已经做了全面部署。在这里，我着重再强调几方面的工作：

第一，坚定不移地巩固脱贫成果、助推乡村振兴，不断夯实发展基础。巩固拓展脱贫攻坚成果是“十四五”时期的重大政治任务，必须不折不扣全面完成。一要全面巩固脱贫攻坚成果。要严格落实“四个不摘”要求，保持现有帮扶政策、资金支持、帮扶力量总体稳定，健全防止返贫监测帮扶机制，确保不返贫和不发生新的贫困。要深入贯彻落实党中央、国务院印发的《关于实现巩固拓展脱贫攻坚成果同乡村振兴有效衔接的意见》，以市委、市政府巩固拓展脱贫成果“十个全面”要求为抓手，坚决巩固拓展好脱贫成果。二要全面实施乡村建设行动。要抢抓国家在西部地区脱贫县中集中支持一批乡村振兴重点帮扶县的机遇，争取把我区纳入国家、省帮扶“盘子”。要统筹抓好城镇和村庄规划建设，不断巩固水、电、路、气、通信、广播电视、物流等基础设施，因地制宜推进农村改厕、生活垃圾处理和污水治理，深入实施小康菜园建设工程，举全力推动乡村振兴，促进农业高质高效、乡村宜居宜业、农民富裕富足。三要全面深化农村改革。要持续巩固“三变”改革成果，不断深化农村集体产权制度、承包地“三权分置”、宅基地“三权分置”等改革，为乡村振兴注入活力。

第二，坚定不移地实施“四轮驱动”、锚定主攻方向，着力培育发展动能。“四轮驱动”是“十四五”时期实现高质量发展的主攻方向，必须紧紧扭住。

（一）要在新型工业化上实现新突破。一要加快传统产业转型升级。要全力推动新华、安家寨、川黔友谊、平桥、洒志煤矿启动建设，加快聚鑫、宏顺发、青菜塘、竹林、六龙、兴旺煤矿技改进度，建成聚鑫煤矿、宏顺发煤矿并试运转，实现原煤产量300万吨。要扎实做好福能六枝电厂电煤保障，开工建设1×70万千瓦低热值煤发电项目，实现垃圾焚烧发电和关寨、老虎大坪二期光伏发电项目并网发电，完成发电量80亿度。二要加快壮大新兴产业。要围绕“7+2”产业继续强链补链，加快培育产业集群，构建上下游联动的全产业链条。要加快太平洋包芯纱项目二期建设，不断引入纺织企业进驻和合作，打造纺纱织布产业集群。要大力引进特盈有机玻璃上下游企业，围绕福能电厂固体废弃物加快新型节能环保建材和绿色装饰材料开发利用，分区域推进新型材料集群发展。要加快推进光伏发电、煤层气及瓦斯发电、锂电新能源项目建设，打造一批清洁高效、安全环保的新能源项目。要支持华兴管业、宏狮煤机装备、金指纹等企业继续加大科研投入、开发新产品，推动黔狼智能装备投产达产，壮大装备制造业。要推动农产品批发市场尽快投运，加快推进综合仓储物流中心项目和铁路货运物流建设，完善仓储物流体系。要加快推进5G基础设施项目建设和商用步伐，建成智慧农业互联网项目，加强大数据在各领域的集成运用。三要优化产业布局。要以六枝经济开发区为载体，精准定位岩脚、木岗、路喜三个园区主导产业，加快构建各具特色、优势互补、结构合理的产业集群协调发展格局，打造工业经济新增长极，实现规上工业增加值增速达13%、二产增速达10.7%。

（二）要在新型城镇化上实现新突破。一要大力提升中心城区首位度。要坚持规划先行，按照“黔中经济圈、毕水兴经济带结合部的重要节点城市”定位，围绕东西向发展主轴，推进中心城区东拓西延、南扩北改。要加快城市更新步伐，推进22个老旧小区改造和南部新区、高铁新城规划建设，不断完善城区水、电、路、气、停车场、充电桩等基础设施和学校、医院、文化、体育等公共服务设施，提升城区综合承载能力。要加快完善生活污水、生活垃圾收集和处置设施，强化城市综合执法，不断提升城市精细化管理水平。要加大房地产市场调控监管力度，加快九方城市公园、润田优品、龙山御府、凉都东方美苑、翡翠悦府、碧桂园等商品房项目开发，推进房地产市场健康发展。二要统筹推进全域城镇化。要不断优化城镇发展布局，补齐城镇基础设施短板，提高城镇基本公共服务承载能力，提升城镇品质。郎岱、岩脚、木岗、大用、牂牁、落别等具有一定基础的乡镇要在精细化管理、特色化提升、接续式推进上下功夫，其他乡镇要因地制宜，结合区位、交通、产业等优势，发展各具特色的工业小镇、农产品精深加工小镇、文体旅游小镇、商贸物流小镇，实现以城聚产、以产兴城、产城融合。

（三）要在农业现代化上实现新突破。一要在扩增量上下功夫。要纵深推进农村产业革命，继续实行县级领导领衔和团长负责制，抓住抓好冬春种植大好时节，确保完成明年春季农业产业58万亩，新增猕猴桃、刺梨、蔬菜、食用菌等特色产业8万亩；要坚持农、林、牧、副、渔全面发展，加快凉都跑山猪、肉牛SPV等项目建设，实现全年生猪出栏33.8万头，肉牛存栏10万头、出栏3.4万头，逐步扩大水产养殖规模。二要在提质效上下功夫。要注重产业发展后续长期培育，围绕茶叶、猕猴桃、刺梨、食用菌、中药材等现有产业，压紧压实经营主体管护责任，持续加大后续管护力度，推进产业提质增效。三要在延链条上下功夫。要立足茶叶、刺梨、豆制品、构酱、粮油、畜禽产品、特色食品、食用菌等农副产品特色优势，大力发展加工、销售等新的经济业态，开工建设肉制品加工项目，扩大菌棒生产、有机肥加工、粮油加工等行业产能，不断延伸产业链，提升产品附加值，实现第一产业增加值达6.5%。四要在夯基础上下功夫。要大力推进土地整治和高标准农田建设，着力解决农田基础设施落后难题，增强农田抗旱、排涝能力。要不断完善加工仓储、冷链物流、科技信息、电子商务等配套设施。同时，要坚决遏制耕地“非农化”、防止“非粮化”，做到粮食面积、产量“双确保”。

（四）要在旅游产业化上实现新突破。一要加快完善旅游设施。要以创建国家全域旅游示范区为载体，加快旅游基础设施和信息化建设，提升旅游公共服务质量，推动大旅游大数据互联互通，构建智慧营销、智慧出行、智慧服务、智慧管理等一站式旅游业信息服务体系。二要不断丰富旅游业态。要立足生态、气候、温泉、文化等旅游资源，加快优质旅游资源开发，盘活现有旅游资源，精心打造全域旅游精品线路。要加快推进以牂牁江旅游景区、郎岱山地旅游度假区、“六枝记忆·三线文化”产业园二期等重点旅游项目建设，大力发展康养旅游、生态旅游、避暑旅游、体育旅游、乡村旅游等新业态，进一步做好“旅游+多产业”融合发展文章。要加快构建与周边景区、景点有机衔接的旅游路线，形成联动发展机制。三要着力提升服务水平。要持之以恒推进“文明在行动·满意在贵州”创建活动，加强旅游市场监管，大力提升旅游服务水平，不断提升“中国凉都·画廊六枝”知名度、美誉度。要继续办好凉都消夏文化节六枝主题活动、牂牁江国际滑翔伞赛系列活动、农产品采摘节、布依族“六月六”等文化旅游活动。

在加快推进旅游产业化的同时，要深入推进服务业创新发展，持续加大对金融投资、信息咨询、文化创意、教育培训、交通通信、电子商务等现代服务业的扶持力度，大力推进商贸、餐饮、住宿等传统服务业改造升级，推动生产性服务业向专业化和价值链延伸、生活性服务业向高品质和多样化升级，确保三次产业增速达 9.1%。

第三，坚定不移地扩大有效投资、大力促进消费，加快释放发展潜力。投资和消费是拉动经济增长的关键“引擎”，我们要坚持投资拉动、消费带动两条腿走路，不断做大经济总量，提高经济发展质量。一要谋项目强招商。要瞄准中央、省、市政策走向、项目取向、资金投向，聚焦中央预算内投资、地方政府专项债、“两张清单”投向要求，围绕“7+2”产业板块和基础设施、公共服务、民生保障等工作重点，着力谋划一批可行性高、带动力强的大项目、好项目，滚动更新项目储备库。要全面落实招商引资责任，积极搭载省、市招商引资平台，创新招商引资方式，提高招商引资能力，加大招商引资力度，实现到位资金 100 亿元以上。二要推项目扩投资。要始终把项目建设作为扩大有效投资的主抓手，统筹推进基础设施建设“六网会战”，全力推进母猪田、松树林、河头上等 12 座水库工程建设和毛口至西嘎、G356 延伸段等交通项目建设，精心做好纳雍至晴隆、六枝至安龙等高速公路境内段建设服务保障，加快人民医院、妇幼保健院、中医院建设进度，高效完成城市管网、电网等升级改造任务，多渠道拉动形成有效投资，实现 500 万元以上固定资产投资增速达 6.5%。三要挖潜力促消费。要坚持市场导向，精准把握居民消费多元化、个性化发展趋势，把扩大消费同改善群众生活品质结合起来，充分释放全民消费潜力。要全力稳就业、保收入，提高群众收入水平，提振群众消费信心。要积极扩大县域消费、乡村消费、中低收入群体消费，大力发展夜间经济、地摊经济等消费业态，加快线上线下消费融合，拓展教育、医疗等服务消费，培育新的消费增长点。要鼓励企业开展促销活动，不断激发消费市场活力。

第四，坚定不移地推进改革开放、推动科技创新，不断激活发展动力。改革开放是经济发展的必由之路，科技创新是引领发展的第一动力。实现高质量发展，必须持之以恒推进改革开放和科技创新。一要着力深化改革扩大开放。要在巩固拓展好“三变”“医共体”、城乡水务一体化、城乡垃圾收运处置一体化等改革成果的基础上，聚焦“四轮驱动”、巩固拓展脱贫攻坚成果、乡村振兴、民生改善等领域，努力再推出一批务实管用的改革举措。要主动融入“一带一路”、长江经济带、成渝双城经济圈、粤港澳大湾区、黔中经济圈等区域协作发展平台，积极参加、继续办好各类对外开放活动，不断扩大画廊六枝知名度、美誉度。二要强化科技创新和人才支撑。要加强与中国科学技术大学、贵州科学院等科研院校的深度合作，共同搭建科研所、产业技术研发中心等创新平台，进一步建立完善产、学、研相结合的协同创新机制，推动更多科技成果转化应用。要广辟招才引智渠道，创新人才引进机制，大力引进技术型、管理型、骨干型优秀人才，提高人才吸附力，确保优秀人才引得进、留得住、用得好。三要持续优化营商环境。要不断深化简政放权、放管结合、优化服务改革，纵深推进“全省通办、一次办成”，让企业、群众少跑路。要严格执行县级领导和部门包保联系重点企业、重大项目工作制度，畅通企业沟通渠道，帮助企业用足用好惠企政策、解决困难问题。要全面整治乱收费、乱罚款、乱摊派、乱检查、吃拿卡要等不良行为，尽可能地帮助企业降低成本，让企业轻装上阵。

第五，坚定不移地增进民生福祉、夯实民生保障，全民共享发展成果。没有人民群众的高品质生活，就谈不上高质量发展的成功。我们要把更好地保障和改善民生、增进民生福祉作为高质量发展的核心要义，努力让人民有更多的获得感、幸福感、安全感。一要不折不扣落实惠民政策。要全面落实好就业、教育、医疗、低保、特困供养、社会救助等各类惠民政策，及时足额兑现政策资金，切实为困难群体、弱势群体和特殊群体排忧解难，让广大群众共享改革发展成果。二要尽力而为新办一批民生实事。要紧紧聚焦人民群众殷切期盼和迫切需求，坚持尽力而为、量力而行，着力在基础设施、公共服务等领域谋划实施一批民生实事，切实解决好人民群众的揪心事、烦心事、操心事。三要大胆探索推出一些创新举措。要进一步深化医共体、集团化办学等改革举措，结合实际在教育、医疗等民生领域再探索实施一批务实、管用、灵活、高效的创新之举，创造更多“六枝做法”“六枝模式”，不断推动全区社会民生事业在发展大潮中走前列、作表率。

第六，坚定不移地防范化解风险、守牢各方底线，营造良好发展环境。良好的发展环境是推动经济高质量发展的必要前提。我们要树牢底线思维、增强忧患意识，未雨绸缪、防患未然，为高质量发展营造良好的发展环境。一要坚决守牢生态环保底线。要实施最严厉的环境保护制度，加强环保执法，严厉打击一切破坏环境行为，向全社会释放画廊六枝拒绝污染最强音。二要坚决守牢生产安全底线。要毫不松懈地抓好常态化疫情防控，特别是返乡人员监测，坚决阻断外来传染源。要严格落实安全生产责任，统筹抓好煤矿、道路交通、建筑工地、旅游景区、非煤矿山、食品药品、危化物品等各行业各领域安全，确保不发生重特大安全事故。三要坚决守牢债务风险底线。要积极盘活现有资源资产，千方百计增加财政收入，多方争取支持，多渠道化解债务存量，严控债务增量，确保不发生系统性、区域性金融风险。四要坚决守牢社会稳定底线。要深入推进平安六枝、法治六枝建设，大力推进信访矛盾纠纷化解，常态化开展扫黑除恶，依法严厉打击各类违法犯罪活动，不断提升人民群众安全感满意度。“两节”（春节、元旦节）将至，特别是要全面清查并妥善解决好“两拖欠”（拖欠农民工工资、拖欠工程款）问题，确保社会大局和谐稳定。

四、充分发挥党的领导优势，全面凝聚高质量发展强大合力

坚持党的领导是做好经济工作的根本原则和政治优势。实现 2021 年经济工作的既定目标，推进高质量发展，必须加强党对经济工作的全面领导，把方方面面的思想统一起来、资源调动起来、力量凝聚起来、工作推进起来。

第一，要树牢推动经济高质量发展的政治自觉。以高质量发展为主题，是党中央和省委、市委的明确要求，也是我们进入新发展阶段后的内在逻辑和必然选择，必须从讲政治的高度抓好落实。一要增强责任意识。全区各级各部门党委（党组）要进一步提高政治站位，树立有权必有责、有责必担当的政治意识，做到守土有责、守土负责、守土尽责。要认真对照既定目标和单位职责，细化各项指标任务，清单化落实、项目化推进，时刻想一想、看一看涉及本部门、本乡镇、本单位的指标完成得怎么样、做得好不好，从而确保各项任务高质量、高效率完成。二要狠抓压力传导。经济工作不是哪几个部门、哪几个人的事。各部门各乡（镇、街道）要把工作任务和责任落实到单位、落实到个人，形成主要领导亲自抓、分管领导重点抓、具体工作有人抓，一级抓一级、层层抓落实的工作机制，做到压力传导无“短路”、责任落实无“空档”，确保工作部署件件有落实、事事有回音。三要严格督查问效。特区纪委监委、党委、政府督查室和有关部门要强化督查问效，适时开展督查，对存在的问题仍无动于衷或整改不力的部门，要进行通报批评，并严肃追责问责。组织部门要把抓经济工作效果作为选人用人的重要依据，让干与不干、干好干坏、干多干少有明确区分，形成强有力的正激励和硬约束，提升干部队伍的执行力。

第二，要提高推动经济高质量发展的能力本领。形势越复杂，任务越艰巨，越需要增强驾驭能力和工作本领。一要加强学习。要聚焦高质量发展，增强学习意识，争当学习型干部，进一步提高抓产业、抓创新推“四化”能力，抓招商、抓营商促开放能力，识别防范化解风险能力，解民忧、纾民困、保民生能力，更好担负起推动高质量发展的重任。二要讲究方法。在繁重任务面前，要学会抓重点，善于“弹钢琴”，发扬“钉钉子”精神，轻重缓急安排得当，具体情况吃透摸准，方向举措找准定实，注重将原则性与灵活性结合起来，富有创造性地把事情干好干成。三要团结协作。全区上下要进一步强化“一盘棋”思想，以“1+1 大于 2”的思维模式和工作方式推进发展，坚决防止各自为政、各行其是、有利的事争着干、无利的事都不管、只讲部门工作、不讲中心工作等错误思想，汇聚推动高质量发展的不竭动力。

第三，要深化推动经济高质量发展的优良作风。抓经济工作，表面看的是数字，背后靠的是作风。一要勇于担当。有多大的担当才能干多大的事业，尽多大的责任才会有多大的成就。广大干部要争做敢于担当、善于担当的干部，做说过的事，干别人想干而干不成的事，只要有利于发展的事，顶着压力也要干，应该负的责，冒着风险也要担。要严格落实“三个区分开来”，旗帜鲜明地为担当者担当、让有为者有位，真正让不干事的人坐不住、想干事的人有平台、干成事的人受重用。二要善于落实。2020年经济工作目标已经明确，但更多的是点题，关键还要靠抓落实。全区各级领导干部要切实增强坐不住的紧迫感、慢不得的危机感、等不起的责任感，以开年就是决战、起步就是冲刺的信心和决心，步步紧逼促落实，把目标变成业绩，把任务变成行动，让抓落实在全区蔚然成风。三要大力减负。要持续大力整治形式主义和官僚主义，减少不必要的记录、不必要的台账、不必要的报表，多看实绩、多看实效、多看实干，切实为基层减负，把更多时间和精力用在推进发展上。

第四，要形成推动经济高质量发展的强大合力。实现高质量发展，需要全区上下形成合力、共同发力。特区在职县级领导要发挥示范带头作用，加强统筹调度和督促指导，特别是要紧盯重点工程、重点任务，及时协调解决工作中的实际困难和具体问题，推动高质量发展步伐行稳致远。各级各部门要切实增强大局意识，打破部门壁垒，加强沟通对接，密切协作配合，形成资源共用、信息共享、高质量发展共推的良好工作格局。各乡（镇、街道）要坚决摒弃经济工作与己无关的思想，充分发挥项目建设、产业发展的前沿阵地作用，认真做好宣传动员和群众思想等工作，高效承接好各类项目、发展好各类产业。各金融机构、平台公司、企业主体是实现六枝经济高质量发展的重要参与者、推动者、见证者，要不断增强“主人翁”意识，充分发挥自身优势，积极为六枝经济建设出谋划策、贡献力量。

新使命催人奋进，新征程任重道远。让我们更加紧密地团结在以习近平同志为核心的党中央周围，在中央、省委、市委的坚强领导下，坚定信心、鼓足干劲，以永不懈怠的精神状态砥砺前行，以一往无前的奋进姿态加速奔跑，奋力谱写百姓富生态美画廊六枝高质量发展新篇章，以优异成绩向中国共产党成立100周年献礼！

今天是2020年的最后一天，再过14个小时，2021年的钟声就要敲响。在新的一年到来之际，我谨代表特区党委向大家并通过你们，向默默奋战在全区各条战线的致以新年的祝福，祝大家新的一年家兴、业兴、事事兴，家圆、梦圆、事事圆！

我就讲这些，谢谢大家！

在全区机关党的建设工作会议上的讲话

（2020 年 12 月 4 日）

六枝特区党委书记　杨昌显

这次会议的主要任务：深入学习习近平总书记关于机关党建工作的重要论述，全面贯彻党的十九届五中全会精神，按照全省、全市机关党的建设工作会议要求，部署当前和今后一个时期全区机关党的建设工作，全面提高全区机关党的建设质量，为开启画廊六枝全面建设社会主义现代化新征程提供坚强保障。

下面，我就深入贯彻落实中央、省委、市委部署，全面提高全区机关党的建设质量，讲四个方面的意见：

一、提高政治站位，坚决扛牢提高新时代机关党建质量的政治责任

党的十八大以来，以习近平同志为核心的党中央高度重视机关党的建设，习近平总书记多次作出重要指示、发表重要讲话，对机关党建工作作出一系列重要论述。党中央先后出台加强和改进中央和国家机关党的建设的意见、党和国家机关基层组织工作条例等重要纲领性文件和党内法规，推动机关党的建设不断向纵深发展。2019 年 7 月，党中央召开中央和国家机关党的建设工作会议，这在我们党的历史上是第一次，具有重要的里程碑意义。习近平总书记在会上发表重要讲话，深刻阐述中央和国家机关党的建设的重大意义、使命任务和关键举措，科学回答一系列重大理论和实践问题，为我们加强和改进新形势下机关党的建设指明前进方向、提供根本遵循依据。2020 年 10 月 15 日召开的全省机关党的建设工作会议、11 月 30 日召开的全市机关党的建设工作会议，对深入学习、深刻领会习近平总书记关于机关党建工作的重要论述作出全面安排部署，并结合全省、全市实际对加强新时代机关党建工作提出明确要求。刚刚闭幕的党的十九届五中全会对坚持党的全面领导、全面贯彻新时代党的组织路线等进行再强调，为我们加强和改进新形势下机关党的建设提出更高要求。我们要深入学习、深刻领会，全面抓好贯彻落实。

机关党的建设是机关建设的根本保证。从强党建看，机关是党员干部最集中、权力责任最集中的地方，机关党组织是党的组织体系的重要组成部分，机关党建是党建工作的重要组成部分，对其他领域党建具有重要的风向标作用，机关党建抓好了，就能示范带动各领域、各行业党建向高质量迈进。从促发展看，机关既是各级决策部署的贯彻者、执行者，更是基层工作的指导者、服务者，如果机关党建抓不好，机关成为“传声筒”“中梗阻”，直接影响整个系统、整个领域的工作，直接影响各级决策部署的落地落实和全区经济社会发展大局。从惠民生看，机关掌握的权力大、资源多，服务群众责任重，如果机关党建抓不好，机关党员干部队伍带不好，就难以把人民至上的要求落到实处，就容易滋生作风和腐败问题。因此，全区各级机关党组织要深刻认识加强和改进新时代机关党建的重大意义，牢牢把握习近平总书记关于新时代机关党建的重要论述，牢固树立抓机关党建是本职、不抓机关党建是失职、抓不好机关党建是渎职的理念，正确处理好共性和个性、党建和业务、目标引领和问题导向、建章立制和落地见效、继承和创新“五个方面”的关系，坚决扛起全面从严治党政治责任，推动形成职责清晰、任务明确、环环相扣的责任链条和上下联动、齐抓共管的工作格局，为开启画廊六枝全面建设社会主义现代化新征程提供坚强保证。

二、客观分析形势，始终坚定提高新时代机关党建质量的信心决心

近年来，全区各级机关党组织认真贯彻落实新时代党的建设总要求，把机关党建摆在重要位置，取得了明显成效。一是政治属性更加凸显。在增强“四个意识”、坚定“四个自信”、做到“两个维护”上更加自觉主动，在贯彻落实中央、省、市、特区决策部署上更加有力有效。二是理论武装更加深化。以深入开展“不忘初心、牢记使命”主题教育、理论学习中心组集中学习研讨等为抓手，学用结合、学以致用的氛围更加浓厚。三是组织建设更加有力。深入开展全面提升基层党建质量三年行动，扎实推进机关党支部标准化、规范化建设，创新开展“机关联基层”工作，机关党组织的政治功能和组织力持续提升。四是服务发展更加有效。做到了党委、政府抓什么，机关党建就聚焦什么、助推什么，为夺取脱贫攻坚战全面胜利、圆满完成“十三五”规划目标做出重要贡献。五是责任落实更加从严。各级机关党组织书记的主责、主业、主角意识明显增强，主题明确、责任清晰的机关党建责任体系更加完善。

在看到成绩的同时，我们更要清醒地认识到，习近平总书记指出的机关党建“灯下黑”问题和政治意识淡化、党的领导弱化、党建工作虚化、责任落实软化的具体表现，以及全省、全市机关党建工作会议指出的问题，从巡察和督促检查反馈的情况来看，在我区机关党建中都不同程度存在。一是在政治建设方面，有的党员干部以业务部门的“业务干部”自居，重业务轻政治；有的对上级决策部署学习思考不深不透，找不到讲政治与抓业务的结合点，落实效果差距较大；有的执行民主集中制不到位，议事决策程序不规范，党的领导作用发挥不充分。比如，在迎接财政扶贫资金绩效考核准备工作上，有些部门党组织安排部署不及时，导致印证资料收集缓慢。二是在思想建设方面，有的机关党组织开展集体学习的次数虽然很多、但搞形式、走过场问题仍然比较突出；有的把政治理论学习当“累赘”，学习不主动、不经常、不深入、不全面；有的对习近平总书记关于本行业、本领域的重要论述学习把握不到位，学而不思、学用脱节，没有把学习成果切实转化到实际工作中来。三是在组织建设方面，有的机关党组织不注重自身建设，“三会一课”等党内活动流于形式，效果不好；有的抓机关党组织建设按部就班，创新方式方法不多，典型经验挖掘总结推广不够。四是在作风建设方面，有的机关党组织抓干部队伍建设力度不够大，党员干部安于现状、精气神不足，坐等上级安排部署倾向严重；有的宗旨意识和服务意识淡薄，对企业、群众反映强烈的热点、难点、堵点问题不上心，衙门作风、官老爷的陋习依然存在。五是在廉政建设方面，有的机关特别是实权机关廉政风险防控机制不健全，内部管理不够规范，对关键人、关键事、关键环节的管控不够到位甚至失管，滋生腐败的土壤和风险依然存在。六是在责任落实方面，有的机关党组（党委）落实全面从严治党主体责任不到位，党组织书记对机关党建不重视、不研究、不过问，没有将党建和业务统筹起来抓；有的班子成员“一岗双责”责任严重缺失，只搞业务、不抓党建的问题普遍存在。

当前，我区正处于推动脱贫攻坚与乡村振兴的关键时期，正处于开启全面建设社会主义现代化六枝新征程的重要节点，经济社会发展任务非常繁重。我们要准确把握管党治党越往后越严的趋势，在认清使命中强化担当，在看到成绩中坚定信心，在正视问题中找准方向，持续用力、久久为功，不断开创机关党建工作新局面。

三、聚焦使命任务，深入落实提高新时代机关党建质量的重点工作

全面提高机关党的建设质量，建设让党中央放心、让人民群众满意的模范机关，是新时代赋予机关党建的使命任务。我们要严格对标对表，切实把机关党的建设各项重点任务抓实、抓牢、抓好。

第一，要加强政治建设，在增强“四个意识”、坚定“四个自信”、做到“两个维护”上做表率。政治建设是党的根本性建设，带头做到“两个维护”是加强机关党的建设的首要任务。机关首先是政治机关而不是单纯的业务机关。要牢固树立政治机关意识，把政治纪律和政治规矩体现在履职尽责、做好本职工作的实效上，体现在党员干部的日常言行上，确保政令畅通、令行禁止，坚决反对搞两面派、做

两面人，杜绝执行党委、政府的工作部署打折扣、做选择、搞变通，涵养风清气正的机关政治文化。要严肃党内政治生活，严格落实“三会一课”、主题党日、民主生活会和组织生活会、领导干部双重组织生活等制度，切实增强党内政治生活的政治性时代性、原则性、战斗性。要着力提高政治能力，始终站稳政治立场、把握政治方向、坚守政治原则。

第二，要狠抓理论武装，在深入学习贯彻习近平新时代中国特色社会主义思想上做表率。思想建党、理论强党是我们党的优良传统和政治优势，机关党员干部要在理论学习上走前列，在学懂、弄通、做实上当示范。一要自觉主动学。大力推进学习型机关建设，坚持集中学习与个人自学相结合，把党的十九届五中全会精神、《习近平谈治国理政》系列读本等作为当前和今后一段时期的重要学习内容，以上率下学、示范带动学，不断增强机关党员干部理论学习的自觉性和主动性。二要及时跟进学。对习近平总书记发表的重要讲话、作出的重要指示、批示，党中央、省委、市委作出的重大决策部署、出台的重要文件，要第一时间做到学习跟进、认识跟进、行动跟进，着力解决学习不深入、理解不透彻、落实不彻底等问题。三要联系实际学。把研究解决问题作为理论学习的着眼点，围绕解决思想、工作、作风等方面的突出问题，注重从习近平总书记的重要讲话中找办法、找答案，既能做别人做到的事，又能做别人做不到的事，切实增强理论学习的针对性和实效性。

第三，要夯实基层基础，在发挥基层党组织战斗堡垒作用上做表率。党的基层组织是党的全部工作和战斗力的基础，要以提升组织力为重点，下大力气建强机关基层党组织。一要坚持领导带头。机关党建抓得好不好，关键在领导班子、关键在党组织书记。要把抓机关党组织班子、党组织书记建设作为重点，不断提高机关党组织的政治领导力、思想引导力、群众组织力、社会号召力，提高围绕中心大局谋划开展工作的能力水平，更好地发挥把方向、管大局、保落实的领导作用。二要加强组织建设。要加强分类指导，做到“一把钥匙开一把锁”，增强机关党建工作的针对性和有效性。要落实机关基层组织工作条例、党支部工作条例，持续推进机关党组织标准化、规范化建设，让每一个支部都成为推动单位业务发展的坚强战斗堡垒。三要抓好党员队伍。要规范党员发展，把政治标准放在首位，严格发展党员程序关、质量关，不断优化党员年龄、队伍结构。要加强党员教育，围绕解决问题、发挥作用，将党员教育融入日常、抓在经常。要加强党员管理，坚持严管与厚爱相结合，该表扬的表扬、该批评的批评，做到管到关键处、管到心里去。

第四，要强化正风肃纪，在为民务实清廉上做表率。机关作风状况直接关系党的形象，关系特区党委、政府在人民群众中的形象，要一以贯之把作风建设抓紧、抓好，永葆为民、务实、清廉的政治本色。一要力戒形式主义、官僚主义。机关最容易滋生形式主义、官僚主义。要从区直机关抓起、从领导干部抓起，下大力气解决表态多、调门高、行动少、落实差和乱发文件、乱开会议、乱搞督查等问题，把更多时间和精力用于干实事、抓落实。二要密切联系群众。要坚持对上负责和对下负责相统一、让党放心和让人民群众满意相统一、为了群众和依靠群众相统一，大兴调查研究之风，在实践中发现问题、研究问题、破解难题。三要做到清正廉洁。要持续加强纪律教育、政德教育、家风教育，深入开展警示教育，引导党员干部筑牢拒腐防变的思想道德防线。要深化运用监督执纪“四种形态”，多做红脸出汗、咬耳扯袖的工作。要加强党员干部特别是重点部门、关键岗位的监督，完善制度机制，堵塞管理漏洞，防范廉政风险，保持高压态势，一体推进“不敢腐、不能腐、不想腐”。特别是要按照有关规定把党员干部管好、用好，对在同一个岗位上时间较长、权力集中，或存在独行其是和“小圈子”主义的领导干部及时交流调整，建设风清气正的政治机关。

第五，要围绕中心大局，在推动改革发展各项事业上做表率。习近平总书记强调，只有围绕中心、建设队伍、服务群众，推动党建和业务深度融合，机关党建工作才能找准定位。我们要围绕中心、服务大局，强化党建引领，推动党员干部在建设社会主义现代化新征程中建功立业。一要在加快推进经济社会高质量发展上建功立业。要发挥好执行党委、政府决策，服务全区发展大局、提供决策建议等重要职能，着眼大局、创新思维、认真谋划，高标准编制好“十四五”规划。要加强对本领域、本行业工作的统筹调度，发挥业务和专业优势，加强对行业工作的督促检查和跟踪问效，下大力气解决好影响全区经济社会高质量发展的一系列问题，不折不扣地把各项部署落实到位。二要在着力防范化解风险挑战中建功立业。要坚持守土有责、守土负责、守土尽责，全面做好产业发展、项目建设、政府债务、社会保障、医药卫生、食品安全、安全生产、社会治安等领域的风险防范化解工作，不断增加人民群众的获得感、幸福感、安全感。三要在持续巩固提升脱贫攻坚成果中建功立业。当前，要重点做好国家脱贫攻坚考核的迎考准备。国家脱贫攻坚考核组已经进驻贵州，今天上午召开省级层面的对接会。从我区的准备情况来看，仍然还存在档案资料收集进度缓慢、档案资料送审不及时、项目后续管理不到位、分红协议和分红单不完善等问题。各有关单位要坚持问题导向，进一步查缺补漏、完善细节。要坚持“书记抓、抓书记”，项目涉及的乡（镇、街道）、部门的党委（组）书记，要严格按照市委书记王忠提出的“三个一切”和“七个要”要求，亲自研究、亲自部署相关工作，确保所有工作高质量、零差错完成。东西部协作考核和省际交叉检查名单还没有抽取，大家要按照之前的安排，全力做好相关准备工作，决不能麻痹大意、掉以轻心。四要在产业结构调整和小康菜园建设上建功立业。小康菜园建设方面，要按照市委、市政府提出的“漫山遍野大产业、千家万户小菜园”的战略部署的具体要求，认真统筹好人力、财力、物力加快推进建设。产业结构调整方面，要按照农业产业要求，坚持市场导向，用好今冬明春最佳时机，切实推进产业结构调整，不断提升农业产业的专业化、规模化、品牌化。同时，要加快灾后恢复重建，切实保障好民生。

四、强化党的领导，持续夯实提高新时代机关党建质量的组织保障

加强和改进机关党的建设，必须牵住责任制这个“牛鼻子”，扣紧责任链条，上下联动、齐抓共管。

一要压紧压实责任。机关党组（党委）要把党建工作与业务工作一起谋划、一起部署、一起落实、一起检查。党组织书记要落实好第一责任人责任，做到重要工作亲自部署、重大问题亲自过问、重点环节亲自协调、重要案件亲自督办。班子成员要落实好“一岗双责”责任，把抓机关党建作为应尽之责，拿出足够的时间和精力研究部署、推动落实。机关党委书记、党支部书记要找准定位，履职尽责，形成一级抓一级、层层抓落实的工作格局。

二要形成工作合力。特区党建办、组织部要加强指导，及时研究解决机关党建工作中的问题。特区直属机关工委要抓好统一谋划、工作指导、督促检查和制度建设，强化与各机关单位沟通联系，共同研究和解决问题。特区纪委监委、宣传部等部门要协调联动，各负其责，把分内的责任担起来，把各自的工作做到位。

三要建强工作队伍。各单位党组（党委）要注重选拔政治强、业务精、作风好的党员干部从事机关党建工作，推进党务干部与业务干部双向交流，使党务工作成为既成就事业又成就人才的工作。组织部门要加强专兼职党务干部教育培训，着力提高素质能力，打造高素质专业化党务干部队伍。

四要确保工作实效。各有关单位要严格按照规定保障机关党建工作经费和活动经费。要加强考核，在党建考核和领导班子及领导干部年度考核中加大抓机关党建的权重。要定期对部门党组（党委）履行机关党建主体责任情况开展督促检查，及时发现和解决难题。要加强对部门所属企事业单位、社会组织等基层党组织建设的分类指导，推动机关基层党组织全面进步、全面过硬。

落实新时代党的建设总要求、推动党的建设高质量发展，需要机关做表率、打头阵；开启画廊六枝全面建设社会主义现代化新征程，需要机关党员干部冲在前、干在先。让我们更加紧密地团结在以习近平同志为核心的党中央周围，凝心聚力、真抓实干，不断开创全区机关党建新局面，在续写新时代百姓富、生态美的画廊六枝新篇章中实现新作为、做出新贡献！

政府工作报告

（2021年3月24日在六枝特区第十二届人民代表大会第五次会议上）

特区人民政府区长　方裕谦

现在，我代表特区人民政府向大会报告工作，请予审议，并请特区政协委员和其他列席会议的同志提出意见。

一、“十三五”工作回顾

“十三五”时期是实现第一个百年奋斗目标的决胜期，我们始终坚持以习近平新时代中国特色社会主义思想为指导，认真学习贯彻党的十九大和十九届二中、三中、四中、五中全会精神，深入落实习近平总书记对贵州工作的重要指示精神，在特区党委的坚强领导下，在特区人大、政协的监督和支持下，坚持稳中求进的工作总基调，以脱贫攻坚统揽经济社会发展全局，守好“三条底线”，打好“三大攻坚战”，实施好“三大战略行动”，较好地完成了“十三五”规划、脱贫攻坚和全面建成小康社会的主要目标任务，经济社会发展各项事业大踏步前进、取得历史性成就！

（一）脱贫攻坚大获全胜，同步全面小康。我们举全区之力、聚各方之智，坚决落实“六个精准”“五个一批”，全力打好“四场硬仗”，全面实现“两不愁三保障”。硬件设施明显改善。实施农村危房改造和老旧房透风漏雨专项整治21911户。建成和改造通村（组）路、产业路1921.65公里，实现乡乡通油路、村村通水泥路、户户通硬化路。解决26.66万户农村人口饮水安全问题。长效保障持续巩固。提前超额完成省、市下达的“十三五”易地扶贫搬迁任务，在全省率先完成安置住房不动产登记，后续扶持“五个体系”“两个社区”建设通过达标验收。产业发展带动农户累计增收2.7亿元。建档立卡贫困适龄子女全部入学，学前及义务教育阶段贫困学生实现教育资助应助尽助。常住建档立卡贫困人口实现家庭医生应签尽签、有效服务。帮扶协作成绩斐然。大连市、甘井子区及中国科学技术大学累计投入帮扶资金1.65亿元。147家企业投入5000万元帮扶156个村。东西部扶贫协作成效考核连续两年获得“好”的等次。经过五年合力攻坚，13.38万户贫困人口全部脱贫、130个贫困村全部出列、所有贫困乡镇全部摘帽，2019年4月，经省政府批准正式退出国家级贫困县序列，彻底撕掉了绝对贫困标签，实现从解决温饱、总体小康到全面小康的历史性跨越！

（二）动能转换进程加快，产业提档升级。我们聚焦扩规模、提质效、应需求，产业发展硕果累累。第一产业基础夯实。聚焦农业产业革命“八要素”，发展茶叶、刺梨、猕猴桃、樱桃等特色优势产业131.8万亩。建成省级现代高效农业示范园区9个、万亩产业基地8个、规模养殖场416个、农产品加工企业55家。培育省市级农业产业化经营重点龙头企业69家。认证绿色食品、有机食品、地理标志产品33个。贵州二表哥生态农业有限公司获评“国家级生猪标准化示范场”。第一产业增加值年均增长6.22%。第二产业提质增效。完成135万吨煤炭去产能目标任务，原煤产量1026万吨，生产水泥1103.33万吨，发电量295.6亿度，较“十二五”末分别增长9.74%、67.74%、39.88%。中渝煤矿急倾斜煤层机械化开采技术达到国内领先水平。2×66万千瓦福能（贵州）发电项目投产发电。锂电新能源全产业链项目有序推进。

第三产业后劲充足。获批国家 AAAA 级旅游景区 2 家、国家 AAA 级旅游景区 1 家、省级旅游度假区 1 家。圆满承办第四届六盘水市旅游文化产业发展大会。国家全域旅游示范区创建高分通过省级评审。旅游接待人次及旅游综合收入年均增速保持在 20% 以上。贵阳银行、富民村镇银行入驻六枝，为全区发展注入新的金融活力。建成区级电商运营中心和 133 个农村电商服务站，国家级电子商务进农村综合示范项目通过中期绩效评价。三次产业增加值年均增长 10.04%。产业发展向好向快势头不减，为六盘水产业转型升级示范区建设贡献了六枝力量！

（三）基础设施逐步健全，城乡协调发展。我们坚持补齐基础设施短板，推进城乡一体化发展，固定资产投资年均增长 13.05%。交通路网四通八达。安六高铁建成通车，六枝进入“高铁”时代。纳晴、六安高速公路开工建设，安盘、六织高速公路纳入贵州省新时代高速公路网加密规划。G356 大用至凉水井等公路建成通车。新建和改造国省道、县乡道及“撤并建”“组组通”公路 2087 公里，全区公路总里程 4043 公里。成功创建“四好农村路”省级示范县。供水保障安全稳定。懒龙河水库等 4 座水库下闸蓄水，旧院、茅草寨水库建成供水，头塘等 6 座水库建设有序推进，新增蓄水库容 6866 万立方米。中心城区配水管网改扩建工程建成投用，实现稳定供水。电气通信持续完善。全面完成新一轮农村电网改造升级，六枝经济开发区入列国家第五批增量配电业务改革试点。中心城区天然气实现全覆盖。4G 网络基本覆盖 30 户以上自然村寨，建成 5G 基站 127 个。新型城镇基础夯实。中心城区面积达 20.3 平方公里，城镇化率达 48.65%。成功承办第五届全省小城镇建设发展大会。岩脚镇、木岗镇跻身全国重点镇，郎岱镇入围全国特色小镇和省级示范小城镇。基础设施日趋完善，继续推动高质量发展的信心和底气更加充足！

（四）改革创新动力澎湃，发展活力喷涌。我们紧盯重点领域和关键环节改革，发展活力空前释放。农村改革深入推进。纵深推进“三变”改革、农村产权制度改革和农业综合水价改革，入列“全国农村承包土地经营权抵押贷款试点县”“贵州省农业综合水价改革试点县”。涉企改革成效显著。推进“放管服”改革，实现全省 671 项政务服务事项“异地收件、远程受理”，企业登记全程电子化率由 2016 年初的“0”上升到 95%。持续推进“双随机、一公开”监管。深入落实减税降费，减免税费 7.56 亿元。区属国有平台公司逐步实现集团化管理。营商环境持续优化，引进省外项目 340 个，到位资金 540.9 亿元。民生改革步履坚实。城市综合执法、城乡水务一体化及殡葬等改革稳步推进，个人所得税改革全面启动。医疗体制改革质效提升，获“全省公立医院改革示范县”称号，入列县域“医共体”省级试点县。政府机构、零基预算、公务用车改革顺利推进。改革动能持续攀升，六枝已然成为一片充满生机、蕴含潜力的投资兴业热土！

（五）污染治理卓有成效，生态焕发生机。我们坚持生态优先，污染防治“五场战役”连战连捷。空气质量保持优良。深入落实“六大综合治理方针”，强化春节、中元节等重点时段大气污染防控，城区空气质量优良率（AQI）达 99.1%。水体环境明显改善。千人以上集中式饮用水水源地水质达标率为 100%。完成中心城区污水处理设施提标改造及二期工程建设，六枝河水体污染综合治理成效持续巩固，城市污水处理率达 85.98%。省控以上断面水质持续向好。农村环境洁净优美。新建和改造行政村公厕 211 个、农村户用卫生厕所 10.87 万户，普及率分别达 100%、83.15%。建成投运 20 座乡镇生活垃圾转运站，行政村生活垃圾收运处置覆盖率达 97.1%。固废治理低碳环保。六枝特区生活垃圾焚烧发电项目点火发电，城乡生活垃圾无害化处理率达 85%。六枝特区医疗废弃物处置中心建成投运，全区所有医疗机构医疗废弃物实现无害化处置。20 座矿山矿渣及灰渣坝得到有效整治。工业固废综合利用率达 75%。绿色屏障稳步筑牢。治理水土流失 150 平方公里、石漠化 84 平方公里，完成营造林 48.27 万亩，森林覆盖率预计达 58%，较“十二五”末提高 12 个百分点。“绿水青山就是金山银山”的理念深入人心，绿色已成为新时代六枝最亮丽的底色！

（六）风险防范总体可控，社会稳定和谐。我们坚决打好重大风险防范攻坚战，人民群众安全感不断增强。债务风险防范有力。严格执行债务管理“七严禁”及“八个一批”“新十条”化债措施，积极化解政府存量债务，债务风险防控等级由“红”转“橙”。社会治理成效卓著。扎实开展扫黑除恶专项斗争。深入推进“平安六枝”“法治六枝”建设，刑事发案率较“十二五”末下降34.3个百分点。成功摘掉国家、省禁毒重点整治地区“帽子”。重大矛盾纠纷调处化解率达100%。安全形势持续向好。时刻紧绷安全生产这根弦，科学防范安全风险，全区未发生重大安全生产事故。全面落实地质灾害“防、避、治”措施，隐患总量和受胁人数分别下降28%和32%。高效开展“6·13”“9·6”城市内涝抗洪抢险。全区社会大局保持和谐稳定，安全防范治理能力持续增强！

（七）**民生网底织密兜牢，保障愈加坚实。**我们坚持民生优先，守住根本。城镇、农村居民人均可支配收入分别突破3万元、1万元大关，分别为“十二五”末的1.5倍、1.6倍。就业创业更充分。城镇新增就业9.4万人，农村劳动力转移就业11.65万人，城镇登记失业率有效控制在4.2%以内。发放创业担保贷款5.78亿元，全区市场主体达3.61万个，为“十二五”末的3.04倍。教育事业更优化。实现每个乡（镇、街道）有1所以上公办幼儿园，成功创建省级示范性普通高中2所、省级示范性幼儿园2所。学前三年毛入园率、九年义务教育巩固率、高中阶段毛入学率分别达95.09%、113.29%、95.28%，较“十二五”末分别提高6.41、27.76、7.68个百分点。义务教育基本均衡发展通过国家评估验收。特区职校创建省级示范性中等职业学校通过初评，中职学校毕业生就业率达97%。医疗卫生更完善。城乡居民医疗保险参保人数较“十二五”末增加92251人，参保率达参保任务数的100%。市二医、特区人民医院、中医院等建设稳步推进。国家级慢性病综合防控示范区通过复审。社会心理服务体系建设纵深推进。基层医疗卫生服务水平进一步提升。社会保障更普惠。全面完成年度养老保险参保任务。城乡低保标准较“十二五”末分别提高38.3、23.8个百分点。建成收养型养老机构19所、农村幸福院121所，改造敬老院10所，养老床位达3900张。文体事业更繁荣。特区图书馆、文化馆被评为国家二级馆。建成乡、村两级农民体育健身工程266个。发展多彩贵州“广电云”户户用8.68万户。完成第七次人口普查登记工作。妇女、儿童、老龄、残疾人等事业健康发展，工会、民族、宗教、外事、侨务、对台、史志、档案、气象、人防、共青团、红十字、关心下一代等工作取得新进展。民生网底进一步织牢，人民群众获得感、幸福感、安全感显著提升！

（八）**政府职能全面转变，效能不断提升。**我们坚持作风转变、职能转换，全力打造服务型政府。法治建设全面深化。始终坚持在特区党委的领导下开展工作，自觉接受特区人大、政协和社会各界监督。组建法律顾问室，依法行政水平显著提高。圆满完成“七五”普法，全民尊法、学法、守法、用法氛围愈加浓厚。治理效能更加彰显。扎实开展政府系统深化落实年、效能提升年活动，大力精简规范权力事项。国家基层政务公开标准化、规范化试点工作通过验收，政务公开工作跃居全省第5名。坚持勤俭节约，严控一般性支出，把宝贵的资金更多用于为发展添动力、为民生增福祉，用政府的“紧日子”“苦日子”换取老百姓的“好日子”。廉政建设纵深推进。驰而不息地正风肃纪，坚定不移地惩治腐败，常态化开展“两学一做”学习教育和“不忘初心、牢记使命”主题教育，坚决执行中央八项规定及其实施细则精神，坚定不移地抵制“四风”，抓实督查、巡视、审计等反馈问题整改，政治生态持续向好。全区干部在挑战和风险中践行初心使命，在困难和压力下迈出铿锵脚步，在平凡的岗位上创造了不平凡的业绩！

2020年，是全面建成小康社会和“十三五”规划收官之年，也是极不平凡、殊为不易的一年，面对突如其来的新冠肺炎疫情、落实“六稳”“六保”、加快复工复产、抗御自然灾害、防范重大风险等一道道“必答题”“加试题”，全区上下同舟共济、共克时艰，展现出超强的意志力、凝聚力和执行力，奋力夺取疫情防控和经济社会发展双胜利。我们众志成城打好疫情防控阻击战。全区1.6万名干部闻令而动、昼夜奋战，3686名医务人员不畏艰险、火线上前，18名医务人员逆行出征、驰援武汉，75.6万名六枝人民守望相助、同心战“疫”，共同筑起疫情防控的钢铁长城，全面打赢疫情防控人民战争、总体战、阻击战，全区疫情防控取得“零输入、零疑似、零确诊”的阶段性成效。我们千方百计稳住民生发展根本。及时出台助企纾困政策措施，辖区内所有企业、在建项目顺利复工复产。强化项目调度和保障服务，安六高铁提前建成通车，六枝中心客运站建成投运，太平洋包芯纱、贵州特盈有机玻璃等一批产业类项目投产见效。就业、医疗、教育等保障体系进一步完善，财政“八项民生支出”同比增长 14.43%。全区发展更有“温度”，民生福祉更有“质感”。我们披荆斩棘奋力保持经济平稳增长。受新冠肺炎疫情和国际、国内经济持续低迷影响，全区地区生产总值在一季度同比下滑 1.4% 的不利条件下，上半年保持 2% 的增长，全年同比增长 4.6%；规模以上工业增加值同比增长 6.6%；固定资产投资同比增长 5.5%；一般公共预算收入同比增长 3.05%；社会消费品零售总额同比增长 4.6%；金融机构存、贷款余额同比分别增长 2.53%、13.77%；城镇、农村居民人均可支配收入同比分别增长 4.6%、8.8%，全区经济运行稳步恢复，发展韧性持续彰显。

五年来的成就饱含艰辛、令人振奋。这些成绩的取得，是特区党委统揽全局、科学决策的结果，是特区人大、政协有力监督、全力支持的结果，是历届班子继往开来、接续奋斗的结果，也是离退休老同志无私帮助、倾情关心的结果，更是全区广大干部群众团结一心、苦干实干的结果。在此，我代表特区人民政府，向全区各族人民，向人大代表、政协委员，向各民主党派、工商联、无党派人士、各人民团体和离退休老同志，向驻境部队官兵、民兵预备役人员、政法公安干警、消防救援队伍指战员、广大医务工作者，向所有关心和支持六枝经济社会发展的各界人士，表示衷心的感谢和诚挚的敬意！

在充分肯定成绩的同时，我们也要清醒认识发展中存在的不足：一是产业结构单一、链条短，发展不均衡，集群集聚发展效应不足，经济发展质量和效益有待提升。二是部分领域风险隐患防范难度大，政府偿债压力突出，安全生产、生态保护、自然灾害防治等领域还存在不少薄弱环节。三是政府职能转变和行政效能需要进一步加强，公共服务水平还不够高，民生事业欠账大，与人民群众的期盼还有不小差距。我们将坚持目标导向、问题导向、结果导向，直面问题，按照高质量发展要求切实加以解决。

二、“十四五”主要目标任务

“十四五”时期，是全面建成小康社会、实现第一个百年奋斗目标之后，乘势而上开启全面建设社会主义现代化国家新征程、向第二个百年奋斗目标进军的第一个五年。根据区委十一届十次全会部署，特区政府编制了《六枝特区国民经济和社会发展第十四个五年规划和二〇三五年远景目标纲要（草案）》，一并提交人民代表大会审议。

今后五年，我们将按照省委“一二三四”和市委“一二三四五”总体思路，实现推动转型升级、促进高质量发展、提升区域竞争力“三大目标”。力争地区生产总值年均增速 8.5%，规模以上工业增加值年均增速 14% 左右，固定资产投资年均增速 6% 以上，社会消费品零售总额年均增速 6%，一般公共预算收入年均增速 3%，城镇、农村居民人均可支配收入年均增速分别为 9%、10% 左右，经济发展、生态建设、人民生活、开放水平、社会文明程度和社会治理能力迈上新台阶。

围绕以上目标，我们将深入实施“乡村振兴”，全力推动“四轮驱动”，全面点燃“四大引擎”，持续厚植“四个根基”，推进全区经济社会高质量发展。

——立足新发展阶段，深入实施“乡村振兴”。大力促进脱贫成果更稳更牢。用好过渡期政策，与“十四五”规划、乡村振兴有效衔接，确保帮扶政策保持总体稳定，健全防止返贫监测帮扶机制，坚决防止发生规模性返贫现象。与时俱进深化“五个体系”“两个社区”建设，持续激发低收入人口内生动力。立足乡村实际，培养一批知识型、创新型、技能型新型职业农民和农村职业经纪人队伍。深化东、西部协作、定点帮扶和社会帮扶等机制。大力促进农业高质高效。加大农村乱占耕地建房整治力度，有效遏制粮田“非粮化”，严禁农地“非农化”，全力保障粮食安全。依托“三变”改革，深入推进农村土地制度、集体产权制度及经营性集体建设用地入市改革，全面盘活农村集体资产。着力培育特色产业强镇，打造“一村一品”“一镇（乡）一特”发展格局。第一产业增加值年均增速 6%。大力促进乡村宜居宜业。强化村庄规划和农村住房建设，打造乡村振兴“十百千”示范工程升级版和重点乡村旅游示范点。持续开展地质灾害避险移民搬迁工程和农村人居环境整治整县推进工程。深入实施农村“厕所革命”，农村卫生厕所普及率达85%以上。集中供水率、垃圾无害化处理率均超过90%。健全完善乡村治理体系，加强农村丧葬管理，坚决制止滥办酒席和餐饮浪费等行为，提升乡风文明。

——贯彻新发展理念，全力推动“四轮驱动”。全力推动新型工业化，培育转型升级新动能。加快实施工业倍增行动，推进煤电传统产业转型升级。实施煤炭产能产量提升工程，建成新华、聚鑫等一批大中型矿井，推动煤矿智能化发展。加强煤矸石、煤层气（煤矿瓦斯）、矿井水综合循环利用，建成六枝低热值煤发电项目。煤炭产量2000万吨以上、发电量430亿度以上。大力发展新兴产业，优化发展“7+2”产业板块，突出打造新型能源化工、新材料、医药大健康、智能装备制造等新兴产业，布局发展锂电产业，实现板块布局、产业耦合、链条发展。深化“一区三园”协同发展效应，实施园区首位产业培育提升行动，按照“一园一主导”“一园一特色”，推动园区产业分类、分层、分级错位发展，将六枝经济开发区打造成百亿级产业园区。全力推动新型城镇化，展现城镇发展新风貌。积极融入渝贵高铁经济带、贵阳—贵安—安顺都市圈和黔中城市群，集中优势资源打造高铁新城，将六枝建成“黔中经济区”重要节点城市。坚持“规划引城、建设扩城、服务立城、文化兴城、管理亮城”，中心城区人口达25万人以上，城镇化率达54.62%。突出特色打造综合服务型、商贸集散型、田园生态型、工业发展型、农文体旅融合型等特色小城镇，形成城乡统筹，宜居、宜业、宜游的城镇空间格局。全力推动农业现代化，开创农业发展新局面。以农业现代化为目标，在稳定粮食生产的基础上，持续推动农业特色优势产业提质增效。聚焦农业规模化，以坝区为重点，建设相对集中连片的大型农产品基地。依托现有企业，把产业做成规模化基地，加快裂变式发展，持续打造一批拳头产品，努力形成稳定的市场供应。聚焦农业标准化，实施“3635”提质增效工程，建成猕猴桃“吨产园”3万亩、刺梨“千斤园”6万亩、茶叶“万元田”3万亩、大樱桃“高效园”0.5万亩，推动生产基地、加工基地、仓储物流基地标准化建设。聚焦农业品牌化，大力加强品牌创建和应用推广，着力打造九层山茶叶、迷你红猕猴桃、月亮河有机红米、凉都跑山猪等优质农产品品牌，提升产品知名度和市场竞争力。全力推动旅游产业化，谱写六枝旅游新篇章。围绕“产业融合、资产盘活、业态丰富、品牌塑造、服务提升、空间拓展”发展思路，以“四季康养·全域发展”为主题，以夜郎文化、三线文化、民族民间文化为内涵，打造“主客共享、人民幸福”旅游目的地和集散地。新增国家AAAA级、国家AAA级旅游景区各1家，力争全域旅游示范区创建通过国家验收，旅游接待人次及综合收入年均增速10%以上。

——构建新发展格局，全面点燃“四大引擎”。坚持把改革开放作为第一活力。深化“放管服”改革，推进要素市场化配置改革，持续加强平台公司、财税金融等重点领域改革。发展壮大民营经济，深入实施市场主体培育工程。主动融入“一带一路”、长江经济带、成渝双城经济圈、粤港澳大湾区等区域协作发展平台，更好融入“双循环”新发展格局。聚焦招大引强扩外资，力争招商引资到位，资金年均增速10%以上。坚持把科技创新作为第一动力。聚焦传统产业提质改造、新兴产业培育壮大，实施创新创业平台倍增计划，积极促进各类创新要素向企业集聚，不断完善产、学、研、用相结合的协同创新机制，鼓励企业与中国科学院、中国科学技术大学等院校开展技术创新合作。发挥大企业引领支撑作用，推动产业链上、中、下游，大、中、小企业融通创新。鼓励企业加大研发投入，推动技术、装备、产品等升级换代。坚持把人才振兴作为第一助力。用好贵州人才博览会、大数据产业博览会、高层次人才引进计划等平台，主动联系六枝在外工作的各领域优秀人才，柔性引进一批紧缺专家团队。依托特区职业教育等资源，大力实施中职强基和“黔匠”培养工程。加强农业特色优势产业、“7+2”产业板块、创新发展服务业等重点产业人才培养。强化教育培训，孵化新时代乡土人才，精心做好服务保障，让各类人才在六枝安身、安心、安业。坚持把消费提质作为第一引力。大力发展假日经济、夜间经济、步行街经济等城市消费业态，拓展教育、医疗等服务消费，扩大县域消费、乡村消费、中低收入群体消费，鼓励企业开展农产品、家电、汽车等促销活动，鼓励发展“线上经济”“宅经济”等新业态，激发消费市场活力。

——顺应人民新期待，持续厚植“四个根基”。坚持环保为民，改善生态环境。坚持生态安全和空间发展相融合、资源环境承载能力和国土空间适宜性相协调，严守“三条控制线”。持续加大空气污染防治力度，城区空气质量优良率（AQI）稳定达到Ⅱ级以上标准。深入实施水污染防治行动，全面落实“河长制”“湖长制”。城乡集中式饮用水水源地水质达标率为100%。加强农业农村面源污染综合防治，推进化肥农药减量增效。落实“林长制”，深入实施封山育林、退耕还林、石漠化综合治理等工程，森林覆盖率保持在58%以上。坚持投资便民，完善基础设施。纳晴、六安高速公路建成通车，力争六织高速公路开工建设。加快推进普通国省道、县乡道建设，全面推进农村公路路面提升改造项目。提高水资源调蓄能力和供水保障能力，建成头塘、小坝田等6座水库，开工建设湾龙坡等3座水库。持续提升电网供给质量和运行效率，供电可靠率达99.86%。全面消除乡镇以上城镇建成区、旅游景区、重要交通沿线等重点场所网络信号盲区、盲点，着力完善30户以上自然村寨移动通信网络基础设施建设。实现成品油零售网络乡（镇、街道）全覆盖。坚持治理安民，筑牢安全底线。健全防范地方政府性债务风险机制，政府性综合债务率逐年降低。坚定不移地把安全发展贯穿经济社会发展各领域和全过程，坚持守好“一条底线”，坚决做到“两个必须”，坚定不移强化“三个监管”，坚决确保“四个到位”，形成严密层级治理和行业治理、政府治理、社会治理相结合的安全生产治理体系。坚持保障惠民，增进民生福祉。加大城乡就业创业扶持力度，城镇登记失业率控制在5%以内。全力推动学前教育普及普惠发展、义务教育优质均衡发展、高中教育（含职业教育）特色发展、特殊教育普及发展、民族教育加快发展，15岁及以上人口平均受教育年限12年。扩大医保、养老保险覆盖面，全面落实社会救助和保障标准与物价上涨挂钩联动机制。深入推进公共文化服务多元化。持续深化医药卫生体制改革，每千人常住人口医疗卫生机构床位数达到9张。深化“医共体”建设，全面提升基层医疗卫生服务水平。全面加强食品药品监督管理。强化退役军人服务保障体系建设。完善信访工作和矛盾纠纷化解体制机制。常态化推进扫黑除恶专项斗争，让社会变得更加公平正义、让人民群众更有安全感。

“十四五”发展目标已经明确，全面建设社会主义现代化国家新征程已经开启，未来五年的展望振奋人心，只要我们继续坚定信心、决心，牢固树立战略思维、系统思维、创新思维、底线思维，继续携手共同奋进，继续咬定目标拼搏，一切以人民为中心，一切依靠人民，一切为了人民，就一定能够实现建设社会主义现代化六枝各项目标，一定能够再次铸就振奋人心的新时代六枝新壮举！

三、2021年重点工作

2021年是实施“十四五”规划、开启全面建设社会主义现代化国家新征程的第一年，也是我们党成立100周年。今年所有工作要围绕开好头、起好步来展开，总体要求是：以习近平新时代中国特色社会主义思想为指导，全面贯彻党的十九大和十九届二中、三中、四中、五中全会及中央经济工作会议精神，深入贯彻落实习近平总书记视察贵州重要讲话精神，认真贯彻省委十二届八次全会、省委经济工作会议，市委七届十二次全会、市委经济工作会议，区委十一届十次全会、区委经济工作会议部署，牢记嘱托、感恩奋进，坚持稳中求进工作总基调，立足新发展阶段，坚持新发展理念，融入新发展格局，聚焦聚力市委“一二三四五”发展思路，坚持系统观念，巩固拓展脱贫攻坚、疫情防控和经济社会发展成果，更好统筹发展和安全，继续做好“六稳”工作、落实“六保”任务，塑造新优势、培育新动能，努力保持经济运行在合理区间，奋力在新征程上闯新路、开新局、抢新机、出新绩，以优异成绩庆祝中国共产党成立100周年。

主要预期目标是：地区生产总值增长8.5%；规模以上工业增加值增长13%；固定资产投资增长6.5%；社会消费品零售总额增长10%；一般公共预算收入增长1.5%；城镇、农村居民人均可支配收入分别增长8%、9%；绿色经济占地区生产总值比重达到45%左右。

高质量发展主要目标是：制造业增加值占地区生产总值比重达3.5%，民间投资占固定资产投资比重达40%；研发支出与地区生产总值之比达1%，工业战略性新兴产业总产值占规上工业总产值比重达5%；常住人口城镇化率达50.23%，城乡居民人均可支配收入之比下降到2.77%；单位地区生产总值能耗降幅完成省、市下达的目标任务；城镇登记失业率在5%以内，劳动年龄人口平均受教育年限为10.4年。

围绕实现全年目标任务，我们着重抓好以下八个方面的工作：

（一）千方百计实施乡村振兴战略。巩固拓展脱贫攻坚成果，全面推开乡村振兴，促进农业高质高效、乡村宜居宜业、农民富裕富足。巩固拓展脱贫成果。坚持“四个不摘”，加强“两类人员”动态监测，做到早发现、早干预、早帮扶。全面落实低保、医保、养老保险和特困人员救助、供养等综合性社会保障政策。突出抓好稳岗就业，有劳动力家庭实现一户一人以上稳定就业。深化易地扶贫搬迁后续扶持“五个体系”建设，全面增强“两个社区”的生命、文化、经济和政治“四个活力”，确保搬迁群众稳得住、有就业，逐步能致富、能融入。深化农村产业革命。聚焦“五个围绕”，纵深推进农村产业结构调整。围绕重点区域，在“两高两道”沿线及500亩坝区、景区布局蔬菜、中药材、水产养殖、精品水果等特色短平快产业。围绕优势产业，发展蔬菜、食用菌、猕猴桃等83.71万亩，在木岗、郎岱等乡镇集中连片种植油菜、小麦、大豆、高粱等26.53万亩，出栏生猪33.8万头、肉牛3.4万头，特色水产达5000亩以上，力争培育市级及以上重点龙头企业3家。围绕农产品加工，建成投运六枝特区生态屠宰科技产业园牛羊屠宰及肉类制品加工车间、郎岱构酱项目、贵州凉都生态肉牛全产业链项目，推进泽超豆制品二期、大畅面业技改等项目建设，农产品加工转化率达50.3%。围绕绿色生态，调整种植农业产业5.13万亩，通过林菜、林果、林药、林菌等生态模式，发展林下经济24万亩。围绕“黔货出山”，大力发展订单农业，农产品省外及东部市场销量2万吨以上，网络零售额同比增长30%以上。实施乡村建设行动。注重乡村产业建设，持续深化“三变”改革，完善利益联结机制，推行“龙头企业＋合作社＋农户”模式，培育一批优强龙头企业、优秀合作社。推动更多金融和社会资本投向农业农村。注重乡村人才建设，以市场为导向，培育一批新型职业农民和经营管理型人才，鼓励引导能人回乡、企业下乡、科技强乡、人才兴乡。注重乡村生态建设，实施农村人居环境整治整县推进工程，农村生活垃圾收运体系行政村全覆盖，村寨生活污水收集处理率达25%。注重乡村组织建设，充分利用脱贫攻坚驻村干部、第一书记等力量，提升乡村治理能力，不断完善自治、法治、德治相结合的乡村治理体系。注重乡村文化建设，加强乡村精神文明建设，培育文明乡风、良好家风、淳朴民风，打造富有特色的乡土文化。

（二）千方百计推进产业转型升级。坚持“首位产业引领、产业园区先行、全区转型提升”思路，形成高质量发展特色产业体系。加快传统产业改造提升。推动聚鑫、竹林煤矿试运行，恢复建设川黔友谊、平桥煤矿，启动兴旺、六龙、青菜塘煤矿技改扩能，力争原煤产量达300万吨。加快六枝低热值煤发电项目前期工作。稳定现有机组，积极稳妥推进瓦斯、光伏、风电等新能源发电，全年实现发电量80亿度。鼓励支持六矿瑞安水泥厂研发特种水泥。推动六枝特区生活垃圾焚烧炉渣综合处理项目、六枝经济开发区粉煤灰脱硫石膏加工利用项目落地投产。加深新兴产业强基铸链。发挥园区主战场作用，培育园区首位产业，补齐园区基础设施短板，建成木岗产业园区20万平方米标准化厂房和岩脚园区豆制品产业园及产业道路。加快推动路喜园区资产重整，力争年产10万吨超高功率石墨电极项目落地建设。推进“7+2”产业板块全链条发展，坚持“亩产论英雄”，引进落地一批优质产业项目，建成黔狼智能装备制造及医用防护物资、小型消防车生产等项目，争取太平洋弹力丝生产项目落地。依托平桥萤石（锂）矿资源综合开发利用项目，加快锂电新能源产业发展。深入推进国家级电子商务进农村综合示范项目，新增农业电商企业6家以上，培育农村电商经营主体5个以上，网络零售额达6500万元以上。加速旅游产业提质升级。强化景区管理、市场整治、服务提升，推动旅游业向康养休闲发展，实现旅游接待人次及旅游综合收入同比增长10%以上。加快完善老王山索道、码头等项目建设，实现运营。加快推进郎岱山地旅游扶贫度假区、全域旅游集散中心等项目建设。高质量办好凉都消夏文化节、牂牁江国际滑翔伞比赛等活动。通过文旅融合实现文化留心、农旅融合实现乡愁留心、工旅融合实现情怀留心、康旅融合实现健康留心、体旅融合实现运动留心，不断提升“中国凉都·画廊六枝”知名度、美誉度。

（三）千方百计完善基础设施建设。深入推进基础设施“六网会战”，谋划启动一批新基建项目，夯实发展根基。优化路网格局。全力做好纳晴、六安高速公路建设服务保障，力争开工建设安盘高速（六枝段），加快推进西嘎至毛口、G356六枝落别至大用等公路建设，力争建成S214岩脚至梭戛、S310新华至大草坝公路，全力配合做好“四好农村路”全国示范市创建工作。强化水利保障。加快推进头塘、纳革、小坝田、母猪田、小长冲、竹林脚水库建设，稳步推进湾龙坡、丁孝塘水库前期工作，加快千人以下饮用水水源地划定保护工作和千吨万人以上集中式饮用水水源地规范化建设。巩固提升农村饮水安全运行管护机制。加强水质监测和管理，保障饮用水水源水质达标。完善电气通信等设施。不断完善电网线路，加快农村电网中、低压线路改造，配齐电力设施，全面提升电网运行质量。加快推进天然气利用，推动天然气管道向重点乡镇延伸，建成落别乡连接输气管网和岩脚镇、龙河镇、郎岱镇气化站。改善通信网络，推动5G网络规模部署，新增5G基站150个，探索“5G+”先进制造、智慧交通、智慧旅游、智慧教育等应用场景。

（四）千方百计加快新型城镇化进程。坚持以人为核心的新型城镇化，推进产城融合，统筹城乡协调发展，增强城镇人口承载力、内需带动力、发展竞争力。做强城镇经济。坚持以城聚产、以产兴城、产城融合，优化城市发展规划和产业布局，支撑经济提质增效和区域转型发展。大力培育城镇服务经济、消费经济、创新经济。推进工业、文体旅游、商贸物流等各具特色小镇建设，重点打造牂牁飞行小镇、郎岱农特产品精深加工小镇。提升城镇品质。加快城区迭代更新，实施城镇老旧小区改造三年行动。运用市场化方式推进城中村、棚户区改造。建成城南大道二期电力基础设施及民生路、工农路，开工建设云盘支流出口段及贵烟路东段、那平路、团结路、人民路雨污分流项目。加快润田优品、翡翠悦府、碧桂园等商品房项目建设。优化城市治理。加快宜居城市建设，以背街小巷、城中村、城乡接合部为重点，推动城市治理重心和配套资源向基层下沉，大力推进全国文明城市、卫生城市创建。加快韧性城市建设，推进生态修复和环境保护，补齐公共卫生源头短板。加强城市防洪排涝、地下通道、消防、人防等设施建设。加快智慧城市建设，推进互联网、大数据、智能化技术在城市管理、社会保障、医疗卫生、环境保护等领域的广泛应用，建成智能化停车位2306个。全面落实“三挂钩”政策，推动农业转移人口市民化。坚持“房住不炒”，推进房地产市场健康有序发展。

（五）千方百计深化改革开放创新。深化改革开放，追求事业革新、环境革新、科技革新，激发各类市场主体活力。纵深推进各项改革。深化“放管服”改革，推进商事登记制度改革，推动“全省通办、一次办成”。持续落实减税降费，巩固“营改增”成果。全面实施城镇供水价格机制改革。深入推进六枝经济开发区“一区三园”综合改革。不断优化营商环境。提升行政审批效能，企业开办时间在2个工作日以内。降低企业生产成本，推动各项惠企政策落地落实，开工建设六枝经济开发区增量配电业务改革试点项目。构建“亲”“清”新型政商关系，建立健全领导干部联系帮扶企业等制度，继续开展服务民营企业六大专项行动，民营经济增长8.5%以上。大力推行产业链招商、园区招商、驻点招商、以商招商、股权招商，力争新引进项目90个以上、到位资金100亿元以上，新引进项目开工率达100%；投产项目63个以上，编制储备项目110个以上。注重创新，引领开放。深入开展“科技面对面”服务行动，增强企业科技创新动力，申报国家高新技术企业2家、省级科技项目5个、市级科技项目10个。奋力推进人才大汇聚，想方设法引进、留住和用好人才。

（六）千方百计筑牢风险隐患防线。坚持底线思维，深入实施重大风险防范行动，确保社会和谐稳定。严格防范债务风险。压实化债主体责任，严控债务增量，妥善处置存量，稳步降低政府性债务风险等级。加强债务统计调度，提前做好风险预判。全面盘活存量资产，提高平台公司偿债能力。全力维护社会稳定。扎实开展“一中心、一张网、十联户”社会治理工作，完善“3+X”专班运行机制，加强应急处置专业力量、装备及机制预案建设。重拳打击群众反响强烈的各类突出治安问题，依法严厉打击电信网络诈骗、非法集资和盗抢骗、黄赌毒、食药环等违法犯罪。健全应急防控救援体系，常态化加强疫情防控，坚持“外防输入”，压实“四方”责任，落实“四防”措施，有序推进新冠病毒疫苗接种，坚决守住“零输入、零疑似、零确诊”成果。全力做好粮油、生猪、蔬菜等重要民生商品保供稳价工作。严守安全生产底线。加快特区应急救援指挥中心建设。深化安全生产专项整治三年行动，持续加大煤矿、非煤矿山、道路交通、消防等重点领域隐患排查整治和地质灾害防治力度。严格安全执法，确保各行业安全生产形势总体平稳。

（七）千方百计开展绿色六枝行动。坚定不移打好污染防治攻坚战，确保中央和省委生态环境保护督察反馈问题整改到位，提升生态系统净化能力。实施空气质量优化工程。持续开展建筑工地、市政道路、货物堆场、矿山扬尘、餐饮油烟污染治理，加强企业生产有害气体和秸秆焚烧等污染防治，城区空气质量优良率（AQI）稳定达Ⅱ级以上标准。抢抓碳达峰关键期和窗口期，坚决落实国家能耗“双控”政策，开展重点行业领域减污降碳行动，加强资源节约与综合利用。实施资源有偿使用和生态补偿制度，推动排污权、碳排放权等市场化交易。实施水环境净化工程。启动实施六枝经济开发区供水项目、污水处理厂及配套管网项目建设。全面完成桂家河木岗马寨河段及坝陵河郎岱城区河段、落别河段、大用堰坝河段综合治理等工程建设。完成污水处理厂二期改扩建工程及城区生活污水收集管网建设，城区污水处理率达 86.5%。实施净土保卫工程。加强农业农村面源污染综合防治，强化固体废物全过程信息化管理和危险废物、医疗废弃物无害化处理，医疗废弃物集中无害化处理率达 100%。深入推进垃圾分类，打造垃圾分类示范点 4 个。提升资源利用率，建立健全废旧物资循环利用体系。实施绿色屏障巩固工程。划定落实“三条控制线”，实施“三线一单”生态环境分区管控。严格落实矿山企业保护和治理主体责任，矿山地质环境恢复治理率达 100%。推进国家储备林建设和新一轮退耕还林，完成营造林 7.51 万亩、石漠化综合治理 10 平方公里、水土流失治理 30 平方公里，森林覆盖率稳定在 58% 以上，让优良生态环境永远成为六枝人民的“幸福不动产”“绿色提款机”。

（八）千方百计保障民生事业发展。坚持以民为本，强化民生保障，让全区人民共享发展成果。稳定发展社会事业。坚定不移稳就业、促创业，城镇新增就业 1.1 万人。力争新增市场主体 5000 个，注册资本 60 亿元以上。城乡居民养老保险参保 25 万人以上。持续巩固低保提标成果，增强社会救助兜底保障能力。办好人民满意教育。加快推进“学前教育三年攻坚计划”19 个幼儿园项目建设，公办幼儿园在园幼儿数占比不低于 50%。完成月亮河乡把仕小学等 8 个全面改薄工程，促进义务教育从均衡向优质发展。推进特区七中创建省级特色示范性普通高中，特区实验幼儿园通过省级示范幼儿园申类复评。特区职校通过省级示范性中职学校复评，力争获批省级中职强基工程项目。加快建设健康六枝。持续深化医疗卫生体制改革，巩固“医共体”建设成果。加快推进特区人民医院、市二医改扩建和特区疾控中心迁建进度，开工建设特区第二人民医院。全面推进特区妇幼保健院二级医院创建。加强乡村医生队伍建设，提升基层医疗服务能力。持续提高传染病防控和突发公共卫生事件应急处置水平。加大基本医疗保险、大病保险、医疗救助保障力度，强化医疗保险基金监管。常态抓好文体事业。实施文化惠民工程，推进重点文化产业项目和新时代文明实践中心建设。深入挖掘和传承民族民间文化、夜郎文化、三线文化、山地文化等特色文化资源，加强民族优秀传统手工艺保护。

民之所望，政之所向。坚守为民办实事初心，全力以赴办好人大代表投票表决的“民生实事”。稳步推进妇女、儿童、老龄、残疾人、工会、共青团、民族、宗教、外事、侨务、对台、史志、档案、气象、人防、红十字、关心下一代等各项事业。全面提高社会建设水平，努力让人民安居乐业，让老百姓有想头、有盼头、有奔头！

四、建设新时代人民满意政府

新时代赋予新使命，新征程要求新作为。我们必须大力发扬“为民服务孺子牛、创新发展拓荒牛、艰苦奋斗老黄牛”精神，高质量加强政府自身建设，不断推进政府治理体系和治理能力现代化。

（一）始终坚持政治建设。把党的领导贯穿政府治理各领域、各方面、各环节，增强“四个意识”、坚定“四个自信”、做到“两个维护”，自觉用习近平新时代中国特色社会主义思想武装头脑、指导实践、推动工作。压紧压实全面从严治党主体责任，巩固提升“不忘初心、牢记使命”主题教育成果，扎实开展好党史学习教育，统筹一体推进“牢记殷切嘱托、忠诚干净担当、喜迎中国共产党成立一百周年”专题教育，不断提高政治判断力、政治领悟力、政治执行力，以高质量发展实效诠释对党的绝对忠诚。

（二）始终坚持为民务实。始终把人民放在最高位置，怀着对人民群众的深厚感情推动工作，围绕人民群众意愿制定政策，紧扣人民群众需求谋划举措。始终把群众的“急、难、愁、盼”作为确定民生工程的“方向标”，始终把群众的“衣、食、住、行”作为感知群众冷暖的“温度计”，推动政策向民生聚焦、财力向民生倾斜、服务向民生覆盖，让老百姓过上更加美好的生活。

（三）始终坚持依法行政。持续弘扬宪法精神，坚持按程序办事、按规矩办事、按法律办事，做到“法定职责必须为、法无授权不可为”。健全完善重大行政决策程序制度、合法性审查制度和公平竞争审查制度，强化行政权力制约监督，提高决策科学化、法治化。认真办理人大代表议案和政协委员提案，广泛听取各方面意见建议，将依法行政贯穿政府工作全过程。加强诚信政府建设，坚决杜绝“新官不理旧账”。

（四）始终坚持市场导向。坚持市场导向和政府调控相结合，着力提高对市场经济规律的认识和驾驭能力，厘清政府与市场、政府与社会的边界，用市场经济的办法谋划工作、破解难题，减少对资源的直接配置和对微观经济活动的直接干预，让市场更加有效、政府更加有为。坚持从全局谋划一域、以一域服务全局，树立系统观念，善于弹“钢琴”、转“盘子”，避免顾此失彼、进退失据，突出抓好“牛鼻子”和关键点，以重点环节的攻坚突破，带动全局工作的整体提升。

（五）始终坚持担当作为。坚定不移解放思想，敢于突破思维定式和传统经验束缚，勇于用改革的思路、创新的办法解决复杂疑难问题，直面矛盾不“缩手”，深入一线不“甩手”，扭住关键不“放手”。强化“抓早赶前”意识，以项目化管理推动重点工作，绘制“施工图”，制定“时间表”，明确“责任人”，最快时间启动、最大力度推进、最好效果呈现，努力让政府工作“定了干、干必成、成必优”。

（六）始终坚持廉政建设。纵深推进政府系统党风廉政建设和反腐败斗争，加强重点领域、关键岗位监督管理，压缩寻租空间，严厉惩治侵害群众利益的不正之风和腐败行为。认真履行“一岗双责”，一体推进“不敢腐、不能腐、不想腐”，营造风清气正的良好政治生态。厉行节约，反对浪费，压减非重点非刚性资金安排，优化财政支出结构，筑牢“三保”底线。

征途漫漫，唯有奋斗！站在新的历史起点上，唯有倾注满腔的热情与心血，才能担当时代重任、才能不负人民重托。让我们共同携起手来，更加紧密地团结在以习近平同志为核心的党中央周围，在特区党委的坚强领导下，锐意进取，开拓创新，笃行致远，以优异的成绩庆祝中国共产党成立100周年！

善作善成　勇于担当
以清廉作风保障经济高质量发展

——在特区十二届人民政府第四次廉政工作会议上的讲话

特区人民政府区长　方裕谦

（2020 年 8 月 24 日）

今天，我们召开特区十二届人民政府第四次廉政工作会议，主要目的是：以习近平新时代中国特色社会主义思想为指导，深入学习贯彻党的十九大和十九届二中、三中、四中全会精神，贯彻落实中央纪委四次全会精神，对标对表国务院第三次、省政府第三次、市政府第四次廉政工作会议要求，总结一年多来全区政府系统党风廉政建设和反腐败工作，部署下一步工作任务，为做好“六稳”工作、落实“六保”任务，助推全区疫情防控和经济高质量发展提供坚强保障。

今天，特区党委常委、纪委书记、监委主任龙超同志应邀出席本次会议，并通报了党的十九大以来全区纪检监察机关查处的政府系统违纪违法典型案件，以上种种贪腐事例就发生在我们身边，很是发人深省，大家务必要引以为戒、对照反思、警钟长鸣，自觉遵守党纪法规，坚决抵制涉贪涉腐行为。所以，今天的会议是政府廉政工作会议，更是一次党风廉政建设警示教育会，我们有的部门主要领导政治纪律、政治规矩意识有待加强。刚才，特区财政局、六枝特区民生（集团）有限责任公司、木岗镇做了很好的主题发言，大家要相互学习好的经验做法，共同提升，为全区政府系统党风廉政建设和反腐败工作打下坚实基础。

党的十八大以来，在以习近平同志为核心的党中央坚强领导下，全区坚决贯彻落实党中央、省、市全面从严治党系列决策部署和廉政建设工作要求，坚持依法行政，从严正风肃纪，促使政府自身建设工作取得了新进展。一是思想意识进一步强化。扎实开展“不忘初心、牢记使命”主题教育，深学笃用习近平新时代中国特色社会主义思想，认真学习贯彻《中国共产党党组工作条例》等党内法规，全区政府系统“四个意识”更加牢固、“四个自信”更加坚定、“两个维护”更加自觉。面对突如其来的新冠肺炎疫情，全区上下一心，坚决贯彻习近平总书记重要讲话精神，全面落实中央、省、市决策部署，全区疫情防控工作取得无疑似病例和确诊病例的大好成绩。二是政府作风建设持续加强。特区人民政府及各组成部门认真贯彻落实中央八项规定及其实施细则、省委十项规定精神，坚定不移地纠正“四风”，在全省 2019 年度县级政府政务服务标准化建设考核中排名第 12 位；深入贯彻落实《优化营商环境条例》，加快商事制度改革，新登记市场主体 10304 个。三是政府公信力有效提升。把有限的财力更多地投到保障和改善民生上，推动解决老旧小区基础设施老化、县乡道“畅返不畅”、城区供水不稳定等民生问题，人民群众获得感、幸福感不断增强。政府带头讲诚信，采取压减一般性支出、资产处置等方式，守住了不发生区域性系统性金融风险的底线。认真落实减税降费等各项惠企政策，“减税降费”达 3.68 亿元，有效保住了市场主体。四是重点问题整治成效显著。强力推进扫黑除恶专项斗争，统筹开展疫情防控、复工复产、脱贫攻坚、做好“六稳”工作、落实“六保”任务等党中央重大决策部署情况的监督检查，干部廉洁从政意识进一步增强，党风廉政建设和反腐败工作防线进一步筑牢。五是法治政府建设扎实推进。

自觉接受人大法律监督和政协民主监督，人大代表议案和政协委员提案办理答复满意率均达100%。法律服务保障体系逐步建立，组建特区政府系统法律顾问室，加大政府法律顾问参与政府重大行政决策力度。依法推进政务公开。加强和改进行政复议和行政应诉工作。认真开展“七五”普法，法治政府建设迈上新台阶。

在取得成绩的同时，也要清醒地看到，我们的党风廉政建设工作还存在一些问题和不足，主要表现在：一是部分单位党组（党委）落实全面从严治党主体责任还不到位，对党建工作抓得不实，在贯彻落实中央、省、市决策部署上还有差距。二是政府职能转变程度不够，在服务群众、服务企业、服务发展方面仍有待提高。部分重点领域、关键环节权力监督不够，导致损害群众利益，如扶贫领域部分干部工作马虎、优亲厚友、政策宣传不到位等现象多发易发。三是部分干部思想仍然松懈，在利益面前经不住诱惑，或多或少触犯有关规定，违规违纪问题时有发生。对上述问题，要务必引起高度重视，并采取有效措施加以解决。

下面，我讲三点意见：

一、做到“两个维护”，把政治建设放在首位

事在四方，要在中央。坚决做到“两个维护”，是我们最重要的政治纪律和政治规矩，是加强党的政治建设的首要任务，我们要始终坚持夯实政治建设思想根基，坚定政治信仰，坚决站稳立场，落实主体责任，净化政治生态，全面从严治党。

（一）持续加强思想建设。思想是行动的先导。政府系统干部要持续深入学习习近平新时代中国特色社会主义思想，始终旗帜鲜明地讲政治，做到党中央提倡的坚决响应，党中央决定的坚决执行，党中央禁止的坚决不做。今年形势极其严峻复杂，各级各部门要增强“四个意识”、坚定“四个自信”、做到“两个维护”，紧紧围绕在以习近平同志为核心的党中央周围，将“不忘初心、牢记使命”主题教育作为永恒课题、终生课题，全力攻坚克难，统筹做好疫情防控常态化和经济社会发展工作。古人讲，要顺势、明道、优术。当前，全面从严治党，已是大势所趋、民心所向，每一名干部不仅不能“吃、拿、卡、要”，而且还要履职尽责、苦干实干，否则，就是不作为、不担当、不称职。

（二）从严落实主体责任。要牵住“责任制”这个牛鼻子，夯实党风廉政建设主体责任和“一岗双责”。各级各部门主要负责人作为领导、执行、推动主体责任的第一责任人，既要挂帅，又要出征，带头执行党风廉政建设各项规定，切实管好班子、带好队伍。特区政府班子成员要认真履行好“一岗双责”，定期到分管部门和联系乡（镇、街道）了解党风廉政工作情况，定期调度风险隐患排查整改情况，发现问题及时督促纠正。要经常跟分管领域的干部谈心谈话，将严管和关爱相结合，帮助干部调整“怨、怕、漠”不良心态，使其以积极的情绪投身工作。作为政府系统领导干部，身边的糖衣炮弹星罗棋布，更要常思贪欲之害、常怀律己之心、常戒非分之想、常修为政之德，时刻警惕，坚守纯洁思想、干净灵魂、清白名声和廉洁口碑。

（三）强力推进作风建设。要坚决执行中央八项规定及其实施细则和省委十项规定精神，驰而不息地反“四风”，对苗头性、倾向性问题要早发现早解决，防止不正之风反弹回潮。各级领导干部要管好自己、管好家属和身边工作人员，坚决杜绝打着领导旗号托人情、打招呼，以权谋私。在这里，我郑重表态，也代表区政府班子成员表态，不插手相关工程，不干预招投标，更不会为自己的亲属打招呼，也请大家对打着我们旗号的人一律不予理睬。针对餐饮浪费现象，近日，习近平总书记专门作出重要指示，中央和国家机关工委也发出带头制止餐饮浪费的公开信，全区广大干部职工要迅速行动起来，在厉行节约、反对浪费特别是餐饮浪费上走在前、做表率。要持续整肃“庸、懒、散”，对那些不敢抓、不敢管，虚假落实的严厉问责；对不公正执法、慢作为、不作为和乱作为等，保持正风肃纪高压态势，大力营造风清气正的政务环境，开创政府系统党风廉政建设和反腐败工作新局面。

二、聚焦重点领域，把正风肃纪摆在眼前

正风肃纪，关键在于找准问题，而后精准发力。我们要坚持问题导向，聚焦重点领域，着力整治一批损害群众利益、调度监管不严、阻碍政令通畅等问题。

（一）**大力整治侵害群众利益问题**。为人民服务就是要解决好事关人民切身利益的问题，坚持以为民服务为本，始终把人民利益放在首位，让人民群众有更多的获得感、幸福感、安全感。十九大以来，全区纪检监察机关立案案件大多是与群众生活密切相关的领域，有的干部利用职务之便，向群众吃、拿、卡、要，不给好处不办事等现象仍然存在，得了好处违规办事的现象也时有发生，利益链、关系链纵横交错，这些行为严重透支群众信任、破坏政府公信力，要加大力度加以整治。公共资源、公共工程、国有资产、国有企业等领域权力集中、资金密集，容易出现以权谋私、滋生腐败现象，要健全公共资源交易程序和制度，坚决查处跑风漏气、招投标围标等违法、违规行为。进一步建立健全公共工程建设项目决策、审批、实施等全程监管制度，坚决惩治敢于插手、违法分包转包等行为。持续推进国有企业改革，看紧并购重组、国有产权转让等关键环节，规范产权“进退流转”。要围绕以上重点领域，严肃查处“小官大贪”、侵吞挪用、克扣强占、吃拿卡要等问题，对各部门特别是窗口单位工作中存在的推诿扯皮、门难进、事难办、脸难看等行为，发现一起，查处一起。当前，正处于脱贫攻坚决战时期，要强力推进扶贫领域腐败和作风问题专项治理，对涉及扶贫领域的腐败问题，严厉查处，绝不姑息。要纵深推进扫黑除恶专项斗争，深挖彻查涉黑腐败和黑恶势力“保护伞”，严肃查处“村霸”“寨霸”“行霸”等行为，保障群众切身利益。

（二）**大力整治调度监管不严问题**。受新冠肺炎疫情影响，全区经济发展面临严峻挑战，中央反复强调要勤俭节约、精打细算过“紧日子”，今年疫情防控常态化的情况下，更有着特殊意义。一是各级各部门要紧盯2020年《政府工作报告》和经济工作会议既定目标开展运行调度，有欠账的要抓紧补上。对于重点项目，要加强项目决策、审批和实施的全过程监管，严谨勘察、设计，认真执行政府投资项目评审程序。要严控政府债务，严禁私自实施项目建设，随意扩大建设规模、变更建设内容。要高质量编制好全区“十四五”规划，确保具有科学性、长远性和可操作性。二是严格资金监管。财政、审计部门今年要进一步加强对惠企利民、惠农脱贫资金和“三公”经费的监管和审计力度，加强预算管理和约束，压缩一般性支出，切实做到“三公”经费只减不增。各级各部门要树牢过“紧日子”思想，带头厉行节约，严格执行中央八项规定精神，在切实兜住基本民生和工资、运转底线的基础上，把“抠出来”的钱用在“六保”的刀刃上。三是加强审计监督。审计部门要充分发挥审计监督“利剑”作用，全面做好重大政策落实、年度财政预算执行及收支、固定资产投资、生态环境保护、重点民生项目审计工作，推进审计监督全覆盖，确保实现强管理、转作风、防风险目标。对中央下达的“两直达”资金，各部门都要严格做好资金拨付工作，建立实名台账，确保做到精准直达、有效使用、惠企利民。

（三）**大力整治营商环境突出问题**。营商环境整治，我们一直在路上。2019年以来，全区共整治涉及营商环境问题116个，在一定程度上“清扫”阻碍市场主体发展的“绊脚石”，各级各部门要再接再厉，深入开展优化营商环境提升行动，为各类市场主体投资兴业营造稳定、公平、透明、可预期的良好环境，让更多市场主体招得进、留得住。一是要深入贯彻落实《优化营商环境条例》，以问题为导向，开展营商环境大整治、大提升行动，强化信访热线、投诉热线等有关营商环境问题办理，为企业做好疑难解答。强力督查问责，倒逼不作为、乱作为、慢作为的部门主动履职，为企业做好服务。严厉打击非法集资等违反市场秩序的行为，保护守法经营者的合法权益。二是要持续推进“放管服”改革，加快商事制度改革，深化“一窗受理”“一网通办”“全省通办、一次办成”，确保市场经营主体持续增长。不折不扣落实减税降费政策。强化市场主体金融服务保障，切实解决企业融资难、融资贵问题。建立清理和防止拖欠民营企业，中、小企业账款长效机制，保障企业利益。三是各级各部门要提高与企业打交道的能力，依

法依规帮助解决困难和问题，光明磊落与企业交往，构建亲清政商关系，真正做到在工作上拉近政商关系，在纪律上保持合理政商距离。

三、勇于担当作为，把发展责任扛在肩上

面对诸多艰难困苦，各级各部门要勇于担当，率先垂范，带头干事，将全区发展责任作为自身责任，身体力行，为全区“十三五”规划圆满收官奉献力量。

（一）着眼依法行政，为干事创业提供法治保障。各级各部门要尊重宪法，依宪行政，维护宪法和法律权威，把政府的工作纳入法治轨道，做到“法无授权不可为，法定职责必须为”。聚焦自身法定职责，结合“三定”方案和法律法规明确的责任，以及行业底线工作和属地责任，切实把责任落实到岗位、把任务明确到人头，做到勇于负责、敢于担当，杜绝“避字当头、怕字当先”。认真贯彻《重大行政决策程序暂行条例》，深入推进决策科学化、民主化、法治化，杜绝“决策拍脑门、执行拍胸脯”的问题。深入推进行政执法体制改革，规范执法程序，强化执法队伍建设，严明行政执法监督，落实行政执法责任，依法惩处各类违法行为。依法接受人大及其常委会的法律监督和工作监督，自觉接受人民政协的民主监督，认真听取人大代表、政协委员意见，办理好人大代表议案和政协委员提案。认真听取民主党派、工商联、无党派人士和各人民团体意见。

（二）着眼提升效能，为干事创业提供时效保障。李克强总理说过：“身在岗位不作为，拿着俸禄不干事，庸政懒政怠政，也是一种腐败”。省政府明确2020年为效能提升年，各级各部门要切实提高政治站位，立即行动，提升执行力落实力，为中央、省、市各项政策落地落实提供坚强保障。建立完善任务清单台账管理、抓落实台账管理、工作任务研究部署、工作任务限时办结、工作任务催办督办等制度，提升各事项办理实效。紧盯特区党委、政府强调的脱贫攻坚、乡村振兴、产业链发展、扩大有效投资、促进消费、新型城镇化等重点领域，深入基层一线开展针对性、实用性、前瞻性、战略性研究，力求破解一个难题、推动一项工作、促进一方发展。实施基层减负持续深化行动，严控文件数量和篇幅，中央、省、市没有明确要求的，不随意下文。围绕减量提质，严控会议数量、时间、参会人数。严控督查检查考核频次，日常督查检查考核以实地暗访、随机抽查为主，倡导开展互联网督查、媒体督查。

（三）着眼政令畅通，为干事创业提供政策保障。政令通畅才能保证政策落实，政策落实才能保障民生。今年是全面建成小康社会和“十三五”规划的收官之年，各项政策是否能够落地落实对于完成以上两个目标至关重要。各级各部门要充分认识政策落实对于做好“六保”“六稳”工作的重要意义，加强对国家、省、市重要政策文件的学习，积极学政策、争支持、抓落实。不断拓宽信息公开渠道和公开方式，加强政策解读，政府出台的政策要让群众知晓、明白，公共资源配置、重大项目实施、社会公益事业建设等也要让群众监督，通过常态化的政务公开，倒逼各级各部门主动规范自身行为，打造阳光、诚信政府。各级各部门要强化政治意识，一切以大局为重，结合工作实际，全力保障国家、省、市各项政策落地落实，决不允许出现光喊口号不落实、光甩膀子不去干的“假把式”。特区政府督察室要充分履职，联合涉及部门，加强各项政策落实工作的督导考核，严明奖惩，对重视不够、履职不力、落实不到位的，要从严问责问效。

党风廉政建设永远在路上。今年是统筹疫情常态化防控和经济社会发展大考的一年，也是决战脱贫攻坚、决胜同步小康的关键之年，我们要树立浩然正气、朗朗清气、昂扬锐气，携起手来，坚定信念，善作善成，勇于担当，准确把握党风廉政建设新特征，以清廉作风保障全区经济高质量发展，奋力夺取决战脱贫攻坚、决胜全面小康“双胜利”。

在全区工业经济发展座谈会上的讲话

特区党委副书记、政府区长　方裕谦

（2020 年 9 月 3 日）

刚才，特区工业和信息化局汇报了全区工业产业发展情况；特区能源局汇报了全区能源产业发展情况；六枝经济开发区汇报了“一区三园”发展思路；电力、煤炭、医药、纺织、新材料、农产品加工等行业企业代表就各产业领域做了很好的发言；各参会部门和参会领导也对全区工业产业发展做了很好的发言，对今后一段时期全区工业产业发展思路有了详细的规划，大家都很用心，都很认真，听了之后很受启发和鼓舞。下面，结合刚才大家的发言，我讲四点意见。

一、肯定成绩，坚定壮大工业产业发展信心

一是工业经济运行稳定。2020 年受疫情影响，一季度各项经济指标均大幅下滑，二季度以来各项经济指标恢复明显，增速同比上升 3.0%，位列全市第二位，高出全市平均增速 2.4 个百分点。二是工业投资力度加大。1—7 月份同比上升 47.55%，产业投资中“千企改造”工程同比上升 45.14%。三是新兴产业培育加速。全区“7 + 2”产业板块谋划项目共 93 个，目前建成投产项目 13 个，处于建设期项目 34 个，一批新兴产业项目落地投产，拉动全区经济增长，有效助推全市产业转型升级示范区建设。四是传统能源产业稳步发展。全区现有煤矿 25 处，其中正常生产建设煤矿 11 处，总设计产能 990 万吨 / 年。截至 9 月份，9 处生产煤矿实现原煤产量 131.17 万吨，工业产值 54435.55 万元，与去年同期相比基本持平；煤矿安全监测系统升级改造全面完成并通过验收；完成生产煤矿辅助系统智能化建设 8 处、机械化改造 3 处（中渝、六龙、六家坝），年底前全面完成“两化”改造任务；老虎大坪 10 万千瓦、关寨 3 万千瓦光伏项目并网发电；率先完成全省“县县通”天然气目标任务，建成城市中压管网 87.1 千米，庭院低压管网 160.5 千米，完成新窑镇、落别乡、木岗镇燃气管网建设；聚鑫煤矿、宏顺发煤矿、兴旺煤矿洗煤厂、六枝特区生活垃圾发电厂、六龙煤矿瓦斯发电项目、竹林煤矿瓦斯发电项目、1 × 70 万千瓦低热值发电项目、平桥锂矿产业链项目等重大项目建设稳步推进。

成绩来之不易。这些成绩凝聚着全区干部群众的团结奋斗，更凝聚着奋战在工业战线上和企业家的辛勤汗水。总结近年来六枝工业经济发展的实践经验，我们深刻地体会到：“工业兴则百业兴，工业强则区强”。要加快工业强区步伐，必须把大力发展工业作为实现经济社会跨越式发展的首要任务，切实增强加快“工业强区、工业兴区”步伐的责任感和紧迫感，坚定信心、迎难而上，奋力开创工业经济跨越式发展新局面。

二、认清形势，准确把握工业产业发展机遇

在肯定成绩的同时，也要清醒认识到我区工业发展存在的问题和不足，目前我区仍处在做大总量、提升质量、调整结构、夯实基础的阶段，加快发展工业经济还面临着许多困难、挑战和压力。一是从总量和规模看，工业经济总量小，支撑作用还不强。2019 年，全区规上工业增加值完成 12.86 亿元，仅占

全市 4%。区属规模以上工业企业只有 30 家，企业虽然保持了良好的发展势头，但是产值总量占比过低。二是从工业产业结构看，产业结构单一，骨干龙头企业少，带动力弱。从规上企业产业分类来看，能源类企业 12 家，占 40%；制造类企业 18 家，占 60%；规模以上工业企业以传统能源产业和建材产业为主，制造业及高新技术产业比重较低。从产值完成情况来看，1—7 月能源类企业产值完成 14.7 亿元，占比达 68.59%；制造类企业产值完成 6.73 亿元，仅占 31.41%。另外，大多数企业处于产业链的低端和半成品输出阶段，科技含量低、产品附加值低、税收贡献率低，难以支撑带动全区工业经济发展。三是从制约工业发展的要素看，企业资本积累不足，融资渠道单一，资金瓶颈制约严重。全区需贷款支持的重点企业和项目较多，资金缺口较大，部分企业由于资金短缺，不能按设计产能投产达产。工业用地储备不足，新建项目、招商项目只能边建边征，增加了项目建设成本，延长了项目建设周期，降低了投资回报率。工业企业经营管理人才的培养、引进和激励机制不完善，企业中懂技术、会经营、善管理的高层次人才短缺，制约了企业经营管理水平提升，影响了现代企业制度的建立。四是从工业产品产销对接看，在 8 月 18 日以企业“手拉手”、产品“面对面”、银企“心贴心”为主题的产销对接会上，我区仅签约项目 7 个，签约资金 8038 万元，反映出我区工业产品竞争力不强、市场占有份额较低，企业主动对接下游市场不够积极有效，产销专班调度统筹不够等问题。五是从园区引领作用看，全区工业产业布局是按照“一区三园”的目标进行打造的，园区作为承接企业的平台，需要发挥重要带动作用，规上工业企业只有 9 家（木岗园区 5 家，岩脚园区 3 家，路喜园区 1 家），园区内企业达到规模以上的比例仅为 15.5%，在全区规上企业的占比仅为 30%。六是从能源产业发展看，我区煤炭工业基础差、底子薄，能够做大做强的煤矿资源控制在国有企业手中，部分煤矿未启动建设，在投产建设过程中标准不高、基础不牢，机械化程度低；部分煤矿业主对国家方针政策理解不到位，缺乏做大做强的决心，加之部分煤矿融资困难，以矿养矿、先进设施设备更新换代等工作进展缓慢；由于国土空间规划历史原因，岩脚老卜底、中寨补许、郎岱老虎大坪、月亮河凤凰关 4 块适合建设 30 万千瓦光伏发电项目的土地涉及生态红线，1×70 万千瓦低热值发电项目灰渣坝涉及生态红线和基本农田。

在分析我区工业经济发展的劣势和挑战的同时，我们也要看到我区加快“工业强区”步伐、实现工业经济跨越式发展的优势和机遇。一是形成了比较科学的发展思路。当前，迅速壮大区域经济综合竞争力已经成为全区上下的共识，特别是以传统产业转型升级为支撑，以大数据、新能源及先进制造业为引领的工业经济发展路线越来越清晰，成效越来越显著，使大家看到了希望，充满了信心，有利于凝聚各方面的智慧和力量，促进工业经济跨越式发展。二是具备了良好的发展基础。福能（贵州）发电有限公司、六矿瑞安水泥有限公司、贵州太平洋纺织有限公司等骨干企业竞相发展，对工业经济的发展起到了很好的引领作用；木岗园区、岩脚园区功能日臻完善，为工业项目入驻搭建了良好的平台；汉能、碧海洗煤厂的盘活将进一步推进煤炭加工就地转化，延伸煤炭产业链，全面提高煤炭综合利用率和煤炭产值；煤矿“两化”改造的有序推进，将有效提升煤炭产能释放，大幅提高安全生产水平，从而实现“机械化换人、自动化减人、智能化无人”的绿色智慧新格局。三是迎来了难得的发展机遇。区位优势。“十四五”期间，纳晴高速、六安高速、安盘高速将建成通车，“米”字形的交通优势更加凸显，将为工业经济发展奠定便利的交通基础，也将进一步促进人才、信息、技术等生产要素的合理流动。资源优势。随着锂矿资源的探明、平桥大坝萤石矿权申办、锂矿资源开发利用项目半工业化流程实验的推进和正负极锂电池产业的布局，我区将在“十四五”迎来“锂电新时代”，锂电新能源产业集聚，并统筹推进新能源化工和新型制造业与大数据深度融合，全面构建绿色生态、高新技术产业集群链式发展。政策优势。省、市、区产业转型升级等系列政策实施，将带来资金、重大项目布局等方面的支持。如：省政府对完成电煤长协任务的煤矿，按每吨 8 元进行奖励；电煤高卡质采购省内 30 元/吨、省外 50 元/吨，库存煤每年按照 20 元/吨补贴，远距离运输电煤按照 140 元/吨至 180 元/吨补贴，电厂发电量越大，用煤量也就越多，得到省政府的补贴也越多；国家大力支持煤层气（煤矿瓦斯）抽采利用，按照抽采利用量给予补贴，我区煤矿均为高瓦斯矿井，煤层气（煤矿瓦斯）资源丰富，地质资源量达2846.29亿立方米，按照煤与瓦斯共采一体化发展思路，着力推进煤矿瓦斯抽采规模化发展。国家规定新建煤矿瓦斯发电项目，装机容量1000千瓦（含）以下的一次性奖励补助50万元。还有就是《省人民政府办公厅关于推动高质量发展对真抓实干成效明显地方加大激励支持力度的通知》（黔府办发〔2020〕18号）文件中提到，对推进十大工业产业高质量发展和工业园区转型升级、“千企改造”、落实能源工业运行新机制成效明显的，在专项资金、发展基金和项目安排上都会给予倾斜支持。文件内容涉及各行各业，大家下来要认真对照30项内容，逐项研究谋划，积极向上争取，这些政策都为我区工业经济实现跨越式发展创造了良好机遇。市场优势。年初已新增规上工业企业4家，通过应税收入比对和企业实际生产情况看，今年四季度有望达到2000万元产值入规的企业2家（贵州太平洋纺织有限公司和贵州特盈有机玻璃有限公司），年底有望入规的成长型企业5家（碧海洗煤厂、景新洗煤厂、新兴煤矿、贵州黔塑包装制品有限公司、贵州泽超豆制品厂）。一系列企业的培育入规将给全区工业经济带来新的增量和活力，也为产业发展带来新的生机；从民营经济发展趋势来看，2020年1—7月，全区民营企业户数达28797户，同比增长4.63%；总产值完成247.13亿元，同比基本持平；全区民营企业从业人员153781人，同比增长3.21%。目前全区民营经济第一、二、三产业比为11.4∶68.48∶20.12，工业占比逐渐加大，民营企业产业结构调整持续优化，“工业强区、工业兴区”的格局正在形成。

因此，全区上下要认清形势，抢抓机遇，切实强化服务理念，改进服务方式，提高服务水平，树立“人人是投资环境、人人是六枝形象”的意识，营造良好的营商环境。要在劣势中造优势，在被动中求主动，紧紧围绕“工业强区”目标，使各种资源向工业优先配置，各项政策向工业重点倾斜，各方力量向工业优势聚合，举全区之力、聚全区之智，全力推进工业经济跨越式发展。

三、突出重点，纵深推进工业产业健康发展

（一）聚焦传统产业转型升级。要认真贯彻落实副省长胡忠雄在六盘水调研精神以及全市基础能源产业发展专题会议精神，按照“12233”总体思路（即：煤炭支柱一个产业，采掘机械化和智能化改造“两化”，支持盘江和乌江“两江集团”做大做强，煤矿瓦斯、煤矸石、矿井水“三废利用”，煤层气、页岩气、天然气“三气开发”），加快推进传统产业转型升级，壮大实体经济。一是加快企业技术改造。按照当前省煤炭产业政策要求，正常生产煤矿和联合试运转煤矿必须实现机械化和完成“双回路”供电改造，青菜塘、竹林、猴子田、六龙、中渝、兴旺、宏顺发、新兴等煤矿要加快建设和改造进度。30万吨/年及以上获批兼并重组实施方案批复保留的矿井，必须在2020年12月31日前将初步设计、安全设施设计报省能源局审查，否则将取消兼并重组保留资格，如猴子田、前都、洒志、青菜塘、六龙、竹林、四新、播雨村、兴旺、新兴、联兴等煤矿。特区能源局要切实督促煤矿企业落实主体责任，对保持观望心态的企业，要采取约谈、警告等措施，倒逼企业干推着企业走，想方设法盘活煤矿企业。二是加速煤矿企业建设。尽快启动新华、安家寨、洒志煤矿建设，加快聚鑫、宏顺发、青菜塘、竹林、六龙、兴旺煤矿技改进度，打造一批能够有效释放产能的一级安全生产标准化矿井，力争于2021年年底前建成聚鑫煤矿、宏顺发煤矿并进入联合试运转，争取3年内退出45万吨/年以下矿井，实现产能释放、安全可控。三是推进煤矿做大做强。继续加大急倾斜煤层采煤工艺攻关力度，争取探索一套具有六枝特色可复制的急倾斜机械化采煤工艺，突破长期制约我区煤矿健康发展的瓶颈。及时协调解决煤矿整合关闭矿井的资源注销问题和煤矿企业涉法涉诉问题。积极与上级部门做好对接工作，六枝供电局要牵头与贵州电网公司接洽对接，积极争取发电消纳指标，为供电企业创造市场活力。

（二）聚焦“7+2”产业强链补链。围绕产业转型升级，加快产业集群培育，超前谋划产业项目，着力构建上下游联动全产业链条。纺织业板块。以现有太平洋包芯纱项目一期（2万吨/年）为基础，加快推进太平洋包芯纱项目二期建设，搭接贵州亚生绿色印染科技有限公司等市内纺织企业，补齐产业链条，有效利用劳动密集型产业的用工特点，带动周边乡镇1000～3000人就业。特区招商投资促进服务中心要抓紧制定招商方案，加大对接力度，围绕纺织业发展开展招商引资，引进更多上下游企业进驻。生态特色农产品加工板块。坚持走精品化、特色化、创新化之路，以茶叶加工、刺梨加工、构酱加工、粮油加工、畜禽产品加工、特色食品加工、食用菌加工为产业发展方向，推进产品精深加工技术创新和产品培育，注重“岩脚面”“落别徐家菜油”“牛场辣椒”等品牌打造，特区产销专班要加强统筹调度协调，促进我区更多农特产品“走出去”，扩大市场份额。要加快岩脚刺梨加工厂项目建设，确保9月份实现果脯、原浆两条生产线投产；推进大用生态屠宰科技产业园牛羊屠宰及肉类制品加工车间建成投运，生猪屠宰量达30万头/年。新型材料板块。以发展绿色制造、智能制造为目标，加快发展上下游产业项目入驻园区，延伸产业链条，提升产业层次。贵州特盈有机玻璃有限公司要加快项目建设进度，确保9月建成投产，以此拉动上下游相关企业进驻，壮大园区新型材料产业，实现产业集群发展。新型能源化工板块。要依托现有的光照资源、丰富的煤层气（煤矿瓦斯）资源及锂矿资源，加快老虎大坪光伏发电项目二期、锂电新能源项目建设，推进牛场煤层气勘探开发利用项目剩余14口井完砖并压裂采气（日产气量达11000立方米），打造一批清洁高效、安全环保的新能源项目。先进装备制造业板块。以华兴管业制造有限公司、宏狮煤机装备制造有限公司两家企业为引领，继续加大科技研发投入，带动能矿装备产业上下游市场发展，构建产业集群；鼓励贵州金指纹科技有限公司等企业加大技术研发，持续推进“双独立指纹锁”产品，有序开发智能体温检测和人脸识别技术，为全区智慧城市建设提供终端数据支持。仓储物流板块。要尽快投运六枝特区农产品批发市场，紧紧围绕脱贫攻坚产销对接，充分利用“黔货出山”等平台链接区内外农特产品，形成集储存、分拣、包装、配送、服务于一体的新业态数据经济实体；以打造区域物流节点城市为目标，加快推进六枝特区综合仓储物流中心项目建设，建成以郎岱为核心农产品生态物流园和岩脚、木岗为核心工业物流园的物流空间格局。物联网板块。推进农业“生产、生态、生活”产业集群链条式发展；建成智慧农业互联网项目；有序推进“百企改造、转型升级、高新发展”三轮驱动，切实加强大数据在工业领域的集成运用；围绕5G基础设施项目建设，以指纹锁、新能源汽车、太阳能照明、天网工程等项目的数据共享共建，加快智能终端开发应用，加快中心城区智慧城市建设。健康医药板块。围绕葵花药业二期技改扩能（芪斛楂颗粒生产）和经典名方羌活胜湿汤颗粒剂的研究开发项目建设，推进企业转型升级提质增益；以区内地道中药材（黄精、白芨、绞股蓝等）为原材料，探索推进原料药生产项目的建设。文化旅游板块。围绕黄果树瀑布与我区比邻的空间优势，尽快打通黄果树瀑布源快速通道，依托黄果树集团迅速拉动全区旅游业蓬勃发展，超前谋划市第八届旅游文化产业发展大会，开启全区旅游文化产业发展新篇章；围绕“画廊六枝”名片，充分挖掘地方民族文化特色（布依苗刺绣、长角苗生态文化），做足地方文化经济。

（三）聚焦新型能源开发利用。大力推进煤层气（煤矿瓦斯）综合利用产业建设，配合乌江能源加大资源勘探开发力度，实行煤层气与煤矿瓦斯抽采并举，充分利用中缅天然气输气管线等基础设施，推进中寨、新华、大用等乡镇煤层气开发利用，加大天然气综合利用力度，实施乡镇燃气管网建设项目；全力推动新能源产业做大做强，加大低热值煤、太阳能等资源的开发利用，强化指导服务。特区自然资源局要充分利用本次国土空间规划机遇，将我区在建项目和下一步即将落地项目建设用地进行合理规划，推动“岩脚老卜底、中寨补许、郎岱老虎大坪、月亮河凤凰关”光伏发电、1×70万千瓦低热值发电、平桥锂矿产业链、锂电新能源等重大项目落地见效。

（四）聚焦工业园区集群发展。以转型升级示范区建设为立足点，以“十四五”规划编制为契机，聚焦“一区三园”工业园区集群发展，突出补短板、强优势、扩规模，合理集中规划，分步实施建设锂电产业园区、循环经济产业园区及豆制品产业园区，谋划实施一批产业发展及基础设施项目，确保2020年年底全区现有30家规上企业产值达42.3亿元，增加值增速达9.5%，到“十四五”规划末，全区规上工业总产值预计达90亿元，同比“十三五”规划末40亿元（预计）上升125%，实现翻番目标，工业企业纳税达10

亿元以上。按三大行业分析测算工业产值，煤炭开采和洗选业达23亿元，电力热力生产和供应业达22亿元，制造业达45亿元，制造业占整个工业产值达50%。岩脚园区。一是打造绿色建材产业。以福能（贵州）发电有限公司为中心，以电厂工业固体废弃物为原材料，综合利用煤矸石、粉煤灰、脱硫石膏等工业废渣、建筑垃圾和生活垃圾制作蒸压砖、石膏板和砌块、混凝土小型空心砌块等。二是积极推进豆制品园建设。以泽超豆制品有限公司现有2个车间为基础，尽快完成配套设施的建设，加快已启动的6个豆制品车间的建设，同时做好土地规划调整，尽早完成20个车间的规划及建设，实现年产值6亿元的目标，完成豆制品园初步建设，同时带动周边养殖业、大豆种植业、蔬菜种植业、物流业、产品包装业的发展。三是支持岩脚大畅面业做大做强。以年产值亿元企业为目标，做好谋划，加快发展，提升产能，不断扩大品牌影响力，打造同类标杆企业。同时，带动产业结构调整，黑小麦依托大畅面业和绿色食品加工厂，在岩脚连片种植小麦1万亩，带动全区种植优质小麦8万亩。四是打造锂电产业园。依托区内丰富的锂资源，积极和贵州三稀公司洽谈，全力做好三稀公司入驻开发区的服务工作，以技术创新为支撑，发展成为“国家鼓励、环境友好、生命周期长、具有核心技术及专利、竞争优势明显、回报合理”的长青产业，打造六盘水市锂电产业链前端原料供应基地，推动锂电新能源产业链建设，带动下游新能源等相关产业发展，推动锂电产业聚集发展，确保2020年年底岩脚园区产值达20亿元，“十四五”末产值达30亿元。木岗产业园区。一是持续推进纺织业建设，延伸产业链条。围绕纺纱、织布、服装加工等环节，走差别化、多种纤维混纺的特色纺织之路。持续推进贵州太平洋纺织有限公司10万吨包芯纱项目建设，启动包芯纱项目二期建设，不断引入涤纶、氨纶等纺织企业进驻，打造纺织工业园。二是推动能矿制造企业退城进园。以“贵州能源工业运行新机制”为契机，推动宏狮煤机退城进园，加大能矿装备研发力度，提升产品科技含量。三是巩固现有产业基础，形成新材料产业聚集区。园区现有新材料企业已初具规模，浩天土工、东辉管业、通盛海绵等企业已稳定投产，特盈有机玻璃制造也已基本完成建设，即将进入试生产阶段，预计2020年年底产值达4000万元，2021年年底达3亿元。ACR项目正在谋划，建成后产值可达3亿元。下一阶段仍需在现有产业规模基础上，不断吸收上下游企业进驻，建立科技含量高、资源及能源消耗低、环境负荷轻，废弃物资源化利用率高的工业体系。四是加大科技投入，发展电子产业。继续支持贵州金指纹科技有限公司加大技术研发和应用示范的联动，围绕上下游产业，引入一批高端电子制造技术，推进核心元器件和关键零部件创新发展，迅速打造“熔铝—材料—智能”一体化智能产业链，确保2020年年底木岗园区产值达10亿元，“十四五”末产值达53亿元。路喜循环经济产业园区。积极协调推进路喜园区司法重整工作，通过招商引资，盘活资产，依托区域煤炭资源，积极争取上级政策和资金支持，加快推进年产10万吨超高功率石墨电极项目，推进园区项目尽快复工。

（五）聚焦科技创新增强核心竞争力。一是强化企业自主创新的主体地位。要发挥企业科技创新的主体作用，积极促成企业与大专院校、科研院所加强合作，推进多种形式的产学研联合，不断提升工业经济核心竞争力。要鼓励企业进行技术改造和自主创新，从机制、政策上调动企业的积极性，使企业真正成为技术开发的主体、技术创新的主体和推广运用的主体。二是大力实施名牌战略。支持企业开展质量体系认证、绿色食品认证、工业标准化认证等工作，走精品名品之路，不断提高产品质量和社会信誉度，扩大市场知名度和消费者的认同感，真正发挥名牌效应。三是严格执行节能减排目标责任制。积极抓好循环经济和节能降耗项目，继续推进重点行业、企业节能降耗技术改造，加快工艺设备更新改造，推行清洁生产，减少污染物排放，确保实现节能减排目标。工业和信息化、生态环境等部门和各园区要加强对企业节能减排的指导和监管，积极主动帮助企业搞好节能减排。

四、强化保障，确保工业产业高质量发展

（一）狠抓政策落实。重点聚焦受疫情冲击明显的中小微企业、个体工商户和农民工、灵活就业人员，采取针对性的措施开展服务，确保服务更加精准化。按照“1555”要求，扎实做好“两直达”服务，

常态化开展“双重”服务，进一步压实工作责任，严格按照工作职责认真履职尽责，积极做好向上沟通、对接、争取，及时向下做好政策解读、资金下拨，确保纾困和激发市场活力资金直达基层、直接惠企利民，让企业真真正正享受到政策红利。

（二）**加大招商力度**。以推动园区聚集、延长产业链为导向，围绕食品工业、能源、医药等已有产业的配套产业及上下游产业进行招商。本年度主要围绕六盘水市 2020 年产业大招商工作中涉及我区目标任务（策划编制产业项目 100 个，新引进优强企业 15 家；建立健全产业链 3 条，新引进产业链项目 15 个；新增产业招商引资实际到位资金 90 亿元）抓好产业招商，切实增强全区工业发展后劲，努力实现工业经济的提质扩量。

（三）**优化营商环境**。要着力为工业发展营造良好的政策环境、优质的服务环境、公平的市场环境和公正的法治环境。深化“放管服”改革和落实财政金融纾困政策并行推进，激发市场活力、增强发展内生动力，进一步做到门槛降下来、监管跟上去、服务更优化。发改、自然资源、水务等职能部门及金融部门要树立高度的责任感，强化服务，密切配合，全力支持工业发展，在工业用水、用地、融资等方面，提供全方位的支持。有关执法部门要切实寓监督检查于服务当中，对企业发展中出现的问题要早提醒、早研究、早介入，主动帮助解决。有关行业协会要发挥政府和企业之间的桥梁和纽带作用，切实搞好行业服务。

（四）**加强金融服务**。创造环境，加快中小企业服务体系建设，努力搭建社会服务企业的平台，为广大中小企业提供全方位、多层次、宽领域的进入服务；加强银政、银企对接，金融单位要经常到企业调查研究，考察融资项目，加强与企业的沟通对接。企业要加强诚信建设，打造诚信企业，从根本上改善银政、银企关系，共同构建良好的金融环境，拓宽中小企业融资渠道，完善中小企业信用担保体系，切实解决中小企业“融资难”问题。特区金融服务中心、工信局和各金融机构要利用好每一季度都开展的政金企对接会，认真做好企业服务，对资料不规范，办理流程不熟悉的企业耐心做好指导工作，帮助企业缓解资金压力，共同渡过难关。

（五）**强化工作落实**。抓落实反应能力和水平，更体现作风和意志。在抓落实上，关键要强化措施，真正“沉”下去抓工作。实践证明，工作“沉”不下去，就发现不了问题，落不到实处。问题不逐项梳理解决，继续拖下去，就会拖延企业的生产，拖掉投资商的信心，拖坏政府的形象。因此，各级各部门要紧紧围绕区委、区政府确定的重点工作、重大项目，明确时限，责任到人，攻坚克难，重点突破。特别是对重大的招商引资项目、工业技改项目，要一以贯之、全力以赴抓紧、抓实。

监督保障执行　促进完善发展
为夺取脱贫攻坚同步小康全面胜利提供坚强保障

——在中国共产党六枝特区第十一届纪律检查委员会
第五次全体会议上的工作报告

六枝特区纪委书记　龙　超

（2020 年 4 月 15 日）

新冠肺炎疫情发生以来，以习近平同志为核心的党中央始终把人民群众生命安全和身体健康放在第一位，全面加强对疫情防控的集中统一领导，带领全党全军全国各族人民同时间赛跑、与病魔较量，打响了疫情防控的人民战争、总体战、阻击战，统筹推进疫情防控和经济社会发展。特区党委认真贯彻落实习近平总书记重要指示批示精神和党中央决策部署，以及省委、市委工作要求，按照坚定信心、同舟共济、科学防治、精准施策的总要求，把疫情防控作为提升治理能力的大考，周密部署、联防联控、严防死守，疫情呈现确诊病例、疑似病例“双零”报告的良好态势，生产生活秩序有序恢复。全区各级纪检监察机关闻令而动、顺应时势，坚持疫情防控和经济社会发展工作部署到哪里，监督检查就跟进到哪里，科学精准稳慎有效实施监督，统筹推进疫情防控和经济社会发展监督“双管齐下”，为确保党中央、省、市和特区各项决策部署贯彻落实提供坚强保障。

下面，我代表中共六枝特区第十一届纪律检查委员会常务委员会向第五次全体会议作工作报告，请予审议。

这次全会的任务是：以习近平新时代中国特色社会主义思想为指导，全面贯彻落实党的十九大和十九届二中、三中、四中全会精神，深入贯彻十九届中央纪委四次全会、十二届省纪委四次全会、七届市纪委五次全会精神，回顾 2019 年全区纪检监察工作，部署 2020 年工作任务。特区党委高度重视此次全会，会前，特区党委常委会专题听取特区纪委特区监委工作汇报，审议全会工作方案和特区纪委常委会工作报告。昌显书记就开好此次全会高度重视，第一时间作出安排部署，提出明确要求，亲自审定全会方案和工作报告。今天上午，昌显书记做了重要讲话，对贯彻落实中央、省、市纪委全会精神，坚持和完善党和国家监督体系，推动新时代纪检监察工作高质量发展，推进全面从严治党向纵深发展提出明确要求。全区各级纪检监察机关要认真学习、深刻领会、准确把握，不折不扣抓好贯彻落实。

一、2019 年工作回顾

2019 年，特区党委坚持党要管党、全面从严治党，全面贯彻落实新时代党的建设总要求，始终把党风廉政建设和反腐败工作作为全面从严治党的重中之重，一刻不停歇地推动全面从严治党向纵深发展，全区政治大局稳定，干部群众团结干事的良好氛围持续彰显。在市纪委市监委和特区党委坚强领导下，全区各级纪检监察机关坚持以习近平新时代中国特色社会主义思想为指导，忠实履行党章和监察法赋予的职责，“不忘初心、牢记使命”，增强“四个意识”、坚定“四个自信”、做到“两个维护”，以党的政治建设为统领，巩固发展反腐败斗争压倒性胜利，全区纪检监察工作稳中有进、稳中向好，党内政治生态持续向善向上。2019 年全区纪检监察机关立案 275 件 279 人；党纪政务处分 253 人；移送司法机关 15 人。群众对我区党风廉政建设和反腐败斗争满意度为 86.16%，党风廉政建设满意度逐年提升。

（一）始终把加强党的政治建设放在首位，在自觉践行“两个维护”上取得新突破。紧盯重大决策落实抓监督。坚持中央、省、市、特区重大决策部署到哪里，政治监督就跟进到哪里，围绕习近平总书记重要指示批示和中央、省、市、特区重大决策部署贯彻落实情况开展监督检查，紧盯“三大攻坚战”“四场硬仗”“五个专项治理”、扫黑除恶专项斗争等重点工作开展监督检查，对涉及党和国家机构改革的单位贯彻执行中央八项规定及其实施细则精神、遵守政治纪律和政治规矩等情况进行监督检查；对中央环保督察及“回头看”、省委环保督察反馈问题整改不力的 6 人进行责任追究，对破坏营商环境问题的 6 名领导干部进行追责问责，以严明的纪律确保各级重大决策部署落地落实。紧盯管党治党政治责任抓监督。创新监督工作机制，以“1+1+4”工作机制为抓手，围绕贯彻落实新时代党的建设总要求、履行全面从严治党政治责任等内容，由派驻机构结合各部门各单位职能职责“量身定制”个性监督责任清单，形成被监督单位照单履责、派驻机构照单监督工作格局。规范建立在职科级干部廉政档案，实行动态更新管理，全面把握“树木”和“森林”状况。坚持有权必有责、有责要担当、失责必追究，牢牢抓住党组织及其班子成员特别是“一把手”，倒逼主体责任落实，特区党委、政府约谈单位“一把手”12 人，全年党内问责 13 起，其中，党组织 5 个、党员领导干部 8 人，全力配合组织部门对 419 名干部进行任前廉政谈话，拧紧干部廉洁从政螺丝。紧盯关键环节抓监督。坚持从政治纪律角度审视违纪违法问题，查处违反政治纪律和政治规矩问题 4 人。严把选人用人政治关、品行关、作风关、廉洁关，审查回复党风廉政意见 3425 人次。以督促指导党委（党组）民主生活会、在纪委全会上述责述廉、每半年报告履行党风廉政建设主体责任和第一责任人责任等工作为抓手，严肃党内政治生活，强化党内监督，压实管党治党政治责任。以“不忘初心、牢记使命”主题教育为载体，突出抓好忠诚教育和警示教育，督促各级党组织和广大党员干部坚定理想信念，时刻忠诚于党、忠实于人民、忠心于组织，担当作为。

（二）始终站稳人民立场，在全力巩固脱贫攻坚成果上取得新成果。聚焦扶贫领域腐败和作风问题开展监督检查。以专项监察、专项监督检查为抓手，充分发挥乡（镇、街道）片区协作优势，开展易地扶贫搬迁、财政涉农补贴资金“一折通”、市领导扶贫挂帮联系点扶贫项目和扶贫资金、东西部扶贫协作资金、脱贫攻坚“四场硬仗”“五个专项治理”等专项监督检查，严肃查处群众身边不正之风和“微腐败”问题。全区扶贫民生领域立案 116 件 118 人，党纪政务处分 104 人，群众身边腐败和作风问题得到有效遏制。聚焦漠视侵害群众利益问题开展专项整治。在“不忘初心、牢记使命”主题教育中专项整治漠视侵害群众利益问题，督促 19 家牵头单位和 18 个乡（镇、街道）围绕 4 个方面 19 项突出问题进行专项整治，梳理问题清单 112 个，督促整治落实 110 个；全区各级纪检监察机关开展监督检查 79 次，检查单位 61 家次，发现问题线索 26 个，立案 19 件 20 人，通报、约谈等 13 人，有效解决了一批群众的操心事、烦心事和揪心事。聚焦脱贫攻坚作风问题开展督查问责。按照摘帽“不摘责任、不摘政策、不摘帮扶、不摘监管”要求，将脱贫攻坚作风督查与常态化“访村寨、重监督、助攻坚”专项行动结合起来，与脱贫攻坚“四场硬仗”“五个专项治理”监督检查等工作结合起来，对脱贫攻坚“5 个 100%”开展督查问责，14 人因脱贫攻坚工作履职不力被给予党纪政务处分，23 人被全区通报批评、诫勉谈话，不断以作风攻坚促进脱贫攻坚。

（三）始终紧盯“四风”痼瘴顽疾，在深入拓展中央八项规定精神成果上取得新突破。揪住“四风”问题寸步不让。持之以恒落实中央八项规定及其实施细则精神，紧盯“四风”隐形变异新动向，持续纠正“四风”力度不减、节奏不变。联合财政、公安、税务等部门，组建 70 个检查组，对节假日期间以及各类会议会风会纪等开展监督检查 30 次，通过交警平台对公务车辆抽查 4 次，对市纪委转办节假日存疑的 13 辆公车进行调查核实，发现问题 4 个，责任追究 3 人，惩治公车私用、私车公养等违规违纪行为，杜绝“车轮上”的腐败。2019年，共查处违反中央八项规定精神问题36起48人，党纪政务处分24人，点名道姓通报曝光16人。揪住专项整治动真碰硬。把集中整治形式主义、官僚主义问题作为反对“四风”的首要任务、长期任务来谋划和推进，共查处形式主义、官僚主义突出问题28起38人，党纪政务处分20人。深入开展“禁酒令”执行情况监督检查，查处违反“禁酒令”问题3起7人，党纪政务处分4人。集中开展基层单位“牌子满墙挂”突出问题专项整治，撤销各类机构牌子237块，统一名称210块。揪住热点问题落细、落实。认真开展对贯彻中央关于解决形式主义突出问题为基层减负政策举措落实情况的监督检查，在督促全区78家单位认真自查自纠基础上，对文山会海、考核过多过频、填表报数或材料过多等重点问题开展监督检查，发现并督促整改问题10个，切实为基层减负。紧盯元旦、春节、清明、五一、端午、中秋等重要节日节点，向国家公职人员发送廉政短信6000人次，提醒党员干部过“廉节”。开展公职人员公共场合“打麻将”突击检查，立案3人；制止违规操办或参与“升学宴”“谢师宴”21起，责任追究2人，大力弘扬文明新风。

（四）始终把牢政治巡察定位，在全力彰显巡察震慑效应上取得新突破。坚持上下联动同频共振。认真落实巡视巡察上下联动工作要求，制定《2019年度巡察工作计划》，对应省委、市委巡视巡察对象安排巡察单位党组织，确保巡察对象、巡察要求、巡察时间与省委、市委目标同向、步调一致，组织开展区委第六、第七轮巡察；按照市委巡察工作部署，组建交叉巡察组对水城县原环保局党组进行巡察，政治巡察“上下联动、同频共振”工作格局正在形成。坚持问题导向形成震慑。十一届区委第五轮、第六轮巡察对25个区直单位、平台公司党组织开展常规巡察，对龙河镇新院村等8个村延伸巡察，发现并移交被巡察单位整改问题905个，移交有关部门办理18个，形成专报转特区政府办理2个，移交纪检监察机关问题线索38个，立案16件17人。全面启动区委第七轮巡察工作，组建6个巡察组对6个乡（镇、街道）开展巡察，延伸巡察140个行政村（居），边巡边移问题线索7个，立案4件4人。政治巡察站位更加坚定，巡察政治性、权威性进一步发挥。坚持以巡促改提升巡察效果。坚持边巡边改，将中央巡视、省委巡视、市委巡察移交反馈问题整改作为巡察监督和派驻监督的重要内容，对教育、卫健，银壶、大用镇等被巡察的单位列入“回头看”范围，以查促改，对巡察整改不到位的3家单位进行通报批评，切实做好巡察整改“后半篇文章”，巡察震慑、遏制、治本作用得以彰显。

（五）始终围绕高质量发展目标任务，在深入推动制度优势向治理效能转化上取得新突破。创新派驻监督机制有效解决监督不聚焦问题。在全市率先推行“1+1+4”（一清单、一档案、四台账）工作机制，8个纪检监察组共对53个被监督单位量身定制“监督责任清单”，实施“靶向监督”；紧盯班子成员和在职科级干部“关键少数”，建立廉政档案620份，实行动态更新管理，创建干部“清廉账”；运用“七种监督方式”，对监督过程、发现问题、线索处置、审查调查等各个环节建立台账、分类归档，把派驻机构建成“永不走的巡察组”，开展监督检查349次，发现问题223个，督促单位党组织整改191条，处置问题线索158件，立案67件67人，党纪政务处分72人，“派”的权威和“驻”的优势初步凸显。创新推进片区协作有效解决监督力量分散问题。将18个乡（镇、街道）划分为4个片区协作工作组，制定《问题线索处理制度》《“走读式”谈话管理办法》《“五率”考核办法》以及审查调查、谈话室使用、联合审理工作流程图，严格管理，压实责任，有效解决基层监督软弱乏力、监督力量分散、监督质量不高、办案安全风险大等问题，开展监督检查518次，发现问题270个，处置问题线索271件，立案132件133人，党纪政务处分125人，片区协作成效初步彰显。创新推进监察职能向基层延伸有效解决监察全覆盖问题。探索实践监察职能向基层延伸，按照《关于推动监察职能向乡（镇、街道）延伸的指导意见》要求，挂牌成立18个乡（镇、街道）监察（专员）办公室，有效解决监察全覆盖，打通监察“最后一公里”。2019年，监察立案调查61件61人，政务处分35人，基层监察“前哨”作用得到有效发挥。

（六）始终坚守纪检监察机关职责定位，在持续巩固发展反腐败斗争压倒性胜利上取得新突破。坚持纪法双施双守惩治腐败。以“零容忍”态度惩治腐败，紧盯重大工程、重点领域、关键岗位，强化对权力集中、资金密集、资源富集行业和部门的监督，全力突破原塔山社区棚户区改造腐败窝案，采用留置措施10人，移送检察机关审查起诉11人，挽回经济损失730万元。推进纪法贯通、法法衔接，全面使用“12 + 3”调查措施1447人次，其中谈话546人次，询问374人次，讯问34人次，查询205次，调取205次，勘验检查6次，扣押58次，冻结4次，限制出境1次，留置14人次，实现政治效果、纪法效果和社会效果相统一。坚持重拳出击“打伞破网”。把扫黑除恶专项斗争同反腐败结合起来、同惩治“蝇贪”结合起来，制定纪检监察机关与政法机关扫黑除恶专项斗争协作配合工作实施办法、纪检监察机关深化扫黑除恶“打伞破网”工作办法，明确线索双向移送反馈、线索侦办通报、同步调查、联合办案、“无伞无网”签字背书等协作机制，形成“打伞破网”工作合力。截至2020年4月，共核查问题线索104件，“保护伞”立案12件12人，涉恶腐败立案3件3人，其他非涉黑涉恶立案13件13人，“打伞破网”不断取得新的更大成效。坚持警钟长鸣标本兼治。贯彻“惩前毖后、治病救人”方针，组织100名区管干部到特区法院参加“旁听庭审”，130名领导干部到新窑镇廉政文化教育展厅、六枝特区看守所开展警示教育，召开警示教育大会，发放典型案例汇编和违纪违法人员忏悔书汇编各300本，精选22起典型案例开展“一案一整改”，通过“三会两书两公开”，用“身边人”“身边事”强化警示教育，凸显震慑效应，一体推进构建“不敢腐、不能腐、不想腐”长效机制。

（七）始终强化监督第一职责，在严管和厚爱相结合上取得新突破。坚持严管厚爱有温度。坚持依纪依规、实事求是，对明知故犯，不收敛、不收手、不知止的14名干部依规依纪依法从重加重惩处；对8名认错态度端正、主动配合组织查清违纪违法事实或主动交代自身问题的，予以从轻减轻处理，2名免于处理；对78件举报失实的信访件及时澄清事实，消除负面影响；对130名受处理干部开展回访教育，帮助和鼓励曾经犯错的同志放下思想包袱，重新焕发干事创业的激情，体现严管与厚爱相结合。落实容错、纠错有宽度。认真落实“三个区分开来”要求，严格依据纪法、事实两个定量，充分考虑认错态度这个变量，从关心关爱干部角度出发，旗帜鲜明为担当者担当、为负责者负责，运用容错纠错机制对5名干部予以免责。积极推行函询回复采信反馈机制，给予干部自己说清问题的机会，让干部轻装上阵、勇于担当、大胆工作，对反映问题较为轻微、指向不具体的16家单位和个人予以函询并采信，切实发挥采信告知的教育和激励作用。贯通运用“四种形态”有广度。坚持抓早抓小、防微杜渐，运用“四种形态”处理党员干部623人，占比分别为57.3%、34.67%、3.53%、4.49%，让“咬耳扯袖、红脸出汗”成为常态，党纪轻处分和组织处理成为违纪处理的大多数，严重违纪的重处分、重大职务调整成为少数，严重违纪涉嫌违法立案审查的成为极少数。

（八）始终强化自我革命精神，在建设高素质纪检监察铁军上取得新突破。突出政治导向，在党性锤炼上下功夫。深化机关党建工作，成立机关党委，优化设置5个党支部，严格落实“三会一课”制度，召开支委会30次，党员大会20次，上党课10次，开展主题党日活动30次，撰写检视材料80篇，推动党内政治生活全面从严。组织开展一场知识竞赛、一次形势政策教育、一堂离退休党员上党课、一场演讲比赛“四个一”活动，开展重温入党誓词、过集体“政治生日”、与党旗国旗合影等系列活动，庆祝中华人民共和国70年华诞，机关党建的时代性和感召力得以彰显。突出能力导向，在增强本领上下功夫。树立鲜明选人用人导向，按照招考一批、遴选一批、调动一批的方式，精选25名熟悉经济、法律、财务、信息技术等专业知识人才充实到纪检监察干部队伍；从乡（镇、街道）、区直部门中选调27名年轻干部跟班学习；干部交流14人，提拔18人，职级晋升25人，干部队伍朝气蓬勃。组织区、乡、村三级纪检监察干部参加上级和本级业务培训30期582人次，推选3名同志到省、市纪委监委挂职锻炼。在干部队伍建设年各项比武中锤炼干部，开展巡察、执纪执法、案件审理、文字综合能力业务大比武，荣获“全省纪检监察系统先进集体”“全市纪检监察干部队伍建设年执纪执法大比武团体二等奖”荣誉称号，4名纪检监察干部在省、市大比武中取得优异成绩，干部干事创业激情进一步提振。突出作风导向，在自身建设上下功夫。坚持刀刃向内，开展纪检监察系统内部督查，严防“灯下黑”，严肃查处纪检监察干部违纪问题4件4人；出台《选用工作人员实施方案》《廉政审查实施方案》《纪检监察干部监督管理办法》《内部督查工作方案》等制度，推动纪检监察干部队伍建设制度化、规范化。

二、十九大以来纪检监察工作的认识和体会

党的十九大以来，以习近平同志为核心的党中央一以贯之、坚定不移推进全面从严治党，党内政治生态展现新气象，反腐败斗争取得压倒性胜利，全面从严治党取得重大成果。在习近平新时代中国特色社会主义思想伟大旗帜的指引下，在市纪委市监委和特区党委坚强领导下，全区各级纪检监察机关始终坚持把纪检监察工作放到全区经济社会发展大局中去思考、谋划和推动，忠实履行监督执纪问责和监督调查处置职责，坚定不移协助特区党委推进全面从严治党，为坚决夺取脱贫攻坚、同步小康全面胜利提供了坚强保证。在这个过程中，有以下认识和体会。

（一）必须坚持以习近平新时代中国特色社会主义思想凝神聚魂，坚定正确的政治方向。习近平新时代中国特色社会主义思想，是新时代中国共产党人的思想旗帜，是做好新时代纪检监察工作的行动指南和根本遵循原则。全区纪检监察干部要主动把自己摆进去、把职责摆进去、把工作摆进去，学思用贯通、知信行统一，结合实际创造性贯彻落实。要掌握运用贯穿其中的立场观点方法，联系贯彻落实党的十九届四中全会精神和中央、省、市纪委全会工作部署，联系纪检监察工作高质量发展的需要，坚决贯彻落实党中央全面从严治党的重大方针、重点任务、重要举措，自觉运用“六个统一”“五个必须”“三个不能有”“从政治纪律查起”等宝贵经验，确保纪检监察工作行稳致远。

（二）必须坚持党对纪检监察工作的集中统一领导，增强“两个维护”的政治自觉。坚持和加强党的领导，是党和国家前途命运所系，也是纪检监察工作最根本的政治原则。纪检监察机关作为党内监督和国家监察专责机关，肩负着“两个维护”的特殊历史使命和重大政治责任，必须把党的领导放在第一位，始终坚持党对纪检监察工作的全面领导，忠实履行党章和宪法赋予的职责，坚持以党中央的中心为中心、以党中央的大局为大局，着力推进政治监督具体化、常态化，推动党章党规和宪法法律、党的路线方针政策和党中央决策部署、习近平总书记对贵州工作的重要指示批示精神落地生根、结出硕果，为党的路线方针政策和党中央重大决策部署贯彻落实提供坚强的纪法保障。

（三）必须坚持以人民为中心的工作导向，坚定维护民生民利的政治立场。民心是最大的政治。纪检监察工作是凝聚党心民心的政治工作，必须坚持以人民为中心的根本政治立场，始终做到为了群众、相信群众、依靠群众，时刻聚焦群众关切，凡是群众反映强烈的问题都严肃认真对待，凡是损害群众利益的行为都坚决纠正，以深入整治民生领域的“微腐败”、放纵包庇黑恶势力的“保护伞”、妨碍惠民政策落实的“绊脚石”等有力行动，切实提升人民群众的获得感、幸福感、安全感，厚植党执政的群众基础和政治根基。

（四）必须坚持高质量发展鲜明主题主线，强化依规依纪依法履职尽责的政治担当。高质量发展是国家制度和治理体系建设的重要内容，也是新时代纪检监察工作的目标任务和实践要求。纪检监察机关的权力由党章和宪法赋予，职责纪定、职责法定，依规依纪依法履职不是一般的工作要求，而是严肃的政治要求和政治责任，必须忠实履行党章和宪法赋予的职责，找准定位、聚焦主责，精准有效地做好政治监督。必须强化法治意识，守制度、重程序、讲规矩，运用法治思维谋划工作、运用法治方式处理问题，严格依照党的原则、纪律、规矩和法定权限、规则、程序办事，准确把握权力边界和政策界限，讲究方式方法，既有力度又重尺度，确保一切工作都合规、合纪、合法，努力实现监督工作政治效果、纪法效果和社会效果的有机统一。

（五）必须坚持稳中求进工作总基调，始终保持正风肃纪反腐的政治定力。坚持稳中求进工作总基调，既是党和国家工作的总基调，也是做好纪检监察工作必须遵循的总基调。既要深刻理解全面从严治党取得新的战略性成果、反腐败斗争压倒性胜利不断巩固发展的重大判断，又要准确把握全面从严治党任重

道远、反腐败斗争形势依然严峻复杂的深刻内涵，准确把握大局大势，保持冷静清醒，深化对纪检监察工作的规律性认识，把稳中求进基本工作方针贯穿到纪检监察工作的全过程、各方面，做到形势越是复杂，任务越是艰巨，越要审时度势、尊重规律，稳中求进、善作善成。始终保持高压态势，坚持无禁区、全覆盖、零容忍，坚持重遏制、强高压、长震慑，把“严”的主基调长期坚持下去，保持力度不减、节奏不变、尺度不松，坚定不移惩治腐败，一体推进不敢腐、不能腐、不想腐，推动全面从严治党向纵深发展。

（六）**必须坚持打铁还需自身硬，锻造对党绝对忠诚的政治品格。**“打铁还需自身硬”既是政治要求，也是业务标准，“打铁的人”首先要成为“铁打的人”。必须把对党忠诚作为首要政治原则，讲政治、练内功、提素质、强本领，成为立场坚定、意志坚强、行动坚决的表率。必须把打铁还需自身硬、锻造淬炼自身作为必修课、日常课，以自我革命的勇气和刀刃向内的自觉强化自我监督，以更高的标准、更严的要求、更实的作风立信立威，做到行使权力必须慎之又慎、自我约束必须严之又严，经常打扫庭院，清除害群之马，严防“灯下黑”，建设一支忠诚坚定、担当尽责、遵纪守法、清正廉洁的纪检监察铁军。

在总结成绩的同时，我们也清醒认识到全区党风廉政建设和反腐败斗争形势依然严峻复杂，在落实主体责任方面，落实“两个维护”还有温差有偏差，有的贯彻执行党的路线方针政策、中央、省委、市委和特区党委重大决策部署不坚决不到位，表态多调门高、行动少落实差；有的管党治党存在薄弱环节，推进全面从严治党向基层延伸方法单一、措施不硬；有的履行全面从严治党主体责任习惯喊口号，心中无数、手上无招，主动抓的意识不够强，对执行监察建议、巡视巡察反馈问题整改被动应付、敷衍塞责。在落实监督责任方面，落实监督责任还存在短板和弱项，部分纪检监察干部不敢监督、不愿监督、不会监督，“好人主义”思想仍然存在，“三转”不彻底在个别乡镇时有发生，部分纪检监察干部能力不足，纪法贯通、法法衔接仍需加强。在反腐败形势任务方面，不收敛、不收手的问题在教育、医疗以及区、乡事业岗位中较为突出；部分临聘人员动机不纯，利用职务便利牟取私利，损害国家利益的情况尤为突出；征地拆迁等重点领域、重点岗位和关键环节，以及权力集中、资金密集、资源富集的部门和行业存在高危廉政风险；国有平台公司顶风违纪、失职渎职、自行其是的现状还未根本扭转；个别领域违反中央八项规定及其实施细则精神问题屡禁不止，“四风”问题禁而不绝，等等。这些问题，都需要我们在今后的工作中认真研究、采取有效措施加以解决。

三、2020 年主要工作

2020 年是全面建成小康社会和“十三五”规划收官之年，是全面夺取脱贫攻坚伟大胜利的决胜之年，我们即将实现第一个百年奋斗目标，深化全面从严治党、抓好党风廉政建设和反腐败工作意义重大、责任重大。总体要求是：坚持以习近平新时代中国特色社会主义思想为指导，深入贯彻落实党的十九大和十九届二中、三中、四中全会精神，全面贯彻落实习近平总书记对贵州工作的重要指示批示精神，按照中央纪委四次全会、省纪委四次全会和市纪委五次全会部署，增强“四个意识”、坚定“四个自信”、做到“两个维护”，坚持稳中求进工作总基调，协助党委持续深化全面从严治党，坚持和完善党和国家监督体系，强化对权力运行的制约和监督，在坚持和完善中国特色社会主义制度、推进国家治理体系和治理能力现代化中充分发挥监督保障执行、促进完善发展作用，构建一体推进“不敢腐、不能腐、不想腐”体制机制，建设高素质专业化纪检监察干部队伍，推动新时代纪检监察工作高质量发展，为夺取疫情防控和脱贫攻坚“两场战役”全面胜利，奋力谱写新时代画廊六枝高质量发展新篇章提供坚强保证。

全区各级纪检监察机关要始终保持战略定力，坚定信心、决心，强化政治担当，紧紧围绕贯彻落实十九届四中全会、十二届省委六次全会、十二届省纪委四次全会、七届市委十次全会、七届市纪委五次全会精神，以及习近平总书记关于统筹推进新冠肺炎疫情防控、脱贫攻坚和经济社会发展工作系列重要讲话精神和中央、省委、市委、特区党委决策部署，把耽误的时间抢回来、把遭受的损失补回来，以更大决心、更强力度坚决夺取疫情防控经济社会发展和脱贫攻坚全面胜利。要深刻认识和把握全面从严治党这一新时代党治国理政的鲜明特征，自觉主动把纪检监察各项工作融入坚持和完善中国特色社会主义制度、推进治理体系和治理能力现代化的大局中来思考、谋划、推进，发挥好监督保障执行、促进完善发展作用。监督保障执行，就是要立足职责定位，聚焦坚持和完善支撑中国特色社会主义制度的根本制度、基本制度、重要制度，突出政治监督，强化日常监督，构建全覆盖的制度执行监督机制，强化制度执行力，保障国家治理各项决策部署、政策措施贯彻落实，保障中国特色社会主义制度切实得以坚持巩固，把制度优势更好转化为治理效能。促进完善发展，就是要发挥职能作用，聚焦解决体制性障碍、机制性梗阻、政策性创新方面问题，通过监督发现问题、推动整改、促进改革、完善制度，使各项制度日益健全、不断发展，推动构建系统完备、科学规范、运行有效的制度体系，真正把公权力置于严密监督之下，督促公正用权、依法用权、廉洁用权，以实际行动彰显纪检监察机关在坚持和完善党和国家监督体系中的新作为新担当。

（一）深学笃用习近平新时代中国特色社会主义思想，不断增强“两个维护”的自觉性坚定性。“两个维护”是新时代纪检监察工作的“纲”和“魂”。要持续强化思想政治引领，把学习贯彻党的十九届四中全会精神同学习贯彻习近平新时代中国特色社会主义思想贯通起来，在学懂弄通做实上下功夫，在知行合一中不断完善推动工作的思路、办法和举措。始终把“不忘初心、牢记使命”主题教育作为加强党的建设的永恒课题和终身课题常抓不懈，形成长效机制，督促各级党组织和广大党员干部把主题教育中激发出来的工作热情和奋斗精神转化为履职尽责的强大动力和实际行动。要持续深化政治监督，充分发挥监督保障执行、促进完善发展作用，以督促各级党组织认真贯彻落实党的十九届四中全会精神为抓手，加强对党章党规党纪和宪法法律法规执行情况的监督检查，持续加强对党的路线方针政策以及重大决策部署贯彻落实情况和各单位各部门职责履行、权力运行情况的监督检查，通过监督保障中央、省委、市委和特区党委各项决策部署、政策措施贯彻落实。要持续严明政治纪律政治规矩，增强政治敏锐性和政治鉴别力，聚焦“七个有之”“五个有的”等问题，严肃查处政治上离心离德、思想上蜕化变质、组织上拉帮结派、行动上阳奉阴违等问题，坚决把政治上蜕变的“两面人”及时辨别出来、清除出去，切实维护政治纪律和政治规矩的严肃性和权威性。

（二）持续严惩扶贫民生领域腐败和作风问题，全力保障脱贫攻坚取得全面胜利。群众利益无小事，民生问题大于天。要在整治群众身边腐败问题上持续发力，深入开展扶贫领域腐败和作风问题专项治理，巩固拓展漠视侵害群众利益问题专项整治，持续开展扶贫项目资金专项监督检查，推进“访村寨、重监督、助攻坚”专项行动常态化，严查群众身边优亲厚友、吃拿卡要、贪污侵占、虚报冒领、截留挪用等问题；用活贵州省扶贫民生领域监督系统，加强问题比对模型运用，让大数据监督更加精准有效；加强村级民生监督队伍建设，把监督“触角”延伸至群众家门口。要在巩固脱贫攻坚成果上持续发力，加大“督”的力度，锤炼“实”的作风，保持“惩”的威慑，坚持“严”的标准，树立“干”的导向，强化对脱贫工作绩效、脱贫政策连续性稳定性，以及摘帽“不摘责任、不摘政策、不摘帮扶、不摘监管”情况的监督检查，对搞数字脱贫、虚假脱贫等形式主义、官僚主义以及不作为、慢作为等问题盯住不放、精准施治、严肃问责，巩固提升脱贫攻坚成果。要在扫黑除恶“打伞破网”上持续发力，保持严惩高压态势，紧盯社会治安、乡村治理、工程建设、交通运输、资源环保、教育卫生、金融放贷、信息网络等重点行业领域，严肃查处领导干部向黑恶势力通风报信、干预案件查办等行为，深入整治“村霸”“寨霸”、宗族恶势力、黄赌毒背后的腐败行为；注重与政法机关协调配合，继续在力量互助、资源共享、工作联动和协同办案上下功夫，不断提高案件查办效率；注重以案促改促建，把“打伞破网”与建章立制、堵塞漏洞等结合起来，建立发现、严惩和遏制基层黑恶势力的长效机制，实现长效常治。

（三）持续深化纪检监察体制改革，推动党内监督和其他监督有机贯通、相互协调。主动适应坚持和完善党和国家监督体系要求，围绕健全党统一领导、全面覆盖、权威高效的监督体系，一体推进党的纪律检查体制、国家监察体制、纪检监察机构“三项改革”部署要求，充分发挥合署办公优势，以强化党内监督为重点，完善纪律监督、监察监督、派驻监督、巡察监督统筹衔接制度，推动党内监督同其他各类监督融合贯通，形成合力。推进纪检监察工作双重领导体制具体化、程序化、制度化，强化对下级纪检监察机关（机构）的领导，全面落实“一为主两报告”制度。推进更深层次更高水平“三转”，健全派驻机构与纪委监委机关内设机构协作机制，做好企业等纪检监察机构体制改革。积极探索实践监察职能向基层延伸，打通监督“最后一公里”。贯彻执行监督执纪工作规则、监督执法工作规定等法规制度，加强与司法机关协作配合，推进执纪执法贯通、有效衔接司法。

（四）做细做实监督首要职责，强化对权力运行的监督和制约。做深做实监督基本职责、第一职责，强化对公权力的监督和制约，把权力关进制度的笼子，确保权力不被滥用。协助党委健全全面从严治党制度，带头执行《党委（党组）落实全面从严治党主体责任规定》，加强政治生态分析研判，完善纪检监察建议跟踪督办制度，提高日常监督质效；着力破解对“一把手”监督和同级监督难题，推动党委（党组）主体责任、书记第一责任人责任和纪委监委监督责任贯通联动、一体落实。强化对下级党组织的监督，紧盯“关键少数”、关键岗位，围绕权力运行各个环节，强化日常监督，督促各级党员领导干部坚持民主集中制、执行“三重一大”决策制度。在深化运用“1+1+4”工作机制和乡（镇、街道）“片区协作、统筹监督、指定办案、联合审理”工作模式中抓巩固、抓规范、抓提升，整合监督力量，突出监督重点，完善监督机制，提升监督质效。实事求是运用“四种形态”，严格落实“三个区分开来”要求，营造抓早抓小、宽严相济、惩前毖后、治病救人的浓厚氛围。坚持失责必问、问责必严，规范问责程序，实施精准问责，督促和推动各级党组织和党员领导干部履职尽责。

（五）深入贯彻中央八项规定及其实施细则精神，巩固拓展作风建设成效。中央八项规定及其实施细则精神是长期有效的铁规矩、硬杠杠，必须抓常抓长、一刻不松、一严到底，不断巩固拓展作风建设成效，推动化风成俗、成为习惯。要始终站在坚持政治原则、严明政治纪律的高度，加大整治形式主义、官僚主义力度，从领导机关和领导干部抓起、从具体问题改起，深化治理贯彻落实中央决策部署只表态不落实，漠视群众利益不担当、不作为，困扰基层的形式主义等突出问题，着力解决文山会海、过度留痕等问题。要始终保持永远在路上的毅力和劲头，一个节点一个节点地坚守，一个问题一个问题地突破，从具体人、具体事着手，严查享乐主义、奢靡之风，持续巩固拓展领导干部利用茅台酒牟取私利问题专项整治成果，深入纠治违规收送名贵特产和礼品礼金、违规吃喝、违规操办婚丧喜庆、违规发放津补贴或福利、公款旅游以及违规接受管理和服务对象等旅游活动安排等老问题，坚决防范和查处收送电子红包、私车公养、不吃公款吃老板等隐形变异问题，不断增强纠治“四风”的针对性和实效性，坚决防止反弹回潮。要始终坚持纠建并举，从共性问题、突出问题入手，综合运用纪律检查建议、监察建议等方式，督促有关部门细化规定，推动完善制度、堵塞漏洞。

（六）健全完善巡察上下联动工作格局，推动巡察工作高质量发展。全面贯彻巡视工作方针，准确把握政治巡察的内涵和方向，把“两个维护”作为政治巡察根本任务，围绕贯彻党的路线方针政策和党中央重大决策部署，坚持“六个围绕一个加强”“五个持续”的总体要求，有序推进巡察全覆盖，紧盯重点人、重点事、重点问题，深入查找政治偏差，加快实现“有形”与“有效”覆盖相统一，积极发挥巡察“显微镜”“探照灯”作用。贯彻落实中央、省委巡视、市委巡察工作部署，虚心接受巡视、巡察培训和指导，努力形成上下联动、相互借力、同向发力、同频共振、形成震慑的良好工作格局。推进巡察监督与纪律监督、监察监督、派驻监督及其他监督相互贯通融合，形成立体监督机制。做实巡察“后半篇文章”，适时开展巡视巡察整改“回头看”，坚决防范和纠正一巡了之、一移了之现象，确保巡察利剑高悬、震慑常在。加强巡察成果运用，把巡察结果作为干部考核评价、选拔任用、评先选优的重要依据。加大巡察干部选拔、培养力度，打造高素质巡察干部队伍。

（七）一体推进不敢腐、不能腐、不想腐，持续巩固发展风清气正的良好政治生态。把一体推进“不敢腐、不能腐、不想腐”贯穿纪检监察工作全过程、各方面，切实打通三者内在联系，实现惩治同向、同步、同进。要持续强化不敢腐的震慑氛围，突出重点削减存量、零容忍遏制增量，从严查处党的十八大以来不收敛、不收手，严重阻碍党的路线方针政策贯彻执行、严重损害党的执政根基的腐败问题，对主动投案者依纪依法从宽处理，让行贿者和受贿者同样付出代价，坚决斩断"围猎"和甘于"被围猎"的利益链，坚决破除权钱交易的关系网。深化投融资平台反腐败工作，加大国有企业、平台公司反腐力度，严肃查处靠企吃企、设租寻租、关联交易、内外勾结侵吞国有资产等问题。要持续扎牢不能腐的制度笼子，推动审批监管、执法司法、工程建设、资源开发、金融信贷、公共资源交易、公共财政支出等重点领域监督机制改革和制度建设，加强对权力的监督制约。要持续增强不想腐的自觉，做深查办案件"后半篇文章"，做实"一案一整改"，做好同级同类干部警示教育，发挥党性教育和警示教育"两个基地"主阵地作用，加强思想道德和党纪国法教育，推进廉洁文化建设，注重家风建设，引导党员干部修身律己、廉洁齐家。

（八）建设忠诚干净担当纪检监察铁军，推进纪检监察机关法治化、规范化。贯彻落实省纪委省监委、市纪委市监委纪检监察干部队伍能力提升年安排部署，加强纪检监察干部思想淬炼、政治历练、实践锻炼、专业训练，教育引导纪检监察干部争做忠诚干净担当、敢于善于斗争的战士。加强思想政治建设，以党的政治建设为统领，一体推进政治、思想、组织、纪律、作风等各项建设，突出抓好对党忠诚教育，巩固和拓展"不忘初心、牢记使命"主题教育、纪检监察干部队伍建设年成果，抓好纪检监察系统内部督查整改。加强特区纪委常委会政治建设，坚持民主集中制，在坚决维护党中央权威和集中统一领导、坚决执行党和国家各项制度、坚决贯彻党中央重大决策部署上带好头。主动适应新时代新任务新要求，畅通干部系统内外交流，优化干部队伍结构，强化学习调研、全员培训和实战练兵，加大纪法培训、技能培训、安全培训、信息化培训力度，推进纪检监察干部队伍能力建设，弘扬斗争精神，坚定斗争意志，增强斗争本领。深化更高水平、更深层次的"三转"，与时俱进推进纪检监察体制改革、纪检监察各项制度创新。严格执行监督执纪工作规则和监督执法工作规定，着力提升纪检监察工作规范化、法治化水平。健全完善监督执纪执法和内部教育管理规章制度，严格开展内部督查，完善自身权力运行机制和管理监督制约体系，经常打扫庭院、清理门户，持续防治"灯下黑"，把队伍建强、让干部过硬。按照统一部署自上而下开展监委向本级人大常委会报告专项工作。

扬正气奋楫中流，扛使命再谱新篇！让我们更加紧密地团结在以习近平同志为核心的党中央周围，高举习近平新时代中国特色社会主义思想伟大旗帜，在市纪委市监委和特区党委坚强领导下，"不忘初心、牢记使命"，开拓进取、砥砺前行，坚定不移、一以贯之推动全面从严治党、党风廉政建设和反腐败斗争向纵深发展，为夺取脱贫攻坚、同步小康全面胜利，奋力谱写新时代画廊六枝高质量发展新篇章做出新的更大贡献！

在全区巩固和深化专项整治漠视侵害群众利益问题工作会议上讲话

（2020 年 6 月 15 日）

六枝特区纪委书记　龙　超

2020 年 1 月 11 日，中央纪委国家监委召开了巩固和深化专项整治漠视侵害群众利益问题工作座谈会，中央纪委副书记、国家监委主任杨晓渡同志对专项整治工作进行了全面总结，指出解决“两不愁三保障”（不愁吃、不愁穿，义务教育有保障、基本医疗有保障、住房安全有保障）突出问题取得显著成效、行业管理和基层治理成效明显、统计数据失真失实问题得到有效治理、党员干部违纪违法问题受到严肃查处，专项整治进一步巩固和深化。受新冠肺炎疫情影响，全省巩固和深化专项整治漠视侵害群众利益问题工作会议推迟到 5 月 7 日召开，红民书记在会上强调，要准确把握新形势新任务赋予专项整治新的时代内涵，清醒认识当前专项整治工作存在的短板、面临的挑战，因时因势调整监督工作重点、优化工作方法、巩固工作成效。6 月 3 日，市纪委市监委进一步贯彻落实中央纪委国家监委、省纪委省监委关于整治漠视侵害群众利益问题的部署要求，组织召开全市巩固和深化专项整治漠视侵害群众利益问题工作会议，光辉书记强调，要坚持靶向治理、一抓到底，把专项整治作为维护群众切身利益的有效抓手，任务再盯紧，措施再精准，重点再聚焦，成效再深化，持续巩固和深化专项整治漠视侵害群众利益问题。要坚持精准监督、深化治理，紧盯主要领导和班子成员这个“关键少数”，聚焦整治项目、重点区域、重要时段、攻坚重点和成果巩固，以过程、措施、结果看成效，坚决革除形式主义、官僚主义作风，以严的作风确保巩固和深化专项整治工作落细落实。中央纪委国家监委、省纪委省监委、市纪委市监委关于巩固和深化专项整治工作会议，为我们提供了根本遵循和行动指南。自去年 9 月份以来，特区党委严格对标，结合六枝实际，梳理细化了 4 个方面 19 项整治任务 73 条清单，细化整改措施，明确责任单位，一一分解压实责任，确保事事有人抓、件件有着落。特区纪委特区监委牵头抓总、统筹协调、上下联动，与各相关职能部门紧密协作，合力推动专项整治不断深入、持续见效。截至 2020 年 6 月，全区共梳理查摆问题 112 个，已完成整治 111 个，整治完成率 99.1%；全区纪检监察机关共发现问题 79 个，立案 37 件 38 人，给予党纪政务处分 20 人，诫勉谈话、通报批评等 13 人，追缴返还群众资金 1.718 万元。

整治漠视侵害群众利益突出问题是党中央部署集中整治的其中 1 个，并明确由各级纪委监委牵头抓总，向普遍存在于群众身边的、各种背离初心使命的积弊陋习开刀，是守护初心使命的长期实践，大家务必要把抓好专项整治作为增强“四个意识”、坚定“四个自信”、做到“两个维护”的直接检验，以强烈的政治担当、坚决的斗争精神抓紧抓实，真刀真枪解决问题，做到久久为功、善作善成。今天，我们召开这个会，就是旨在深入学习贯彻习近平总书记的重要讲话指示精神，贯彻落实中央、省、市关于整治漠视侵害群众利益问题的最新决策要求，总结我区专项整治工作的好经验好做法，部署下阶段巩固和深化专项整治工作。

刚才，志芳同志通报了我区专项整治漠视侵害群众利益问题工作情况。特区医保局、住建局、岩脚镇纪委、派驻第五纪检监察组有关同志做了交流发言，从不同层面反映贯彻落实中央纪委国家监委、省纪委省监委和市纪委市监委的部署要求，结合职能职责和实际开展专项整治工作的进展情况，取得阶段性成绩，也形成一些好做法、好经验。希望大家立足新起点，把专项整治和贯彻落实十九届中央纪委四次全会、十二届省纪委四次全会、七届市纪委五次全会和十一届特区纪委五次全会部署要求结合起来一体推进、一体落实，“不忘初心、牢记使命”，把专项整治工作抓深、抓细、抓常、抓长。下面，我再强调三点意见：

一、认真对标、坚决看齐，准确把握新形势新任务赋予专项整治的新的时代内涵

开展漠视侵害群众利益问题专项整治，是以习近平同志为核心的党中央坚持以人民为中心的发展思想、聚焦党内突出问题作出的重要部署，是持续巩固深化“不忘初心、牢记使命”主题教育的直接体现，是贯彻落实中央、省、市和特区纪委全会的具体措施。我们要坚持以习近平新时代中国特色社会主义思想为指导，“不忘初心、牢记使命”，增强“四个意识”、坚定“四个自信”、做到“两个维护”，切实以更高的政治站位，统一思想、统一意志、统一行动，不断增强抓专项整治的使命感和责任感。

（一）准确把握专项整治的政治意义和政治要求。在重大疫情面前，党中央一开始就鲜明提出把人民生命安全和身体健康放在第一位；人民至上、生命至上，保护人民生命安全和身体健康可以不惜一切代价。这些都充分彰显了人民领袖一心为民的真挚情怀，为我们巩固和深化专项整治提供了根本遵循原则。中央纪委四次全会、省纪委四次全会、市纪委五次全会工作报告将“集中整治群众反映强烈的突出问题、巩固拓展漠视侵害群众利益问题专项整治”作为今年的八大任务中的第二项进行部署，充分体现专项整治的重要政治意义。要督促扶贫领域问题整改落实到位。这些都体现了一脉相承、一以贯之、一抓到底的定力和要求，我们必须深刻领悟、深入践行。

（二）准确把握专项整治的新形势新任务。2020 年是全面脱贫收官之年，是全面建成小康社会决战决胜之年，我们即将实现现行标准下的农村贫困人口全部脱贫，实现党中央向全国人民作出的郑重承诺。脱贫攻坚是一场硬仗，越到最后越要紧绷这根弦，不能停顿、不能大意、不能放松。2020 年 3 月，省委发出“冲刺 90 天、打赢歼灭战”的冲锋号，志刚书记、王忠书记、昌显书记分别在 2020 年的省、市、特区纪委全会上强调要“以作风攻坚促进脱贫攻坚”“以更铁的纪律作风保障决战脱贫攻坚、决胜全面同步小康”，深入整治群众身边的腐败和作风问题。为此，专项整治工作必须更加聚焦和服务到打赢脱贫攻坚战上来。特别是面对突如其来的新冠肺炎疫情的影响，全国一盘棋，统筹推进疫情防控和脱贫攻坚两场战役“两手抓、两不误”，党中央因时因势作出一系列重大决策部署，强调在常态化疫情防控前提下，加快恢复生产生活正常秩序，扎实做好“六稳”工作，落实“六保”任务。围绕帮助群众解决就业、社保、医保、就学等方面困难出台系列新政策。纪检监察机关紧跟党中央部署，认真履行纪检监察职能，充分发挥监督保障执行、促进完善发展作用，为完成决战决胜脱贫攻坚目标任务，全面建成小康社会提供坚强保障。因此，专项整治工作必须顺应时势、合乎民心。

（三）准确把握专项整治工作存在的问题短板。晓渡副书记、红民书记在巩固和深化专项整治漠视侵害群众利益问题工作座谈会和工作会议上指出的短板和问题，以及光辉书记在市纪委市监委专项整治工作会议上指出的三个方面的问题，我们也不同程度地存在着。部分单位仍然存在站位不高、工作推诿、敷衍了事，工作推进不平衡、基础不扎实、重点不聚焦、整改不到位等问题，必须引起高度重视，并应采取果断措施，真刀真枪地解决实际问题。从中央到地方，在主题教育中专项整治漠视侵害群众利益的问题，均是由纪检监察机关牵头抓总、统筹协调，由职能部门调度指导、具体落实的工作机制，我再次强调和重申一下，各职能部门必须履行主体责任，把主管领域的整治任务扛在肩上、抓在手上，不回避、不推脱；纪检监察机关履行的监督责任，必须充分发挥监督保障执行作用，督促职能部门履行整治任务。从前期梳理查摆问题的问题来看，112 个问题虽然已经完成整治 111 个，但需长期坚持的仍然还有 19 个。不仅如此，我们还要对已经完成整治的问题进行“回炉”，这些问题整改得牢不牢靠，基础扎不扎实，是否经得起历史和人民的检验，值得大家深思。我认为，一切工作的出发点和落脚点，还是要回到初心和使命上来，我们所做的工作必须及时回应人民群众关切，坚持人民群众反对什么、痛恨什么，就坚决防范和纠正什么，要把群众认不认可、满不满意、答不答应作为检验专项整治工作的“试金石”，真正对得起历史、对得起人民。

二、找准方法、靶向施治，推动专项整治常态化长效化

自2019年9月开展主题教育以来，由特区纪委特区监委牵头抓总，会同19家牵头区直部门和其他部门、乡（镇、街道）共同努力、通力协作，聚焦扶贫、教育、医疗、住建、交通、水务等19项任务开展集中整治，解决了一批群众身边的操心事、烦心事、揪心事，取得了可检验、可评判、可感知的成果，也积累了一些宝贵经验。要通过项目化推进等方式持续解决漠视侵害群众利益问题，从具体人、具体事入手，一个问题一个问题地解决，推动解决一个问题治理一类问题、治理一类问题规范一个领域。

（一）紧盯目标任务抓巩固促深化。晓渡副书记在专项整治座谈会上强调“要紧盯专项整治项目中的问题持续用力、一抓到底”；红民书记指出“要以更强的工作力度持续巩固和深化专项整治漠视侵害群众利益问题”；光辉书记要求“要靶向治理、一抓到底”这些指示和要求，为我们提供了遵循原则和操作方法。我们要进一步提高政治站位，把专项整治作为护卫群众利益的重要抓手，作为检验主题教育成效的重要内容，作为检验“四个意识”、落实“两个维护”的重要标尺，原原本本对照《六枝特区在“不忘初心、牢记使命”主题教育中专项整治漠视侵害群众利益问题的工作方案》《六枝特区巩固和深化专项整治漠视侵害群众利益问题工作方案》明确的职责，清单化管理、项目化推进，逐条、逐项抓好落实。对已完成整治的92个事项，要开展“回头看”，持续发力，扎牢基础，防止问题反弹。比如，“两不愁三保障”短板，农村饮水安全保障不到位，“四个不摘政策”落实不够，财政涉农补贴资金发放管理不到位等问题的整治，必须长期坚持巩固成效。对已经完成整改需要长期坚持的19个事项，比如，食品安全问题整治，非法营运、出租车乱象，执法不规范、不文明、不作为、慢作为等问题，要注重从制度机制上进行规范和治理；对未完成整改的事项，要明确整改标准、整改措施、整改时限、整改责任，重点推进，持续发力、久久为功；针对反弹问题和新发现的问题，比如，饮水安全工程通水不正常、管护不到位等问题，要及时“返工”“补课”，立行立改，确保各项整治工作如期完成并加以巩固。

（二）紧盯整治措施抓巩固促深化。各有关职能部门党委（党组）要切实履行好牵头职责和参与职责，加强对专项整治工作的统筹协调、有机联动，立足本部门职能职责，主动履职、勇于担责。各牵头单位在坚决落实好自身整治任务的同时，要加强对参与单位和乡（镇、街道）的统筹协调，在履行监管责任、推动解决职责范畴内的问题上当好表率。各参与单位要主动参与、主动作为，决不能把整治工作当成可做可不做的事情，更不能把责任全部推给牵头单位。各责任单位既要抓好本单位的整治工作，又要抓好本系统的整治工作，加大对下的调研督促指导力度，拓展专项整治的广度和深度，绝不能把压力传导变成层层推卸责任，决不能出现“本级生病下级吃药”的事情。各单位党委（党组）主要负责同志要担负起第一责任人责任，既要挂帅又要冲锋，不能只是在领导小组挂个名、在会上讲个话，要亲自部署、亲自过问、亲自协调、亲自督办，通过以上率下、自上而下，一级带着一级干、一级督着一级干，确保中央、省委、市委和特区党委的要求不折不扣传到底、落到位。

（三）紧盯重点难点抓巩固促深化。紧盯脱贫攻坚重点，将专项整治工作与脱贫攻坚尽锐出战“5个100%”“两不愁三保障”“四个不摘”以及“总攻督战”“冲刺九十天、打赢歼灭战”等工作紧密结合起来一体部署、一体推进，这里着重强调一下，对于脱贫攻坚中统计数据弄虚作假、欺上瞒下等形式主义、官僚主义问题，必须引起高度警惕，必须严防死守，持之以恒彻底治理到位，确保脱贫质量成色，脱贫成效经得起历史和人民的检验。紧盯群众关心关注的热点问题，各单位要紧密结合职能职责，突出围绕就业、教育、医疗、食品药品安全等群众关心的热点、难点、堵点、焦点问题。比如，受疫情等因素影响，

部分企业关停或复工后又停工，给外出务工带来不确定性，一些群众在家“坐吃山空”，有的脱贫群众甚至因此存在返贫风险。我们要主动出击、主动作为，研究一些具体的、可以做到的、可以解决的项目，再部署、再联动进行集中整治，通过突破“小切口”带动解决“大问题”，确保群众能够得到实实在在实惠。紧盯群众身边的不正之风和微腐败问题，大家不要一味地认为整治群众身边的不正之风和微腐败问题都是纪检监察机关的事，纵观近几年来查处的腐败案件，吃拿卡要、虚报冒领、贪污侵占、失职渎职等问题层出不穷，不可否认是，违纪违法人员的“贪心、野心、黑心、私心”作祟，各部门也要反思一下，是不是项目在申报、审批、实施、验收、管理等环节存在漏洞？是不是在资金申请、拨付、管理、发放等过程监管不够？是不是对管理的干部思想道德、理想信念教育缺乏？我想，各部门要对管辖范围内，特别是系统性、塌方式腐败的领域发生的违纪违法问题进行系统梳理、深入剖析问题根源，堵塞管理漏洞，管好自己的人、管好自己的钱，才不会给腐败和不正之风抬头的机会。

（四）紧盯制度完善抓巩固促深化。解决群众反映强烈的突出问题、整治漠视侵害群众利益的问题只是阶段性任务。通过整治来推动各项事业长足发展，促进党风、政风、民风持续向上向好，实现固本培元、标本兼治，让群众过上美好生活，才是我们的根本目的和最终目的。我们要坚持边整治、边巩固、边提升、边完善，在执行好、落实好党内法规制度的前提下，及时将专项整治中行之有效的做法总结上升为可操作、能执行的制度机制，既落实好“当下改”的治标举措，又形成“长久立”的治本机制，特别是晓渡副书记指出的专项整治统筹机制、开门整治机制、问题整改机制、以案促改机制都要用足、用好，不断完善发展。要把一体推进“三不腐”的理念运用到专项整治之中，既要通过严厉惩治、通报曝光，形成震慑，实现“不敢腐”；又要通过加强教育、宽严相济、区别对待和源头治理，实现“不能腐”和“不想腐”。

三、主动作为、精准监督，以更高标准更严要求更实举措巩固和深化专项整治

昌显书记在今年特区纪委全会上强调“要聚焦‘冲刺90天打赢歼灭战’的冲锋号令，在即将迎来的脱贫攻坚‘三场大考’中尽可能多地发现问题、解决问题；纪检监察机关对弄虚作假、欺上瞒下的行为一律严惩不贷，以务实的作风、扎实的成绩迎考、迎检”，虽然“三场大考”已过“两场”，接下来还有国家大普查，我们决不能掉以轻心、麻痹懈怠。全区各级纪检监察机关要紧紧围绕统筹疫情防控、经济社会发展和脱贫攻坚跟进监督精准监督全程监督，以担当作为的精神状态、求真务实的作风，将各项整治任务落到实处。

（一）突出责任落实。2019年，我们制发了《六枝特区纪检监察机关监督落实专项整治漠视侵害群众利益问题各项任务的工作方案》，2020年又印发《2020年十项重点监督检查任务清单》《巩固和深化专项整治漠视侵害群众利益问题工作方案》，目的是进一步压实整治责任，明晰监督重点和任务，确保专项整治有序推进。全区各级纪检监察机关要紧盯各牵头单位、配合单位、责任单位责任落实情况开展监督，盯紧盯牢“一把手”和班子成员这个“关键少数”，带动“绝大多数”，推动责任层层传递、任务层层落实。对在专项整治中敷衍塞责、应付懈怠的，要及时提醒、坚决纠正。对拒不整改者，要严肃追责。但也必须注意，问责也要精准，决不能泛化、简单化，要着力提高问责的精准性、规范性、严肃性，是谁的责任就打谁的“板子”。

（二）突出监督重点。专项整治涉及量大面广，要实现项目化、清单化推进，必须统分结合，既要体现“专”的特点，又要统筹兼顾。纪委监委牵头抓总，就是统筹兼顾，接下来，五室要认真对照上级脱贫攻坚督查检查、成效考核、总攻督战反馈问题以及巡视、巡察，审计，暗访，筛查等各种渠道发现的问题，以及本级开展监督检查发现的问题，分层、分类建立台账，该交办的交办、该督促的督促，逐个销号。班子成员要带头以上率下，落实分片包点督导责任。各片区协作工作组、各乡（镇、街道）纪（工）委、各派驻纪检监察组、各纪检监察室要以脱贫攻坚“冲刺九十天、打赢歼灭战”、农村饮水安全专项监察、“访村寨、重监督、助攻坚”专项行动等为抓手，发挥“专”的作用，扎实认真开展监督检查，切实以

高质量监督促进纪检监察工作高质量发展。这里我想说的是，半年即将过去，请各乡（镇、街道）纪（工）委、各派驻纪检监察组、各纪检监察室认真对照反思一下，这半年干了什么、工作成效怎么样，特别是发现问题少、问题质量不高的乡镇和室组，就是要通过深入细致的监督检查来提升发现问题的精准度，督促问题整改的力度。今后，对工作推进不理想，又不主动出击，导致工作长期滞后者，该约谈的约谈，该处理的处理，切实贯彻自我革命精神，强化自我监督。

（三）突出整治成效。各有关单位要将巩固和深化专项整治工作与疫情防控、脱贫攻坚以及经济社会发展各项工作结合起来统筹推进、一体落实，既要用专项整治的“利剑”破除一切阻碍和影响疫情防控和脱贫攻坚大局的弊病顽疾，又要用服务保障疫情防控和脱贫攻坚的实绩实效检验专项整治的成果，不搞成“两张皮”，坚决防止搞形式、走过场。全区各级纪检监察机关要充分发挥监督保障执行，促进完善发展作用，强化统筹衔接，推进纪律监督、监察监督、派驻监督、巡察监督贯通协同，增强监督的“震慑力”，强化对指导式、提醒式、参与式等“七种监督方式”的贯通运用，督促整治单位做到责任明确、措施具体、工作到位、落实有力，对整治单位整治情况进行实地查看，深入了解，坚决防止“闯关”“过关”现象，做到问题不解决的不放过、整治不到位的不放过、群众不满意的不放过，以更加坚决的态度、更加有力的措施、更加务实的作风抓好专项整治工作，为夺取疫情防控和脱贫攻坚两场战役全面胜利、推动全区经济社会高质量发展做出新的更大的贡献！

重要文件

六枝特区人民政府办公室
关于印发六枝特区复工复产企业应对
新型冠状病毒肺炎疫情防控工作方案的通知

六府办发〔2020〕4号

各乡（镇）人民政府、街道办事处，各园区管委会，特区人民政府各工作部门、各单位，区属及驻境省、市属行政企事业单位：

《六枝特区复工复产企业应对新型冠状病毒肺炎疫情防控工作方案》已经特区人民政府同意，现印发你们，请认真贯彻执行。

六枝特区人民政府办公室

2020年2月9日

六枝特区复工复产企业应对新型冠状病毒肺炎疫情防控工作方案

为认真贯彻落实习近平总书记、李克强总理和省、市领导关于新型冠状病毒肺炎疫情作出的重要指示批示精神，根据《省人民政府办公厅关于做好春节后入黔离黔人员疫情防控工作的通知》（黔府办发电〔2020〕53号）、《省人民政府办公厅关于有序推进企业项目复产复工的通知》（黔府办发电〔2020〕61号）等要求，扎实抓好春节后全区复工复产企业应对新型冠状病毒肺炎疫情防控工作，特制定本方案。

一、工作目标

按照“疫情防控不到位的企业不得复工复产”和“一企一策”原则，切实加强复工复产企业应对新型冠状病毒肺炎（以下简称新冠肺炎）疫情防控工作，及时发现、报告和处置新冠肺炎病例，阻断疫情传播，保障复工复产企业安全生产和员工身体健康及生命安全。

二、组织机构

为切实加强对复工复产企业应对新冠肺炎疫情防控工作的领导，成立六枝特区复工复产企业应对新冠肺炎疫情防控工作领导小组，其组成人员如下：

组　长：杨　刚　特区政府常务副区长
副组长：蒋家梁　特区政府副区长
　　　　杨　强　特区政府副区长
　　　　彭良国　特区政府副区长
　　　　张　斌　特区政府副区长
成　员：宁　浩　特区政府办公室
　　　　唐　勇　特区政府办公室
　　　　喻　石　特区政务服务中心
　　　　宋　领　特区机关事务服务中心
　　　　赵思宇　特区机关事务服务中心
　　　　杨　熙　特区发展改革局
　　　　朱建达　特区工业和信息化局
　　　　陈　浩　特区公安局
　　　　李志军　特区人力资源社会保障局
　　　　江　浩　特区住房城乡建设局
　　　　杨兴礼　特区交通运输局
　　　　龚　伦　特区水务局
　　　　周　林　特区农业农村局
　　　　龙启江　特区自然资源局
　　　　李　桔　特区文体广电旅游局
　　　　高奎星　特区卫生健康局
　　　　蔡　林　特区应急局
　　　　吴　江　特区能源局
　　　　肖　良　特区疾控中心
　　　　敖文钢　市生态环境局六枝分局
　　　　杨丽梅　六枝经济开发区
　　　　刘开强　木岗产业园区
　　　　各乡（镇）人民政府乡（镇）长、街道办事处主任

领导小组负责贯彻落实国家、省、市关于复工复产企业应对新冠肺炎疫情防控有关工作部署，制定疫情防控应对方案及措施，统一领导、指挥和协调复工复产企业的疫情防控工作。

领导小组下设办公室于特区工业和信息化局，朱建达同志兼任办公室主任；吴江、高奎星、肖良、杨丽梅同志兼任办公室副主任。负责领导小组日常工作；监督指导复工复产企业履行疫情防控职责；完成领导小组交办的其他工作。

三、职责分工

各乡（镇、街道）：按照属地管理、分级负责原则，组织属地派出所、医疗卫生等部门，发动村委会、社区居委会等力量，指导、督促、跟踪复工复产企业落实疫情防控措施；完成领导小组交办的其他工作。

特区发展改革局：负责基础设施项目建设的审批并指导、督促、跟踪建设单位落实项目复工建设新冠肺炎疫情防控措施；完成领导小组交办的其他工作。

特区工业和信息化局：负责指导、督促各成员单位抓好本部门复工复产企业落实疫情防控措施；牵头汇总报送各复工复产企业有关资料；完成领导小组交办的其他工作。

特区公安局：负责收集复工复产企业与新冠肺炎有关社会治安动态情况；配合采集企业所有人员流动轨迹信息；指导各乡（镇、街道）开展治安秩序管理；查处打击影响社会治安秩序的违法行为；完成领导小组交办的其他工作。

特区人力资源社会保障局：负责向各园区、企业收集整理并发布企业用工岗位需求，动员组织各乡（镇、街道）招募技术人员和普通用工，做好劳动力供需对接，组织劳动力技能培训，落实好企业培训用工优惠政策。

特区交通运输局：对疫情防控期间复工复产企业购买原材料、产品运输的车辆，出具通行证，开辟绿色通道，在保障防疫检查质量的前提下，快速检查、登记，优先通行，确保复产企业原材料运得进、产成品运得出。

特区住房城乡建设局：负责指导、跟踪建筑领域复工复产企业落实疫情防控措施；督促建筑领域复工复产企业做好务工人员情况排查、健康监测及消毒消杀等工作；完成领导小组交办的其他工作。

特区卫生健康局：负责指导各复工复产企业做好疫情防控工作；指导开展新冠肺炎相关知识培训；加强职业病防治工作；完成领导小组交办的其他工作。

特区能源局：负责指导、督促、跟踪复工复产能源企业落实安全生产责任和疫情防控措施；汇总上报复工复产能源企业相关数据资料；完成领导小组交办的其他工作。

特区疾控中心：负责指导复工复产企业主管部门督促企业制定有效的疫情防控措施；指导企业开展疫情防控知识宣传；提出复工复产企业疫情防控预警建议；完成领导小组交办的其他工作。

六枝经济开发区、木岗产业园区、自然资源局、文体广电旅游局、水务局、农业农村局、应急局、市生态环境六枝分局：结合自身工作职责，认真履行安全生产及疫情防控主体责任，充分发挥行业主管部门指引及帮扶作用，为企业复工复产做好充分准备，在确保安全及稳定的情况下，有序加快企业复产复工进度；完成领导小组交办的其他工作。

四、工作措施

（一）强化组织领导。各乡（镇、街道）、各部门、各复工复产企业要充分认识当前新冠肺炎疫情防控工作的严峻性、长期性，切实加强组织领导，认真制定疫情防控工作方案，成立相应领导小组，制定周密的疫情防控措施，确保本辖区本行业本企业复工复产前后生产安全和员工身体健康及生命安全。

（二）强化返岗排查。各乡（镇、街道）、各部门要认真组织复工复产企业对返岗职工进行摸底排查，切实掌握返岗职工基本情况，排查内容包括每名员工从哪里来及其返岗前 14 天内活动轨迹，并认真填报《六枝特区复工复产企业应对新冠肺炎疫情防控返岗职工登记表》（附件 1）。对于体温检测正常，与疫区人员无密切接触史的情况下，方可上岗，坚决杜绝“带病上岗”。对于体温检测异常，与疫区人员有密切接触史的返岗职工，须对其落实 14 天的隔离医学观察措施，并对其进行核酸检测；观察期满 14 天后，经指定医疗机构（特区人民医院、六盘水市第二人民医院）对其检测无异常，并出具相关证明后，方可返回企业上班。对未涉及疫区或未有接触史且首次体温监测≥ 37.3℃、咳嗽、乏力的返岗职工，要按照新冠肺炎疫情防控工作有关要求，将其送至定点医疗机构（特区人民医院、六盘水市第二人民医院）进行检查。

（三）强化体温监测。特区卫生健康部门要指导各行业主管部门督促复工复产企业明确 1 ~ 2 名人员负责卫生防疫检查工作，确保企业员工每天检测两次体温，并认真填报《六枝特区返岗人员返回登记监测台账》（附件 2）。对检测体温≥ 37.3℃或出现咳嗽、乏力症状的，要按照新冠肺炎疫情防控工作有关要求，将其送至定点医疗机构（特区人民医院、六盘水市第二人民医院）进行检查。经指定医疗机构（特区人民医院、六盘水市第二人民医院）对其检测无异常，并出具相关证明后，方可返回企业上班。

（四）保障返岗人员生产生活。各乡（镇、街道）、各部门要主动帮助企业解决员工居住、通勤交通、物流、生产经营等方面的问题，为职工在交通、住宿、用餐等方面提供便利化措施，集体宿舍要降低居住密度，有交通车的企业要严格落实交通工具防疫措施。企业实行封闭式管理，确保工作场所安全；食堂推行分时分餐制，杜绝多人聚餐，防止碗筷交叉使用，确保每位员工吃上安全餐。

（五）强化企业疫情防控。各乡（镇、街道）和各园区要落实属地责任，指导和帮助企业做好疫情防控工作，优先在企业设置集中隔离场所，为无条件独立设立隔离场所的企业提供保障。各复工复产企业要备好红外体温检测仪、消毒液、口罩等疫情防控物资，明确隔离场所，定时做好厂区、宿舍、食堂、车辆等场所的卫生保洁和全面消毒（确保每天用 84 消毒液或含氯消毒剂对办公区域消毒消杀 1 次）。

（六）强化防疫知识宣传。各乡（镇、街道）、各部门、各复工复产企业要加大对《六盘水市防控新型冠状病毒感染的肺炎重要提示——市民防护“十个注意”》等新冠肺炎疫情防控知识宣传力度，做到家喻户晓、人人皆知，让企业员工养成疫情防控期间戴口罩、勤洗手、常开窗、不串门、不聚集的良好行为。

（七）强化信息报送。各乡（镇、街道）、各部门、各复工复产企业要高度重视信息报送工作，坚持“四早”（早发现、早报告、早隔离、早治疗）原则，对员工出现体温异常或出现咳嗽、乏力等症状者，要立即向所属乡（镇、街道）报告。接到报告后，乡（镇、街道）要立即按照有关规定进行处置并上报（报送内容包括所属复工、复产企业相关信息）特区应对新型冠状病毒感染的肺炎疫情防控领导小组办公室。自 2020 年 2 月 11 日起，由各行业主管部门、各园区明确专人，根据前一天的情况填报附件 1 ～ 4，于每天上午 12:00 前报送至特区工业和信息化局（联系人：梁悦；联系电话：0858 － 5315092、13595862400；邮箱：731737288@qq.com）

（八）强化督促问责。各乡（镇、街道）、各部门要加大主管行业和辖区内复工复产企业的监督管理和督促检查，对于不按要求严格落实疫情防控措施或存在疫情风险隐瞒不报的企业，由特区应对新型冠状病毒感染的肺炎疫情防控领导小组督查问责专班，按照应对新冠肺炎疫情防控有关要求和规定坚决依法依规予以追责、问责。

附件：1. 六枝特区复工复产企业应对新冠肺炎疫情防控返岗企业职工登记表（略）
2. 六枝特区返岗人员返回登记监测台账（略）
3. 六枝特区返岗人员返回密切接触者登记监测台账（略）
4. 六枝特区返岗人员及密切接触者汇总表（略）
5. 六枝特区复工复产企业应对新冠肺炎疫情防控消毒消杀操作指南（略）
6. 六枝特区企业复工复产疫情防控须知（略）
7. 复工复产企业防控工作流程图（略）

中共六枝特区委办公室　六枝特区人民政府办公室关于印发《六枝特区2020年脱贫攻坚总攻督战工作方案》的通知

六特办通字〔2020〕9号

各乡（镇）党委、政府，各街道党工委、办事处，特区党委各部门，特区国家机关各部门，特区人武部，各园区党工委、管委会，各人民团体，省、市属驻区有关单位，区属企事业单位：

《六枝特区2020年脱贫攻坚总攻督战工作方案》已经特区党委、政府同意，现印发你们，请结合实际，认真抓好贯彻落实。

中共六枝特区委办公室
六枝特区人民政府办公室
2020年2月11日

六枝特区2020年脱贫攻坚总攻督战工作方案

根据习近平总书记在中央经济工作会议上的重要指示精神和全国扶贫开发工作会议精神，按照《中共贵州省委办公厅贵州省人民政府办公厅关于印发〈贵州省脱贫攻坚挂牌督战工作方案〉的通知》（黔委厅字〔2020〕1号）、《中共六盘水市委办公室六盘水市人民政府办公室关于印发〈六盘水市脱贫攻坚挂牌督战实施方案〉的通知》（六盘水党办字〔2020〕2号）要求，为进一步巩固提升全区脱贫攻坚成果，确保2020年按时高质量打赢脱贫攻坚战，结合全区实际，特制定本方案。

一、督战目标

坚持区、乡、村分级督战原则，按照现行脱贫标准，紧扣脱贫成果巩固提升和问题整改，根据“全覆盖、无死角、抓整改、提成效”原则，实行区、乡、村三级联动，通过督战到乡、到村、到户、到人的方式，对全区脱贫攻坚工作进行总攻督战。督战目标分如下三个层次：

（一）近期目标。聚焦2019年脱贫攻坚成效考核工作，根据《贵州省扶贫开发领导小组关于印发〈2019年市县两级党委和政府脱贫攻坚成效考核工作方案〉的通知》（黔扶领〔2020〕1号）要求，进一步完善党委、政府脱贫攻坚和东西部扶贫协作工作成效考核各项资料，优化各项考核细节，抓好中央和省委巡视、督查、考核、审计发现问题整改，确保2019年脱贫攻坚成效考核取得好成绩。

（二）半年目标。聚焦2020年脱贫攻坚大普查工作，进一步核实核准全区建档立卡人口基础信息，全力补齐全区“一达标、两不愁、三保障”问题短板，整理完善建档立卡档案资料，全面做好脱贫攻坚大普查人员选拔、业务培训等各项准备工作，确保2020年脱贫攻坚大普查取得良好成效。

（三）全年目标。聚焦脱贫成果巩固提升，对全区建档立卡户、非建档立卡边缘户进行动态监测，进一步对“一达标、两不愁、三保障”问题进行查缺补漏，做到不掉一户不落一人，全面补齐脱贫攻坚各项短板，巩固提升脱贫成果，确保非建档立卡人口不致贫，建档立卡人口稳定脱贫，按时高质量打赢脱贫攻坚战。

二、督战时间

2020年1月至12月，分五个阶段进行：

第一阶段：1月1日至1月25日。逐级制定工作方案，细化工作计划，组织动员部署。

第二阶段：1月1日至2月10日。对照2019年脱贫攻坚成效考核方案，完成各项考核资料的完善和各项考核细节准备和优化，完成中央和省委巡视、督查、考核、审计发现问题的整改，做好考核各项准备。

第三阶段：2月11日至5月31日。完成全区建档立卡人口基础信息核实，建立问题台账，实行销号管理，全面解决“一达标、两不愁、三保障”突出问题，整理完善区、乡、村建档立卡档案资料，完成脱贫攻坚大普查各项准备工作。

第四阶段：6月1日至10月31日。所有脱贫成果巩固提升措施全部落实到位，按照逐村、逐户、逐人、逐项过关要求，动态补齐脱贫攻坚弱项短板；完成全区建档立卡户信息更新和非建档立卡边缘户的动态监测；完成2020年扶贫对象动态管理。

第五阶段：11月1日至12月31日。全面开展查缺补漏，梳理盲区、死角存在的弱项和不足，及时解决和完善，进一步巩固提升脱贫成果，完成全年督战工作总结。

三、督战对象

（一）对区级专班督战：对精准扶贫、产业就业、易地扶贫搬迁、人居环境改善、农村“组组通”公路建设完善、农村安全饮水提升、电力和通信网络建设、金融扶贫、生态扶贫、教育保障、医疗保障、社会保障兜底、社会帮扶和群众内生动力激发、法治扶贫、基层组织建设等涉及的区级工作专班，以及涉及专班工作的18家区直部门、36家脱贫攻坚问题整改单位进行督战（具体名单详见附件1）。

（二）对乡级工作团督战：对18个乡（镇、街道）脱贫攻坚决胜工作团、87个包村部门进行督战（具体名单详见附件1）。

（三）对村级工作队督战：对211个村脱贫攻坚决胜工作队（含结对帮扶责任人）进行督战。

四、督战方式

成立全区脱贫攻坚总攻督战指挥部，特区党委书记、政府区长为总攻督战指挥长，负责全区脱贫攻坚总攻督战指挥调度；坚持区、乡、村三级联动，齐抓共管，实行定点督战与巡回督战相结合，明确责任领导、责任单位、责任人，督战到部门、到乡（镇、街道）、到村、到户、到人；采取进村入户的方式，逐项、逐户、逐人督战。督促指导区、乡、村各级落实脱贫攻坚主体责任，各级行业部门落实主管责任，全力以赴抓好脱贫攻坚政策到村到户到人的精准落实；持续压实责任，及时发现问题，协调解决存在的突出困难和问题，并督促整改落实到位，确保按期高质量打赢脱贫攻坚战。

（一）定点督战。区、乡、村三级联动开展督战，特区分管扶贫工作的党政领导为脱贫攻坚总攻督战的具体责任人；区级工作专班县级组长或区级分管领导负责对精准扶贫、产业就业、易地扶贫搬迁、人居环境改善、农村“组组通”公路建设完善、农村安全饮水提升、电力和通信网络建设、金融扶贫、生态扶贫、教育保障、医疗保障、社会保障兜底、东西部扶贫协作及社会帮扶、群众内生动力激发、法治扶贫、同步小康及驻村帮扶工作、基层组织建设等涉及的专班、部门工作进行督战；特区分管领导对36家脱贫攻坚问题整改单位进行督战；18个乡（镇、街道）决胜工作团团长对本乡（镇、街道）和区级包村部门进行督战；211个村级决胜工作队队长对本村和涉及的结对帮扶人进行督战。

（二）**巡回督战**。特区攻坚办组建综合督查组，定期对涉及的18家区直部门和36家脱贫攻坚问题整改单位工作开展情况进行巡回督战；特区攻坚办乡（镇、街道）督导组定期对各乡（镇、街道）决胜工作团和包村部门进行巡回督战。各乡（镇、街道）决胜工作团组建相应督战工作队，定期对各村决胜工作队及涉及的帮扶责任人进行巡回督战。

五、督战内容

（一）**区级督战内容**。督促各专班及部门加强贯彻落实党中央、国务院，省委、省政府，市委、市政府挂牌督战决策部署情况的政治责任；加强研究制定督促目标任务和工作计划的主体责任；加强建立定点及巡回督战队开展督促指导情况的工作责任等责任落实。用足、用好行业部门政策优势，加大资金、项目和政策倾斜支持保障力度，集中人力、物力、财力，全面做好“两不愁三保障”及精准扶贫、产业就业、易地扶贫搬迁、人居环境改善、农村“组组通”公路建设完善、农村安全饮水提升、电力和通信网络建设、金融扶贫、生态扶贫、教育保障、医疗保障、社会保障兜底、东西部扶贫协作及社会帮扶、群众内生动力激发、法治扶贫、同步小康及驻村帮扶工作、基层组织建设等脱贫攻坚工作的政策落实。督促做好扶贫资金使用及项目实施管理，建档立卡动态管理，脱贫攻坚干部队伍管理，问题短板排查整改情况，中央、省、市、特区各级发现问题的整改落实，巩固提升脱贫成果、防止返贫等工作，确保全区脱贫攻坚责任、政策、工作“三落实”，提升全区脱贫攻坚总体成效。

（二）**乡级督战内容**。18个乡（镇、街道）决胜工作团要压实脱贫攻坚政治责任、主体责任和工作责任，按照“5个100%”和“五个一”要求，组织好帮扶责任人、驻村工作队、第一书记等攻坚力量，根据区级脱贫攻坚总体安排部署，抓好乡（镇、街道）全年各阶段攻坚工作落实；结合区级各专班或部门攻坚举措，抓好各项攻坚措施的贯彻落实；强化攻坚过程管理，及时调度攻坚工作进展情况，及时发现和梳理乡（镇、街道）攻坚工作存在的问题和不足，及时进行协调对接并组织相关力量进行解决；做好中央、省、市、特区各级发现问题的整改落实。督促87个区直包村部门切实履行包保职责，加强对包保村的调查研究和帮扶走访，充分调动和整合政策、资金、人力、物力优势，加大对包保村的帮扶力度，进一步巩固提升脱贫成果。

（三）**村级督战内容**。聚焦全区建档立卡户和非建档立卡监测户、边缘户，坚持以问题为导向，211个村决胜工作队严格按照区、乡两级攻坚部署和攻坚举措，强化推进攻坚工作落实；对建档立卡户和非建档立卡监测户、边缘户进行动态监测，及时掌握农户家庭成员就业务工、家庭安全饮水保障、健康状况、住院报销、义务教育阶段子女就读、就读子女教育政策保障、住房保障等“一达标、两不愁、三保障”变化情况，建立问题台账，明确问题负责人员、措施和时限，村级难以解决的情况，及时上报乡级或区级，确保问题全部销号。督促结对帮扶责任人切实履行好结对帮扶责任，完成常态帮扶走访任务，提高帮扶成效，确保脱贫对象不返贫。督促各村第一书记、驻村工作队及村支“两委”人员，对非建档立卡户进行定期排查，掌握非建档立卡户“一达标、两不愁、三保障”情况，对于存在致贫隐患的农户，立即采取措施予以保障，确保非建档立卡户不致贫，脱贫攻坚达到“三保障”“三精准”。

六、督战要求

（一）**强化组织领导**。区级各专班及涉及部门、各乡（镇、街道）要加强脱贫攻坚总攻督战工作的组织领导，组建督战队伍，细化督战方案，明确目标任务，落实责任到人，列出时间表、路线图，采取强有力措施，调动各方力量，确保所有建档立卡人口脱贫稳定不返贫，所有非建档立卡户不存在致贫风险。全区211个村级决胜工作队要制定具体的村级督战实施方案，由乡（镇、街道）审核完善后，报各乡（镇、街道）决胜工作团备案。涉及的18家区级部门、18个乡（镇、街道）决胜工作团制定的督战实施方案经区级分管领导和决胜工作团团长审核同意后，于2020年2月20日前报特区扶贫开发领导小组办公室备案。

（二）强化定期调度。区、乡、村各级要建立总攻督战台账，实行总体调度、部门专班调度、决胜工作团调度、决胜工作队调度的“四级”调度机制，区级定期召开脱贫攻坚调度会对全区脱贫攻坚总攻督战情况进行调度；涉及的区级部门每半月对本部门脱贫攻坚工作情况进行调度；乡（镇、街道）决胜工作团每周对各乡（镇、街道）脱贫攻坚工作情况进行调度；村决胜工作队每3天对各村脱贫攻坚工作情况进行调度，及时掌握全区脱贫攻坚工作推进情况，全面摸清脱贫攻坚工作存在的困难和不足，推进问题销号。从2020年2月起，各涉及区级部门及各乡（镇、街道）决胜工作团于每月30日前将督战情况报送至特区攻坚办，由特区攻坚办汇总全区督战情况报督战指挥长。

（三）强化作风建设。各部门、各乡（镇、街道）决胜工作团、各村决胜工作队要加强作风建设，坚决杜绝形式主义和官僚主义，严禁消极厌战、松劲懈怠。要处理好督与战的关系，既要督促指导，更要深入落实，不能只督不战；要处理好督战与减负的关系，杜绝增加基层负担。督战人员要强化政治担当，加强业务学习培训，进一步提高业务能力，持续保持“特别能吃苦、特别能战斗”的攻坚精神，一鼓作气，乘势而上，坚决夺取脱贫攻坚战全面胜利。

（四）强化结果运用。根据督战对象工作开展情况，每月进行全区督战情况通报，并将督战情况纳入年终考核，作为年终目标考核扣分依据。对于督战工作推进不力、督战效果差的部门、乡（镇、街道）和村，对相关人员进行追责、问责。

附件：1. 区、乡、村总攻督战对象名单（略）
2. 总攻督战任务清单（区级、乡级、村级、户）（略）
3. 各级反馈六枝特区扶贫领域问题整改统计表（略）

中共六枝特区委办公室　六枝特区人民政府办公室关于印发《六枝特区2020年推进全国农村改革试验区建设暨“三变”改革重点工作安排》的通知

六特办通字〔2020〕15号

各乡（镇）党委、政府，各街道党工委、办事处，特区党委各部门，特区国家机关各部门，特区人武部，各园区党工委、管委会，各人民团体，省、市属驻区有关单位，区属企事业单位：

《六枝特区2020年推进全国农村改革试验区建设暨“三变”中共六枝特区委员会办公室文件改革重点工作安排》已经十一届区委2020年第9次常委会会议审议通过，现予印发，请结合实际认真贯彻执行。

中共六枝特区委办公室
六枝特区人民政府办公室
2020年4月9日

六枝特区2020年推进全国农村改革试验区建设暨“三变”改革重点工作安排

为深入推进六盘水市创建全国农村改革试验区建设和“三变”改革各项任务的贯彻落实，持续巩固脱贫攻坚成果、增强农村发展活力、服务全面同步小康，根据省、市有关部署要求，结合我区实际，特制定如下重点工作安排：

一、着力提升改革质效

1.夯实产业基础。坚持以产业为依托，纵深推进农村产业革命，对照“八要素”找差距、补短板、强弱项，推动农村经济更大范围更深层次实现“六个转变”。持续推进猕猴桃、茶叶、刺梨、蔬菜、优质肉牛、特色生猪（含畜禽）、特色水产、食用菌、中药材、特色经果等十大重点农业产业高质量发展，坚持因地制宜、因业制宜，对新布局项目从规划设计初期就规范植入“三变”股份合作机制，提升产业质量效益和抗风险能力。积极引导农业龙头企业与小农户建立契约型、股权型利益联结机制，带动更多农户特别是贫困户融入产业链条，分享增值收益。深入开展“三变”项目产业链条、成本效益、风险防控“回头看”，进一步完善优化利益联结机制。指导村（居）成立劳务型、销售型、综合型等服务合作社，引导劳动力、技术等资源弹性入股，解决“季节性”用工荒问题。［牵头单位：特区农业农村局。责任单位：各乡（镇、街道），特区自然资源局、发展改革局、工业和信息化局、财政局、文体广电旅游局、扶贫办、生态移民局、人力资源社会保障局、供销社。完成时限：2020 年 12 月底前］

2. 培育经营主体。通过品牌嫁接、资本运作、股份合作、产业延伸等方式，大力培育壮大一批农业龙头企业，打造一批产业关联度大、市场竞争力和辐射带动力强的骨干农业企业。鼓励国有平台公司、民营企业充分发挥其在项目建设、融资贷款、市场开拓、经营管理等方面的优势，积极投入农业农村领域开展项目合作，发展混合所有制经济，带动群众增收致富。大力清理“僵尸社”“空壳社”，狠抓规范管理运营，持续提升农民专业合作社发展质量，积极组织引导农户通过土地入股、劳动务工等方式参与合作社经营发展。指导参与“三变”产业发展的合作社提升经营质量、优化“三变”机制、拓展带动效果，积极争取市级奖励资金。［牵头单位：特区农业农村局。责任单位：各乡（镇、街道），特区金融工作服务中心、工业和信息化局、发展改革局、招商投资促进服务中心、市场监管局、财政局、审计局、扶贫办、自然资源局。完成时限：2020 年 12 月底前］

3. 优化利益联结。稳步扩大资源、资产、资金“三资”入股面，科学设置股比，规范落实入股农户合同书、股权证、分红单“三个到户”，做实做优带贫减贫利益联结，推动家庭经营、集体经营、企业经营等经营形式共同发展。继续推进财政资金量化到村集体组织后，以入股方式投入经营主体，带动村集体和农户增收。引导经营主体按照合作制原则完善股权结构和治理方式，推动经营主体财务公开，确保村集体和农户行使股东权利、参与重大决策。加强经营主体监管，既防止出现“一股了之”“一分了之”等情况，又狠抓保底收益、务工收益、分红收益按约及时足额兑现。［牵头单位：特区委“三变”办。责任单位：各乡（镇、街道），特区农业农村局、财政局、扶贫办、工业和信息化局、文体广电旅游局、生态移民局。完成时限：2020 年 12 月底前］

二、着力拓展改革内容

4. 盘活用好集体经营性资产。以管好用好农村集体经营性资产为重点，深入推进农村集体产权制度改革，深入落实《六盘水市农村集体资产经营管理实施意见（试行）》，大力发展股份合作等多种形式的合作与联合，构建符合市场经济要求的集体经济新的实现形式和运行机制，实现村集体经营性资产保值增值，不断增加村集体和农户特别是贫困户财产性收入。对脱贫攻坚期间各级政府和社会力量投入形成的经营性资产进行清产核资，明确权属关系，实行台账管理，通过“三变”改革推动拥有集体经营性资产的村（居）实现股权量化全覆盖。［牵头单位：特区农业农村局。责任单位：各乡（镇、街道），特区财政局、扶贫办、自然资源局、住房城乡建设局、水务局、文体广电旅游局、生态移民局。完成时限：2020 年 12 月底前］

5. 创新宅基地“三权分置”具体实现形式。深入推进农村土地制度改革，在国土空间规划、土地利用计划和规划许可的基础上，积极探索落实宅基地集体所有权、保障宅基地农户资格权和农户房屋财产权、适度放活宅基地和农民房屋使用权的具体实现形式，有序推进宅基地“三权分置”，细化农户、村集体经济组织等相关利益主体之间的权能，促进城乡资源双向流动。推进农房入股、抵押、有偿退出等试点，盘活农房使用权入股乡村旅游、文化教育、康体养生等产业项目，在全区打造 2 个以上农房入股试点。［牵头单位：特区农业农村局。责任单位：各乡（镇、街道），特区自然资源局、文体广电旅游局、金融工作服务中心、住房城乡建设局、农村产权交易中心。完成时限：2020 年 12 月底前］

6. 推进集体经营性建设用地入市。落实新修订的土地管理法，加快推进集体建设用地使用权确权登记颁证，大力推进集体经营性建设用地入市，执行不动产统一登记制度，积极探索农村集体建设用地与国有建设用地同平台、同规则并轨运行的市场交易体系。存量及少量新增农村集体经营性建设用地可根据相关规划要求，以出让、租赁、入股等方式参与经营性项目建设，进一步盘活利用农村集体闲置土地，吸引社会资本投入农业农村领域，有效壮大村集体经济，带动农户创业增收。［牵头单位：特区自然资源局。

责任单位：各乡（镇、街道），特区金融工作服务中心、发展改革局、农村产权交易中心、农业农村局、财政局、住房城乡建设局、扶贫办。完成时限：2020 年 12 月底前］

7. 推进工商资本下乡。研究制定以“三变”改革鼓励引导城市工商资本下乡巩固脱贫成果促进乡村振兴的实施意见，带动企业工厂、高新技术、高端人才、在外能人、先进理念、金融保险等资源要素向农业农村流动集聚，发展多种形式适度规模经营，大力培育新型农业经营主体，促进小农户和现代农业发展有机衔接，加快农村第一、二、三产业融合发展，拓展产业增值空间，扩宽农户增收渠道，不断壮大农村集体经济，全面增强农业农村发展活力。［牵头单位：特区委“三变”办。责任单位：各乡（镇、街道），特区金融工作服务中心、发展改革局、工商联、农业农村局、财政局、工业和信息化局、自然资源局、住房城乡建设局、人力资源社会保障局、水务局，六枝供电局。完成时限：2020 年 12 月底前］

8. 创新财政金融支持方式。继续创新财政资金扶持方式、社会资本投入方式和金融资金支持方式，新增财政资金撬动社会资本和金融资金投入发展“三变”产业的示范点 2 个以上。按照《六盘水市农村资源资产评估指导意见（试行）》要求，规范开展产权评估。鼓励产业链金融、互联网金融在依法合规前提下为小农户提供金融服务。鼓励银行业金融机构在风险可控和商业可持续前提下扩大农业农村贷款抵押物范围，助力农村发展。［牵头单位：特区财政局、金融工作服务中心。责任单位：各乡（镇、街道），特区农业农村局、自然资源局、住房城乡建设局、扶贫办、人民银行六枝支行。完成时限：2020 年 12 月底前］

9. 拓展延伸改革领域。在大力巩固农村“三变”成果，加快农业现代化发展的同时，鼓励将“三变”机制引入第二、三产业，积极探索城市城镇、工矿企业参与“三变”改革的平台、路径和载体。因地制宜结合棚户区改造、小城镇建设、社区治理、人居环境整治、土地开发整理、景区景点开发、易地扶贫搬迁等项目，统筹商业门面、广告牌位、建筑工程、物业管理、商场超市、家政服务、停（洗）车场、农贸市场等公共配套建设和优质服务资源，有序引导扶持村集体、农村贫困人口、城市低保对象、城镇低收入困难群体等通过参与股权投资、劳动务工、创业就业等方式增收致富。全区分别新增打造城市城镇、工矿企业“三变”示范点 1 个以上。［牵头单位：特区住房城乡建设局、城市综合执法局、工业和信息化局。责任单位：各乡（镇、街道），特区发展改革局、财政局、自然资源局、农业农村局、能源局、人力资源社会保障局、民政局、扶贫办、生态移民局、文体广电旅游局、供销社。完成时限：2020 年 12 月底前］

三、着力强化示范引领

10. 打造示范亮点。持续巩固提升已建成的“三变”改革示范点。围绕产业革命、立足地域特色、紧扣助农增收，加大政策、资金、人才、技术等投入，着力新增培育打造一批质量高、效益好、带动强的“三变”改革示范点。区委“三变”改革工作领导小组成员单位要结合职能职责和行业优势，通过向上争取支持、对下紧密联动，牵头打造新示范点（其中，特区农业农村局新增打造产业革命、乡村治理等示范点 1 个以上，特区财政局新增打造财政资金股权化、财政资金撬动社会资金等示范点 1 个以上，特区扶贫办新增打造财政扶贫资金“三权分置”示范点 1 个以上，特区自然资源局新增打造“三变”林下经济示范点 1 个以上，特区文体广电旅游局新增打造“三变 + 文化旅游”等示范点 1 个以上，特区工业和信息化局和特区供销社新增打造“三变 + 电商”示范点 1 个以上）。［牵头单位：特区委“三变”办。责任单位：各乡（镇、街道），区委“三变”改革工作领导小组成员单位。完成时限：2020 年 12 月底前］

11. 提炼典型经验。深入挖掘、总结、推广一批“三变”改革经验典型，集中反映各级各部门和全区党员干部、经营主体、农户群众牢记初心使命、锐意攻坚克难、不断开拓创新等方面的好成效、好机制、好故事、好声音。重点围绕高质量打赢脱贫攻坚战、纵深推进农村产业革命等培育 2 个以上典型。［牵头单位：特区委“三变”办，特区扶贫办。责任单位：各乡（镇、街道），特区农业农村局、财政局、工业和信息化局、文体广电旅游局、自然资源局、生态移民局。完成时限：2020 年 6 月底前］

四、着力强化风险防控

12. 创新特色保险。探索建立农业保险与信贷、担保等金融工具联动机制，扩大特色农业保险覆盖面，推进“防贫保”“农特保”试点，探索开发“土地入股履约保障险”等险种，加大投保力度，更好服务产业发展，确保产业收益。［牵头单位：特区财政局、金融工作服务中心。责任单位：各乡（镇、街道），特区农业农村局、自然资源局、六盘水银保监分局六枝监管组。完成时限：2020 年 12 月底前］

13. 加强监督管理。加强财政入股资金跟踪监督管理，进一步健全经营主体财务管理制度，确保资金发挥更大效益。加大“三变”改革法律服务力度，对“三变”合同签订、履行、解除等法律事务提供指导不少于 3 次，认真防范化解推进“三变”改革中出现的风险矛盾。探索村务监督和村级扶贫民生监督相融合，确保“三变”改革在阳光运行。［牵头单位：特区财政局，特区委政法委、特区纪委特区监委。责任单位：各乡（镇、街道），特区审计局、司法局、市场监管局。完成时限：2020 年 12 月底前］

五、着力强化组织保障

14. 加强组织领导。区、乡“三变”办每半年向同级党委、政府主要领导报告全国农村改革试验区建设暨“三变”改革工作推进情况，区委“三变”改革工作领导小组成员单位每季度向特区委办公室（“三变”办）报送工作进展情况，区、乡每年召开“三变”专题会不少于 2 次。强化工作跟踪问效，实行负面清单管理，落实年度目标考核，各牵头单位做好责任分解，按季度调度研判，每年对所牵头改革工作实地调研指导不少于 3 次。各乡（镇、街道）对所辖村（居）“三变”改革业务实行常态化指导，所有村（居）必须走深走实走到位，全面摸排入股农户户数人数、入股资源、资产、资金，督促经营主体按约及时足额兑现农户保底收益、务工收益、分红收益。［牵头单位：特区委“三变”办。责任单位：各乡（镇、街道）。区委“三变”改革工作领导小组成员单位。完成时限：2020 年 10 月底前］

15. 加强档案管理。各级各部门按照《六盘水市“三变”改革办公室六盘水市档案局关于印发〈六盘水市全国农村改革试验区暨“三变”改革档案工作管理办法（试行）〉的通知》（六盘水“三变”办发〔2018〕5 号）要求，狠抓本级本单位“三变”档案管理，及时全面收集整理相关文字、图片、音视频等资料并规范装档，做好迎接国家、省评估验收相关工作。［牵头单位：特区委“三变”办。责任单位：各乡（镇、街道）；区委“三变”改革工作领导小组成员单位。完成时限：2020 年 10 月底前］

16. 加强宣传培训。制定年度“三变”改革宣传方案，策划开设电视、报纸、新媒体报道专栏，多形式、广角度对“三变”改革的重大政策、重大意义、重大成果、重大经验等进行解读宣传报道。加强“三变”改革业务培训，提高干部群众抓“三变”改革的实操水平和能力。深入挖掘总结“三变”改革好经验、好做法，区委“三变”改革工作领导小组成员单位、各乡（镇、街道）每月向特区委办公室（“三变”办）报送“三变”信息 1 期以上。［牵头单位：特区委宣传部。责任单位：特区委组织部、“三变”办、融媒体中心，区委“三变”改革工作领导小组成员单位，各乡（镇、街道）。完成时限：2020 年 12 月底前］

17. 加强理论研究。深度挖掘“三变”改革重大价值和重大意义，系统总结“三变”改革经验，做好改革成果转化，推出 2 篇以上理论成果。［牵头单位：特区委“三变”办、党校。责任单位：区委“三变”改革工作领导小组成员单位，各乡（镇、街道）。完成时限：2020 年 12 月底前］

中共六枝特区委办公室　六枝特区人民政府办公室 关于印发六枝特区2020年乡村振兴战略实施方案的通知

六特办通字〔2020〕18号

各乡（镇）党委、政府，各街道党工委、办事处，特区党委各部门，特区国家机关各部门，特区人武部，各园区党工委、管委会，各人民团体，省、市属驻区有关单位，区属企事业单位：

《六枝特区2020年乡村振兴战略实施方案》已经十一届区委2020年第9次常委会会议研究同意，现印发你们，请认真遵照执行。

中共六枝特区委办公室
六枝特区人民政府办公室
2020年4月30日

六枝特区2020年乡村振兴战略实施方案

为认真贯彻落实中央、省委、市委农村工作会议精神，全面推动六枝特区乡村振兴战略取得新成效，根据《中共六枝特区委员会六枝特区人民政府关于六枝特区乡村振兴战略的实施意见》（六特发〔2018〕8号）要求，结合实际，制定本方案。

一、总体要求

（一）指导思想。以习近平新时代中国特色社会主义思想为指导，全面落实中央、省委、市委农村工作会议精神和区委农村工作会议安排部署，全面加强党对"三农"工作的领导，坚持农业农村优先发展，按照产业兴旺、生态宜居、乡风文明、治理有效、生活富裕总要求，统筹推进产业振兴、生态振兴、人才振兴、文化振兴、组织振兴，实现生态美、百姓富的有机统一。

（二）目标任务

1. 产业兴旺。土地产出率达5.7万元/公顷以上；农业科技进步贡献率达75%以上；农业劳动生产率达1.6万元/人以上；农产品加工产值与农业总产值比1.8∶1以上；乡村旅游接待人次年均增长率达40%以上；休闲农业经营主体主营业务收入增长10%以上；经济作物占种植业比重达70%以上；特色优势产业产值年均增幅达30%以上；坝区平均亩产值0.9万元；农村电商服务网点达150个以上，营业收入增幅达50%以上。示范村100%的农户加入农民专业合作社、100%的农民专业合作社有龙头企业带动，"龙头企业＋合作社＋农户”的组织方式和利益联结机制全面建立。

2. 生态宜居。畜禽粪污综合利用率达 75% 以上；森林覆盖率达 57% 以上，示范村达 60% 以上；村庄绿化覆盖率超过 30%；农村生活垃圾得到治理的行政村占比达 100%；农村卫生厕所普及率达 85% 以上，示范村公共厕所全覆盖；农村自来水普及率达 90% 以上；30 户以上自然村寨 4G 网络覆盖率达 100%；农村生活污水得到治理的行政村占比达 50% 以上。

3. 乡风文明。村综合性文化服务中心覆盖率达 100%；县级及以上文明村和乡镇占比达 80%；农村义务教育学校专任教师本科以上学历比例达 65% 以上；农村居民教育文化娱乐支出占比达 15% 以上。

4. 治理有效。村庄规划管理覆盖率达 100%；建有综合服务站的村占比达 100%；村党组织书记兼村主任占比达 35% 以上；有村规民约的村占比达 100%；集体经济强村占比达 6%；“三变”改革覆盖村占比达 100%；乡村平安建设（综治）矛盾纠纷调解成功率达 90% 以上，“平安村（居）”覆盖率达 100%，无黑恶势力村覆盖率达 100%，示范村建设 1 个法治文化场所，实现一村一名法律顾问。

5. 生活富裕。农村常住居民人均可支配收入增长 10% 以上；农村居民恩格尔系数在 35% 以下；城乡居民收入比在 2.5∶1 以下。

6. 组织领导。“五级书记”抓乡村振兴落实率达 100%。乡村振兴投入保障制度建设进一步完善，财政资金投入增幅达 10% 以上。

二、重点任务

（一）发展山地特色农业，推动乡村产业振兴。加快构建现代产业体系。坚持巩固、提升、扩面发展思路，围绕“五步工作法”“八要素”深入推进农村产业革命，发展猕猴桃 1.2 万亩、蔬菜 25 万亩次、食用菌 2300 亩万棒、中药材 0.5 万亩、刺梨 4.5 万亩，提质增效茶园 5 万亩、投产茶园 10.6 万亩；出栏生猪 26 万头、优质肉牛 2 万头、生态家禽 220 万羽，发展水产养殖达 3500 亩。调减低效作物种植面积 4 万亩，调整坝区产业结构 2300 亩。加强“三品一标”认证和品牌培育，新增绿色食品 3 个、有机食品 2 个。加快构建新型生产体系。进一步加大规模农业、龙头企业、村集体经济组织、家庭农场等扶持力度，不断提高全区农业生产经营集约化水平。培育省级农业龙头企业 17 家以上、市级农业龙头企业 47 家以上、省级合作社示范社 4 家以上，全面消除农民专业合作社“空壳社”。稳定推进旅游产业发展，实现旅游接待人数、旅游总收入分别同比增长 16%。加快构建新型经营体系。大力发展现代商贸物流，全面建成国家级电子商务进农村示范县并通过验收，线上零售额达 4800 万元以上。积极培育“种养加”和“贸工农”一体化龙头企业，建立健全“龙头企业＋合作社＋农户”的组织方式和利益联结机制，实施好郎岱镇生产加工配送蔬菜项目和梭戛乡、九龙街道营养餐蔬菜配送项目，促进农产品提质增效和农民收入稳定增加［牵头单位：特区农业农村局。责任单位：特区委“三变”办，特区扶贫办、特区工业和信息化局、特区自然资源局、特区文体广电旅游局，各乡（镇、街道）］。

（二）建设宜居生态家园，推动乡村生态振兴。深入推进基础设施建设。加快农村生活垃圾治理，确保 30 户以上自然村寨生活垃圾得到有效治理；完成乡镇污水处理项目一期工程 32 个项目点并投入使用，启动二期工程 4 个项目点建设。继续实施农村卫生厕所建设改造项目，完成农村户用卫生厕所建设改造 2086 户、行政村公共厕所建设改造 61 个。深入推进村容村貌提升。支持本土养殖企业建设中小型粪污处理站，采取定期收集、无害化处理、肥料加工等措施，对附近分散的人畜粪污进行资源转化；谋划包装整区推进粪污资源化利用项目，向上争取资金建设区域性大型粪污处理中心，完成 100 万元中央财政农业生产发展畜禽粪污治理资金项目建设；继续实施封山育林、退耕还林、天保工程、石漠化综合治理等重点工程，加强森林资源保护，完成生态林建设 5 万亩。深入推进村庄清洁行动。以“五净四美”（屋净、路净、厕净、沟净、水净，庭院美、村庄美、环境美、田园美）为目标，开展以“三清一改”（清垃圾、清塘沟、清畜禽粪污等农业生产废弃物、改变影响农村人居环境的不良习惯）为主要内容的村庄集中整治活动，着力解决村庄环境脏乱差问题，实现村庄内垃圾有序堆放，污水规范排放，粪污无明显暴露，杂物堆放整齐，房前屋后干净整洁，村庄环境干净、整洁、有序，村民良好卫生习惯渐渐形成，村容村貌明显改观［牵头单位：特区自然资源局。责任单位：特区城市综合执法局、特区卫生健康局、特区水务局、特区工业和信息化局、特区住房和城乡建设局、特区农业农村局，市生态环境局六枝分局，各乡（镇、街道）］。

（三）增强人才支撑能力，推动乡村人才振兴。加大农民技能培训。围绕十大主导产业及产品加工销售，以种养（殖）大户、家庭农场主、农民专业合作社骨干、农业企业负责人等为对象，培训一批生产经营型和专业服务型职业农民，完成新型职业农民培训400人。聚焦深度贫困地区和特殊贫困群体，围绕建筑业、服务业、旅游业、民族手工业等用工需求大的产业，对农村转移就业劳动者进行职业技能培训，不断提升劳动者素质和技能水平，完成农民全员培训5000人。加大农村人才培育。继续推动“万名农业专家服务‘三农’行动计划”和科技特派员制度实施，围绕全区特色优势农业产业，多层次组建“科技副职＋科技特派员＋农业辅导员＋农业创业者”专家团队，建立健全农业专家进基层结对帮扶互动机制。加强固定指导与动态服务相结合、研究开发与基层推广相结合，以农业园区、乡村为平台（载体），以服务农业经营主体为重点，集成推广一批农业新技术、新品种，转化一批农业科技成果，破解一批关键共性技术难题，培训一批农村实用型人才，在实践中培养一批农业科技人才、骨干人才。加大急需人才引进。按照《中共六枝特区委办公室六枝特区人民政府办公室关于印发〈六枝特区紧缺急需人才引进办法（试行）〉的通知》（六特办通字〔2013〕42号）相关要求，以“生产—加工—销售”全产业链为导向，组织深入重点高校、科研机构、区外著名龙头企业，引进一批有助于产业发展、农村社会事务管理等方面的急需人才［牵头单位：特区委组织部。责任单位：特区人力资源社会保障局、特区农业农村局、特区工业和信息化局、特区财政局，各乡（镇、街道）］。

（四）夯实文化引领基础，推动乡村文化振兴。加强乡村文化发展规划设计。优化服务体系制度设计，认真贯彻落实《中华人民共和国公共文化服务保障法》，梳理出台相应政策，明确乡村文化建设方向和目标，将乡村文化发展和精神文明建设列入乡村发展规划内容，依法依规促进乡村建设全面发展。以村（居）为单元，实现红白理事会、乡风文明促进会等群众组织覆盖率100%。探索建立基层文化管理体制。排查基层文化场所开放和设施利用情况，建立工作督查机制，委托乡（镇、街道）、村（居）等基层党组织对乡村文化设施进行专门管理，定时开展文化活动，把文化“送进去”“种下去”，让乡村文化设施真正发挥作用。修订完善文明乡镇、文明村测评标准，以更大力度、更高标准深化文明村镇、文明村寨创建活动，县级以上文明村达到行政村总数的80%以上。精心打造群众文化展示平台。广泛开展送戏、送书和送电影下乡以及公益培训进基层、进社区、进学校等活动，进行文化走亲、基层交流、流动演出等活动形式创新，促进基层文化交流、融合、共享，打造零门槛、无界限、惠民便民的文化服务平台。大力扶持民间文艺社团和业余文化队伍，每个行政村至少建立1支农民业余文艺队伍［牵头单位：特区委宣传部。责任单位：特区文体广电旅游局、特区民政局，各乡（镇、街道）］。

（五）强化基层组织保障，推动乡村组织振兴。提升基层组织能力。加快从农村合作经济组织、新型职业农民中发展党员步伐，加强基层党组织书记培训力度，不断提升政治素养和专业素养。强化农村基层党组织领导作用，加快推行村党组织书记通过法定程序担任村委会主任和村级集体经济组织、合作经济组织负责人，推行“两委”班子成员交叉任职，提高党组织书记担任村委会主任的比例。丰富村规民约内涵。充分尊重群众主体地位，动员群众积极参与村规民约制定，把组建村规民约监督、处罚纳入重要内容，进一步修订完善村规民约，选举公道、正派的村民代表，对违规、违约行为进行公平处置，形成有约必依，执约必严格局，村规民约修改完善率达100%，违规、违约处罚率达100%。拓展村民参与村务管理范畴，适时启动建立村民议事会、监事会改革试点，依靠农民和基层智慧，发挥村民民主协商在乡村治理中的积极作用。建立村民议事会、监事会的行政村达到70个。提高基层法治水平。调整和充实乡（镇、街道）和村（居）人民调解委员会力量，实现矛盾纠纷排查化解不出村，夯实平安乡村建设基础。加快各级综治中心建设步伐，乡级和村级综治中心覆盖率达100%，全部实现挂牌运行。加快“平安村（居）”创建，“平安村（居）”覆盖率达100%［牵头单位：特区委组织部、特区委政法委，特区民政局。责任单位：特区司法局、特区公安局，各乡（镇、街道）］。

三、保障措施

（一）强化组织领导。严格执行“三级书记”抓乡村振兴工作机制，区、乡、村三级书记为第一责任人，切实加强党对农村工作的领导。健全领导责任制，六枝特区农业农村工作暨实施乡村振兴战略领导小组（以下简称领导小组）各成员单位要成立组织领导机构，由党委（党组）书记任组长，明确一名副科级以上领导干部具体负责，把各级乡村振兴工作安排部署落到实处。组建工作专班，领导小组下增设产业兴旺、生态宜居、乡风文明、治理有效、生活富裕5个专班，由涉及分管副区长任组长，牵头单位主要负责人任副组长，具体负责乡村振兴各板块的规划设计、方案制定、跟踪督促、考核评价、资料收集等工作。各乡（镇、街道）参照领导小组及其办公室设置，成立相应领导小组及其办公室，组建工作专班，调整充实乡村振兴办公室人员，确保责任落实到人。建立工作制度，制定《中共六枝特区委农村工作暨实施乡村振兴战略领导小组工作规则》《中共六枝特区委农村工作暨实施乡村振兴战略领导小组办公室工作细则》，推进全区乡村振兴战略各项工作顺利开展。

（二）强化投入保障。加快形成财政优先保障、金融重点倾斜、社会积极参与的多元投入格局，确保投入总量持续增加。继续坚持政府投入为主原则，统筹整合相关渠道资金，用好用活城乡建设用地增减挂钩所获土地增值收益、村庄整治增加耕地获得的占补平衡指标扣减成本后收益，以及中央和省级农村厕所革命奖补资金、“三变”改革风险补偿等资金，着力补齐基础设施建设短板。聚焦农村生态治理、农村产业发展、农产品品牌建设等重点领域，充分发挥绿色金融在打好精准脱贫攻坚战和实施乡村振兴战略中的推动作用，谋划包装一批产业发展、农村人居环境整治等重大项目，争取开发性、政策性金融机构加大中长期信贷、商业银行农业现代化融资和地方法人银行机构农村信用贷款投放支持，同步推动乡村振兴各项事业。进一步拓宽资金筹集渠道，发挥财政资金杠杆作用，规范推广政府和社会资本合作（PPP）模式，通过设立专项基金、实施农业保险、推行特许经营等方式，撬动更多社会资本投向“三农”，增强乡村振兴战略实施投入保障能力。

（三）强化宣传引导。宣传部门和新闻媒体要充分利用广播电视、宣传标语、宣传栏、微信公众号等媒体，多形式、多途径宣传乡村振兴方针政策，推广成功经验，报道先进典型，形成全社会关心、支持、参与乡村振兴良好氛围。文化和教育部门要积极开展历史和先进文化“进校园”“进社区”“进机关”活动，对民族文化、红色文化、“三线”文化等进行创新性发展，大力弘扬和培育新时代六枝精神，进一步提高全区干部群众实施乡村振兴的精气神。各乡（镇、街道）要组织干部深入村、组和农户家中，广泛宣传各级实施乡村振兴战略的决策部署，调动广大群众参与乡村振兴建设积极性，凝聚全社会推进乡村振兴战略的强大合力。坚持把引导和发动群众作为推动乡村振兴战略的重要抓手，大力激发农民群众参与乡村振兴建设的积极性和主动性，通过党员干部发挥先锋模范作用，带领和引导广大农民群众积极投身产业发展、农村人居环境整治、乡风文明建设、村民自治管理等方面，不断增强参与度和获得感。

（四）强化督导考核。领导小组办公室将年度工作任务细化分解到各牵头单位和责任单位，严格压实工作责任。领导小组各成员单位要建立“一个机构、一名领导、一个方案、一抓到底”工作机制。单位党委（党组）每季度专题研究乡村振兴工作不少于1次，对各项考核指标实行台账管理和挂图作战，确保目标任务按时完成。领导小组办公室和各成员单位要严格执行“每季督查、半年通报、年终考核”工作制度，对工作成效良好的给予通报表扬，对不负责任、推诿扯皮、工作成效不好的进行通报批评，造成严重影响的依法依规追责问责。领导小组办公室要认真按照《中共六枝特区委办公室六枝特区人民政府办公室关于印发六枝特区乡村振兴战略实绩考核工作方案（暂行）的通知》（六特办通字〔2019〕160 号）要求，适时组织开展督查，牵头做好年度考核，年度考核结果作为各级各有关部门领导班子和领导干部考核的重要参考，作为年度综合目标考核的重要依据。

附件：六枝特区 2020 年乡村振兴战略目标任务分解表（略）

关于转发《党委（党组）书记抓党建工作述职评议考核的实施办法（试行）》的通知

六特组字〔2020〕42号

各乡（镇）党委，各街道党工委，特区党委各部门，特区国家机关各部门党组（党委），各园区党工委，各人民团体党组织，区属企事业单位党组织：

近期，省委组织部印发了《中共贵州省委组织部关于印发〈党委（党组）书记抓党建工作述职评议考核的实施办法（试行）〉的通知》（黔组发〔2020〕3号），现转发给你们，请结合实际抓好贯彻落实。

一、强化思想认识，推动责任落实

各级党委（党组）要把党建述职评议考核，作为深入学习贯彻习近平新时代中国特色社会主义思想、履行管党治党责任的重要举措，作为贯彻落实全国、全省和全市组织工作会议、组织部长会议精神、推进全面从严治党向基层延伸、推动基层党组织全面进步全面过硬的重要抓手，提高政治站位，精心安排部署，扎实有序推进，在压实主体责任、增强工作实效上下功夫，坚决防止形式主义、走过场。党委（党组）主要负责同志要把这项工作紧紧抓在手上，坚持标准、严格把关。全区各级党组织要认真组织实施，结合实际制定述职评议考核工作方案，抓好工作落实。

特区委组织部要加强述职评议考核工作的具体指导。派人参加各基层党（工）委召开的述职评议会并进行点评。各级党组织开展述职评议考核的情况，要及时向上一级党组织报告。

二、明确述职对象，推动全面覆盖

在全区范围开展述职评议考核，以乡（镇、街道）为重点，推进机关、国有企业、公立医院等全覆盖。

1. 六枝特区党委向市委述职。

2. 乡（镇、街道）党（工）委书记及特区直属党（工）委书记，向特区党委述职，村（居）党组织书记向乡（镇、街道）党（工）委述职。

3. 区直部门党委（党组）书记或机关党委书记向特区直属机关工委述职。机关内设机构和直属单位党组织书记向本部门党委（党组）述职。

4. 区属国有企业党组织书记向区委国有企业党的建设工作领导小组述职。企业下级党组织书记，按照党组织隶属关系，向上级党组织述职。

5. 特区教育工委书记向市委教育工委述职；其余学校党组织书记，按照党组织隶属关系，向上一级党组织述职。

6. 特区非公有制经济组织和社会组织工委书记向市委非公有制经济组织和社会组织工委述职。

7. 特区卫生健康局党组书记，向市医院党建工作指导委员会述职，其他公立医院按照规定向上级党组织述职。

8. 事业单位和区以下各级机关及其下属单位党组织书记，按照党组织隶属关系，向上级党组织述职。

乡（镇、街道）党（工）委书记一般应现场述职。机关、国有企业和学校等领域党组织数量较多的，可采取现场述职和书面述职相结合的方式进行。

三、抓好问题整改，确保取得成效

各级各部门党组织书记要认真梳理分析自己查摆、会前督查、上级点评、群众评议、考核反馈指出的问题，列出问题清单、整改清单、责任清单，逐项抓好整改落实，切实兑现整改承诺，防止问题“年年述、年年改、年年在”。上级党组织要强化督促检查，定期通报工作进展和整改落实情况，跟踪问效推动落实。建立健全年初安排部署、年中督查通报、年底述职评议考核的长效工作机制，确保书记抓党建工作述职评议取得实效，助推全区党建工作高质量发展。

附件：中共贵州省委组织部关于印发《党委（党组）书记抓党建工作述职评议考核的实施办法（试行）》的通知（略）

中共六枝特区委组织部

2020 年 5 月 29 日

中共六枝特区委办公室　六枝特区人民政府办公室关于深入学习贯彻落实省委十二届七次全会、市委七届十一次全会和全省、全市半年经济工作会议精神的通知

六特办通字〔2020〕33号

各乡（镇）党委、政府，各街道党工委、办事处，特区党委各部门，特区国家机关各部门，特区人武部，各园区党工委、管委会，各人民团体，省、市属驻区有关单位，区属企事业单位：

为深入学习贯彻落实省委十二届七次全会、市委七届十一次全会和省、市半年经济工作会议精神，统筹推进我区疫情防控、脱贫攻坚、农村产业革命、经济社会发展等各项工作，确保省委、市委各项决策部署在我区落地生根、开花结果，根据特区党委主要领导安排，现就学习贯彻落实省委、市委全会及全省、全市半年经济工作会议精神有关事宜通知如下：

一、提高政治站位，深刻认识省委、市委全会及全省、全市半年经济工作会议的重大意义

省委十二届七次全会、市委七届十一次全会是省委、市委在实现“两个一百年”奋斗目标历史交汇点，即将圆梦同步小康“百年梦想”、实现彻底解决绝对贫困问题“千年愿景”关键时刻召开的重要会议。会议深入学习贯彻习近平新时代中国特色社会主义思想和习近平总书记重要讲话精神、重要指示批示精神，全面贯彻党中央关于脱贫攻坚、全面小康系列决策部署，提出了一系列符合贵州实际、六盘水实际的新思想新论断、新要求，为确保高质量、打好收官战，彻底撕掉贵州千百年来的绝对贫困标签，坚决夺取脱贫攻坚战全面胜利，与全国一道全面建成小康社会提供科学指南和基本遵循原则。全省、全市半年经济工作会议全面客观地总结了今年以来经济工作，辩证分析了当前全省、全市经济形势，对做好下半年经济工作提出了明确要求、作出了全面部署，是落实省委全会和市委全会精神，做好下半年工作的具体实践，为我区进一步做好“六稳”工作、落实“六保”任务，确保高质量、打好收官战划出了重点、明确了路径。

全区各级各部门要提高政治站位，把学习好宣传好贯彻好落实好省委、市委全会及全省、全市半年经济工作会议精神作为当前和今后一段时期的重要政治任务，深刻领悟、准确把握会议精神实质，切实把思想和行动统一到省、市决策部署上来，确保高质量、打好收官战，坚决夺取脱贫攻坚同步小康全面胜利。要通过党委（党组）会议、理论学习中心组会议、干部职工会议等多种形式，精心组织学习研讨，不断凝聚确保高质量、打好收官战，坚决夺取脱贫攻坚同步小康全面胜利的思想共识。特区县级领导干部、各决胜工作团团长、各级各部门主要领导要带头深入一线开展宣传讲解，及时将会议精神传递到基层、传达到每一名党员；宣传部门要将镜头对准基层，大力宣传报道社会各界对贯彻落实省、市会议精神的热烈反响和生动实践，切实营造确保高质量、打好收官战，坚决夺取脱贫攻坚同步小康全面胜利的浓厚氛围。

二、聚焦重点工作，推动省委、市委全会及全省、全市上半年经济工作会议精神落地落实

全区各级各部门要切实把学习好宣传好贯彻好省、市会议精神与推动六枝经济社会发展有机结合起来，坚持一刻不能停、一步不能错、一天不能耽误，把各项工作抓实抓细抓到位，确保省、市决策部署在六枝落地落实。

（一）持续打好疫情防控"加时战"。要坚持"外防输入"不动摇，认真落实常态化疫情防控要求，大力开展创文、创卫及爱国卫生运动，充分发动群众、压实防控责任、落实防控措施，重点抓好小区、学校、企业、机关等重点部位和农贸市场、宾馆饭店、餐饮娱乐、商贸流通等公共服务领域疫情防控工作，持续巩固疫情防控成果。

（二）持续打好脱贫攻坚"收官战"。要坚持以脱贫攻坚统揽经济社会发展全局，严格落实"四个不摘""四个不能"要求，深化"5 个 100%""四个三"攻坚举措，用好脱贫攻坚普查成果，狠抓教育、医疗、住房、饮水安全、贫困劳动力就业、易地扶贫搬迁后续扶持、东西部扶贫协作等领域弱项补齐，持续巩固提升脱贫成果，不断夯实同步全面小康基础。要持续落实防贫预警监测机制，加强动态监测管理和后续跟踪帮扶，防止返贫和发生新的贫困，确保一战到底高质量打赢打好收官战。

（三）持续打好农村产业革命"攻坚战"。要按照"八要素""六个转变""五个三"要求，纵深推进农村产业革命，有效提升全区农业产业标准化、规模化、品牌化水平，推动农业增效、农村发展、农民增收。要持续优化全区农业产业布局，围绕主要国、省、县、乡干道特别是"两高两道"沿线、坝区等重点区域，提前谋划产业结构调整区域、方向、种类、组织方式等，在今冬明春打一场产业结构调整的攻坚战。要深入推进"千家万户小康菜园"工程，为接续推进乡村振兴战略谋好篇、布好局。要大力推行"龙头企业 + 合作社 + 农户"组织方式，精心培育农业经营主体，持续提高农业生产组织化程度。要不断完善利益联结机制，切实增强农业产业的带贫致富效能。要持续深化产销对接，不断拓展销售市场，千方百计把绿色、优质农产品卖出去、卖出好价钱。要大力发展农产品精深加工，推动农业与其他产业深度融合发展。

（四）持续打好经济社会发展"持久战"。要按照"立足煤、做足煤、不唯煤"的发展思路，持续推进煤炭产能释放三年攻坚计划，做足"煤"文章。要大力实施"七大产业"板块三年攻坚行动，不断延长产业链条，壮大产业规模。要聚焦重大工程、重点项目建设，持续扩大有效投资。要深挖消费潜力，以优化旅游业态为主线，统筹推进餐饮、商场、电商等消费行业加快发展，释放消费潜能。要持续加大招商引资力度，不断培育和发展新的经济增长动能。要支持个体工商户发展，多措并举激活市场活力，稳住就业、稳住经济基本盘。要持续保障和改善民生，加快补齐教育、医疗、住房、社保、养老、食品安全等民生领域短板，确保全区经济社会高质量发展。

（五）持续打好风险防控"保卫战"。要聚焦重点领域，紧盯关键环节，全面落实自然灾害、公共安全、疫情输入、政府债务、矛盾纠纷等各领域风险防控措施，严密防范、盯死看牢每一个重点、隐患点，牢牢守住、守好各条风险底线，坚决维护社会安全稳定，为确保高质量、打好收官战创造安全稳定的政治环境和社会环境。

三、坚持党的领导，为全面落实省委、市委全会及全省、全市半年经济工作会议精神提供坚强保障

（一）强化组织保障。全区各级各部门要按照省委、市委决策部署和特区党委的统一安排，结合实际，精心组织，周密部署，狠抓落实。各级党委（党组）主要负责同志要认真落实学习宣传贯彻省委、市委全会及全省、全市半年经济工作会议精神的第一责任人责任，班子成员要具体抓好分管领域的学习宣传贯彻工作，切实把学习贯彻省委、市委全会及全省、全市半年经济工作会议精神与党的建设、班子建设、

业务能力提升等有机结合起来，为狠抓学习宣传贯彻落实提供坚强的政治保障。

（二）**强化政策把握**。全区各级各部门要在学习宣传贯彻中，准确把握中央、省、市提出的一系列新举措、新要求，深刻理解、吃透精神，不断提高政策掌握能力和工作落实能力。要准确把握国家、省、市重大发展政策，善于抓住机遇、用好政策，将各种有利条件和利好因素转化为推动高质量发展的新动力。要把握政策口径，认真落实意识形态工作责任制，及时发现和处置倾向性、苗头性问题和错误思想观点，坚决不给错误言论提供传播渠道。

（三）**强化督促问效**。特区委办公室、政府办公室要加大对学习宣传贯彻落实省委、市委全会及全省、全市半年经济工作会议精神的督促检查力度，紧盯不落实的人、不落实的事，以坚强有力的纪律作风保障省、市决策部署在六枝落地生根、开花结果。全区各级各部门学习宣传贯彻落实情况于2020年8月15日前报特区委办公室（联系人：安小松。联系电话：5322041。邮箱：lzdbmsg@126.com）。

中共六枝特区委办公室
六枝特区人民政府办公室
2020年7月30日

中共六枝特区委员会
关于调整特区党委常委工作分工的通知

六特通字〔2020〕10号

各乡（镇）党委，各街道党工委，特区党委各部门，特区国家机关各部门党组（党委），特区人武部党委，各园区党工委，各人民团体党组织，省、市属驻区有关单位党组织，区属企事业单位党组织：

因工作需要和人事变动，经特区党委研究，决定对特区党委常委工作分工进行调整，调整后工作分工如下：

党委书记杨昌显：主持特区党委全面工作。分管人民武装工作。联系特区人大常委会党组和特区政协党组工作。履行党风廉政建设、意识形态工作、党内法规执行、安全生产、食品安全、生态文明建设、环境保护“第一责任人”责任。

党委副书记、政府区长方裕谦：主持特区人民政府全面工作。组织特区人民政府党组活动。分管工作与分管部门党风廉政建设、意识形态工作、党内法规执行、安全生产、食品安全、生态文明建设、环境保护实行“一岗双责”责任。

党委副书记王光全：协助杨昌显负责特区党委日常工作，主要协助杨昌显抓党的建设工作。负责脱贫攻坚、全面深化改革、信访、“三农”“三变”改革、政研、党史、档案、督查、机要、保密等工作。在特区党委政法委书记空缺期间，负责特区党委政法工作。分管特区委办公室、党委政研室、信访局、总工会、团委、妇联、科协、残联、红十字会、档案局、档案馆（史志办）、“三变”办、机要局、保密局。联系开发研究促进会工作，完成特区党委交办的其他工作。分管工作与分管部门党风廉政建设、意识形态工作、党内法规执行、安全生产、食品安全、生态文明建设、环境保护实行“一岗双责”责任。

党委副书记何宏端（挂职）：协助杨昌显负责脱贫攻坚工作。分管驻村帮扶工作。联系城市规划和建设、产业大招商工作，完成特区党委交办的其他工作。分管工作与分管部门党风廉政建设、意识形态工作、党内法规执行、安全生产、食品安全、生态文明建设、环境保护实行“一岗双责”责任。

党委常委、纪委书记、监委主任龙超：主持特区纪委特区监委机关全面工作。负责纪检、监察、巡察、党风廉政建设和反腐败工作。协助杨昌显分管特区委巡察办。完成特区党委交办的其他工作。分管工作与分管部门党风廉政建设、意识形态工作、党内法规执行、安全生产、食品安全、生态文明建设、环境保护实行“一岗双责”责任。

党委常委、政府常务副区长蒋家梁：协助方裕谦负责特区人民政府常务工作。完成特区党委交办的其他工作。分管工作与分管部门党风廉政建设、意识形态工作、党内法规执行、安全生产、食品安全、生态文明建设、环境保护实行“一岗双责”责任。

党委常委、组织部部长、党校校长潘静：协助杨昌显抓党的建设工作；主持特区委组织部全面工作，兼任特区党校校长。负责干部、组织人事、人才、老干部工作、公务员管理、机构编制、老年教育、人口计生、关心下一代工作。分管特区机关工委、党校、编委办、公务员局、老干部局、老年大学、老龄委、老体协、关工委、计划生育协会。完成特区党委交办的其他工作。分管工作与分管部门党风廉政建设、意识形态工作、党内法规执行、安全生产、食品安全、生态文明建设、环境保护实行“一岗双责”责任。

党委常委、落别乡党委书记周合平：主持落别乡党委全面工作。完成特区党委交办的其他工作。对落别乡的党风廉政建设、意识形态工作、党内法规执行、安全生产、食品安全、生态文明建设、环境保护实行“一岗双责”责任。

党委常委杨强：协助杨昌显工作，主要协助抓好脱贫攻坚、“三农”和“三变”改革工作。负责安全生产、生态文明建设、环境保护、双拥工作。完成特区党委交办的其他工作。分管工作与分管部门党风廉政建设、意识形态工作、党内法规执行、安全生产、食品安全、生态文明建设、环境保护实行“一岗双责”责任。

党委常委、宣传部部长、统战部部长王国华：主持特区委宣传部和统战部全面工作。负责宣传、文化、意识形态工作、统战、民族、宗教、精神文明建设、“多彩贵州”文明行动、对台、侨务、港澳事务管理、新闻出版和电影、文明城市创建、国防教育等工作。分管特区民宗局、新闻出版局、政府新闻办、文明办、台办、侨务办、工商联、文联、侨联。联系招商引资和旅游工作。完成特区党委交办的其他工作。对特区党委意识形态工作负直接责任，分管工作与分管部门党风廉政建设、意识形态工作、党内法规执行、安全生产、食品安全、生态文明建设、环境保护实行“一岗双责”责任。

党委常委、人武部政委胡键：协助杨昌显分管党管武装工作；协助方裕谦抓兵役工作和国防动员工作；协助杨强同志落实双拥工作。完成特区党委交办的其他工作。分管工作与分管部门党风廉政建设、意识形态工作、党内法规执行、安全生产、食品安全、生态文明建设、环境保护实行“一岗双责”责任。

党委常委、政府副区长宋毓（挂职）：协助杨昌显负责脱贫攻坚工作。协助方裕谦负责特区人民政府有关工作。联系工业经济工作。完成特区党委交办的其他工作。分管工作与分管部门党风廉政建设、意识形态工作、党内法规执行、安全生产、食品安全、生态文明建设、环境保护实行“一岗双责”责任。

党委常委、政府副区长蒋海（挂职）：协助方裕谦负责特区人民政府有关工作。负责六枝特区与大连市甘井子区东西部扶贫协作对口帮扶工作。完成特区党委交办的其他工作。分管工作与分管部门党风廉政建设、意识形态工作、党内法规执行、安全生产、食品安全、生态文明建设、环境保护实行“一岗双责”责任。

中共六枝特区委员会

2020 年 8 月 18 日

中共六枝特区委办公室　六枝特区人民政府办公室关于印发六枝特区创建全省民族团结进步示范区工作实施方案的通知

六特办通字〔2020〕48 号

各乡（镇）党委、政府，各街道党工委、办事处，特区党委各部门，特区国家机关各部门，特区人武部，各园区党工委、管委会，各人民团体，省、市属驻区有关单位，区属企事业单位：

《六枝特区创建全省民族团结进步示范区工作实施方案》已经特区党委、政府同意，现印发你们，请认真组织实施。

中共六枝特区委办公室
六枝特区人民政府办公室
2020 年 9 月 28 日

六枝特区创建全省民族团结进步示范区工作实施方案

为深入贯彻落实《中共中央办公厅国务院办公厅印发〈关于全面深入持久开展民族团结进步创建工作铸牢中华民族共同体意识的意见〉的通知》（中办发〔2018〕65 号）精神，根据《中共六盘水市委办公室六盘水市人民政府办公室关于印发〈六盘水市创建全国民族团结进步示范市工作实施方案〉的通知》（六盘水党办字〔2020〕16 号）要求，为推进六枝特区创建全省民族团结进步示范区，结合实际，制定本方案。

一、指导思想

以习近平新时代中国特色社会主义思想为指导，全面贯彻落实党的十九大精神以及习近平总书记对贵州工作和民族宗教工作重要指示批示精神，增强“四个意识”、坚定“四个自信”、做到“两个维护”，按照“人文化、实体化、大众化”总要求，把握稳中求进工作总基调，坚持以“中华民族一家亲，同心共筑中国梦”为总目标，以“铸牢中华民族共同体意识”为主线，以“三线铸魂促发展，同心筑梦奔小康”为创建主题，把创建全省民族团结进步示范区工作融入全区改革发展稳定大局中，进一步坚守初心、担当作为、融合发展，扎实推进党和国家民族宗教政策落地落实，全面决战脱贫攻坚、决胜同步小康，为开创百姓富、生态美的画廊六枝新未来凝聚磅礴的精神力量。

二、基本原则

（一）坚持党的领导，全民参与。加强党对民族工作的集中统一领导，把创建工作作为一项政治工程、系统工程、示范工程，广泛发动群众参与，大幅提升创建质量和效率，推进民族团结进步工作高质量发展。

（二）坚持统筹兼顾，全域破题。坚持问题导向、目标导向、结果导向，统筹推进稳增长、促改革、调结构、惠民生、防风险、保稳定各项工作，把创建全省民族团结进步示范区工作融入经济社会发展方方面面，深入推进各民族交往交流交融，努力实现各民族和睦相处、和衷共济、和谐发展。

（三）坚持以人为本，共建共享。深入贯彻落实以人民为中心的发展思想，通过创建活动筑牢初心、勇担使命、践行宗旨，让全区各族群众真正得到实惠，大幅提升满意度、增强获得感、形成向心力。

（四）坚持地域特色，融合发展。把“三线”精神、“三变”改革充分融入创建工作中，强化精神引领、不断包容创新、奋力赶超跨越，打造符合六枝特点的民族团结进步示范品牌，共同谱写全区各族人民同舟共济、守望相助、众志成城的华美乐章。

三、主要目标

（一）总体目标。坚持以“中华民族一家亲，同心共筑中国梦”为总目标，在2013年以来开展民族团结进步创建活动的基础上找差距、强弱项、补短板，进一步完善体制机制、整合资源力量、优化方法路径，广泛弘扬民族团结进步价值理念，中华民族共同体意识不断增强，各族群众“四个自信”更加坚定，依法治理民族事务能力显著提高，平等、团结、互助、和谐的社会主义民族关系得到进一步巩固和发展。

（二）创建目标。2020年1月至2020年6月，全面启动创建活动，召开动员大会，总结提炼经验做法，接受省民宗委考核验收，申报创建全省民族团结进步示范区。2020年7月至2020年12月，围绕全国民族团结进步示范区测评指标，对标对表完善软硬件设施，迎接省民宗委检查验收，成功创建全省民族团结进步示范区。

（三）分类目标。推进“进机关、进企业、进社区、进乡镇、进学校、进军（警）营、进宗教活动场所、进景区”等“八进”活动常态化。各乡（镇、街道）、各部门参照《全国民族团结进步示范州（地、市、盟）测评指标（试行）》抓好落实。

四、主要任务

围绕创建全省民族团结进步示范区目标，深入贯彻创新、协调、绿色、开放、共享的新发展理念，切实解决发展中的不平衡、不充分问题，全力打造六枝特区民族团结进步“四大工程”。

（一）民族民生保障幸福感提升工程。一是持续巩固民族地区脱贫成效。深入实施六枝特区2019年乡镇和建制村硬化路“畅返不畅”改造工程。加强农村饮水安全工程管理养护，实现“以水养水”。开工建设母猪田、小长冲水库。提升通信质量，移动网络设施与高速公路、铁路同步建设。按照农村产业革命“八要素”“六个转变”要求，重点发展猕猴桃、刺梨、食用菌、茶叶、烤烟等特色产业。推进蔬菜“三大工程”和小康菜园建设。全面推进易地扶贫搬迁后续扶持“五个体系”建设，200户以上安置点全部达到“两个社区”创建标准，并加快安置点教育、医疗、文化、体育等配套设施建设，推进安置点与城镇一体化建设发展。深入实施健康扶贫工程，强化“三重医疗保障”。全面落实各项教育资助政策，“控辍保学”稳定“零”增长。持续深化“组团式”帮扶，充分发挥大连市、中国科学技术大学、省住房和城乡建设厅帮扶资源优势，完善与大连市教育、医疗卫生、人才、产业等协作机制。加强产销对接，通过电商、六枝·礼好、展销会等形式助推本地特色产品走出大山。强化帮扶资金管理使用，确保用出成效、看见效果。二是加快推进民族地区乡村振兴。深入实施乡村振兴战略和“十百千”乡村振兴工程。加强少数民族特色村寨保护与发展。提高农村电网供电可靠率和自来水普及率。深入推动农村人居环境整治，提高村寨生活垃圾治理和农村卫生厕所普及率，拓宽农村污水治理覆盖面。着力整治私搭乱建现象，改善村容、村貌。加强农村精神文明建设，强化自治、法治、德治，遏制人情攀比、厚葬薄养、大操大办等行为，推进移风易俗，倡导文明新风。三是深入推进“三变”改革。积极探索“少数民族发展资金＋合作社＋农户”方式，整合相关资源参与“三变”改革，进一步规范利益联结机制，持续巩固提升“三变”改革成果。

（二）产业转型升级高质量发展工程。一是做强一产稳根基。大力开展农业“提质增效年”行动，深入推进农村产业革命。强化500亩坝区产业结构调整，着力打造郎岱、大用凉水井等坝区。实施高标准农田建设。建成六枝特区生态屠宰科技产业园。推进以岩脚镇草原村千头牛场等为代表的养殖示范场建设。全面扩大生猪养殖规模，抓好大北农生猪全产业链项目和凉都跑山猪养殖场建设。继续扩大特色水产养殖规模，加强虾蟹塘基地管护。大力培育壮大农业龙头企业，全面消除农民专业合作社“空壳社”。加强“三品一标”认证和品牌培育。二是壮大二产提质效。加快新旧动能转换，改造提升传统产业，全面提高煤矿“两化”率，推进新华煤矿、聚鑫煤矿等矿井建设，进一步盘活煤炭资源。老虎大坪二期、大唐贵州关寨光伏发电项目建成并网发电。完成六枝特区平桥黏土矿资源综合开发利用项目半工业化流程实验。全面建成投产包芯纱项目。贵州特盈有机玻璃、亿家馨建材项目建成投产。三是带动三产促融合。加快旅游产业发展步伐，推进国家全域旅游示范区、黄果树瀑布源龙井温泉国家AAAA级旅游景区创建工作。实现接待旅游人次和旅游总收入均同比增长。全面建成国家级电子商务进农村示范区并通过验收。加快六枝东高速公路物流园建设。盘活用好养老服务资源，建成投用六枝特区老年养护楼，护理型养老床位建设达35%，开展托幼普惠服务，解决“一老一小”问题。

（三）民族事务治理体系能力现代化工程。一是深入推进以蓝天、碧水、净土为重点的生态环境保卫战。落实最严格的生态环境保护制度，强力推进环保督察反馈问题整改，让绿水青山真正成为六枝人民的“幸福不动产”“绿色提款机”。按照“降煤、控尘、治车、减排、增绿、打违”六大综合治理方针，聚焦重点领域、重点时段开展大气污染防治专项整治，城区空气质量达到二级以上标准。深入实施水污染防治行动，建成投运中心城区污水处理二期工程。实施中心城区雨污分流改造工程。开工建设大用堰坝河段、落别河段综合治理工程。完成9.2公里的六枝河游步道建设，六枝河水质持续向好。完成牂牁江生态修复工程。千人以上集中式饮用水水源地水质监测达标率达100%。强化矿山开发环境治理，继续实施封山育林、退耕还林、天保工程等重点工程，确保地面越来越清洁。建成500吨/日生活垃圾焚烧发电项目和6座生活垃圾中转站。在30户以上通水泥路自然村寨增放垃圾箱并提升使用率。推进生活垃圾无害化处理转运设施全覆盖。二是深入推进以排查、防范、化解为重点的风险防范攻坚战。深化法律“六进”工作，认真学习贯彻党的民族理论、政策、法律法规，坚持依法保障民族团结。坚决贯彻党中央关于疫情防控各项决策部署，严格落实“五个全面”要求，全面落实群防群控“10条措施”中30项举措，统筹抓好疫情防控各项工作，团结带领全区各族群众打赢疫情防控阻击战。畅通和规范群众诉求、利益协调、权益保障通道。建立健全协调、处置涉及民族因素矛盾纠纷和突发事件应急预案，定期排查涉及民族因素的矛盾纠纷。建立健全协商会议制度，定期召开专题会议研究部署维护民族团结和社会稳定工作。建立多部门积极参与的协调处理机制，妥善处置涉及民族因素的矛盾纠纷。严格落实“七严禁”“八个一批”“新十条”等各项化债措施，坚决防范化解债务风险。深化平安六枝建设，全面巩固提升扫黑除恶专项斗争成果。三是深入推进以支部、党员、阵地为重点的基层治理持久战。坚持“党建引领促民族团结”发展理念，强化党组织在民族地区基层治理中的领导核心地位。不断提升“党建＋社会组织”基层治理能力，构建共建、共治、共享工作新格局。进一步完善“五个体系、两个社区”建设，实现各民族群众和谐共居。加强民族团结进步示范点阵地建设，通过设置民族角、民族墙、民族窗等，打通服务少数民族群众“最后一公里”。

（四）民族团结进步正能量凝聚工程。一是把时代精神融入创建。坚持以社会主义核心价值观为引领，培育弘扬新时代贵州精神、“三线”精神、“三变”精神，树立正确的马克思主义国家观、民族观、宗教观、历史观、文化观，引导各民族群众不断增强对伟大祖国、中华民族、中华文化、中国共产党、中国特色社会主义的认同。二是把特色文化融入创建。利用六枝“三线”建设博物馆等民族团结进步教育基地，深入挖掘红色文化、民族文化、山地文化融合发展精髓，丰富多彩民族特色文化内涵。加强民族历史文化研究，推动民族村寨、民族语言、民族古籍、非物质文化遗产等文化资源保护，促进民族优秀传统文化创新发展。依托布依族“六月六”、彝族“火把节”等民族节庆大力开展形式多样的主题教育和社会实践活动，推进各民族文化交融发展和创新。三是把群众路线融入创建。充分发动各民族群众，紧紧依靠各民族群众，因地制宜，创新载体，持续深化民族团结进步宣传教育活动月活动，深入开展民族理论政策宣讲。采取召开工作推进会、成果展示会等形式，适时组织开展民族团结进步创建的互观互检，让基层干部群众充分感受民族团结进步成果，进一步增强自豪感和满意度，凝聚民族团结进步创建活动的群众力量。

五、保障措施

（一）加强组织领导。成立六枝特区创建全省民族团结进步示范区工作领导小组（以下简称领导小组），由特区党委、政府主要负责同志任组长，特区党委、人大、政府、政协分管或联系负责同志任副组长，负责统筹全省民族团结进步示范区创建工作。领导小组下设办公室于特区政府办公室，特区政府分管副区长兼任办公室主任，特区民宗局主要负责同志任常务副主任，负责创建日常工作。各乡（镇、街道）和牵头单位对应建立健全工作体制机制，主要负责同志亲自抓谋划、抓统筹，分管负责同志抓具体、抓深入。建立定期会商研判机制，领导小组及办公室定期听取创建工作情况汇报，解决创建工作中存在的困难和问题，确保创建工作顺利开展。

（二）强化要素保障。将民族团结进步创建工作纳入特区“十四五”经济社会发展总体规划统筹实施，并形成常态化。民族团结进步创建工作经费纳入特区财政民族工作专项经费预算。制定全省民族团结进步示范区创建工作考核负面清单，纳入特区委统一战线领导小组考核内容，作为目标绩效考核、各级党政领导班子和领导干部考核内容。将民族团结进步创建工作列入各级党委（组）督查内容，列入村（居）政治巡察重要内容。切实发挥各级人大法律监督和政协民主监督作用，强化社会舆论监督，增强监督实效，推动创建工作落到实处。

（三）营造创建氛围。各乡（镇、街道）党委（党工委）、特区委宣传部要围绕创建全省民族团结进步示范区目标制定宣传计划和方案，针对不同阶段工作重点，通过报纸、广播、电视台、网络、微信等各种宣传平台，多角度、全方位、有步骤地对创建工作进行宣传报道。用好民族团结进步宣传月平台，积极开展主题宣传活动，鼓励引导社会力量参与到创建工作中，大力营造全社会共同参与创建的良好氛围。

附件：六枝特区创建全省民族团结进步示范区工作领导小组组成人员及工作职责（略）

中共六枝特区委办公室　六枝特区人民政府办公室关于印发六枝特区2020年今冬明春农业产业结构调整实施方案的通知

六特办通字〔2020〕41号

各乡（镇）党委、政府，各街道党工委、办事处，特区党委各部门，特区国家机关各部门，特区人武部，各园区党工委、管委会，各人民团体，省、市属驻区有关单位，区属企事业单位：

《六枝特区2020年今冬明春农业产业结构调整实施方案》已经特区党委、政府同意，现印发你们，请认真遵照执行。

中共六枝特区委办公室
六枝特区人民政府办公室
2020年9月29日

六枝特区2020年今冬明春农业产业结构调整实施方案

为深入贯彻落实省委十二届七次全会和市委七届十一次全会精神，全力推进农村产业革命，扎实抓好全区今冬明春农业生产工作，实现农业增产、农民增收，确保今冬明春目标任务全面落实，结合实际，制定本方案。

一、工作目标

根据省10大农业产业和市“8+1”农业产业定位，以茶叶、猕猴桃、蔬菜、食用菌、刺梨、精品水果、中药材、家禽（含生猪）、肉牛、生态渔业等10大特色优势产业为重点，大力发展油菜、小麦、马铃薯、高粱、水稻等优势产业，重点调整调优“两高两道”（高铁沿线、高速路沿线、国道沿线、省道沿线）和坝区产业结构，推进农村产业革命向纵深发展。

（一）调整产业结构。今冬明春计划发展蔬菜、食用菌、猕猴桃、刺梨、水果、粮油等作物83.71万亩，养殖业出栏363万头（万羽）（详见附件1）。秋冬种植完成43.31万亩，养殖业出栏179.5万头（万羽）（详见附件2）。对主要公路沿线、安六高铁沿线等区域15度以上的坡耕地纳入新一轮退耕还林规划，2020年完成退耕还林还草任务5.01万亩（详见附件6）。

（二）管护提升产业。计划提质管护茶园、猕猴桃、刺梨等产业面积32万亩（详见附件5）。主要公路沿线退耕还林还草区域提质增效 3.35 万亩，其中都香高速公路沿线 0.61 万亩、安六高铁沿线 0.51 万亩、水黄公路沿线 1.39 万亩、岩新运煤公路沿线 0.68 万亩、新牛公路沿线 0.16 万亩（详见附件 7）。

二、重点工作

（一）调整产业结构

重点聚焦坝区和“两高两道”沿线，围绕传统产业、短平快优势产业、特色产业、绿色生态产业、“黔货出山·风行天下”、农业科技创新、产业转型升级进行调整，推动基地向规模化、集约化、标准化转型升级。2020 年秋冬季主要发展蔬菜、食用菌、刺梨、精品水果、小麦、油菜、马铃薯等产业，2021 年春季主要发展蔬菜、食用菌、猕猴桃、马铃薯等产业。各乡（镇、街道）要超前谋划，选择周期短、投资小、见效快的主导优势产业，以蔬菜、猕猴桃、刺梨等替代产业为主，全面完成主要交通要道沿线和乡镇驻地周边调减工作，确保今冬明春产业布得好、调得好、管得好，产业发展规模化、连片化、集中化、标准化。

1. 聚焦重点区域调整。围绕坝区、园区、景区、镇区、城区、生态环境敏感区和农产品优势区进行规划布局，将新老六郎公路、贵烟公路、郎毛公路、019 县道、017 县道、岩金公路、大木公路快速通道等重点公路沿线纳入重点调整范围。在主要公路沿线新建产业 2.23 万亩（详见附件 8）。六枝中心城区周边调整 0.6 万亩、旅游景区景点调整 0.03 万亩。

2. 聚焦坝区调整。全力推进 14 个坝区农业产业结构调整，种植高效经济作物 5656 亩（详见附件 3）。

3. 聚焦茬口衔接调整。坚持优势品种率先突破，做好作物季节茬口安排，确保产量产值不断增加。茬口衔接主要有：马铃薯 + 蔬菜、马铃薯 + 高粱、油菜 + 高粱、油菜 + 马铃薯、油菜 + 生姜、油菜 + 水稻、小麦 + 水稻、小麦 + 蔬菜、小麦 + 高粱、小麦 + 豌胡豆（大豆）等。

4. 聚焦重点产业。

（1）蔬菜产业。紧盯蔬菜“三大工程”建设，围绕“毛坡大蒜、牛场辣椒、六枝魔芋”等地标产品和芋头、茭白、生姜、西红柿、黄瓜等优势单品，推进建设低热河谷坝区蔬菜基地 2 万亩、高山坡地喜凉蔬菜基地 0.8 万亩，新发展魔芋基地 0.5 万亩，巩固提升 2019 年已建成的 72 个小康菜园示范点、完成 2020 年 36 个小康菜园示范点验收工作。

（2）食用菌产业。围绕“大棚基地、林下基地、简易大棚基地、工厂化基地”等四种类型，新规划发展食用菌 2600 万棒（亩）。其中，发展大棚香菇基地 820 万棒（亩），发展林下香菇、平菇、猴头菇、冬荪等基地 1300 万棒（亩），发展简易大棚羊肚菌、竹荪基地 380 万棒（亩），发展工厂化平菇、猴头菇基地 100 万棒（亩）。

（3）猕猴桃产业。围绕“东、北、南”三条猕猴桃产业带，加快推进木岗镇猕猴桃基地建设创新试点项目（SPV 项目），辐射带动龙河镇、新窑镇、大用镇、月亮河乡、九龙街道等乡（镇、街道）扩大猕猴桃种植面积 0.5 万亩。

（4）茶叶产业。以四条茶产业带为重点，加强幼龄茶园管理和老茶园改造利用，通过除草、施肥、绿色防控等措施，提质管护核心区茶叶 5 万亩，提级改造现有茶叶加工企业。

（5）中药材产业。聚焦黄精、丹参、白芨、花椒等特色药材品种，通过“林药套种”“果药套种”“药药套种”等模式，在关寨镇、新窑镇、新场乡等乡镇发展黄精、花椒、折耳根等中药材 0.25 万亩。

（6）刺梨产业。重点围绕东部刺梨产业带、北部刺梨产业带及南部刺梨产业带，通过补植补种、修剪、除草、施肥等措施提质管护 12 万亩。

（7）水果产业。通过补植补种、修剪、除草、施肥等措施，提质管护百香果、沃柑、桃子、李子、车厘子等水果 8 万亩。加快推进落别乡大樱桃基地大棚建设，发展百香果、樱桃等水果 0.17 万亩。

（8）家禽（生猪）产业。推进大北农全产业链项目建设，在全区适宜乡镇选址建设养殖小区。加快推进凉都跑山猪项目实施进度。重点打造凉都跑山猪、月亮河鸭蛋、百灵牌鸡蛋、黔箐牌“草里寻”鸡蛋等品牌。

（9）肉牛产业。加快推进肉牛政银企 SPV 全产业链项目建设，新建一批养殖小区，带动全区肉牛产业发展。围绕肉牛政银企 SPV 全产业链项目在木岗镇、新华镇等乡镇种植牧草 0.6 万亩，辐射带动肉牛养殖基地周边种植牧草 2 万亩。

（10）特色水产。强化落别乡、月亮河乡、岩脚镇、郎岱镇、龙河镇、关寨镇、银壶街道等乡（镇、街道）虾、蟹、鱼养殖项目管理，加强配套设施建设，确保水产养殖面积达 5000 亩以上。

（11）其他产业。集中连片种植优质杂交油菜 4 万亩、辐射带动发展油菜 12 万亩，集中种植黑小麦 500 亩、优质小麦 1 万亩、辐射带动发展小麦 7 万亩，在低海拔地区种植冬作马铃薯 0.8 万亩以上，发展荞麦种植 0.1 万亩，净种或套种大豆 2.53 万亩，集中种植高粱 1 万亩、辐射带动种植 4 万亩，集中发展优质红米 1 万亩。

（二）抓好土地落实。各乡（镇、街道）要把产业发展需落实的土地列入重要议事日程，召开专题会议研究部署，具体抓细抓实。及时组建解决落实土地工作专班，提前划定调整区域用于 2020 年秋冬季种植油菜、小麦等作物，2021 年接茬种植高粱等作物。充分做好群众思想工作，尊重老百姓发展意愿，保障今冬明春产业结构调整用地需求。

（三）抓好示范带动。各乡（镇、街道）脱贫攻坚决胜工作团团长、党政主要负责同志分别领衔打造 1 个以上由"龙头企业 + 合作社 + 农户"或"村社合一"模式牵头实施的产业示范点，作为全区农业产业结构调整推进会的观摩点（详见附件 4）。种植业示范点面积须在 50 亩以上，养殖业示范点结合项目实际打造。

（四）抓好提质管护。2020 年秋冬季做好 32 万亩猕猴桃、刺梨、茶叶等特色优势产业管护，其中退耕还林管护 3.35 万亩。特区农业农村局、各乡（镇、街道）要督促指导企业、合作社和农户及时开展除草、施肥、修剪、补植补种、林下经济、绿色防控等管护。按照"缺什么培训什么"原则，统筹各级各类培训资源，全面开展管护技术培训，提升产业综合管护水平。

（五）紧盯重点项目。扎实抓好六枝现代生态循环农业项目、月亮河把仕寨食用菌项目、郎岱呈祥蔬菜项目、郎岱产加配蔬菜项目、银壶东风蔬菜项目、梭戛和九龙营养餐蔬菜配送项目、梭戛大北农生猪养殖项目、特色水产养殖项目、肉牛 SPV 项目等重点项目建设，通过产业项目建设促进全区产业结构调整纵深推进。

（六）培育经营主体。各乡（镇、街道）要加大招商引资力度，落实产业结构调整经营主体。积极创建培育省、市级农业龙头企业和国家级、省级示范社，重点培育流通型龙头企业、农村经纪人队伍、农村电商三大销售主力，引进培育一批涵盖农产品生产、加工、销售、服务等环节的龙头企业集群，不断延长农业产业链，促进农特产品全产业链发展。

（七）加强品牌创建。加大"三品一标"认证和绿色优质农产品品牌培育，新增认证茶叶、猕猴桃、青脆李等一批绿色、有机产品。扎实推进农产品质量安全监管，加强农产品可追溯体系创建，提升品牌效应和农产品价值。

（八）抓好产销衔接。充分发挥特区产销专班作用，紧盯省内、省外、军营三大销售市场，特别是东西部消费市场，借助农产品产销平台、电商销售平台和学生营养餐、机关食堂、超市和东西部协作平台等消费主体，为龙头企业、公司、合作社做好对接服务，确保调整的产品能及时卖得出、卖得好。

（九）抓实利益联结。以"三变"改革为切入点，大力推广"龙头企业 + 合作社 + 农户"等模式，推动龙头企业、合作社与贫困户深度融合，明确贫困户在产业链、利益链和价值链中的份额，帮助贫困户稳定获得订单生产、劳动务工、返租倒包、政策红利、入股分红等收益，确保稳定增收。

三、保障措施

（一）**强化组织领导**。成立以特区政府主要负责同志任组长，特区政府分管负责同志任副组长的六枝特区今冬明春农业产业结构调整工作领导小组，下设办公室于特区农业农村局。各乡（镇、街道）成立以脱贫攻坚决胜工作团团长任组长的今冬明春农业产业结构调整工作领导小组，各村（居）组建相应的工作机构，保障人力、物力、财力，推动全区产业结构调整顺利落地落实。

（二）**明确职能职责**。按照政府主导、部门指导、乡（镇、街道）主抓、平台公司和企业牵头、合作社和农户参与的原则，统筹推进产业结构调整。

1. 脱贫攻坚决胜工作团团长责任。负责所在乡（镇、街道）今冬明春农业产业结构调整工作，牵头制定工作方案、落实工作任务、做好统筹协调，牵头抓好示范点建设、退耕还林还草等工作。

2. 部门责任。特区各部门要指导好所联系帮扶村的农业产业结构调整和示范点建设工作。特区农业农村局负责茶叶、猕猴桃、食用菌、家禽（含生猪）等产业的服务指导。特区自然资源局负责刺梨、精品水果等产业的服务指导。特区委“三变”办负责产业结构调整中“三变”改革相关工作。特区工业和信息化局负责全区农产品产销对接相关工作，加强冷链物流、农村电商、农产品加工等市场主体培育。特区供销社负责畅通本地农产品供求信息，拓宽销售渠道。特区市场监管局负责农产品销售市场监督管理、品牌创建及市场体系建设，推进“僵尸社”“空壳社”清理整顿。特区水务局负责做好农业产业水利设施配套建设。特区交通运输局负责做好农业产业交通道路配套建设。特区教育局负责引导全区中小学校优先采购本地农产品。特区卫生健康局负责引导区内卫生医疗机构优先采购本地农产品。特区机关事务服务中心负责引导机关事业单位食堂优先采购本地农产品。其他部门要全力支持全区农业产业结构调整相关工作。

3. 乡（镇、街道）责任。各乡（镇、街道）要精心谋划产业项目，真正做到可实施、有效果、能增收。负责摸清家底，明确调整品种、面积、地点，对新增产业实行图斑化管理，挂图作战，做到项目到村、资金到户、措施到人。做好宣传发动、土地流转和群众协调工作。做好本乡（镇、街道）范围内农业企业、农民专业合作社、种植养殖大户的培育。切实加强产业扶贫资金项目和退耕还林还草项目管理，建立农业产业结构调整台账，制定实施方案并组织实施，创新利益联结机制，确保产业发展覆盖所有贫困户。

（三）**强化科技支撑**。特区农业农村、自然资源等部门要组建技术服务指导组，对基地建设、产业管护、生产加工、病虫害防控等关键环节开展技术服务，要深入田间地头，为产业基地、企业、合作社、农户提供技术服务。特区人力资源社会保障、扶贫等部门要积极整合培训资源，实施新型职业农民培育工程，有针对性加强贫困劳动力就业培训，培育新型职业农民队伍，提升农民技能，促进产业基地农民职业化。

（四）**强化资金保障**。特区财政、扶贫、自然资源、农业农村等相关部门要加大资金投入力度，利用财政专项扶贫资金撬动作用，积极争取绿色产业基金、涉农整合资金、退耕还林还草资金、坝区补助资金、高标准农田建设资金等支持。对往年造林效果差、苗木保存（成活）率低和15度以上不能纳入新一轮退耕还林的地块（详见附件8），各乡（镇、街道）要积极争取财政专项扶贫资金开展补植补造、抚育和新建产业等工作。特区农业农村、自然资源、财政等部门要做好服务，积极为企业、合作社等经营主体争取金融支持，探索农银企和农银保发展模式，实现多方共建、共享、共赢。

（五）**强化政策保障**。特区宣传、“三变”、财政、农业农村、自然资源等部门要加大政策宣传力度，做好农业政策性保险、农机补贴、耕地地力保护补贴、退耕还林还草补贴等政策扶持，依托省级坝区奖补政策、财政专项扶贫资金扶持政策，加强农业基础设施建设，盘活农村集体建设用地、流转用地，探索“三变”改革创新管理模式，全力支持特色优势产业发展。

（六）**强化督导问责**。各脱贫攻坚决胜工作团团长、乡（镇、街道）主要负责同志要带头亲力亲为，到现场进行督促指导，跟踪实施进度，实行“一周一调度、一周一排名、半月一通报”制度。各乡（镇、街道）要细化指标、品种、地块，在本方案下发之日起一周内报送细化方案和农业产业结构调整图斑，并于每周四 17:00 前将农业产业结构调整、示范点建设等进度报特区农业农村局产业办。各乡（镇、街道）务必将退耕还林还草图斑逐一落实到山头地块，细化图斑，认真组织实施，在 2020 年 10 月 30 日前将所有土地落实并丈量登记造册到位，确保 2021 年 1 月 31 日前全面完成退耕还林建设任务，2020 年 10 月 9 日起实行一周两调度。根据农业产业结构调整和退耕还林还草等情况对各乡（镇、街道）进行综合排名，对重视程度不够、产业推进不力、进度严重滞后、连续排名靠后的乡（镇、街道）按程序进行通报问责。

附件：1. 六枝特区今冬明春农业产业结构调整指导计划表（略）
2. 六枝特区秋冬季农业产业结构调整计划指导表（略）
3. 六枝特区坝区农业产业结构调整布局指导计划表（略）
4. 六枝特区今冬明春农业产业结构调整新建示范点（略）
5. 六枝特区今冬明春农业产业管护指导计划表（略）
6. 六枝特区 2020 年新一轮退耕还林还草工程任务分解表（略）
7. 六枝特区退耕还林重点区域提质增效任务分解表（略）
8. 六枝特区重点区域新建产业任务分解表（15 度以上不能纳入退耕还林）（略）

中共六枝特区委员会　六枝特区人民政府关于表扬六枝特区卫生健康工作先进个人及新冠肺炎疫情防控先进集体的决定

六特发〔2020〕10号

新冠肺炎疫情发生以来，全区广大干部职工坚决贯彻习近平总书记重要指示批示精神，认真贯彻落实中央、省委、市委和特区党委各项工作部署，把新冠肺炎疫情防控作为重中之重的工作来抓，迅速行动、积极作为，防疫工作有力有序有效推进。全区卫生健康系统“白衣战士”义无反顾、逆行出征，白衣执甲、不负重托，英勇无畏冲锋在疫情防控第一线，用实际行动践行了医者仁心、救死扶伤的初心使命，为维护人民群众生命安全和身体健康做出突出贡献。

根据《关于做好庆祝2020年中国医师节有关工作的通知》（国卫办医函〔2020〕628号）要求，为庆祝第三个“中国医师节”，进一步弘扬主旋律、传递好声音、凝聚正能量，弘扬全区广大卫生健康工作者“敬佑生命、救死扶伤、甘于奉献、大爱无疆”的崇高精神，决定对黄龙等50名“优秀村医”、贺化燕等105名“优秀医生”、王涛等33名“优秀医务工作者”、高联栋等93名“优秀护士”、沈建等5名“优秀中医药工作者”、肖伟等18名“新冠肺炎疫情防控特别贡献者”予以表扬，对中共六枝特区委办公室等23个新冠肺炎疫情防控先进集体予以表扬。

希望受表扬的同志及单位倍加珍惜荣誉，再接再厉，不断提升自身工作能力，增强服务意识，为人民群众提供更加优质的卫生健康服务，为六枝特区决战脱贫攻坚、决胜同步小康做出新的更大贡献。全区广大医务工作者要向受表扬的同志学习，坚持以新时代卫生健康工作方针为指引，秉承医者仁心、强化使命担当，以维护人民群众健康为最高使命，大力弘扬崇高职业精神和大医精诚、悬壶济世的优良医学传统，以更加昂扬的战斗姿态、更加过硬的工作作风，坚定信心、担当作为，坚决打赢疫情防控和脱贫攻坚两场战役，为全区卫生健康事业高质量发展再创佳绩，再立新功！

中共六枝特区委员会
六枝特区人民政府
2020年10月15日

六枝特区卫生健康工作受表扬先进个人及新冠肺炎疫情防控先进集体名单

一、优秀村医（50人）

黄　龙　六枝特区牂牁镇半坡村
卢书田　六枝特区牂牁镇木城村
饶勇武　六枝特区月亮河乡洛阳村
杨　梅　六枝特区月亮河乡滥坝村
郭忠美　六枝特区月亮河乡郭家寨村
高　霞　六枝特区银壶街道杨丰村
施　琼　六枝特区银壶街道铁路社区
陈贵美　六枝特区银壶街道补林社区
林　清　六枝特区落别乡落别村
吴启霞　六枝特区落别乡牛角村
卢　琼　六枝特区落别乡可布村
蒋登品　六枝特区大用镇大用村
邓真菊　六枝特区大用镇骂冗村
吕阳敏　六枝特区中寨乡岩脚村
邓　丹　六枝特区中寨乡岩脚村
陈明学　六枝特区中寨乡大补王村
张习艳　六枝特区关寨镇补底村
张玉敏　六枝特区关寨镇箐口村
张国燕　六枝特区关寨镇毛稗田村
卢全香　六枝特区郎岱镇群丰村
李　娟　六枝特区郎岱镇磨卜村
陆付贵　六枝特区郎岱镇安乐村
王　云　六枝特区木岗镇抵簸村
汤友琴　六枝特区木岗镇斗蓬村
陈凤云　六枝特区木岗镇抵岗村
张兴翠　六枝特区岩脚镇水寨村
胡　梅　六枝特区岩脚镇新寨村
李贤华　六枝特区岩脚镇羊场村
彭雨珍　六枝特区龙河镇林场村
胡成艳　六枝特区龙河镇迎风村
陈付国　六枝特区龙河镇新场坝村
彭　慧　六枝特区九龙街道公园路社区

杨厚琼　六枝特区九龙街道河湾村社区
江雪梅　六枝特区九龙街道营盘社区
杨　付　六枝特区新窑镇桥梁村
刘安华　六枝特区新窑镇云盘村
田应坤　六枝特区新窑镇联盟村
龙　会　六枝特区牛场乡牛场村
韩　艳　六枝特区牛场乡尖岩村
田应菊　六枝特区塔山街道六枝社区
周换敏　六枝特区塔山街道塔山社区
林显英　六枝特区塔山街道聚福新苑
张　兰　六枝特区梭戛乡中寨村
周宜平　六枝特区梭戛乡平寨村
陈恩文　六枝特区新华镇新平村
杨　光　兰六枝特区新华镇新寨村
袁廷菊　六枝特区新华镇鼠场村
付应春　六枝特区新场乡戛纳村
罗燕妮　六枝特区新场乡苦李井村
杨　凯　六枝特区新场乡乌柳村

二、优秀医生（105 人）

贺化燕　六盘水市第二人民医院
余　艳　六盘水市第二人民医院
韦　军　六盘水市第二人民医院
郭广庭　六盘水市第二人民医院
瞿文艺　六盘水市第二人民医院
李敬华　六盘水市第二人民医院
刘秀元　六盘水市第二人民医院
林　娟　六盘水市第二人民医院
余开虎　六盘水市第二人民医院
管永刚　六盘水市第二人民医院
周　刚　六盘水市第二人民医院
高　强　六盘水市第二人民医院
李冬云　六盘水市第二人民医院
马雪贵　六盘水市第二人民医院
李绍元　六盘水市第二人民医院
滕　霞　六盘水市第二人民医院
徐世敏　六盘水市第二人民医院
王荣丽　六盘水市第二人民医院
张金艳　六盘水市第二人民医院
王　韦　六盘水市第二人民医院
柏　露　六盘水市第二人民医院

马小梅　六盘水市第二人民医院
王学春　六盘水市第二人民医院
赵泽永　六盘水市第二人民医院
黎廷芬　六盘水市第二人民医院
刘　勇　六枝特区人民医院
袁　银　六枝特区人民医院
周笃超　六枝特区人民医院
龙英杰　六枝特区人民医院
洒义芳　六枝特区人民医院
李忠玉　六枝特区人民医院
曾陶贤　六枝特区人民医院
宾三勇　六枝特区人民医院
钟滢浓　六枝特区人民医院
冯邦兰　六枝特区人民医院
雷泽花　六枝特区人民医院
罗　刚　六枝特区人民医院
苏曙光　六枝特区人民医院
魏　芳　六枝特区人民医院
李大为　六枝特区人民医院
吴　江　六枝特区人民医院
王煜民　六枝特区人民医院
徐万祥　六枝特区人民医院
王启富　六枝特区人民医院
张国鑫　六枝特区人民医院
张烨松　六枝特区人民医院
钱召礼　六枝特区人民医院
肖　雄　六枝特区人民医院
赵丽敏　六枝特区人民医院
刘　勇　六枝特区人民医院
刘胜米　六枝特区牂牁镇卫生院
黄　雷　六枝特区中寨乡卫生院
刘胜章　六枝特区中寨乡卫生院
胡　燕　六枝特区银壶街道卫生服务中心
陈跃琴　六枝特区银壶街道卫生服务中心
张国明　六枝特区关寨镇卫生院
陈贵恒　六枝特区关寨镇卫生院
彭　荣　六枝特区月亮河乡卫生院
韦仕尚　六枝特区月亮河乡卫生院
郭先立　六枝特区郎岱镇卫生院
古　周　六枝特区郎岱镇卫生院
秦洪平　六枝特区大用镇卫生院

沈　祥　六枝特区落别乡卫生院
张　兰　六枝特区落别乡卫生院
郑启英　六枝特区木岗镇卫生院
向　东　六枝特区木岗镇卫生院
尚　芳　六枝特区岩脚镇卫生院
谢　丽　六枝特区岩脚镇卫生院
罗　潩　六枝特区龙河镇卫生院
代清香　六枝特区龙河镇卫生院
付正华　六枝特区九龙街道卫生服务中心
邓仁贵　六枝特区九龙街道卫生服务中心
陈育林　六枝特区新窑镇卫生院
甘　敏　六枝特区新窑镇卫生院
包克英　六枝特区牛场乡卫生院
田　磊　六枝特区塔山街道卫生服务中心
吕　英　六枝特区塔山街道卫生服务中心
刘达芬　六枝特区梭戛乡卫生院
高文泽　六枝特区新华镇卫生院
李　莉　六枝特区新华镇卫生院
周　艳　六枝特区新场乡卫生院
程兴锦　六枝特区新场乡卫生院
黄　晓　六枝特区疾控中心
李红丹　六枝特区疾控中心
肖玉珍　六枝特区疾控中心
韩忠勇　六枝永康医院
蒋述亮　六枝永康医院
陈　兢　六枝健康医院
叶　勇　六枝大众医院
吴忠宇　六枝大众医院
庞文彬　六枝仁慧医院
杨　怡　六枝民康医院
张德淑　六枝民康医院
彭达祥　六枝鑫慧俪妇产医院
何祖全　六枝博大医院
樊祥生　六枝博大医院
朱　阳　六枝博大医院
卢　涛　六枝协和医院
赵春雷　六枝精诚济民医院
安仕荣　六枝康佳医院
陆冬梅　六枝新康医院
王　艳　六枝现代妇产医院
张人文　六枝现代妇产医院

张春明　六枝康宁精神病院
姜　泽　六枝康源医院

三、优秀医务工作者（33人）

王　涛　六枝特区卫生健康局
蔡婷婷　六枝特区卫生健康局
王曾兰　六枝特区卫生健康局
肖　斌　六枝特区卫生健康局
李卓然　六枝特区卫生健康局
曾令涛　六枝特区卫生健康局
杨　俊　六枝特区卫生健康执法大队
沈雪梅　六枝特区卫生健康执法大队
黄华敏　六枝特区疾控中心
李兴文　六枝特区疾控中心
吴克华　六枝特区疾控中心
曾庆凤　六枝特区疾控中心
邓　军　六枝特区疾控中心
王　玲　六枝特区疾控中心
许忠建　六枝特区疾控中心
刘　芳　六枝特区妇幼保健院
焦占敏　六枝特区妇幼保健院
索玉旗　六枝特区妇幼保健院
谢明琼　六枝特区妇幼保健院
向　俊　六枝特区妇幼保健院
刘玉珍　六枝特区中心血库
赵万利　六枝特区中心血库
付锡艳　六枝特区中心血库
付　涛　六盘水市第二人民医院
何　莉　六盘水市第二人民医院
蒋荣斌　六盘水市第二人民医院
任小君　六盘水市第二人民医院
王　栋　六盘水市第二人民医院
彭云海　六枝特区人民医院
孙银俊　六枝特区人民医院
李树荣　六枝特区人民医院
张生宇　六枝特区人民医院
李茂林　六枝特区人民医院

四、优秀护士（93人）

高联栋　六盘水市第二人民医院
刘玉姣　六盘水市第二人民医院

董文秀　六盘水市第二人民医院
刘　静　六盘水市第二人民医院
但　鹏　六盘水市第二人民医院
路西焕　六盘水市第二人民医院
高　飞　六盘水市第二人民医院
陶　倩　六盘水市第二人民医院
龙　沙　六盘水市第二人民医院
周　丹　六盘水市第二人民医院
龙静澜　六盘水市第二人民医院
杨远琼　六盘水市第二人民医院
解　彤　六盘水市第二人民医院
邹　艳　六盘水市第二人民医院
陈　霞　六盘水市第二人民医院
徐金萍　六盘水市第二人民医院
张　丽　六盘水市第二人民医院
肖福先　六盘水市第二人民医院
龙议仙　六盘水市第二人民医院
褚云蕾　六盘水市第二人民医院
杨兴颍　六盘水市第二人民医院
张　玲　六盘水市第二人民医院
吴丽萍　六盘水市第二人民医院
余莎莎　六盘水市第二人民医院
张　璐　六盘水市第二人民医院
张　燕　六枝特区人民医院
彭益平　六枝特区人民医院
蔡志娇　六枝特区人民医院
孙　静　六枝特区人民医院
孙　婧　六枝特区人民医院
黄小欢　六枝特区人民医院
郭家琴　六枝特区人民医院
谌宏霞　六枝特区人民医院
汤　敏　六枝特区人民医院
周维凤　六枝特区人民医院
杨海燕　六枝特区人民医院
金　恋　六枝特区人民医院
肖　云　六枝特区人民医院
张　勇　六枝特区人民医院
李　娜　六枝特区人民医院
彭　丽　六枝特区人民医院
江艳莉　六枝特区人民医院
李金丹　六枝特区人民医院

张敬英　六枝特区人民医院
安昌兰　六枝特区人民医院
李海英　六枝特区人民医院
毕　倩　六枝特区人民医院
罗富丽　六枝特区人民医院
郭　敏　六枝特区人民医院
沈金凤　六枝特区人民医院
段红梅　六枝特区牂牁镇卫生院
杨贵红　六枝特区牂牁镇卫生院
刘　会　六枝特区大用镇卫生院
孔　婷　六枝特区大用镇卫生院
张红梅　六枝特区落别乡卫生院
郑亚梅　六枝特区落别乡卫生院
娄　倩　六枝特区银壶街道卫生服务中心
杜　琴　六枝特区银壶街道卫生服务中心
胡凡娟　六枝特区月亮河乡卫生院
严　芬　六枝特区月亮河乡卫生院
邓兴梅　六枝特区郎岱镇卫生院
江兴惠　六枝特区郎岱镇卫生院
左　美　六枝特区关寨镇卫生院
邓　瑜　六枝特区关寨镇卫生院
代明霞　六枝特区木岗镇卫生院
张　秋　六枝特区木岗镇卫生院
朱道兰　六枝特区岩脚镇卫生院
付　雨　六枝特区岩脚镇卫生院
刘　丽　六枝特区龙河镇卫生院
王　琼　六枝特区龙河镇卫生院
李贤敏　六枝特区九龙街道卫生服务中心
刘　敏　六枝特区九龙街道卫生服务中心
王春景　六枝特区新窑镇卫生院
陈　敏　六枝特区新窑镇卫生院
石拿琼　六枝特区牛场乡卫生院
喻兴丽　六枝特区塔山街道卫生服务中心
江波兰　六枝特区塔山街道卫生服务中心
徐　英　六枝特区梭戛乡卫生院
王春香　六枝特区新华镇卫生院
陈　娇　六枝特区新华镇卫生院
王子秋　六枝特区新场乡卫生院
池　娜　六枝特区新场乡卫生院
黄　丽　六枝大众医院
冯帮敏　六枝永康医院

陈春艳　六枝民康医院
卢辉辉　六枝鑫慧俪妇产医院
李恒以　六枝博大医院
吕翠萍　六枝博大医院
张　瑜　六枝协和医院
李兴珍　六枝精诚济民医院
陈付美　六枝现代妇产医院
邓仁敏　六枝康宁精神病院
柏　艺　六枝健康医院

五、优秀中医药工作者（5 人）

沈　建　六枝特区人民医院
张　海　六盘水市第二人民医院
汤　宏　六枝特区银壶街道卫生服务中心
朱明友　六枝特区中医协会
黄麒龙　六枝特区中医协会

六、新冠肺炎疫情防控特别贡献者（18 人）

肖　伟　六盘水市第二人民医院
刘远胜　六盘水市第二人民医院
刘　云　六盘水市第二人民医院
陈　亚　六盘水市第二人民医院
宋　庆　六盘水市第二人民医院
罗　娟　六盘水市第二人民医院
姜继英　六盘水市第二人民医院
左　雯　六盘水市第二人民医院
刘继芙　六盘水市第二人民医院
陈　东　六枝特区人民医院
明　著　六枝特区人民医院
杨　舒　六枝特区人民医院
何晓菊　六枝特区人民医院
袁　艳　六枝特区人民医院
何涛涛　六枝特区人民医院
张　利　六枝特区人民医院
杨　海　六枝特区人民医院
黄　凯　六枝特区人民医院

七、卫生健康工作先进集体（23 个）

中共六枝特区委办公室
六枝特区人民政府办公室
六枝特区财政局

中共六枝特区委宣传部
六枝特区卫生健康局
六枝特区疾病预防控制中心
六盘水市第二人民医院
六枝特区人民医院
六枝特区公安局
六枝特区市场监督管理局
六枝特区信访局
六枝特区人力资源和社会保障局
六枝特区城市综合执法局
六枝特区交通运输局
六枝特区教育局
六枝特区工业和信息化局
六枝特区文体广电旅游局
六枝特区红十字会
六枝特区公安局交警大队
六枝特区职业技术学校
六盘水牂牁旅游开发投资有限公司
六枝博大医院
六盘水湘逸酒店

六枝特区人民政府
关于印发六枝特区 2020 年法治政府建设工作要点的通知

六府发〔2020〕12 号

各乡（镇）人民政府、街道办事处，各园区管委会，特区人民政府各工作部门、各单位，区属及驻境省、市属行政企事业单位：

《六枝特区 2020 年法治政府建设工作要点》已经特区人民政府同意，现印发你们，请结合实际认真贯彻执行。

2020 年 10 月 23 日

六枝特区 2020 年法治政府建设工作要点

为深入贯彻落实习近平总书记全面依法治国新理念新思想新战略，按照《法治政府建设实施纲要（2015—2020 年）》（以下简称《纲要》）、《贵州省法治政府建设实施方案（2017—2020 年）》（以下简称《实施方案》）、《省人民政府关于印发贵州省 2020 年法治政府建设工作要点的通知》（黔府发〔2020〕6 号）、《市人民政府关于印发六盘水市 2020 年法治政府建设工作要点的通知》（六盘水府发〔2020〕3 号）精神，结合实际，现就六枝特区 2020 年法治政府建设工作安排如下：

一、依法全面履行政府职能

（一）**深化行政审批制度改革**。全面深化“放管服”改革，继续压减区级权责清单事项、简化行政审批。健全权责清单动态调整和管理机制。深入推进工程建设项目审批制度改革，审批时间压缩至 80 个工作日以内。加强投资项目在线审批监管平台建设，加快项目审批服务“一网通办”。全面实施市场准入负面清单制度，推动“非禁即入”普遍落实。进一步扩大承诺办理事项范围，对不影响国家安全、公共安全、人民群众生命财产安全的涉企审批事项，尽可能纳入清单管理。持续推进“减证便民”，根据省、市部署在特区推行证明事项告知承诺制。（责任单位：特区政府办公室、住房城乡建设局、发展改革局、市场监管局、司法局、政府政务服务中心）

（二）**切实转变政府职能**。厘清行政机关与行业协会、商会职能边界，推进行业协会、商会与行政机关脱钩。不折不扣地落实减税降费政策，下大力气降低企业用电、用气、物流等成本。（责任单位：特区民政局、发展改革局、交通运输局、财政局、六枝特区税务局）

（三）**加强市场监管**。扎实推进“证照分离”，切实解决“准入不准营”问题。进一步拓展企业简易注销登记适用范围，压缩公告时间。全面落实放宽民营企业市场准入政策措施。加快完善公平竞争市场环境，加大行政垄断案件查处力度。加强事中、事后监管，积极推进市场监管领域部门联合“双随机、一公开”监管全覆盖、常态化，推动监管信息全程可追溯和“一网通享”。建立健全公共信用评价、信用联合惩戒、信用综合监管机制，信息归集的政府部门覆盖率达75%以上。依法开展企业经营异常名录、严重违法失信企业名单列入、移出工作。（责任单位：特区市场监管局、工业和信息化局、发展改革局）

（四）**创新社会治理**。坚持和发展新时代“枫桥经验”，建立健全人民调解组织网络，配齐配强专职人民调解员，重点协调解决消费者权益、劳动关系、医患关系等方面矛盾纠纷。加强网络综合治理，营造清朗网络空间。推动社会治理和服务重心向基层下移，大力推行网格化管理。推动政府治理和社会调节、居民自治良性互动。（责任单位：特区公安局、司法局、民政局、市场监管局、人力资源社会保障局、卫生健康局）

（五）**优化公共服务**。加快综合性实体政务大厅标准化建设，实现政务服务事项“应进必进”。完善提升“一云一网一平台”。全面落实“全省通办、一次办成”改革工作，实现“一网通办”区级政务服务网上可办率达100%。推进政务服务事项“一窗”改革，除特别复杂和涉密事项外，“一窗”分类受理率达80%。探索推进高频应用电子证照在一体化政务平台共享应用。（责任单位：特区政府政务服务中心）

（六）**强化生态环境保护**。加强生态环境保护规范性文件清理和备案，坚决打好污染防治“五场战役”，深入推进“双十工程”。完善生态环境监管和应急保障体系，持续强化生态环保执法，推动跨区域、跨流域环境联合执法、交叉执法。进一步完善环境保护行政执法与刑事司法衔接工作机制，加大生态环境违法犯罪案件查办力度。落实生态环境损害赔偿制度和生态补偿机制。开展领导干部自然资源资产离任审计。（责任单位：市生态环境局六枝分局，特区公安局、人民检察院、司法局、发展改革局、自然资源局、审计局）

（七）**依法防控新冠肺炎疫情**。坚持在法治轨道上统筹推进新冠肺炎疫情各项防控工作，建立完善公共卫生和疫情防控相关制度，严格执行疫情防控和应急处置法律法规。依法打击妨害疫情防控、暴力伤医、制假售假、造谣传谣、哄抬物价等违法行为。加强疫情防控普法宣传和法律服务，做好矛盾纠纷防范化解工作，全面提升依法防控、依法治理能力。（责任单位：特区卫生健康局、公安局、市场监管局、司法局、发展改革局）

二、完善依法行政制度体系

（一）**配合省、市完善地方立法体制机制**。配合完善多方协同的地方立法机制，拓展社会各方有序参与行政立法途径和方式。配合完善立法意见收集和处理程序，充分听取企业和行业协会、商会意见。配合健全法律、法规及规章起草征求人大代表意见制度，充分发挥政协委员、民主党派、工商联、无党派人士、新的社会阶层人士、人民团体、社会组织在立法协商中的作用，用好基层立法联系点“直通车”。（责任单位：特区司法局）

（二）**支持重点领域立法工作**。配合好立法调研，有效扩大公众参与，提高立法质量。落实《中华人民共和国外商投资法》《优化营商环境条例》，加强优化营商环境有关规范性文件的备案审查。（责任单位：特区司法局、招商投资促进服务中心）

（三）**加强行政规范性文件监督管理**。加强行政规范性文件合法性审核和备案审查，依法撤销和纠正违法行政规范性文件，严格违法制发行政规范性文件责任追究。开展特区人民政府和特区人民政府办公室行政规范性文件清理工作。组织编制全区行政规范性文件主体清单并向社会公布。（责任单位：特区司法局）

三、推进行政决策科学化、民主化、法治化

（一）**加强行政决策制度建设**。落实重大行政决策程序有关规定，完善决策制度，规范决策程序，明确重大行政决策事项范围。坚持依法决策，落实公众参与、专家论证、风险评估、合法性审查、集体

讨论决定等重大行政决策程序规定。（责任单位：特区政府办公室、司法局）

（二）完善行政决策论证评估机制。加强行政决策咨询论证工作，完善部门或委托第三方评估、专家咨询论证、公众参与相结合的风险评估工作机制，提高专家论证和风险评估质量。加强重大行政决策后评估工作，跟踪决策执行情况和实施效果。（责任单位：特区司法局）

（三）深入推行法律顾问制度。坚持政治标准、专业标准和敏锐性原则，完善法律顾问遴选、使用、管理机制。组织开展优秀政府法律顾问宣传活动、优秀案例推选工作，宣传推广政府法律顾问工作经验。（责任单位：特区司法局）

四、坚持严格规范公正文明执法

（一）改革行政执法体制。整合优化行政执法队伍，完善跨领域跨部门综合执法机制。深化市场监管、生态环境保护、文化市场、农业、交通运输等领域综合行政执法改革。加大扶贫、安全生产、市场监管、劳动保障等重点领域执法力度。（责任单位：特区各行政执法部门）

（二）完善行政执法程序。特区各行政执法部门积极与上级行政执法部门联系，严格执行本系统省、市行政执法部门组织调整或制定本系统行政裁量权事项清单，使用本系统省级行政执法部门统一的行政执法文书开展执法工作。进一步理顺行政强制执行体制，规范行政强制执行程序。健全行政执法和刑事司法衔接机制，完善案件移送标准和程序。完善行政执法权限协调机制。（责任单位：特区各行政执法部门）

（三）创新行政执法方式。深化行政执法公示制度、执法全过程记录制度、重大执法决定法制审核制度改革工作，实现特区执法单位全覆盖，加强行政执法信息化建设。（责任单位：特区司法局、工业和信息化局，特区各行政执法部门）

（四）加强行政执法监督。严格落实行政执法监督制度、行政执法过错责任追究制度、行政执法责任制及评议考核制度、行政执法案例指导制度，深入开展行政执法案卷评查。健全行政执法人员以案释法制度。（责任单位：特区司法局）

（五）严格行政执法人员资格管理。严格行政执法人员持证上岗和资格动态管理。健全行政执法人员纪律约束机制，加强职业道德教育，全面提高执法人员素质。规范行政执法辅助人员管理。（责任单位：特区司法局、特区各行政执法部门）

（六）加强行政执法保障。行政执法经费纳入特区政府年度财政预算，保证足额拨付。改善执法条件，合理安排执法装备配备、科技建设等方面投入。严格执行罚缴分离和收支两条线管理制度，严禁下达或变相下达罚没指标，严禁将行政事业性收费、罚没收入同部门利益直接或变相挂钩。（责任单位：特区司法局、财政局，特区各行政执法部门）

五、强化对行政权力的制约和监督

（一）健全行政权力运行制约和监督体系。动态调整行政权力运行流程图，严格规范各类行政行为主体、权限、方式、步骤和时限。（责任单位：特区司法局）

（二）自觉接受监督。认真执行向特区人大及其常务委员会报告工作制度、接受询问和质询制度、报备政府规范性文件制度。完善知情明政机制，政府相关部门按规定定期向特区政协通报有关情况。依法执行人民法院生效裁判，落实行政机关依法出庭应诉制度和人民法院司法建议、人民检察院检察建议反馈制度。（责任单位：特区政府办公室、司法局）

（三）加强内部监督。完善政府内部监督制度，自觉接受上级行政机关对下级行政机关监督。加强财政资金分配使用、国有资产监管、政府投资、公共资源交易、公共工程建设等部门和岗位规范管理。推进审计全覆盖。（责任单位：特区审计局、各行业主管部门）

（四）全面推进政务公开。全面推进基层政务公开标准化规范化建设，做到政府信息应该公开的依法公开。加强政府信息资源规范化、标准化、信息化管理，加快全省统一的互联网政府信息公开平台建设，推进政府信息公开平台与政务服务平台融合发展。严格执行特区政府新闻发布工作办法，完善政府新闻发言人、突发事件信息发布等制度。依法办理政府信息公开申请。（责任单位：特区电子政务中心、政府新闻办、政府政务服务中心、应急局）

六、依法有效化解社会矛盾纠纷

（一）**健全行政纠纷化解机制**。完善行政调解、仲裁、行政裁决、行政复议、行政诉讼等有机衔接、相互协调、高效便捷的多元化纠纷化解机制。加强劳动人事争议仲裁工作。健全行政调解制度，加强行业性、专业性调解组织建设。推行行政裁决事项清单制度，加强案例指导和培训。完善仲裁相关配套制度建设。（责任单位：特区司法局、人力资源社会保障局）

（二）**加强行政复议和行政应诉工作**。认真落实国家行政复议体制改革工作要求，落实贵州省行政复议体制改革方案，在省司法厅的指导下加强行政复议平台推广应用。加强行政应诉工作能力建设，积极参与省司法厅行政诉讼败诉典型案例汇编工作。推动落实行政机关负责人出庭应诉制度，降低行政机关败诉率。加强与人民法院等单位的衔接，探索建立沟通协调机制。（责任单位：特区司法局）

七、全面提高政府工作人员法治思维和依法行政能力

（一）**加强法治教育培训**。特区政府建立常务会议定期学法机制，部门建立领导班子定期学法制度，每年至少举办两期法治专题讲座。将学法用法纳入行政学院主体班教学计划，列入干部教育必修课。完善国家工作人员学法用法制度和公务员教育培训规划，加大公务员初任培训、任职培训中法治培训力度。加大普法工作力度，全面落实“谁执法谁普法”责任制，实现区直单位普法责任清单全覆盖。（责任单位：特区司法局）

（二）**完善法治能力考查测试制度**。加强对各级领导干部日常工作尊法学法守法用法考核，开展领导干部依法办事述职。完善领导干部宪法、法律学习教育机制，依法组织新任职领导干部进行宪法宣誓。加强对领导干部任职前宪法和法律知识能力考查，考查结果作为领导干部任职重要参考。推行公务员晋升依法行政考核制度。（责任单位：特区委组织部、特区司法局）

八、组织保障和落实机制

（一）**加强组织领导**。坚持在特区党委统一领导下，谋划和落实好法治政府建设各项任务，特区政府常务会议每年至少听取两次依法行政工作汇报。特区政府各部门和各乡（镇、街道）每年组织召开法治政府建设工作会议，制订年度工作要点并组织实施。加强法治工作机构建设，配齐配强法治力量。加强对重点工作的督察。［责任单位：特区司法局，特区政府各部门，各乡（镇、街道）］

（二）**严格落实责任**。特区政府各部门和各乡（镇、街道）要履行推进本地区本部门法治政府建设主体职责，按照《法治政府建设与责任落实督察工作规定》的程序和时限，做好法治政府建设情况年度报告工作并向社会公开，接受人民群众监督。［责任单位：特区政府各部门，各乡（镇、街道）］

（三）**开展示范创建**。精心组织法治政府建设示范创建宣传推广，积极开展符合要求的示范创建点和项目向上申报，总结宣传示范创建典型经验。（责任单位：特区司法局）

（四）**强化考评督查**。科学设定法治政府建设考核指标，创新考核方式方法，严格考核工作，将考核情况作为本地区本部门政绩考核和目标管理重要内容，对工作不力、问题较多和依法办事、考核落后者，将及时约谈、责令整改、通报批评。特区政府各部门和各乡（镇、街道）要及时组织对本地区本部门贯彻落实《纲要》《实施方案》情况进行全面摸底核查，形成工作台账和总体推进情况报告，为组织编制《六枝特区法治政府建设实施方案（2021—2025 年）》提出对策建议。（责任单位：特区司法局）

关于加强和规范各级党委（党组）书记和班子成员建立党支部联系点工作的通知

六党建办发〔2020〕15 号

各乡（镇）党委，各街道党工委，特区党委各部门，特区国家机关各部门党委（党组），特区人武部，各园区党工委，各人民团体党组织，省、市属驻区有关单位党组织，区属企事业单位党组织：

为认真贯彻落实《中国共产党支部工作条例（试行）》及省实施意见，按照中央组织部“关于推动各级党委（党组）认真履行抓支部的政治责任”部署要求和《中共贵州省委组织部〈关于加强和规范各级党委（党组）书记和班子成员建立党支部联系点工作的通知〉》（黔组通〔2020〕19 号）及《中共六盘水市委党的建设工作领导小组办公室〈关于深入推进各级党委（党组）班子成员联系党支部工作的通知〉》（六盘水党建办发〔2020〕7 号）文件精神，推进各级党委（党组）书记和班子成员在年内全部建立党支部联系点，切实发挥党员领导干部在党支部建设中的示范带动作用。现将有关工作要求通知如下：

一、确保各领域党组织全覆盖

各级党委（党组）书记要带头建立党支部工作联系点，带动班子成员分别在本单位、本系统中确定 1 个党支部作为工作联系点。确立联系点要充分考虑区域、行业、系统等因素，注意与其他定向联系工作统筹安排，注重选择承担任务较重、工作环境比较复杂的党支部，注重联系后进党支部、非公有制经济组织党组织和社会组织党组织。党员领导干部所在党支部一般不作为本人联系点。各乡（镇、街道）党（工）委领导班子成员联系点应覆盖下属所有领域党组织。

二、定期深入党支部联系点调研指导

各级党委（党组）书记要坚决担起“第一责任人”职责，班子成员坚持“一岗双责”，经常深入党支部联系点调研指导工作。带头开展政策宣讲，深入宣讲习近平新时代中国特色社会主义思想，宣讲党内法规政策，及时宣传党中央和省委的重大决策部署；带头开展调查研究，结合下基层开展工作，与所联系党支部的书记、支部委员和党员群众谈心谈话，听取基层意见建议；带头加强工作指导，帮助理清工作思路，补齐工作短板；带头联系服务群众，关怀帮扶生活困难党员和老党员，帮助党员群众解决实际问题。各级党委（党组）书记和班子成员每年到所联系党支部调查研究不少于 2 次，讲 1 次党课或做 1 次专题报告，为所联系党支部办 1 件实事，有针对性列席指导“三会一课”、主题党日、组织生活会等组织生活，及时协调解决支部建设和调研发现存在的突出问题，提升党员干部群众对支部工作的满意度，努力把所联系党支部建设成为标准化、规范化示范党支部。各级党员领导干部到党支部联系点开展工作要严格遵守中央八项规定精神，不给基层增加负担。

三、压紧压实党支部建设主体责任

各级党委（党组）要把抓党支部联系点作为加强党支部建设的重要抓手，通过抓书记、书记抓，把党中央、省委、市委和特区党委加强党支部建设的部署要求落到实处。把建立党支部联系点和开展工作的情况列入各级党委（党组）书记抓党建工作述职评议考核的重要内容，作为评判其履行全面从严治党政治责任情况的重要依据。各基层党（工）委每年至少专题研究 1 次党支部建设工作，对本单位支部建设状况进行分析研判，交流班子成员下支部、抓支部的情况，分析存在的突出问题，提出加强改进措施。特区委组织部要加强分类指导和督促检查，按照分级管理原则，对党委（党组）书记和班子成员建立党支部联系点情况进行备案管理，及时掌握本地本系统党委（党组）书记和班子成员建立党支部联系点情况，合理安排党支部联系点，避免扎堆联系、重复联系；要充分挖掘各地各部门抓党支部建设好经验、好做法，加强宣传推广和经验交流。

请各基层党（工）委参照区级党委书记及党委（党组）班子成员建立党支部联系点的方式，将本单位党（工）委书记和班子成员建立党支部联系点的备案表于 2020 年 11 月 5 日 15:00 前报特区委组织部。

附件：1. 特区党委书记和党委（党组）班子成员党支部联系点名单（略）

2. 六枝特区各级党委（党组）书记及班子成员建立党支部联系点备案表（略）

中共六枝特区委党的建设工作

领导小组办公室

2021 年 11 月 2 日

六枝特区人民政府办公室关于印发六枝特区 2020 年地摊经济夜市经济小店经济发展工作实施方案的通知

2020 - 151

各乡（镇）人民政府、街道办事处，各园区管委会，特区人民政府各工作部门、各单位，区属及驻境省、市属行政企事业单位：

《六枝特区 2020 年地摊经济夜市经济小店经济发展工作实施方案》已经十二届特区人民政府第 56 次常务会议研究同意，现印发你们，请遵照执行。

2020 年 11 月 11 日

六枝特区 2020 年地摊经济夜市经济小店经济发展工作实施方案

为全面贯彻落实中央关于扎实做好“六稳”工作，全面落实“六保”任务总体部署及中央文明办有关地摊经济安排部署，统筹推进新冠肺炎疫情防控和经济社会发展工作，推动文明城市创建在恢复经济社会秩序、满足群众生活需要的过程中发挥更加积极作用，结合实际，制定本方案。

一、指导思想

以习近平新时代中国特色社会主义思想为指导，全面贯彻落实中央关于扎实做好“六稳”工作，全面落实“六保”任务总体部署，深入学习习近平总书记在统筹推进新冠肺炎疫情防控和经济社会发展工作部署会议上的讲话精神及李克强总理在全国“两会”上的讲话精神，以保就业、保民生、保市场主体为抓手，精细化、科学化、人性化管理和服务，盘活地摊经济、夜市经济、小店经济，助力经济复苏，推动“六稳”“六保”工作落地见效。

二、工作目标

坚持“放开不放任、跟进不冒进、便民不扰民”原则，坚持以人民为中心的发展理念，加强部门间的协作配合，优化现有便民临时经营场地，有序开放城市空间，进一步扩大便民临时经营场地设置范围，满足流动商贩摆摊设点需要，达到既解决城市“面子”问题，又解决流动商贩尤其是低收入群体“肚子”

问题，全力助推地摊经济、夜市经济、小店经济发展。

三、摊区设置

（一）打造3个夜间摊区。将街心花园至原国土资源局、东方龙城、人民北路3个区域作为夜间摊区进行打造，设置摊位487个：

1. 街心花园至原国土局路段规划摊位180个，划线经营、统一摊蓬及颜色、尺寸，规范管理。经营时段为18:00至00:00，以经营小百货、花卉、干货等为主。

2. 人民北路规划摊位287个，划线经营、统一摊蓬及颜色、尺寸，规范管理。经营时段为08:00至17:30，以经营小吃、百货等为主；18:00至02:00，以经营夜食为主。

3. 东方龙城规划摊位20个，经营时段为18:00至02:00，以经营夜食、小吃等为主。

（二）打造1条美食街区。将胜利路延伸段作为美食街区进行打造，设置摊位30个，划线经营、统一摊蓬及颜色、尺寸，规范管理。经营时段为18:00至02:00，以经营夜食、小吃等为主。

（三）打造1条步行街。将原新兴农贸市场作为步行街进行打造。

（四）规范28个疏导点。建立健全疏导点管理机制，规范设置疏导点28个（详见附件）、摊位2710个，划线经营、统一摊蓬及颜色、尺寸，规范管理。

四、规范经营

（一）各经营户须严格按照城市管理部门划定的区域，在规定时间段内分类经营。经营者自备垃圾清扫、收集工具，做到各类货物有序摆放，人走场地清，严禁破坏垃圾箱、灯杆等公共设施，不得占用、踩踏草坪、绿化带等，严格服从城管执法工作人员管理，切实做到“八不、两有”，即不超线经营、不噪声扰民、不产生烧烤油烟、不使用燃煤、不使用影响市容的器具、不乱搭乱挂、不乱扔垃圾乱排污水、不损坏市政园林设施、有健康证（餐饮、食品经营）、有地胶（油污摊点）。对不遵守管理规定者，将按照相关法律法规依法予以处罚。

（二）开展经营活动期间，从业人员必须全程佩戴口罩并做好经营用具消毒工作，若有发烧、咳嗽等不适症状，须第一时间就医治疗，严禁带病上岗，确保新冠肺炎疫情防控措施落实到位。

（三）各经营户要诚信经营，严禁经营假冒伪劣商品、“三无”商品和危险品，严格遵守相关部门规定。

（四）在经营时段，所有机动车辆不得进入疏导点经营，非机动车在划定的区域内规范、有序停放。

五、职责分工

特区精神文明办：负责督促相关部门认真履行职责，适时组织深入各地摊便民疏导点开展监督检查，对不履职或履职不到位的单位部门进行通报批评。

特区城市综合执法局：牵头开展点位选择、划行归市、部门备案、组织报名、资格审查；负责划定夜间摊区（东方龙城除外）、美食街区摆摊设点范围红线，合理划分摊点类别，实行归类经营；在安排好摊点区域前提下，查处破坏市容市貌、乱设摊点、违章经营的摊户；加大巡查力度，引导摊位有序摆放，规范占道经营秩序，维护街面公共空间有序。

特区公安局：负责维护摊点摊区正常治安秩序，及时解决出现的治安矛盾纠纷；结合地摊人流、车流集中情况，科学合理部署警力，规范流动摊位交通行为，引导摊贩使用合规车辆，组织市场周边车辆有序停放；对地摊、夜市集中的主要街道分时段进行重点管理，确保城市交通畅通便捷。

特区财政局：负责加大地摊经济资金支持力度，将摊点摊区建设、设施配套等资金纳入财政预算，及时拨付资金。

特区民政局：负责解决老、弱、病、残等群体最低生活保障，缓解城市压力，确保社会稳定。

特区人力资源社会保障局：负责地摊经济、夜市经济、小店经济就业指导及服务相关工作。

特区应急局、特区消防救援大队：加强摊区用电用火用气等消防安全知识宣传教育，做好消防应急处置工作。

市生态环境局六枝分局：负责监测摊点摊区环境污染情况，根据监测结果提出整改意见并监督落实。

特区市场监管局：负责地摊经济区域实施产品质量全链条监管和服务，建立食品原料溯源台账，科学防控食品安全风险；积极维护好市场秩序，坚决防止兜售假冒伪劣、以次充好的产品及缺斤短两、欺骗消费者的行为；建立高效维权机制，充分利用“12315”热线、网站留言等多种途径受理群众投诉举报。

特区农业农村局：负责便民经营场地内活禽销售清理。

特区文体广电旅游局：负责加强书摊、影像制品等文化旅游商品经营摊点监督管理。

特区卫生健康局：负责指导摊位经营户按相关法律法规要求完善健康经营相关手续；协助办理“健康证”；负责监督检查摊点摊区市场卫生防疫工作。

特区住房城乡建设局：加强经营者安全用气监管；负责东方龙城夜间摊区划定及管理。

特区妇联、特区团委：负责地摊经济、夜市经济、小店经济垃圾分类宣传、志愿服务等工作。

特区水务局：负责摊区必要供水服务。

特区工业和信息化局：推动电子商务服务体系和平台建设，指导商贩摊主、经营主体开展线上促销活动，拓宽销售渠道，促进地摊经济夜市经济小店经济等。

特区信访局：负责协调处理地摊经济、夜市经济、小店经济引发的信访事件。

特区残联：负责残疾人就业指导相关工作。

六枝供电局：负责落实摊点摊区供电需求，加强用电安全监管。

九龙街道、银壶街道、塔山街道：按属地管理原则负责各自辖区内疏导点摊位的划定，抓好地摊经营场地内秩序管理。

六枝特区龙马环境工程有限公司：负责完善摊点摊区环卫保洁工作，根据实际需要调整作业时间，加强清扫保洁力度和垃圾清运频次。

各乡（镇）人民政府：负责各自辖区内发展地摊经济的宣传动员工作；鼓励引导贫困户依托地摊、夜市发展“五小产业”，助推脱贫质量稳固提升。

六、工作要求

（一）统一思想，提高认识。推动地摊经济、夜市经济、小店经济发展是扎实做好“六稳”工作，全面落实“六保”任务及中央文明办有关安排部署具体举措，各有关部门务必引起高度重视，切实履行工作职责，圆满完成各项工作任务。各乡（镇、街道）要结合实际制定工作措施，助力地摊经济、夜市经济、小店经济发展。

（二）协同配合，形成合力。各有关部门要充分发扬“主动承担不推诿、相互配合不扯皮”的精神，共享工作信息，加强联动配合，形成工作合力，及时将发现的问题处理在萌芽状态。

（三）督促检查，落实见效。为确保工作落地落实，各职能部门要积极认真履职尽责，对履职不力、失职渎职、不作为、慢作为、乱作为、不担当的部门或个人将按相关规定严肃处理。

特区各部门、各乡（镇、街道）要密切配合，加强沟通，建立健全联合执法机制，按照职责抓好服务保障、秩序规范、日常监管、监督检查等工作，形成共管、共治良好局面。各成员单位要明确一名联络员，于每月 28 日前将本单位工作开展情况报特区城市综合执法局（联系人：张文义；联系电话：13310787618；联系邮箱：381273413@qq.com）。

附件：六枝特区城区地摊经济服务疏导点一览表（略）

中共六枝特区委员会　六枝特区人民政府印发六枝特区关于深化改革加强食品安全工作实施方案的通知

六特发〔2020〕11 号

各乡（镇）党委、政府，各街道党工委、办事处，特区党委各部门，特区国家机关各部门，特区人武部，各园区党工委、管委会，各人民团体，省、市属驻区有关单位，区属企事业单位：

《六枝特区关于深化改革加强食品安全工作实施方案》已经特区党委、政府同意，现印发给你们，请结合实际，认真组织实施。

中共六枝特区委员会
六枝特区人民政府
2020 年 11 月 13 日

六枝特区关于深化改革加强食品安全工作实施方案

为贯彻落实中央、省、市关于深化改革加强食品安全工作有关决策部署，确保全区人民舌尖上的安全，结合实际，制定本方案。

一、总体要求

以习近平新时代中国特色社会主义思想为指导，以保障全区人民食品安全为目标，深入实施食品安全战略，守好不发生区域性、系统性食品安全事故的底线，提高人民群众食品安全感和满意度。到 2020 年年底，全区基于风险分析和供应链管理的食品安全监管体系初步建立；农产品和食品抽检量达到 4 批次 / 千人；主要农产品质量安全监测合格率达 97% 以上，食品抽检合格率稳定在 98% 以上。到 2035 年，全区基本实现食品安全领域治理体系和治理能力现代化。

二、主要任务

（一）落实食品安全“四个最严”。深入贯彻习近平总书记对食品安全“四个最严”的指示批示精神，执行最严谨的标准、实施最严格的监管、实行最严厉的处罚、坚持最严肃的问责，确保“四个最严”有序衔接、环环相扣，形成流程闭环和工作循环，把制度刚性转化为治理效能。推进各职能部门食品安全监管职责高度融合，在加强监督的基础上，实现行、刑、纪贯通。建立信息沟通、线索移交、措施配合、成果共享机制，共同促进食品安全治理能力提升。

（二）健全食品安全“七大体系”。积极推进基于食品安全风险分析和供应链管理的食品安全监管体系建设，建立从农田到餐桌完整的食品安全监管机制，紧紧围绕食品加工、流通销售、餐饮服务各环节，建立健全食品生产经营主体责任体系、健全食品安全监管能力体系、健全食品安全抽检监测和风险预警交流体系、健全食品安全应急管理体系、健全食品安全社会共治体系、健全食品产业发展支撑体系、健全行政执法与刑事司法衔接体系。

（三）严把食品安全“九道关口”。建立完善源头管控体系，加强食品安全源头管理。严把产地环境安全关、严把农业投入品生产使用安全关、严把农产品质量安全关、严把粮食收储质量安全关、严把食品加工质量安全关、严把流通销售质量安全关、严把餐饮服务质量安全关、严把餐厨废弃物处理关、严把野生动物非法交易关，全面提升食品安全水平，杜绝源头性食品安全风险。

（四）实施食品安全“十项放心行动”。从解决人民群众普遍关心的突出问题入手，标本兼治、综合施策，持续加强食品安全工作，以提升群众安全感和满意度为目标。实施风险评估专项行动、实施农药兽药使用减量和产地环境净化行动、实施校园食品安全守护行动、实施农村假冒伪劣食品治理行动、实施食品生产小作坊提质行动、实施餐饮质量安全提升行动、实施保健食品和婴幼儿配方乳制粉专项行动、实施“优质粮食工程”行动、实施进口食品“国门守护”行动、实施“双安双创”示范引领行动，提升群众食品安全获得感。

三、保障措施

（一）落实党政同责。各级党委、政府主要负责同志是本地区食品安全工作第一责任人，班子其他成员对分管（含协管、联系）行业或领域内的食品安全工作负主要责任。各乡（镇、街道）、各园区、特区人民政府食品安全委员会成员单位每年 10 月底前向特区党委、政府报告食品安全工作情况。

（二）创新监管措施。各乡（镇、街道）、各园区、特区人民政府食品安全委员会成员单位要积极创新食品安全监管措施，推进构建风险防范体系等重大改革任务，始终坚持食品安全“四个最严”、健全食品安全“七大体系”、严把食品安全“九道关口”、实施食品安全“十项放心行动”。将食品、农产品质量安全工作所需经费列入同级财政预算，企业要加大食品质量安全管理方面的投入，鼓励社会资本进入食品安全专业化服务领域，构建多元化投入保障机制。

（三）强化督查考核。特区人民政府食品安全委员会要建立科学评价考核体系，突出考核重点，加大对各乡（镇、街道）、各园区、特区人民政府食品安全委员会各成员单位履职情况督查考核力度，不定期进行督查考核，考核结果纳入年终目标考核重要内容，确保食品安全各项措施落到实处。

附件：1. 六枝特区食品安全改革事项责任清单（略）
　　　2. 六枝特区党政领导干部食品安全工作责任清单（略）
　　　3. 六枝特区部门食品安全监管事权清单（略）
　　　4. 六枝特区人民政府食品安全委员会组成人员名单及工作职责（略）

重要决议、决定

一、2020 年 1 月 8 日十一届区委 2020 年第一次常委会会议

（一）传达学习中共中央政治局“不忘初心、牢记使命”专题民主生活会精神、习近平总书记在全国政协新年茶话会上的重要讲话精神和 2020 年新年贺词，研究我区贯彻落实意见。

会议强调，全区上下要认真学习习近平总书记在中央政治局“不忘初心、牢记使命”专题民主生活会上的重要讲话、在全国政协新年茶话会上的重要讲话以及 2020 年新年贺词精神，以习近平总书记的重要讲话精神为动力，把“不忘初心、牢记使命”作为终身课题，持之以恒地抓好主题教育查摆问题的整改落实，不断巩固和深化主题教育成果。要发扬民主、增进团结、凝聚共识，紧扣全面建成小康社会和“十三五”规划圆满收官目标任务，发挥人民政协参政议政重要作用，不断开创新时代政协工作新局面，为全区经济社会高质量发展贡献政协智慧和力量。要深入贯彻新发展理念，坚持稳中求进工作总基调，全面做好深化改革、民生保障、产业结构调整等各项工作，真正把初心和使命体现到为民服务、担当作为上，为推动全区经济社会高质量发展而不懈奋斗。

（二）传达学习 1 月 6 日市委常委会会议精神和 1 月 7 日市委书记王忠赴我区调研时的讲话精神，研究我区贯彻落实意见。

会议强调，全区上下要认真学习 1 月 6 日市委常委会会议精神和 1 月 7 日市委书记王忠在我区调研时的讲话精神，坚定发展信心，认清工作形势，坚持以脱贫攻坚统揽经济社会发展全局，统筹推进稳增长、促改革、调结构、惠民生、防风险、保稳定各项工作。要在工业园区整合、煤炭产能释放、电煤服务保障、农业产业结构调整、小康菜园建设、乡风文明整治、旅游产业发展等方面下足功夫、做足文章，推动第一、二、三产业融合发展。要切实做好春节期间信访调解、安全生产等关乎群众切身利益的工作，着力解决好“两拖欠”问题，确保人民群众过一个欢乐祥和的春节。

会议议定：

1. 由杨刚牵头，特区发展改革局负责，按照科学、系统、全面、可持续发展的原则，加快编制我区“十四五”规划。

2. 由蒋家梁牵头，特区能源局负责，一是认真分析研究我区煤炭产业发展情况，制定切实可行措施，全力释放煤炭产能；二是加强与上级的沟通对接，积极争取省、市政策倾斜，协调做好锂矿资源开采相关工作。

3. 由彭良国牵头，特区自然资源局负责，进一步加大刺梨产业管护力度，加快刺梨加工厂建设进度，不断延伸刺梨产业链条。同时，进一步加快推进牂牁江景区景点周边和公路沿线精品水果带打造。

4. 由张斌牵头，特区农业农村局负责，加快推进六安城际铁路沿线产业带布局。

5. 由六枝经济开发区牵头，木岗园区、岩脚园区、路喜园区负责，按照“产业链建设、规模化发展”的要求，及时研究园区资源整合共享事宜，形成有效方案报特区党委、政府研究。

6. 由特区“两办”负责，对市委书记王忠赴我区调研讲话精神进行责任分解，督促各有关单位抓好贯彻落实，并形成贯彻落实情况及时报市委。

7. 特区统计局、工业和信息化局负责，加强对福能（贵州）发电有限公司相关数据的调度分析和监测，认真做好电厂数据的统计，做到应统尽统。

8. 由各乡（镇、街道）负责，按照“一家一户、因户施策、逐户制订方案”的要求，加快推进小康

菜园建设工作。

（三）传达省委农村工作会议暨全省扶贫开发工作会议、全省脱贫攻坚挂牌督战工作部署会议、全省恢复生猪生产保障市场供应工作会议、全省坝区农业产业结构调整工作推进会议精神和《贵州省扶贫开发领导小组关于印发〈贵州省市县两级党委和政府脱贫攻坚成效考核工作方案〉的通知》，审议《六枝特区2020年财政涉农资金统筹整合使用方案编制情况》，听取2020年第一批财政专项扶贫资金项目安排情况汇报，研究有关事宜。

会议强调，全区各级各部门要切实提高政治站位，把思想和行动统一到省委、省政府的决策部署上来，有力有效推进我区脱贫攻坚、农村工作、产业结构调整、生猪生产保障等各项工作有序推进，确保按时高质量打赢脱贫攻坚战，为实现全面建成小康社会和“十三五”规划圆满收官奠定坚实基础。要继续坚持以脱贫攻坚统揽经济社会发展全局，严格落实“四个不摘”要求，常态化查找和补齐教育、医疗、住房、饮水等方面短板弱项，健全完善防贫预警监测机制，严防漏评错退。要着力抓好产业、基础设施、公共服务、技能培训、基层组织建设等工作，把脱贫攻坚与乡村振兴、区域经济发展衔接起来，进一步巩固脱贫成果。

会议议定：

1. 原则上同意《六枝特区2020年财政涉农资金统筹整合使用方案》，由特区财政局负责，按照本次常委会会议讨论的意见修改完善后按程序报省级备案和组织实施。

2. 原则同意2020年第一批财政专项扶贫资金项目安排计划，由特区扶贫办负责，按照本次会议讨论的意见完善后及时实施。

3. 由王光全、张斌两名同志牵头，特区农业农村局、扶贫办负责，统筹做好全区农村工作暨扶贫开发工作专题会议筹备工作。

4. 各决胜工作团团长要加强对脱贫攻坚工作的统筹调度，围绕医疗、教育、住房、饮水安全、人居环境等工作进一步开展自查并补齐短板。

6. 由特区扶贫办负责，及时将《贵州省市县两级党委和政府脱贫攻坚成效考核工作方案》转发全区各级各部门抓好贯彻落实，并及时制定我区迎检方案，督促各有关部门扎实做好省考核有关工作。

（四）传达学习《省生态环境保护督察整改工作领导小组办公室关于转发〈生态环境部关于抚顺市新宾满族自治县督察整改存在“一刀切”等问题的函〉的函》，研究有关事宜。

会议强调，全区各级各部门要树立以人民为中心的发展思想，进一步深化思想认识，提高政治站位，坚决担起生态文明建设的政治责任，牢牢守好发展、生态和安全三条底线，全力抓好中央、省委环保督察及“回头看”反馈问题整改落实，切实打好“蓝天、碧水、净土、固废治理、农村环境综合整治”五大战役，让六枝山更绿、水更清、天更蓝、土更净、空气更清新。要深刻汲取督察整改“一刀切”教训，举一反三，引以为戒，妥善处理环境保护与经济发展之间的关系，引导企业积极参与生态环境保护工作，切实解决好事关人民群众切身利益、事关生态环境保护和长远发展的突出问题，依法严厉打击各种破坏生态环境的违法行为。

（五）审议并原则同意《六枝特区2020年春节慰问活动方案（讨论稿）》《六枝特区2020年春节慰问活动经费预算方案（讨论稿）》，由特区委办公室负责，按照本次常委会会议讨论的意见修改完善后按程序送审行文实施。

（六）研究有关干部工作（略）。

二、2020年1月19日十一届区委2020年第二次常委会会议

（一）传达学习中国共产党第十九届中央纪律检查委员会第四次全体会议精神，研究我区贯彻落实意见。

会议指出，习近平总书记在十九届中央纪委四次全会上的重要讲话，对以全面从严治党新成效推进国家治理体系和治理能力现代化作出战略部署，对推动全面从严治党向纵深发展具有重大指导意义。全区上下要认真学习、深刻领会，切实把思想和行动统一到习近平总书记重要讲话和中纪委四次全会精神上来，清醒认识我区党风廉政建设和反腐败斗争的形势任务，认真履行全面从严治党主体责任，聚焦脱贫攻坚、民生领域、扫黑除恶等重点工作，聚焦基础设施、产业发展、工业经济、城乡建设等重点领域，聚焦重大工程和重点项目，紧紧抓住党员领导干部这个“关键少数”，以正视问题的自觉和刀刃向内的勇气不断推进自我革命。要把纪检监察工作放到全区工作大局中去思考、谋划和推进，不断推动全面从严治党向纵深发展。要持续深化纪检监察体制改革，加强纪检监察干部队伍建设，进一步完善区委巡察与纪检监察的联动机制，一体推进“不敢腐、不能腐、不想腐”，进一步巩固和发展反腐败斗争的压倒性胜利。

（二）传达学习《中共贵州省委办公厅贵州省人民政府办公厅关于做好2020年节假日期间值班工作的通知》《中共六盘水市委办公室六盘水市人民政府办公室关于做好2020年节假日期间值班工作的通知》，研究我区贯彻落实意见。

会议强调，全区各级各部门要增强底线思维，严格落实值班岗位职责和“七个必报”要求，时刻绷紧防范和化解重大风险这根弦，坚决杜绝紧急信息迟报、漏报、瞒报和信息倒流等情况发生。各相关单位要完善各类应急预案，健全联动机制，提高应急响应和处置能力，确保发生紧急情况时反应迅速、措施有力、工作有效。要牢固树立廉洁过节意识，坚决杜绝春节期间收受礼金礼品、公款吃喝、公车私用、违规发放津补贴、违规操办或大办酒席等行为。特区纪委特区监委、党办、政府办要组建工作督查组，对全区各级各部门值班值守情况进行抽查检查，督促全区上下严守值班规定和值班纪律。

（三）传达学习全省防范化解债务风险工作会议和全市信访调解及民工工资清欠工作会议精神，听取我区信访调解及民工工资清欠情况汇报，研究有关事宜。

会议强调，全区各级各部门要充分把握中央和省级化债政策机遇，按要求做好债务排查、资产统计、项目清理、目标细化、任务分解等工作，积极争取上级资源，全力做好债务化解各项工作，确保全区债务有力有序有效化解。要全面落实信访调解工作责任制，全面排查项目建设、征地拆迁、“两拖欠”等重点行业、重点领域中涉及的信访问题，采取积极有效措施，千方百计筹措资金，及时足额发放到位，确保矛盾不激化、隐患不爆发、风险不外溢。要分行业、分领域全面开展地毯式摸排，特别是住建、交通、水务等涉及具体项目的单位和项目所在乡（镇、街道），要列出清单，逐一核实、逐一排查，摸清底数。要坚持以人民为中心的发展思想，带着感情，扛起责任，全力做好民工工资清欠工作，依法打击恶意欠薪事件，切实保障农民工合法权益。

（四）传达学习全国、全省、全市组织人事部门海外引才工作专题会议精神，研究有关事宜。

会议议定：原则同意特区委组织部提出的贯彻落实意见，由潘静同志牵头，特区委组织部负责，扎实做好我区新时期海外引才各项工作。

（五）听取中国共产党六枝特区第十一次代表大会第四次会议和中国共产党六枝特区第十一届委员会第九次全体会议筹备情况汇报，研究有关事宜。

会议议定：

1. 拟定于2020年1月31日召开中国共产党六枝特区第十一届委员会第九次全体会议，由特区委办公室牵头，做好会议筹备工作。

2. 原则同意《关于召开中国共产党六枝特区第十一次代表大会第四次会议的决议（草案）》《关于中国共产党六枝特区第十一次代表大会第四次会议代表资格初步审查情况的报告》《中国共产党六枝特区第十一次代表大会第四次会议议程（草案）》《中国共产党六枝特区第十一次代表大会第四次会议日程（草案）》《中国共产党六枝特区第十一届委员会2019年工作报告（草案）》《中国共产党六枝特区第十一届纪律检查委员会2019年工作报告（草案）》，由特区委办公室、特区委组织部按照本次常委会会议讨论的意见修改完善后，按程序提交区委十一届九次全体会议表决。

3.同意中国共产党六枝特区第十一次代表大会第四次会议《代表团团长、副团长建议方案》“主席台就座人员建议名单”“代表议案审查委员会组成人员建议名单”，按程序提交中国共产党六枝特区第十一次代表大会第四次会议讨论表决。

4.同意中国共产党六枝特区第十一次代表大会第四次会议“各代表团组团建议名单”“列席人员建议名单”“应邀来宾建议名单”“代表资格审查委员会组成人员建议名单”《关于中国共产党六枝特区第十一次代表大会代表议案办理情况的报告（讨论稿）》《关于2018年度党费收缴及2019年度使用和管理情况的报告（草案）》，由特区委组织部按照本次常委会会议讨论的意见进一步修改完善。

5.同意胡键、卢红梅、江明权三名同志当选为出席中国共产党六枝特区第十一次代表大会代表，由特区委组织部负责，按规定和程序及时进行批复。

（六）听取六枝特区2019年度年终目标考核情况汇报，研究有关事宜。

会议议定：

1.原则同意特区目标考核领导小组提出的2019年度乡（镇、街道）、园区、区直机关综合目标考核结果及考评等次建议，由特区目标办负责，按照本次常委会会议讨论的意见修改完善后按程序送审行文通报。

2.区直机关、乡（镇、街道）、园区优秀奖、良好奖、合格奖分别按人均3万元、2.8万元、2.6万元计发。

3.特区法院、特区检察院由市级奖励，区级只考核不排名，不奖励。

4.六枝税务局按区直机关良好等次评定，六枝气象局、六枝调查队按区直机关合格等次评定。

5.特区驻境部队（地方编制）按良好等次发放、消防救援大队（在职在编人员）按特区应急管理局等次发放。

6.借调（用）人员（以特区委办公室、政府办公室、特区委组织部、人资社保局、攻坚办借调文件为准）发放标准参照服务单位执行，根据实际服务期限按月奖励。

7.教师（含离退休人员）按区直机关合格等次奖励，由特区财政局切块划拨资金到特区教育局统筹安排（切块资金中含提高绩效工资总额25%，统筹用于设立校长津贴、班主任津贴、超课时津贴等所需资金）。

8.乡（镇、街道）卫生院（卫生服务中心）职工（含离退休人员）的奖励按六特办通字〔2016〕181号文件执行。

9.离退休人员的生活补助按所在单位考核等次奖励的50%计发。

10.全区参与目标考核的单位根据本单位实际情况，可对目标考核奖金统筹进行二次分配。

（七）听取六枝特区民生发展（集团）有限责任公司党委选举及党委组成人员候选人预备人选的情况汇报，研究有关事宜。

会议议定：原则同意特区委组织部关于特区民生发展（集团）有限责任公司党委选举及党委组成人员候选人预备人选的工作建议，由潘静同志牵头，特区委组织部具体负责，按有关规定和程序办理。

（八）听取关于增补六枝特区第十二届人大常委会委员、政协第九届六枝特区委员会委员和常委的情况汇报，研究有关事宜。

会议议定：原则同意特区委组织部提出的关于增补六枝特区第十二届人大常委会委员、政协第九届六枝特区委员会委员和常委的建议名单，由潘静同志牵头，特区委组织部负责，按有关规定和程序办理。

（九）研究有关干部工作（略）。

三、2020年1月26日十一届区委2020年第三次常委会会议

传达学习1月25日中央政治局常委会，以及1月26日全省应对新型冠状病毒感染的肺炎疫情社会

防控工作电视电话会和市委常委会会议精神，听取我区新型冠状病毒感染的肺炎疫情防控工作情况汇报，研究有关事宜。

会议指出，习近平总书记在农历正月初一主持召开中央政治局常务委员会会议，专门听取新型冠状病毒感染的肺炎疫情防控工作汇报并发表重要讲话，对疫情防控特别是患者治疗工作进行再研究、再部署、再动员，充分体现了以习近平同志为核心的党中央对疫情防控工作的高度重视，对人民健康高度负责的责任担当和为民情怀，为我们坚决打赢新型冠状病毒感染的肺炎疫情提供了根本遵循原则。省委、省政府和市委、市政府分别做出周密的安排部署，对疫情防控工作提出明确要求，为我们作出了标杆。全区上下要提高政治站位，深刻认识做好新型冠状病毒感染的肺炎疫情防控工作的重要性和紧迫性，增强"四个意识"、坚定"四个自信"、做到"两个维护"，始终把人民群众生命安全和身体健康放在第一位，千方百计地打赢疫情防控阻击战。要坚决按照市委、市政府全面组织发动、全面拉网排查、全面监测隔离、全面联防联控、全面宣传教育"五个全面"的工作要求，着力在查、防、备、稳、治上下功夫，把疫情防控工作作为当前首要政治任务，以更坚决的态度、更有力的举措、更果断的行动，切实把党中央各项决策和省委、市委、特区党委的安排部署落到实处，坚决打赢疫情防控阻击战。

会议议定：

1. 脱贫攻坚各决胜工作团团长、副团长要牵头统筹做好本辖区疫情防控工作，确保各村第一书记、村干部、驻村干部、轮战干部全部下沉到村开展工作。

2. 由特区委宣传部牵头，积极做好疫情防控舆论引导和宣传报道工作，营造合力攻坚的疫情防控氛围。

3. 由特区人力资源社会保障局牵头，统筹做好从湖北省返乡务工人员的信息摸排工作。

4. 由特区工商联牵头，统筹做好现居我区的六枝籍武汉企业家和武汉籍企业家的信息摸排工作。

5. 由特区交通运输局牵头，六枝火车站、汽车站等单位负责，从即日起对所有进出旅客进行体温检测并做好信息登记。

6. 由特区卫生健康局负责，统筹做好全区医疗防控物资保障工作。

7. 由特区疾控中心牵头，加强疫情监测和跟踪研究力度，全力做好人员排查、公共场所消毒、疫情处置和培训等工作。

8. 由特区市场监管局牵头，统筹做好全区粮油基本生活物资保障，加强食品药品、医疗器械质量监督，坚决打击囤积居奇、哄抬物价等行为。

9. 由特区农业农村局牵头，强化畜禽疫病防控及处置，统筹做好活禽市场和非洲猪瘟防控工作。

10. 由特区教育局负责，认真做好六枝籍在湖北就读学生返乡情况，以及近期有湖北武汉旅居史或与湖北武汉人员有接触史的师生排查工作。

11. 由特区纪委特区监委、特区委组织部负责，加强对疫情防控工作纪律的监督检查，对在防控工作中不作为、慢作为、乱作为者，严肃追责问责。

四、2020 年 2 月 17 日十一届区委 2020 年第四次常委会会议

传达学习 2 月 3 日习近平总书记在中央政治局常委会会议研究应对新型冠状病毒肺炎疫情工作时的讲话精神和 2 月 12 日中央政治局常委会会议精神，2 月 15 日贵州省统筹做好疫情防控和经济社会发展工作会议、2 月 16 日市委常委会会议暨市应对新冠肺炎疫情防控工作领导小组会议精神，以及 2 月 17 日市委书记王忠赴六枝特区调研时的讲话精神，听取我区新冠肺炎疫情防控、重大项目、复工复产、春耕生产、脱贫攻坚工作情况汇报，研究有关事宜。

会议指出，新冠肺炎疫情发生以来，党中央高度重视，习近平总书记亲自部署、亲自指挥，做出一系列重要指示，为我们做好疫情防控和经济社会发展各项工作提供了强大思想武器及科学行动指南。省委、市委精心组织、科学谋划、周密部署，为我们坚决打赢疫情防控阻击战指明了路径、明确了重点。全区

各级各部门要深入学习贯彻习近平总书记重要讲话精神，在党中央集中统一领导和省委、省政府，市委、市政府坚强领导下，进一步增强“四个意识”、坚定“四个自信”、做到“两个维护”，始终把人民群众的生命安全和身体健康放在第一位，以百倍担当精神，坚决打赢这场输不起也不能输的疫情防控阻击战。

会议强调，当前疫情防控到了最吃劲的关键阶段，各项工作面临着许多新问题、新挑战，必须坚持一手抓疫情防控、一手抓脱贫攻坚和经济发展等重点工作，确保“两手抓、两手硬，两不误”，坚决夺取疫情防控和脱贫攻坚两场战役的全面胜利，为实现全面建成小康社会和“十三五”圆满收官奠定坚实基础。全区上下要在思想认识上再强化，在“防”字上下功夫，科学研判疫情形势，树立忧患意识、风险意识，防止盲目乐观、麻痹大意、懈怠放松，持续以昂扬的斗志百分百投入疫情防控战斗中。要进一步在外防输入上下功夫，尤其要做好外出务工返乡人员、复工复产从业人员和重点疫区外出人员的防疫工作，坚决防止居家留观人员外出聚集、环境卫生整治反弹等问题出现。要在措施上再用力，在“守”字上出实招，严格落实“管点、控线、畅面”要求，统筹力量继续守好交通要道、邻县交界、火车站、汽车站、村庄小区、超市门店等重点区域和关键环节。要持续在“查、防、备、治、稳”上下功夫，深入落实群防群控“十条措施”，从紧从严抓好疫情防控各项工作，打好村庄保卫战和小区保卫战。要在统筹上再兼顾，在“实”字上着力，进一步强化疫情防控措施，认真评估疫情影响，压紧、压实脱贫攻坚责任，纵深推进农村产业革命、复工复产、春耕生产等各项工作，积极谋划储备一批重大项目，坚决做到一手抓疫情防控、一手抓经济发展。要在氛围营造上再用心，在“宣”字上做文章，持续总结提炼疫情防控工作中的好经验、好做法，深入挖掘一批先进典型和感人事迹，积极转载刊登权威信息，广泛普及科学防疫知识，在全区上下持续掀起众志成城抗击疫情、决战决胜脱贫攻坚的良好舆论氛围。

会议议定：

1. 各决胜工作团团长、副团长要牵头统筹做好本工作团疫情防控和经济社会发展各项工作，做到两手抓、两不误。

2. 各乡（镇、街道）要采取村民自治、志愿服务等方式，加强对村庄、自然村寨、小区院落等重点区域的防控管理工作。

3. 由特区市场监管局牵头，各行业主管部门负责，进一步加大对全区各类经营主体的监督管理力度，严格审批报备，规范商铺经营行为。

4. 由特区教育局负责，积极向广大学生、家长广泛宣传防控知识，自觉参与科学防疫。

5. 由特区纪委特区监委、特区委办公室、政府办公室牵头，强化对疫情防控工作中到岗到位、履职尽责等情况的监督检查，对履职不力，不作为、慢作为、乱作为的严肃追责问责。

6. 由特区委组织部负责，进一步完善激励干部担当作为机制，落实关心关爱防控一线党员干部具体措施，激励各级党组织和党员干部积极主动履职、有效发挥作用，为坚决打赢疫情防控阻击战提供坚强组织保障。

五、2020 年 2 月 25 日十一届区委 2020 年第五次常委会会议

（一）传达学习 2 月 19 日中央政治局常委会会议和习近平总书记在统筹推进新冠肺炎疫情防控和经济社会发展工作部署会议上的讲话精神，《中共贵州省委贵州省人民政府关于认真学习贯彻习近平总书记在统筹推进新冠肺炎疫情防控和经济社会发展工作部署会议上重要讲话精神的意见》《中共贵州省委贵州省人民政府关于坚决统筹打赢疫情防控阻击战和脱贫攻坚战全力推动经济社会持续健康发展的意见》，以及 2 月 25 日全省纪检监察机关电视电话会议精神、2 月 24 日市委常委会暨市应对新冠肺炎疫情防控工作领导小组会议精神，研究我区贯彻落实意见。

会议指出，新冠肺炎疫情发生以来，以习近平同志为核心的党中央高瞻远瞩、统揽全局、运筹帷幄、指挥有力，对统筹做好疫情防控和经济社会发展作出重大部署，为全党全国人民全面打赢疫情防控的人

民战争、总体战、阻击战，努力实现今年经济社会发展目标任务，决胜全面建成小康社会、决战脱贫攻坚，进一步指明前进方向、提供根本遵循原则。省委、市委以强烈的使命担当及时贯彻习近平总书记的重要讲话精神和中央安排部署，研究部署了具体贯彻落实意见，为我们抓好当前各项工作指明了方向、明确了重点。全区上下要深入学习领会习近平总书记重要讲话精神，按照中央的决策部署和省委、市委的安排要求，进一步认清形势、坚定信心，突出重点、统筹兼顾，确保疫情防控有力有效，经济恢复有序有力，奋力夺取疫情防控和实现经济社会发展目标双胜利。

（二）听取我区疫情防控和经济社会发展有关工作情况汇报，审议《六枝特区 2020 年调减低效作物攻坚方案》《六枝特区 2020 年农村“千家万户小康菜园”工程建设推进方案》，研究有关事宜。

会议强调，全区各级各部门要深刻认识统筹抓好疫情防控和经济社会发展各项工作的重要性，客观分析形势任务，在肯定成绩、总结经验的同时，善于发现问题、抓实整改，对疫情防控和经济社会发展做到“两手抓、两手硬，两不误”。要继续把疫情防控摆在突出位置，树立底线思维，扎紧扎牢输入关口，持续打好村庄保卫战和小区保卫战，不断巩固成果、扩大战果。要对照“一达标两不愁三保障”标准，持续补齐农村饮水安全、易地扶贫搬迁后续扶持、环境整治、就业创业等工作短板，大干快上、大抓特抓，坚决打赢打好脱贫攻坚战。要持续抓好春耕生产和“千家万户小康菜园”工程建设，加快农业产业结构调整，纵深推进农村产业革命。要用好、用足疫情防控期间恢复经济社会发展的各项政策，全力推进项目和企业安全有序复工复产，帮助企业满负荷生产，释放最大产能，加快恢复经济社会运行秩序。要强化分类指导和统筹调度，加大对重大工程和重点项目支持服务力度，确保全面复工。要着力保障改善民生，落实就业优先政策，做好生活必需品供应保障和困难群众基本生活保障，切实满足人民群众生产生活需求。要加强党的领导，落实好属地责任，坚决革除工作中的形式主义、官僚主义，做到守土有责、守土负责、守土尽责。

会议议定：

1. 原则上同意《六枝特区 2020 年调减低效作物攻坚方案》《六枝特区 2020 年农村“千家万户小康菜园”工程建设推进方案》，由特区农业农村局负责，按照本次常委会会议讨论的意见修改完善后按程序送审行文实施。

2. 同意特区人大常委会副主任周金平任中寨决胜工作团团长，特区政协党组成员宋邦维任银壶决胜工作团团长，特区人大常委会副县长级干部陶玉国任郎岱决胜工作团副团长，特区政协三级调研员吴文英不再担任银壶决胜工作团团长，由特区“两办”负责，按程序行文。

3. 由詹勇牵头，特区公安局负责，利用大数据等手段掌握湖北（武汉）等重点疫区进入我区人员情况，切实筑牢严防输入隔离墙。

4. 杨强牵头，特区卫生健康局负责，持续做好我区防疫物资采购、调运、储备等工作，千方百计保障防疫物资供应。

5. 由各决胜工作团团长、副团长牵头，统筹推进本辖区内疫情防控、项目建设、产业结构调整和小康菜园建设等工作，确保疫情防控和经济社会发展双胜利。

6. 各乡（镇、街道）要强化对外来人员管理，坚决打好村庄保卫战和小区保卫战。

7. 各街道党工委要加大对区直各有关单位抽调参与小区值守工作人员的监督管理，确保抽调人员履职尽责。

8. 由特区委宣传部牵头，对全区疫情防控和经济社会发展工作进行全方位、多渠道、矩阵式宣传报道，讲好六枝抗疫故事、书写六枝发展篇章，展现六枝良好形象。

9. 由特区发展改革局牵头，各行业主管部门负责，按照“一项一策”要求，统筹做好全区重大工程和重点项目跟踪管理和服务指导。

10. 由特区能源局牵头，特区自然资源局、市生态环境局六枝分局等单位配合，及时完善锂电项目国土、环评等前期工作的申报和办理。

11. 由特区农业农村局负责，细化全区 2020 年产业结构调整方案，有计划分步骤组织各乡（镇、街道）实施，并对工作进展情况实行一日一调度。

12. 由特区攻坚办负责，加大对脱贫攻坚和春季农业生产工作的督促指导力度，确保脱贫攻坚和春季农业生产各项工作有序、有效、有力开展。

13. 由特区招商投资促进服务中心负责，积极谋划招商引资项目，制订招商计划，确保全年招商任务顺利完成。

14. 由特区扶贫办负责，加强向上沟通对接，积极争取上级产业扶贫资金支持，科学谋划项目，持续巩固全区产业脱贫成果。

15. 由特区人力资源和社会保障局负责，各乡（镇、街道）配合，加强就业指导服务，有序组织农民工外出务工。同时，摸清区内岗位需求，引导未外出务工人员就地、就近就业。

16. 由特区纪委特区监委负责，整合监督检查力量，加大对全区疫情防控、复工复产、春耕生产等工作的督促检查力度，对履职尽责不到位的严肃追责、问责。

（三）研究有关干部工作（略）。

六、2020 年 3 月 10 日十一届区委 2020 年第六次常委会会议

（一）传达学习 3 月 4 日中共中央政治局常务委员会会议精神、3 月 2 日习近平总书记在北京考察新冠肺炎防控科研攻关工作时的重要讲话精神和 3 月 6 日习近平总书记在决战决胜脱贫攻坚座谈会上的重要讲话精神，省“两会”精神，以及近期省委常委会暨省扶贫开发领导小组会议、市委常委会暨市扶贫开发领导小组会议精神，研究我区贯彻落实意见。

会议指出，习近平总书记在中共中央政治局会议、在北京考察和决战决胜脱贫攻坚座谈会上的重要讲话精神，为我们巩固疫情防控良好势头，推动经济社会早日全面步入正轨，实现决胜全面建成小康社会、决战脱贫攻坚目标任务注入了信心和力量，提供了遵循原则和指南。省委、市委迅速行动，及时对总书记讲话要求作出安排部署，为我们做好疫情防控和脱贫攻坚、经济发展等各项工作指明了方法路径。全区各级各部门和广大党员干部要深入学习贯彻习近平总书记重要讲话和指示精神，认真落实党中央、省委、市委系列安排部署，慎终如始地做好疫情防控，以时不我待的态度推动脱贫攻坚和经济社会发展各项工作，努力在大战大考中交出满意的答卷。

（二）传达学习习近平总书记对全国春季农业生产工作作出的重要指示精神和李克强总理批示精神，以及《中共贵州省委办公厅关于认真学习贯彻习近平总书记在决战决胜脱贫攻坚座谈会上重要讲话精神的通知》《贵州省扶贫开发领导小组关于深入贯彻落实省委主要领导在视频督战“9+3”县（区）脱贫攻坚工作时重要讲话精神的通知》《中共六盘水市委办公室关于传发省领导同志批示的通知》《市领导批示抄清》，研究我区贯彻落实意见。

会议强调，习近平总书记的重要指示和李克强总理的批示精神，为我们统筹抓好脱贫攻坚和“三农”工作进一步指明了方向、提供了遵循原则。省委、省政府以强烈的历史使命感和政治责任感狠抓春季农业、脱贫攻坚、疫情防控等各项工作，省委书记孙志刚示范打样，亲自谋划、亲自推动，为全省上下狠抓落实树立了标杆。市委、市政府高度重视，党政主要领导多次赴我区调研指导，为我们抓好当前各项工作明确了重点、细化了措施。全区上下要认真学习贯彻，按照党中央、国务院和省委、市委的安排部署，在毫不放松打好疫情防控阻击战的同时，全力抓好脱贫攻坚和“三农”工作，纵深推进农村产业革命，努力把农业基础打得更牢，把“三农”领域短板补得更实，确保实现同步全面建成小康社会和“十三五”规划圆满收官。

（三）传达3月10日市委书记王忠赴我区调研时的讲话精神和《中共贵州省委办公厅贵州省人民政府办公厅关于切实加强涉疫场所和复工复产安全防范的紧急通知》，听取我区近期疫情防控、脱贫攻坚、春耕生产、复工复产和学校复课等工作情况汇报，研究有关事宜。

会议议定：

1.由王光全、杨强两位牵头，特区防控办负责，进一步研究细化外放输入具体措施，坚决防止“输入性”疫情发生。

2.由蒋家梁牵头，特区能源局负责，特区自然资源局等单位配合，加快推进黏土矿资源综合开发利用项目建设。

3.由杨强牵头，特区卫生健康局负责，加大防疫物资负责采购和储备力度，全力做好防疫物资保障。

4.由彭良国牵头，特区发展改革局负责，特区财政局、交通运输局、益正公司等有关单位配合，及时制定安六城际铁路六枝南站及市政配套设施倒排工期工作方案，在保证安全和工程质量的前提下，按照交叉作业、饱和施工的原则，加快推进工程建设，确保于2020年6月25日前全面完工。

5.由各乡（镇、街道）负责，持续加大社会面管控力度，加强辖区内境外人员服务和管理，严防滥办酒席、赶集等问题反弹。

6.由特区人资社保局牵头，各乡（镇、街道）负责，摸清外出务工人员基本情况，多渠道发布用工信息，积极组织农民工返岗就业。同时，加强湖北、武汉等重点疫区返乡农民工安置工作。

7.由特区文体广电旅游局牵头，六盘水牂牁江风景名胜区、牂牁镇等单位配合，持续巩固牂牁江国家AAAA级旅游景区和省级旅游度假区创建成效，带动全区旅游业持续发展。

8.由特区能源局负责，督促区内煤矿全面落实“年产30万吨以下煤矿必须真正停止生产”的决定，加快推进全区煤矿机械化、智能化改造。

9.由特区市场监管局负责，研究制定我区餐饮行业恢复营业工作方案，促进餐饮业尽快恢复营业。

10.由特区教育局负责，各有关单位配合，认真做好2020年春季学期高三、初三年级学生复学前人员信息摸排、物资准备等工作，确保安全有序复学。

11.由特区防控办负责，加大对全区疫情防控工作的督促检查力度，确保疫情防控各项措施落到实处。

12.由特区扶贫办牵头，各乡（镇、街道）负责，于2020年3月25日前完成脱贫攻坚巩固提升专项排查工作。

13.由特区自然资源局牵头，各乡（镇、街道）负责，严格落实森林防火、应急值守等各项工作，严防森林火灾发生。

14.由特区公安局牵头，进一步加大因疫情防控产生的各类矛盾纠纷调解处置力度，维护全区社会和谐稳定。

（四）传达学习全国全省全市宣传部长会议精神，审议《六枝特区2020年宣传思想工作要点（讨论稿）》，研究贯彻落实意见。

会议强调，全区各级各部门特别是宣传思想战线要始终把学习宣传贯彻习近平新时代中国特色社会主义思想作为首要任务，深入贯彻落实全国全省全市宣传部长会议精神，深刻认识和准确把握当前宣传思想工作面临的新形势、新任务、新要求，创新工作方式，丰富宣传载体，确保今年全区宣传思想工作再上新台阶。各级各部门党组织负责人要切实担负起宣传思想工作的政治责任和领导责任，全面加强党对宣传思想工作的领导，严格落实意识形态工作责任制，抓好宣传思想战线干部队伍建设，确保宣传思想工作始终沿着正确方向前进。

会议议定：原则同意《六枝特区2020年宣传思想工作要点（讨论稿）》，由王国华牵头，特区委宣传部负责，按照本次常委会会议讨论的意见修改完善后送审行文实施，并统筹做好全区宣传工作会议筹备工作。

（五）听取我区关于中央、省委生态环境保护督察问题整改工作情况汇报，研究有关事宜。

会议要求，全区各级各部门要切实提高政治站位，中央环保督察及“回头看”反馈涉及我区问题，用最严的措施、最高的标准、最大的力度，强力推动问题整改。要加强对整改落实情况的督促检查，把自查自纠贯穿整改工作全过程，坚决杜绝“表面整改”“假装整改”“敷衍整改”，防止问题反弹回潮。要以中央、省委环境保护督察问题整改为契机，进一步夯实生态文明建设和生态环境保护责任，举一反三，引导全区上下共同保护生态环境，切实筑牢生态安全屏障。

会议议定：由特区“两办”负责，进一步加大对中央、省委环境保护督察反馈问题整改情况的督促检查力度，确保整改落实到位。

（六）传达学习全国全省全市组织部长会议及全省全市干部监督工作会议精神，听取六枝特区2019年度各基层党（工）委书记抓党建工作述职评议测评情况，以及中国共产党六枝特区民生发展（集团）有限责任公司委员会选举大会和中国共产党六枝特区民生发展（集团）有限责任公司委员会第一次会议选举结果的情况汇报，研究有关事宜。

会议要求，全区上下要认真贯彻落实全国、全省、全市组织部长会议精神，自觉把组织工作放在全区工作大局中把方向、谋思路、定政策、促改革，坚持和加强党的全面领导，以党的政治建设为统领，持续巩固“不忘初心、牢记使命”主题教育成果，统筹推进党的建设和组织工作各项重点任务，推动全区组织工作在新时代实现新担当、新作为。要持之以恒加强组织部门自身建设，深刻认识和把握干部监督工作的重大意义和经验规律，强化使命担当，坚持把政治监督摆在首位，做实、做细日常监督管理，推动广大干部旗帜鲜明讲政治、攻坚克难敢担当、清正廉洁知敬畏，不断提高全区干部监督工作的质量和水平。

会议议定：

1.同意特区委组织部提出的关于对全国全省全市组织部长会议暨全省全市干部监督工作会议精神的贯彻落实建议，由潘静牵头，特区委组织部负责，统筹抓好贯彻落实，并做好全区组织工作会议的筹备工作。

2.同意中国共产党六枝特区民生发展（集团）有限责任公司委员会选举大会和第一次会议的选举结果，由潘静牵头，特区委组织部负责，按照有关规定和程序办理。

3.由潘静牵头，特区委组织部负责，根据全区2019年度基层党（工）委书记抓党建工作述职评议情况，坚持问题导向，建好问题台账，及时督促各基层党（工）委书记按要求抓好整改落实。

（七）研究有关干部工作（略）。

七、2020年3月19日十一届区委2020年第八次常委会会议

（一）传达学习3月18日中央政治局常务委员会会议精神，以及《中共十二届贵州省委研究部署全省2020年春季学期高三初三年级开学安全保障工作会议纪要》《省应对新冠肺炎疫情防控领导小组办公室关于进一步加强境外入黔人员疫情防控工作的通知》等文件精神，3月18日市应对新冠肺炎疫情防控工作领导小组会暨市委财经委员会第四次会议精神，听取我区近期疫情防控、企业复工复产、高三初三年级入学、春耕生产和脱贫攻坚等工作情况汇报，研究有关事宜。

会议要求，全区各级各部门要深入学习贯彻习近平总书记系列重要指示精神，认真落实省委、省政府和市委、市政府关于进一步加强境外及重点地区入黔人员防控工作的部署要求，继续严阵以待，严防死守、毫不松懈地抓好疫情防控和经济社会发展工作，不断巩固全区疫情防控成果，为经济社会健康发展营造良好氛围。当前，特别是要加强调度打通“堵”点、补上“断”点，统筹抓好重大项目建设、企业复工复产、春耕生产、低效作物调减、小康菜园建设及高三、初三入学等工作，把耽误的时间抢回来，把造成的损失补回来，把落下的进度赶回来，为确保全面建成小康社会和“十三五”规划圆满收官奠定坚实的基础。

会议议定：

1.原则上同意《六枝特区入境人员疫情防控组工作方案》，由王光全、杨刚、杨强三位牵头，特区

防控办负责，按照本次会议讨论的意见修改完善后行文执行。

2. 由杨刚、蒋家梁两位牵头，加大对全区工业经济运行调度，及时帮助解决企业复工复产和重大项目建设过程中遇到的困难和问题。

3. 由彭良国牵头，特区教育局及各乡（镇、街道）负责，对全区 2020 年春季学期高三、初三学生复学实行校长、副校长和班主任负责制，全面落实“包保责任”，确保疫情防控和教学质量双提升、两不误。

4. 由张斌牵头，特区农业农村局、教育局负责，统筹做好农校对接工作，最大限度使用本地农产品、减少采购中间环节，降低产品采购成本、保障学生食品安全。

5. 各决胜工作团长、副团长要加大对脱贫攻坚“两不愁、三保障”存在的问题进行排查、督导和统筹调度，确保存在的问题及时清零。

6. 由特区防控办负责，及时拟定我区餐饮、商贸等行业恢复营业的通告，按程序送审后行文执行。

7. 由特区市场监管局、工业和信息化局负责，认真做好餐饮、商贸等行业经营服务指导工作，帮助尽快恢复经营活动。

8. 由特区统计局负责，围绕全年经济目标，深入基层开展调查研究，加强经济运行调度，确保统计数据精准科学。

（二）传达学习 3 月 12 日省冬春安全风险防范大排查大整治大演练行动督查组赴我区督查时的有关精神，以及 3 月 18 日全省安全生产工作电视电话会议精神，听取全区 2020 年第一季度安全生产工作情况汇报，研究有关事宜。

会议强调，当前正处于疫情防控关键期，加之复工复产、森林防火等各类安全防范压力交织叠加，做好全区安全生产工作压力重大，全区各级各部门要深入贯彻落实习近平总书记关于安全生产的系列重要讲话精神，深刻汲取近期全国各地安全生产事故教训，按照“管行业就要管安全”原则，从严压紧、压实安全生产主体责任、监管责任、属地责任，深入排查煤矿、建筑工地、非煤矿山、地质灾害隐患点等重点领域隐患和漏洞，科学构建更加严密的责任体系、更加有效的预防体系和更加坚实的基层共治体系，切实筑牢安全生产防线，为全区经济社会发展和生命财产安全提供坚强保障。

（三）传达学习全国、全省统战部长会议精神，审议《六枝特区贯彻落实中央宗教工作督查“回头看”反馈意见整改方案（讨论稿）》，研究有关事宜。

会议强调，全区各级各部门特别是统战部门要学深悟透习近平总书记关于加强和改进统一战线工作的重要思想，增强“四个意识”、坚定“四个自信”、做到“两个维护”，把党中央对统一战线的决策部署落实下去，把广大统一战线成员的智慧和力量凝聚起来。要紧扣凝聚人心这个根本，突出思想政治这条主线，着力转变思路理念、狠抓贯彻落实、完善体制机制、创新方式方法，推动统战工作提质增效，为高质量打赢疫情防控阻击战、脱贫攻坚战，全面建成小康社会，实现“十三五”规划圆满收官汇聚强大力量。

会议议定：

1. 原则同意《六枝特区贯彻落实中央宗教工作督查“回头看”反馈意见整改方案（讨论稿）》，由特区民宗局负责，按照本次常委会讨论的意见修改完善后按程序送审行文实施。

2. 拟于近期召开全区宣传工作会议和统战工作会议，由特区委宣传部和统战部分别牵头，认真做好会议筹备工作。

3. 由特区民宗局牵头，加强对全区民族宗教工作包保责任落实情况的统筹调度和督查指导力度。

（四）原则上同意《六枝特区人大常委会 2020 年工作要点（讨论稿）》《政协六枝特区委员会 2020 年工作要点（讨论稿）》，由吕荣、郭萌两位分别牵头，特区人大办、政协办具体负责，根据本次会议讨论的意见修改完善后按程序行文。

（五）原则上同意特区委组织部提出的关于追授卢彦为“全区脱贫攻坚优秀共产党员”称号的建议，由特区委组织部牵头，按有关规定和程序办理。

（六）研究有关干部工作（略）。

八、2020 年 3 月 26 日十一届区委 2020 年第九次常委会会议

（一）传达学习《贵州省应对新冠肺炎疫情防控领导小组关于调整有关生产生活服务业疫情防控措施的通告》《贵州省应对新冠肺炎疫情防控领导小组办公室关于做好湖北来黔返黔人员管理服务工作的通知》《六盘水市应对新冠肺炎疫情防控领导小组〈关于传发时光辉同志在省疫情防控领导小组社会防控工作电视电话会议上的讲话〉的通知》等文件精神，研究有关事宜。

会议强调，随着国际疫情快速蔓延，输入性风险持续加大，全区上下要坚决把思想和行动统一到党中央决策部署上来，认清形势，坚定信心、迎难而上、主动作为，不断巩固和拓展疫情防控成效。要全面抓好疫情防控尤其是境外输入、省外输入各项防控工作，严格落实“两个一律”规定，执行好首站责任制，全面加强对境外人员的管理，织牢外防输入的第一道防线；要内防反弹，建立健全及时发现、快速处置、精准管控、有效救治的常态化防控机制，坚决打赢疫情防控的人民战争。

会议议定：

1. 从即日起，在疫情防控期间原则上一律不再邀请境外人员来六枝，一律不再批准因公临时出国（境）团组、人员出访和因私出国（境）。

2. 由特区防控办负责，持续做好宣传教育、舆论引导及输入性人员管理服务工作。

3. 由特区市场监管局牵头，认真做好餐饮、商贸等行业营业活动的排查检查，对不符合疫情防控要求、达不到标准的一律停业整顿。

（二）传达学习《党委（党组）落实全面从严治党主体责任规定》，以及 3 月 25 日市委领导带队检查六枝特区全面从严治党工作会议和 3 月 26 日市委常委会会议精神，研究我区贯彻落实意见。

会议强调，《党委（党组）落实全面从严治党主体责任规定》是党中央健全全面从严治党责任制的重要举措，为新形势下推动全面从严治党向纵深发展提供了根本遵循原则，全区各级党委（党组）要深入学习贯彻，充分认清全面从严治党的新态势，不断增强全面从严治党的责任感、紧迫感和使命感，以更大的决心、更实的举措把全面从严治党各项任务抓实、抓到位，推动全面从严治党不断取得新成效。要坚持党建引领，持续以脱贫攻坚统揽全区经济社会发展全局，切实克服疫情影响，冲刺九十天，奋战三个月，坚决打赢脱贫攻坚最后总攻战歼灭战。

会议议定：

1. 由王光全、张斌两位牵头，特区扶贫办负责，聚焦脱贫攻坚“两不愁三保障”等方面工作，实行日调度、周通报制度。

2. 由龙超牵头，特区纪委特区监委负责，进一步加大对市委领导检查我区全面从严治党工作反馈问题整改情况的督促检查。

3. 由特区委办公室负责，对市委检查组反馈问题进行分解督办，并按要求上报整改落实情况。

（三）传达学习《中共中央办公厅国务院办公厅印发〈关于整治突出毒品问题的实施意见〉的通知》《贵州省禁毒委员会印发〈贵州省禁毒“大扫除”专项行动总体工作方案〉的通知》，以及 3 月 26 日省委政法工作会议、3 月 25 日全市禁毒“大扫除”专项行动动员部署会议精神，听取全区扫黑除恶专项斗争和禁毒工作情况汇报，研究有关事宜。

会议强调，近年来，全区政法工作和禁毒工作取得重大突破，成绩应给予充分肯定。同时，也面临许多新形势、新挑战、新任务、新要求。全区上下要始终坚持目标导向、问题导向，牢牢聚焦政法工作重点任务，全力维护国家安全和社会稳定，纵深推进扫黑除恶专项斗争，全面深化“平安六枝”建设，切实提高政法工作现代化水平。要纵深开展禁毒“大扫除”专项行动，强化组织领导、压实工作责任，迅速在全区范围内掀起严打涉毒违法犯罪的强大攻势。要持续开展防范打击外流贩毒犯罪活动、禁毒预

防宣传教育、吸毒人员“三清一吸”等工作，净化社会环境，维护广大人民群众利益。

会议议定：

1. 原则上同意成立六枝特区禁毒“大排查”专项行动领导小组，拟于近期召开全区政法工作会暨禁毒“大扫除”会议，由杨刚、詹勇两位牵头，特区委政法委、禁毒办负责，认真做好会议筹备工作。

2. 由特区财政局牵头，统筹做好扫黑除恶专项斗争工作经费保障。

（四）听取全区 2020 年东西部扶贫协作工作情况汇报，审议《六枝特区 2020 年东西部扶贫协作工作要点（讨论稿）》《大连援建资金安排计划》《六枝特区 2020 年省级配套专项扶贫资金安排计划》，研究有关事宜。

会议强调，全区各级各部门要进一步提高政治站位，深刻认识东西部扶贫协作工作的重大意义，积极加强与大连市甘井子区、中国科学技术大学等帮扶部门的沟通对接，聚焦组织领导、人才交流、资金管理、产业合作、劳务协作、携手奔小康、工作创新等 7 项考核评价指标，科学拟定 2020 年东西部扶贫协作工作要点，明确工作目标，强化工作调度，全力推进项目建设，确保 2020 年东西部扶贫协作工作再创佳绩。

会议议定：

1. 原则上同意《六枝特区 2020 年东西部扶贫协作工作要点（讨论稿）》《大连援建资金安排计划》《六枝特区 2020 年省级配套专项扶贫资金安排计划》，由何立强、张斌两位牵头，特区扶贫办具体负责，按照本次常委会讨论的意见修改完善后行文。由特区财政局负责，尽快将大连帮扶资金下拨到各乡（镇、街道）。

2. 由何立强牵头，特区农业农村局、人资社保局负责，加强与大连市甘井子区的沟通对接，进一步深化推动劳务输出、农产品流通等各项工作。

（五）听取六枝特区乡村振兴战略推进情况汇报，审议《六枝特区 2020 年乡村振兴战略实施方案（讨论稿）》《六枝特区“十百千”乡村振兴示范工程实施方案（讨论稿）》，研究有关事宜。

会议要求，全区上下要认真学习贯彻习近平总书记关于实施乡村振兴战略的重要论述，深入贯彻落实省、市乡村振兴总体要求和工作重点，按照“产业兴旺、生态宜居、乡风文明、治理有效、生活富裕”总体要求，以夯实基础设施为前提，以改善生态环境为重点，以发展特色产业为突破，以推进乡村治理为保障，以促进农民增收为目标，结合千家万户小康菜园建设，集中精力打造一批形态各异、内涵丰富的示范村，推动我区农业农村工作开创新局面。

会议议定：

原则同意《六枝特区 2020 年乡村振兴战略实施方案》和《六枝特区“十百千”乡村振兴示范工程实施方案》，由王光全、张斌两名同志牵头，特区农业农村局具体负责，按照本次常委会讨论的意见修改完善后行文实施。

（六）听取全区“三变”改革工作情况汇报，审议《六枝特区 2020 年推进全国农村改革试验区建设暨“三变”改革重点工作安排（讨论稿）》，研究有关事宜。

会议要求，全区上下要充分发挥“三变”改革的纽带作用，进一步加大创新力度，聚焦十大主导产业，建立健全“三变”股份合作机制，优化利益联结，保障入股农户获得更多收入。要建立健全农村资源资产评估、农村集体资产经营管理、宅基地“三权分置”等指导性文件，加大财政资金、国有资产、基础设施等量化入股参与股份合作的力度，以“三变”改革助推农村产业革命和人民群众增收致富。

会议议定：原则同意《六枝特区 2020 年推进全国农村改革试验区建设暨“三变”改革重点工作安排（讨论稿）》，由王光全牵头，特区委“三变”办具体负责，按照本次常委会讨论的意见修改完善后行文实施。

（七）传达学习 3 月 24 日全市安全生产工作电视电话会议精神，研究关于组建六枝特区煤炭产业发展专班和资金项目争取专班的有关事宜。

会议强调，安全生产事关广大人民群众的生命财产安全，全区上下要认真学习习近平总书记关于安全生产系列重要讲话精神，全面落实中央、省、市决策部署，强化红线意识，树立底线思维，增强防范意识，全面加强安全生产体系建设，全面落实安全生产党政同责、一岗双责责任和企业安全生产主体责任，坚决防范和遏制各类安全生产事故发生。

会议议定：

1. 原则同意组建六枝特区煤炭产业发展专班，由周金平、蒋家梁两位牵头，特区能源局具体负责；原则同意组建资金项目争取专班，由杨刚、王菁两位牵头，特区财政局具体负责。

2. 由特区应急局牵头，特区能源局、交通运输局等单位配合，各乡（镇、街道）负责，在全区范围内大力开展安全生产隐患大排查、大整治专项行动，坚决排除各类安全生产隐患。

3. 由特区自然资源局牵头，各乡（镇、街道）负责，加强应急值班值守和宣传引导，认真做好清明节期间森林防火工作。

4. 由特区应急局、自然资源局负责，尽快完成应急救援预案、物资储备和应急救援队伍建设等各项工作。

（八）原则上同意《十一届中共六枝特区委员会第八轮巡察工作方案（讨论稿）》，由龙超牵头，区委巡察办负责，按照本次常委会讨论的意见修改完善后组织实施。

（九）听取十一届中共六枝特区委员会第七轮巡察工作情况汇报，研究有关事宜。

会议要求，十一届中共六枝特区委员会第七轮巡察工作成效明显，各巡察组要坚持以习近平新时代中国特色社会主义思想为指导，坚持巡察“发现问题、形成威慑、推动改革、促进发展”工作方针不动摇，及时向被巡察党组织反馈发现问题，督促抓好整改落实，推动问题真改实改。要强化总结分析，紧盯重点人、重点事、重点问题，既要找准“点”，又要关注“面”，推动我区全面从严治党工作存在的突出性和一般性问题有效解决。被巡察党组织要主动作为，立行立改，立破并举，务求实效，以政治巡察为实现同步全面小康和“十三五”规划圆满收官提供坚强的纪律和作风保证。

（十）研究有关干部工作（略）。

九、2020 年 4 月 14 日十一届区委 2020 年第十次常委会会议

（一）传达学习 4 月 8 日中央政治局常务委员会会议、4 月 8 日省委常委会会议精神，《贵州省人民政府办公厅关于印发〈武汉市来黔返黔人员疫情防控工作方案〉的通知》，以及 4 月 14 日市委书记王忠赴我区调研时的讲话精神，研究我区贯彻落实意见。

会议强调，在国内疫情防控成效不断巩固和国外疫情不断蔓延的新形势下，中央政治局常务委员会、省委常委会再次召开会议，研究部署落实常态化疫情防控举措，全面推进复工复产工作，为我们统筹做好疫情防控、脱贫攻坚和经济社会发展各项工作提供了遵循原则。全区上下要持续做好外防输入各项工作，把牢外防输入各道关口，严防输入性疫情发生。要强化政策学习，抢抓国家刺激经济社会发展的政策机遇，落实各级促消费优惠政策，千方百计拉动内需，推动全区经济发展全面恢复。要全力做好项目储备、谋划和申报等工作，积极争取更多项目落户、更多资金支持，进一步做大做强实体经济。要全面抓好脱贫攻坚巩固提升工作，尤其要扎实抓好各级检查督查发现问题整改，持续巩固脱贫成果。要认真学习领会市委书记王忠赴我区调研讲话精神，全力以赴抓好农村产业结构调整和千家万户小康菜园建设工作，为深入实施乡村振兴战略奠定坚实基础。

会议议定：

1. 由王光全、杨强两位牵头，特区防控办负责，持续抓好我区疫情防控工作。

2. 由王光全、张斌两位牵头，组织相关单位外出考察学习千家万户小康菜园经验做法，推动我区千家万户小康菜园建设取得更大成效。

3. 由杨刚、蒋家梁两位牵头，特区发展改革局、招商投资促进服务中心负责，积极谋划、包装一批优强项目，创新招商引资模式，努力引进一批优强企业落户我区。

4. 由杨强牵头，特区交通运输局、各乡（镇、街道）负责，对城区、乡镇主要干道公路损毁情况进

行排查并做好常态化管护。

5. 由彭良国牵头，一是特区教育局负责，加强向上争取项目资金力度，加快补齐我区教育基础设施短板；二是特区城市综合执法局负责，进一步加大城区环境卫生综合整治力度，不断提高城乡环境治理水平。

（二）传达学习4月13日市东西部扶贫协作工作领导小组会议精神，听取六枝特区2020年一季度东西部扶贫协作工作推进情况汇报，研究有关事宜。

会议议定：

1. 由王光全、潘静两位牵头，加强与大连市甘井子区的沟通对接，尽快落实双方互派干部挂职及专业技术人才交流互访等工作。

2. 由王光全、张斌两位牵头，特区扶贫办负责，按照半月一调度、半月一通报的要求，强力推进东西部扶贫协作各项工作落到实处，确保年度目标任务保质保量完成。

3. 由何立强、张斌两位牵头，特区扶贫办负责，加强与甘井子区的沟通对接，商议双方党政高层互访有关事宜。同时，充分利用专柜展示、促销推广、线上线下一体化经营等手段，进一步深化消费合作。

4. 由张斌牵头，特区农业农村局、扶贫办负责，加大督促力度，推动我区大连援建项目取得实效。

5. 由特区人力资源社会保障局负责，借鉴其他地方经验做法，认真做好我区劳务输出工作，确保完成年度目标任务。

（三）传达学习中央全面深化改革委员会第十二次会议精神，省委全面深化改革委员会第六次会议精神、市委全面深化改革委员会第六次会议精神，审议《中共六枝特区委全面深化改革委员会2020年工作要点（讨论稿）》《六枝特区关于全面深化新时代教师队伍建设改革的实施意见（讨论稿）》，研究有关事宜。

会议指出，全区上下要切实提高政治站位，认真学习领会中央、省委、市委深改会议精神，运用改革的思维、创新的举措破除全区经济社会发展中的体制障碍，推动全区经济社会发展取得新突破。区委改革办要充分发挥统筹调度作用，突出工作重点，加强沟通对接和督查考评，确保改革任务落地见效。各改革专项小组和牵头单位要找准站位、各司其职、密切配合，充分发挥职能作用，着力抓好改革任务落实，真正让改革成果惠及全区人民。

会议议定：原则上同意《中共六枝特区委全面深化改革委员会2020年工作要点（讨论稿）》和《六枝特区关于全面深化新时代教师队伍建设改革的实施意见（讨论稿）》，由区委改革办、教育局分别负责，按照本次会议审议意见修改完善后按程序送审行文实施。

（四）讨论并原则上同意《中共六枝特区委员会2020年工作要点（讨论稿）》，由特区委办公室牵头，按照本次会议讨论的意见修改完善后按程序送审行文实施。

（五）传达学习十二届省纪委四次全会暨全省党风廉政警示教育大会、2020年第一季度全省扶贫领域腐败和作风问题专项治理暨省纪委省监委领导班子成员跟踪督导脱贫攻坚突出问题整改工作推进电视电话会议，以及中国共产党六盘水市第七届纪律检查委员会第五次全体会议暨全市党风廉政警示教育大会精神，听取十一届特区纪委五次全会筹备工作情况汇报，研究有关事宜。

会议强调，中央、省、市纪委全会分别对当前和今后一段时期全面从严治党工作提出明确要求、作出详细部署，是我们一以贯之、坚定不移推进全面从严治党的根本遵循原则。全区各级各部门要认真学习领会，切实把思想和行动统一到中央、省委、市委对党风廉政建设和反腐败斗争的形势判断和工作部署上来，以永远在路上的执着、重整行装再出发的劲头，推动全面从严治党向纵深发展。要紧紧围绕经济发展、脱贫攻坚、疫情防控等工作任务，突出关键环节、关键岗位、关键人员，自觉扛起扛实全面从严治党政治责任，始终同违反政治纪律政治规矩的行为作斗争、同不正之风和消极腐败作斗争，切实做到守土有责、守土负责、守土尽责。

会议议定：拟于2020年4月5日召开十一届特区纪委五次全会和全区党风廉政建设警示教育大会，由龙超同志牵头，特区纪委特区监委负责，认真做好会议筹备工作。

（六）传达学习《新时代公民道德建设实施纲要》《新时代爱国主义教育实施纲要》，审议《六枝特区新时代文明实践中心建设试点工作的实施方案（讨论稿）》，研究有关事宜。

会议强调，全区各级各部门要进一步提高思想认识，以学习贯彻两个《纲要》为契机，着力用习近平新时代中国特色社会主义思想武装头脑、指导工作。要进一步深化理想信念教育，大力弘扬爱国主义精神，持续巩固“不忘初心、牢记使命”主题教育成果，始终保持共产党人的先进性和纯洁性，充分发挥模范带头作用，做爱国主义的坚定弘扬者和实践者。

会议议定：

1. 原则上同意《六枝特区新时代文明实践中心建设试点工作的实施方案（讨论稿）》，由王国华牵头，特区委宣传部负责，按照本次会议讨论的意见修改完善后按程序送审行文实施。

2. 由王国华牵头，特区委宣传部负责，认真抓好两个《纲要》的贯彻落实。

（七）传达学习《省委宗教工作领导小组办公室关于印发〈贵州省宗教工作“四员”队伍工作职责〉和〈贵州省宗教工作“四员”队伍考核激励办法（试行）〉的通知》，研究贯彻落实意见。

会议强调，做好新形势下民族宗教工作任务艰巨、责任重大、意义深远，全区上下要切实增强抓好宗教工作的责任感和紧迫感，创新工作方法，压实工作责任，确保全区宗教工作始终沿着正确方向发展。统战、民宗部门要切实履行牵头抓总的工作职责，督促“四员”队伍对照文件要求认真履职，并及时组织开展督查、指导、考核等工作，推动全区宗教工作不断取得新成效。

会议议定：由王国华、杨强两位牵头，加强与省市沟通对接，按规定抓好宗教工作“四员”队伍考核激励工作。

（八）研究终止贵州省六枝特区木岗开发投资有限公司与深圳市汇马精密技术有限公司《移动终端（智能设备）产业总部基地项目合作协议书》有关事项。

会议议定：

原则上同意特区十二届人民政府第43次区长办公会议关于贵州省六枝特区木岗开发投资有限公司、深圳市汇马精密技术科技有限公司双方终止《移动终端（智能设备）产业总部基地项目合作协议书》的有关意见，由六盘水木岗产业园区牵头抓好落实。

十、2020年4月22日十一届区委2020年第十一次常委会会议

（一）传达学习4月20日全省疫情常态化防控工作电视电话会议、4月22日全市疫情常态化防控工作电视电话会议精神，以及《省应对新冠肺炎疫情防控领导小组关于做好新冠肺炎疫情常态化防控工作的通知》，听取我区疫情常态化防控工作情况汇报，研究有关事宜。

会议强调，当前，我区疫情防控向好态势持续巩固，复工复产复学取得重要进展，经济社会运行秩序正在加快恢复到正常水平，但保卫疫情防控成果、防止疫情反弹的任务仍然十分艰巨。全区各级各部门要坚决贯彻落实中央、省、市关于抓紧抓实抓细常态化疫情防控工作的各项部署，毫不放松地落实好外防输入各项防控措施，在常态化疫情防控中加快推进全区生产生活秩序全面恢复，为决胜全面建成小康社会，确保“十三五”规划圆满收官提供坚强保障、打下坚实基础。

会议议定：

1. 由王光全、杨强两位牵头，特区防控办负责，及时制定下发我区关于做好新冠肺炎疫情常态化防控工作的通知，并统筹抓好贯彻落实。

2. 由杨强、彭良国两位牵头，特区城市综合执法局、卫生健康局及各乡（镇、街道）负责，在全区范围内大力开展爱国卫生运动和环境卫生大整治活动，引导全区广大人民群众养成文明卫生习惯和健康的生活方式。

3. 由杨强牵头，特区卫生健康局负责，统筹做好我区医疗防护物资储备工作，为全区高一、高二年级，初一、初二年级学生开学提供充足的物资保障。同时，加强与市级主管部门对接，尽快落实我区核酸检测医疗机构选定、设施设备采购等工作。

4. 由彭良国牵头，特区教育局及各乡（镇、街道）负责，切实做好我区高一、高二年级，初一、初二年级复学复课各项准备工作，确保复学复课安全有序。

5. 由张斌牵头，特区农业农村局、市场监管局负责，扎实做好我区活禽交易市场开放前的调研准备工作，逐步有序恢复活禽市场交易。

（二）传达学习《省扶贫开发领导小组办公室关于开展 2019 年度市县两级党委和政府脱贫攻坚成效第三方实地考核工作的通知》，以及 4 月 21 日全市脱贫攻坚工作调度会会议精神，听取近期我区脱贫攻坚工作情况汇报，研究有关事宜。

会议强调，脱贫攻坚成效考核是省委、省政府狠抓脱贫攻坚的有力抓手，是压实脱贫攻坚政治责任，推动脱贫攻坚工作取得实效的有效手段。全区各级各部门要切实提高政治站位，认真对照考核要求，紧紧聚焦“一达标、两不愁、三保障”，全面补齐工作短板，细致精致极致做好各项准备工作，确保 2019 年度成效考核工作圆满成功。

会议议定：

1. 由王光全、杨刚、何立强、张斌四位牵头，特区扶贫办、人力资源社会保障局、农业农村局等单位负责，切实做好财政扶贫资金拨付、使用、报账、监管等各项工作，不断提高资金使用效率。

2. 由王光全、张斌两位牵头，特区党办、政府办、扶贫办负责，认真做好 2019 年脱贫攻坚成效考核后勤服务保障工作。

3. 由杨刚牵头，特区人力资源社会保障局及各乡（镇、街道）负责，对外出务工人员就业和返乡回流情况进行全面排查、定期调度、精准分析，多渠道释放就业岗位，确保有劳动力的家庭至少有 1 人实现就业。

（三）传达学习 4 月 21 日市委常委、市纪委书记、市监委主任蔡光辉赴六枝特区调研时的有关工作要求，研究贯彻落实意见。

会议议定：

1. 针对设置特区纪委特区监委机关事务保障中心事宜，由龙超牵头，特区纪委特区监委负责，商特区委组织部、编办、财政局、人力资源社会保障局等单位，按有关规定和程序办理。

2. 针对区、乡两级纪检监察机关非中共党员干部消化事宜，由特区纪委特区监委牵头，商特区委组织部具体落实。

（四）研究关于中共六枝特区委组织部加挂中共六枝特区委非公有制经济组织和社会组织工作委员会牌子的有关事宜。

会议议定：原则上同意在特区委组织部加挂中共六枝特区委非公有制经济组织和社会组织工作委员会牌子，由潘静牵头，特区委组织部、编办按程序办理。

（五）听取六枝特区 2019 年度“一报告两评议”结果反馈情况汇报，研究有关事宜。

会议议定：原则上同意特区委组织部提出的六枝特区 2019 年度“一报告两评议”的工作建议，由潘静牵头，特区委组织部负责，按程序办理。

（六）听取六枝特区市管干部 2019 年度考核等次初步建议情况汇报，研究有关事宜。

会议议定：原则同意我区市管干部 2019 年年度考核等次建议，由特区委组织部负责按程序上报。

（七）研究有关干部工作（略）。

十一、2020 年 4 月 30 日十一届区委 2020 年第十二次常委会会议

（一）传达学习习近平总书记在陕西考察时的重要讲话精神，4 月 29 日中央政治局常务委员会会议精神，习近平总书记、李克强总理对安全生产工作作出的重要指示、批示精神及全国安全生产电视电话会议精神，《省应对新冠肺炎疫情防控领导小组办公室下发关于做好“五一”期间新冠肺炎疫情防控有关工作的通知》，以及 4 月 28 日省委常委、常务副省长李再勇赴六枝特区调研时的讲话精神和 4 月 23 日市委书记王忠赴六枝特区调研时的讲话精神，研究我区贯彻落实意见。

会议指出，习近平总书记在陕西考察时的重要讲话，为我们扎实做好“六稳”工作，落实“六保”任务，确保完成决战决胜脱贫攻坚目标任务、全面建成小康社会等提供了根本遵循原则，全区上下要结合工作实际，认真学习习近平总书记重要讲话精神，统筹推进稳增长、促改革、调结构、惠民生、防风险、保稳定各项工作，坚决夺取疫情防控、脱贫攻坚、经济社会高质量发展的全面胜利。要认真贯彻落实习近平总书记、李克强总理对安全生产工作作出的重要指示及全国安全生产电视电话会议精神，时刻紧绷安全生产之弦，深入开展煤矿、非煤矿山、危爆物品、道路交通、建筑施工、食品安全等重点行业领域的风险排查，认真做好“五一”期间常态化疫情防控、安全生产和应急值守等工作，坚决遏制各类安全生产事故发生，切实维护广大人民群众生命财产安全。要按照省、市领导到六枝调研时的有关工作要求，认真做好项目谋划和申报工作，大力向上争取项目和资金支持，积极组织开展各类旅游文化宣传活动，切实做好“五一”期间旅游消费工作，加快推进经济社会发展恢复到疫情前正常水平。

会议议定：

1. 由杨刚牵头，特区财政局负责，督促各乡（镇、街道）认真做好小额贷款清欠工作。同时，指导六枝华汇交投公司和六盘水牂牁旅投公司积极筹措资金，做好债务偿还工作。

2. 由蒋家梁牵头，特区能源局、自然资源局负责，加强向上沟通对接，确保年内尽快获得锂资源探矿权，尽早实现锂资源工业化开采。

3. 由彭良国牵头，特区教育局负责，督促指导区内各级各类学校扎实做好开学前疫情防控各项准备工作。

4. 由张斌牵头，特区农业农村局、大用园区、民生（集团）公司、强农公司等单位负责，及时开展凉都大樱桃东西部协作农业产业科技园规划、科研等前期工作。

5. 由特区发展改革局牵头，及时起草《六枝特区 2020 年重大工程项目推进工作方案》后按程序送审行文。

（二）传达学习《中共中央办公厅印发〈关于持续解决困扰基层的形式主义问题为决胜全面建成小康社会提供坚强作风保证〉的通知》，以及全省党委秘书长和办公厅（室）主任会议精神，研究有关事宜。

会议强调，全区各级各部门要紧紧围绕《通知》要求，持续深化拓展为基层减负工作，切实把基层从“文山会海”“调研检查”“留痕问责”“表格材料”中解放出来，把广大基层干部干事创业的手脚从形式主义的束缚中解脱出来，切实为基层减负，为基层干部减压、松绑。全区办公室系统要切实提升当参谋、抓协调、促落实、强保障的水平，把狠抓落实的要求贯穿“三服务”工作全过程，推动特区党委各项工作部署落地见效，为决胜全面建成小康社会和“十三五”规划圆满收官提供有力保障。

（三）传达学习 4 月 27 日全市信访专题会和维护节日期间安全稳定暨防范化解重大风险工作会议精神，听取我区信访工作情况汇报，研究有关事宜。

会议强调，全区上下要进一步提高政治站位，坚决扛起信访工作政治责任，形成上下联动、左右协调、同向发力、标本兼治的强大合力。要认真做好政策解读、思想疏通、法律引导和矛盾化解等工作，确保重点案件、重点矛盾及时攻克化解。对无理取闹、久拖不决的“钉子户”“闹访户”，要依法依规严厉

打击，坚决维护法律权威，切实维护广大人民群众的合法权益。

会议议定：

1. 由特区信访局牵头，及时制定我区 2020 年信访工作考核方案后按程序送审行文。

2. 各乡（镇、街道）及区直各部门要按照“属地管理、分级负责”的原则，加大对各类矛盾纠纷的排查化解力度。

（四）传达学习全省政法智能化建设现场观摩会及 4 月 26 日全市扫黑除恶专项斗争领导小组会议精神，听取全区扫黑除恶专项斗争工作情况汇报，研究有关事宜。

会议强调，特区政法机关要按照省委、市委工作部署，紧盯重点、难点，及时启动我区政法智能化工作，推动新时代政法工作质量变革、效率变革、动力变革，确保各项工作保质保量推进。要按照中央、省委、市委关于扫黑除恶专项斗争的部署要求，认真分析当前形势、查找薄弱环节，聚焦重点行业、重点领域监管，从严落实责任，以凡黑必扫、凡恶必除的坚定决心推动扫黑除恶各项工作不折不扣落到实处。

会议议定：

1. 由特区扫黑办牵头，督促各行业主管部门按照十大重点领域突出问题专项整治方案，对标工作任务和工作时限，深入开展“六清”行动。

2. 由特区财政局负责，统筹做好全区扫黑除恶专项斗争工作所需经费保障。

（五）听取中国共产党六枝特区第十一次代表大会第四次会议和中国共产党六枝特区第十一届委员会第九次全体会议筹备情况汇报，研究有关事宜。

会议议定：因受新冠肺炎疫情影响，原定于 2020 年 1 月 31 日召开的中国共产党六枝特区第十一届区委九次全体会议推迟至 2020 年 5 月 14 日召开，由特区委办公室牵头，做好会议筹备工作。

（六）听取《中共六枝特区人大常委会党组关于召开六枝特区第十二届人民代表大会第四次会议的请示》《中共六枝特区政协党组关于政协第九届六枝特区委员会第五次会议有关事项的请示》汇报，研究有关事宜。

会议议定：原则上同意特区人大常委会党组、政协党组关于召开特区“两会”的请示，由吕荣、郭萌两位牵头，特区人大办、政协办、组织部等单位负责，认真做好会议筹备工作，确保“两会”圆满召开。

十二、2020 年 5 月 13 日十一届区委 2020 年第十三次常委会会议

（一）传达学习六盘水市第八届人民代表大会第六次会议及中国人民政治协商会议第八届六盘水市委员会第五次会议精神，研究我区贯彻落实意见。

会议指出，市“两会”是在决战脱贫攻坚、决胜全面小康、推动“十三五”规划圆满收官的关键时期，在疫情防控形势持续向好、生产生活秩序不断恢复和巩固之际召开的重要会议，会议全面总结了 2019 年的工作成绩，对 2020 年的工作目标、工作任务、工作措施进行了详细部署，对做好今年全区各项工作具有重要指导意义。

会议要求，全区各级各部门要深入学习领会、认真贯彻落实市委书记王忠在市“两会”上的有关讲话精神，按照市“两会”的部署要求，进一步明确下步工作重点方向，确保市委、市政府作出的各项部署在六枝不折不扣地落实。要紧盯疫情防控全面胜利、同步建成小康社会和“十三五”规划圆满收官这个目标，坚持把疫情防控和经济社会发展统筹起来，扎实做好脱贫攻坚、劳务就业扶贫、产业发展、“小康菜园”建设、民生保障等各项工作。

会议议定：由王光全、詹勇牵头，特区委政法委、信访局、公安局及各乡（镇、街道）负责，扎实做好全国“两会”、特区“两会”期间信访调解工作，确保全区社会大局和谐稳定。

（二）书面传达学习全省劳务就业扶贫工作会议、六盘水市深入推进农村产业革命暨“千家万户小康菜园”工程建设现场推进会会议精神，听取 2019 年度省对六枝特区脱贫攻坚成效考核工作情况汇报，

研究有关事宜。

会议强调，全区各级各部门要全面贯彻落实中央、省委、市委关于统筹推进疫情防控和劳务就业扶贫工作的各项决策部署，加强组织领导，压紧压实责任，坚持内外并重、多措并举，确保建档立卡贫困户、易地扶贫搬迁户和边缘户劳动力充分就业、收入稳定。要切实把思想和行动统一到市委、市政府关于“千家万户小康菜园”建设的决策部署上来，强化组织领导、优化实施途径，聚焦“四一四有四提升”，强力推进“千家万户小康菜园”建设取得新成效，持续巩固脱贫成果。要始终以脱贫攻坚统筹经济社会发展全局，坚持问题导向、目标导向、结果导向，抓好问题整改，全面补齐短板弱项，顺利完成“冲刺 90 天、打赢歼灭战”和脱贫攻坚大普查任务。

会议议定：

1. 由王光全、张斌牵头，特区扶贫办负责，对省成效考核反馈问题进行责任分解，督促相关责任单位全力抓好整改。

2. 由特区扶贫办牵头，各乡（镇、街道）负责，统筹抓好脱贫监测户和边缘户动态管理、“3+1”明白栏张贴、脱贫攻坚普查等工作落实。

（三）审议六枝特区 2019 年《政府工作报告（讨论稿）》《六枝特区 2019 年国民经济和社会发展计划执行情况与 2020 年国民经济和社会发展计划（草案）的报告》《六枝特区 2019 年财政预算执行情况及 2020 年预算（草案）的报告》《六枝特区 2020 年经济社会发展预期目标初步指导计划（讨论稿）》，研究有关事宜。

会议议定：

1. 原则上同意六枝特区 2019 年《政府工作报告（讨论稿）》《六枝特区 2019 年国民经济和社会发展计划执行情况与 2020 年国民经济和社会发展计划（草案）的报告》《六枝特区 2019 年财政预算执行情况及 2020 年预算（草案）的报告》《六枝特区 2020 年经济社会发展预期目标初步指导计划（讨论稿）》，由特区政府办公室牵头，特区发展改革局、财政局负责，按照本次常委会会议讨论意见进一步修改完善后提交特区十二届人民代表大会第四次会议审议。

2. 由特区应急局牵头，特区交通运输局、自然资源局、水务局等行业主管部门及各乡（镇、街道）负责，统筹抓好近期道路交通、森林防火、防汛抗旱、地灾防治等工作落实，坚决遏制各类安全生产事故发生。

（四）研究《中共六枝特区委党的建设工作领导小组 2020 年工作要点（讨论稿）》《六枝特区“基层党建提升年”工作方案（讨论稿）》《关于成立中共六枝特区委城市基层党的建设工作领导小组的通知（讨论稿）》，听取六枝特区基层党建工作及“两委一队三个人”作用发挥工作情况汇报。

会议强调，2020 年是全面建成小康社会和“十三五”规划收官之年，是脱贫攻坚的决胜之年，也是攻坚克难的拼搏之年。做好新时代党建工作，对确保按时高质量打赢脱贫攻坚战、全面建成小康社会和“十三五”规划圆满收官具有重要意义。全区各级党组织要深学笃用习近平总书记关于党的建设的重要论述，牢记嘱托守初心、感恩奋进担使命，不断提升新时代党的建设的质量和水平，为确保按时高质量打赢脱贫攻坚战提供坚强保障。全区各级党组织书记要坚决扛起管党治党政治责任，进一步增强抓好基层党建工作的责任感和使命感，不断把党的政治优势、组织优势转化为发展优势，不断开创新时期我区基层党建工作新局面。组织部门要切实加强对“两委、一队、三个人”的监督管理和关心关爱力度，持续配强队伍力量，充分发挥党组织战斗堡垒和党员先锋模范作用，全力推进脱贫成果巩固提升取得新成效。

会议议定：原则上同意《中共六枝特区委党的建设工作领导小组 2020 年工作要点（讨论稿）》《六枝特区“基层党建提升年”工作方案（讨论稿）》《关于成立中共六枝特区委城市基层党的建设工作领导小组的通知（讨论稿）》，由特区委组织部牵头，按照本次常委会会议讨论的意见修改完善后按程序送审行文。

（五）听取关于调整十一届区委委员的情况汇报。

会议议定：同意六枝特区人民政府原党组成员、副区长周龙辞去十一届区委委员职务，提交十一届区委九次全会审议表决。

十三、2020年6月1日十一届区委2020年第十四次常委会会议

（一）书面传达学习全国“两会”精神，传达学习《中共中央、国务院关于新时代推进西部大开发形成新格局的指导意见》《中共中央办公厅国务院办公厅印发关于推动基础设施高质量发展的意见的通知》精神，5月26日市委书记王忠赴六枝特区调研时的讲话精神，以及6月1日市委常委会会议精神，研究我区贯彻落实意见。

会议强调，这次全国“两会”是在我国新冠肺炎疫情防控阻击战取得重大战略成果、全面建成小康社会进入决战决胜阶段召开的一次十分重要的会议。习近平总书记发表了一系列重要讲话，对统筹推进疫情防控和经济社会发展、加强国防和军队建设等提出明确要求，为我们做好当前及今后一个时期工作指明了方向，提供了遵循原则。全区各级各部门要认真学习、深刻领悟、全面贯彻，增强“四个意识”、坚定“四个自信”、做到“两个维护”，坚决夺取疫情防控和脱贫攻坚两个胜利，推动全区各项工作迈上新的台阶。

会议要求，全区各级各部门要深入贯彻落实《意见》《通知》精神，在做好常态化疫情防控的基础上，坚持稳中求进工作总基调，扎实做好“六稳”工作、全面落实“六保”任务。要持续推动煤炭、电力等支柱产业稳定增长，做到煤电油气安全稳定供应，大力推进七大产业板块全链条发展，千方百计稳住经济基本面。要抓住和用好政策机遇，坚决筑牢基本民生保障底线，在保市场主体中加快动能转换，扩大有效需求，持续推进全区经济社会高质量发展。

会议强调，全区上下要认真学习贯彻市委书记王忠赴我区调研时的讲话精神，统筹抓好脱贫攻坚成效巩固提升、千家万户小康菜园建设及地质灾害防治等工作。要深入落实劳务就业扶贫“四个一”举措，做到返乡回流农民工底数清楚、农户就近就业情况清楚、就业行业清楚、就业净收入清楚，动态确保涉贫重点群体充分就业。要因地制宜推进千家万户小康菜园，积极发动群众参与，不搞模式化、专业化和政府包干，按照“四一四有四提升”的要求，确保小康菜园错落有致、舒服清爽、美观实用。

会议要求，当前正值汛期，全区各级各部门要时刻绷紧防灾减灾这根弦，持续用力查隐患、防风险、建机制、补短板，切实维护人民群众生命财产安全。一要加强监测预警和隐患排查。及时会商研判天气变化和灾害发展趋势，强化排危除险和应急避险，聚焦重点区域、重要设施和人口密集区域常态化动态化开展隐患排查。二要科学组建抢险救援队伍。应急、水利、公安、消防、自然资源等单位要会同乡（镇、街道），加强工作调度，科学有效防范各类灾害。三要压紧压实工作责任。时刻保持临战状态，强化值班值守，完善应急预案、细化工作措施，统筹各方力量，推动形成防灾减灾和地质灾害防治工作合力。

会议议定：

1. 由王光全、张斌两位牵头，特区农业农村局及各乡（镇、街道）负责，按照“四一四有四提升”要求，快速推进全区千家万户小康菜园建设。

2. 由蒋家梁牵头，特区工业和信息化局、能源局等单位负责，加大对全区煤炭、电力等支柱产业的协调调度力度。

3. 各决胜工作团团长要示范带头，深入各包保联系乡（镇、街道）督促指导做好脱贫攻坚大普查准备工作。

（二）传达学习国务院关于转发《国务院应对新型冠状病毒感染的肺炎疫情联防联控机制关于印发〈妥善应对西方国家“带疫解封”工作方案〉的通知》的通知、《贵州省应对新冠肺炎疫情防控领导小组办公室印发贵州省新冠肺炎疫情常态化防控工作实施方案》《贵州省社防组重点对象排查调度快速排查疫

情风险重点人员演练方案》，听取我区近期常态化疫情防控工作情况汇报，研究有关事宜。

会议强调，全区上下要严格按照中央、省、市的安排部署，毫不放松抓紧抓实抓细常态化疫情防控各项工作，坚决克服麻痹思想、厌战情绪、侥幸心理、松劲心态，对防控漏洞再排查、对防控重点再加固、对防控要求再落实，坚决防止疫情新燃点，持续巩固防控成果，坚决守住六枝这片净土。

会议议定：

1. 由杨强牵头，特区防控办、卫生健康局负责，按照省委、市委工作要求，加强对重点人群、重点场所的排查力度，切实维护人民群众身体健康和生命安全。

2. 由特区财政局负责，统筹做好疫情防控所需资金保障。

（三）传达学习《中共贵州省委关于印发贵州省贯彻〈中国共产党政法工作条例实施细则〉的通知》精神，以及省委平安贵州建设大会和市委平安凉都建设大会会议精神，研究有关事宜。

会议强调，全区各级党组织要深入学习《条例》及我省实施细则，把党对政法工作的领导落实到管方向、管原则、管政策、管干部等各环节，贯穿于决策、执行、监督等全过程，坚定不移把党的领导贯穿到政治建设、思想建设、组织建设、制度建设等各方面，确保政法工作始终沿着正确方向前进。要全面落实省委平安贵州建设大会和市委平安凉都建设大会部署要求，切实增强推进平安建设的责任感、使命感、紧迫感，不断补齐短板、堵塞漏洞、强化弱项，大力营造高质量发展的社会环境，不断增强人民群众的获得感、幸福感、安全感。要加强组织领导，进一步强化平安六枝建设的组织力和战斗力，紧紧聚焦防范化解重大风险、持续提升社会治理整体效能、夺取扫黑除恶专项斗争全面胜利、系统推进平安创建等重点工作，不断提升平安六枝建设的质量和效果。

会议议定：同意近期召开区委平安六枝建设大会，由特区委政法委负责，统筹做好会议筹备工作。

（四）传达学习《贵州省扶贫开发领导小组关于印发〈国务院扶贫开发领导小组关于印发汪洋、胡春华同志在脱贫攻坚约谈电视电话会议上的讲话的通知〉的通知》，听取六枝特区近期脱贫攻坚工作情况汇报，审议《六枝特区 2020 年中央第二批财政扶贫（发展）资金拟安排项目计划》《六枝特区扶持村级集体经济发展补助资金使用指导方案（讨论稿）》，研究有关事宜。

会议强调，全区各级各部门要深入学习汪洋、胡春华同志在脱贫攻坚约谈电视电话会议上的讲话精神，坚定信心决心，对标对表自查，较真碰硬整改，以人一之我十之、人十之我百之的干劲，切实扛起高质量打赢脱贫攻坚战的政治责任，努力交出让党中央放心、让人民群众满意的答卷。要紧紧围绕“3+1 保障”、产业扶贫、就业扶贫、易地扶贫搬迁、社会兜底、环境卫生等重点工作，及时补齐短板弱项，加大帮扶走访力度，完善各类档案资料，帮助解决实际困难，统筹做好疫情常态化防控、脱贫攻坚和经济社会发展各项工作，不断巩固脱贫成果，坚决夺取脱贫攻坚战全面胜利。

会议议定：

1. 原则上同意《六枝特区 2020 年中央第二批财政扶贫（发展）资金拟安排项目计划》和《六枝特区扶持村级集体经济发展补助资金使用指导方案（讨论稿）》，由特区扶贫办负责，按照本次常委会会议讨论意见修改完善后按程序送审行文实施。

2. 由特区人力资源社会保障局牵头，加大对全区建档立卡贫困劳动力务工情况的摸底排查、就业推荐和培训力度，实现就业意愿、技能与就业岗位精准对接。

3. 由特区攻坚办牵头，各乡（镇、街道）和各行业主管部门负责，按照建立“两本台账”的要求，及时对各级反馈问题和自查问题进行梳理并录入“贵州扶贫云”系统，统筹做好跟踪整改销号，确保整改到位。

（五）讨论并原则同意《六枝特区国有企业退休人员社会化管理工作方案（讨论稿）》。由特区工业和信息化局负责，按照本次常委会会议讨论的意见修改完善后按程序送审行文实施。

（六）书面传达 4 月 27 日市委书记王忠在六盘水市中心城区调研督导创建全国文明城市工作时的讲

话精神，听取我区“创文”工作开展情况及省文明城市复核工作准备情况汇报，研究有关事宜。

会议强调，全区上下要认真学习贯彻市委书记王忠在市中心城区调研督导创建全国文明城市工作时的讲话精神，严格对照测评指标体系查缺补漏，全力以赴抓实创建工作。要持续动员广大人民群众全员参与，充分发挥群众创建主体作用，充分运用各类媒体平台，开展全方位、多角度、密集式的宣传报道，提高群众对创建工作的知晓率和支持率。要进一步发挥创建机制作用，条块结合，齐抓共管，强化督导，既抓当前，更抓长久，常态化巩固创建成果，持续提升市民文明素质和城市文明化程度。

会议议定：由王光全、王国华、彭良国牵头，特区精神文明办、城市综合执法局、市场监管局等单位负责，各有关部门配合，扎实抓好我区“创文”各项工作及省文明城市复核工作准备。

（七）讨论并原则同意《六枝特区村（居）干部“基本报酬＋绩效报酬＋集体经济发展创收奖励”办法（试行）（讨论稿）》。由特区委组织部负责，按照本次常委会会议讨论意见修改完善后按程序送审行文实施。

（八）研究关于成立中共六枝特区卫生健康局委员会、中共六枝特区应急管理局委员会的有关事宜。

会议议定：同意成立中共六枝特区卫生健康局委员会、中共六枝特区应急管理局委员会，由特区委组织部牵头，特区卫生健康局、应急管理局配合，按照有关规定办理。

十四、2020年6月15日十一届区委2020年第十五次常委会会议

（一）书面传达学习习近平总书记在宁夏考察，李克强总理在山东考察时重要讲话精神；传达学习省长谌贻琴在六盘水市调研指导时的讲话精神，6月15日市委常委会会议精神，以及6月8日市委常委、组织部部长瓦标龙赴我区调研时的讲话精神，研究我区贯彻落实意见。

会议指出，习近平总书记在宁夏调研时的重要讲话，李克强总理在山东考察时的重要讲话，为我们贯彻落实好全国“两会”精神，统筹抓好经济社会发展各项工作指明了方向、提供了遵循原则。省长谌贻琴在六盘水市调研指导的重要讲话，既是省委、省政府对我们的关心关爱，也是推动“六稳”，落实“六保”的具体实践和有力行动。全区上下要进一步提高政治站位，增强“四个意识”、坚定“四个自信”、做到“两个维护”，认真学习领会习近平总书记和李克强总理重要讲话精神，按照省长谌贻琴在六盘水市调研时的工作要求，找准工作着力点和切入点，以行之有效的举措推动中央、省、市决策部署在我区落到实处。

会议强调，当前境外疫情扩散蔓延势头尚未得到有效遏制，外防输入工作任务艰巨。全区上下要时刻保持警惕，绷紧疫情防控这根弦，持续打好疫情防控阻击战。要坚持稳中求进工作总基调，进一步加强对经济工作的统筹调度，逐项研究分析，明确时限要求，压实工作责任，全力以赴抢时间、赶进度，扎实做好“六稳”工作，落实“六保”任务。要持续开展营商环境整治，认真落实减税降费和财政、金融、产业等政策，深化“放管服”改革，为企业投资提供“保姆式”服务。要抢抓高铁开通机遇，加快城建等基础设施建设，助推全区经济社会持续健康发展。

会议议定：

1. 由王光全、杨强牵头，特区防控办负责，认真落实各级防控要求，持续做好疫情常态化防控工作。

2. 由彭良国、张斌牵头，特区自然资源局、农业农村局及各乡（镇、街道）负责，认真做好退耕还林任务数的摸排、统计和上报工作，不断推进农村产业结构调整取得实效。

（二）传达学习《中共贵州省委办公厅贵州省人民政府办公厅关于2019年市县两级党委和政府脱贫攻坚成效考核情况的通报》《中共六盘水市委办公室关于近阶段“千家万户小康菜园”建设推进情况的督查通报》，通报六枝特区近期脱贫攻坚督查情况和六枝特区“千家万户小康菜园”建设推进情况，听取有关工作情况汇报，研究有关事宜。

会议强调，全区各级各部门要紧紧围绕“一达标、两不愁、三保障”目标任务，对标对表脱贫攻坚全员普查各项考核指标要求，瞄准突出问题和薄弱环节，落实调度研判机制，全面补齐工作短板，精致细致做好全员普查各项准备工作。要切实把思想和行动统一到市委、市政府关于“千家万户小康菜园”

建设的决策部署上来，深刻理解“千家万户小康菜园”建设的“原创性”“人民性”和“时代性”，按照“四一四有四提升”要求，积极发动广大群众，科学合理组织实施。特别要按照因地制宜、就地取材、量体裁衣的原则，紧紧聚焦“房前屋后”，对具备建设条件的一户不漏，“点、线、面”一体推动全区小康菜园建设。

会议议定：

1. 由王光全、张斌牵头，特区农业农村局和各乡（镇、街道）负责，对《通报》指出的问题进行梳理，举一反三，全面整改，高标准高质量推进“千家万户小康菜园”建设工作。

2. 各决胜工作团团长要加大对辖区内“千家万户小康菜园”建设工作的督促指导力度，帮助解决存在的困难和问题。

（三）传达近期省、市领导批示精神，听取我区防汛及地质灾害防治工作情况汇报，研究有关事宜。

会议指出，当前正值汛期，地质灾害和洪涝灾害易发多发，防灾减灾救灾工作事关人民群众生命财产安全，容不得一丝松懈。全区上下要认真学习习近平总书记关于防灾减灾救灾的重要论述，按照省、市领导批示要求，坚持人民至上和生命至上，全面抓好灾情研判和监测预报预警，切实做好河湖水库安全度汛和山洪地质灾害防御、城市内涝防范等工作，最大程度减轻灾害影响，切实保障人民群众生命财产安全。要强化应急物资储备，严格落实 24 小时应急值班值守和信息报送制度，确保险情灾情第一时间上报、第一时间有效处置。要按照“边度汛、边救助、边恢复”原则，及时统计好农业、基础设施、住房等领域受灾情况，全面抓好灾后重建和生产工作，及时恢复正常生产生活秩序。

会议议定：

1. 由彭良国、张斌牵头，特区应急局、水务局、自然资源局和各乡（镇、街道）负责，全面做好灾情隐患排查和应急值守工作。

2. 由特区农业农村局牵头，对全区农业产业受灾情况进行精准统计，并及时开展生产自救工作。

3. 由特区住房城乡建设局牵头，对全区汛期受灾房屋进行统计并妥善处理，确保农户住房安全。

4. 由特区城市综合执法局和水务局牵头，加大对城区排洪防涝设施的检查疏通工作，降低城市内涝风险。

5. 由特区纪委特区监委负责，加大对各单位汛期值班情况的检查力度，对履职尽责不到位的严肃追责问责。

（四）原则同意《六枝特区推进教育现代化建设教育强区实施纲要（2018—2027）（讨论稿）》，由特区教育局负责，按照本次会议审议意见修改完善后按程序送审行文实施。

（五）听取六枝特区区管干部 2019 年年度考核情况汇报，研究有关事宜。

会议议定：原则上同意特区委组织部提出的关于“2019 年度区管干部考核评定等次”的建议，由潘静牵头，特区委组织部负责，按有关规定和程序抓好落实。

十五、2020 年 6 月 29 日十一届区委 2020 年第十六次常委会会议

（一）传达学习 6 月 28 日市委常委会会议精神，以及《中共贵州省委办公厅贵州省人民政府办公厅印发〈贵州省关于构建现代环境治理体系的实施意见〉的通知》，听取中央、省委环境保护督察突出生态环境问题整改工作情况汇报，研究有关事宜。

会议指出，《贵州省关于构建现代环境治理体系的实施意见》是深入学习贯彻习近平生态文明思想的有力抓手，是全面贯彻落实党中央、国务院关于构建现代环境治理体系的具体实践，对促进我区环境治理体系和治理能力现代化建设具有深远而重大的意义。全区各级各部门要坚持以习近平新时代中国特色社会主义思想为指引，坚决扛起生态文明建设的政治责任，紧紧聚焦中央、省委、市委关于生态环保工作的各项部署要求，始终把各级环保督察反馈问题整改作为一项严肃的政治任务，对正在整改的问题

按要求强力推进，对已经整改的问题定期开展“回头看”，确保整改工作取得实效。要按照市委常委会会议要求，统筹做好疫情防控、巡视巡察整改、安全生产、禁毒、“六稳”“六保”等工作，努力在大战大考中交出合格答卷，为决胜全面建成小康社会和“十三五”规划圆满收官奠定坚实基础。

会议议定：

1. 由张斌牵头，市生态环境局六枝分局负责，抓紧抓实中央、省、市各类环保督察反馈问题整改，确保经得起人民和历史检验。

2. 由特区纪委特区监委牵头，商特区委办公室、政府办公室，加大对环保督察反馈问题整改工作的督查力度，对整改不到位的单位和个人严肃追责问责，确保整改工作真正取得实效。

（二）书面传达学习《中华人民共和国民法典》，研究《六枝特区贯彻落实中央依法治国办法治政府建设实地督察反馈意见整改方案（讨论稿）》《中共六枝特区委全面依法治区委员会2020年工作要点（讨论稿）》，听取六枝特区“七五”普法总结验收工作情况汇报，研究有关事宜。

会议指出，《中华人民共和国民法典》是新中国第一部以法典命名的法律，是推进全面依法治国、完善中国特色社会主义法治体系的重要标志性立法，必将为新时代改革开放和社会主义现代化建设提供更加完备的民事法治保障。全区各级各部门要充分认识民法典在推进国家治理体系和治理能力现代化中固根本、稳预期、利长远的重要作用，坚持把学习好、宣传好、维护好、运用好、执行好《中华人民共和国民法典》作为做好群众工作、保障群众合法权益、助推全区各项改革任务落地落实的有力利器，全面抓好《中华人民共和国民法典》的学习宣传和贯彻实施，在全区上下营造学法、懂法、用法的浓厚氛围。要狠抓中央依法治国办法治政府建设督察反馈问题整改，紧盯薄弱环节，扎实抓好我区“七五”普法总结验收工作，为全区经济社会高质量发展提供坚实法治保障。

会议议定：

1. 原则上同意《六枝特区贯彻落实中央依法治国办法治政府建设实地督察反馈意见整改方案（讨论稿）》《中共六枝特区委全面依法治区委员会2020年工作要点（讨论稿）》，由特区司法局负责，按照本次会议讨论意见修改完善后送审行文实施。

2. 由特区司法局牵头，各有关单位配合，对照“七五”普法总结验收考核指标，统筹做好各项验收准备工作。

（三）传达学习《关于印发赵乐际和杨晓渡同志在全国巡视工作会议暨十九届中央第五轮巡视动员部署会上讲话的通知》《关于认真学习贯彻全国巡视工作会议暨十九届中央第五轮巡视动员部署会精神的通知》，研究有关事宜。

会议强调，全区上下要坚决贯彻落实习近平总书记关于巡视工作的重要论述，认真学习全国巡视工作会议暨十九届中央第五轮巡视动员部署会会议精神，围绕全区疫情防控、脱贫攻坚、经济社会发展、“六稳”“六保”等重点工作，不断深化对政治巡视巡察内涵要求的理解把握，真正做到学深悟透、融会贯通，切实增强做好巡视巡察工作的思想自觉、政治自觉和行动自觉，确保中央、省委、市委各项决策部署在我区落细落实。

会议议定：由龙超、潘静牵头，特区委巡察办、特区纪委特区监委、特区委组织部负责，高质量全覆盖推进区委巡察工作向纵深发展，针对发现的问题及时督促整改落实，对整改不力的单位和个人严肃追责问责。

（四）听取全省脱贫攻坚“三优一先”，全市、全区脱贫攻坚“两优一先”推荐工作情况及全区脱贫攻坚“七一”表彰大会筹备情况汇报，研究有关事宜。

会议议定：

1. 原则上同意特区委组织部提出的全省脱贫攻坚“三优一先”及全市、全区脱贫攻坚“两优一先”建议名单，由特区委组织部负责，按规定和程序办理。

2. 定于2020年7月1日召开全区脱贫攻坚“七一”表彰大会，由特区委办公室、特区委组织部牵头，统筹做好会议筹备各项工作。

（五）研究有关干部工作（略）。

十六、2020年7月30日十一届区委2020年第十八次常委会会议

（一）传达学习习近平总书记7月12日对进一步做好防汛救灾工作的重要指示精神、7月17日中共中央政治局常务委员会会议精神和全国企业家座谈会精神，以及李克强总理在贵州省调研时的指示精神，研究我区贯彻落实意见。

会议要求，全区上下要坚持以习近平新时代中国特色社会主义思想为指引，认真贯彻落实习近平总书记重要指示精神、中央政治局常务委员会会议精神、全国企业家座谈会精神和李克强总理在贵州调研时的重要讲话精神，切实把习近平总书记的重要指示要求和李克强总理的关心支持转化为做好工作的强大动力和实际成效。要坚持人民至上、生命至上的民生情怀，强化底线思维，扛牢扛实行业部门责任和属地责任，加大对山塘水库、盘山公路、建筑工地等安全隐患点的排查和防护，积极发动群众开展灾后恢复和生产自救，切实做好防灾、减灾、救灾各项工作。要坚定不移落实纾困惠企政策，加强政、金、企对接，强化金融支持，确保各项措施直接惠及市场主体。要着力构建亲、清政商关系，主动协调解决各类市场主体的痛点、难点问题，助力企业发展壮大。要营造尊重企业家的良好氛围，形成支持企业改革发展的强大合力，激发市场主体活力，为确保高质量、打好收官战提供坚强支撑。

会议议定：

1. 由特区气象局、水务局、自然资源局、防汛办负责，加大对气象、水情、汛情、地质灾害隐患险情的监测力度，着力提升预警预报水平。

2. 由特区扶贫办、教育局、卫生健康局、水务局、住房城乡建设局等部门牵头，会同各乡（镇、街道）及时解决因灾引起的教育、医疗、饮水、住房保障等影响脱贫质量的新问题，确保受灾群众不因灾返贫致贫。

（二）传达学习省委十二届七次全会、贵州省2020年半年经济工作会、市委七届十一次全会和六盘水市2020年半年经济工作会议精神，以及7月28日市委常委会会议精神，研究我区贯彻落实意见。

会议指出，省委十二届七次全会、市委七届十一次全会充分体现了省委、市委贯彻落实习近平总书记重要讲话精神的思想自觉、政治自觉、行动自觉，提出了一系列符合贵州实际、六盘水实际的新思想新论断新要求，为确保高质量、打好收官战，坚决夺取脱贫攻坚战全面胜利，全面建成小康社会提供了科学指南和基本遵循原则。全省、全市半年经济工作会议全面客观地总结了2020年以来的经济工作，对做好下半年经济工作提出了明确要求、作出了全面部署，为我区进一步做好“六稳”工作、落实“六保”任务，高质量打好收官战划出了重点、明确了路径。

会议强调，全区各级各部门要提高政治站位，把学习好宣传好贯彻好落实好省委、市委全会及全省、全市半年经济工作会议精神作为当前和今后一段时期的重要政治任务，切实把思想和行动统一到省委、市委的决策部署上来，要聚焦工作重点，在常态化疫情防控前提下，扎实做好脱贫攻坚和“六稳”“六保”工作，奋力实现经济社会高质量发展。要按照“八要素”“六个转变”“五个三”总体要求，持续优化农业产业布局，深入推进农村产业革命。要进一步细化自然灾害、公共安全、疫情输入、政府债务、矛盾纠纷等各领域风险防控措施，维护社会安全稳定。要加强党的领导，强化党性担当、保持斗争状态，用抓具体、抓深入的工作作风推动省委、市委全会及全省、全市上半年经济工作会议精神在我区落地落实。

会议议定：

1. 由蒋家梁牵头，特区工业和信息化局、能源局负责，抓牢传统产业转型升级，加快推进七大产业等新兴业态建设。

2. 由特区委办公室负责，及时拟定我区学习贯彻落实省委、市委全会和全省、全市上半年经济工作会议精神通知，按程序送审行文。

（三）传达辽宁·贵州扶贫协作工作联席会议精神，听取我区东西部扶贫协作工作推进情况以及脱贫攻坚普查工作开展情况汇报，研究有关事宜。

会议指出，全区各级各部门要认真学习贯彻落实辽宁·贵州扶贫协作工作联席会议精神，以联席会议制度为纽带，完善工作对接机制，发挥引进来和走出去的双轮驱动效应，推动六枝东西部扶贫协作工作实现三连好。要围绕六枝农产品资源优势和特色旅游资源禀赋，持续在产业、教育、医疗、科技、劳务协作、旅游等领域深化与大连市甘井子区的合作。要紧盯项目进度、规范工作程序、细化工作措施、强化资金管理，确保资金项目高效落地。

会议强调，脱贫攻坚全员普查工作正有序推进，全区上下要进一步提高政治站位，保持工作定力，克服麻痹懈怠思想，全力配合做好普查各项工作。各决胜工作团团长、副团长、乡镇干部、村支“两委”要进一步压紧、压实责任，确保各项工作有力有序开展。要加强沟通调度，及时对薄弱环节和存在的问题进行整改销号、确保普查质量。

会议议定：由王光全、张斌牵头，特区扶贫办和脱普办负责，对普查中发现的问题逐一研判、逐一整改销号；同时，加大对东西部扶贫协作各项目主管单位的调度，加快推进项目建设。

（四）听取安六高铁（六枝段）沿线环境整治和优化产业结构调整，研究有关事宜。

会议指出，做好安六高铁（六枝段）沿线环境整治和优化产业结构调整工作对提高沿线居民、过境旅客满意度，提升“中国凉都、画廊六枝”城市品牌具有十分重要的意义。全区上下要把思想和行动统一到市委的决策部署上来，坚持以人民为中心的发展思想，利用一个月的时间，全面发动、全面攻坚、全面提升，打一场高铁沿线环境整治提升和产业优化布局的攻坚战，确保实现“人在车里坐、车在画里行，最美风景线、一路好心情”的目标。要聚焦重点难点，坚决整治乱搭乱建、乱堆乱放、乱开乱采，对闲置土地、破损山体进行复垦复绿。要加大沿线产业结构调整力度，坚定不移把低效作物调减下来，把猕猴桃、刺梨等高效特色产业种上去。要加强宣传推广，精准做好高铁沿线旅游宣传推广、景观打造提升工作，全面展示我区城市之美、景色之美、人文之美。要加强组织领导，明确责任分工，专班化推进、专责化落实、专人化负责，倒排工期、挂图作战，确保整治任务高标准高质量如期完成。

会议议定：

1. 由王光全牵头，特区城市综合执法局、各涉及乡（镇、街道）负责，逐一排查沿线环境卫生整治点位，高标准推进环境整治工作。

2. 由王国华、王琼芳牵头，特区委宣传部负责，积极引导区内企业参与高铁沿线宣传点位安放工作，充分展示我区脱贫攻坚、产业革命和经济社会发展成果。

3. 由杨强牵头，特区交通运输局、各乡（镇、街道）负责，及时对区内所有公路进行排查整治、巩固提升，快速修复“两高”（高速公路、高铁）沿线国道、省道、县道及通村通组便道。

4. 由彭良国牵头，特区住房城乡建设局、自然资源局和各乡（镇、街道）负责，统筹做好高铁沿线村庄整治、破旧房屋改造及破损山体生态修复等工作。

5. 由张斌牵头，特区农业农村局和各乡（镇、街道）负责，统筹谋划做好今冬明春沿线产业规划布局，确保产业结构调整取得实效。

6. 由特区攻坚领导小组办公室统筹，各攻坚专班具体负责，及时完善安六高铁（六枝段）沿线攻坚整治方案并行文实施。

（五）传达学习六盘水市 2020 年创建全国文明城市工作推进会会议精神，听取我区迎接省级文明城市复核工作准备情况汇报，研究有关事宜。

会议强调，全区各级各部门要深入学习贯彻六盘水市 2020 年创建全国文明城市工作推进会精神，深刻领会文明城市创建对提升城市气质内涵，增强城市凝聚力、吸引力的重要作用，切实增强做好“创文”

工作的责任感使命感紧迫感。要强化短板补齐，加大对重点部位、重点场所、不文明行为的整治力度，全力做好问题整改和巩固提升工作。要强化宣传教育，引导广大人民群众积极参与文明城市创建工作，积极营造良好工作氛围。要压紧压实区、乡、村三级责任，提升工作合力，提高创文质效，确保文明城市创建工作取得成效。

会议议定：

1. 由王光全、王国华牵头，特区精神文明办及各成员单位负责，加大文明城市创建力度，提高创建工作质量和水平，营造浓厚创文氛围。

2. 由杨强牵头，特区交通运输局负责，对经验收合格投入使用的城区主次干道破损路面及交通标志等设施进行修复，并移交特区城市综合执法局进行管护；对工程性破损的道路按照“谁破坏谁修复”的原则督促相关责任主体进行修复。

3. 由特区财政局负责，统筹做好迎接省级文明城市复核经费保障工作。

（六）传达学习5月8日习近平总书记在党外人士座谈会上的重要讲话精神，以及《中央统战部关于印发〈习近平总书记在中央统战工作会议上的重要讲话传达提纲〉的通知》《中共贵州省委办公厅关于印发〈中共贵州省委支持各民主党派省委开展重大问题考察调研制度〉的通知》，审议《六枝特区2020年政党协商计划（讨论稿）》，研究有关事宜。

会议强调，全区上下要认真学习贯彻落实习近平总书记在党外人士座谈会及中央统战工作会议上的重要讲话精神，认真落实中央、省委、市委关于统战工作的决策部署，不断推动全区统战工作取得新成绩、迈上新台阶。要坚持原则，讲究方法，围绕巩固党的领导地位和执政地位，积极引导区内各民主党派、工商联和无党派人士在脱贫攻坚、经济社会发展等方面建言献策，为党和国家事业出心出力，合力推动全区经济社会高质量发展。

会议议定：原则上同意《六枝特区2020年政党协商计划（讨论稿）》，由特区委统战部负责，根据本次会议意见修改完善后按程序送审行文实施。

（七）研究市生态环境局六枝分局成立党组有关事宜

会议议定，原则上同意成立市生态环境局六枝分局党组，由潘静牵头，特区委组织部负责，市生态环境局六枝分局配合，按照有关程序和要求办理。

（八）研究有关干部工作（略）。

十七、2020年8月7日十一届区委2020年第十九次常委会会议

（一）传达学习8月5日市委书记王忠赴六枝特区调研时的讲话精神，以及8月3日市委副书记、市长李刚赴六枝特区调研时的讲话精神，研究有关事宜。

会议强调，全区上下要认真学习贯彻市委书记王忠、市长李刚在我区调研时的重要讲话精神，以更大的决心、更实的举措、更快的速度，全力推进安六高铁（六枝段）沿线环境卫生整治和产业结构调整，向市委交上一份满意的答卷。要持续在产业结构调整上狠下功夫，切实做好低效作物调减和土地腾退、流转等前期准备工作，因地制宜加快猕猴桃、刺梨、茶叶等特色产业布局，努力实现沿线产业发展社会效益、经济效益、生态效益“三丰收”。要进一步加大沿线环境卫生整治力度，严厉查处各类乱搭乱建、乱堆乱放违法违规行为，切实将安六高铁（六枝段）沿线打造成生态线、风景线、观光线。要严格落实部门、乡镇（街道）主体责任，对工作推进慢、落实不到位、成效不明显的单位和个人，严肃追责问责。

会议议定：

1. 由蒋家梁牵头，特区工业和信息化局和涉及乡（镇、街道）负责，督促安六高铁（六枝段）沿线现有正常生产的工业企业严格落实环境卫生整治主体责任；对已经破产关停的企业，视情况及时复垦

复绿。

2. 由王国华牵头，特区委宣传部负责，在全区范围内特别是高速、高铁和主要干道沿线精准选择点位，全面做好宣传推介，充分展示六枝良好形象。

（二）传达《贵州省纪委办公厅关于配合做好2020年贵州党风廉政建设社会民意抽样调查App调查有关工作的通知》《市纪委办公厅关于配合做好2020年贵州党风廉政建设社会民意抽样调查App调查有关工作的通知》，研究有关事宜。

会议强调，贵州党风廉政建设社会民意抽样调查App调查工作是加强党风廉政建设和反腐败斗争工作的有力举措，具有很强的科学性、亲民性、实效性，对切实提高党的执政能力，巩固党的执政地位具有重要意义。全区各级各部门要高度重视，充分认识调查工作的重要性，严格执行两个《通知》要求，抓住每次民意抽样调查机会，全面、真实掌握群众对全区党风廉政建设的满意度和获得感，以及党风廉政建设工作存在的问题，狠抓整改落实，不断推进全区党风廉政建设工作取得好成绩、迈上新台阶。

会议议定：由特区纪委特区监委牵头，统筹抓好我区2020年贵州党风廉政建设社会民意抽样调查有关工作。

（三）传达学习《中共中央关于印发〈中国共产党军队党的建设条例〉的通知》《省军区贯彻落实深化民兵调整改革检查考评标准实施方案的通知》《关于加强省军区民兵常备常用拳头力量任务建设的通知》，研究有关事宜。

会议强调，全区各级各部门特别是人民武装部门要深入学习贯彻习近平强军思想，以及中央、省委有关文件精神，切实加强党对武装工作的领导，扎实做好民兵、预备役党的建设各项工作，始终保持部队建设正确方向，确保人民武装绝对忠诚、绝对纯洁、绝对可靠。增强民兵常备常用拳头力量，持续加强民兵的政治教育、军事训练等工作，确保队伍政治过硬、素质过硬、本领过硬。要大力弘扬军爱民、民拥军的光荣传统，积极融入地方发展大局，在推动军地融合深度发展、服务六枝高质量发展、拥军优属等方面持续用力，努力把军政团结的政治优势转化为推动六枝发展、助推改革强军的强大力量，切实巩固新时代军民团结良好局面。

会议议定：由特区人武部牵头，各乡（镇、街道）及区直有关单位负责，切实抓好我区民兵调整改革检查和民兵常备常用拳头力量建设工作。

（四）研究《中共六枝特区妇女联合会党组关于召开六枝特区第十次妇女代表大会的请示》有关事宜。

会议强调，特区第九次妇女代表大会以来，全区各级妇联组织围绕中心、服务大局，贴近妇女实际、发挥自身优势，在提高妇女素质、维护妇女儿童权益、帮助妇女创业就业、促进社会文明进步等方面做了大量卓有成效的工作，为推动我区妇女事业进步和经济社会发展做出了突出贡献。全区各级各部门要把妇女工作摆在重要位置，支持妇联依照法律和章程创造性地开展工作，进一步健全和完善保障支持妇女事业发展的制度机制。各级妇联组织要认真学习贯彻习近平新时代中国特色社会主义思想，更好履行党赋予妇联组织的政治职责和使命担当，努力当好沟通妇女群众的“连心桥”、凝聚妇女群众的“连心人”，把妇联建成可信赖、可依靠的“妇女之家”。各有关部门要主动作为，积极配合全面做好此次会议各项准备工作，确保会议圆满成功。

会议议定：原则上同意《中共六枝特区妇女联合会党组关于召开六枝特区第十次妇女代表大会的请示》，由特区妇联负责，认真做好会议筹备各项工作，确保会议圆满成功；会议所需经费按预算管理相关规定办理，由特区财政局负责做好保障。

（五）研究《中共六枝特区供销合作社联合社党组关于召开第六次代表大会的请示》有关事宜。

会议指出，近年来，全区供销系统及广大干部职工积极顺应时代发展大势，在困难与挑战中突破，在改革与创新中奋进，实现了由“体制改革求生存”向“服务‘三农’谋发展”的根本性转变，在全区经济社会发展中发挥了重要作用。全区供销系统要认真学习贯彻习近平总书记关于“三农”工作的重要论述和对供销工作的指示批示精神，把握发展形势，在促进农业转型上发挥“供销优势”，在繁荣农村市场上当好“桥梁纽带”，在优化服务水平上下足“绣花功夫”，在深化改革中敢于“鼎新革故”，在坚持为农服务中实现“华丽转身”，真正把供销合作社建设成为农业社会化服务的骨干力量、农村现代流通的主导力量、农民专业合作的带动力量，为加快六枝经济社会发展做出新的更大贡献。各有关部门要积极配合做好此次会议各项筹备工作，确保顺利实现会议各项目标任务。

会议议定：原则上同意《中共六枝特区供销合作社联合社党组关于召开第六次代表大会的请示》，由特区供销社负责，认真做好会议筹备工作，确保会议顺利召开；会议所需经费按预算管理相关规定办理，由特区财政局负责做好保障。

（六）讨论并原则同意特区政府提出的《关于租用六枝特区生产力发展中心作为部分机关单位办公用房的总体搬迁方案（讨论稿）》，由蒋家梁牵头，特区机关事务服务中心具体负责，按照本次会议讨论意见修改完善后及时实施，并统筹做好搬迁工作。

（七）研究有关干部工作（略）。

十八、2020 年 9 月 7 日十一届区委 2020 年第二十次常委会会议

（一）传达学习 8 月 31 日中央政治局会议精神，习近平总书记在扎实推进长三角一体化发展座谈会上、在纪念中国人民抗日战争暨世界反法西斯战争胜利 75 周年座谈会上的重要讲话精神和对制止餐饮浪费行为作出的重要指示，以及《中共贵州省委办公厅贵州省人民政府办公厅关于厉行节约坚决制止餐饮浪费行为的通知》，研究我区贯彻落实意见。

会议强调，全区上下要增强“四个意识”、坚定“四个自信”、做到“两个维护”，把认真学习贯彻习近平总书记近期重要讲话与当前各项工作有机结合起来，切实用以武装头脑、指导实践、推动工作，确保高质量、打好收官战，坚决夺取脱贫攻坚同步小康全面胜利。

会议指出，厉行节约是中华民族的传统美德，是我们党的优良作风，是践行社会主义核心价值观的核心体现，是《新时代公民道德建设实施纲要》的具体要求，全区上下要切实提高政治站位，坚决贯彻落实习近平总书记关于对制止餐饮浪费行为的指示和省、市有关工作要求，切实增强粮食安全的紧迫感、责任感、危机感，宣传和推行节约用餐习惯，在全区上下营造浪费可耻、节约光荣的浓厚氛围。

会议议定：由特区委办公室、政府办公室牵头，特区工业和信息化局（商务局）负责，参照省市文件拟定我区关于厉行节约坚决制止餐饮浪费行为的实施方案，并统筹抓好推进落实。

（二）传达学习全省 2020 年“黔货出山 · 风行天下”夏秋攻势行动动员部署会议、9 月 7 日市委常委会会议和全市东西部扶贫协作工作领导小组会议精神，以及市委书记王忠、市长李刚赴我区调研时的讲话精神，研究有关事宜。

会议指出，开展“黔货出山 · 风行天下”夏秋攻势行动对高质量打赢脱贫攻坚战具有十分重要的意义，是确保农产品卖得出、卖得好，纵深推进农村产业革命的关键举措，全区上下要按照全省 2020 年“黔货出山 · 风行天下”夏秋攻势行动动员部署会议要求，全面摸清我区农特产品现状，打通线上、线下两条销售渠道，确保全区农产品在种得好、养得好的基础上，实现卖得快、卖得好，帮助群众增收致富，助力脱贫攻坚。要按照市委书记王忠、市长李刚在我区调研时的指示精神，全面落实农村产业革命“五个三”要求，不断提高我区特色农业产业的标准化、规模化和品牌化水平。要加快产业结构调整步伐，提前做好宣传引导、地块落实等前期工作，为今冬明春产业结构调整和第一、二、三产业融合发展奠定坚实基础。

会议强调，全区上下要紧紧围绕国家对东西部扶贫协作的考核要求，聚焦重点指标和短板弱项，加强项目调度，抓好查缺补漏，逐项攻坚交账，确保各项工作有力有效开展。要聚焦“甘井子区企业 + 六枝资源”“甘井子区市场 + 六枝产品”“甘井子区总部 + 六枝基地”“甘井子区研发 + 六枝制造”深入合作，实现优势互补、市场互动、发展共赢。

会议议定：

1. 由蒋海、张斌牵头，特区扶贫办及东西部扶贫协作成员单位负责，扎实抓好东西部扶贫协作项目推进、资金报账等各项工作。

2. 由特区十大农业特色产业专班组长牵头，涉及单位负责，对2021年产业发展工作任务进行责任分解，督促各乡（镇、街道）及有关部门抓好推进落实。

3. 由彭良国、张斌牵头，特区自然资源局、农业农村局和各乡（镇、街道）负责，结合全区2020年退耕还林工作任务，聚焦“两高”“两线”，全面做好产业结构调整各项工作。

（三）传达学习《中共六盘水市委办公室关于传发市领导批示抄清的通知》，听取我区救灾工作情况汇报，研究有关事宜。

会议强调，全区上下要进一步提高政治站位，坚守民生情怀，全力以赴做好救灾减灾各项工作，切实把保障人民生命财产安全放在第一位落到实处。要分行业、分领域、分系统、分辖区继续做好灾情统计上报，积极争取各级救灾减灾资金支持。要认真做好受灾群众情绪安抚、搬迁安置、生活保障、灾后重建等工作，帮助群众尽快恢复生产生活。

会议议定：

1. 由特区政府各分管副区长牵头，涉及单位负责，全面做好道路交通、水利、电力、通信、油气等民生工程和三次产业受灾情况的排查统计工作，切实做好生产生活自救，降低受灾损失。

2. 由彭良国、张斌牵头，特区自然资源局、农业农村局及涉及乡（镇、街道）负责，加快中心城区周边产业结构调整，切实筑牢城区生态屏障。

（四）传达学习中央全面深化改革委员会第十三次、第十四次、第十五次会议，省委全面深化改革委员会第七次、第八次会议，市委全面深化改革委员会第七次、第八次会议和省委、市委改革办主任会议精神，通报全区2020年上半年全面深化改革工作推进情况，研究有关事宜。

会议强调：全区上下要深入学习贯彻习近平总书记关于全面深化改革的重要论述，不折不扣地贯彻中央、省、市部署的各项重大改革措施，全力推进各项改革举措和改革任务在我区落地落实。要认真研究政策，切实吃透精神，积极向上对接，加快谋划我区相关改革方案措施，最大限度地用好改革政策红利。要坚持问题导向，扎实做好“六稳”工作、落实“六保”任务，推动改革在解决实际问题中不断深化。要坚持典型引领，总结提炼六枝改革经验，传播六枝改革好声音，彰显六枝发展好形象，带动全区改革工作取得突破。

会议议定：由特区委改革办牵头，各改革专项牵头单位负责，强化统筹调度，聚焦短板弱项，确保各项改革任务落地落实。

（五）传达学习中央、省委关于做好当前信访工作的通知，省委、省政府关于防范化解和妥善处置群体性事件的若干措施，市委、市政府关于扎实推进全国市域社会治理现代化试点工作建设更高水平平安凉都的实施方案，六盘水市2020年市领导包案化解信访事项工作实施方案等文件精神，以及市委领导有关批示精神，听取全区1—8月信访工作情况汇报，研究有关事宜。

会议指出，2020年以来，全区各级各部门特别是信访部门牢记为民宗旨、发扬务实作风，及时解决群众合理诉求，切实维护群众合法权益，信访秩序持续好转，为全区经济社会发展稳定做出了积极贡献，成绩值得肯定。当前，受疫情和经济下行压力的影响，社会矛盾依旧复杂严峻，社会安全稳定仍然存在较大风险隐患，全区各级各部门特别是信访部门要系统分析当前信访形势，保持工作定力、强化责任落实，抓紧抓实信访调解各项工作，真正做到守土有责、守土负责、守土尽责。要严格按照属地管理、分级负责和谁主管、谁负责的原则，加大对征地拆迁、劳资纠纷、社会保障、重大工程建设、特殊利益诉求群体等方面不稳定因素的排查力度，及时归类梳理、建立台账，逐案落实化解调节责任，主动为群众排忧解难，切实维护群众合法权益。

会议议定：

1. 由各包案化解县级领导牵头，涉及单位具体负责，全面做好信访事项包案化解工作。

2. 由特区目标办牵头，将信访调解工作纳入年度目标考核内容。

（六）传达学习《中共中央办公厅关于印发〈党委（党组）意识形态工作责任制实施办法〉的通知》，以及全省、全市 2020 年第一次意识形态工作联席会议精神，听取全区上半年意识形态工作情况汇报，研究有关事宜。

会议指出，全区上下要深刻把握当前意识形态工作的严峻性和复杂性，正视我区意识形态工作存在的问题和不足，进一步增强做好意识形态工作的政治自觉、思想自觉和行动自觉，不断推动全区意识形态工作取得新进展，确保中央、省委、市委关于意识形态工作的决策部署和指示精神在我区落地落实。要全面加强党对意识形态工作的领导，各级党组织主要负责人要自觉担起第一责任人责任，分管领导要担起直接责任，班子其他成员要按照“一岗双责”要求，抓好分管部门、单位意识形态工作，确保意识形态各项工作有专人抓、专人落实。要定期专题研究、分析研判意识形态领域工作情况，对重大舆情、突发事件、重要社情民意中的倾向性问题，要加强分析，确保全区意识形态领域工作的安全稳定。

会议议定：由王国华牵头，特区委宣传部负责，持续统筹抓好全区意识形态工作。

（七）审议《中共六枝特区委学习习近平新时代中国特色社会主义思想领导小组 2020 年工作计划（讨论稿）》，听取全区上半年理论学习中心组学习情况汇报，研究有关事宜。

会议议定：原则同意《中共六枝特区委学习习近平新时代中国特色社会主义思想领导小组 2020 年工作计划（讨论稿）》，由王国华牵头，特区委宣传部负责，根据本次会议意见修改完善后按程序送审行文实施。

（八）书面传达《中共中央办公厅国务院办公厅印发〈党政主要负责人履行推进法治建设第一责任人职责规定〉的通知》《中共贵州省委办公厅贵州省人民政府办公厅关于印发〈贵州省贯彻落实党政主要负责人履行推进法治建设第一责任人职责规定实施办法〉的通知》《中共贵州省委全面依法治省委员会办公室关于进一步做好党政主要负责人履行推进法治建设第一责任人职责及法治政府建设督察迎检准备工作的补充通知》，听取我区法治建设工作情况、党政主要负责人履行推进法治建设第一责任人职责及法治政府建设督察迎检准备工作情况汇报，研究有关事宜。

会议要求，党政主要负责人履行推进法治建设第一责任人职责是贯彻落实习近平总书记全面依法治国新理念新思想新战略和党中央全面依法治国的部署要求，全区各级党政主要负责同志要切实增强“四个意识”、坚定“四个自信”、做到“两个维护”，全面履行法治建设重要组织者、推动者和实践者的职责，正确处理好政治与法治、改革与法治、依法治国和以德治国、依法治国和依规治党的关系，自觉运用法治思维和法治方式深化改革、推动发展、化解矛盾、维护稳定，对法治建设重要工作做到亲自部署、重大问题亲自过问、重点环节亲自协调、重点任务亲自督办，切实将本单位本部门各项工作纳入法治化轨道，不断推动我区治理体系和治理能力现代化。

会议议定：

1. 原则同意《六枝特区关于做好 2020 年党政主要负责人履行推进法治建设第一责任人职责及法治政府建设督察迎检准备的工作方案（讨论稿）》《六枝特区 2020 年党政主要负责人履行推进法治建设第一责任人职责及法治政府建设督察的工作方案（讨论稿）》，由李学刚牵头，特区委依法治区办（特区司法局）负责，根据本次会议意见修改完善后按程序送审行文实施。

2. 由特区依法治区办（特区司法局）牵头，各有关职能部门负责，认真做好各项迎检准备工作，确保取得良好效果。

（九）传达学习《中共贵州省委办公厅贵州省人民政府办公厅关于开展 2020 年省委、省政府综合大督查的通知》，听取我区迎检准备工作情况汇报，研究有关事宜。

会议指出，全区各级各部门要切实提高政治站位，深刻认识省委、省政府综合大督查的重要意义，把讲政治体现在工作落实上，体现在接受监督检查的成效上，积极加强与省市有关部门和督查组的沟通对接，严格执行中央八项规定及其实施细则精神，抓好后勤保障及相关服务工作。要抓好自查整改、坚持边查边改，以此次督查为契机，统筹推进常态化疫情防控、脱贫攻坚和经济社会发展等各项工作落实到位，全面展示我区经济社会发展成果和良好工作作风。

会议议定：由王光全、蒋家梁牵头，特区委办公室、政府办公室统筹，涉及单位具体负责，全面扎实做好此次大督查涉及的各项准备工作。

（十）传达全省“新市民·追梦桥”品牌创建工程推进会精神及 8 月 10 日市委常委会会议精神，研究我区贯彻落实意见。

会议指出，实施“新市民·追梦桥”工程，是省委推动易地扶贫搬迁后续扶持工作的重要决策部署，是全省工青妇组织围绕中心、服务大局的有力抓手。全区各级各部门特别是工青妇组织要深刻认识“新市民·追梦桥”工程的重大意义，进一步增强责任感、使命感和紧迫感，聚焦群众所需，搭好“五桥”，建好“五家”，不断增强群众发展能力，夯实群众发展根基，补齐群众发展短板，激发群众内生发展动力，确保搬迁群众真正实现搬得出、稳得住、能致富。要积极发挥桥梁纽带作用，引领全区易地扶贫搬迁群众适应新家园、融入新生活、实现新梦想，持续写好易地扶贫搬迁的“后半篇文章”。

会议议定：由王光全牵头，特区总工会、团委、妇联及涉及乡（镇、街道）负责，切实抓好我区“新市民·追梦桥”工程各项任务落实，确保取得实效。

（十一）传达学习习近平总书记重要文章《思政课是落实立德树人根本任务的关键课程》，以及市有关教育工作会议精神，听取 2020 年六枝特区教育工作暨第 36 个教师节表扬大会情况汇报，研究有关事宜。

会议要求，习近平总书记关于思政课建设的重要文章，深刻阐述办好思政课的重大意义，提出推动思政课改革创新的明确要求，为推进新时代思政课建设提供了根本遵循原则。广大教育工作者特别是思政课教师要深刻领会文章的核心要义、精神实质、丰富内涵和实践要求，持续深化新时代思政课改革创新，不断增强思政课的思想性、理论性、针对性和亲和力，引导学生坚定“四个自信”，坚定跟党走的自觉，打牢成长成才的思想基础，更好发挥思政课作为落实立德树人根本任务的关键课程作用，努力培养德智体美劳全面发展的社会主义建设者和接班人。全区上下要认真贯彻落实总书记重要文章和市有关教育工作会议精神，不断加强教育投入，强化教师队伍建设，保障教师合法权益，切实在全社会营造尊师重教浓厚氛围，办人民满意的教育。

会议议定：

1. 原则上同意《六枝特区拖欠教师工资补贴挤占挪用教育经费清查整顿工作方案（讨论稿）》，由方裕谦牵头，彭良国具体负责，特区财政局、人力资源社会保障局、教育局、审计局等单位具体落实，对我区拖欠教师工资补贴、挤占挪用教育经费情况进行全面清查整顿。

2. 原则上同意召开 2020 年六枝特区教育工作暨第 36 个教师节表扬大会，由潘静、彭良国两位牵头，特区教育局负责，认真做好会议筹备各项工作。

（十二）传达学习全市发展壮大村级集体经济推进会会议精神，研究我区贯彻落实意见。

会议强调，全区上下要认真贯彻落实全市发展壮大村级集体经济推进会议精神，把发展村集体经济作为一项基础性、战略性、长期性的工作来抓，着力在规划、产业、政策、项目、资金上出实招，多形式、多举措壮大村级集体经济。要结合村党支部换届，吸纳退役军人、大中专毕业生、党员致富带头人等群体充实村级后备力量，打造一支素质优良、作风过硬、结构合理、数量充足的村级后备干部队伍。

会议议定：由潘静牵头，特区委组织部负责，及时研究制定六枝特区发展壮大村级集体经济的有关实施意见，充分调动村干部干事创业激情。

（十三）研究并原则同意《六枝特区关于巩固主题教育成果争做新时代“凉都先锋”的实施方案（讨论稿）》《六枝特区关于认真贯彻落实〈党委（党组）落实全面从严治党主体责任规定〉的分工方案（讨论稿）》《中共六枝特区委落实全面从严治党主体责任2020年任务安排（讨论稿）》，由潘静牵头，特区委组织部负责，按照本次会议讨论的意见修改完善后行文执行。

（十四）听取全区2020年软弱涣散村党组织排查整顿情况汇报，研究有关事宜。

会议议定：由潘静牵头，特区委组织部负责，涉及乡（镇、街道）具体负责，按要求持续抓好全区软弱涣散村党组织整顿提升工作，确保取得实效。

（十五）传达学习全省关工委工作电视电话会会议精神、5月18日市委书记王忠在市委常委会上对关心下一代工作的讲话精神，听取六枝特区关心下一代工作情况汇报，研究有关事宜。

会议指出，2020年以来，全区各级关工委和广大“五老”认真贯彻落实中央、省、市要求，围绕特区党委、政府中心工作，坚持服务青少年的正确方向，积极开展一系列富有特色的关爱教育活动，为促进青少年健康成长做了大量工作，取得显著成效，成绩值得肯定。全区各级关工委要全面贯彻落实中央、省委、市委各项决策部署，急党政所急，想青少年所需，尽关工委所能，充分发挥“五老”在思想政治、知识积累、工作经验等方面的优势，不断推动全区关心下一代事业更好更快发展。全区各级各部门要高度重视关工委工作，按照习近平总书记关于关心下一代工作的重要指示及省、市有关会议精神，不断增强做好关心下一代工作的使命感和责任感，助推全区关心下一代工作再上新台阶。

会议议定：

1.由王光全、潘静两位牵头，特区关工委负责，按照省、市关工委关于开展中国关工委成立30周年总结、表彰、宣传活动的安排部署，统筹做好全区有关总结活动工作。

2.同意解决《青少年普法教育读本》经费3万元，由特区财政局负责具体落实。

3.由特区委办公室牵头，对特区党委、政府印发的《关于进一步加强党建带动关工委工作的意见》贯彻落实情况进行督促检查。

（十六）讨论并同意在特区党校加挂社会主义学院牌子，由潘静、王国华牵头，特区委组织部、统战部和党校负责，按照有关规定及时开展相关工作。

（十七）讨论并同意《中共六枝特区人大常委会党组关于单独设立六枝特区人民代表大会社会建设委员会的请示》，由吕荣牵头，特区党委办公室、人大办、编办负责，加强沟通对接，按照有关规定和程序办理。

十九、2020年9月18日十一届区委2020年第二十一次常委会会议

（一）传达学习习近平总书记在全国抗击新冠肺炎疫情表彰大会、科学家座谈会上的重要讲话精神，对新时代民营经济统战工作的重要指示精神和习近平总书记重要文章《构建起强大的公共卫生体系为维护人民健康提供有力保障》，研究我区贯彻落实意见。

会议指出，习近平总书记在全国抗击新冠肺炎疫情表彰大会、科学家座谈会上的重要讲话和《构建起强大的公共卫生体系为维护人民健康提供有力保障》重要文章，充分肯定了我国抗击新冠肺炎疫情斗争取得的重大战略成果，深入概括伟大抗疫精神，对进一步做好常态化疫情防控和经济社会发展提出明确要求。全区上下要进一步提高政治站位，深刻认识伟大抗疫精神的实质和丰富内涵，全力以赴做好疫情防控常态化和经济社会发展各项工作。要毫不放松抓好常态化疫情防控，扎实做好“六稳”工作、全面落实“六保”任务，着力补齐社会治理体系的短板弱项，确保高质量、打好收官战。

会议强调，习近平总书记对新时代民营经济统战工作的重要指示，充分体现尊重科学、尊重人才、尊重创新的时代内涵，全区上下要深刻领会、准确把握，结合实际抓好民营经济统战工作，共同营造尊重科学、尊重人才和尊重创新的浓厚氛围，推动全区民营经济持续健康发展。

（二）传达学习中共中央政治局常委、中央纪委书记赵乐际在贵州考察时的重要讲话和指示精神，9月17日市委常委会会议精神，以及《中共贵州省委办公厅印发关于加强新时代党建带工建带团建带妇建工作的意见的通知》，研究我区贯彻落实意见。

会议指出，赵乐际同志在百忙中到六盘水市考察，充分体现了以习近平同志为核心的党中央对六盘水工作的关心关注，全区上下要进一步增强“四个意识”、坚定“四个自信”、做到“两个维护”，扎实工作，艰苦奋斗，切实把赵乐际同志的指示精神转化为引领经济社会高质量发展的强大动力，以优异的成绩回报党中央的关心厚爱。全区纪检监察机关要坚决贯彻落实以习近平同志为核心的党中央重大决策部署，持之以恒纠治“四风”，切实把“严”的主基调坚持下去，将监督执纪问责贯穿于日常工作全过程各方面，扎实推进纪检监察工作高质量发展，持续构建不敢腐、不能腐、不想腐的体制机制，以良好的状态和作风决胜全面建成小康社会，决战脱贫攻坚。

会议强调，全区上下要深入学习贯彻习近平总书记关于工青妇工作的重要论述和《意见》精神，全面落实新时代党的建设总要求和新时代党的组织路线，以党的建设带动工会、团委、妇联工作创新发展，不断增强工青妇组织的政治性、先进性、群众性，提升工青妇组织履职能力和服务水平。全区工青妇组织要始终忠诚于党的事业，自觉在党的领导下谋划和推进工作，形成党建带动、一体共建、互促互进的工作格局。

会议议定：

1. 由龙超牵头，组织全区纪检监察干部认真学习贯彻赵乐际同志指示要求，强化监督执纪工作，持续巩固全区风清气正的政治生态。

2. 由潘静牵头，特区委组织部负责，特区总工会、团委、妇联等单位配合，进一步加强和做好新时代党建带工建带团建带妇建工作。

（三）传达学习全省脱贫攻坚督战推进会、2020年全省牛羊产业发展工作推进会精神，以及《全省脱贫攻坚实地调研督导情况通报》《贵州省扶贫开发领导小组关于印发“确保高质量、打好收官战”专项督查方案的通知》，听取我区近期防汛工作情况和脱贫攻坚督查情况汇报，研究有关事宜。

会议要求，全区上下要认真学习全省脱贫攻坚督战推进会议和《通报》等文件精神，进一步增强按时高质量打赢脱贫攻坚战的责任感和使命感，聚焦“一达标、两不愁、三保障”，强化督促指导，确保高质量、打好收官战。要坚持问题导向、目标导向和效果导向相统一，确保脱贫攻坚圆满收官。要围绕专项督查7项重点任务，结合脱贫攻坚大普查期间发现的短板弱项，举一反三、逐一排查、落实责任，切实抓好查缺补漏工作。

会议强调，全区上下要持续紧绷安全生产之弦，坚守为民服务初心，进一步压实区乡村三级工作责任，持续加大地质灾害等各类灾害隐患的排查力度，坚决把各类安全隐患消除在萌芽状态。要进一步加强应急值守，严格落实24小时带班、专人值班和灾情报送制度，切实发挥信息主渠道作用，为党委、政府决策部署提供坚实有力的依据。要持续强化和完善应急预案，落实应急保障，不断提高应急处置能力。

会议议定：

1. 由特区委办公室、政府办公室牵头，统筹指导做好全区各级各部门值班值守工作，切实发挥信息主渠道作用。

2. 由各乡（镇、街道）负责，对辖区内常年受灾区域进行全面摸排，提出整治方案并及时治理，防止年年受灾、重复受灾。

3. 由龙超牵头，特区纪委特区监委负责，对区乡村三级干部到村到岗开展脱贫攻坚工作情况进行督查。

4. 由王光全、杨强、彭良国、张斌牵头，特区农业农村局和自然资源局负责，及时研究制定六枝特区2020年今冬明春农业产业结构调整实施方案，并统筹做好全市农业产业发展现场推进会涉及我区各项筹备工作。

（四）传达学习全市“网络安全”建设专题会、人民群众安全感政法机关满意度测评调度会精神，以及《中共六盘水市委办公室关于进一步提升人民群众安全感满意度有关工作提示》，听取我区“网络安全”建设、安全感满意度测评工作情况汇报，审议《六枝特区提升安全感和政法机关满意度工作方案（讨论稿）》，研究有关事宜。

会议强调，安全感满意度测评工作是对一个地方经济社会发展和社会治理成效的综合反映，全区各级各部门要从讲政治的高度出发，从维护六枝良好发展环境的角度出发，引导干部职工群众客观、公正作答，切实维护六枝良好形象。“网络安全建设”是提高基层社会治理能力的有力抓手，全区上下尤其是政法部门要深化认识，紧盯短板，着力在“网络安全建设”的建、管、用上下功夫，切实发挥“网络安全建设”在加强基层社会治理，提升人民群众安全感满意度中的作用和效能。

会议议定：

1.原则上同意《六枝特区提升安全感满意度工作方案（讨论稿）》，由王光全同志牵头，特区委政法委负责，根据本次会议意见修改完善后按程序送审行文实施。

2.由王光全牵头，特区委政法委负责，专题研究全区安全感满意度测评和“网络安全建设”建设工作，确保取得好成绩。

3.由彭良国牵头，特区城市综合执法局、公安局和文明办负责，进一步加大城市市容市貌整治和曝光力度。

4.由特区财政局负责，统筹做好“网络安全”建设资金保障。

（五）听取关于盘江六盘水装备制造有限公司《国有股权无偿划转框架协议》的情况汇报，研究有关事宜。

会议议定：原则上同意特区政府提出的盘江六盘水装备制造有限公司《国有股权无偿划转框架协议》，由彭良国牵头，特区住房城乡建设局具体负责，按照本次会议审议的意见修改完善后，依法依规做好股权划转等相关工作。

（六）研究关于补选六盘水市第八届人民代表大会代表有关事宜。

会议议定：同意特区委组织部提出的六盘水市第八届人民代表大会代表补选名单，由吕荣、潘静两位牵头，特区人大办、特区委组织部负责，依法按程序做好补选工作。

（七）通报我区市管领导班子2019年度考核结果。

会议议定：由潘静牵头，特区委组织部负责，将通报情况及时反馈市委组织部，并按规定做好有关工作。

二十、2020年9月24日十一届区委2020年第二十二次常委会会议

（一）传达学习习近平总书记在基层代表座谈会和在教育文化卫生体育领域专家代表座谈会上的讲话精神，以及第十五届贵州省旅游产业发展大会、全省文化和旅游工作推进会精神，研究我区贯彻落实意见。

会议指出，习近平总书记在湖南考察、在基层代表座谈会和在教育文化卫生体育领域专家代表座谈会上的讲话，充分体现了以习近平同志为核心的党中央坚持问计于民、问需于民、问策于民的人民立场和崇高情怀。全区上下要认真学习、深刻领会、科学应对、主动求变，增强“四个意识”、坚定“四个自信”、做到“两个维护”，确保习近平总书记的重要讲话精神在我区落地落实。要坚持问计于民、问需于民编制我区“十四五”规划，确保“十四五”规划顺应人民意愿，引领六枝发展未来，更好推动全区经济社会持续高质量发展。贵州省旅游产业发展大会和全省文化和旅游工作推进会，全面总结了全省旅游业发展的成绩和经验，深刻分析了全省旅游业发展面临的难得机遇，系统提出了全省旅游业发展的路径和举措，为我区旅游业发展指明了方向。全区上下要认真学习领会省旅游“两会”精神，坚持问题导向，突出特色旅游品牌，促进全区旅游业持续健康发展。

会议议定：

1. 由蒋家梁牵头，特区发展改革局等单位具体负责，认真做好我区“十四五”规划编制工作。

2. 由彭良国牵头，特区文体广电旅游局负责，加快完善布局旅游业态、提高旅游服务质量，加大内外宣传力度，不断释放全区旅游消费潜力，推动全区旅游业持续“井喷”。

（二）听取全区灾后恢复建设工作开展情况汇报，研究有关事宜。

会议强调，全区各级各部门要深入贯彻落实习近平总书记关于防灾减灾救灾的重要论述，认真落实自然灾害防治各项工作部署，不断提高防灾、减灾能力，切实维护人民群众生命财产安全。要坚持人民至上、生命至上，主动担当、积极作为，加快灾后恢复建设进度，切实做好群众住房、交通、供电、供水等基本生活保障，全面落实社会救助、民政兜底等政策，切实保障受灾群众生命财产安全，坚决杜绝因灾致贫、因灾返贫等现象发生。

会议议定：

1. 由李学刚、彭良国、张斌牵头，特区住房城乡建设局、交通运输局、城市综合执法局、水务局、各乡（镇、街道）负责，统筹做好灾后重建各项工作。

2. 由蒋家梁、宋毓牵头，特区应急局、民政局及各乡（镇、街道）具体负责，整合救助资源，备足救助物资，扎实做好受灾群众过渡安置和基本生活保障。

（三）听取全区2020年前三季度经济运行情况汇报，研究有关事宜。

会议强调，2020年以来，面对疫情、灾情双重影响，在全区上下的共同努力下，全区经济运行呈现稳中有进，持续健康发展的良好态势。全区上下要对照年初目标任务，紧扣全区经济工作重点，加大工作力度，把握规律、抢抓政策，靶向发力、奋力破局，最大限度补齐差距。各重大项目包保联系领导、各行业主管部门要加强督促指导，强化项目梳理、调度、研判、督查，及时研究解决存在的困难和问题，制定有效管用措施，确保项目按时推进。要结合今冬明春产业结构调整任务，围绕“两高”“两线”，聚焦十大特色产业，加快推进全区农业产业转型升级，持续巩固小康菜园建设工作。要聚焦医药、纺织业、农产品精深加工等方面加大招商引资力度，引进一批优强企业落户六枝，为实现全年各项目标任务奠定坚实基础。

会议议定：

1. 由蒋家梁、宋毓牵头，特区发展改革局、财政局、工信和信息化局、统计局等行业主管部门负责，进一步加强对全区经济的调度指导、分析研判，坚决完成年度目标任务。

2. 由彭良国、张斌牵头，特区农业农村局、自然资源局及各乡（镇、街道）负责，扎实做好今冬明春全区产业结构调整工作。

（四）传达学习《省扶贫办关于印发2020年度贵州省扶贫对象动态管理和信息采集工作方案的通知》，听取省督办队赴六枝特区开展“确保高质量、打好收官战”专项督查督办工作情况汇报，研究我区贯彻落实意见。

会议强调，当前，脱贫攻坚已经到了交总账的关键阶段，全区上下要进一步提高思想认识，按照省、市脱贫攻坚各项部署要求，高质量开展好信息采集和录入等工作，全面摸清就业底数，做到精准掌握、动态管理，不断巩固脱贫质量。要围绕“七查”和13项查缺补漏内容，以省督办队反馈问题整改为契机，全面查缺补漏，按照双台账、双整改、双销号、双追责要求，狠抓问题整改和短板弱项补齐，全面降低返贫风险。要用好用活“八个一批”，千方百计增加就业岗位，保障贫困群众工资待遇。要在项目建设、资金拨付、报账等方面发力，确保各类产业早投产、早见效。要压紧压实脱贫攻坚政治责任，严格落实“5个100%”要求，以优良的作风，昂扬的斗志高质量打好脱贫攻坚收官战。

会议议定：

1. 由蒋家梁、张斌两位牵头，特区人资社保局、扶贫办、农业农村局、生态移民局、各乡（镇、街道）具体负责，举一反三，全面抓好省督办队反馈问题整改，扎实做好扶贫对象动态管理和信息采集工作。

2. 各决胜工作团团长和副团长、各乡（镇、街道）、帮扶单位、帮扶责任人要持续按照“四个不摘”要求，认真开展督促指导、走访帮扶等工作。

二十一、2020 年 10 月 27 日十一届区委 2020 年第二十五次常委会会议

（一）传达学习习近平总书记在中央党校（国家行政学院）中青年干部培训班开班式上、在广东考察调研时、在纪念中国人民志愿军抗美援朝出国作战 70 周年大会上的重要讲话精神，以及习近平总书记对脱贫攻坚工作作出的重要指示和李克强总理的批示精神，研究我区贯彻落实意见。

会议强调，习近平总书记在中央党校（国家行政学院）中青年干部培训班开班式上的重要讲话精神，既是对年轻干部的要求，也是对全体党员干部的要求。全区各级党员干部要坚持问题导向，在火热实践中锤炼和提高政治能力、调查研究能力、科学决策能力、改革攻坚能力、应急处突能力、群众工作能力、抓落实能力，想干事、能干事、干成事。

会议指出，习近平总书记在广东省考察调研和在深圳经济特区建立 40 周年庆祝大会上的重要讲话，再一次向世界宣示了中国改革不停顿、开放不止步的坚定决心。全区上下要认真学习、深刻领会、坚决落实，进一步深化重要领域和关键环节改革，提高改革综合效能，不断推动全区经济社会高质量发展。要抢抓国家构建双循环新发展格局机遇，巩固拓展东西部扶贫协作成果，积极融入粤港澳大湾区建设，加快六枝改革开放发展。

会议强调，要认真学习贯彻习近平总书记在纪念中国人民志愿军抗美援朝出国作战 70 周年大会上的重要讲话精神，从伟大抗美援朝精神中汲取奋进力量，坚持爱国和爱党、爱社会主义高度统一，把伟大的抗美援朝精神继承好、弘扬好、解读好，使之转化为推动六枝各项工作的强大力量。要深入学习宣传中国人民志愿军的英雄事迹和革命精神，在全区不断凝聚实现中华民族伟大复兴的强大正能量。

会议要求，要认真学习贯彻习近平总书记在第七个国家扶贫日之际对脱贫攻坚工作的重要指示、李克强总理批示精神，保持攻坚态势，善始善终、善作善成，确保高质量、打好收官战。要持续深入抓好查漏补缺，不漏一户一人抓实兜底保障，多措并举巩固扩大脱贫成果，精心迎接大考、确保赢得大考。

会议议定：由潘静牵头，特区委组织部负责，深入研究全区干部队伍建设中存在的问题短板，全面加强各级干部特别是年轻干部“七种能力”建设，切实提高解决实际问题的能力。

（二）传达学习 10 月 24 日至 25 日省委副书记蓝绍敏在六盘水市调研指导精神和 10 月 26 日市委常委会会议精神，研究我区贯彻落实意见。

会议指出，副书记蓝绍敏深入六盘水市调研指导工作，对六盘水市经济社会发展、产业转型升级、脱贫攻坚、乡村振兴等工作作出了重要讲话要求，充分体现了省委、省政府对六盘水工作的关心和关注。全区上下要认真学习领会副书记蓝绍敏在六盘水市调研时的讲话精神，切实把省委及副书记蓝绍敏的关心关爱转化为干事创业的不竭动力，扎实做好“六稳”工作，落实“六保”任务，冲刺四季度、决战全年度，保持经济持续健康发展。要按照市委常委会会议部署要求，牢固树立“脱贫攻坚不巩固、一切努力全白付”的理念，全面补齐“一达标、两不愁、三保障”工作短板，以精细的工作、昂扬的斗志、扎实的作风确保脱贫攻坚成效考核取得优异成绩。要深刻认识农业对促进农村、农民发展的重大意义，聚焦“八要素”，持续深化产业结构调整，统筹推进“千家万户小康菜园”建设，实现脱贫攻坚与乡村振兴有效衔接。

会议议定：由王光全、张斌牵头，特区扶贫办统筹，全面做好 2020 年省对六枝特区脱贫攻坚成效考核的各项准备工作。

（三）传达学习《贵州省人民政府办公厅关于进一步加强重点场所秋冬季新冠肺炎疫情防控工作的通知》《省社防组关于坚决贯彻落实领导批示精神进一步强化青岛来黔人员防控工作措施的紧急通知》，以及 10 月 13 日全市疫情防控工作紧急视频调度会议精神和《省卫生健康委发布关于近期新疆喀什地区疫情防控的温馨提示》，听取我区秋冬季疫情防控能力建设工作情况汇报，研究有关事宜。

会议指出，全区各级各部门要按照近期省、市疫情防控工作的安排部署，统筹抓好重点风险地区返回人员的排查检查和重点场所秋冬季疫情防控工作。要坚决克服麻痹思想、厌战情绪和侥幸心理，严格落实秋冬季疫情防控各项措施要求，加强重点场所体温检测、佩戴口罩等个人防护工作。要加强健康申报查验，严格学校和托幼机构管理，强化特殊场所监测。要按照省市要求，在健全防控机制、完善防控设施、稳定防控队伍、保障防控物资、提升检测效能、强化培训演练等方面狠下功夫，不断提升我区应对疫情防控的能力。

会议议定：由王光全、李学刚、张斌牵头，特区防控办和卫生健康局负责，统筹抓好我区疫情常态化防控和秋冬季疫情防控能力建设工作。

（四）传达学习《中共六盘水市委六盘水市人民政府关于进一步巩固提升脱贫攻坚成果的实施意见》，研究六枝特区（省、市、县）三级合作推进肉牛产业发展有关事宜。

会议强调，全区上下要认真贯彻落实习近平总书记关于全面巩固提升脱贫攻坚战果和全面实施乡村振兴战略的重要论述，确保脱贫攻坚政策总体稳定。要聚焦“一超过、两不愁、三保障”、饮水安全、人居环境整治、易地扶贫搬迁等重点，加大工作力度，对退出的贫困村、贫困人口“扶上马送一程”，确保脱贫攻坚成果进一步巩固提升。要发挥自身区位优势，将肉牛产业发展作为巩固提升脱贫成果、壮大村级集体经济的重要举措，抢抓省、市大力推进肉牛产业发展的有利时机，积极加强向上对接，努力争取更多支持，确保按时高质量完成省级下达目标任务，有效带动牧草种植、饲料配送、屠宰加工等产业健康发展，持续巩固脱贫成果。

会议议定：

1. 原则上同意特区政府提出的六枝特区（省、市、县）三级合作协议中的特区人民政府职责内容，由杨强、张斌两位牵头，特区农业农村局及肉牛产业发展专班具体负责，及时提请市有关会议研究。

2. 由特区扶贫开发投资有限责任公司负责，加强与贵州黄牛集团对接，及时组建 SPV 公司，加快推进项目建设，确保项目早日发挥效益。

（五）传达学习六盘水市创建全国民族团结进步示范市推进会暨教育培训会议精神，听取我区民族团结进步示范区创建工作情况汇报，研究有关事宜。

会议指出，开展民族团结进步创建工作，是党中央、国务院加强和改进新时代民族工作的一项重大决策，全区上下要进一步提高政治站位，充分认识创建民族团结进步示范区对促进我区民族团结进步、推动经济社会高质量发展的重要意义。要紧盯创建节点和目标任务，围绕创建测评指标，全面完善软硬件设施，把创建工作融入经济社会发展大局，深入开展民族团结进步创建“八进”活动，全力打造民族团结进步“四大工程”，切实增强“五个认同”，为打赢两场战役、夺取两个胜利凝聚强大合力。

会议议定：由宋毓牵头，特区民宗局负责，涉及单位配合，统筹做好我区创建民族团结进步示范区各项工作。

（六）听取六枝特区 2020 年以来食品安全工作情况汇报，研究有关事宜。

会议指出，食品安全事关人民群众的身体健康和生命安全，事关经济健康发展与社会和谐稳定，要严格执行地方党政领导干部食品安全责任制规定，认真落实食品安全政治责任和工作责任，坚决把食品安全工作抓紧抓好，让人民群众吃得安心、吃得放心。要准确把握食品安全新老特点和问题焦点，严厉打击哄抬物价、囤积居奇等垄断行为，全方位、多渠道稳住价格基本盘。要坚决落实食品安全“四个最严”要求，强化“双随机、一公开”抽查，对各类食品经营主体实行检查全覆盖，严厉查处各类食品安全行为，不断提升食品安全基础防控能力水平。要加大宣传引导力度，在全社会营造厉行节约、反对浪费的浓厚氛围。

会议议定：由宋毓牵头，特区市场监管局负责，持续抓好我区食品安全工作，保障老百姓舌尖上的安全。

（七）审议并原则同意特区纪委特区监委提出的《关于深化中共六枝特区纪委六枝特区监委派驻机构改革的实施意见（讨论稿）》。由龙超牵头，特区纪委特区监委负责，特区委组织部、编办配合，按照本次会议讨论的意见修改完善后组织实施。

（八）传达学习《中共贵州省委办公厅贵州省人民政府办公厅关于印发贵州省生态环境保护督察实施办法的通知》，听取六枝河水体污染综合整治情况汇报，研究有关事宜。

会议指出，要深入贯彻落实习近平生态文明思想，坚持生态优先、绿色发展，坚持方向不变、力度不减，坚持科学治污、精准治污、依法治污。要进一步提高思想认识，形成合力，高度重视以六枝河为整治重点的各项整治工作，以最深刻的认识、最坚决的态度，坚决打赢污染防治攻坚战。要进一步解放思想，实事求是，持续优化和完善整治方案，确保各项整治工作按时销号。要持续在项目建设管理、督查暗访、执法监管等方面下功夫，坚决打击各类环境破坏行为。

会议议定：由张斌牵头，市生态环境局六枝分局负责，持续抓好各级环保督察反馈问题的统筹协调和督办落实，确保整改取得成效。

（九）审议并原则上同意《十一届中共六枝特区委员会第九轮巡察工作方案（讨论稿）》，由龙超牵头，特区委巡察办负责，按照本次会议审议意见修改完善后送审行文。

（十）听取十一届中共六枝特区委员会第八轮巡察工作情况汇报，研究有关事宜。

会议指出，巡视巡察是党章赋予的重要职责，是加强党内监督的战略性制度安排，自觉接受和配合做好巡视监督是各级党组织和每一名党员干部共同的政治责任，全区各级各部门特别是被巡察党组织要充分认识巡察在全面从严治党、治理体系和治理能力中的监督利剑作用，进一步压紧、压实全面从严治党主体责任，紧盯“三个聚焦”，推动全面从严治党不断向纵深发展，持续巩固全区风清气正的政治生态。要把巡察发现问题整改作为一项重大政治任务抓紧、抓实、抓细，以严格的作风、扎实的举措持续写好巡察“后半篇”文章。

会议议定：

1. 由龙超、潘静牵头，特区委巡察办负责，及时向被巡察党组织反馈巡察结果。

2. 由特区纪委特区监委、特区委组织部负责，迅速启动对巡察发现问题的初核及办理工作。

二十二、2020 年 11 月 2 日十一届区委 2020 年第二十六次常委会会议

（一）传达学习中国共产党第十九届中央委员会第五次全体会议精神，习近平总书记在党外人士座谈会上的讲话精神，以及 10 月 30 日市委常委会会议精神，研究我区贯彻落实意见。

会议指出，党的十九届五中全会是在我国全面建成小康社会、脱贫攻坚即将全面胜利，“十三五”规划即将圆满收官，“十四五”规划即将全面启动的关键历史时期召开的一次重要会议。全会重点研究“十四五”规划问题并提出建议，将“十四五”规划与二〇三五年远景目标统筹考虑，对动员和激励全党全国各族人民战胜前进道路上各种风险挑战，为全面建设社会主义现代化国家开好局、起好步，具有十分重要的意义。习近平总书记作的建议说明，高屋建瓴、视野深邃、内涵丰富，全面回顾了建议的起草过程，精辟阐释了建议的深谋远虑和重点内容，对重点问题的说明非常深刻，是建议的精髓和灵魂。习近平总书记的重要讲话统揽全局、审时度势、思想深邃，是习近平新时代中国特色社会主义思想的最新发展，为我们立足新发展阶段、贯彻新发展理念、构建新发展格局、夺取新征程胜利提供了科学指南。全会通过的建议，深刻指明今后一个时期我国发展的指导方针、目标任务、战略举措，是夺取全面建设社会主义现代化国家新胜利的纲领性文件。全区上下要进一步增强“四个意识”、坚定“四个自信”、做到“两个维护”，切实把学习好、宣传好、贯彻好、落实好党的十九届五中全会精神作为当前和今后一段时期的首要政治任务，迅速掀起学习宣传贯彻热潮，确保全会精神在六枝大地落地生根、开花结果。要对标国家“十四五”规划的指导思想和基本原则，紧盯“十四五”时期经济社会发展目标任务，科学谋划我区“十四五”规划工作，确保我区“十四五”规划客观科学、引领发展、符合实际。

会议要求，全区上下要认真学习贯彻习近平总书记在党外人士座谈会上的重要讲话精神，充分发挥党外人士的力量优势，调动各方面的积极性，围绕脱贫攻坚、生态保护、高质量发展和制定“十四五”规划等重大任务献计出力，为推动全区经济社会持续健康发展做出更大贡献。

会议议定：

1. 由王光全牵头，特区委办公室负责，认真制定我区贯彻落实党的十九届五中全会精神的通知，按程序送审行文。

2. 由蒋家梁牵头，特区发展改革局负责，按照党的十九届五中全会决策部署，认真做好我区“十四五”规划的起草编制工作。

3. 由王国华牵头，特区委宣传部负责，及时拟定我区关于党的十九届五中全会宣传宣讲方案，并抓好宣传宣讲工作，迅速掀起宣传贯彻落实热潮。

（二）传达学习贵州六盘水产业转型升级示范区建设工作推进会精神，听取全市农业产业发展现场推进会涉及我区筹备情况汇报，研究有关事宜。

会议指出，要抢抓六盘水创建全国产业转型升级示范区重大机遇，进一步转变思想，把“产业转型升级”作为当前经济社会发展的“主旋律”，切实把示范区建设扛在肩上、抓在手上，推动全区经济社会高质量发展。要紧盯评估指标，依法依规做好统计工作，全力补短板、强弱项，坚决打好产业转型升级“翻身仗”。要加大向上对接力度，全面梳理支持示范区建设的政策措施，充分用好中国科学技术大学、甘井子区等定点帮扶单位资源，汇聚更多力量推动示范区建设。要坚持全区上下“一盘棋”思想，建立完善定期调度工作机制，研究制定具体工作方案，进一步细化任务分工、强化责任落实，不断推动示范区建设取得新成效。

会议强调，全市农业产业发展现场推进会是市委、市政府狠抓农业产业结构调整、助力脱贫攻坚的有力抓手，全区上下要切实提高政治站位，统筹抓好涉及六枝部分的各项筹备工作，充分展示六枝农业产业发展成效。要紧扣“八要素”、落实“五个三”，坚持以种植为主体、增值为主线、市场为主导，加快实现传统农业向现代农业“六个转变”，纵深推进农村产业革命。

会议议定：由王光全、张斌牵头，特区委办公室、政府办公室、农业农村局负责，统筹抓好全市农业产业发展现场推进会涉及我区部分的筹备工作，确保会议取得预期效果。

（三）传达学习《六盘水市贯彻落实〈中国共产党政法工作条例〉实施办法》文件精神及市委政法委有关工作提示，研究有关事宜。

会议指出，市委立足六盘水实际，就如何贯彻落实《条例》制定具体实施办法，形成任务清单，全区上下要将中央《条例》、贵州《实施细则》、六盘水《实施办法》融合起来，立足职责，全面落实好中央、省、市系列工作要求，推动全区政法工作持续向上向好发展。全区上下尤其是政法部门要严格按照市委工作提示，紧盯督查内容，细化工作任务，全面开展梳理排查，及时抓好整改落实。

会议议定：

1. 由王光全牵头，特区委政法委负责，全面抓好我区关于中央《条例》、贵州《实施细则》、六盘水《实施办法》的贯彻落实工作。

2. 由特区委政法委牵头，统筹做好中央督查组到贵州开展《中国共产党政法工作条例》贯彻落实情况督查的各项准备工作。

（四）听取全区脱贫攻坚成效考核工作情况汇报，研究有关事宜。

会议指出，2020 年脱贫攻坚成效考核时间紧、任务重、压力大，全区上下要切实提高政治站位，深刻认识持续巩固脱贫攻坚工作的重大政治意义，聚焦“一超过、两不愁、三保障”，着力在“两类人员”帮扶、贫困户就业、产业项目推进、帮扶协作、环境卫生等方面下功夫，补齐各项工作短板，全面迎接大考。要全面落实“5 个 100%”的要求，聚焦责任落实、工作落实、政策落实等方面开展全方位、多层次的督查检查，以铁的作风确保人员全面到岗到位、责任全面落实到位。

会议议定：

1. 由王光全、张斌牵头，特区委办公室、政府办公室、扶贫办统筹，涉及单位配合，按照细致精致极致的要求落实好后勤保障、会务服务、资料收集等各项保障工作。

2. 由特区纪委特区监委、组织部、攻坚办负责，对全区各级各部门落实“5 个 100%”情况进行暗访督查，督促全区各级干部到岗到位。

二十三、2020 年 11 月 25 日十一届区委 2020 年第二十七次常委会会议

（一）传达学习习近平总书记在第三届中国国际进口博览会开幕式上的主旨演讲，以及在浦东开发开放 30 周年庆祝大会上、在全面推动长江经济带发展座谈会上、在中央全面依法治国工作会议上的重要讲话精神，研究我区贯彻落实意见。

会议强调，习近平总书记在第三届中国国际进口博览会、在浦东开发开放 30 周年庆祝大会和在全面推动长江经济带发展座谈会等系列会议上的重要讲话，为克服当前经济下行严峻形势、推动我国经济社会实现高质量发展指明了正确方向、提供了根本遵循原则。全区各级各部门要深入学习领会，认清发展形势，准确识变、科学应变、主动求变，切实把智慧和力量凝聚到深入学习贯彻习近平总书记的系列重要讲话上来，把思想和行动转化到具体实践中来。要持续提高对外开放水平，主动融入周边各大经济圈，加大招商引资力度，把需求牵引和供给创造有机结合起来，奋力打造六枝高质量发展新引擎和增长极，全力以赴完成全年经济社会发展目标任务，为“十四五”开好局、起好步。

会议强调，全区上下要认真学习领会习近平法治思想，紧紧围绕“十一个坚持”，进一步在学懂、弄通、做实上下功夫，在深化、消化、转化上见成效，以实际行动增强“四个意识”、坚定“四个自信”、做到“两个维护”，扎扎实实地推进全面依法治区工作。要抓住领导干部这个“关键少数”，不断提高领导干部运用法治思维和法治方式深化改革、推动发展、化解矛盾、维护稳定、防范风险的能力，切实在法治轨道上推进全区治理体系和治理能力现代化。

会议议定：

1. 由王光全牵头，特区公安局、司法局等部门负责，进一步抓紧抓实全区全面依法治区各项工作，切实提升人民群众安全感、幸福感。

2. 由张斌牵头，市生态环境局六枝分局统筹，督促指导各涉及单位持续抓好中央、省、市环保督察反馈问题整改。

（二）传达学习《中共中央关于制定国民经济和社会发展第十四个五年规划和二〇三五年远景目标的建议》和习近平总书记对该“建议”的说明，《中共中央办公厅关于做好党的十九届五中全会精神学习宣传的通知》《中共贵州省委关于认真学习宣传贯彻党的十九届五中全会精神的通知》《中共六盘水市委关于认真学习贯彻党的十九届五中全会精神的通知》，以及谌贻琴同志在全省领导干部会议上的讲话精神，研究我区贯彻落实意见。

会议指出，党的十九届五中全会审议通过的《中共中央关于制定国民经济和社会发展第十四个五年规划和二〇三五年远景目标的建议》，顺应时代和实践要求，反映人民意愿和期待，是动员全党全国各族人民在新的历史起点上全面建设社会主义现代化国家的纲领性文件。习近平总书记对建议所作的说明，充分体现了以习近平同志为核心的党中央谋划未来的远见卓识和继往开来的历史担当。全区各级党组织和广大党员干部要沿着习近平总书记和党中央指引的方向，紧跟省委、市委各项部署要求，认真学习、深刻领会，准确理解党中央对二〇三五年远景目标和“十四五”时期经济社会发展的指导思想、基本原则、主要目标，努力在危机中育先机、于变局中开新局，全面协调推动各领域各方面工作，奋力开启全面建设社会主义现代化国家新征程的画廊六枝新篇章。

会议强调，全区上下要把学习好、宣传好、贯彻好、落实好全会精神作为当前和今后一段时期的重大政治任务，作为当前最重要的政治必修课，与学习贯彻落实党中央和省委、市委作出的各项决策部署结合起来。全区各级党员领导干部要理论联系实际，带头学、带头讲、带头干，全面统筹运用各种宣传手段，深入开展宣传宣讲，迅速掀起学习、宣传、贯彻热潮。要精心谋划我区“十四五”发展规划，切实把全会精神融入六枝未来发展的目标定位和思路举措中，确保“十四五”规划符合六枝实际。

会议强调，以习近平同志为核心的党中央高度重视和关心支持贵州工作，这次省委、省政府主要领导同志职务调整，充分体现了党中央对贵州的亲切关怀和充分肯定。全区各级党员领导干部要认真学习领会谌贻琴在全省领导干部会议上的讲话，迅速把思想统一到中央决定和省委、市委要求上来，把行动落实到省委、市委各项决策部署上来，自觉讲政治、顾大局，坚决做到守土有责、守土负责、守土尽责。全面做好“十四五”规划编制，全面加强对全区各领域、各方面发展的前瞻性思考、全局性谋划，全力以赴把各项工作做好，以优异成绩迎接中国共产党成立100周年。

会议议定：

1.由潘静牵头，特区委组织部负责、党校配合，把党的十九届五中全会精神纳入近期干部教育培训重要内容。

2.由王国华牵头，特区委宣传部负责，认真制定我区关于党的十九届五中全会精神宣讲方案，并统筹做好组织实施。

（三）传达学习省委、市委人大工作会议精神，以及《中共贵州省委关于加强新时代人大工作和建设的意见》和《中共六盘水市委关于进一步加强全市人大规范化建设的意见》，研究我区贯彻落实意见。

会议指出，全区各级各部门要深入学习贯彻习近平总书记关于坚持和完善人民代表大会制度的重要思想，切实把学习贯彻省委、市委人大工作会议精神与依法做好人大各项工作充分结合起来，认真落实省委、市委关于加强新时代人大工作和建设的要求，坚持和强化党对人大工作的领导，紧紧围绕中心、服务大局，聚焦疫情防控、脱贫攻坚、乡村振兴、高质量发展等依法履职尽责，加强法律监督，密切联系群众，切实发挥人大作用，努力为全区经济社会高质量发展做出新的更大贡献。

会议议定：

1.由特区人大常委会党组牵头，各乡（镇、街道）负责，按照省委、市委关于加强新时代人大工作和建设的有关要求，结合职能职责，细化目标任务，认真抓好贯彻落实。

2.同意于近期召开区委人大工作会议，由特区委办公室牵头，特区人大办配合，认真做好会议筹备工作。

（四）传达学习《关于贯彻落实时光辉书记、郭瑞民副省长就加强疫情社会防控工作指示的通知》，听取全区冷链物流食品安全工作情况汇报，研究有关事宜。

会议强调，全区各级各部门要深刻领会党中央、国务院对当前疫情防控形势的准确判断，切实把思想和行动统一到中央、省、市关于疫情防控的各项决策部署上来，持续保持疫情防控常态化、精细化。要坚持“人防”与“物防”有机结合，全面加强国境外和国内风险地区外来人员排查管理，严格落实秋冬季疫情防控各项措施，切实巩固来之不易的防控成果，确保疫情防控和经济社会发展取得双胜利。

会议议定：

1.由王光全、宋毓、李学刚、张斌牵头，特区防控办、卫生健康局、市场监管局、交通运输局、公安局及各乡（镇、街道）负责，切实做好我区常态化疫情防控各项工作。

2.由特区市场监管局、农业农村局、卫生健康局、疾控中心等单位负责，适时开展检查，扎实做好冷链物流食品的检测防疫工作。

（五）传达学习11月11日市委书记王忠赴我区调研时的讲话精神，以及11月19日全市猕猴桃产业发展现场推进会精神，听取我区相关工作情况汇报，研究有关事宜。

会议强调，全区各级各部门要按照市委书记王忠赴我区调研时的讲话要求，切实增强做好脱贫攻坚巩固提升、农村产业革命、接续乡村振兴等工作的责任感和紧迫性。要聚焦“八要素”“五个三”，深入实施新一轮退耕还林，优化调整产业布局，扎实做好秋冬种生产。要深入推进猕猴桃、刺梨、茶叶、食用菌等优势产业高质量发展。要纵深推进“千家万户小康菜园”建设向边远地区、城乡接合部、景区景点延伸，不断改善乡村面貌，提高人民群众获得感幸福感。

会议强调，全区上下要深入落实“四个不摘”，坚持“四个不能”，按照“5个100%”要求，聚焦“一超过、两不愁、三保障”，始终保持攻坚态势，全面压紧、压实责任，紧盯细节全面查缺补漏，狠抓问题常态化整改，着力在基础信息、档案资料、帮扶走访、环境卫生等方面下足功夫，精心迎接大考。要持续紧盯几类重点人群，做实灾后恢复建设等各项工作，坚决防止返贫和出现新的贫困，全面巩固提升脱贫质量。

会议议定：

1. 由王光全、张斌牵头，特区扶贫办及各乡（镇、街道）、各有关部门负责，统筹做好2020年度国家脱贫攻坚成效考核各项准备工作。

2. 由王光全、张斌牵头，特区农业农村局及各乡（镇、街道）负责，持续抓好今冬明春产业结构调整及“千家万户小康菜园”建设工作。

3. 由蒋家梁、李学刚、彭良国、张斌牵头，特区应急局、住房城乡建设局、交通运输局、城市综合执法局、水务局及各乡（镇、街道）负责，持续做好灾后建设各项工作，切实保障人民群众生产生活安全。

4. 由彭良国牵头，特区自然资源局及各乡（镇、街道）负责，加强督促调度，确保按期完成2020年新一轮全区退耕还林工作任务。

（六）传达学习市委书记王忠，市委副书记、市长李刚对农村乱占耕地建房问题的批示精神，听取我区农村乱占耕地建房问题工作情况汇报，研究有关事宜。

会议强调，党中央始终高度重视耕地保护和扩大农业农村有效投资工作，习近平总书记多次作出系列重要指示批示，为我们抓好农村乱占耕地建房问题整治和扩大农业农村有效投资工作提供了根本遵循原则和行动指南。全区各级各部门要认真贯彻落实习近平总书记重要指示精神和中央、省委、市委关于农村乱占耕地建房问题的决策部署，增强“四个意识”、坚定“四个自信”、做到“两个维护”，积极稳妥，有力、有序、有效推进全区农村乱占耕地建房问题整治工作，加大农业农村投资建设力度，推动农业农村现代化发展。要全面开展农村乱占耕地建房问题拉网式排查，以“零容忍”的态度坚决遏制增量问题，分步整治、分类处置存量问题，确保既保障好农民合理建房需求，又坚决守住耕地保护红线，为开创百姓富、生态美的画廊六枝新篇章提供有力支撑。

会议议定：由李学刚、彭良国、张斌牵头，特区自然资源局、农业农村局、公安局、司法局及各乡（镇、街道）负责，组建完善工作专班，集中攻坚，坚决彻底整治我区乱占耕地建房问题。

（七）听取全区人口普查工作情况汇报，研究有关事宜。

会议强调，第七次全国人口普查是在全面建成小康社会胜利在望、全面建设社会主义现代化国家新征程即将开启的重要历史节点开展的一项重大国情国力调查，对摸清我国人口家底、推动经济实现高质量发展、促进人口均衡发展等具有重大的战略性和全局性意义。全区各级各部门要提高思想认识，切实把人口普查作为一项大事，严格按照有关法律法规和中央、省、市相关规定，坚持实事求是原则，压紧压实普查员责任，精细化加快长表登记，不折不扣做好我区人口普查各项工作，确保真实反映全区人口年龄、收入等方面情况，为编制好我区“十四五”发展规划提供重要数据支撑。

会议议定：由蒋家梁牵头，特区统计局负责，进一步做深做实、做细我区人口普查各项工作，确保高质量、高标准完成普查任务。

（八）听取六枝特区国民经济和社会发展第十三个五年规划指标完成情况汇报，研究有关事宜。

会议指出，今年是“十三五”规划收官之年，各项指标完成情况是反映“十三五”期间工作成绩、衡量发展成效的重要标准。全区上下要坚定发展信心和决心，坚持实事求是的原则，正确看待全区经济社会发展的潜力和前景，为全区经济社会高质量发展凝聚磅礴力量。要精准把握各个指标的内涵和要求，加强沟通对接，补齐短板弱项，全力把各项目标任务向前推进。

会议议定：由蒋家梁牵头，特区发展改革局及各指标牵头单位负责，加快完成年度各项指标任务，全力做好我区“十三五”规划收官和“十四五”规划编制工作。

（九）研究《六枝特区2020年度综合目标考核办法（讨论稿）》有关事宜。

会议议定：原则上同意《六枝特区2020年度综合目标考核办法（讨论稿）》，由特区目标办负责，按照特区党委常委会会议讨论意见修改完善后行文下发，并统筹做好2020年度综合目标考核工作。

（十）听取六枝特区审计整改情况及2020年审计工作开展情况汇报，审议《六枝特区经济责任审计工作联席会议制度（讨论稿）》《关于调整六枝特区经济责任审计工作联席会议召集人、组成单位及人员的通知（讨论稿）》《2021年审计项目计划（讨论稿）》，研究有关事宜。

会议强调，审计工作是保障经济社会健康运行的“免疫系统”，在促进经济高质量发展等方面具有重要作用。全区各级各部门要深入学习贯彻习近平总书记关于审计工作的系列重要论述，积极主动支持和配合审计工作，健全完善审计整改工作长效机制，狠抓审计发现问题整改。要紧紧围绕中央、省、市决策部署和六枝中心工作科学谋划审计项目，充分发挥审计监督在推动党委、政府重点工作落实、促进经济社会高质量发展上的作用，全面推进产业结构调整、重大项目建设、三大攻坚战、“六稳六保”、深化放管服及各类涉及民生领域的专项审计工作，继续深化领导干部经济责任审计，以更强的担当意识、责任意识推进审计工作全覆盖。

会议议定：

1. 原则上同意《六枝特区经济责任审计工作联席会议制度（讨论稿）》《关于调整六枝特区经济责任审计工作联席会议召集人、组成单位及人员的通知（讨论稿）》《2021年审计项目计划（讨论稿）》，由特区审计局负责，按照特区党委常委会会议讨论意见修改完善后送审行文实施。

2. 由蒋家梁牵头，特区审计局负责，积极沟通对接，强化跟踪督促，确保审计发现各类问题整改落实到位。

（十一）研究有关干部工作（略）。

二十四、2020年12月10日十一届区委2020年第二十八次常委会会议

（一）传达学习习近平总书记在全国劳动模范和先进工作者表彰大会上、在中央政治局第二十五次集体学习时、在11月30日中共中央政治局会议和12月3日中共中央政治局常务委员会会议上的讲话精神，研究我区贯彻落实意见。

会议指出，全区各级各部门要深入学习贯彻习近平总书记在全国劳动模范和先进工作者表彰大会上的重要讲话精神，大力弘扬劳模精神、劳动精神、工匠精神，学习劳模、宣传劳模、关心劳模，推动六枝大地更多劳动模范和先进工作者竞相涌现。要充分发挥工人阶级和广大劳动群众主力军作用，筑牢理想信念、锤炼过硬本领，围绕中心服务大局，积极投身全区经济社会发展主战场。全区各级工会组织要充分发挥桥梁纽带作用，进一步提高工作能力和服务水平，不断激发广大劳动者干事创业热情，为全区“十三五”规划圆满收官，“十四五”规划顺利开局贡献力量。

会议强调，全区各级各部门要深入学习习近平总书记在主持召开中央政治局第二十五次集体学习时的讲话精神，以及对加强知识产权保护工作提出的六个方面具体要求，充分认识知识产权保护工作的时代内涵和战略意义，提高对知识产权保护工作重要性的认识，增强新形势下做好知识产权保护工作的本领，为贯彻新发展理念、构建新发展格局、推动高质量发展提供有力保障。

会议指出，11月30日中共中央政治局审议通过《军队政治工作条例》《中国共产党统一战线工作条例》《中国共产党党员权利保障条例》等3个党内法规，这是确保党对军队的绝对领导、做好新时期统一战线工作、健全党内民主体系的基本依据，全区各级各部门要提高政治站位，结合军地实际落实相关制度规定，确保

军地衔接、上下贯通。要全面加强党对统战工作的集中统一领导，不断完善“大统战”工作格局，更好发挥民主党派、工商联和无党派人士作用，切实巩固发展统一战线事业。要依规保障党员权利，加强宣传教育，完善制度机制，强化示范带动，为党员行使权利创造良好条件，有效激励党员广泛发挥先锋模范作用。

会议强调，全区各级各部门要深学笃用习近平总书记关于扶贫工作的重要论述，深入贯彻落实党的十九届五中全会和省委十二届八次全会精神，始终保持思想不松，坚持标准不降，以更加饱满的精神和干劲十足的状态确保高质量、打好收官战。

会议议定：由特区扶贫办牵头，各乡（镇、街道）和各有关部门负责，持续抓好我区脱贫攻坚成果巩固提升工作。

（二）传达学习省委十二届八次全会精神，以及12月10日市委常委会会议精神和12月2日市委书记王忠赴我区调研时的讲话精神，研究我区贯彻落实意见。

会议指出，省委十二届八次全会是在全省上下奋力夺取决战脱贫攻坚、决胜全面小康全面胜利，“十三五”规划即将圆满收官，乘势而上开启全面建设社会主义现代化国家新征程的重要历史时刻召开的一次十分重要的会议。会议全面总结“十三五”时期我省经济社会发展取得的显著成就，精准分析我省在新发展阶段面临的新形势新任务，系统阐述“十四五”时期全省发展的总体思路，明确部署今后五年贵州经济社会高质量发展各项重点工作，具有十分重要的指导意义。全区上下要深入学习领会，切实把思想和行动统一到省委决策部署上来，推动省委各项决策部署在我区落地见效。

会议强调，要认真学习贯彻落实市委常委会会议和市委书记王忠近期赴我区调研时的讲话精神，切实把思想和行动统一到省委、市委的工作部署上来，高标准、高质量谋划好我区“十四五”规划和二〇三五年远景目标，确保规划符合中央精神和省委、市委要求，契合六枝实际，顺应全区广大人民群众对美好生活的期盼。要进一步增强责任意识和使命担当，保持攻坚克难、连续作战的作风，聚焦“两不愁三保障”，精准精细查缺补漏。要坚持问题导向，紧盯问题抓整改、强弱项、补短板，注重预警监测和巩固提升，抓好产业扶贫等后续扶持，努力把各项工作做得更加务实扎实。要实事求是总结宣传，认真挖掘提炼近年来我区脱贫攻坚过程中的好经验、好做法、好典型，多形式、全方位讲好六枝脱贫故事。

会议议定：由潘静、王国华牵头，特区委组织和宣传部负责，统筹做好省委十二届八次全会精神宣传宣讲和教育培训，持续掀起学习宣传贯彻热潮。

（三）听取六枝特区迎接国家财政扶贫资金绩效评价准备情况汇报，研究有关事宜。

会议指出，全区上下要进一步提高政治站位，紧盯“一达标、两不愁、三保障”薄弱环节，着力在帮扶措施、贫困户稳岗就业、产业带动等方面下功夫，不断巩固脱贫质量。要在健全防止返贫监测机制方面重点出力，确保建档立卡户脱贫后可持续、能发展，推动脱贫攻坚与乡村振兴有效衔接。

会议议定：

1. 由王光全、张斌牵头，特区委办公室、政府办公室、扶贫办负责，统筹做好我区国家财政扶贫资金绩效评价各项准备工作。

2. 由王光全、蒋家梁、张斌牵头，特区财政局、扶贫办负责，各涉及项目单位具体落实，进一步做好国家财政扶贫资金项目资料收集等工作，充分展示我区脱贫成效。

（四）传达学习全市精神文明建设总结大会精神，审议《六枝特区强化文明城市创建工作方案（讨论稿）》，研究有关事宜。

会议指出，全国文明城市是我国综合评价城市发展的最高荣誉，是含金量最高、竞争力最强、影响力最大的城市品牌。六盘水市荣获全国文明城市荣誉，极大提升了“中国凉都”的影响力和美誉度。全区上下要对照中央、省、市新时代精神文明建设的新任务、新要求和全区人民群众的热切期盼，细化攻坚措施、落实工作责任，在全区上下形成创建文明城市工作责权明晰、关系协调、条块结合、上下联动的工作机制。要加大媒体曝光、文明督导、受理投诉、从严执法等工作力度，引导全社会力量积极参与文明城市创建。

会议议定：

1. 原则上同意《六枝特区强化文明城市创建工作方案（讨论稿）》，由特区精神文明办具体负责，按照本次会议讨论的意见修改完善后组织实施。

2. 由王国华、李学刚、彭良国牵头，特区精神文明办、城市综合执法局、公安局等单位负责，加大对中心城区车辆带泥上路、乱放烟花爆竹、车辆乱停乱放等不文明行为的曝光和整治力度，深入推进我区文明城市创建工作。

（五）传达学习《中共六盘水市委印发〈关于加强新时代公安工作的若干措施〉的通知》，听取全区 2020 年公安工作情况汇报，研究有关事宜。

会议指出，2020 年以来，全区公安系统切实肩负起捍卫政治安全、维护社会安定、保障人民安宁的使命任务，在全区决战脱贫攻坚、决胜同步小康、筑牢疫情防线和推动经济社会持续健康发展等方面做出积极贡献，成绩值得肯定。要加强党对公安工作的绝对领导、全面领导，确保公安工作始终沿着党的正确方向前进。要按照“对党忠诚、服务人民、执法公正、纪律严明”的要求，强化公安队伍建设，严格教育、严格管理、严格监督，大力推进公安队伍正规化、专业化、职业化建设，切实锻造一支公安铁军，确保关键时刻冲得上、打得赢、干得好。全区各级各部门要高度重视和支持公安工作，加大公安工作投入力度，为公安队伍切实履行职责提供坚强保障。

会议议定：

1. 由彭良国、张斌牵头，特区教育局、卫生健康局等单位负责，结合文件精神和六枝实际，进一步建立完善我区民警就医、伤残鉴定“绿色通道”、立功受奖民警子女入学入托等优待机制。

2. 由蒋家粱、李学刚牵头，特区公安局负责，统筹做好我区“社会治理综合应用平台”建设保障工作，确保早日投入使用。

3. 由特区发展改革局牵头，商特区公安局，将基层派出所活动阵地建设工作纳入我区“十四五”规划项目建设内容，切实解决基层派出所办公场所紧缺困难。

（六）传达学习《中共贵州省委贵州省人民政府贵州省军区印发〈关于加强新时代退役军人工作的若干措施〉的通知》，研究《六枝特区关于加强新时代退役军人工作的若干措施责任分解》有关事宜。

会议指出，省委、省政府、省军区印发的《关于加强新时代退役军人工作的若干措施》，为我们做好新时代退役军人工作提出了具体要求，全区上下要高度重视，形成合力，全面落实军人就业安置、双拥共建、烈士褒扬、优待抚恤等政策，不断增强退役军人的获得感、归属感、幸福感，切实维护退役军人群体的合法权益。要加大“兵支书”“兵企业家”的招募和扶持力度，发挥军人对党忠诚、敢拼敢干的优良作风，继续为地方经济发展贡献力量。

会议议定：原则上同意《六枝特区关于加强新时代退役军人工作的若干措施责任分解（讨论稿）》，由宋毓牵头，特区退役军人局负责，按照本次会议讨论的意见修改完善后组织实施。

（七）听取特区总工会、团委、妇联、工商联、科协 2020 年工作情况汇报，研究特区总工会换届、全区劳动模范和先进工作者推荐评选等有关事宜。

会议指出，2020 年以来，全区总工会、团委、妇联、工商联、科协等群团组织认真履行工作职责，充分发挥联系服务社会各界的纽带和桥梁作用，积极引导社会各界听党话、感党恩、跟党走，为全区脱贫攻坚、疫情防控、防汛救灾、经济社会发展等做出了积极贡献，成绩值得充分肯定。

会议强调，全区各级群团组织要始终在思想上、政治上、行动上同以习近平同志为核心的党中央保持高度一致，在自身建设上下功夫、求实效，围绕全区中心工作献计出力，在全区改革发展中再立新功、再创佳绩。全区各级党委（党组）要加强和改进对群团工作的领导，完善落实党建带群建的制度机制，为群团组织履职尽责提供坚强保障。各有关部门要加大对群团工作的支持保障力度，积极为群团组织开展工作创造条件、提供平台、解决困难，共同推动群团组织工作迈上新台阶。

会议议定：

1. 原则上同意《六枝特区2020年劳动模范和先进工作者推荐评选表彰工作方案（讨论稿）》《六枝特区工会第十次代表大会工作方案（讨论稿）》，由特区总工会、组织部负责，按照本次会议讨论意见修改完善后行文执行。

2. 由王光全、潘静牵头，特区委组织部、总工会负责，认真做好全区劳动模范和先进工作者表彰大会和六枝特区工会第十次代表大会的各项筹备工作，确保会议顺利召开。

二十五、2020年12月18日十一届区委2020年第二十九次常委会会议

（一）传达学习习近平总书记在党外人士座谈会上、在气候雄心峰会上、在中央政治局第二十六次集体学习时的重要讲话精神，以及12月11日中共中央政治局会议精神，研究我区贯彻落实意见。

会议强调，习近平总书记在党外人士座谈会上、在中央政治局第二十六次集体学习时等发表的系列重要讲话、重要指示和重要文章，为我们做好各项工作指明了前进方向、提供了根本遵循原则。全区各级各部门和广大党员干部要把学习习近平总书记系列重要讲话重要指示精神和宣传贯彻党的十九届五中全会、省委十二届八次全会、市委七届十二次全会精神有机结合起来，团结带领全区无党派人士、党外知识分子围绕中心、服务大局，为统筹抓好经济社会发展工作贡献智慧和力量。要牢牢守好发展和生态两条底线，深入打好污染防治攻坚战，强力推进环保问题整改。要坚决把国家安全贯穿到工作各方面全过程，树牢坚守疫情防控、安全生产、风险防控等底线思维，切实维护全区社会大局和谐稳定。要坚持把党的政治建设摆在首位，切实加强纪律建设、队伍建设，认真抓好《中国共产党地方组织选举工作条例》的学习宣传贯彻，不断提高抓改革、促发展、保稳定的工作水平和专业化能力，确保中央、省委、市委各项决策部署在我区落地生根、开花结果。

会议议定：

1. 由蒋家梁牵头，特区发展改革局、财政局等相关单位负责，统筹谋划2021年经济工作，为确保“十四五”开好局、起好步奠定坚实基础。

2. 由潘静牵头，特区委组织部、各乡（镇、街道）负责，认真做好2021年乡、村两级换届选举准备工作，为统筹推进经济社会发展提供强有力保证。

（二）传达学习12月16日省委常委、政法委书记时光辉赴我区调研时的讲话精神，研究我区贯彻落实意见。

会议强调，全区上下特别是政法信访系统要认真学习贯彻落实书记时光辉赴我区调研时的讲话精神，坚持人民至上，站稳人民立场，以“四帮四问”为抓手，以“十必访”为重点，扎实推进“入村寨进社区走企业访群众”大走访活动走深、走实。要坚持问题导向、结果导向，充分发挥基层党组织、网格员、十联户“铁三角”作用，积极推进“一中心、一张网、十联户”建设，健全基层群众自治组织，加强精细化服务管理，全力巩固规范基层社会治理新模式。要强化宣传发动，不断总结提炼基层社会治理工作中的好经验好做法，切实打造共建共治共享的治理格局。

会议议定：由王光全、李学刚牵头，特区委政法委、信访局、公安局、司法局及各乡（镇、街道）负责，扎实开展大走访活动，着力解决基层社会治理突出问题，不断增强人民群众获得感、幸福感、安全感。

（三）传达学习市委七届十二次全会精神，研究我区贯彻落实意见。

会议指出，市委七届十二次全会紧跟中央、省委部署，提出一系列符合六盘水实际的新思想新论断新要求，为今后五年和未来一个时期发展明确了路线图、时间表、任务书；贯穿了习近平新时代中国特色社会主义思想；贯彻了党的十九届五中全会、省委十二届八次全会精神；贯通了市委团结带领全市上下奋进新征程的思想自觉、政治自觉和行动自觉。全区各级党组织和广大党员干部要把学习贯彻党的十九届五中全会精神、省委十二届八次全会精神和市委七届十二次全会精神有机结合起来，切实增强贯彻落实的自觉性和坚定性，迅速在全区范围内掀起学习宣传贯彻的热潮。要围绕全年目标任务，结合市委提出的“一二三四五”总体思路，瞄准高质量发展定位，扎实做好年底收官各项工作，为全面开启现代化建设新征程奠定坚实基础。

会议议定：由王国华牵头，特区委宣传部负责，进一步完善我区中央、省、市全会精神宣讲方案，迅速在全区掀起学习宣传贯彻热潮。

（四）传达学习中央全面深化改革委员会第十五次、十六次会议，省委全面深化改革委员会第九次、十次会议，市委全面深化改革委员会第九次会议精神，以及《中共贵州省委办公厅贵州省人民政府办公厅印发〈关于新时代学校思想政治理论课改革创新的实施意见〉的通知》，审议《六枝特区残疾人联合会改革方案（讨论稿）》，研究有关事宜。

会议强调，全区上下要深入学习领会中央、省委、市委全面深化改革委员会会议精神，牢牢把握发展战略、发展目标，以推进改革为己任，全面总结、宣传、展示我区改革成效，推动更深层次改革、更高水平开放，为“十四五”开局破题积势蓄力。要对标对表中央、省委、市委各项改革部署要求，鼓足干劲，切实找准我区改革发展的着力点和主抓手，加快补齐各项改革进程中存在的短板，最大限度发挥改革政策红利。要认真贯彻落实新时代学校思想政治理论课改革创新实施意见精神，切实强化办好思政课的责任意识和使命担当，注重思政课教师队伍建设，扎实开展形式多样的思政教育课，最大限度地激发学生内生动力，努力将思想政治理论课办成立德树人的重要阵地和铸魂育人的第一课堂。

会议议定：

1.由王光全牵头，特区委改革办负责，各涉及改革事项单位配合，对未出台的改革方案倒排工期、加快推进；对已部署的改革任务精心组织实施、加强跟踪问效，确保如期完成年度改革任务。

2.原则上同意《六枝特区残疾人联合会改革方案（讨论稿）》，由特区残联负责，按照本次会议讨论的意见修改完善后行文实施。

（五）传达学习中央国家安全委员会第三次全体会议，省委、市委国家安全委员会第二次全体会议精神，以及全省维护国家安全暨防范化解重大风险工作会议、全市维护国家安全工作会议精神，审议《六枝特区国家安全政治领域协调机制等8个领域国家安全工作协调机制（讨论稿）》，研究有关事宜。

会议强调，全区各级各部门要深入学习贯彻中央、省委、市委国安委会议精神，牢固树立总体国家安全观，认真落实国家安全责任制，不断形成党委统筹揽总、部门各司其职、条块紧密结合、纵横联动推进的国家安全工作格局，推进国家安全体系和能力现代化。要坚定不移维护政治安全，做好涉及疫情相关政治安全重点工作，防范同疫情相关领域矛盾向政治安全领域传导。要严格落实网络安全责任，依法严厉打击网络犯罪，提升网络舆情的处置能力。要全力抓好煤矿安全，着力整治安全投入不到位、通风系统不可靠、监督系统运行不稳定等突出问题。要切实维护经济安全，坚持抓“六保”、促“六稳”，着力化解债务风险，盘活各类存量资产，抓好重点群体就业创业，坚决打击各类非法金融活动，切实维护社会秩序和群众财产安全。要坚决维护社会安全，加快推进“网络安全”建设和深度运用，深入推进扫黑除恶专项斗争，扎实开展矛盾纠纷排查化解工作，筑牢保障人民群众生命健康防线。

会议议定：原则上同意《六枝特区国家安全政治领域协调机制等8个领域国家安全工作协调机制（讨论稿）》，由特区国安办负责，按照本次会议讨论意见修改完善后行文实施。

（六）传达学习《贵州省人民政府办公厅关于进一步加强我省新冠肺炎疫情常态化防控工作的紧急通知》《贵州省疫情防控领导小组社会防控组关于进一步做好今冬明春疫情社会防控工作的通知》，以及市应对新冠肺炎疫情防控领导小组会议暨全市冬春季疫情防控工作专题会议精神，听取当前全区疫情防控工作情况汇报，研究有关事宜。

会议强调，全区各级各部门要按照中央、省、市关于疫情防控的各项部署要求，严格落实各项防控防疫措施，慎终如始抓实抓细我区常态化疫情防控工作。要坚持“外防输入”，减少“两节”期间人员流动和聚集，全面加强国境外和省外中高风险地区外来人员排查检测，做足防控物资准备，完善物资保障预案，全力做好冬春季疫情防控各项工作。要坚持“人”“物”同防，抓实抓好进口冷链货物全链条防控，持续巩固来之不易的防控成果，全力保障人民群众生命安全和身体健康。

会议议定：由杨强、李学刚、张斌牵头，特区防控办、卫生健康局、市场监管局、交通运输局、公安局及各乡（镇、街道）负责，持续做好我区常态化疫情防控各项工作。

（七）传达学习《中共贵州省委办公厅关于印发〈党委（党组）意识形态工作责任制实施细则〉的通知》，听取全区 2020 年意识形态及“扫黄打非”工作情况汇报，研究有关事宜。

会议强调，全区各级党委（党组）要认真学习领会《通知》精神，坚持把意识形态工作作为一项极端重要的工作牢牢抓在手上、扛在肩上、落实在行动上，切实为常态化疫情防控、脱贫攻坚收官和经济社会高质量发展营造良好的社会环境。要全面压紧压实各级党组织主体责任以及党组织主要负责同志“第一责任人”责任、班子成员“一岗双责”责任，牢牢把握意识形态工作主动权，坚决守住意识形态工作主阵地。要强化意识形态领域工作的风险防控，严密做好各类网络舆情分析、化解和处置工作。要切实增强做好“扫黄打非”的使命担当，着力“严控、严管、严打”，联防联控联治，进一步加强对低俗文化和信息的监测、发现、处置，切实营造积极健康向上的社会文化环境。

会议议定：由王国华、李学刚牵头，特区委宣传部、公安局负责，统筹做好我区“扫黄打非”、舆情分析等各项意识形态领域工作，为我区经济社会高质量发展提供强大精神合力。

（八）听取全区 2020 年全面从严治党及基层党建工作情况汇报，研究有关事宜。

会议强调，全区各级党组织要坚持以党的政治建设为统领，坚决贯彻落实中央、省委、市委关于全面从严治党的部署要求，切实担起主责、着力抓好主业，把严的要求贯穿管党治党全过程，落实到常态化疫情防控、脱贫攻坚巩固提升、“六稳六保”、防范化解重大风险等经济社会发展各方面，着力打通全面从严治党“最后一公里”。要严格落实中央八项规定及其实施细则精神和省委、市委关于作风建设的有关规定，全面压实从严治党主体责任、“一岗双责”责任，强化党内监督，切实把全面从严治党引向深入。要强化巩固基层党组织战斗堡垒，充分发挥“两委、一队、三个人”作用，创新工作机制、细化工作措施，全面统筹全区城市基层党建、机关党建、教育系统党建、国有企业党建等各领域党的建设全面进步、全面过硬，促进基层形成良好政治生态，为全面建成小康社会，高质量打好收官战提供坚强保证。

会议议定：

1. 由潘静牵头，特区委党建办、直属机关工委、教育工委、国企党建办、公立医院党建工委负责，强化督促指导，统筹做好全区各自领域党的建设各项工作。

2. 由特区纪委特区监委、组织部、巡察办负责，全面加强对各级党组织的监督力度，为确保我区党的建设和经济社会高质量发展奠定坚实基础。

（九）听取全区 2020 年党风廉政建设和反腐败工作情况汇报，研究有关事宜。

会议强调，全区各级党委（党组）要切实扛起从严治党政治责任，严格执行党的各项纪律特别是政治纪律、政治规矩、组织纪律，坚决做到不越“雷池”、不踩“红线”。要认真落实“四责统一”，用好“四种形态”，持续强化政治监督、正风反腐、改革推动、制度执行，一体推进“不敢腐、不能腐、不想腐”。要聚焦“四风”问题，充分发挥政治巡察震慑作用，持续深化扶贫领域腐败和作风问题专项治理。要强化对“一把手”和关键少数的监督，以抓紧“关键少数”推动管住“绝大多数”，坚决破除官僚主义、形式主义，为全区“十三五”规划圆满收官，开启“十四五”新征程营造良好的政治生态。

会议议定：特区纪委特区监委要牵头会同各乡（镇、街道），进一步选优配强乡（镇、街道）基层纪检监察队伍。

（十）听取特区残联、文联、红十字会、档案馆（史志办）2020 年工作情况汇报，研究有关事宜。

会议指出，2020 年以来，特区残联、文联、红十字会、档案馆（史志办）等单位紧紧围绕特区党委、政府中心工作和全区经济社会发展大局，发挥优势、主动作为，积极投身全区脱贫攻坚、疫情防控、改革发展等各项工作，为夺取脱贫攻坚全面胜利和经济社会高质量发展做出了积极贡献。全区各级党组织要加大对群团工作的支持力度，鼓励和引导群团组织充分发挥作用，依法依章程创造性开展工作。各群团组织要继续围绕中心、服务大局，全面加强自身建设，积极作为、敢于作为，扎实把工作触角延伸到改革发展、乡村振兴、社会民生等领域，不断增强群团组织的凝聚力、战斗力和创造力，为全区经济社会发展再建新功、再立新业。

会议议定：由王光全牵头，特区残联、文联、红十字会等群团部门负责，认真协调解决好联系群众最关心、最直接、最现实的问题，确保桥梁纽带作用得到充分发挥。

二十六、2020 年 12 月 21 日十一届区委 2020 年第三十次常委会会议

（一）传达学习中央经济工作会议精神，研究我区贯彻落实意见。

会议指出，中央经济工作会议是在“十四五”开局、全面建设社会主义现代化国家新征程开启的重要时刻召开的一次重要会议。习近平总书记在中央经济工作会议上的重要讲话视野宏大、思想深邃，深入分析国内国际形势，深刻总结“五个根本”的重要规律，精辟阐述事关全局和长远发展的重大问题，对 2021 年经济工作作出重大部署，是习近平新时代中国特色社会主义经济思想的又一经典文献，具有很强的思想性、战略性、指导性，为我们做好明年经济工作提供了行动指南。李克强总理的讲话，对 2021 年工作作出系统部署和具体安排，具有很强的指导性、针对性和可操作性。全区各级各部门要进一步增强“四个意识”、坚定“四个自信”、做到“两个维护”，认真学习、深刻领会，全面加强党对经济工作的领导，切实把思想和行动统一到会议的决策部署上来，吃透精神、看准形势、把牢方向，全方位推动全区经济社会高质量发展。

会议强调，要紧紧围绕党中央关于经济工作的总体要求和政策取向，坚持稳中求进工作总基调，深入贯彻新发展理念，坚持用系统观念谋划推动全区经济社会发展。要准确把握明年经济工作的总体要求和政策取向，精准对接国家宏观政策走向，用好国家各项政策举措，立足我区实际，按照“跳起来摘桃子”的理念，科学谋划好我区明年经济工作，尤其要抓好重大项目建设、工业经济、农村产业革命、招商引资等各项重点工作，全面开启我区社会主义现代化建设新征程，为“十四五”规划开好局、起好步奠定坚实基础。

会议议定：由方裕谦牵头，特区委办公室、政府办公室负责，统筹做好区委经济工作会议的各项筹备工作。

（二）听取中国共产党六枝特区第十一届委员会第十次全体会议筹备情况汇报，审议《中共六枝特区委关于制定六枝特区国民经济和社会发展第十四个五年规划和二〇三五年远景目标的建议（讨论稿）》《在中国共产党六枝特区第十一届委员会第十次全体会议上关于区委常委会工作的报告（讨论稿）》《杨昌显同志在中国共产党六枝特区第十一届委员会第十次全体会议上的讲话（讨论稿）》，研究有关事宜。

会议议定：

1. 原则上同意《中共六枝特区委关于制定六枝特区国民经济和社会发展第十四个五年规划和二〇三五年远景目标的建议（讨论稿）》《在中国共产党六枝特区第十一届委员会第十次全体会议上关于区委常委会工作的报告（讨论稿）》，由特区委办公室、党委政策研究室牵头，按照本次会议讨论的意见修改完善后提请区委十一届十次全会审议。

2. 原则上同意《杨昌显同志在中国共产党六枝特区第十一届委员会第十次全体会议上的讲话（讨论稿）》，由特区委办公室负责，按照本次会议讨论的意见修改完善。

3. 拟定于 2020 年 12 月 22 日召开区委十一届十次全会，由王光全牵头，特区委办公室负责，统筹做好会议各项筹备工作，确保会议圆满召开。

（三）审议《关于召开2020年度区、乡（镇）两级党代会年会方案（讨论稿）》，研究有关事宜。

会议议定：

1.原则上同意《关于召开2020年度区、乡（镇）两级党代会年会方案（讨论稿）》，由特区委组织部负责，按照本次会议讨论的意见修改完善后行文执行，并统筹指导乡（镇）高标准、高质量开好2020年度党代会年会。

2.由王光全、潘静牵头，特区纪委特区监委、党办、组织部负责，统筹做好中国共产党六枝特区第十一次代表大会第五次会议的各项筹备工作，确保会议圆满召开。

二十七、2020年12月30日十一届区委2020年第三十二次常委会会议

（一）传达学习中共中央政治局民主生活会、中央农村工作会议精神，以及《中共中央、国务院关于实现巩固拓展脱贫攻坚成果同乡村振兴有效衔接的意见》，研究我区贯彻落实意见。

会议指出，中央政治局民主生活会体现了高标准、严要求，为全党树立了标杆、作出了表率、提供了示范。习近平总书记的重要讲话，高屋建瓴、胸怀全局，饱含人民情怀、突出政治要求，为新时代加强党的建设提供了根本遵循原则。全区各级党组织和党员干部要认真学习，深刻领会，在政治立场、政治方向、政治原则、政治道路上同党中央保持高度一致，增强“四个意识”、坚定“四个自信”、做到“两个维护”，不断提高政治判断力、政治领悟力、政治执行力。要以中央政治局民主生活会为标杆，紧扣主题、联系实际，精心准备、周密安排，切实把问题找准找实，严肃开展批评和自我批评，认真抓好问题整改，以刀刃向内的勇气来一次全面的“政治体检”，确保全区各级民主生活会和组织生活会开出高质量、取得好效果。

会议强调，中央农村工作会议是在我国即将进入“十四五”时期、开启全面建设社会主义现代化国家新征程的关键时间节点召开的一次十分重要的会议。习近平总书记在中央农村工作会议上的重要讲话，深刻阐释了全面推进乡村振兴、加快农业农村现代化的重大意义，是做好新发展阶段“三农”工作的行动纲领和根本遵循原则。全区各级各部门特别是“三农”系统要把深入学习领会习近平总书记的重要讲话精神和《意见》有机结合起来，准确把握做好新发展阶段“三农”工作的战略定位，结合六枝实际逐项细化任务措施，切实抓好我区“三农”各项重点工作，科学制定“十四五”时期乡村振兴发展规划，持续推进巩固拓展脱贫攻坚成果同乡村振兴有效衔接。要抢抓冬春季产业结构调整的有利时机，持续做大做强茶叶、猕猴桃、刺梨等优势产业，加快谋划和实施一批特色产业，助力全区经济社会高质量发展。

会议议定：

1.由潘静牵头，特区纪委机关、特区委组织部、特区委办公室负责，加强向上沟通对接，认真筹备好特区党委常委会2020年度民主生活会，并统筹指导全区各级党组织认真开好年度民主生活会和组织生活会，确保开出实效。

2.由王光全、杨强、张斌牵头，特区农业农村局、扶贫办负责，各乡（镇、街道）具体落实，按照产业振兴、人才振兴、文化振兴、生态振兴、组织振兴的要求，统筹推进巩固拓展脱贫攻坚成果同乡村振兴有效衔接各项工作。

3.由王光全、张斌牵头，特区委办公室、政府办公室、农业农村局负责，认真做好区委农村工作会议筹备工作。

（二）传达学习省委、市委经济工作会议和全省易地扶贫搬迁后续扶持工作推进会精神，听取全区2020年经济运行情况和2021年经济工作打算情况汇报，研究我区贯彻落实意见。

会议强调，省委经济工作会议是在全省上下深入学习贯彻党的十九届五中全会和中央经济工作会议精神、开启迈向全面建设社会主义现代化国家新征程的关键时刻召开的一次十分重要的会议。会议明确提出2021年经济工作的总体要求、主要目标、政策取向和重点任务，为我们做好2021年经济工作进一

步指明了方向。市委经济工作会议对标对表，科学谋划了全市2021年经济工作，契合发展实际，是我们抓好2021年经济工作的行动指南和操作手册。全区各级各部门要把学习贯彻省委、市委经济工作会议精神与我区经济形势和重点任务有机结合起来，统筹抓好2021年工作谋划和“十四五”规划编制，齐心协力、开拓进取，以实际行动确保我区“十四五”规划开好局、起好步，以优异成绩庆祝中国共产党成立100周年。

会议强调，要全面加强党对经济工作的领导，坚持稳中求进工作总基调，立足新发展阶段、贯彻新发展理念、构建新发展格局，扎实做好“六稳”工作，全面落实“六保”任务，切实处理好巩固拓展脱贫攻坚成果和高质量发展的关系、发展速度和发展质量的关系、经济发展和生态保护的关系、发展和安全的关系，全面做好抓产业强支撑、抓项目增投资、抓城镇带乡村、抓消费促就业、抓开发扩开放、抓改革促创新、抓保护防污染、抓治理保稳定等各项工作，促进全区经济社会持续健康高质量发展。

会议强调，全区各级各部门要按照全省易地扶贫搬迁后续扶持工作推进会的部署要求，深刻认识抓好易地扶贫搬迁后续扶持工作对巩固脱贫攻坚成果的极端重要性，把易地扶贫搬迁工作重心全部转到后续扶持上来，持续深化“五个体系”建设，高质量落实就业帮扶、县域经济发展、公共服务、社区稳定、社会融入等重点任务。要牢固树立“一盘棋”意识，形成工作合力，确保政策不松劲、力量不减弱、工作不断档，切实巩固拓展脱贫成果，坚决夺取易地扶贫搬迁最终胜利。

会议议定：

1.由蒋家梁牵头，特区发展改革局、财政局、统计局、工业和信息化局等单位具体负责，加强统筹协调，强化经济运行调度，推动全区经济高质量发展。

2.由蒋家梁牵头，特区生态移民局及涉及乡（镇、街道）负责，与时俱进深化“五个体系”建设，高质量抓好易扶搬迁后续扶持工作，确保搬迁群众稳得住、有就业、逐步能致富。

（三）传达学习中央、省、市关于做好2021年元旦春节期间有关工作的通知精神，听取我区今年以来安全生产和信访调解工作情况汇报，研究有关事宜。

会议要求，全区各级各部门要按照中央、省、市关于做好2021年元旦春节期间工作的通知要求，切实提高政治站位，强化工作部署，抓好贯彻落实。要深刻认识今冬明春疫情防控工作面临的复杂性、严峻性，切实做好我区元旦春节期间“外防输入”工作，保障人民群众生命安全和身体健康。要紧盯困难群众冬季生活实际困难，统筹做好救灾物资、资金调拨发放、煤电水气等供应保障工作，积极开展走访慰问活动，保障群众基本生活。

会议强调，各级各部门要始终坚守民生情怀，加强矛盾纠纷排查化解，扎实开展“欠薪专项行动”等工作，坚决维护广大人民群众切身利益，努力营造和谐稳定的社会环境和发展环境，确保全区社会大局总体平稳可控。要深刻吸取“12·23”交通事故惨痛教训，扎实推进煤矿、非煤矿山、危化品、道路交通、建筑施工、民爆物品、水电燃气及大型商业综合体、宾馆饭店、学校医院、娱乐场所、城中村、门店房、“多合一”等重点领域和人员密集场所风险隐患排查整治，坚决防范遏制重特大事故发生，切实维护广大人民群众的生命财产安全。

会议议定：

1.由特区“两办”牵头，及时制定下发我区《关于做好2021年元旦春节期间有关工作的通知》，并指导督促全区各级各部门统筹抓好值班值守等各项工作。

2.由特区政府各分管副区长牵头，按照管行业必须管信访调解的要求，全面做好行业矛盾纠纷排查化解工作，坚决维护人民群众的切身利益。

3.由蒋家梁、李学刚牵头，特区安委办统筹，区直各有关部门负责，对全区各行各业安全生产情况进行全面排查，坚决消除各类安全隐患。

（四）传达全省、全市人才工作推进会会议精神，听取我区“十三五”以来人才工作情况汇报，审议《六枝特区高层次和急需紧缺人才引进办法（讨论稿）》，研究有关事宜。

会议指出，“十三五”以来，全区上下认真贯彻落实习近平总书记关于人才工作的重要论述和省、市对人才工作的部署要求，牢固树立人才资源是第一资源的理念，坚持党管人才原则，围绕全区经济社会发展目标，大力引进了一大批优秀人才，为全区打赢脱贫攻坚战和决胜全面建成小康社会提供了坚实的人才保障。全区各级各部门要深入学习贯彻全省、全市人才工作推进会精神，深刻认识人才工作的基础性、战略性作用，准确把握人才工作对于促进全区经济社会高质量发展的重大意义，切实增强做好人才工作的思想自觉、政治自觉和行动自觉。有关部门要认真研究制定我区“十四五”人才发展规划，创新人才工作体制机制，出台人才优惠政策，积极搭建干事创业平台，持续优化人才发展环境，千方百计引进急需高层次专业人才，为六枝高质量发展提供坚强人才支撑。

会议议定：

1.原则上同意《六枝特区高层次和急需紧缺人才引进办法(讨论稿)》,由潘静牵头,特区委组织部负责，按本次会议讨论的意见修改完善后行文实施。

2.拟定于2020年12月31日召开全区人才工作会议，由特区委组织部牵头，认真做好会议筹备工作。

（五）听取特区党校2020年工作情况汇报，研究有关事宜。

会议指出，2020年以来，特区党校认真学习贯彻习近平新时代中国特色社会主义思想和习近平总书记关于党校办学治校的重要论述，始终坚持党校姓党的根本原则，坚持“为党育人”目标，认真履职尽责，积极主动作为，在提高干部素质和能力、加强党的理论教育和党性教育等方面做了大量工作，为全区干部培养做出了应有贡献，成绩值得肯定。特区党校要始终坚持以习近平新时代中国特色社会主义思想为指导，坚持党校姓党的根本原则，聚焦主业主课，狠抓理论教育和党性教育，把全面从严治党要求和从严治校方针结合起来，加强教学科研、人才队伍、管理服务、学风校风创新，推动党校工作上台阶上水平。

会议议定：由潘静牵头，特区委组织部负责，做好统筹协调和服务工作，支持党校解决师资培养、教学科研、经费保障等方面的困难，持续抓好新形势下党校工作。

（六）研究《六枝经济开发区综合改革方案（讨论稿）》有关事宜。

会议议定：原则上同意《六枝经济开发区综合改革方案（讨论稿）》，由六枝经济开发区党工委负责，按照本次会议讨论的意见修改完善后送审行文实施，确保改革取得实效。

（七）听取六枝特区2020年劳动模范及先进工作者评选工作情况汇报，研究有关事宜。

会议议定：原则上同意特区总工会提出的六枝特区2020年劳动模范和先进工作者建议名单，由王光全牵头，特区委办公室、总工会具体负责，认真做好会务筹备各项工作。

（八）传达学习《中共六盘水市委关于新时代加强和改进人民政协工作的实施意见》，听取特区人大常委会党组、政府党组、政协党组、法院党组、检察院党组2020年工作情况汇报，研究有关事宜。

会议强调，一年来，特区人大常委会党组、政府党组、政协党组、法院党组、检察院党组深入学习贯彻习近平新时代中国特色社会主义思想，认真落实中央重大决策和省委、市委、特区党委部署安排，紧扣全区大局履职尽责、积极作为，切实加强党组自身建设，各方面工作取得新进展、新成效，为全区高质量打好打赢脱贫攻坚战和疫情防控阻击战、实现“十三五”圆满收官做出了积极贡献，成绩值得充分肯定。各党组要持续深入贯彻习近平新时代中国特色社会主义思想和党的十九届五中全会精神，按照省委、市委和特区党委要求，把党的领导体现到工作各领域、各方面、各环节，更好发挥党组把方向、管大局、保落实的重要作用，为全区“十四五”开好局、起好步做出新的更大贡献。

会议强调，各党组要旗帜鲜明讲政治，始终把党的政治建设摆在首位，持续强化创新理论武装，始终在政治立场、政治道路、政治原则上同以习近平同志为核心的党中央保持高度一致。要聚焦大局抓落实，在新阶段为推动全区高质量发展拼搏奋斗，要紧盯省委、市委和特区党委的决策部署担当实干、改革创新、凝心聚力、强化监督，以高水平的工作推动高质量发展。要着力提高政治能力、增强系统观念、强化专业水平、加强调查研究，全面提高政治能力和履职本领。要按照新时代党的建设总要求，以党的政治建设为统领，带头执行中央八项规定及其实施细则精神，以及省委、市委、特区党委有关规定要求，履行全面从严治党主体责任，抓好党风廉政建设，激励广大党员、干部保持良好精神状态和工作状态，以优异成绩庆祝中国共产党成立 100 周年。

会议议定：特区人大常委会党组、特区政府党组、特区政协党组、特区法院党组、特区检察院党组要围绕中心大局，勇于担当作为，增强斗争精神，认真做好 2021 年各项工作。

部门工作

勇担当善作为　推动圆满收官　助力顺利开局

——中共六枝特区委办公室2020年工作综述

中共六枝特区委办公室是特区党委的综合办事机构和参谋服务机构，承担着参谋辅政、督查落实、综合协调、后勤保障等重要职能。机构改革后，特区委办公室共设置14个内设单位和3个下属事业单位，分别是秘书一股、秘书二股、秘书三股、秘书四股、文书股、信息股、财经股、政策法规股、改革股（“三变”改革股）、档案管理股、行政股、政工股（财务室）、机要保密股、党委督查室，以及特区委办公室信息中心、“三变”改革服务中心、电子政务内网服务中心。区委政策研究室与区委办公室合署办公，围绕特区党委工作部署和自身职能、职责开展相关工作。

2020年，在特区党委的正确领导下，特区委办公室始终坚持以习近平新时代中国特色社会主义思想为指导，深入学习贯彻党的十九届五中全会、省委十二届八次全会、市委七届十二次全会、区委十一届十次全会精神，认真落实习近平总书记对党委办公厅（室）重要指示精神，紧紧围绕特区党委中心工作和全区改革发展稳定大局，认真履职尽责，主动担当作为，优质高效地完成了“三办、三服务”各项工作，为推动中央决策和省委、市委、区委工作部署在全区落地落实，助力全区经济社会高质量发展做出了积极贡献。

工作成效

一、集中精力多措并举，全力推动机关建设取得新成效

紧盯“讲政治、走前列、作表率、树标杆，打造党委放心、群众满意的模范机关”这一目标任务，认真践行习近平总书记对各级党委办公厅（室）提出的“五个坚持”要求，围绕政治、思想、组织、作风、纪律、制度等方面下大力气、上真功夫、用硬措施，全力推动办公室在自身建设中实现新突破、展现新作为。

（一）狠抓政治建设提升政治能力。牢牢把握办公室作为党的政治机关的重要属性，坚持把党的政治建设摆在首要位置，把学习贯彻习近平新时代中国特色社会主义思想、习近平总书记重要讲话精神特别是对贵州工作的重要指示批示精神，以及党中央大政方针和省委、市委、区委有关文件作为“第一学习议题”并进行台账式管理，督促全办上下不断砥砺政治品格、提高政治素养，始终在政治立场、政治方向、政治原则、政治道路上同以习近平同志为核心的党中央保持高度一致，坚决抵制各种对党不忠的言行，全体干部的政治判断力、政治领悟力、政治执行力不断提高，更能从政治角度看待问题、用政治思维分析问题、以政治方式解决问题。

（二）狠抓思想建设树牢理想信念。通过办公室政治理论学习会、中心组学习会等会议及“学习强国”学习平台等网络平台，加强对党的创新理论及“四史”学习教育，教育引导全体干部深刻领悟中国共产党为什么“能”、马克思主义为什么“行”、中国特色社会主义为什么“好”，不断增强“四个意识”、坚定“四个自信”、做到“两个维护”，自觉将思想和行动统一到决战脱贫攻坚、决胜全面小康和“十三五”圆满收官的目标任务上来。督促全体区委办公室上下认真开展脱贫攻坚大走访、大排查、大整改，让干部职工在真帮实扶中不断砥砺共产党人的初心使命，强化为民服务的宗旨意识，切实树牢马克思主义信仰，

把共产主义和社会主义信念植根于灵魂深处，落实到“三办、三服务”的实际工作中去。

（三）狠抓组织建设实现凝心聚力。按照“敢担当、善作为、做表率”的要求，班子成员主动扛大旗、走前列，在急难险重任务面前勇于亮剑、主动作为，有效带动全办形成团结一致、奋力拼搏的良好局面。坚持正确用人导向，着力选拔政治强、业务精、敢作为、作风正的干部担任股室负责人，让想干事、能干事、干成事的干部有平台、有机会。认真落实“四位一体”制度从严管理干部，严肃开展干部年度考核工作，并作为评先选优、提拔使用的重要依据。严格执行《中国共产党章程》《贵州省发展党员工作规程（试行）》等有关规定，全年发展1名同志作为入党积极分子，接收4名同志成为预备党员，支委会研究考察发展党员事宜15人次。

（四）狠抓作风建设展现良好形象。牢牢把握党办作为政治机关的职能定位和全区模范机关的目标定位，要求全办上下时刻以党办人的身份严格要求自己，弘扬党的正能量、维护党的好形象。常态化制度化开展办公室政治理论学习，定期对干部职工的“学习强国”学习平台学习情况进行通报，以良好学风促成过硬作风。要求全办干部在落实中央决策和省委、市委、特区党委的工作部署上，在接待群众来访、开展值班值守工作等方面必须高质高效，马上就办、真抓实干、严谨细致逐渐成为特区委办公室上下的良好工作作风。认真落实各级精文减会有关规定，全年累计发文846份，同比减少10.38%；累计召开会议32次，同比减少34.69%；开展督查检查考核56次，同比减少21.42%，均达到只减不增的总体目标。定期对干部职工在岗情况开展作风督查，严格执行中央八项规定及其实施细则精神，反对铺张浪费、厉行勤俭节约，充分彰显了党办人爱岗敬业、艰苦奋斗的良好作风。

（五）狠抓纪律建设促进规范高效。坚持把党的政治纪律和政治规矩挺在前面，适时观看廉政警示教育片，组织干部职工到新窑镇党风廉政警示教育基地接受廉洁洗礼，教育督促特区委办公室上下知敬畏、存戒惧、守底线，特区委办公室干部的纪律意识、规矩意识、廉政意识显著提升，全年未发生违背政治纪律、政治规矩的行为。适时对办公设备开展保密检测，对涉密文件实行定期清理和销毁，全年未发生失、泄密事件。强化日常监督，围绕干部在岗情况、值班值守等开展作风督查20次，引导特区委办公室上下时刻绷紧纪律之弦，严格按照党的有关纪律和办公室相关规定开展工作，推动办公室工作更加规范、更加有序、更加高效。

（六）狠抓制度建设形成长效机制。根据办公室发展实际，对选调人员跟班学习、公文办理、财务管理等10项工作制度进行完善，使办公室各项工作便于操作，有章可循;《2020年党风廉政建设工作要点》、年轻干部“369成长计划”管理制度等纳上重要议事日程，推动办公室规章制度更加健全、更加过硬。坚持用制度管人管事，对副科级及以上领导分管工作进行明确，对各股（室、中心）的目标任务进行量化分解，做到分工明确、任务具体、责任到人。对会务、行文、调研、督查、接待等工作均制定详细操作规范，避免工作的随意性和盲目性。严格落实办公室“三重一大”民主决策制度、重要事项请示报告制度、“零差错”制度等规章制度并取得积极成效。

（七）狠抓廉政建设保持风清气正。认真落实《关于新形势下党内政治生活的若干准则》，办公室班子成员及其他科级干部年度（预防）提醒谈话均达到2次以上；开展廉政党课1次，组织干部职工观看警示教育片《塔山街道腐败忏悔录》，组织到新窑镇廉政警示教育基地接受教育1次，通报中央、省、市和特区各类违反作风纪律典型案件20件次，促使全办干部职工时刻绷紧廉洁自律之弦。同时，聚焦巡察反馈的3大类、7个方面、19个具体问题，按照“一个问题一名责任领导、一套整改措施”的要求，制定57条行之有效的整改措施，推动巡察反馈问题全部整改完毕，并长期坚持。

二、围绕中心服务大局，扎实推动业务工作迈出新步伐

深入贯彻落实习近平总书记对办公厅（室）“五个坚持”的重要指示要求，紧紧围绕特区党委的中心工作，聚焦办公室“三办、三服务”职责职能，勇于担当、善于作为，圆满完成了特区党委交办的各

项任务及年初确定的各项目标任务，区委参谋部、智囊团、信息库、总枢纽的作用得到进一步发挥，为推动“十三五”圆满收官、“十四五”顺利开局做出了积极贡献。

（一）全力推动文秘工作取得新成效。本着高质量、高标准原则，努力吃透上级精神，深刻领会领导意图，认真撰写各类文稿，切实发挥以文辅政作用。全年完成领导讲话稿、汇报材料等230篇，完成各类文稿起草、审核、呈批、校对、印制、分发500份，办理各类文件1233份，拟写印发常委会会议、专题会议纪要40期，审核把关新闻稿件120篇，服务省、市、特区领导调研和考察50场次，切实发挥中心枢纽作用；完成区委十一届十次全会、特区党委常委会等各类会议130场次，参与筹办2020年“翱翔贵州”第八届牂牁江滑翔伞公开赛、第二届凉都猕猴桃节暨六枝特区庆祝2020年中国农民丰收节活动等重大活动20场次，均未发生较大以上程度的失误。

（二）全力推动后勤保障取得新成效。紧紧把握党委工作特点和需要，不断增强后勤工作的主动性、前瞻性。按照有利公务、务实节俭、严格标准、热情周到的原则，将细致、精致、极致标准贯穿于后勤服务保障工作始终，充分发挥参谋助手作用，不断提高服务水平。一年来，完成各类大型接待40次。严格执行《六枝特区党政机关参公事业单位公务用车使用管理暂行规定》等制度，切实做好党委和办公室车辆用油、维修保养、行车登记等日常工作，确保办公室公务用车及时、高效、安全，全年未发生交通安全事故。

（三）全力推动信息工作取得新成效。坚持问题导向，紧紧围绕省委、市委信息报送工作要点，加强与全区各级各部门的沟通联系，突出上报信息亮点、特色，切实发挥“千里眼、顺风耳”作用，为特区党委科学决策提供重要依据。全年上报省委办公厅信息150条、市委办公室信息381条，超额完成省、市年度目标任务。参与处置省、市、特区三级书记信箱网民留言74条，网络舆情分析21件，确保群众反映诉求件件有反馈，事事有回音。上报假日经济运行情况信息13条，编撰值班快报47期，确保重大紧急信息报送不误事，应急突发事件处置不出事。

（四）全力推动调研工作取得新成效。牢牢把握领导决策意图，找准决策需求点，创造性开展调研活动，及时捕捉对中心工作具有指导意义的典型经验。采取线上收集、线下撰写编辑等方式，深入挖掘全区热点、难点信息，加工整理成信息报送，不断增强信息报送能力。重点围绕“新市民·追梦桥”工程等问题进行专题调研，完成《关于六枝特区工青妇组织实施“新市民·追梦桥”工程调研报告》等调研文章2篇；完成市委政策性约稿13篇；整理报送动态信息87篇，被《六盘水调研》期刊采用14篇，牵头起草完成《中共六枝特区委员会关于制定六枝特区国民经济和社会发展第十四个五年规划和二〇三五年远景目标的建议》重要文稿。

（五）全力推动督查工作取得新成效。紧紧围绕全区经济发展、脱贫攻坚、项目建设、产业结构调整等重点、热点工作，扎实开展具有针对性的督查行动，不断提高督查工作的科学性和规范性，推动特区党委各项决策部署落地落实。全年完成特区党委、政府有关领导重要批示或交办事项督查2次，撰写《督查专报》2期，上报督查专报15期，先后对特区党委常委会议定的10件事项进行分解督办，建立跟踪办理落实台账，实行清单销号管理，为特区党委、政府领导掌握区情、科学决策、推动落实提供有力保障。对全区各级各部门学习贯彻党的十九届五中全会精神、党内法规学习、规范文件会议和督查检查考核贯彻落实情况进行督查检查，发现问题5个，推动各项工作落地落实。

（六）全力推动改革工作取得新成效。研究制定《六枝特区委全面深化改革委员会2020年工作要点》，全年出台改革方案22个，筹办特区委全面深化改革委员会会议3次；按时调度党的十八大以来部署在六枝特区改革任务的推进情况，及时录入贵州改革信息管理平台；向省委、市委改革办报送信息178期，被《贵州改革动态》采用8期；《六枝特区法院推行“天平先锋诉讼快车”提升简易民商事案件审理时效》理论文章被《贵州改革交流》采用，获得市委主要负责同志亲自签批。持续巩固“三变”改革成果，按照“变就变好、做优质量”的原则，培育打造市级“三变”改革示范点14个、示范乡镇2个、股权示范村3个。

（七）全力推动保密工作取得新成效。高效完成了以定密管理、涉密人员管理和国家秘密载体管理为重点的基础数据统计上报工作。整合各类宣传活动，充分用好线上、线下两个渠道，深入开展保密知识宣传教育，全年共开展保密知识集中培训 2 次，通过特区融媒体中心播放保密工作公益广告 180 次；认真做好中考、高考、事业单位招聘等各类考试的保密管理和服务保障工作，一年来共开展各类保密服务 3 次，全年各类考试未发生失、泄密事件；严格按照电报发布层级和要求办理有关文件，确保密码通信工作零失误、零差错，2020 年特区委机要局获得全省党政系统机要密码先进集体称号。

（八）**全力推动帮扶工作取得新成效**。制定办公室 2020 年度脱贫攻坚帮扶工作计划、驻村轮战计划等，在服务好全区脱贫攻坚工作的同时，严格落实“四个不摘”，将巩固提升脱贫攻坚成果作为帮扶工作重点，督促干部职工认真落实结对帮扶责任人责任，扎实履行好部门包保责任。2020 年，主任办公会共研究脱贫攻坚工作 6 次，为所帮扶的岩脚镇龙泉村、岱瓮村、二道岩村调解化解突出矛盾纠纷 7 起，为群众排忧解难 39 件，为疫情防控、村活动室维修、办公设备维护等解决各类物资 4.8 万元。在“10・17”扶贫日募捐活动中，全办干部职工共捐款 9600 元。

工作经验

一、强化理论武装是促进政治过硬的重要途径

政治属性是办公室的根本属性。作为特区党委的综合办事机构，办公室始终把强化政治理论学习作为培育干部政治品格的重要手段，把深入学习贯彻习近平新时代中国特色社会主义思想作为长期性重大政治任务，把《习近平谈治国理政》《习近平新时代中国特色社会主义思想学习问答》等作为必学篇目，坚持读原著、学原文、悟原理，坚持系统深入学、融会贯通学、联系实际学，教育引导全办上下切实增强“四个意识”、坚定“四个自信”、做到“两个维护”，不断提升政治判断力、政治领悟力、政治执行力，砥砺形成忠诚、干净、担当的政治品格。

二、提升业务能力是提高工作质效的关键所在

围绕特区党委的中心工作干好“三办、三服务”是办公室的主要职责。及时跟进对习近平总书记最新重要讲话和中央、省委、市委、特区党委召开的重要会议、出台的重要文件精神的学习，准确把握发展大势，找准办公室贯彻落实的结合点、切入点，使各项工作紧贴具体实际、符合党委要求、满足发展需要。注重干部培育，采取专业知识培训、岗位大练兵、选派干部到省市跟岗锻炼、轮岗交流等方式，促进干部在学中干、干中学，不断提升干部在文稿写作、综合协调、应急处突、服务保障、调查研究等方面的能力，切实打造一支在关键时刻能吃苦、豁得出、顶得住的干部队伍。

三、勇于自我革命是推动作风过硬的根本保障

良好的作风是推动政策落实的有力保障。办公室认真贯彻落实习近平总书记对各级党委办公厅（室）提出的“五个坚持”要求，坚持把整治“四风”问题作为自我革命的基本点、总目标和重要抓手，以高度的政治自觉和刀刃向内的勇气，狠抓各类形式主义、官僚主义、享乐主义、奢靡之风的预防、整治，让“四风”问题无处遁形。大力弘扬艰苦奋斗的优良作风和无怨无悔的担当精神，教育引导全办上下时刻保持昂扬斗志和极端负责的工作态度，主动谋事、认真干事、努力成事，不折不扣地推动特区党委各项决策部署落地见效。

2021 年，特区委办公室将坚持以习近平新时代中国特色社会主义思想为指导，按照习近平总书记“五个过硬”“五个坚持”的重要指示和“创一流、树标杆”的目标要求，紧紧围绕中央决策和省委、市委、特区党委工作部署，不断强化党的创新理论武装和业务实践锻炼，切实提升干部职工的政治素质和“三办、三服务”能力，尽职尽责服务好特区党委工作部署，以实干、实绩为全区巩固脱贫攻坚成果同乡村振兴有效衔接，助力“十四五”时期全区经济社会高质量发展做出新的更大贡献。

（撰　稿：黄麒麟）

中共六枝特区委宣传部2020年工作综述

2020年是全面建成小康社会和“十三五”规划收官之年，中国要实现第一个百年奋斗目标。六枝特区宣传系统坚持以习近平新时代中国特色社会主义思想为指导，紧紧围绕全区经济发展、脱贫攻坚等中心工作，克服新冠肺炎疫情影响，牢牢掌握意识形态工作的领导权、主动权，不断巩固马克思主义在意识形态工作领域的指导地位，积极发挥思想引领、舆论推动、精神鼓舞作用，精心组织广大新闻媒体，多视角、多形式、全方位讲好六枝故事、展示六枝形象，为奋力开创百姓富、生态美的画廊六枝新篇章提供强大舆论支持。

一、强化责任担当，理论武装不断深化

坚持把学习宣传贯彻习近平新时代中国特色社会主义思想作为首要政治任务，持续用党的创新理论武装全区党员干部，构筑起同心筑梦的精神高地。坚持学思践悟并重，持续强化理论武装。坚持学思践悟并重，积极探索理论武装工作的新形式新方法。一年来，采取学思结合、学研结合、学用结合等方式，全面系统深入学习宣传贯彻《习近平谈治国理政》第一、二、三卷，《习近平论党的宣传思想工作》《中国共产党宣传工作条例》及党的十九届五中全会精神和省委十二届八次全会、市委七届十二次全会、特区党委十一届十次全会精神，将习近平新时代中国特色社会主义思想、意识形态工作、扫黑除恶专项斗争、生态文明建设、民族和宗教、安全生产和防灾、减灾、救灾等论述纳入中心组学习的重点内容，加强对各级党委（党组）和党组织开展集中学习研讨指导，切实推动习近平新时代中国特色社会主义思想入脑、入心、入行。坚持方向、导向并行，持续强化宣传宣讲。坚持正确政治方向和舆论导向，精心组织开展党的十九届五中全会、省委十二届八次全会、市委七届十二次全会和特区党委十一届十次全会精神宣传宣讲工作，组织精干宣讲力量深入机关单位、乡镇乡村、企业、学校、协会、社会团体等基层一线，做到领导干部带头讲、特区党委宣讲团集中示范讲、各系统领域联动讲、常态化普及讲，开展主题宣讲600场次；采取“互联网＋宣讲”等形式开展主题宣讲1100场次；采取“理论＋文艺”宣讲方式，录制“五中全会春风吹”群口情景快板音频和视频，并通过微信公众号向广大干部群众进行推送学习，推动全会精神“飞入寻常百姓家”。

二、增强政治意识，抓牢抓实意识形态工作

坚决贯彻落实习近平总书记关于意识形态工作的重要指示批示精神，全面加强党对意识形态工作的领导，压实意识形态工作主体责任，有力保障了全区意识形态领域工作的安全稳定。建机制，强化安全保障。修订印发《六枝特区进一步落实党委（党组）意识形态工作责任制实施方案》。采取“政治巡察＋专项督查＋目标考核”的“三结合”方式，将意识形态工作纳入政治巡察内容、纳入日常工作督查调度、纳入年度综合目标考核内容，推动监督检查无缝衔接，做到全覆盖、无死角。抽派1名同志参加省委巡视工作，2名同志参加全区政治巡察工作，组织开展2次专项督查考核工作，有力保障全区意识形态领域工作的安全稳定。筑堡垒，强化安全基础。坚持把意识形态工作落实到基层阵地管理之中，筑牢意识形态工作的“根据地”。旗帜鲜明地把党性原则贯穿到新闻舆论全过程，加强融媒体中心阵地管理，细化出台新媒体建设运营管理、信息审核、“三审三校”等9项制度，切实保障传播安全。强化网络空间阵地管理，深入

推进网络综合治理体系建设，积极开展净网行动。合理处置网络舆情，并向省委网信办报送舆情信息。强化“扫黄打非”基层站点建设，完成190个村级基层站点建设工作，落别乡抵耳村获国家级“扫黄打非”示范点，落别乡牛角村、郎岱镇青菜塘村获省级“扫黄打非”示范点。积极推进学校思想政治指导员试点建设，从区直相关单位和乡镇聘请18名同志作为特区二小、特区二中等18所试点学校思想政治指导员，进一步提升学校思想政治教育水平。进一步强化新时代农民（市民、工人）讲习所、农家书屋、宗教场所等基层阵地管理，意识形态工作基础更加扎实。

三、丰富文明载体，强化精神文明建设

以深入抓好《新时代爱国主义实施纲要》《新时代公民道德建设实施纲要》宣传贯彻为主线，以实施文明单位、文明社区、文明村镇创建工程为载体，扎实推进公民素质提升工程，大力弘扬社会新风正气。典型引领新风正气。坚持完善机制、督查推动、分类指导，加大典型的培养和选树力度，围绕乡村振兴战略，加强乡风文明建设，大力开展婚丧嫁娶简办等宣传教育，开展移风易俗、树文明新风活动，助推精神脱贫，全面提高创建水平和社会文明程度。2020年度，六枝特区李方波、朱明友获评国家级身边好人，7人获评省级身边好人，48人获评市级身边好人，5人获评六盘水市新时代好少年荣誉称号；命名了17个“县级文明单位”，53个“2019年度县级文明村”。六枝特区李方波被评为省级身边好人、市级道德模范，得到了原省长谌贻琴同志亲自批示。组织开展“脱贫攻坚书香六枝”系列活动，全区19个家庭被评为“书香之家”，营造崇尚阅读、热爱阅读的浓厚氛围。文明共建成果丰硕。搭建志愿服务载体，大力开展“十送”志愿服务活动，倡导人人参与精神文明建设。积极制作刊播公勺公筷系列公益广告和“文明健康·有你有我”等系列公益广告，营造良好的文明氛围；加强文明城市创建工作统筹，加大文明城市创建督查力度，下发交办书70份，督查通报41期，不文明行为曝光6期，彻底解决了长期占道经营、超门面经营及车辆乱停乱放等问题，夯实省级文明城市创建成果。加强未成年人思想道德建设，六枝特区荣获未成年人思想道德建设先进县荣誉称号。

四、抓好典型宣传，强化新闻舆论引导，基层宣传力量不断夯实

六枝特区不断完善宣传工作机构，充实基层宣传队伍，全面推开新时代宣传员试点工作，推动基层宣传工作打牢基础、补齐短板，培育了一批懂政策、晓理论、接地气的新时代宣传员，巩固发展基层宣传阵地，充分发挥新时代宣传员在传播党的声音、传教文明风尚、提供惠民服务等方面发挥积极作用，为全区经济社会发展提供思想保证、舆论支持和精神动力。

面对一场突如其来的新冠肺炎疫情，坚持正面宣传为主、典型正面引领，充分展现了凝聚众志成城抗疫情的强大力量，更好强信心、暖人心、聚民心，为六枝特区坚决打赢疫情防控阻击战提供了良好的舆论保障。各乡（镇、街道）利用宣传车、小喇叭、“组组响”大喇叭等全方位宣传新冠肺炎疫情防控知识；充分发挥新时代乡村宣传员对乡村人员熟、情况熟的优势，强化乡村疫情防控宣传工作，巩固了全民战“疫”防线。六枝特区融媒体中心旗下各平台累计刊播疫情防控相关稿件4200条。其中，《六枝融媒》App上刊发的《六枝特区应对新型冠状病毒感染的肺炎疫情防控指挥部令》，信息阅读量达21.4万次。新冠肺炎疫情发生以来，在市级以上媒体刊发六枝特区疫情防控、复工复产、春耕生产等相关工作稿件累计2900条。

对外宣传全面发力，宣传效果不断拓展。加强与中央、省、市级主流媒体的对接联系，针对不同媒体的需求提前组织谋划，积极提供有效宣传题材、推送相关稿件作参考。同时，精心组织各级媒体对六枝特区新冠肺炎疫情防控、脱贫攻坚巩固提升、小康菜园建设、产业转型升级、安六高铁沿线氛围营造等工作进行正面宣传，树立六枝好形象，使媒体在采访中了解、支持六枝，为六枝对外宣传增光添彩。

2020年借力系列高端媒体平台，六枝特区对外影响力和知名度大大提升。先后邀请、接待了中央广播电视总台、《人民日报》、新华社、《贵州日报》、多彩贵州网等中央、省、市级媒体记者到六枝特区开展主题采访40次。截至11月26日，市级以上主流媒体累计刊播六枝特区相关稿件5000条。中央广播电视总台新闻直播间栏目播出《王金涛：白领回乡养猪助村民脱贫》后，得到了时任省委书记的孙志刚的批示，他与获评全国劳动模范的韦仕龙，均多次被中央广播电视总台、新华社、《贵州日报》、多彩贵州网等市级以上主流媒体宣传报道，已成长为六枝特区脱贫攻坚战线上最叫得响、站得稳的先进典型。

高质量做好新闻发布工作，围绕各阶段特区党委、政府中心工作，加强统筹和谋划，拟定2020年新闻发布工作方案及计划报特区政府审定后下发，强化与相关部门联动，明确分工，形成合力，精心策划、细化发布主题，确保新闻发布工作落实落细，新闻发布已成为六枝强化对外宣传，不断提升影响力、知名度和美誉度的有效助推器。通过新闻发布工作常态化开展，在政府部门带出一支相对专业发布队伍，新闻发布已从过去的"死任务"变成"硬需求"。

五、抓好创新驱动，文化事业繁荣兴盛

坚持以文旅融合为根本，深入挖掘民族文化、"三线"文化、红色文化等丰富多彩的文化内涵，以创建"国家全域旅游示范区"为抓手，以打造"主客共享，人民幸福"旅游目的地为目标，推动文旅融合高质量发展。坚持文化引领产业发展。指导成立了六枝首个文化产业聚集地——牂牁文化旅游商品展销中心，加大招商引资力度，成功签约项目3个（逸爽酒店托管运营项目、落别318户外拓展运动基地项目、六枝特区牂牁江水上运动项目），签约金额1.5亿元。大力开展公益电影放映活动，共完成放映2539场。加大向上争取资金力度，六枝特区砂石画、"六枝·礼好"系列精品文旅IP产品等5个项目得到2020年六盘水市级文化产业发展专项资金扶持，扶持资金共计100万元，更好地实现了文化"升值"效应。坚持文旅融合提升品质。坚持文化引领、文旅融合的发展思路，以全域旅游为主导，大力推动"文旅、城旅、农旅、体旅、交旅"融合发展。大力开展以六枝特区特色文化为底蕴的旅游宣传推介活动，组织召开六枝特区2020年文旅产业复苏大会暨旅游产业促消费百日专项行动新闻发布会、六枝特区首期网红主播培训会，开展"万水千山'粽'是情——六枝特区端午假期走进贵阳旅游主题推介会"，掀起了文化旅游热潮。

六、牢记社会责任，新闻出版工作不断向前

一是全民阅读有力推进，书香六枝氛围浓郁。"十三五"期间，围绕脱贫攻坚主旋律，以每年"4·23"世界读书日活动为契机，坚持以宣传引领活动，以活动促进阅读，组织开展"脱贫攻坚书香六枝"系列活动，六枝特区共计19个家庭被评为"书香之家"，营造了全区崇尚阅读、热爱阅读的浓厚氛围。二是农家书屋工程深入推进，基层文化阵地坚固。"十三五"期间，六枝特区农家书屋全部完成行政村全覆盖，共建成243家。共投资140万元，更新补充图书44万册，新窑镇、落别乡、大用镇农家书屋与六枝特区图书馆完成"总分馆"任务实现统借统还，农家书屋与区级公共文化资源正逐步实现资源共享。全区农家书屋实现硬件建设统一化、软件建设规范化、制度建设长效化、管理人员专职化。三是深入开展"净网、清源、秋风、护苗、固边"五大专项行动，切实维护正版版权；四是积极推进"扫黄打非"基层站点建设，"十三五"期间完成190个基层站点建设工作，落别乡抵耳村获国家级扫黄打非示范点，落别乡牛角村、郎岱镇青菜塘村获省级"扫黄打非"示范点。

七、下一步工作打算

（一）坚持用习近平新时代中国特色社会主义思想武装头脑。进一步解放思想，更新观念，勇于实践，扎实工作，不断推进理论学习、宣讲、创新等工作开展，继续巩固"不忘初心、牢记使命"主题教育成果，坚持以习近平新时代中国特色社会主义思想为指导，全面贯彻落实党的十九大精神，党的十九届四中、

五中全会和省委、市委各次全会精神等，确保各项工作任务的完成，切实为打赢两场战役、夺取两个胜利提供坚强思想舆论支撑，奋力开创百姓富、生态美的“中国凉都·画廊六枝”新未来而不懈奋斗。

（二）坚持加强对意识形态工作的引导。一是进一步压紧压实意识形态工作责任，推动意识形态工作有序开展，坚持不懈地用习近平新时代中国特色社会主义思想武装头脑、指导实践、推动工作。继续加强党的十九大，十九届二中、三中、四中全会精神的宣传贯彻这条“主线”，以“七进”为抓手，抓好宣传氛围营造，更严更实管好阵地。二是认真落实全国、全省、全市宣传思想工作会议精神，把宣传意识形态各项工作抓在手上，做到不放手、不松手、不缩手，切实做好“一宣讲、二宣传、三督查、四培训、五落实”工作。三是着力抓好意识形态工作责任制落实情况的督导检查，进一步落实工作责任，推进基层意识形态工作有更大的提高。四是不断探索创新，进一步完善意识形态工作体系，形成长效机制，为全区和谐稳定发展创造良好的舆论环境。

（三）加强内外宣联动发声，奋力唱响六枝好声音。围绕中央、省、市及特区党委、政府的决策部署，重点挖掘采访六枝特区经济社会取得的成就，充分展现人民群众的幸福生活。围绕党委、政府中心工作，继续做好各项重点工作的宣传报道。一是积极对接外媒，争取 2021 年在中央、省级媒体、网站刊发更多新闻稿件；二是组织融媒体中心记者深入基层挖掘各项工作亮点和先进典型，做好深度报道；三是在利用媒体融合优势上下功夫，力图打造出一批有影响力有传播力的平台，实现全媒联动宣传；四是配合做好区内各项重要会议及重大活动宣传工作；五是持续做好新时代宣传员工作，统筹组织“好记者讲好故事”演讲比赛等宣传活动。

（四）加强舆情应对处置，有效应对网络舆论。一是加强协调沟通，对违法违规网络信息依法依规处理，切实化解风险隐患，推动网络综合治理工作出实效；二是针对网上炮制虚假信息、政治有害、歪曲事实、混淆是非、颠倒黑白、误导公众、侵害公民正当权益、扰乱网络传播秩序的网络账号，根据《网络信息内容生态治理规定》等法律、法规，搜集充足证据后，拟报市委网信办请求省、中央网信办作封号处理，坚决遏制不良信息传播；三是加强网络舆情处置力度，及时交办，维护社会和谐稳定；四是加强网络安全宣传教育，增强全民意识，巩牢人民防线。全面加强网络安全保障体系和能力建设，严密防范和严厉打击违法势力渗透、破坏、颠覆、分裂活动。

（五）加强精神文明建设，积极繁荣文化事业。一是着重开展未成年人思想道德建设，通过培育文明有礼、崇德向善、见贤思齐的下一代，为社会的文明程度加足马力；二是着重巩固好文明城市创建成果，特区精神文明办将督促各部门按照职责分工解决好群众关心的问题，巩固好文明城市创建的成果；三是着重建好新时代文明实践中心，将新时代文明实践中心（站、所）作为推进农村精神文明建设的总揽工程，通过逐步建设示范点、到全区统一建设新时代文明实践中心，丰富群众精神文明生活，提高广大群众的文明素养。

（六）加大文化惠民力度创新驱动。坚持以人民为中心的发展思想，着力巩固发展优势、注重提质增效、推进融合创新，不断增强文化产业整体实力和竞争力。一方面，培育骨干文化企业，发挥骨干文化企业的引领和示范作用，打造文化产业“航母”；另一方面，认真对接做好省、市文化产业扶持项目、资金申报等工作，抓好重点文化产业项目落实。大力支持中、小、微文化企业，增添文化市场活力。在市场体系和市场机制建设方面加强文创产品、政府服务和要素市场建设，使各部分都能够“合理搭配，物尽其用”，努力打通生产和销售市场，使文化产品的生产要素、生产过程和产品销售形成科学合理的内在发展机制，避免文化产业体系“肠梗阻”现象的发生。

（七）强化示范带动，推进农家书屋站点建设。按照《六枝特区“扫黄打非”基层站点规范化标准化建设实施方案》，全面推进全区村（居）“扫黄打非”规范化标准化基层及示范点建设工作，在 2020 年的基础上全面发挥基层站点效能作用，完成打造 5 个农家书屋示范点工作，有序推进智慧农家书屋试点工作，形成试点带动效应。

中共六枝特区委员会组织部2020年工作综述

2020年，中共六枝特区委组织部坚持以习近平新时代中国特色社会主义思想为指导，深入学习贯彻党的十九届四中、五中全会精神和习近平总书记在贵州省重要讲话精神，全面落实新时代党的建设总要求和新时代党的组织路线，统筹推进基层组织建设、干部队伍建设、人才队伍建设、组织部门自身建设，不断推动全区组织工作取得新成效。

一、坚持以政治建设为统领，教育引导党员干部在思想上政治上行动上同以习近平同志为核心的党中央保持高度一致

认真落实新时代党的建设总要求，全力抓好党的政治建设这个根本性建设，增强“四个意识”、坚定“四个自信”、做到“两个维护”。

（一）推动各级党组织和党员干部坚决做到“两个维护”。把学习贯彻习近平新时代中国特色社会主义思想作为首要政治任务，把学习贯彻党的十九届四中、五中全会和省市全会精神作为日常教育培训的重要任务，针对不同领域、不同战线上的干部特点和需求，邀请专家学者、先进人物讲座和宣讲，组织领导干部、专业骨干外出培训学习，完成省市相关调训任务，组织开展“新时代学习大讲堂”，分类分级抓好干部教育培训，推动各级党组织和党员干部在思想上政治上行动上始终同以习近平同志为核心的党中央保持高度一致，坚决维护党中央权威和集中统一领导。全年完成调训任务37批142人次；举办“新时代学习大讲堂”业务知识专题讲座58期，培训1.7万人次；培训班13期，培训2066人次；专题讲座1期，培训500人次；新时代前沿知识专题讲座5期，培训400人次，不断推动各级党组织和党员领导干部学懂弄通做实习近平新时代中国特色社会主义思想。

（二）推动各级党组织和党员干部践行初心使命。把“不忘初心、牢记使命”主题教育作为加强党的建设的永恒课题和全体党员干部的终身课题，印发《关于健全完善“不忘初心、牢记使命”主题教育相关制度举措，持续巩固主题教育成果的工作方案》《关于巩固主题教育成果、争做新时代“凉都先锋”的实施方案》等，不断健全完善学习、调研、检视、整改制度。对照主题教育查摆出来的问题台账，特别是需要长期整改的问题，强化整改力度，切实加以整改。全区检视出的2469个问题基本整改完毕，上级反馈的4批次316个问题，特区第十一次党代会以来党风廉政建设、巡视巡察、审计检查、督查督办、环保督察等工作中发现的391个问题，以及“8+3+2”专项整治的794个问题全部整改完毕，通过一个一个问题整改销号，让群众切实感受到主题教育带来的新变化、新成效。

（三）推动各级党组织和党员领导干部严肃党内政治生活。压实各级党组织全面从严治党主体责任，认真贯彻落实《新形势下党内政治生活的若干准则》《党委（党组）工作条例》等党内法规条例。组织开展全区“防风险、守底线”专题会，指导各级党组织和党员领导干部以正视问题的自觉和刀刃向内的勇气，不断增强忧患意识、底线思维和驾驭风险、迎接挑战的本领。把“三会一课”作为党员日常教育管理的主要内容，定制“三会一课”规范记录本，强化对执行“三会一课”制度的督促检查，切实提高“三会一课”参会率。把严守政治纪律和政治规矩作为各级党组织书记抓党建述职评议考核的重要内容，坚持出以公心、出以实心对党员进行测评评价，提出评定意见，对表现突出的党员进行通报表彰，大力培育正气充盈的党内政治文化，提升各级党组织和党员干部的政治净化力。

二、坚持以组织体系建设为重点，强化政治功能，持续推动党的各级组织全面进步、全面过硬

认真贯彻落实习近平总书记关于党的建设和组织工作重要思想，持续抓好党的组织体系建设，全力推动党的各级组织全面进步、全面过硬。

（一）以“三会一榜”，全面统筹推进。按照“全面统筹、重点聚焦、分步实施”的思路，深入推进基层党建提升年重点工作任务落实。一是片区会分类指导。将全区18个乡（镇、街道）划分为“东、西、南、北、中”五个片区，采取轮流组织召开现场推进会的方式，邀请片区乡（镇、街道）副书记（组织委员）和党务工作者参加，现场办公、现场答疑、现场落实。2020年，共召开4次片区推进会，倒逼推进全区党建工作。二是部务会查找短板。紧扣“冲刺90天打赢歼灭战”“按时高质量打好收官战”等，每季度部务会定期听取督战情况汇报，对“两委、一队、三个人”作用发挥、党支部标准化规范化建设、软弱涣散党组织整顿、村级集体经济发展等情况进行专题研究，对督战查找的问题进行清单化交办、限期解决。2020年部务会听取汇报4次，向党委常委会专题汇报2次，召开4次党建领导小组会议。三是调度会清仓见底。下发《关于开展2020年第一季度党建工作自查的通知》《关于开展全区党建重点工作任务推进情况的调研督导方案》，组织各基层党组织对照自查清单，自我检查季度工作完成情况。分领域、分季度开展重点工作督导调研，召开4次季度基层党建工作调度会进行通报，现已全部整改完毕。四是榜单式倒逼推进。对工作成效明显的进行表扬，对工作落实不力的进行批评，对下步工作进行安排部署，确保问题整改作风务实、过程扎实、结果真实，所有问题清仓见底。2020年，共开展督导调研5次、下发通报6期、发现问题已全部整改完毕。

（二）用“三百工程”，示范引领提升。按照“典型引领、规范提升、分类培育、均衡发展、全面进步”的思路，推动基层党建高质量发展。一是培树百强支部引领。坚持用抓项目的方法抓基层党建，采取县级领导干部联系包抓、组工干部蹲点指导、机关单位对口帮建、扶持项目配套支撑的“四个一”举措，定点指导，定向把脉，为联系对象协调解决制约发展的突出问题。共评选出25个区级示范党支部，13个党支部被评选为市级示范党支部，2个党支部被评选为省级示范党支部。三年中，评选表彰脱贫攻坚先进党组织152个。二是培育百优书记带动。大力实施“领头雁素质能力提升”工程，采取请进来、走出去和分层次、全覆盖的方式，完成75名新任乡村干部线上、线下轮训，488名发展党员对象培训，分领域开展6期培训班，对党组织书记、党务工作者、农村党员骨干、优秀年轻党员等895名干部进行全员培训。出台《六枝特区村（居）干部“基本报酬＋绩效报酬＋集体经济发展创收奖励”办法（试行）》，激励村（居）干部在发展壮大村级集体经济积累工作中担当作为，增强发展内动力。三是培优百佳能人示范。以“培育百名党员致富能人，带动万户群众脱贫致富”为目标，大力实施村级后备力量培养计划，重点在党员致富带头人、复员军人、返乡务工人员、大学生村官、大中专毕业生、实用专业技术人才等群体中培养村级后备力量。共储备793名村（居）党组织后备干部、765名村级经济组织后备人才。联合民政局、退役军人事务局、妇联、团委等部门，深入村（居）调研村级班子运行情况，大学生村官、退役军人、退休干部、致富能人进村（居）“两委”班子，“一肩挑”等情况，为配强村（居）干部打下坚实基础。

（三）盯“三块领域”，统筹兼顾发展。在城市社区，创新开展机关党员到社区报到“四亮”活动，2100多名区直机关单位党员到社区报到，建立“党员承诺公开栏”和“党员成果展示墙”34个。依托党群服务中心（站）建设，建立“五心”党员服务站，逐步形成“关系在机关、先锋在窗口、奉献双岗位”的管理新模式，建成“五心”服务站8个，设立示范岗56个。结合文明城市创建、机关联基层等工作，建立“六彩”服务队，吸纳机关社区党员志愿者500人，开展各类服务1500次。在国有企业，按照应建尽建原则，16家国企党组织实现标准化、规范化建设，配备专职党务工作人员12名，计提党建工作经费40.63万元，发展党员36名。11家国有企业党组织与17家民营企业、合作社开展共联、共建工作，签订共建协议企业17个，开展联合党建交流58次，联合开展培训528人次，联合开展经济业务活动42次，

共建项目18个，共同筹措资金8759万元。在非公有制经济组织和社会组织，新组建党组织16个，非公经济组织党组织覆盖率81.66%，社会组织党组织覆盖率98.31%；选派50名党建指导员对122家非公有制经济组织和社会组织进行指导，有效实现党组织工作全覆盖。新增创建达标党支部105个，累计占比70.7%。动员引导92家非公经济组织和社会组织与81个村开展结对帮扶；疫情防控期间捐赠达170万元。六枝民康医院党支部、六枝特区组绅中学党支部2个非公党组织获得区级表彰；月亮河乡种养殖合作社第五党支部的韦仕龙获国家级“五·一劳动模范”称号。

（四）借“三项行动”，推动全面过硬。坚持抓基层、打基础、强基本，助力基层党建质量整体提升。一是精准补齐基层党建短板。聚焦软弱涣散村党组织8项问题症结，排查出11个村党组织存在“八项指标”问题，采取“六个一”方式全部整顿验收完毕。坚持每半年全覆盖开展一次村干部背景审查，经审查，在职在岗的村（居）干部中受过刑事处罚的1人，受过行政处罚的12人，均反馈各基层党（工）委处理完毕，保证了村干部队伍的纯洁性和先进性。二是着力拉长特色优势长板。按照“五联五共”工作部署，创新采取“强村＋中村＋弱村”、村企联建、机关联基层等融合发展的模式，结成村村联建对子60个、村企联建对子129个、机关联基层对子130个，五个领域共有557个党组织实现联合，占全区党组织的70.68%，400名党委（党组）和主要部门班子成员联系400个党支部，覆盖全区10个领域党组织。三是大力培育先进典型样板。提炼总结的100篇各领域先进经验、典型做法，党员教师结对帮扶驻村干部子女的做法获全国《抓党建促脱贫攻坚案例选编》刊发，抗疫先锋李方波的先进事迹获得省委书记谌贻琴签批表扬；以开展基层党组织“堡垒指数”和党员“先锋指数”考评为抓手，推出了四亮先锋岗、五心先锋工作站、六彩先锋服务队等创新品牌，创建党群服务中心、六枝三线情物流先锋党建联盟、六枝公安局等示范点，成功举办全市争做新时代“凉都先锋”工作推进会。

三、坚持新时期好干部标准，着力打造高素质专业化干部队伍

坚持党管干部原则，树立正确选人用人导向，突出政治标准，认真贯彻“好干部”标准，围绕建设高素质专业化干部队伍，把好干部选出来、用出来、管出来、带出来、育出来。

（一）抓好干部选拔任用工作。一是选优配强领导班子。采取日常考察配备、交流任职等方式对部门和乡（镇、街道）领导班子进行了充实、调整，领导班子整体功能得到增强。在班子配备上充分考虑知识互补、气质互补、性格互补、年龄互补，从合理搭配、关心干部、培养锻炼、工作需要等角度出发，配强领导班子，干部优势得到较好发挥。二是树立正确选人用人导向。树立一线导向、年轻导向，在干部选拔使用工作中注重向基层一线倾斜。重要部门、重要岗位出现空缺时，优先使用长期在边远乡镇、重大项目建设一线、疫情防控一线等工作且干出实绩、群众公认的优秀年轻干部。乡镇领导班子空缺时，原则上从熟悉本乡镇实情、工作优秀的乡镇年轻干部中推荐。同时注重在考核考评中发现干部，在脱贫攻坚、疫情防控一线中发现干部，在重点项目建设中发现干部。2020年，特区党委常委会议研究干部议题14批次，研究干部535人次，其中提拔、转重100人；职级晋升254人次。新提拔、转重的干部中，妇女干部33人，占33%；党外干部20人，占20%；大学以上学历87人，占87%，大专学历13人，占13%；平均年龄39.3岁，最大55岁，最小27岁。三是推进优秀年轻干部队伍建设。加大优秀年轻干部工作力度，建好优秀年轻干部库，出台《关于适应新时代要求大力发现培养选拔优秀年轻干部的实施方案》和《关于选派年轻干部“双向跟岗锻炼”的通知》，有针对性地从机关选派年轻干部到脱贫攻坚一线、重点项目一线、产业园区一线、信访调解一线、招商引资一线跟岗锻炼，促进年轻干部经风雨、见世面、壮筋骨、长才干，提高解决实际问题和做群众工作的能力。2020年，共选派11名优秀年轻干部到市直机关，7名乡镇年轻干部到区直机关，19名区直机关年轻干部到乡（镇、街道）跟岗锻炼、增长才干。

（二）抓好干部日常工作。一是对区直部门、乡（镇、街道）、学校、医院的岗位空缺情况进行全面清理排查，建立台账清单，综合考虑人岗相适和干部一贯表现，结合日常了解、专项调研情况，酝酿

提出人选，补充配备部分空缺的岗位。二是对照中央、省、市有关精神，对区管干部年度考核内容进行了修改完善，2020 年 4 月，下发《关于开展 2020 区管领导班子和区管干部年度考核工作的通知》，采取召开干部职工大会进行述职、无记名民主测评、领导评价等方式，结合日常调研了解、专项考核结果等进行综合研判，在广泛征求有关方面意见的基础上，完成全区 1062 名区管干部 2019 年年度考核工作。三是配合市委组织部完成全市年轻干部“下基层、进机关”工作。推选 3 名科级优秀年轻干部进机关培养锻炼，做好 3 名到特区任职的市直机关科级干部联络服务工作。四是完成全区所有乡（镇、街道）领导班子运行和干部队伍建设情况调研，并形成调研报告，为 2021 年乡镇换届做好前期摸底工作。

（三）进一步加强公务员队伍建设。一是补充干部新鲜血液。严格落实“两个 80%”政策，共上报四级联考招录计划 85 名，拟录用 84 名。安置 9 名“985”高校选调生到 9 家区直部门报到工作。二是加强基层干部培养。规范各单位股级任免，促进各单位中层干部队伍优化建设，共任免股级干部 55 人次；规范各单位基层干部任职，共任职一级科员 75 人次。三是促进人才灵活交流。优化行政（参照公务员法管理）事业单位人员配置，促进人才合理流动，完成一般干部调动 34 人次。四是规范入口定级。对达到转正定级条件的公务员（参公人员），及时开展考察，形成转正任职材料报送研究之后，及时对转正任职下文，完成公务员转正定级 38 人。

（四）支持配合有关工作。一是牵头圆满完成特区人民代表大会第四次会议和政协第九届六枝特区委员第五次会议选举工作。2020 年 5 月 19 日至 20 日，“两会”选举 1 名人大副主任、5 名人大常委、1 名政协副主席、7 名政协常委。草拟“两会”选举方案并组建选举组做好有关选举工作，选举过程沟通顺畅，衔接紧密，组织提名人选全部满票当选，组织意图圆满实现，高质量、高标准地完成选举任务。二是在市委组织部指导下，圆满完成特区市管干部 2019 年市管干部年度考核、“一报告、两评议”工作。三是配合市委调研组完成六枝经济开发区、各产业园区、风景名胜区管理体制机制调查研究工作。配合完成有关市管干部推荐考察工作。

四、坚持政治引领、政治吸纳，着力集聚矢志爱国奉献的各方面优秀人才

深化人才体制机制改革，紧紧围绕脱贫攻坚、乡村振兴开展人才引进、人才培养，为高质量打赢脱贫攻坚、实施乡村振兴提供智力支撑。

（一）坚持按需引才原则，大力推进人才引进工作。一是利用平台引才。组团参加第八届中国贵州人才博览会，发布 28 个岗位需求，吸引 143 名高层次人才报名面试，经过资格初审、资格复审、面试、体检、考察等环节，为特区科技事业发展中心等 8 个单位引进高层次和急需紧缺人才 14 人。二是知名高校引聘。完成 2019 年赴知名高校秋、冬季专项引才工作，为特区一中等 4 家单位引进 10 名高层次和急需紧缺人才。三是急需人才引进。组织市二医和特区人民医院开展医疗急需紧缺人才引进，为市二医和特区人民医院引进 40 名医疗急需紧缺人才。四是一事一议专引。采取“一事一议”方式牵头开展医疗卫生专业技术人才专项引进，全职引进六盘水市第二人民医院神经外科主治医师 1 人。五是人才柔性引进。柔性引进北京大学第三医院博士、国内知名消化内镜科专家、博士生导师黄永辉教授到特区人民医院，聘请其为特区人民医院名誉院长，设立“六枝特区人民医院黄永辉工作室”，推进六枝特区消化疾病诊疗水平的提升。

（二）坚持分层分类原则，大力实施人才培养计划。按照分层分类的原则，多措并举培育人才。一是实施高层次青年人才培养计划。积极选派、支持在工程技术领域有一定创新能力和发展潜力的青年人才 1 人到中国矿业大学建筑与设计学院城乡规划学专业攻读硕士研究生。二是申报各类人才培养计划。推荐 3 名同志申报第 9 批省管专家，组织高层次青年人才培养申报，帮助市二中教师刘爱喜继续进行省“甲秀之光”访问学者培养，市二医主治医师徐辉新确定为 2020 年“甲秀之光”访问学者。推荐 3 名同志申报六盘水市国家“万人计划”“西部之光”访问学者以及享受国家津贴推荐候选人。

（三）坚持优化服务原则，努力营造人才发展环境。以服务人才为导向，积极创造有利于人才辈出的宽松环境，充分激发各类人才干事创业的积极性和主动性。一是加强联系服务。落实《六枝特区县级以上领导联系高层次人才制度》，确定特区2020—2022年县级领导联系的高层次人才31人，特区四大班子领导重点联系1名至2名高层次人才，引导专家人才主动了解区情、支持发展、服务地方。春节看望慰问高层次人才28人，为各类专家人才订阅《中国人才》杂志。二是切实关心关爱。实施“志愿守护行动”，建立疫情防控援外医务人员及家属联络服务机制，采取“1+1+1”的方式，对所有赴外支援医务人员及其家属实行三对一服务，在疫情防控期间，主动向援鄂医务人员家属送去米粮油等生活物资，帮助解决4名编外援鄂医务人员身份问题，帮助3名援鄂医务人员及家属调动到家乡，协调解决援鄂医务人员家属工资待遇问题。

（四）坚持以用为本原则，凝聚专家智慧助推脱贫攻坚。深化农业专家精准服务脱贫攻坚工作，将相关农业专家匹配到贫困村产业链上，对接产业需求，全力助推打赢脱贫攻坚战。一是及时调整专家库人员。将部分年龄偏大、身体健康状况欠佳人员筛除，挑选年富力强或经验丰富的技术骨干充实农业专家库，现有入库专家61人。新建工业和服务业专家库，目前工业及服务业专家库共有19人。二是重点聚焦安置点产业服务。从专家库中精心筛选12名专家，重点匹配到12个易地扶贫搬迁安置点主导产业上，实现产业精准、专家精准。发动人才专家深入各易地扶贫搬迁安置点主导产业提供决策咨询、制定发展规划和技术指导，解决易地扶贫搬迁安置点主导产业生产、加工等产业链中的难题。

五、坚持严管和厚爱结合、激励和约束并重，构建全方位立体化的干部监督体系

加强对干部的经常性管理监督，把从严贯穿到选拔任用、考核评价等干部工作各环节、全过程，筑牢领导干部理想信念基石。

（一）完善干部激励约束机制。一是认真贯彻中央、省委激励广大干部新时代新担当、新作为的意见，深入实施市委鼓励干部干事创业实施容错纠错的办法，旗帜鲜明为敢于担当、踏实干事的干部撑腰鼓劲。二是开展新的职务与职级并行工作。晋升职级267人次，其中区管干部晋升职级205人次，一般干部晋升职级62人次。三是持续加大对脱贫攻坚一线干部的关心关爱力度，严格落实第一书记和驻村干部食宿补助、交通费用、健康体检等政策保障；提拔任用、晋升职级驻村第一书记和驻村干部共15名，“七一”党内表彰第一书记及驻村干部29名。

（二）持续强化干部日常管理监督。一是开展2020年度个人有关事项报告工作。及时上报2020年副县级以上《领导干部个人有关事项报告表》，完成科级领导干部2020年度《领导干部个人有关事项报告表》填报。按照10%的比例，对110名区管干部《领导干部个人有关事项报告表》进行查核，经查，发现隐瞒不报的涉及9人，对1人进行诫勉谈话处理，对8人进行批评教育处理。二是认真执行问责制度和任前谈话制度。严格按照《关于实行党政领导干部问责的暂行规定》（中办发〔2013〕25号）《关于组织人事部门对领导干部进行提醒、函询和诫勉实施细则》等要求，对全区相关责任人进行批评教育9人，函询5人，诫勉谈话2人。对172名拟任职干部进行任前廉政谈话，促进干部廉洁从政，遏制和防范违纪现象的发生。三是加强对领导干部因私出国（境）的监督管理。严格按照因私出国（境）有关规定，对办理因私出国（境）证件和出国（境）审批程序进行严格把关，共审批因私出国（境）1人。定期向公安局出入境大队上报国家工作人员（区管干部）变更、新增基本情况，严格出国（境）的监督管理。四是对相关干部任免情况广泛征求意见。就拟任职干部向特区纪委特区、检察院、法院等10家单位发放征求意见函36次，共1815人次。五是狠抓突出问题专项整治。开展超职数配备干部的自查自纠，通过自查，不存在超职数配备干部等相关情况。开展茅台酒经营、“近亲繁殖”专项整治，通过排查，不存相关违纪违规的情况。

（三）加强干部选拔任用全程监督。一是认真开展“带病提拔”乡科级干部的自查工作。对2019年

受到撤销党内职务或者行政职务处分的乡科级党政领导干部认真开展自查工作。通过自查，有1名同志属于倒查对象，经核查，该同志提拔程序符合相关规定，不属于“带病提拔”人员。二是认真开展调查核实及信访接待处理工作。严格执行“12380”专用举报电话24小时专人值守制度，坚持查核专办制度和立项督查制度，通过“12380”综合举报受理平台共受理举报件6件，经调查核实，不属实4件、部分属实2件。

六、坚持建设模范部门，打造过硬组工干部队伍

围绕建设“讲政治、重公道、业务精、作风好”的模范部门，坚持高标准严要求，持续加强组织部门自身建设，打造对党绝对忠诚的组工干部队伍。

（一）注重加强思想政治建设，始终旗帜鲜明讲政治。通过部务会学习、中心组学习、干部职工大会、夜学以及支部“三会一课”等形式，深入学习贯彻习近平新时代中国特色社会主义思想和党的十九届四中、五中全会精神等，组织集中学习36次，4个党小组采取自学和集中学习共60次，同市委组织部机关党委开展纪念中国人民抗日战争暨世界反法西斯战争胜利七十五周年联合主题党日活动。严格落实党委（党组）工作条例，“三重一大”均做到会前沟通，统一意见，对中央、省、市重大会议始终做到第一时间学习，第一时间研究贯彻落实。坚持“走出去”和“请进来”相结合，有序安排干部职工120人次到中国科学技术大学、省组干院、市委党校、特区参加各项业务培训，扩展组工干部知识面，拓宽视野，培育和锻炼组工干部专业化精神。

（二）注重加强干部实践锻炼，不断提升能力素质。选派6名政治素质好、工作能力强、对群众感情深的干部参加同步小康驻村帮扶工作，16名科级干部紧盯定点帮扶重点驻村轮战，奋战在脱贫攻坚、疫情防控、复工复产一线，不断提升解决实际问题能力，帮助群众办实事、办好事。选优配强、结对帮扶村党组织书记，严格落实“三会一课”制度，定期组织帮扶村党员同志学习习近平总书记关于新冠肺炎疫情、决战决胜脱贫攻坚、春季农业生产等重要指示批示精神。动员部内帮扶干部捐款2.8万元，协调相关单位捐赠3万元，共5.8万元，帮助帮扶对象购买生活用具、小猪等。疫情防控期间，发放宣传资料12000份，推送疫情动态及预防知识3000条，有效保障人民群众身体健康和生命安全。帮助西陵村协调3条1公里旅游公路，协调资金修建西陵村活动室和打造西陵客栈。帮助牂牁村协调完成“组组通”公路建设5.3公里、协调产业路2条10公里。帮助发展旅游项目，组建了一支30人的旅游表演队伍，并协调特区文化馆教师帮助培训。

（三）注重求真务实，统筹做好信息化建设、老干部等工作。严格落实管党治党责任，坚持从严治部，结合中央八项规定和实施细则，以及省、市有关规定，严格落实政府采购、公务接待、公车使用等规章制度，以制度管人、以制度管事。加强互联网、大组工网、局域网管理，有序推进网络电子产品自主研发。扎实开展网络舆情分析工作，认真开展舆情值班工作。加强网络平台信息系统建设和运用，及时更新党员信息库、领导干部信息库、公务员信息系统等数据库数据，为工作决策提供数据支持。严格落实离、退休干部政治待遇、生活待遇，按照“谁联系、谁负责”原则开展“五必访”工作，组织离退休干部参加季度学习会、专题学习会、读书会等活动，丰富离、退休干部生活。统筹抓好关工委服务保障工作，举办纪念关工委成立30周年纪念活动。有序推进生活垃圾分类、综治、信访、创文、计生等工作。

（撰　稿：组织部办公室）

中共六枝特区委统战部2020年工作综述

2020年，六枝特区委统战部始终坚持以习近平新时代中国特色社会主义思想为指导，深入贯彻党的十九大和十九届二中、三中、四中、五中全会精神，认真贯彻习近平总书记关于加强和改进统一战线工作的重要思想、《中国共产党统一战线工作条例（试行）》和中央、省委、市委关于统一战线工作的重大决策部署，聚焦凝聚人心，突出思想政治引领，着力推进统战工作组织化、制度化、规范化建设。

执政实践和成效

一、加强组织领导，形成工作合力

始终坚持把深入学习贯彻习近平新时代中国特色社会主义思想、习近平总书记关于加强和改进统一战线工作的重要思想、习近平总书记对贵州工作系列重要指示批示精神，全面落实《中国共产党统一战线工作条例（试行）》等政策法规和全国、全省统战部长会议及全市统战工作会议精神作为重要的政治任务。一是强化组织领导。始终坚持党对统一战线工作的集中统一领导，增强“四个意识”、坚定“四个自信”、做到“两个维护”。2019年在机构改革后特区党委及时调整充实区委统一战线工作领导小组成员，由特区党委书记担任组长，共15家成员单位，并同步调整区委民族工作领导小组、区委宗教工作领导小组，在区委统一战线工作领导小组的领导下开展工作，为全面推进统战工作提供有力的组织保障。2020年3月，特区委统战部召开部务会明确区委统一战线工作领导小组办公室、民族工作领导小组办公室、宗教工作领导小组办公室组成人员，厘清职责分工。二是强化统筹协调。切实发挥议事、统筹、督导、把关作用，及时召开会议，传达学习、研究制定统一战线贯彻落实中央和省委、市委、区委重大决策部署及关于统一战线重大方针、政策、法律法规等措施，听取统战重点工作汇报，讨论、审议、出台统战工作重要文件，协调解决统战工作重大问题，部署开展统战工作重大活动。三是强化工作合力。统战工作主体责任进一步压实，成员单位统战职责进一步明确，乡镇街道落实统战委员，形成党委统一领导、统战部牵头协调、有关方面各负其责的工作格局，凝聚各部门单位、乡镇街道党委（党组）把做好统战工作作为分内事、“责任田”的思想认识。有了领导小组的领导、组织、机构保障，统战领域涉及的各级各有关部门就有了加强联系、密切协调、共同研究的平台，最大限度地增强了工作合力。

二、着力提升干部职工政治和业务水平

一是完善学习制度。制定学习计划，规范学习制度，增强政治意识、大局意识、法治意识和责任意识。二是丰富学习内容。推进“两学一做”学习教育和主题教育常态化，学习习近平新时代中国特色社会主义思想及党章党规，深入学习党的十九大及十九届二中、三中、四中、五中全会精神，以及全国“两会”、全国全省统战部长会议和全市统战工作会议精神等内容，做到真学真懂、真信真用。教育干部职工树立正确的世界观、人生观、价值观和权力观、地位观、利益观，自觉规范从政行为，转变工作作风。三是着力干部职工业务能力提升。修改完善《六枝特区委统战部管理制度》，制定出台《过错责任追究制》，开办“业务知识大讲堂”，在统战部机关内部积极倡导创先争优、学习研究、求真务实的风气，强化大局意识、团结意识、创新意识、效能意识和服务意识，不断提高干部职工政治素质和业务能力。

三、加强意识形态工作，防范风险隐患

一是强化组织领导完善统战工作机制。调整特区委统战部意识形态工作领导小组，明确负责意识形态工作的内设机构，建立相关管理制度，制定领导小组工作职责及工作规则，确保意识形态工作责任的落实。二是加强意识形态阵地管理工作。制定《统战领域意识形态阵地管理工作责任制》，充分发挥信息传播、网络舆情分析对意识形态阵地建设工作的引导促进作用。三是做好新媒体管理。加强本单位所辖微信公众号等网络平台的内容建设和安全管理，没有出现网络信息安全问题。四是加强网络意识形态安全工作的维护，把握主导权。及时发布信息，开展正面宣传，做好重要时期网络舆情分析值班。

四、加强机关党建工作，落实廉政责任

一是出台年度计划《2020 年党的建设工作要点》，做好全年工作计划和安排。二是抓好支部党员思想教育。创新理论学习方式，以主题党日、学习交流等方式推进“不忘初心、牢记使命”主题教育常态化、制度化。三是加强党风廉政警示教育。组织干部职工到新窑镇党风廉政警示教育基地开展警示教育活动，对副科级以上领导干部和各股室负责人落实全面从严治党主体责任集体约谈。四是针对人员调整后支委人员空缺的情况，经请示特区机关党委，顺利完成支委班子空缺人员的补选。五是及时召开党员大会向党内通报意识形态工作。六是全力配合做好十一届区委第八轮巡察第四巡察组对我部巡察工作，实事求是及时地向巡察组提供资料，客观公正地反映问题和提出意见看法，正视工作中存在的问题差距，高标准抓好整改。

五、加强统战领域工作，推进实践创新

一是抓好民主党派工作。出台《六枝特区2020年度政党协商计划》，召开两次民主党派政党协商座谈会，集中传达学习“三个文件”，进一步发挥政治协商、民主监督、参政议政的作用，全面提升民主党派基层组织参政议政能力水平。二是积极探索新的社会阶层人士工作。筹备成立六枝特区新联会，紧紧围绕“凝聚新力量・筑梦新时代”主题，按照“1+2+3+N”工作思路，完善新联会交流平台、创建统战＋双创基地＋双互基地；打造“新联空间・智力圈”“画廊六枝・新风采”“清风书画・同心圆”品牌，设立教育培训中心、法律服务中心等多个联络服务中心，逐步创建和打造实践创新基地和品牌。三是构建和谐民族关系。申报牂牁镇西陵村为国家级少数民族团结示范点，申报落别乡牛角村等3个村为省级示范点，顺利迎接国家民委验收全市民族团结创建工作。组织开展民族特色村寨的申报命名工作，申报郎岱镇花脚村等4个省级少数民族特色村寨。四是巩固宗教整改成果。出台《六枝特区贯彻中央宗教工作督查“回头看”反馈意见整改落实方案》，落实“四纳入”工作要求，进一步充实宗教工作队伍，开展宗教排查，及时上报宗教工作整改和巩固成果情况。五是服务民营经济高质量发展。开展《中华人民共和国民法典》、税务、融资等培训；组织200家民营企业参加全国、省委统战部开展民营企业运行情况问卷调查6次；完成民营经济组织专业技术职称任职资格申报381人参加市级初审。做好民营企业疫情筛查工作，积极推动落实《优化营商环境条例》，构建亲清新型政商关系。六是抓好港、澳、台、侨海外统战工作。

六、加强统筹协调对接，助力脱贫攻坚

一是全力以赴做好新冠肺炎疫情防控。及时向统战系统发出《抗击疫情倡议书》，印发《关于全区统一战线做好新型冠状病毒肺炎疫情防控工作的通知》，组织全区广大统战成员捐款捐物总值达183.61万元。二是加强与大连市统战系统的联系沟通。组织六枝乾峰房地产开发有限责任公司等民营企业负责人赴大连市及甘井子区考察学习，拜访大连市委统战部，实地参观中盈科技、宏源铝业等民营企业，走访民主党派、党外知识分子、新的社会阶层人士等，与大连市甘井子区统战系统领导进行座谈交流。对

接和协助大连市统一战线赴六枝特区中寨乡开展“山海相连·情暖中寨”教育项目捐赠仪式等一系列帮扶活动，现场捐赠款物58.33万元。三是积极参与脱贫攻坚工作。做好民革中央（民革四川省委）、民盟市委赴六枝开展脱贫攻坚民主监督接待服务保障工作。对接落实泛海助学金60万元资助120名贫困大学生，落实10万元海联资金建设2个村级卫生室。组织驻村工作队和帮扶责任人进村入户开展实地核查，完善一户一档和二级档案资料，对村内“三落实”“三保障”“三精准”问题短板的查找和补齐，确保“两率一度”。积极配合农业企业在木城村实施百香果产业1000亩，落实资金5000元支持小康菜园建设。

执政特色和亮点

统战工作政治地位更加突出。特区委统战部适应新形势、新任务的要求，把加强对统战工作的领导，作为推进民主政治建设进程的重要举措牢牢抓在手上，积极向特区党委汇报统战工作。特区党委主要领导对统战工作高度重视，多次召开党委常委会会议和统一战线工作领导小组会议，专题听取统战工作汇报，研究部署统战工作，协调解决实际问题。同时，进一步强化统战工作与特区中心工作融合，加强与区直有关部门的交流和沟通，争取了大家对统战工作的理解和支持，在思想上、行动上更加重视和突出统战工作。

基层统战组织建设更加巩固。全区各乡镇（街道）基层党（工）委均配备了统战委员，便于了解和协调各项工作，通过调动和依靠各方面的工作积极性，实现上下联动、协同合作、资源共享，初步形成“大统战”的工作局面，真正做到基层统战工作有人抓、有人管、有人干，为全区统战工作的顺利开展奠定坚实基础。

服务经济社会发展更加有为。充分发挥统战人士人才荟萃、智力密集、联系广泛的优势，积极参政议政、建言献策，为特区党委、政府推动经济社会发展提供决策参考，取得良好效果。坚持经常组织党外干部和各界人士围绕特区党委、政府中心工作及各类热点、难点问题，开展全方位、多角度的调查研究，提出了有真知灼见、切实可行的调研报告和建议提案。同时，坚持认真实行特约监察员制度，聘请党外人士担任监察员，这些党外监察员都能积极参加行政管理部门开展的工作座谈会，净化了经济社会发展环境。积极建立了重大事项向各界人士通报情况和征求意见制度，就特区党委、政府即将决策的重大事项征求意见，得到社会各界的高度赞誉。

民营经济统战工作更加有效。加强思想政治建设，坚定非公经济人士跟党走的决心和信心，促进“两个健康”发展；深入走访民营企业，及时为企业纾困解难，夯实民营经济统战工作基础。积极引导民营企业履行社会责任，助力脱贫攻坚，组织92家民营企业参与“百企帮百村”精准扶贫行动，累计投入帮扶资金3.8亿元，1家民营企业荣获“全国万企帮万村”先进表彰，4家民营企业荣获全省“千企帮千村”先进表彰。不断增强统战部与非公经济人士、企业的联系，积极推动构建亲商、重商、爱商、护商的亲清政商关系。

统战领域意识形态工作更加和谐。切实落实意识形态工作责任制，守牢底线，防范化解统战领域风险隐患。着力构建民族和谐关系，推进省级民族团结进步示范区创建，一些乡镇、村（社区）、学校、场所获得省级、市级示范点创建称号。着力构建宗教和谐关系，坚持“保护合法、制止非法、遏制极端、抵御渗透、打击犯罪”的原则，扎实抓好宗教工作，为全区社会稳定发挥了重要作用。

执政主要经验

加强新形势下的基层统战工作研究，探索做好基层统战工作的路径，具有重要的现实意义。深化思想认识，提高政治站位。解决和克服思想认识上的问题，进一步提高政治站位，这是保证统战工作有效发挥作用的前提。要用习近平新时代中国特色社会主义思想武装头脑、指导实践、规范行为，树牢“四个意识”、坚定“四个自信”、做到“两个维护”。要与时俱进，适应新时代，不断更新观念，以对党和国家前途命运高度负责的历史使命感、巩固党的执政地位和扩大党的执政基础的责任感、推动统一战线事业改革创新发展的紧迫感，准确把握新形势新任务，认真落实新时期统一战线的新部署、新要求。

坚持工作原则，加强自身建设。统战部担负重大决策的顶层设计、重大工作的总体布局、重大事项的统筹协调、重大部署的整体推进等职责。必须坚持政治引领与激发内生动力相统一、坚持精简高效与务实管用相统一、坚持强化顶层设计与尊重各方意愿相统一、坚持党委统战部主导与成员单位多方参与相统一的原则，不断完善各项工作制度，以制度化建设促进组织化、规范化、程序化建设，保证统一战线各成员及成员单位各司其职、通力合作、密切联系，推进新时代统战工作取得新成效。

创新工作方式，实现提质增效。健全完善的组织架构和务实管用的工作方式是党委统战工作发挥作用的重要依托和手段。努力探索创新组织体系，以实现对统战工作全领域、全方位、全覆盖；善于把握全局、吃透上情、结合本情，不断增强工作的政治性、科学性、预见性、主动性和创造性；树立法治思维，依法开展和规范统战工作；用足用活现有政策，盘活统战资源，不断提升统战工作水平。

健全完善机制，激发内生动力。在实践中不断规范和完善工作规则、细则等运行机制。严格落实主体责任，把讲政治与抓指导、抓落实紧密结合起来，做好“上下结合”的文章，深入基层开展调查研究，制定科学的统战工作综合评价体系。统筹协调统一战线各单位、各领域重点工作，实施分类指导，认真破解基层遇到的新情况、新问题和重点、难点问题，实现统战工作的健康可持续发展。

工作中存在的问题

在构建新时代大统战工作格局中，主要存在以下方面的问题和不足：一是统战工作系统性建设还不够完善。对新时代统战工作的形势变化认识、创新实践能力还需强化提升，一些新的工作任务抓落实有差距。二是基层统战工作力量薄弱、人员不足的问题没有得到很好解决。抓统战工作的时间和精力少，对统战政策、对象、目的和方法等了解不多，普遍缺乏做好统战工作的经验和措施。三是大统战工作格局和机制建立完善仍有较大差距。载体不多、方式不新、品牌不足的问题依然存在，在做细、做实上还有待进一步加强。

下一步工作打算

以加强自身建设为重点，不断提高履职能力。一是要加强干部队伍建设，提升服务大局的能力和水平。统战工作政治性、政策性强，工作领域宽，要求统战干部必须具备深厚的理论功底，较高的政策水平和广博的知识储备；当前统战工作面临新的形势、新的任务和新的挑战，对统战干部把握全局、顺应大势、认真履职提出新的更高的要求。为此要大力加强对统战干部的教育培训，增强服务科学发展、协调利益关系、处理复杂问题的本领。二是建章立制，树立机关良好形象。要建立健全“统放有度，内外并举，上下联动，充满活力”的工作体制和运行机制，健全统战干部目标管理责任制，努力建设勤奋学习、作风优良、求真务实、廉洁自律、团结奉献、开拓创新的高素质统战干部队伍。通过开展有声势、有影响、有创意的活动，提升统一战线的影响力，彰显统战工作的独特优势。

以服务经济发展为中心，推进民营经济统战工作。一是要强化对工商联工作的指导。协调指导工商联开展好各项工作，加强对工商联干部的教育培训，着力提高新一届工商联领导干部的能力和水平。二是要大力加强非公有制经济代表人士队伍建设。要以开展非公有制经济代表人士综合评价工作为契机，抓好代表人物信息库建设，按照“凡进必评”“重奖必评”“两年有效”的原则，认真开展评价工作。要大力开展非公有制经济代表人士培训工作，组织动员更多的民营企业负责人参加培训，着力提高民营企业负责人经营管理水平。三是充分发挥统一战线人才荟萃、智力密集、联系广泛的优势，调动一切积极因素，以“走出去”“请进来”的方式开展招商引资工作。

以把牢政治方向为目标，继续携手合作前进。加强民主党派建设的指导和支持力度，持续开展“不忘合作初心、继续携手前进”主题教育，落实年度政党协商计划和重大问题调研制度。树立“使用也是培养”的观念，注重党外干部的实践锻炼，积极向各级党委推荐优秀党外干部，使更多优秀党外干部走上领导岗位。积极与区委组织部、党外干部和党外后备干部所在党委、党组密切配合，建立起组织部门、统战部门、党外干部和后备干部所在主管部门三点一线的日常培养管理机制，形成上下联动，相互配合，齐抓共管的管理模式。继续探索党外知识分子、新的社会阶层人士、网络人士统战工作新模式，打造统战特色品牌。进一步深化港、澳、台、侨海外统战工作。

以维护社会稳定为基础，扎实做好民族宗教工作。加大对民族地区的扶持力度，重点抓好民族村的帮扶项目，加大资金扶持力度。发动统一战线成员多形式帮助少数民族低收入群众解决实际困难，加快民族地区经济社会发展步伐。大力加强党的民族理论和政策的学习、宣传和教育，围绕民族团结进步“活动月”活动，采取有效措施，在新闻媒体、报纸杂志上广泛宣传民族地区的先进典型事迹，努力营造各民族团结进步、社会稳定和谐的良好氛围。扎实抓好宗教工作，认真分析研究解决宗教方面的新情况、新问题，将宗教工作纳入年度考核，从领导体制、工作目标和工作机制上为宗教管理工作提供保障，充分发挥“四员”队伍作用，做好、做实宗教工作。

（撰　稿：左洪祥）

深入学习贯彻习近平法治思想 奋力谱写平安六枝法治六枝新篇章 为画廊六枝高质量发展提供有力法治保障

——中共六枝特区委政法委员会 2020 年工作综述

特区委政法委在特区党委、政府的坚强领导下，以习近平新时代中国特色社会主义思想为指引，紧紧围绕“平安建设”工作目标，加快推进市域社会治理现代化、平安六枝、法治六枝、政法队伍建设，人民群众获得感、幸福感、安全感不断增强，为全区社会经济发展创造安全稳定的社会环境。

执政实践和成效

一、党的绝对领导不断得到强化

一是持续贯彻《中国共产党政法工作条例》。在特区党委常委会上传达学习《中国共产党政法工作条例》《贵州省贯彻〈中国共产党政法工作条例〉实施细则》《六盘水市贯彻落实〈中国共产党政法工作条例〉实施办法》，同时，推动特区各乡（镇、街道）、各部门通过党委（党组）中心学习、干部职工政治理论学习等多种形式进行学习。二是全面统筹政法工作。特区委政法委 5 次向特区党委、政府汇报政法重大工作部署，认真履行六枝特区委平安六枝建设领导小组办公室职能，全面统筹协调平安六枝建设工作。三是加大综治问责力度。对九龙街道、新窑镇村（居）实施挂牌整治，对九龙街道命案风险防范进行追责问责，强化命案风险防范。

二、国家安全人民防线更加牢固

一是健全完善组织体系。始终坚持总体国家安全观，调整完善特区委国安委及其办公室和人民防线机构，形成“全覆盖、广延伸、纵推进”工作格局。二是不断强化信息摸排收集。共检查有关人员信息 20 人次，开展有关防泄密、防窃密排查检查 2 次，收集上报信息 40 条。全区未发现有较大影响意识形态工作领域安全情况发生，无严重影响社会稳定的情况发生。三是强化国家安全宣传教育。采取多形式、多途径组织开展“4·15”全民国家安全教育日，“7·1”国家安全法颁布实施日，“11·1”反间谍法颁布实施日等宣传教育活动，发放《国家安全知识应知应会》《国家安全知识百问》《反间防谍温馨提示卡》等宣传资料 5000 份，利用 LED 显示屏滚动播放国家安全宣传标语和国家安全机关举报受理电话“12339”共 50 次；利用新媒体（微信群）积极推送国家安全举报电话 12339 共计 200 次；六枝电视台分时段滚动播放《反间谍法公益广告》10 次；移动、联通、电信公司推送“4·15”宣传短信 8 万条，提高干部职工群众的国家安全防线意识。四是建立健全国家安全工作机制。根据上级精神，建立重点领域国家安全工作机制 8 个，建立统筹协调机制 1 个，建立完善国家考评及其实施细则，促进国安工作有序开展。

三、“无邪教创建”工作有序推进

一是依法严厉打击涉邪教犯罪。破获涉邪案件，起到教育一片、警醒一片的良好效果。二是强化反邪教宣传工作。开展“崇尚科学、远离邪教”警示教育宣讲活动，利用报纸、电视、广播、网络及新媒体等宣传载体，大力开展反邪教宣传活动，累计发放宣传资料9000份，回答群众咨询5000次，累计受教育人数达10万人次，营造良好的反邪教宣传氛围。

四、化解矛盾纠纷重大风险取得新进展

完善《六枝特区社会矛盾纠纷排查调处工作实施办法》《六枝特区人民调解员补贴办法》，构建多元化解矛盾纠纷新格局。通过开展“阳光执法”“规范司法执法行为”“执法不严、执法不公专项整治”“案件评查”等专项活动，努力让人民群众感受到公平正义。2020年，排查出的重大矛盾纠纷问题、重大风险调处化解率100%，无一起因民间纠纷引发的治安案件、刑事案件和群体性上访事件；对省市交办、特区排查的69个重大风险点，已化解46个，化解稳控率为100%；安排律师在信访局接访30人次，梳理52件符合司法救助案件，发放司法救助资金85.4万元，对30个重大项目（决策）进行风险评估，为“六稳”“六保”夯实稳定基层基础。

五、综治“平安建设”工作取得新突破

一是着力推进“一中心、一张网、十联户”工作。全区建成县级综治中心1个、乡级综治中心18个、村级综治中心253个，将18个乡（镇、街道）253个村（居）划分网格1889个，划分“十联户”单元12865个，涉及群众149513户，积极构建了共建共治共享基层治理新格局。二是着力网络安全建设。按照“五个必建”要求，以政府购买服务方式，建成覆盖全区253个村（居）安全点建设。三是着力命案防范。建立刑事案件受害人员抢救绿色通道，调处具有命案风险特点矛盾纠纷151件，调解成功率96%，化解率100%，警示约谈5个乡（镇、街道）18人，挂牌督办3个村（居）。四是着力婚育方面的社会问题治理。全区“四位一体”排查婚育中存在的问题。五是着力推进社会心理服务体系建设。开展团体辅导46次，开展心理健康问卷调查2700人次、回访300人次，开展个案辅导1000人次，发放宣传资料2万份。六是着力特殊人群服务管理。建成严重不良行为未成年人专门教育1所，累计接收矫治164人，出校135人；2020年，全区建有安置帮教小组270个，帮教工作人员1394人，累计帮教308人；依托乡（镇）卫生院、街道卫生服务中心，在二级综合医院开设精神科门诊（或心理咨询门诊），加强精神障碍患者服务管理。七是着力易扶搬迁安置点社会治理。在12个安置点成立人民调解委员会，建立法律服务站点36个，配兼职人民调解员77人，为安置点群众提供法律援助案件8件，排查出矛盾纠纷43件，调处成功率100%，没有恶性治安事件及民转刑案件发生。八是着力铁路护路联防。加强爱路护路工作，排查过境铁路隐患116起，整治116起，整改率100%。开展护路联防宣传“七进”活动80场次，受众4万人，全区无涉铁路安全事故（件）发生。全区不断完善社会治安防控体系建设，人民群众安全感满意度指数稳步提升。

六、扫黑除恶专项斗争战果显著

通过为期三年的扫黑除恶专项斗争，进一步净化安全稳定的治安环境。打掉恶势力犯罪集团5个、恶势力2个，破获九类涉恶犯罪个案70件，抓获涉黑涉恶犯罪嫌疑人330人；成功侦办市扫黑办指定的“六盘水市3·18—1”黑社会性质组织专案，判决8人；自侦涉黑案1起，一审判决31人，上诉后二审维持原判；共收到各级各类问题线索607条，已办结607条，办结率达100%，有力震慑各类违法犯罪。

七、政法信访系统大走访活动全面启动

按照省、市信访部门的工作安排部署，出台《六枝特区政法信访系统开展大走访深化“四问四帮”活动实施方案》，全区政法信访系统共派出走访人员4360人次，走访253个村居、213个重点企业（完

成市下达 51 户任务数的 417.6%），走访群众 23260 户（完成任务数的 117.14%），累计帮助协调解决群众困难 112 个，化解矛盾纠纷 424 件，大走访工作取得新成效。

执政特色和亮点

采取“电话问安”促安全感满意度双提升：一是持续开展为民服务。重点针对国家机关特别是行业窗口服务部门、司法部门等，扎实开展作风教育整顿活动，解决服务不好、态度生硬、司法服务不满意等问题，主动贴近群众，把工作做到群众的心坎上，多办利民惠民之事，让党的好政策真正惠及群众，让群众切身感受到党委、政府心系群众、为民服务的实际成效。二是持续加大严打惩治。不断巩固“扫黑除恶专项斗争”成效和维系好各专项行动的良好工作态势，聚焦“两抢”、入室盗窃、盗窃机动车等影响恶劣的违法犯罪，全力在打团伙、打系列、打跨区域案件上取得突破，提高破案率；紧盯群众反映强烈的突出治安问题，提升街面“见警率”，确保人民群众体会到全区治安环境变化。三是持续夯实基层基础。重点以“县、乡、村”三级综治中心规范化建设实体化运行为抓手，细化措施，明确时间节点，落实工作责任。四是持续营造宣传氛围。区乡政法委、特区宣传部（融媒体中心）、工信局（协调三大通信运营商）、交通局（协调公汽、出租车）要充分运用各种宣传平台及手段，加大平安建设的宣传力度；同时明确特区脱贫攻坚办要求全区广大帮扶责任人利用脱贫攻坚入户走访、摸底排查等时机开展好宣传，讲好六枝平安建设好故事、传播六枝平安建设好声音，最大限度赢得社会对六枝特区安全感和满意度测评工作的理解和支持。抽公检法司 4 名工作人员于 10 月 12 日集中开始开展电话问安，抽查 4000 门电话，收到问题逐一反馈整改，对突出问题，建立工作专班，落实整改责任，确保“双提升”工作落到实处。2020 年度全省测评中，六枝特区安全感指数 99.16%，比上半年的 98.78% 增长 0.38%，全市排名第二；六枝特区政法机关满意度指数 98.02%，比上半年的 97.60% 增加 0.42%，全省排名位次比上半年前进 8 位。

执政体会和经验

2020 年，政法委虽然做了大量的工作，但受各种因素的制约，还存在一些问题和不足。比如，党委政法委职能建设有待加强，信访调解工作压力倍增，科技运用基础薄弱，社会治安防控体系立体化建设滞后，政法队伍素质有待提升等。

回首 2020 年的政法工作实践，深切地感受到：认识到位，加强领导是关键。始终坚持看齐意识，在特区党委的坚强领导下，着眼于全区发展大局，切实履行职能，各项工作取得长足发展。服务为先、群众满意是根本。群众的口碑是检验政法工作成效的试金石，始终坚持民意导向，始终坚持问题导向，把服务群众作为政法工作的根本，补齐短板，破解难题，积极稳妥推进司法体制改革，不断提高政法工作法治化水平。宣传引导、全民参与是基础。不断加强宣传引导，充分发挥广大老百姓的坚实作用，引领全区干部职工、社会各界及广大老百姓积极参与，为全区政法工作的开展营造深厚的社会氛围。部门联动、形成合力是保证。在各级各部门的协同配合下，全区社会治理形成齐抓共管的大好局面，为政法工作的整体推进提供重要的保证。

下一步工作目标

2021 年工作目标：坚持以习近平新时代中国特色社会主义思想为指导，深入贯彻党的十九大和十九届二中、三中、四中、五中全会及中央、省委、市委、区委政法工作会议精神，按照特区党委、政府的决策部署要求，增强“四个意识”、坚定“四个自信”、做到“两个维护”，始终坚持党对政法工作的绝对领导，坚持以人民为中心的发展思想，坚持稳中求进的工作总基调，坚持统筹好发展和安全总要求，坚持以高质量发展统揽全局，扎实推进维护国家政治安全、防范化解重大风险、扫黑除恶常态化、市域社会治理现代化试点、政法领域全面深化改革、夯实基层基础、政法队伍教育整顿等重点工作，高质量履行好维护国家政治安全、确保社会大局稳定、促进社会公平正义、保障人民安居乐业的职责使命，为“十四五”开好局、起好步创造安全稳定的社会环境，以优异成绩庆祝中国共产党成立100周年。

重点抓好以下工作：一是强化维护国家安全。强化集中统一、高效权威的国家安全领导体制，健全安全战略体系、政策体系、人才体系和运行机制，完善重要领域国家安全制度。加强国家安全宣传教育，增强全民国家安全意识，巩固国家安全人民防线。坚决维护国家政治安全、制度安全、意识形态工作安全，大力加强网络安全保障体系和能力建设，严密防范和严厉打击敌对势力渗透、破坏颠覆、分裂活动。落实国家粮食安全和能源、矿产资源安全战略。二是巩固平安六枝成果。以深入推进“一中心、一张网、十联户”工作为抓手，完善突出违法犯罪打击整治长效机制，强化社会治安问题整治和命案防控治理，常态化开展扫黑除恶工作，健全立体化智能化社会治安防控体系。探索创新社会治理专业化人才队伍建设。依法维护社会稳定，稳妥处置各类群体性、突发性事件，巩固提升“平安建设先进县”创建成果。三是推动法治六枝建设。坚持把习近平法治思想贯穿全面依法治区全过程，推进科学立法、严格执法、公正司法、全民守法。规范行政决策程序，全面推行法律顾问、公职律师制度，提高重大行政决策法治化和规范化水平，健全完善法治监督保障体系，加强政法领域监督制约体系建设。大力开展“八五”普法，增强全民自觉守法意识。四是防范化解重大风险。防范化解社会领域重大风险，落实重大决策社会稳定风险评估制度。建立公共安全隐患排查和安全预防控制体系，落实突发公共卫生事件社会预警机制和重大疫情响应机制，完善军地联动处置突发公共安全事件机制。健全防灾、减灾、救灾管理体制和运行机制，完善灾害应急救助体系，切实防范生物安全、数据安全风险，积极化解自然灾害风险。贯彻落实安全生产责任制，全力防范化解安全生产重大风险，坚决遏制重特大安全事故发生。五是创新社会治理模式。健全党组织领导、村（居）委会主导、人民群众为主体的新型社会治理框架，打造人人有责、人人尽责、人人享有的社会治理共同体。创新完善科技支撑社会治理机制，建设社会治理数字化、智能化平台，构建基层社会治理信息综合、指挥调度、联动处置体系。强化城乡社区网格化管理和服务，形成综合性、多功能的社区服务设施网络。深入开展法治宣传教育，引导群众依法立约、以约治村、民主管理，促进村级治理法治化。

（撰　稿：政法委办公室）

中共六枝特区委党校 2020 年工作综述

2020 年，中共六枝特区委党校紧紧围绕区委、区政府中心工作，团结带领全校干部职工，认真履行岗位职责，以改革创新精神推动学校各项工作顺利开展。

一、主要工作成效

（一）坚持党性原则，压实意识形态工作责任。一是严把教学政治关。始终坚持"党校姓党"原则，严格贯彻落实《中国共产党党校（行政学院）工作条例》，严格教学管理，坚决贯彻用学术讲政治，严格执行教师课件及讲稿审查制度，未经"打磨"过的专题不得进入培训班课堂；严格执行学员论坛、小组讨论发言审查制度，班主任、辅导员全程听课制度，确保党校课堂"无杂音""无噪声"。二是严把科研咨政政治关。紧紧围绕特区党委、政府 2020 年度工作重点制定科研计划，确立科研目标和方向，做到科学选题。规范课题立项申报，鼓励支持教师申报省、市级课题，在课题立项的基础上，加强集体协作，强化科研攻关，推出高质量的精品力作。三是严把网络舆情信息关。校党委书记和副校长亲自抓网络意识形态工作，制定完善我校网络舆情应急处理方案，切实做到舆情情况第一时间知晓，引导和服务第一时间到位，建立健全党务政务信息公开制度，通过校微信公众号加强舆论正面引导。建立本单位快速应对和网络舆情定期研判、预警处置机制，积极有效化解新闻热点、难点问题，维护稳定大局。督促全体教职工按要求开展"学习强国"学习平台的学习，保证学习效果。注重网络安全、舆情处置、舆情信息报送。每月上报舆情信息。及时更新单位双微平台，按意识形态工作相关文件完成网络意识形态工作。

（二）聚焦主责主业，发挥主阵地作用。深入学习贯彻落实习近平新时代中国特色社会主义思想和党的十九大精神，围绕全区党员干部教育培训计划，聚焦主业主课，全面推进从严治校治教治学，深化教学改革、强化科研资政。一是办好培训班次，发挥主阵地作用。开发《习近平新时代中国特色社会主义思想概述》《习近平新时代中国特色社会主义思想》《十九届五中全会精神》《70 年法治建设历程与启示》等系列课程，以及开设《三线精神》《三线精神在六枝》等地方性特色专题课程。举办全区领导干部专题研讨班、党员发展对象培训班、年轻干部履职能力提升培训班、优秀年轻干部培训班、村（居）党组织书记培训班等共 17 个班次，培训 2545 人次。二是组织理论宣讲，及时传递党的声音。选派骨干教师到区直机关、乡镇（街道）、村（居），宣讲习近平对贵州工作重要指示精神、五中全会精神等共计 25 场，受众 1400 人次；开展《中华人民共和国民法典》专题辅导 10 场，受众 2000 人次。三是开展科研工作，提高科研资政水平。与市委党校联合开发课题《六盘水市三线遗产保护与开发研究》，组织教师参加全市党校系统第十二届理论研讨会和学术论坛 2 期。围绕六枝经济社会发展中的一些重大现实问题，紧扣教学中的重点、热点和难点问题，提出具有前瞻性、战略性、对策性的意见和建议，获省委党校立项课题 3 个，获得市社科联立项课题 6 个。

（三）强化人才培养，加强自身队伍建设。选派 9 名教师到省委党校、市委党校、大连市委党校学习，选派 1 名优秀青年教师下基层挂职锻炼；鼓励优秀年轻教师参加各类教学评比活动，为年轻教师的快速成长搭建平台；推荐优秀教师到上级党校、兄弟党校，以及特区各部门、各乡镇上课，积累教学经验；参加第八届中国贵州人才博览会、赴知名高校引进优秀大学毕业生等招才引智活动，引进 2 名具有硕士研究生学历的专业技术青年人才；新晋升高级专业技术职称教师 1 人。

（四）坚持尽锐出战，全力助推脱贫攻坚。配强帮扶力量。及时调整帮扶村第一书记和驻村工作队员确保脱贫攻坚队伍稳定，实施领导干部到村轮战计划，继续巩固脱贫攻坚成果。履行帮扶职责。组织帮扶责任人开展因疫情影响的外出务工问题及脱贫攻坚巩固提升专项排查，共涉及建档立卡户545户1000人，通过App系统录入劳动力信息1129个；增派3名同志到帮扶村参与同步小康菜园建设工作，共涉及300户17.57亩，其中建档立卡户91户；开展教育、医疗、住房、饮水“3+1”摸底排查、核实和更新。加强人文关怀。开展驻村干部走访慰问活动，交心谈心，送去价值600元的慰问品。开展关爱留守儿童、困难儿童“六一”慰问活动，为两个村共40个学生送去价值2000元的学习用品。向帮扶村过瓦村和箐口村各划拨10000元驻村工作经费。组织全校教职工进行“扶贫日”募捐，共计4100元。

（五）抓好常态防控，打赢疫情防控阻击战。强化组织领导。成立疫情防控领导小组，制定工作方案，切实把各项防控工作细化到岗、量化到人。强化宣传教育。通过教职工会议、QQ工作群、微信工作群、LED显示屏等，宣传中央、省、市和特区防控疫情的政策措施，宣传疫情防控相关知识；宣传疫情防控工作先进典型，加强正面引导，营造凝心聚力的良好氛围。强化防控措施。制定《疫情防控轮值制度》，设置扫码测温岗，严格落实防控措施。

二、主要措施

（一）强化理论学习，提升领导能力水平。始终把提升学习能力作为加强领导班子建设必备素质来抓，坚持把强化理论武装作为班子成员坚定理想信念、砥砺政治品质、提升工作能力第一要务，组织班子成员参加形式多样的学习活动，通过党委会学习、中心组学习、教职工集中学习、支部学习、专题辅导、专题学习以及个人自学等，深入学习党的十九大及十九届四中、五中精神；学习党的路线方针政策；学习习近平新时代中国特色社会主义思想；学习中央、省委、市委、特区党委会议文件及相关领导同志讲话精神。2020年，班子成员参加中心组集中学习研讨4次，党委会集中学习6次，全体教职工集中学习13次，专题学习2次，撰写研讨发言材料10篇；组织开展廉政教育1次，观看警示教育片2次，用理论武装头脑、指导实践、推动工作。

（二）强化党的建设，发挥党建引领作用。一是严格落实“三会一课”制度。组织党员干部持续深入学习习近平新时代中国特色社会主义思想，跟进学习习近平总书记重要讲话重要指示精神，党的十九届四中、五中全会精神以及全国“两会”精神。2020年，两个党支部召开支委会12次、党员大会4次，上党课4次，主题党日活动12次。二是严肃组织生活。严格落实民主生活会、组织生活会、民主评议党员、谈心谈话和党员领导干部双重组织生活制度。三是严格执行换届选举程序。2020年12月，行政、教学党支部严格按照相关程序，完成支部换届工作。四是认真做好党费收缴和发展党员工作。收缴党费共7620元，教学党支部两名预备党员按期转正。五是扎实开展党支部标准化、规范化建设工作。制定《六枝特区党校党支部标准化规范化建设工作方案》，对下属2个党支部摸底测评，2020年11月26日对行政支部进行达标创建验收。

（三）强化作风建设，推动全面从严治党。贯彻落实《中国共产党党组工作条例》《党委（党组）落实全面从严治党主体责任规定》，主要负责同志积极履行党风廉政建设“第一责任人”职责，部署、研究、协调、督促责任落实；班子成员认真履行分管领域党风廉政建设主体责任，履行“一岗双责”职责，抓好日常监督，开展党风廉政集中谈话和警示教育。进一步明确内设科室和人员分工，确保各项工作有人抓、有人管、有人负责，形成全面从严治党的整体合力。推进全面从严治党与学校各项工作相融合，确保管党、治党工作与党校中心工作同部署、同落实、同考核。始终做到把党建工作摆在重中之重的位置，放在心上，扛在肩上，抓在手上。持续完善制度建设，对全校现有各项规章制度进行全面清理，保留24个、废止（合并执行）21个、修订（重新制定）24个、不宜作为制度2个、新增3个，形成中共六枝特区党校制度汇编。自觉接受党员群众监督，主动接受特区纪委特区监委派驻第一纪检监察组的监督，按要求每月报送“三重一大”事项表等资料，积极完成派驻纪检监察组交办的有关工作，完成8名区管干部廉政档案纸质版和电子版的建立，完成特区党校政治生态监督活页的建立工作。召开党风廉政警示教育集体约谈3次，传达全省、全市和特区党风廉政建设警示教育大会精神，组织全体教职工到新窑廉政教育基地开展警示教育活动。严格执行党务政务公开制度，按要求及时公开经费使用、选人用人、表彰奖惩等情况，做到该公开的党务政务信息及时、准确、全面地公开，确保干部群众的知情权、监督权，确保各项工作公开透明。

（四）强化整改落实，促进整体工作效能。2020年6月，十一届区委第八轮第五巡察组对校党委进行了常规巡察，指出了三个方面的22个具体问题。校党委对巡察反馈意见高度重视，召开专题会议认真研究整改措施，结合实际制定了整改工作方案，建立台账，切实抓实巡察问题整改。现已完成整改21个，正在整改1个，整改率95.5%。新建制度3个，完善制度24个。以这次巡察整改为契机，校党委班子以求真务实的工作态度认真抓好整改落实，把巡察工作成果转化为加快推动党校事业健康发展的动力，以实际行动接受党和人民群众的监督，坚持勤政廉政，严格执行规章制度，坚持民主集中，加强团结协作，努力推动党校事业取得新进展。

三、取得的主要经验

（一）强化理论宣讲，丰富形式载体。加强对习近平新时代中国特色社会主义思想、十九届五中全会精神、党史学习教育宣讲，组织全体教师通过开展集体学习、集体研讨、集体备课，进一步把握会议精神和干部群众的思想需求，为宣讲因地制宜、因材施教积极准备。组织骨干教师对经过全体教师反复研讨的专题进行整理，编制宣讲框架，根据不同类型的机关单位和乡镇的受众编制宣讲提纲，做到有所取舍，各有侧重，因人而异，因材施教。成立讲师团，做好理论阐释工作。根据特区党委和宣传部门安排，开展宣讲团集中宣讲、社会普及宣讲、党校集中宣讲。

（二）优化教学方式，提高业务水平。一是提高教学质量。不断创新教学内容、教学形式和教学方法，努力提高干部教育培训质量。二是调整教学内容。加强中国特色社会主义理论体系学习，全面推进理论武装和党性教育。加强党章、党史及省情、市情、区情学习，在主体班中开展好十九届五中全会精神、党史、党规党章、党风廉政教育、保密法教育、反邪教知识及国防建设教育等课程教学。把理论基础、战略思维、党性修养的教育同提高执政能力紧密结合起来，围绕提高学员的能力开展教学，增强培训的针对性和时效性。三是改革教学方法。坚持理论与实际相结合的原则，鼓励和支持教师参加社会调查和社会实践，安排教师深入基层开展调研活动，让教师们充分了解六枝经济社会发展实际，使每个教师的教学内容更加符合区情，满足学员学习需要。继续尝试案例式教学、研讨式教学、现场教学等教学模式。四是改革教学手段。强化授课教师的基本功训练，努力改变传统的教学手段，掌握多媒体教学方式，提高制作多媒体课件能力，学会用现代技术教学，充分利用现有设备，提高教学质量和水平。

（三）深化内部改革，提高管理能力。把巡察整改落实工作作为全校当前和今后一个时期的一项重要工作，常抓不懈。通过巡察整改，不断推进内部机制改革，探索创新管理模式，全面提高办学水平、科研资政能力。一是推动教学质量评估体系。进一步完善教学质量评估体系，就所听课程的教学内容、方法、手段和讲授效果等，对每位教师的授课情况进行听课教师和学员课后评估，作为考核教师工作实绩的依据之一。二是推动科研激励机制改革。完善科研管理制度和激励机制，围绕特区党委、政府工作大局制定年度科研工作计划，把撰写咨政报告作为科研计划重要内容。完善调研机制，扎实开展课题调研，鼓励教师深入基层、深入实际，开展有效的调研，撰写出有深度、有可操作性的报告，对调研报告进行评析，择优上报区委、区政府领导批阅。加强与市县党校和区直部门的交流合作，开展联合课题调研。

（撰　稿：区委党校办公室）

中共六枝特区委机构编制委员会办公室
2020 年工作综述

2020 年，特区委编办在特区党委、政府和特区委编委的领导下，坚持以习近平新时代中国特色社会主义思想为指导，认真贯彻落实新时代党的组织路线和中央、省委和市委编委的决策部署，统筹配置各类编制资源，全面提升机构编制工作服务保障特区经济社会发展的能力水平。

一、主要工作成效

（一）科学规范机构编制管理

1. 合理配置机构编制。行政机构编制管理方面：设立中共六枝特区委教育工作委员会，在特区教育局“办公室”加挂“特区党委教育工委办公室”牌子；为特区政府办公室增设 1 名专管煤矿安全的副主任；理顺人大社会建设委员会职能职责，设置人大社会建设委员会主任委员 1 名；理顺森林公安管理体制；在特区委组织部加挂特区委非公有制经济组织和社会组织工委牌子。进一步规范省级开发区管理机构设置，从 6 家区直部门分别调剂 1 名行政编制充实六枝经开区编制，推进“一区多园”式的机构整合和统一规范管理。审核 133 名行政编制招录公务员，其中乡镇公务员 61 名、政法机关公务员 37 名、区直机关公务员 35 名。审核 11 名行政编制用于区直部门选调“985”和“211”高校毕业生，审核公务员调动使用行政编制 26 名，审核行政工勤调动使用行政工勤编制 5 名。

事业机构编制管理方面：配合完成“一区三园”改革工作，合理整合设置六枝经济开发区所属事业单位；成立 18 个乡镇（街道）退役军人服务站、特区法学会、特区中医医院、特区烈士陵园管理所等 28 个事业机构；为特区妇幼保健院、特区疾病预防控制中心、特区供销社合作社、岩脚镇中学增加了领导职数；为六盘水牂牁江风景名胜区管委会、特区第九小学、特区广播电视服务中心、特区统计信息中心、特区农业农村局所属事业单位等调整编制结构；为特区就业局、特区第四中学调整内设机构；撤销中寨乡火坑小学、新场乡苦李井小学、特区工人俱乐部、特区规划设计室等 8 个事业机构。审批 110 名事业编制用于人才引进；审批 448 名事业编制用于特区各事业单位公开招考；审批 14 名事业编制用于参公单位招考公务员；审批 130 名事业编制为乡镇学校招考 2020 年特岗教师；审核事业单位人员调动 384 人。按照“盘活存量、增减平衡”的要求，做好易地扶贫搬迁后续工作中机构编制保障工作，优先满足易地扶贫搬迁安置点和部分改扩建学校教师编制配备，全力保障教育系统机构编制。为特区思源实验学校、特区第九小学等 8 所易扶搬迁学校增加事业编制共 69 名，确保搬迁群众子女就学需求。同时摸清教育机构编制底数，盘活全区学校现有编制资源，区内统筹调剂编制补充教育系统编制，并积极向上级编制部门申请周转编制等方式，补充特区各中小学编制缺口。

2. 强化机构编制实名制动态管理、车补发放审核、控编减编。根据招考、人才引进以及人员调动、退休、自然减员等情况，及时更新机构和人员信息，对实名制网络管理信息系统实行信息动态化管理。共为 138 个行政事业单位核发、换领机构编制证，并办理编制人员信息更新业务。对全区行政机关、参公单位车补发放人员编制情况进行审核，完成职务与职级并行编制及领导职数审核。完成 2020 年度机构编制年报数据收集、统计汇总、上报等工作。开展议事协调机构清理规范和权责清单汇聚。2020 年以来退休、辞职、开除等共 267 人，收回空编 267 个，消化政策性超编 10 人。

3. 加强事业单位登记管理。2019年度事业单位法人年度报告公示工作中，应报告公示386家，已审核提交的年度报告公示348家（单位合并注销的事业单位36家、上划登记管理1家、证书冻结1家），完成年度报告公示率100%。2020年，办理事业单位设立登记7家、法人证书补领6家、变更登记（法人、名称、开办资金变更等事项）316家。完成年度事业单位法人网上信息公示抽查、事业单位法人实地检查工作。为9家党政机关和群团组织办理了统一社会信用代码证法人（或地址）变更。

4. 有效开展网上名称管理工作。根据机构设立、撤并等情况，及时注册、变更、注销域名，建立"政务"和"公益"域名工作台账，党政机关"政务"域名完成注册142个，事业单位"公益"域名注册完成646个，变更事业单位中文域名36个、注销事业单位域名17个。对全区有效的"政务"和"公益"中文域名集中进行统一续费，完成域名续费764个。开展网站挂标、网站审核工作，督促特区纪委监委、特区委宣传部、特区职业技术学校、特区图书馆4家单位网站申请网站标识并规范挂标。完成"政务"和"公益"中文域名ICP备案工作和域名解析使用工作。

5. 平稳推进事业单位机构改革。采取撤销和逐步退出事业单位序列的改革方式，平稳有序完成9个生产经营类事业单位改革，进一步理顺涉改单位职能职责，并配合完成组织、人社等部门完成人员划转、安置等相关工作，以及对改革档案资料进行收集、整理和归档。

（二）全面推进"五位一体"综合工作

1. 机关党建提质增效。进一步加强党员学习培训、教育管理工作，认真贯彻执行"三会一课"制度，2020年度召开支委会12次，领导干部上党课4次，中心组集中学习4次，召开党员大会5次，支部党员组织生活正常开展。强化党的活动阵地建设，在编办会议室新建党建和党风廉政文化墙，丰富党支部组织生活，党组织活动经费按支部党员年基本工资的2%标准12450元列入预算使用。严格执行党务公开制度，按季度公布党员交纳党费、发展党员等情况，确保党内活动公开透明。推进"五联五共""党建促脱贫"，邀请相关领域专家通过现场讲解、上门讲解等方式，为党建扶贫村、五级包保村老百姓送政策、送技术。严格按照《贵州省发展党员工作规程（试行）》发展党员的5个阶段25个程序发展党员，发展预备党员1名、发展对象1名。向上级党组织报送信息共计22篇。加强组织、干部队伍建设，抓好基层组织建设和党员干部队伍建设，选派干部参加特区组织的教育培训，对干部转正定级进行考察推荐，按"四位一体"机制体系从严管理干部。

2. 全面从严治党常抓不懈。切实履行全面从严治党主体责任和"一岗双责"责任，强化警示教育，抓好《党委（党组）落实全面从严治党主体责任的规定》等党内法规学习，及时传达各级关于全面从严治党会议精神，严肃党内政治生活，筑牢底线意识。深化运用"四种形态"，推进干部约谈，持续整治"四风"，对苗头性问题及时纠偏纠正。严格执行"三重一大"事项报送制度，积极做好政治监督活页和区管干部廉政档案建设。2020年，无违法违纪等情况，未发现各种问题线索。

3. 政治思想、意识形态工作阵地筑牢。落实意识形态工作责任制，把意识形态工作作为全面从严治党的重要内容，纳入重要议事日程，与党建工作和业务工作紧密结合，做到同部署、同检查、同考核。多层次、多角度、多形式宣传党的路线方针政策，牢牢掌握意识形态工作的领导权、主动权。班子成员将意识形态工作责任制落实情况作为民主生活会和年度述职报告的重要内容。把意识形态工作专题列入中心组学习和研讨中，集中开展4次理论中心组学习，以及党的历次全会精神和党内法规学习。

4. 平安建设有序推进。组织开展法律、法规，扫黑除恶宣传及学法、用法考试，开展巩固"无毒单位"工作，对职工、家属及其房屋租赁户涉毒情况进行排查，未发现涉毒违法犯罪情况。建立健全副科级以上干部综治实绩档案，抓好人民群众安全感和满意度测评、平安志愿者服务活动，联系、指导小寨村、新窑村开展社会治安综合治理工作。特区委编办无生产安全事故、群体性事件、食品安全事故、重大刑事案件，无影响社会和谐稳定突出问题，无重大不稳定因素和重大矛盾，无信访案件，无涉黑恶势力。

5. 脱贫攻坚成效明显。坚持脱贫攻坚"四个不摘"工作标准，继续向五级包保村新窑村选派2名干部担任扶贫工作队队长及队员，向党建扶贫点小寨村派驻同步小康第一书记，3 名轮战领导干部按要求开展轮战；拨付驻村工作经费、扶贫日捐款、慰问等共计投入 28200 元；开展十九届五中全会、习近平总书记系列讲话精神宣讲，宣传党和国家法律法规及有关惠农政策；引导群众利用森林和土地入股参与农业产业发展；配合完成信息排查、迎接评估、检查督查等工作。

二、主要措施

（一）强化自身思想政治建设，提升机构编制保障能力。特区委编办干部职工深入学习习近平新时代中国特色社会主义思想，切实增强“四个意识”、坚定“四个自信”、做到“两个维护”，不断锤炼干部业务能力素质，牢牢把握新时代机构编制政策走向，统筹配置编制资源，为六枝特区经济社会发展提供体制机制保障。

（二）强化机构编制刚性约束，严守机构编制工作纪律。严格执行《中国共产党机构编制工作条例》，严格执行特区委编委工作规则和特区委编办工作细则，严格执行归口管理体制，严格审批权限和程序，按规定的要求开展工作，及时发现和坚决纠正“条条干预”等违纪违法行为，维护机构编制工作的严肃性和权威性。

（三）强化机构编制动态管理，提升编制使用效益。严控总量、统筹使用，有收有放、科学增减，有效提升机构编制资源使用效益。

（四）强化机构编制统计数据运用，盘活使用编制资源。厘清现有机构数及编制和实有人数，并对近五年内拟退休人员进行核算，强化机构编制统计数据的分析与应用。坚持优化协同高效，有统有分、有主有次，优先保障重点行业、重点领域机构编制，科学设置机构和核定编制，统筹使用编制资源。

三、取得的主要经验

（一）不断激发机构编制干部队伍活力。在特区党委、特区委编委的领导下，特区委编办干部职工立足实际、齐心协力、真抓实干，全面贯彻党的历次全会精神以及中央、省、市机构编制文件政策，明确目标任务，夯实工作基础，规范管理行为，努力破解制约机构编制工作科学发展的矛盾和难题。

（二）不断强化服务意识、大局意识。把围绕中心、服务大局作为根本任务，准确把握新时代机构编制工作的历史方位、总体目标、根本任务、基本布局和重要原则，在服务全区经济社会发展中找准工作定位，提升机构编制工作质效。

（三）不断创新机构编制管理方式。在建立完善机构编制长效工作机制，促进工作规范化、制度化的同时，不断创新控编减编、医疗和教育系统机构编制管理方式，管好用活编制资源，开创工作新局面。

（撰　稿：编委会办公室）

中共六枝特区机关工作委员会2020年工作综述

2020年，在特区党委的坚强领导下，直属机关工委坚持以习近平新时代中国特色社会主义思想为指导，认真学习贯彻落实党的十九大和十九届三中、四中、五中全会精神，习近平总书记对贵州省的系列讲话精神，全面贯彻落实新时代党的建设总要求，按照“围绕中心、建好队伍、服务群众”的总体要求，积极创新机关党建思路，推动区直机关党的建设工作。

一、全面履行工作职责

（一）**加强理论学习，思想素质和执政水平得到提高**。2020年，工委班子把加强理论学习作为一项十分重要的政治任务来抓，不断巩固“不忘初心、牢记使命”主题教育成果，区直机关各级党组织采取上党课、主题党日、集中学习、中心组学习、个人自学等多种形式，认真学习党的十九大，十九届三中、四中、五中全会和习近平总书记关于贵州工作系列重要指示批示精神，认真贯彻落实省委十二届八次全会、市委七届十二次全会和区委十一届十次全会精神，进一步提高区直机关广大党员干部的政治理论水平和思想政治素养。

（二）**落实管党治党责任，作风建设持续向好**。着力夯实党建主体责任，不定期召开工委会议研究基层党建工作，及时解决出现的新情况、新问题，班子成员在工作推进中做到亲自研究、亲自安排、亲自调研、亲自督查，全年共召开24次工委会议研究党建工作。落实机关党建工作责任制。结合实际认真研究制定了《六枝特区直属机关2020年党的建设工作要点》，加强对机关党的建设的领导。2020年12月，组织区直机关党组织书记100人开展了为期7天的业务培训。加强机关作风建设。把作风建设纳入机关党建工作目标考核的重要内容，列入《2020年机关党建工作责任清单》。加强对党员的日常监督管理不断增强机关党员干部深入贯彻落实中央八项规定及其实施细则精神的思想自觉，坚持不懈纠治“四风”，推动机关作风持续向好。严肃党内政治生活。严格执行《关于新形势下党内政治生活的若干准则》，严格落实“三会一课”、领导干部双重组织生活、党员“政治生日”、谈心谈话等制度，打通上下级沟通渠道，严防党建“灯下黑”。共组织区直机关4000多名党员扎实开展2019年度民主评议党员工作，共评议出2019年度优秀共产党员484名。

（三）**强化党员教育管理，队伍建设有效加强**。加强党员的党性修养，提高党员队伍素质，突出针对性、增强实效性，切实提高党员教育管理工作的水平。加强机关思想政治建设。深入巩固“不忘初心、牢记使命”主题教育成果，区直机关广大党员干部在理论学习上得到收获、思想政治上受到洗礼、干事创业上担当作为、为民服务上积极主动，底线、红线意识不断增强。进一步创新思想政治建设载体和方式，组织区直机关党务干部90人次观看爱国主义电影，提高党务干部素质，增强“四个意识”、坚定“四个自信”、做到“两个维护”。严格党员管理工作。督促区直机关党员按时、足额、自愿交纳党费，增强党员党的意识，共收缴党费60.21万元；做好党组织关系管理工作，共转接党员组织关系1000人次。落实党内关怀机制。积极贯彻落实党内激励、关怀、帮扶机制，充分体现党对困难党员和老党员的关怀，做好节日期间走访慰问困难党员和老党员工作。2020年春节期间共集中走访慰问城市下岗失业人员党员、因灾因病致贫的党员、新中国成立前老党员和在生产工作一线、脱贫攻坚一线生活确有困难的党员干部82人次，共发放慰问金4.2万元。

（四）加强党的组织建设，堡垒作用充分发挥。始终围绕中心工作谋划党建工作，坚持问题导向，着力在强班子、固阵地、建机制、做示范、促发展上下功夫，切实解决党建工作“两张皮”问题。开展支部标准化建设、“五联、五共”机关联基层工作、打造党建示范点。按照党支部标准化建设要求，制定实施方案，有计划分期分批推进支部标准化建设工作，2020 年区直机关达标验收党支部 67 个；按照“五联五共”要求，62 个区直机关党组织分别与 117 个行政村党组织 22 个社区党组织开展共联共建，服务基层群众，助力脱贫攻坚；工委书记和班子成员带头建立 3 个党支部联系点，2020 年以来到联系点 4 次，切实帮助联系点解决基层党建工作难题；正在高标准打造党建示范点 5 个，从 2020 年起，我们每年将打造 5 ～ 10 个高标准党建示范点，给予一定的资金支持。巩固主题教育成果，深化凉都先锋创建工作。制定《关于巩固主题教育成果、争做新时代“凉都先锋”的实施方案》印发到区直机关各党组织，年底组织开展一次考核评定，党组织评定为“凉都先锋党支部”，党员评定为“凉都先锋之星”。配齐配强机关党务干部力量提升业务水平。加强对区直机关各党组织“撤销、组建、更名”及换届补选工作的督促和指导，优化党组织设置，配齐配强机关党务工作力量，优化党务工作队伍结构，严格要求部门党员主要领导担任党组织书记，增强机关党组织的凝聚力和战斗力，促进各项中心工作的有效开展。2020 年以来换届补选党组织 25 个、新增党支部 4 个、减少党组织 3 个、更名党支部 1 个。加强党员发展工作。严格按照“控制总量、优化结构、提高质量、发挥作用”的总要求，严把党员发展入口关，坚持把政治标准放在首位，注重对发展对象的理想信念、道德品行、模范作用、入党动机等方面的考核和审查。全年共确定入党积极分子 89 名、发展对象 44 名、吸收预备党员 67 名、预备党员转正 28 名。

（五）专款专用，助力疫情防控。为进一步发挥区直机关各基层党组织战斗堡垒和党员先锋模范作用，从机关工委留存党费中划拨 28 万元支持各区直机关党组织开展疫情防控工作，主要用于购买疫情防控物资和相关药品；积极组织区直机关党员干部参加疫情防控工作捐款，共组织 3200 名党员通过中组部、红十字会和其他途径捐款共计 296115 元。

（六）坚持问题导向，切实做好问题整改。关于抓机关党建的精力投入不到位问题。每年至少向特区党委常委会专题汇报一次机关党建工作情况。不定期召开工委会议研究基层党建工作，及时解决出现的新情况、新问题，在工作推进中做到亲自研究、亲自安排、亲自调研、亲自督查，全年共召开 24 次工委会议研究党建工作。关于抓基层党建的难点没有完全突破问题。着力加强离退休党员管理服务和困难党员慰问工作，2020 年春节慰问退休困难党员 50 名、老党员 10 名，每名党员发放慰问金 500 元，共发放慰问金 30000 元；申请关爱基金 3000 元慰问 3 名过世离退休党员家属。严格执行上级党组织文件精神，对按规定收缴党费的离退休党支部实行党费全额返还，2020 年共返还离退休党支部党费 23054.10 元，并对离退休党支部返还党费监督使用，确保返还党费按规定使用。关于抓党员教育管理时效性、针对性不强问题。严格落实“三会一课”、主题党日、民主生活会、民主评议党员等组织生活基本制度，按程序发展党员，加强督促检查，着力解决党的组织生活虚化、弱化、边缘化的问题。配齐、配强机关党务工作力量，优化党务工作队伍结构，提升党员教育管理监督的能力和水平。关于抓发展党员工作培训不够问题。我们加大对区直机关党组织发展党员工作的督促指导力度，印制《贵州省发展党员工作规程（试行）》500 本发放至区直机关各党组织；并组织区直机关党组织书记和党务干部 100 人开展了为期 7 天的业务培训，将发展党员工作作为一项重要内容纳入培训。

二、压紧压实党风廉政建设责任

2020 年，机关工委始终把党风廉政建设作为提高执政能力，改进工作作风的一项重要工作来抓。一是督促落实管党治党的主体责任和第一责任人责任。机关工委班子及主要领导认真履行工委管党治党主体责任及主要领导第一责任人责任，及时传达贯彻中央、省、市及特区重要会议精神和上级党风廉政工作建设和反腐败工作要求。二是主要领导能做到重要工作亲自部署、重大问题亲自过问、重点环节亲自协调，一年来多次研究党风廉政建设工作。工委下属各机关党委、党总支、下属党支部及负责人树立主体责任意识，层层落实党风廉政建设责任。三是各班子成员根据分工对职责范围内的党风廉政建设负领导责任，按照“一岗双责”的要求，带头落实党风廉政建设责任制各项规定，带头严守党的纪律。四是在年初工作安排和季度督查中将党风廉政与业务工作同安排、同检查、同考核，各项任务能落实到位，取得成效。区直机关各党组织对本单位范围内每季度开展1次作风督查，重点督查区直机关党员干部工作纪律、工作作风、服务态度，机关作风明显好转。五是强化廉政教育，始终把纪律挺在前面。坚持以习近平新时代中国特色社会主义思想武装头脑，把学习十九大作为当前首要政治任务，在学懂、弄通、做实上下功夫。制定理论中心组学习计划，扩大学习范围，先后组织中心组学习4次。对照党章和《中国共产党纪律处分条例》等党内法规要求，教育广大党员坚守共产主义理想和中国特色社会主义信念，坚持全心全意为人民服务宗旨，继承发扬党的优良传统和作风。开展经常性警示教育，通过通报典型案例和观看警示教育片等，教育警醒党员干部自重、自省、自警、自励。

三、存在的问题和今后的打算

回顾过去的一年，在区委的领导下，在工委全体同志的支持和配合下，工委班子各项工作取得一定成效，但对照区委的要求和的期待还存在一定差距和不足，需要在今后的工作中不断加以改进和完善。主要表现在：学习不够深入、全面；工作缺乏创新精神，工作举措不多、办法不够，拼搏精神减弱；基层走访调研不够实，为民履职主动性不够强；保障不够到位，机关党建经费投入力度不够等。

针对以上不足，工委班子在今后的工作中将从以下几点加以整改：一是抓好机关政治建设，强化思想引领。把学习贯彻习近平新时代中国特色社会主义思想、习近平总书记视察贵州重要讲话精神作为首要政治任务，通过开展党史学习教育活动，采取理论中心组学习、主题党日、专题辅导、研讨交流、领导干部上党课、微信群推送、“学习强国”学习平台学习、知识测试等灵活多样的形式，组织机关全体党员深入系统学习，推动形成深入学习、广泛宣传、自觉落实的良好局面，不断巩固和拓展“不忘初心、牢记使命”主题教育成果。二是强化抓党建责任意识，压实工作责任。持续抓好《中共贵州省委关于加强新时代机关党的建设工作的若干意见》贯彻落实，从严、从实、从细落实机关党建主体责任，强化机关党组织书记抓党建第一责任人意识，牢固树立“不抓党建是失职、抓不好党建是不称职”的责任意识，每年年底开展党组织书记述职评议工作，强化责任意识、落实党建责任，把党建工作记在心上、抓在手上，落实到各项具体工作中去，做到每项工作都有安排、有落实、有检查、有考核，确保机关党建各项工作任务落到实处。三是落实党员教育管理制度，提升党员素质。加强对党员的教育管理，及时更新党员的基本信息，切实抓好民主评议党员工作，加大培训力度，努力提高党员的综合素质和能力水平。党组织书记率先垂范、以身作则，不仅要带头执行廉洁自律各项制度和规定，还要切实履行自己的领导职责，加强对普通党员的教育和管理，常提醒、常告诫，确保全体党员不出问题。四是发挥党员先锋模范作用，树立典型标杆。建立“党员先锋岗”，引领机关党员充分发挥先锋模范作用，激发内在活力，努力为群众办实事、办好事。以支部规范化、标准化建设为抓手，在2021年实现机关支部全部达标，提升机关党建工作质量。发挥已创建的5个党建示范点的辐射带动作用，引领机关各党组织按照党建示范点的创建要求，在软、硬件建设上规范达标，丰富活动载体，创新党建品牌，使机关党建工作再上新台阶。

（撰　稿：机关工委办公室）

抓好老年教育　促进老有所学老有所为

——六枝特区老年大学2020年工作综述

2020年，六枝特区老年大学认真贯彻落实党的十九届五次全会精神、习近平新时代中国特色社会主义思想和省市老年教育工作会议精神，紧紧围绕特区党委、政府中心工作，以强服务、重管理、做好桥梁纽带为根本任务，以提素质、健体魄、促进社会和谐为工作目标，牢牢把握政治性、先进性、群众性，丰富工作内容，创新工作方式，为六枝经济社会发展凝聚正能量。

主要工作成效

到2020年年底，特区本级老年大学1所，乡镇老年学校18所，村（居）老年学校21所，全区老年学员人数8916人，其中，六枝特区老年大学2110人、乡镇4768人（乡级老年学校2337人、远程老年教育2431人）、村（居）2038人。全区老年人96812人，老年人入学率达9.2%。

主要工作举措

一、积极指导基层老年学校办学，巩固基层办学成果

（一）为贯彻省市老年大学在易地扶贫搬迁安置点建立老年学校的工作要求，特区老年大学2020年5月制定调研方案，多次到六枝特区位于南环路的易地扶贫搬迁安置点“聚福新苑”进行调研指导。经过和塔山街道办多次协商，于8月底在“聚福新苑”成立老年学校，丰富老年人的精神文化生活，为移民搬迁政策“搬得出、稳得住”做出积极贡献。

（二）2020年6月3日，特区老年大学班子陪同六盘水市老年大学副校长周尚书一行4人到易地扶贫搬迁“聚福新苑”调研指导安置点老年学校创建筹备情况，到落别乡老年学校调研指导文化综合服务中心和老年教育联合办学情况。

二、抓好校园文化建设，传递社会正能量

（一）组织各班进行开学，充分利用宣传栏宣传党的十九大精神和习近平新时代中国特色社会主义思想，并且出健康教育专栏3期，通过微信宣传健康、文明、平安、禁毒、家庭助廉等20条内容，充分发挥老年大学宣传教育阵地的优势。

（二）加强与各乡（镇）、街道办、社区（村、居）老年学校的沟通、联系，并向广大学员作好网络教育学习方式发动和宣传工作，加强正面引导，不信谣、不传谣。

（三）面向全区广大中老年学员征集“防控疫情宣传文艺教学网络作品”，共收集诗词、书画、诗歌散文30幅电子档，创作防疫歌曲2首，创作花灯课件2个，制作健身舞蹈教学课件3个。作品紧紧围绕众志成城抗击疫情、万众一心决战新冠疫情这一主题，充分体现“四个自信”和“四个意识”，切实做到了“两个维护”。

（四）建立微课堂，及时将教学视频、科普知识、平安建设、四创等内容上传，丰富教学形式，让

老年人足不出户就能接受老年教育。

三、认真抓好老年大学办学工作

春季学期由于受到疫情影响，未开展校内教学，秋季学期，在认真落实疫情防控措施的情况下，开设音乐、美术、舞蹈、曲艺、体锻、文综6大专业系，按学员需求和学科层次设置32个教学班，配备31名教学经验丰富的教师进行教学，报名人数达到1420人次。特区老年大学积极推进以广播、电视、互联网、微信等为载体的远程老年教育。建立开放、兼容、共享的老年教育三级网络体系，为老年人提供方便、灵活、个性化的学习条件。各乡（镇）、街道办充分利用优质教育资源，进一步加强远程老年教育站点建设，抓好本土课件、特色课件制作，提升制作水平，满足更多的老年人就地、就近多形式、多渠道学习需要。充分利用"六枝老年教育"网站微信平台、网络云盘，为乡（镇）、街道办的远程老年教学交流与展示提供服务。

取得的经验

（一）强化老教办督促、协调、指导职能，乡（镇、社区）、村（居委会）对教育工作重要性的认识进一步提高，县、乡、村三级老年教育网络基本形成。通过加强学校管理，老年教育的影响力和老年大学（学校）的吸引力逐步增强。

（二）老年教育在构建和谐社会中的积极作用得到突显。一是丰富和拓展老年教育的形式和内容，增强老年教育的影响力和老年大学对老年人的吸引力，争取有关部门支持，有效发挥老年教育在构建和谐社会中的作用。二是我校充分发挥自身优势，通过教学实践活动，大力宣传爱国主义教育、传统文化和地方文化，关心下一代成长，为六枝经济社会文化发展助力。三是以六枝特区"百姓大学堂"（流动道德讲堂）为载体给基层群众的春节送文化餐，不仅丰富基层群众节日精神生活，同时引领基层正文化的发展，传递社会正能量。四是围绕中心工作，展现师生乐为精神，师生积极参与志愿活动，在活动中学习时政，在活动中培养正气、凝聚正能量，在活动中再现自我的社会价值。

（三）一是教学管理抓实、抓细。聘请综合能力强的教师，规范学员入学注册工作，各班以主题班会的形式抓实班风建设，推动校风向良好转变。学科分层次分班教学，满足不同层次人群需求，提升教学质量。二是加强队伍建设，调整社团机构，发挥老师、骨干学员在社团的主导作用，组织干部、老师、骨干学员参加老教、文化部门等各类培训，提高管理能力和教学技能。三是激励班级用游学的方式对外交流学习，增长见识，激发向上的内生动力。

存在的问题和下一步工作重点

存在两点问题：一是师资队伍综合素质还需进一步提升；二是基层老年教育还需进一步加强。

2021年，老年大学将抓好老年教育发展"十四五"规划的起草谋划和实施；坚持政治建校，推动老年教育健康发展；以巩固省级示范校建设为重点，强化校园文化建设，加强学员思想政治工作，把思想政治教育摆到学校工作的重要议事日程，强化思想引领，把社会主义核心价值观融入教育教学全过程，推进中国特色社会主义理论、社会主义核心价值观进教材、进课堂、进头脑，提高思想政治工作的针对性和实效性；创新教学模式，积极探索推广"互联网+老年教育""文化+老年教育""旅游+老年教育""健康养老+老年教育"等教学模式，不断提高老年教育的覆盖面；坚持质量立校，提高管理能力和服务水平，整合和优化各类资源，着力解决老年教育活动场地供需矛盾问题，逐步提高老年教育经费；进一步健全老年教育管理制度，积极培养高素质专业化老年教育工作人才队伍，不断提高老年教育管理能力和服务水平。

（撰　稿：张真海）

坚定理想信念　牢记职责使命
努力开创馆藏档案查阅利用和史志编研工作新局面

——六枝特区档案馆（六枝特区史志办公室）党支部2020年工作综述

2020年是全面建成小康社会和“十三五”规划的收官之年，是实现第一个百年奋斗目标的决胜之年。特区档案馆（史志办）党支部在区委、区政府的坚强领导下，在上级业务部门的指导下，坚持以习近平新时代中国特色社会主义思想、党的十九大精神为指导，坚持服务民生、服务党和国家大局的工作思路，带领全馆（办）干部职工努力工作，开创档案史志工作新局面。

工作措施及成效

一、支部班子选优配强、支部学习抓深抓实

（一）做好支部换届选举。2020年3月，档案馆（史志办）党支部进行换届选举，产生书记1名，副书记1名，委员3名，选优配强党支部班子成员，为加强党建工作提供坚强的组织保障。

（二）过好支部组织生活。全年，共开展主题党日活动12次、上党课8次、召开支委会12次、召开党员大会5次，中心组学习5次，学习《习近平新时代中国特色社会主义思想三十讲》篇章、意识形态工作、统一战线、疫情防控、脱贫攻坚、党的十九届四中全会、《中国共产党党组工作条例》、群团工作等内容，持续巩固“不忘初心、牢记使命”主题教育成果。

二、廉政建设常抓不懈、中心工作部署得力

（一）党风廉政建设工作。一是通过召开支委会及时研究《六枝特区档案馆（六枝特区史志办公室）2020年度党风廉政建设和反腐败工作要点》，将党风廉政建设和反腐败工作与业务工作同安排、同检查、同落实，把党风廉政建设纳入理论中心组学习和党支部集中学习内容。二是2020年1月13日、4月30日分别在“春节”“五一”节假日前开展集中约谈，要求全体干部职工严守纪律，要求全体党员严守党的政治纪律和政治规矩，自觉加强党性修养。三是通过召开干部职工大会，及时学习特区纪委、特区监委印发通报文件精神，以案示警、以案明纪、以案为鉴，教育引导全体党员干部，以优秀作风展现新担当新作为，为档案史志工作新局面提供坚强保障。

（二）抓好疫情防控工作。坚持把疫情防控作为压倒一切的头等大事，认真贯彻落实习近平总书记的重要讲话精神和批示精神，省委、市委、区委的决策部署。一是成立六枝特区档案馆（特区史志办公室）关于应对新型冠状病毒感染的肺炎疫情防控工作领导小组，形成以支部书记、馆长（主任）负总责，副馆长（副主任）具体抓，全体干部职工齐抓共管的疫情防控工作格局。二是及时对外发布闭馆公告，采取应急服务措施，明确专人，实施网上、电话查档业务。三是积极开展疫情防控募捐活动，向特区红十字会捐资8500元。四是按照特区文明办和九龙街道办的安排，全员参与人民医院、档案馆（史志办）、三分局等路口、小区的疫情防控宣传、值守工作。

（三）抓实脱贫攻坚工作。深入贯彻落实习近平总书记在决战决胜脱贫攻坚座谈会上的重要讲话精

神和贵州省脱贫攻坚“冲刺 90 天打赢歼灭战”动员大会会议精神。一是加大帮扶宣传力度，督促 3 个包保村（新春村、大坝村、木贡村）完成 2020 年低效作物调减任务，助推农户增收。二是加大统筹协调力度，按照一户一策，有效推进大坝村、新春村“千家万户小康菜园”建设。三是强化工作纪律，压实驻村工作队、轮战干部、帮扶责任人工作纪律要求，扎实做好“3+1”摸底排查工作，以初心和使命奋力冲刺 90 天，坚决打赢歼灭战。

三、业务工作安排有序，任务落实高效保质

（一）扎实做好档案工作

1. 强化档案安全管理。一是制发《六枝特区档案馆（特区史志办）2020 年档案安全突发事件应急预案》，抓牢抓实档案实体安全管理工作。二是对 1 号、2 号库房及特藏室馆藏档案 28359 卷、1967 盒纸质档案的温度、湿度做好日常检测，做到防虫、防水、防火、防盗等安全工作。三是做好《全国档案事业统计综合年报（2019 年度）》统计上报及库房档案一年 1 次盘点工作，做到底数清、情况明。四是加强汛期值班值守工作。实行 24 小时值班和领导带班制，确保档案安全。五是严格档案出入库登记工作。

2. 抓好查阅利用服务。全年共接待 284 人 152 次，共查阅 771 卷（编史修志 28 次 159 卷，工作查考 74 次 531 卷，其他 50 次 81 卷）。

3. 做好国有企业退休人员社会化管理档案工作。按照特区国有企业退休人员社会化管理工作相关要求和安排，配合特区档案局、矿区社区管理局抓好相关工作落实。

4. 做好档案安全利用工作。2020 年，特别是新冠肺炎疫情发生后，档案馆（史志办）严格执行省、市、特疫情防控领导小组相关要求，做好档案查阅利用的消毒和防控工作，确保查阅利用工作的正常开展。

5. 抓好馆藏档案数字化工作。一是完成 2018 年馆藏档案数字化核查验收工作。完成馆藏 1 号、2 号和 19 号全宗纸质档案数字化核查工作，形成电子幅面共计 854010 幅（A4 幅面 774844 页，A3 幅面 79166 幅），数字化电子目录 90612 条。二是组织实施 2020 年馆藏档案数字化工作。根据 2020 年度馆藏档案数字化任务要求，2020 年度需要完成 90 万元馆藏档案数字化扫描工作，已完成馆藏档案 1382 卷数字化扫描，涉及 6 个全宗，形成数字化幅面 161959 幅，折合 A4 幅面 222631 幅，目录 40027 条，核查综合合格率为 92.58%。完成任务量约 14 万元，占本年度数字化工作总量的 16%。

6. 抓好档案业务指导工作。一是抓好全区各机关单位、乡镇（街道）、园区、平台公司等档案业务指导工作，指导人大办、宣传部、机关工委、市生态环保局六枝分局、银壶、塔山、九龙等 16 家单位共计 20 人 20 次；二是抓好脱贫攻坚、疫情防控档案工作。指导特区疫情防控领导小组办公室、扶贫办、宣传部、组织部、融媒体中心等共计 11 人 10 次。

（二）有序抓好史志工作

1. 完成《中共六枝特区委执政纪要（2018）》编撰出版工作。在 2019 年的基础上，继续开展《中共六枝特区委执政纪要（2018）》的清样审核、审核意见汇总、反馈印刷厂修改、送出版社专家审稿、申请书号等一系列工作，并于年底前印刷出版。

2. 完成《中共六枝特区委执政纪要（2019）》编撰出版工作。下发《中共六枝特区委执政纪要（2019）》的组稿征集通知，采取了 OA 系统行文和邮箱报送稿件的办法来开展稿件征集。《中共六枝特区委执政纪要（2019）》已完成稿件编辑，送印刷厂排版制样，一、二稿审核，专家审核，书号审批等一系列工作，并于 2020 年年底前印刷出版。

3. 完成《贵州剿匪实录》六枝特区剿匪篇相关资料的收集、整理。按照省、市党史研究室安排，完成《贵州剿匪实录》六枝特区剿匪篇相关资料的收集、整理与研究，共形成 1.1 万字的六枝剿匪综述和六枝剿匪

烈士英名录。其中六枝剿匪英名录在原有资料的基础上，根据2019年革命遗址再普查工作成果，新增烈士11人，并完善其简介内容，完善烈士1人的简介内容。

4.参与《中国共产党六盘水市委历史》一稿的审核工作。根据市委党史研究室的要求，针对涉及六枝内容提出关于人名、地名、标点符号、排版等修改意见，供编审人员参考。

5.开展“历任党政主要负责人名录”工作。借六枝特区开展“六枝特区政治监督合页建设”工作的契机，查阅相关档案、史料、走访相关部门等，开展“历任党政主要负责人名录”工作，收集整理完成相关历史资料，为后期开展党史研究工作打好基础。

6.开展党史研究指导工作。全年对区内部门、乡（镇、街道）党史研究开展指导工作，共开展现场指导10次，函询、电话、邮件指导40次。

7.加强乡（镇、社区）志、部门志和年鉴业务指导工作。一是加强修志业务工作指导，强化督促检查。年内到大用镇、新场乡、六枝信合联社等单位指导乡镇志、部门志的编修工作，针对志书中的时限、篇目设置、文字材料等方面存在的问题给予现场指导，查看编修进程，以及出版印刷情况的跟踪了解。二是通过现场指导和电话咨询的方式，对全区115家上报年鉴稿件的单位进行业务指导。

8.按时保质完成编纂《六枝特区大事记》任务。及时收集、整理、按月编纂《六枝特区大事记》，为年鉴的编辑提供大量翔实的资料。

9.开发和利用好地方志地情资源，为全区经济发展服务。为充分发挥地方志“资政”的作用，发挥好地方志在经济建设、政务决策、旅游文化、民政减灾等方面的积极作用，为全区的经济、社会做出重大贡献。一是继续做好志书及各类地情资源的宣传、发行工作；二是做好常规赠阅及来访咨询服务，提高志书的社会影响力；三是进一步加强资料保护领域的工作，加强基础数据的收集录入，为今后建立资料数据库做好准备工作。全年提供资料查询服务20人次。

10.《六枝年鉴（2020）》编纂工作。一是认真拟订全区年鉴编纂业务规范文件，并由区委办公室下发到区属各部门。拟供稿单位包括区属行政、事业单位、乡（镇、街道）、园区、部分学校、平台公司、银行机构、通信、邮政、保险等115家机构。二是完成《六枝年鉴（2020）》党委、政府等115个单位、乡镇、街道、企业的组稿征集、审核、编辑，完成文字编纂68万字，图片82幅，为各级领导决策提供翔实可靠的参考依据，为社会各界人士了解和研究六枝提供最新的信息资料，为编辑地方志书积累资料。三是完成《六枝年鉴（2020）》的清样审核、汇总审核意见、样书审核、书号申办等一系列工作，已发送出版社专家审稿，年底完成《六枝年鉴（2020）》编辑出版发行工作并运抵档案馆（史志办）保存和利用。

四、资金投入力度加大，馆藏建设有序开展

为解决中西部地区县级综合档案馆馆舍不足、保管利用条件较差的问题，2014年，经六枝特区档案局积极申报，获批实施六枝特区档案馆建设项目。该项目总投资761万元（中央预算内投资601万元、市级资金160万元），属“十三五”中央投资计划。由于地方财政紧张，该项目自2015年完成主体工程后，装修工程一直未开展，是全国、全省“十三五”期间唯一一个没有入住的档案馆。2020年，在特区党委、政府及档案馆的共同努力下，与贵州廉德廉贵文化传播有限公司达成公益项目合作协议，由其提供资金2000万元（廉爱基金），用于特区档案馆新馆2楼、3楼整体装修，4楼六枝特区廉政警示教育基地（展馆）、廉政书屋、廉爱课后网等建设。截至2020年年底，2楼、3楼已完成地板安装、消防设施、空调设备、外墙体粉刷工作。在全区建设廉爱书屋34个。

工作特色和亮点

一是坚定理想信念，提高政治站位。增强“四个意识”、坚定“四个自信”、做到“两个维护”。在思想上政治上行动上始终同以习近平同志为核心的党中央保持高度一致。认真贯彻落实中央、省委、市委和特区党委关于党史工作的决策部署。不断巩固“不忘初心、牢记使命”主题教育成果，努力提高史志人员的政治自觉、思想自觉和行动自觉。

二是深化政治学习，强化理论武装。深入学习贯彻落实党的十九届二中、三中、四中、五中全会精神，学习党史、新中国史、改革开放史、社会主义发展史，保持党史机构党员的先进性，提高对党先进的政治属性、崇高的政治理想、高尚的政治追求、纯洁的政治品质的认识。

三是筑牢思想堡垒，落实意识形态工作一岗双责。深入贯彻落实习近平总书记关于意识形态工作的重要讲话精神，切实加强档案馆（史志办）意识形态工作。一是及时调整意识形态工作领导小组，按照“一岗双责”要求，明确主要领导、分管领导责任。二是召开馆务会议，专题研究意识形态工作，制发 2020 年意识形态工作实施方案，对本部门意识形态工作领域风险进行逐一排查。

四是筑牢拒腐防变工程，抓牢抓实廉政建设。通过召开支委会及时研究《六枝特区档案馆（六枝特区史志办公室）2020 年度党风廉政建设和反腐败工作要点》，将党风廉政建设和反腐败工作与业务工作同安排、同检查、同落实，把党风廉政建设纳入理论中心组学习和党支部集中学习内容。通过节假日前开展集中约谈，要求全体干部职工严守纪律，要求全体党员严守党的政治纪律和政治规矩，自觉加强党性修养。通过召开干部职工大会，及时学习特区纪委、特区监委印发通报文件精神，以案示警、以案明纪、以案为鉴，教育引导全体党员干部，以优秀作风展现新担当、新作为，为档案史志工作新局面提供坚强保障。

五是牢记职责使命、深化党史研究。在按计划完成《中共六枝特区委执政纪要（2018）》初稿编撰、收集整理 2019 年度《六枝特区大事记》的基础上，继续深化党史研究。2019 年，在开展六枝特区革命遗址再普查工作之际，充分利用普查工作时间向知情人开展调查，开展对沙家屯战斗遗址、金家洞战斗遗址、多林洞战斗遗址等革命遗址背景的调查研究，为完善革命遗址的背景资料进一步奠定基础。同时开展六枝特区革命先驱、郎岱“三·三暴动”等相关名人研究工作。

六是档案数字化高效推进，工作效果明显。按照国家、省、市档案局的部署安排，积极组织开展国家、省级重点档案抢救保护与开发项目的申报工作，围绕区内少数民族文化，共申报贵州省重点档案抢救保护与开发储备项目 3 个、省级重点档案资金项目 1 个、国家重点档案保护与开发项目 1 个。与贵州文鼎民族民间文化传播公司签订合同，采取合作方式，共同对区内苗族、仡佬族文化档案进行研究与开发，制作完成“箐苗三眼萧”“仡佬族吃新节”为主要内容的专题片 2 部。三是征集到少数民族服饰 120 件，抗美援朝纪念奖章、彝族饰品等实物 22 件。四是按照国家基础目录体系建设任务要求，完成档案馆清朝、民国档案文件级目录录入 29510 条，圆满完成国家下达的目标任务。

下一步工作重点

一、档案工作方面

继续抓好特区各机关、单位、园区和 19 个乡镇、社区年度立卷归档的业务指导工作。进一步做好村级档案的督促指导工作。抓好精准扶贫档案工作、农村集体产权制度改革和清产核资档案工作的后续指导。做好新型冠状病毒感染的肺炎疫情防控工作档案的督促指导。加强数字档案馆建设，提升馆藏档案数字化效率。

二、史志工作方面

开展好地方志资料的收集整理工作。指导好乡镇志、村志的编修工作。开展好《中共六枝特区委执政纪要（2020）》的编撰工作。开展好《六枝年鉴（2021）》的编纂与地方年鉴的文稿报送工作。做好《中共六枝特区党史大事记（2021）》的收集整理工作。推进地情咨询服务、做好“资政育人”服务工作。

三、政治业务学习方面

加强政治理论和业务知识学习，提升业务服务效率。

四、其他工作

做好党建扶贫、禁毒、宣传、党风廉政、保密、财务、计划生育、意识形态工作、安全、综治、网络舆情、信访调解、四创等日常工作。

（撰　稿：蔡兴祥）

党委（党组）工作

抓服务　提效能
努力推动办公室工作迈上新台阶

——中共六枝特区人民政府办公室党组2020年工作综述

2020年，在各级党委、政府关心和指导下，特区政府办公室坚持以习近平新时代中国特色社会主义思想为指导，深入贯彻落实党的十九大和十九届二中、三中、四中、五中全会精神，聚焦“三办”“三服务”核心，切实履行“总参谋部”“总协调部”“总督办部”“总服务部”职能职责，当好特区政府领导科学决策的“参谋助手”和推动工作的“领头雁”。

一、主要工作成效

2020年，特区政府办公室按照“服务大局、勇于担当、辛勤工作”的要求，弘扬“狠抓落实、落地见效”的作风，以健全完善各项制度、提高工作效率和优化服务环境为工作重点，解放思想、更新观念、与时俱进，抓作风转变、抓落实、基层减负、疫情防控、巩固脱贫成效等工作重点，确保各项工作高效有序运转，较好地完成各项工作目标。

（一）以政治建设为统领，强化机关意识。一是加强政治历练，提高干部政治素养、政治能力。坚持用习近平新时代中国特色社会主义思想武装干部头脑，教育引导干部牢固树立增强“四个意识”、坚定“四个自信”、做到“两个维护”，在急难险重任务中加强政治训练，确保办公室干部在政治上绝对可靠、对党绝对忠诚，确保办公室各项工作始终沿着正确政治方向前进。二是加强业务训练，锻造干部实践能力、实干作风。通过跟岗锻炼、定点扶贫、选派跟班、推荐提拔等多种方式，有计划、有步骤安排优秀干部到重要岗位和基层一线培养锻炼，切实促进干部在实践中砥砺品质、锤炼作风、增长才干。三是加强培养锻炼，筑牢干部信仰之基、能力之基。下大气力培养文字、沟通协调、接待服务等各类人才。把理想信念教育作为首要任务，把知识结构改善、能力素质提升贯穿于干部成长全过程，努力建设一支政治忠诚可靠、坚持事业为上、矢志爱国奋斗、勇于创新拼搏的优秀办公室人才队伍。

（二）以守正创新为前提，当好参谋助手。一是高质量做好调研服务。引导全办干部职工围绕中央、省和市的重要决策部署和人民群众关心关注的重要工作，充分发挥参谋助手作用，大兴调查研究之风，深入基层和企业一线开展调查研究，主动破解难题，积极出谋划策。对重大会议召开、重要文件起草，开展事前调研；将调查研究与日常工作相结合，增强工作针对性、实效性，让办公室每个人都参与其中，调研后撰写调研报告。2020年，拟写调研信息20篇，撰写调研报告10篇。二是高质量做好信息工作。紧紧围绕特区党委、政府重大举措、重要活动、重点工作开展调查研究督查落实工作，及时反馈信息。2020年，编发《政务信息》11期，挂网信息600条，信息工作在全市排名第二。三是高质量做好放管服改革。深化放管服改革，不断提升政务服务水平。2020年，全区配合上级完成671项“全省通办”清单梳理，通过“全省通办”窗口办理事项7951件；共认领监管事项清单863项，录入检查实施清单830项；梳理完成乡镇政府、街道办事处权责清单87项、特区政府各工作部门行政权力事项3127项。四是高质量做好建议提案办理。将办理好建议提案作为重要政治任务和政治责任，不断推进解决人民群众关心的热点、难点问题，抓好答复承诺事项台账的跟踪落实。2020年，人大代表建议及政协委员提案128件，均全部答复完毕，满意率100%。五是高质量做好脱贫攻坚工作。敢于担当、苦干实干，凝心聚力、攻坚克难，全力以赴推进脱贫攻坚各项工作任务。2020年，特区政府办公室轮战干部深入播雨村10个村民组，走访农户宣传政策800户次，走访贫困户500户次，在村委会集中开展宣讲5次、到村民组开展宣讲8次，覆盖群众400人次，走访农户1000户次，化解群众纠纷20起，化解群众与施工方矛盾30起。结合实际情况，与村支两委共同协调煤矿企业介绍有务工需求人员就近务工，协调在本地煤矿务工90人。帮助指导播雨村完善相关机制，帮助解决6000元打造党建活动阵地。

（三）以高效精准为关键，提升服务质量。一是规范办文。制定《公文处理奖惩》等公文处理制度，统一公文起草、报送、处理等方面格式，践行办公室精致、细致、极致理念。严把公文起草关、审核关、发文关、收文关，坚持发文、收文"一个口子进，一个口子出"原则，规范行文程序，大力精文减会。2020年，本级政府印发文件184件，与去年同期相比（194件）减少5.1%；本级政府部门印发文件251件，与去年同期相比（314件）减少20%；全区政府系统共印发文件435件，与去年同期相比（508件）减少14.3%，共通报办公室内部行文错情89条，均已整改完毕。二是细心办会。认真做好会前筹备、会中服务、会后督促落实，确保会议服务各环节无缝衔接。2020年，本级政府系统召开会议56次，与去年同期（69次）相比减少18.84%，高水平完成11次特区政府党组会议、15次政府常务会议、14次区长办公会议及若干次政府专题会议筹备服务工作，推动中央、省委、市委及特区党委重大决策部署落地落实。三是高效办事。全力做好民生事业、经济社会发展等事务和大型会议活动的协调服务工作，确保工作有序运转。强化人防服务。进一步强化人防工程建设审批，扎实人防地下室易地建设费征收工作及人防系统腐败整治。2020年，办理人防地下室建设审批项目、人防地下室易地建设审批项目；收缴易地建设费；梳理排查未按要求办理人防审批手续项目，处理已整改销号项目和正在整改销号项目。强化值班值守。严格落实24小时值班制度和领导带班制度，在汛期、节假日等重点时段，适时抽查、督查全区各单位值班制度落实情况。建立应急值守台账、信息报送、值班抽查台账，实时跟踪来电反映事项，动态汇总梳理各阶段事项办理情况，直至"案结事了"。

（四）以高效运转为重点，强化督办落实。凡是上级决策部署和领导交办的事项，都本着"快查、快办、快结"原则，做到事事有着落，件件有回音。督查中查实情、说实话、办实事，准确反馈督查结果，为领导决策提供可靠依据。在"线上"网络核查的基础上，加大"线下"实地暗访力度，倒逼工作落实，提高办理质量。2020年1—12月，全区开展督查检查考核事项43次，较去年同期（68次）减少36.8%。有力地推动了重点工作的落实。

（五）以从严管理为保障，加强自身建设。一是加强政治理论学习。把学习贯彻习近平新时代中国特色社会主义思想作为当前和今后一个时期首要政治任务来抓。利用办公室干部职工学习会，认真贯彻学习中央、省、市系列会议、文件精神，特别是党的十九大和十九届三中、四中、五中全会，省委十二届八次全会和市委七届十二次全会精神。二是坚定队伍政治信念。通过组织学习、选派培训、岗位锻炼等方式，加强政治思想、业务知识和理论学习，引导办公室工作人员时刻注重自身素质的提高，努力做到政治上"强"、业务上"精"、作风上"实"，精心办文、悉心办会、细心办事。根据新进年轻干部个人特点，因人而异派任务、压担子，让他们在具体工作中成长，提高干部队伍整体素质。三是增强集体凝聚力。领导班子坚持民主集中制，充分发扬民主作风，认真吸取办公室同志好的意见和建议，群策群力，促进决策的科学性。提升党建工作水平，发挥战斗堡垒作用和共产党员的先锋模范作用，全体干部职工自觉服从工作安排，强化大局观念和集体意识，始终坚持心往一处想、劲往一处使，为政务工作提供动力支持。

二、主要工作措施

（一）坚持精细办事，练好"绣花"功夫。善于从领导的角度和全局的高度去思考、谋划、处理问题。

密切关注全区经济社会发展动态，全面了解掌握重点工作开展情况，尤其是对出现的新情况、新问题和热点、难点问题，进行全面、客观、准确的分析研判。正确领会领导意图，精心提炼思想主旨，在文稿思路、标题、结构、语言等方面狠下功夫，坚持字斟句酌、精益求精，切实做到观念新、思路广、内容实、手法活、定位准，力求在内容上高度凝练，逻辑上严谨缜密，文字上简洁流畅，不断提高各类文字材料的思想性、指导性、操作性，确保文稿质量和水平达到一流。

（二）坚持高效统筹，练好“减负”功夫。深入贯彻落实习近平总书记关于解决形式主义问题，切实为基层减负的重要指示批示精神，严格执行中央、省委、市委“效能提升年”有关安排部署，认真落实各项减负措施，政府系统精文减会取得明显成效。一是在“精文”上下大力气。从源头着手，紧盯文件质量提升，从可行性、字数、篇幅等方面推进政府系统发文提质减量，减小基层办文压力。严控制发文数量，对没有实质性意义的文件、内容重复的文件、可发可不发的文件、简单转发传达上级文件内容的文件、可以打电话落实的工作等一律不再发文。二是在“减会”上下大力气。严格执行会议计划管理、审批制度及“无会月”“无会周”制度，较少会议数量，给基层留出更多时间解决实际问题。严把会议统筹关、审核关、程序关、规模关，能不开的坚决不开，能以视频会议形式召开的坚决不开现场会，能开小会的坚决不开大会，能合并开的会议坚决一次性召开。注重会议实效，能开短会绝不开长会。三是在“降次”上下大力气。规范督查检查考核，实行联合督查、暗访督查、分片定点督导。严格控制各类检查评比活动。检查活动侧重于重点帮助基层干部梳理工作要点，把握工作重心，让基层乡镇从各种疲于应付的“忙乱”中解脱出来。

（三）坚持素质提升，练好“内在”功夫。注重干部职工综合素质培养，着力打造一支精兵强将队伍，为全区政务运行提供强有力的人才支撑。一是常抓学习强理论素养。丰富理论学习内容，每年订阅《秘书工作》《法治日报》《中办通讯》等学习杂志，让干部职工在工作中汲取新知识、新养分。定期开展干部职工学习会、秘书学习会，传达学习国家、省、市有关稳健者衡策精神，为干部职工搭建相互交流、相互学习的良好平台。二是严明纪律强作风建设。始终将作风建设作为最重要的工作抓实、抓牢，经常性开展警示教育活动和全面从严治党集中约谈、集体预防提醒谈话等，时时提醒每一位工作人员做到自重、自省、自警，杜绝在纪律里“闯红灯”“绕道走”。三是创新机制强工作能力。充分考虑每个干部的特点合理安排岗位，做到人岗相适。制定办公室新进、跟班、借用人员管理、培训制度，有序组织轮岗锻炼，给干部带来新鲜感和紧迫感，有效激活干部思维，为干部发挥优势、展现能力提供机会。

三、存在的问题

在充分肯定成绩的同时，我们也要看到工作中还有不少问题和不足。一是理论武装还不够充分，有的干部学习的积极性不强，学习成果转化运用不够，对习近平新时代中国特色社会主义思想没有做到融会贯通、学以致用。二是调研不够深入。由于办公室忙于事务，深入基层调查研究少，对基层了解不够全面。三是辅政建言还不够精准，有的调查研究浮在表面，提出的意见、建议缺乏针对性、可操作性。四是服务保障还不够细致，“三办”工作时有差错发生，对一些重要文稿的审核不够严格。

四、下一步工作打算

（一）以文辅政，提升政务服务水平。深化拓展“效能提升年”六大行动成效，更加细致、精致、极致地做好“三办”各项工作。充分发挥“第一参谋助手”作用，为政府科学决策积极建言献策。一是持续精文简会。下发文件应当坚持原则、做好规划、提前会商，既要在发文计划的精准性和可执行性上下功夫，也要严格落实“只减不增”要求，严格控制发文数量、会议数量。二是抓好信息调研报送。围绕常规信息抓重点、调研信息求突破、紧急信息重实效的原则，完成省、市下达的信息任务，并做好紧急信息报送和舆情处置工作，为各级领导决策提供参考。三是规范机要保密。加强涉密文件、计算机、印章等规范管理，对密码电报和密件严格落实跟踪管理、定期清退销毁制度，确保不发生丢失、压误、错办、漏办等责任事故和泄密事件。四是深化放管服改革。持续加大简政放权力度，扎实推进“全省通办、一次办成”改革，不断优化政务服务供给，改善营商环境，严格进行监督管理。

（二）优化服务，切实做好后勤保障。一是着力做好应急值守。严格执行24小时领导带班值班制度，积极稳妥处置突发事件，按要求上报值班信息。二是着力做好后勤服务。按照“细致、精致、极致、高效”的原则认真做好各种接待、车辆管理、物资采购等工作。三是做好财经纪律。坚持合理使用财物，落实“三公”经费公开、公务卡使用等工作，加强对报销票据的审核，杜绝不合规、不合法票据列支，积极推行政府购买服务。四是做好外事侨务工作。加强出境安全宣传和因公出国（境）管理服务工作，继续做好涉外疫情常态化协调管理工作。

（三）勤修内功，提升干部整体素质。一是注重学习教育。健全学习制度，创新学习方式，有计划、有针对性地开展政策理论学习、业务知识学习和劳动实践学习，不断提升办公室整体服务水平。二是深化作风建设。始终保持反腐倡廉高压态势，落实“两个责任”，用好“四种形态”，深入整改巡视、巡察、审计反馈问题，带头落实中央八项规定及实施细则精神和省委相关规定，持续发力纠治“四风”问题，开展经常性警示教育，大力推进节约型机关建设，带头过好“紧日子”。三是加强机关党建。按要求开展各项党建活动，严格规范党组织生活，加强党组织标准化建设。严格落实“两个责任”，规范干部廉洁从政行为，打造一支作风过硬、业务精良、道德高尚的干部队伍，不断提升办公室“三办”“三服务”工作水平。四是加强脱贫巩固。继续强化工作责任落实，加大人居环境整治及村庄清洁力度，巩固现有脱贫成果，为下一步乡村振兴工作打好坚实基础。

（撰　稿：特区政府办公室）

六枝特区公安局党委2020年度执政情况综述

2020年，六枝特区公安局党委在特区党委和市公安局党委的坚强领导下，以习近平新时代中国特色社会主义思想为指导，深入贯彻党的十九大和十九届二中、三中、四中、五中全会精神，深入贯彻习近平总书记对政法公安工作的重要指示精神和重要训词精神，坚决落实“对党忠诚、服务人员、执法公正、纪律严明”总要求，坚持党对公安工作的绝对领导、全面领导，推动六枝公安工作和队伍建设取得新的进步，有效维护全区政治社会大局和谐稳定。

一、强化班子建设，营造清风正气政治生态

（一）**突出政治建警，切实筑牢忠诚警魂。**公安局党委紧紧围绕新时代党的建设要求，始终把政治建警摆在核心位置，突出抓好队伍意识形态工作和忠诚教育。一是持续深化理论武装。全面学习贯彻习近平总书记最新讲话精神，再次组织学习习近平总书记在全国公安工作会议上的重要讲话精神和系列指示、批示精神，制定2020年六枝特区公安局政治理论学习计划，建立党委“第一议题”、支部“第一课题”制度，把习近平总书记重要讲话精神和党中央重要决策部署作为党委学习、支部学习第一议程，先后组织召开5次党委理论中心组集中学习，组织全警开展政治理论学习考试，经四轮测试，合格率达100％。二是扎实开展党性教育。按层级选派领导干部参加各级政治轮训，并自行组织开展4期政治轮训班，实现政治轮训全覆盖，结合“坚持政治建警全面从严治警”教育整顿活动，组织开展革命传统、形式政策、宗旨意识等专题教育，使全警从思想到行到与以习近平同志为核心的党中央保持高度一致。三是严肃党内政治生活。不断加强基层党组织建设，全面完成标准化党支部建设，31个在职党支部全部通过市委、区委组织部验收。党委书记带头上党课，各党支部严格落实“三会一课”制度，比照党委模式组织开展学习研讨，党委班子成员以普通党员身份过双重组织生活，确保党内组织生活有序、有效进行。四是夯实意识形态工作的根基。把意识形态工作责任制落实摆在突出位置，与其他工作同安排同部署，完善党委班子和班子成员抓意识形态工作责任，把意识形态工作与党的建设、公安队伍建设相结合，努力打造一支“对党忠诚、服务人民、执法公正、纪律严明”的公安队伍。

（二）**坚持标本兼治，完善反腐倡廉机制。**聚焦从严治警，保持清廉本色，成立由局党委书记为组长、党委副书记和政治处主任为副组长、各部门负责人为成员的全面从严管党治警领导小组，设相应办公室在政治处，于6月12日、8月31日先后两次召开全局党风廉政会议，分析形势，部署全局党风廉政建设和反腐败工作，印发《六枝特区公安局2020年全面从严管党治警暨党风廉政建设工作要点》，加强与区委第八纪检组的配合，认真贯彻执行中央、省、市、特区纪委关于全面从严治党责任制规定要求。以巩固“不忘初心、牢记使命”主题教育成果为抓手，充分抓好疫情防控战时思想教育，组织开展重温入党入警誓词、请战一线等活动，教育引导全警增强“四个意识”、坚定“四个自信”、做到“两个维护”，确保队伍绝对忠诚、绝对纯洁、绝对可靠。全面推进队伍规范学习、规范执法、规范服务、规范管理“四个规范”建设，坚持严在平时、管在日常，确保队伍知敬畏、存戒惧、守底线。

（三）**注重常态长效，持续强化纪律作风。**坚决落实全面从严治党各项要求，严格落实从严管党治警主体责任，切实将从严管党治警工作与公安工作同安排、同部署、同落实、同推进，3月10日、9月30日，先后两次召开“一案一整改”暨警示教育大会，全面落实上级公安机关党委部署要求，认真履行

全面从严治党主体责任，用身边的人、身边的案例持续警醒、严厉整治、深化治根。纵深推进“三个以案”警示教育，组织全局民警分5期集中观看《警钟》系列警示教育片，坚持以扫黑除恶专项斗争为龙头，深入开展“对黄赌毒和黑恶势力听之任之、失职失责甚至包庇纵容、充当保护伞问题”专项整治行动，驰而不息地纠治“四风”问题，坚定不移地“有腐必反、有贪必肃”，严打黑恶势力背后“关系网”“保护伞”，严查群众身边“微腐败”，严惩“不作为、慢作为、乱作为”现象。积极配合特区纪委监委工作，2020年立案审核19人，给予处分17人，其中开除党籍1人、降低岗位等级1人、党内严重警告4人、党内警告5人、政务记过4人、监察建议2人。

（四）注重自身建设，提升管党治警能力。以区委巡察反馈问题整改为契机，统筹整改质量和整改进度同步推进、统筹区委巡察和上下联动同步推进、统筹整改工作和业务工作同步推进，组织召开“防风险、守底线”专题会议，重拳整治群众反映强烈、影响群众满意度的不作为、慢作为、乱作为等突出问题，重拳整治“枪、弹、酒、车、网、密”以及执法办案等重点环节易出现的突出问题，常态化开展法纪教育、廉政提醒、案例警示。组织全警开展“强班子、塑生态、抓改革、提能力、振作风、护平安”大讨论，不断叩问初心、守护初心，坚守使命、担当使命，始终做到初心如磐、使命在肩。开展经常性谈心谈话和针对性纪律作风谈话，对苗头性、倾向性问题及时提醒，该提醒时及时“拉拉袖子”，该“猛击一掌”时断然出手，使教育管理教育防范切实落到实处。2020年局党委书记组织开展集体约谈4次，各党委成员对分管部门主要负责人开展预防提醒谈话180人次，提醒谈话4人次，诫勉谈话1人。

二、担当履职，确保政治社会大局持续稳定

一是扎实抓好反恐反邪工作。坚持总体国家安全观，始终把维护国家政治安全放在首位，持续深化对敌反邪、反恐防恐、意识形态工作和网上斗争，健全完善勤务、维护社会稳定、重大事件预警处置等机制，确保了全区政治大局稳定。

二是坚持做好疫情防控常态化工作。按照“最先投入战斗、全程参与战疫、最后撤出战场”的要求，全警投入、参战一线、连续作战，常态化启动社会治安等级响应机制。在抓实抓细数据核查、联防联控的同时，统筹推进交通恢复、复产复工、复学开学等重点工作，共核查各级派发数据26614条，其中境外入境人员333条，中、高风险地区来黔人员8600条，重点地区车辆427台，排查出重点地区返乡人员1120人，旅居人员1300人，全部推送特区指挥部并逐一落实见面核查及管控措施。共办理涉疫案件47起，打击涉及疫情防控违法犯罪人员78人，办理非法入境案件1起，打击处理2人，劝返1人，巡查处置网上涉疫舆情74条。

三是深化思想认识，着力推进扫黑除恶工作。切实担起公安机关作为扫黑除恶“主力军”的责任，把扫黑除恶专项斗争工作作为重大政治任务，认真落实中央、省、市、特区领导重要指示精神，强化责任落实，加强线索摸排，依法打击惩处，一年来指定侦办涉黑案件1起，自侦涉黑案件1起，实现本地涉黑案件“零突破”。侦办恶势力集团案件5起、恶势力2起。破获九类涉恶案件64起，抓获犯罪嫌疑人291人，打击村霸9人，其中村支两委成员7人。共收到问题线索268条，核查完成266条，成案54条，向纪检监察机关移送涉“保护伞”线索40条38人，打掉“保护伞”9人。查封冻结、扣押涉案资产价值593.12万元。特别是罗某某等人涉嫌组织、领导、参加黑社会性质组织案的宣判，将专项斗争推向新的高潮。

四是严防严打各类违法犯罪活动。围绕重点行业领域，紧盯群众反映强烈的突出治安问题，严厉整治乱点、乱象，切实提升社会治安管控水平。2020年，共清理整顿行业场所593家次，挂牌整治治安乱点1处；共检查爆破作业单位236家次，整改治安隐患286处；共侦办非法捕捞水产品刑事案件32起、非法收购野生动物行政案件16起。共查处非法持有、买卖、制造、储存枪支案7起，刑事处罚12人；查处违法违规储存、销售、燃放烟花爆竹案46起，行政处罚13人；共查处涉赌案件57起、处罚232人，查处涉黄案件15起、处罚35人，关停涉黄场所1家；查处吸毒人员，进行强制隔离戒毒，破获毒品案

件26起，抓获涉毒犯罪嫌疑人40人，缴获毒品44.55公斤，外流贩毒绝对数6人，同比下降80%。强力打击电信网络犯罪，共破获电信网络诈骗案132起，捣毁本地诈骗窝点6个，抓获嫌疑人122人，挽损、冻结、止付资金2304万元，实现“打处人数上升、止付资金上升”。持续整治交通秩序，共开展交通环境专项治理160次，查处各类交通违法行为169611起，查处酒驾667起，已行政处罚472人；查处醉驾40起，已刑事处罚38人，暂扣各类车辆2167辆。

五是加强执法规范化建设。聚焦公安执法管理领域，紧盯执法办案重点环节，深入推进执法规范化建设，建立完善执法办案突出问题长效治理机制，落实执法质量规范、执法文书规范、执法行为规范全过程监督，不断强化执法权力监督制约，提升公安机关执法公信力。共受理行政复议29起、行政诉讼4起（2起原告自行撤诉，1起驳回，1起正在办理），无国家赔偿案件。

三、面临的形势和存在的问题

一年来，六枝特区公安局党委带领全警克服警力不足、疫情防控工作任务繁重等困难，为维护社会大局稳定做出了努力和贡献，各项目标工作都取得较好的成绩，但也存在一些薄弱环节和不足之处。一是受疫情大环境影响的涉稳新风险日益增多。在情报信息收集、研判方面仍然薄弱，获取内幕性、预警性情报信息的能力仍存在不足。二是新型违法犯罪活动层出不穷，社会治安面临更加严峻的挑战。随着新型电信网络违法犯罪为代表的新型违法犯罪问题的日益高发，群众对这一类违法犯罪的打击期望值也在不断提高，但是受制于人力、资源、技术等原因，与群众的期望值相比还存在较大差异。三是治安防控体系建设有待于进一步加强。受制于六枝特区经济现状，六枝特区社会治安防控体系建设相对滞后，各项基础设施建设、软硬件建设需要进一步加快、提升。

四、2021年工作打算

2021年是中国共产党成立100周年，也是“十四五”规划开启之年，六枝特区公安局党委将以习近平新时代中国特色社会主义思想为指导，深入贯彻习近平总书记视察贵州的重要讲话和指示精神，牢牢把握“对党忠诚、服务人民、执法公正、纪律严明”总要求，坚决把维护国家政治安全、政权安全、制度安全放在第一位，把防控风险、维护稳定、服务中心作为第一要务，贯彻落实《中央政法工作条例》和《市委关于公安工作的措施》，努力为全区在新征程上创新路、开新局、抢新机、出新绩创造安全稳定的社会治安环境。

一是坚决维护国家政治安全和社会大局稳定。全面加强政治安全和社会稳定形势分析研判，深刻把握新趋势、新变化、新重点，继续抓好多警种每日情报会商研判机制，强化防控风险、着力补齐短板，不断提高预知、预测、预警能力，坚决维护全区政治安全和社会大局稳定。同时，完善应急预案机制，强化应急演练培训，加强应急值班备勤，扎实做好应急处置力量、装备、机制等各项准备，确保快速响应、妥善应对、高效处置。

二是坚持严打整治继续保持对违法犯罪新攻势。结合大走访活动，及时掌握辖区重点工程建设中存在的突出治安问题，严厉打击重点工程建设领域黑恶犯罪，确保六枝经济平稳快速发展。充分发挥公安机关在推进平安建设中的主力军作用，紧盯影响群众安全感的突出问题，坚决打击整治“盗抢骗”“黄赌毒”“食药环”等违法犯罪，加强偏远农村、城中村、城乡接合部等区域的乱点整治和社会治理，全力维护社会治安大局稳定。最大限度地发挥金融、通信等行业、部门在防范和打击治理电信网络新型违法犯罪案件中的作用，不断强化打击、治理、防范、返赃、宣传等工作力度，坚决遏制住电信网络新型违法犯罪多发、高发势头。

三是健全立体化社会治安防控体系。牢固树立“多破案不如少发案”理念，始终坚持多破案与控发案并重，最大限度提升防控综合效能，紧紧依靠特区党委、政府，充分发挥公安主力军作用，整合各种力量资源，逐步形成党委领导、政府主导、综治协调、各部门齐抓共管、社会力量积极参与的社会治安防控体系新格局，提高对动态环境下社会治安的控制力，确保人民群众安全感更加充实、更有保障、更可持续。

四是提升执法规范化建设水平。健全完善执法权力运行机制和管理监督制约体系，形成有权必有责、用权必担责、滥权必追责的制度安排，确保权力始终在法治的轨道上运行。教育引导全体民警牢固树立法治信仰、增强法治理念，提升运用法治思维和法治方式处理敏感问题、化解社会矛盾、打击违法犯罪的能力水平。重点解决“110”接处警、现场执法记录仪使用、受案立案撤案、人身安全检查、信息采集、现场勘查等执法环节的突出问题，进一步健全完善执法标准和流程，大幅减少执法不规范行为发生。旗帜鲜明地支持民警依法履职，依法严厉打击暴力袭警、妨碍公务等违法犯罪行为，坚决维护执法权威。

五是纵深推进队伍教育整顿，着力打造公安队伍新形象。始终坚持把思想政治建设摆在首位，严格落实“对党忠诚、服务人民、执法公正、纪律严明”总要求，筑牢高举旗帜、听党指挥、忠诚担当的思想根基，全面提升民警的素质能力，全面整治队伍中存在的执法不严、不规范、作风不实等突出问题，确保队伍不生事、不出事。紧紧围绕出入境、治安和户籍、交通管理等与人民群众生产生活息息相关的重点领域，优化服务流程、简化服务环节、拓展服务渠道，进一步提高服务水平，努力打造六枝公安良好形象。

（撰　稿：邹　聪）

六枝特区人民检察院党组 2020 年工作综述

2020 年，六枝特区检察院党组在特区党委和上级检察院的坚强领导下，团结带领全体检察人员，坚持以习近平新时代中国特色社会主义思想为指导，深入学习贯彻党的十九大和十九届三中、四中、五中全会精神，紧扣“稳进、落实、提升”的工作总基调，以服务大局为己任、以司法办案为中心、以过硬队伍为保障，忠诚担当，履职尽责，各项检察工作稳步发展。

一、坚持党对检察工作绝对领导，确保检察工作正确政治方向

始终把党的政治建设摆在首位，将检察工作置于党的领导下谋划和推动，坚决扛起维护社会稳定、服务经济发展、捍卫司法公正的政治责任和法治责任。一是始终把党的政治建设摆在首位，对标对表，凡是党中央、省市委、特区党委及上级检察机关的重大决策部署，及时通过党组集中学习、党组中心组学习、党支部学习等方式传达贯彻，在执行党中央和上级重大决策部署上思想同心、目标同向、行动同步。二是充分发挥院党组示范引领作用。准确把握检察职能定位，带头严守党的政治纪律、组织纪律和政治规矩，切实担起对全院各项工作的领导核心责任，教育引导全体检察人员坚定理想信念、强化法治理念、树牢大局观念，自觉在思想上政治上行动上同以习近平同志为核心的党中央保持高度一致。三是始终坚持民主集中制，认真执行《中国共产党党组工作条例》和院党组议事规则，凡是“三重一大”（重大事项决策、重大干部任免、重要项目安排、大额资金使用）一律经班子讨论决定，严格按程序办事、按规则办事、按集体意志办事，不断提高党组决策水平和工作效率。

二、积极履职担当，服务全区经济社会发展大局

聚焦关键环节，紧盯重点领域，在全区高质量打好打赢脱贫攻坚战和疫情防控阻击战，实现在经济社会平稳发展中彰显检察力量。一是坚持以人民为中心的发展思想，立足检察职能践行法治扶贫。在持续发挥驻银壶街道杨丰村法律咨询室便民服务作用的基础上，选派 18 名员额检察官担任乡镇法律顾问，11 名员额检察官担任全区 12 个易扶搬迁点法律顾问，努力在法治扶贫上做出新贡献。积极探索“司法救助 + 民政救济 + 社会帮扶”多元扶贫救困模式，以建档立卡贫困户、未成年刑事被害人为重点，筛查司法救助线索 58 件，核实 38 件，发放司法救助金 25 件 33.3 万元，竭力弥合因刑事犯罪破坏的社会关系。二是在切实做好本院机关疫情防控的同时，服务保障全区疫情防控工作。全院 55 人组成 6 个“政法冲锋队”参与 22 个社区及党建扶贫联系村的疫情防控工作；捐赠相关单位消毒液、酒精及生活用品等抗疫物资 2 批次，全体检察人员募捐善款 12950 元上缴上级党组织和红十字会，有效助力疫情防控；依法快速办理涉疫情刑事案件 2 件 4 人，批捕并起诉 1 件 2 人。其中，检察长亲自办理 1 件 2 人，依法作出不批捕和相对不起诉决定，取得良好社会效果。会同市场监管、发改、经信等部门开展疫期专项检查，针对野生动物保护、“高价猪肉”“天价口罩”等问题，有效开展公益诉讼线索排查。三是持续推进发挥检察职能作用依法保护企业家合法权益营造企业健康发展法治环境专项工作。全年共开展送法进企业 40 次，法律咨询 20 次，为企业（企业家）提供意见建议 20 条，对涉企案件当事人进行回访 1 次，联合特区工商联举办“服务‘六稳’‘六保’护航民企发展”检察开放日暨“两长”座谈会 1 次，着力优化特区民营企业营商环境。四是强化监、检衔接配合，加大反腐败工作合力。受理审查起诉职务犯罪案件 15 件 17

人，提起公诉12件14人，成功办理省检察院指定管辖的毕节市肖某某等6件7人国家机关工作人员包庇纵容黑社会性质组织、受贿窝案。五是持续深化扫黑除恶专项斗争，批捕涉黑恶犯罪嫌疑人32人，提起公诉57人。在2019年成功办理被告人周纯等8人涉嫌组织、领导、参加黑社会性质组织犯罪的基础上，检察长再次担任主办检察官，提前介入六枝特区"2·22"涉黑专案引导侦查，依法提起公诉，被告人罗超凡等31人分别被判处有期徒刑25年至1年6个月等不等刑罚。

三、围绕平安六枝建设，统筹推进执法办案工作

从人民群众平安需求出发，加大刑事犯罪打击力度，强化诉讼活动监督，努力提升办案质效。全年共受理移送审查逮捕案件326件557人，批捕231件377人；受理审查起诉刑事案件394件604人，起诉299件517人。加强刑事诉讼监督，监督公安机关立案37件、撤案7件，纠正漏捕47人、漏诉32人，对侦查活动中的违法情形书面提出纠正意见30次。狠抓刑事执行监督，对200人开展社会矫正检察监督，核查纠正监外执行罪犯脱管46人（其中44人为剥夺政治权利刑罚执行），漏管52人（均为剥夺政治权利刑罚执行），预防和减少监外执行罪犯重新违法犯罪。强化民事行政诉讼监督，受理民事监督案件144件，提出审判人员违法行为监督检察建议75件，执行监督检察建议69件，法院分别采纳71件和69件；积极参与行政争议实质性化解，成功化解7件。做好公益诉讼监督，摸排公益诉讼线索91件、立案86件、提出诉前检察建议75件；提起行政公益诉讼1件，暂未收到判决；提起刑事附带民事公益诉讼4件，收到判决2件，支持2件，另有2件已开庭审理，暂未收到判决；配合省、市检察院和安顺市检察机关成功办理关岭县高寨水库饮用水源跨区域环境保护行政公益诉讼案公开听证。

在打击违法犯罪的同时，坚持"维稳"和"维权"并重，注重维护群众合法权益，努力让人民群众在每一个司法案件中都感受到公平正义。坚决贯彻落实认罪认罚从宽制度等宽缓刑事司法政策，全年审结的648人中，依法适用认罪、认罚从宽制度584人，适用率为90%；对犯罪情节轻微、初犯、偶犯和未成年人犯罪，依法不批捕99人，不捕率为29.72%，不起诉110人，不诉率为20.17%，最大限度增加社会和谐，减少社会对抗。坚决落实"群众来信来访件件有回复"工作要求，进一步畅通人民群众诉求渠道，竭力解决人民群众的操心事、烦心事。全年共受理群众来信来访来电81件次，其中，检察长接访24件次，办结24件已回复；邀请律师参与接访33件次，着力构建第三方介入矛盾纠纷多元化解工作机制。秉持"应听尽听"原则，探索推开检察听证工作，开展检察听证13件次，最大限度增强检察司法公信。

四、全面落实从严治党，打造忠诚干净担当检察队伍

坚持以党建为统领，以队伍正规化、专业化、职业化为方向，认真履行全面从严治党，全面从严治检主体责任，努力建设一支政治过硬、业务过硬、责任过硬、纪律过硬、作风过硬的检察队伍。一是抓党建带队建，全面落实新时代党的建设总要求。全年共职务职级晋升8人，遴选入额员额检察官1名，发展党员7名，明确重点发展对象1名，培养入党积极分子7名，党员占比从2016年的64%提升到2020年的75%。鼓励自学与集中学习相结合，常态化开展网络学习、岗位练兵、观摩庭审等学习实训活动，大力加强队伍素质能力建设。共组织检察人员参加各级各类培训18期26人次、线上学习19期247人次，推动检察人员素质全面提升。二是以贯彻落实《中国共产党政法工作条例》《中国共产党纪律处分条例》等党内法规为抓手，持续加大全面从严治党治检工作力度，坚决扛起抓班子带队伍强工作的政治责任。严格执行"三个规定"填报要求，从源头上遏制和减少检察人员违法违纪情况发生。三是在常态化开展党风廉政建设警示教育的基础上，以市检察院党组巡察组对六枝特区院党组巡察反馈意见整改及巡察"回头看"整改为契机，持续查摆在政治建设、思想建设、组织建设、作风建设、检察业务和队伍管理等方面存在的突出问题，高站位认识、高标准整改、高质量落实，始终把严的总基调长期坚持下去。

五、存在的问题和下一步工作打算

2020 年，六枝检察院在获选 2015 至 2017 年度市级文明单位的基础上，保留 2018 年至 2020 年度市级文明单位称号，在检察系统和特区各类评选中获得表彰 28 人次。取得成绩的同时，检察院党组也清醒认识到自身工作中仍然存在一些不足，主要体现在：党组的领导核心作用发挥还不够充分，谋划检察事业科学发展的前瞻性还有待进一步增强；服务大局的举措与经济社会发展的需求结合还不够紧密，服务主动性和实效性仍有待进一步提升。

2021 年，新时代、新阶段、新形势对检察工作提出新要求，六枝特区检察院党组将以此次专题汇报为契机，深入贯彻落实习近平新时代中国特色社会主义思想和党的十九届五中全会精神，持续强化自身建设，不断提升履职水平和服务能力，推动全面从严治党治检向纵深发展。一是聚焦大局精准发力，坚决把 2021 年六枝检察工作置于“两个大局”中去谋划和推动，在保障经济发展、维护人民群众合法权益、社会治理共建等方面有针对性地制定思路、目标和举措，做到讲政治与讲法治、抓政治与抓业务相互统一，确保明年工作开好局、起好步。二是以贯彻落实《中华人民共和国民法典》为契机，充分履行民事、行政和公益诉讼检察监督职责，高质量办案、高标准司法、高质效服务，努力推动“四大检察”“十大业务”全面充分协调发展，以高水平的检察工作推动六枝经济社会高质量发展。三是坚持把打造过硬队伍作为检察工作的发展之基，狠抓思想政治建设、业务能力建设、纪律作风建设，认真开展政法信访系统“入村寨、进社区、走企业、访群众”大走访活动和“忠诚干净担当、喜迎中国共产党成立一百周年”专题教育，以自我革命的精神查找检察队伍自身存在的顽瘴痼疾，自查自改，立行立改，为即将全面推开的政法队伍教育整顿奠定坚实基础。

（撰　稿：检察院办公室）

六枝特区人民法院党组2020年工作综述

2020年，六枝特区人民法院在特区党委的坚强领导、人大及其常委会的依法监督、政府的大力支持、政协的民主监督和上级法院的监督指导下，认真贯彻党的十八届五中全会及十九大和十九届历次全会精神，紧紧围绕“让人民群众在每一个司法案件中感受到公平正义”的目标，切实抓好以执法办案为中心的各项工作，确保完成决战决胜脱贫攻坚目标任务，持续深化平安六枝、法治六枝和画廊六枝提供有力的司法保障和优质的法律服务。

一、基本情况

六枝法院现有10个内设机构及4个人民法庭，中央政法编制97名。现有在职干警90人，聘用审判辅助人员62人。在职在编党员53人。员额法官27人（其中三级高级法官2人，四级高级法官6人，一级法官17人，二级法官1人，三级法官1人）。六枝法院的工作职责是：依法审理刑事、民事、行政一审案件，集中管辖六枝特区、水城县的环境资源案件，依法行使司法执行权和司法决定权。

（一）党的建设。六枝法院党组在特区党委的坚强领导下，在上级法院的指导下，全面履行党组抓班子带队伍的主体责任，增强“四个意识”、坚定“四个自信”、做到“两个维护”，切实增强政治责任感和历史使命感，立足司法职能，忠诚履职担当，把党中央决策部署落实到服务大局、司法为民、公正司法的实际行动中。

一是坚持从严治党从严治院。始终把党的政治建设摆在首位，坚持全面从严治党、从严治院，建设过硬法院队伍。严格执行《中国共产党党组工作条例（试行）》《中国共产党政法工作条例》《中国共产党纪律处分条例》《中国共产党问责条例》等党内法规，加强和改善党的领导，提高党的执政能力，全面落实区委重大决策部署，发挥好党组在本单位总揽全局、协调各方的核心作用。目前，修改并严格执行《六枝特区人民法院党组议事规则》《六枝特区人民法院“三重一大”党组议事规则》等40多个规范性文件，为队伍建设、审判管理、司法行政提供了制度保障，用程序理事、用制度管人的从严治党、从严治院工作格局得以形成。2020年，无违法违纪案件被查处。

二是加强党的基层基础建设。院党组把党建工作纳入年度重点工作清单，每季度与审判执行工作同安排、同督导、同考核，实现党建工作的常态化管理。在特区党委的领导下，紧扣院党组提出的围绕“建设让党中央放心、让人民群众满意的模范机关”这一总目标，找准“以党建带队建，以队建促审判”两个着力点，着力打造政治理论的学习平台、基层党组织的工作平台、示范引领的展示平台的“123”党建工作思路，全力加强党的基层基础建设，为六枝法院审判执行工作和司法体制改革提供坚强的政治和组织保证。重点在示范引领平台的打造上，坚持做到“一个支部一座堡垒、一个党员一面旗帜”，强化示范引领，注重多点推动。在“阳光法官工作室”让业务过硬、服务热情的优秀共产党员成立党小组，运行“天平先锋诉讼快车”，高效化解矛盾纠纷，平均诉讼周期从60天减至4.93天，得到群众和社会各界的一致好评。面对新型冠状病毒感染的肺炎疫情加快蔓延的严重形势，党员干警勇担社会责任，从疫情防控志愿者中抽出6人组成天平先锋队，到“五联五共”党建联系点云盘居委会防控卡点开展防疫知识宣传、排查登记等工作，为打赢疫情防控阻击战提供外援支撑，树立起新时代人民法院干警的良好形象。2020年，共听取党建工作汇报4次。在2020年的年度考核中，党建工作得到考核组的充分肯定。

（二）**业务建设**。近年来，六枝法院紧紧围绕全区经济社会发展大局，充分发挥惩治犯罪、化解矛盾的职能作用，努力营造和谐稳定的社会环境。

一是在审判执行工作方面。呈现 3 个特点：一是案件总体平稳。在经历了近几年的案件陡增期后，2020 年总体趋于平稳，基本与 2019 年持平，截至 2020 年 12 月 30 日，共收各类案件 5678 件。二是各项业务指标持续向好。全市审判质效 13 项指标中，我院有 8 项居全市第一名，5 项居第二名，整体呈现提升状态。工作中，无论重大影响案件还是普通案件，审理均未出现负面影响。三是执行机制进一步完善，力度进一步加强。按照上级切实解决执行难的工作要求，构建综合治理执行难的格局，不断提升办案效率。2020 年，共发出 5 份悬赏公告，18 份律师调查令，将 471 名失信人员纳入失信被执行人名单库，限制高消费 647 人次，对因拒不履行生效裁判的 16 人实施司法拘留。通过对被执行人进行失信曝光及推送失信被执行人名单库等惩戒措施，迫使其中 961 人次履行了法律义务。2020 年，共结各类涉中、小民营企业执行案件 128 件，执行到位标的金额 2208.63 万元，助力优化营商环境，实现申请人的合法权益。2020 年是扫黑除恶、打财断血工作成效集中体现的一年，六枝法院重点对涉周某等人涉黑犯罪等 41 件案件开展执行措施，结案 40 件，执行到位金额超 2.4 亿元，极大地摧毁了犯罪组织的经济基础。

二是在扫黑除恶专项斗争方面。六枝法院在特区党委的坚强领导和上级法院的精心指导下，立足审判职能，强化责任担当，严惩黑恶犯罪，持续攻坚突破，全面深入推进。工作开展中，一是聚焦多方联动，强化协同配合，加强与公安、检察等司法机关的互动会商，力求做到依法严惩、精准打击。截至 2020 年年末，与公安、检察等司法机关召开联席会议会商涉黑涉恶案件 37 次，确保公、检、法三家在涉黑涉恶案件执法理念、证据采信、案件定性等方面的统一。二是聚焦大案攻坚，提升审判质效。2018 年以来，六枝法院共受理涉黑涉恶案件 23 件 122 人。其中，受理一审涉黑案件 8 件 46 人，受理一审涉恶案件 15 件 76 人，均已全部审结。三是聚焦“打财断血”，推动黑财清底。选派业务能力强、执行经验丰富的业务骨干组成涉黑涉恶案件执行工作专班，扎实推进涉黑涉恶案件财产刑的执行工作，彻底铲除黑恶犯罪经济基础。四是聚焦基层治理，助力行业清源。我院积极发挥扫黑除恶专项斗争主力军作用，强化责任督导，对包保的单位行业进行指导，目前共对包保单位开展集中督导 5 次，同时下发司法建议 31 份，起到了规范管理、推动行业清源、维护稳定的打击整治效果。五是聚焦工作重点，突出深挖彻查。重点对 2016 年以来承办的案件进行逐案排查、串并分析，对审结的涉恶案件开展“一案三查”。涉黑涉恶线索核查率达 100%，排查移送特区扫黑办线索 13 条。六是聚焦机制建设，强化制度保障。在防范打击黑恶势力犯罪长效机制建设方面，围绕《六枝特区人民法院扫黑除恶专项斗争实施方案》，先后出台《黑恶势力犯罪案件三向联动释法析理工作机制》《六枝法院落实六盘水市创建全国扫黑除恶重点培育工作十项措施》等 17 项工作机制，为深入开展扫黑除恶专项斗争提供全方位制度保障。在扫黑除恶专项斗争中，六枝法院党组始终坚持高站位推动，多角度切入，全体党员干警尤其是党员干警中的刑事法官，在专项斗争中攻坚拔寨、见招拆招，为维护公平正义、保障民生事业、取得扫黑除恶专项斗争的决定性胜利做出应有的贡献。2020 年 2 月，刑事审判庭员额法官杨芬同志被列入 2019 年度全市扫黑除恶专项斗争表现突出参战人员名单。

三是在工作创新方面。坚持围绕“构筑司法公信、传递司法温暖、提升审理时效、减少群众诉累”的主题，深入运行全国首家“天平先锋诉讼快车”，深化分调裁审工作，做到当日立案、当日排期、当日调解、当庭送达，实现快慢分道、简案快审的目标。2020 年，运行的“天平先锋诉讼快车”共收案 737 件，结案 737 件，其中调解撤诉 734 件，司法确认 3 件，平均诉讼周期从 60 天锐减到 4.9 天，切实提高诉讼质效。工作推动中，积极探索“智慧诉讼服务”新模式，跨域立案 7 件，网上立案 589 件，开展远程视频调解 44 件，打通联结群众诉讼的“最后一公里”，切实减轻群众诉累。2020 年 8 月 19 日，全市法院立案诉服信访工作推进会在六枝人民法院召开，与会人员一致肯定“天平先锋诉讼快车”的创新做法。市委书记王忠在《贵州改革情况交流》2020 年第 122 期刊登的《六枝特区法院推行“天平先锋诉讼快车”提升简易民商事案件审理时效》上，对六枝法院运行的“天平先锋诉讼快车”的做法作出肯定性批示。

近年来，六枝法院始终按照“五个过硬”的要求，以党建为引领，深入推进队伍建设，先后获得“全国法院文化建设示范单位”“全国优秀法院”“全省法院先进集体”“全省精神文明建设工作先进单位”“全省文明单位”等荣誉称号，涌现“全国维护妇女儿童权益先进个人”“全国三八红旗手”朱琪瑨和全省优秀共产党员、省党代表肖维琼等先进典型。

二、存在的问题

（一）**从严治警方面仍然存在不足和短板**。主要体现在落实监督责任方面制度还不够完善，在用制度管人、用程序理事方面还需要进一步强化，对廉政风险的分析研判不够深入细致，各项防危机、防风险的举措作用发挥还有待增强。

（二）**司法能力还不能完全适应时代和形势需要的情形依然存在**。主要体现在员额法官及审辅人员业务能力有待提高，与审判工作专业化、职业化的要求还有一定差距，办案质量还有很大提升空间。与此同时，不少干警综合能力跟不上办公信息化的需要，影响执法办案的效率。

三、下一步工作打算

在下一步工作中，六枝法院党组将在特区党委的坚强领导下，认真落实党的十九届五中全会、省委十二届八次全会、市委七届十二次全会和区委十一届十次全会精神，忠实践行宪法法律赋予的职责，围绕中心服务大局，以党建带队建，以队建促审判，勇于担当作为，不负重托，不辱使命，认真履行好人民法院打击犯罪、化解矛盾、维护秩序、实现公正的职责，向党和人民提交一份满意的答卷，为续写新时代六枝改革发展新篇章做出更大贡献！

（撰　稿：李树明）

牢记嘱托感恩奋进，打好法治扶贫收官战

——六枝特区司法局党组2020年工作综述

2020年，在特区党委、政府的正确领导下、在上级司法行政部门的指导下，认真贯彻落实中央和省、市、特区政法工作会议及全国、全省、全区司法行政工作会议精神，克服疫情带来的影响，抓队伍，促发展，以法治六枝建设为主线，以法治惠民为落脚点，聚力服务全区中心工作，全力维护社会稳定，着力保障民生改善和落实治党管党责任，不断推进司法行政工作再上新台阶。

一、聚力服务全区中心工作，推进法治政府建设迈上新台阶

统筹推进依法治区，组建七五普法终期验收工作专班，打造法治示范企业六枝特区农村信合联社、法治示范机关特区市场监管局和法治示范学校特区六小，“七五”普法顺利通过验收，完成省市“七五”普法终期任务。着力推动法治政府建，党政主要负责人法治第一责任考核通过省验收。

（一）严格按照省、市规定实施行政审批和行政许可。对外公布行政许可事项182项，同比减少11.22%。全面推行清单动态管理及时调整、编制、公布权责清单3055项及权力运行图，并在六枝特区人民政府网上进行公示。不折不扣地落实减税降费政策，减免各项税费1.22亿元，减征社会保险费2175万元。加强市场监管，持续巩固企业开办时间在3个工作日内完成，新登记市场主体2478家，新增注册资本35.59亿元，清理公平竞争审查政策措施93件，实现“双随机、一公开”监管覆盖率5%以上，企业年报率达95%的目标。优化公共服务，实现行政审批职能部门与事项100%全进驻政务服务大厅，六类依申请事项网上可办率100%。“一窗”分类受理事项450项，受理占比72.6%。持续加强环境监察执法，立案查处环境违法行为5起，罚款41.981万元，移送公安机关1起。

（二）加强行政规范性文件监督管理。清理出现行有效的行政规范性文件72份，保留56项，失效3项，拟废止10件，修改3项。组织编订本级行政规范性文件制定主体清单47项，并向社会公布。

（三）整合公职律师资源组建六枝特区政府系统法律顾问室，办理诉讼案件18件，出具法律意见书120份，接受法律咨询200次。

（四）全面推行行政执法“三项制度”。组织申领行政执法证200人，组织行政执法人员培训817人次。

（五）强化对行政权力的制约和监督。认真办理人大代表建议117件和政协委员提案106件，落实司法建议、检察建议2条。全面推行政务公开，公开政府信息3500条，办结收到申请政府信息公开案件3件。

（六）加强劳动人事争议仲裁。立案受理仲裁案件68件，办结案件48件，调解率为47.92%，一裁终局率为52.38%，涉案金额为116.13万元。加强行政复议和行政应诉，受理行政复议案件12件，办理行政诉讼案件18件。

二、聚力平安六枝建设，全力维护社会和谐稳定

（一）强化特殊人群监管帮扶。一是加强在册社区矫正对象日常监管，对全区18个司法所开展30次的社区矫正执法检查，提高社区矫正工作质量。二是严格刑释人员管控。收到刑满释放人员通知书340

份，其中，返乡246人，安置115人，帮教246人，到监所接回刑满释放人员146人。

（二）加强矛盾纠纷排查化解。一是配齐配强乡（镇）、村（居）调解员队伍。到目前为止，全区有调委会278个，其中乡镇（街道）人民调解委员会18个，村人民调解委员会211个，居调解委员会40个，专业性人民调解委员会9个，全区人民调解员总数为1478名。二是多元化解矛盾纠纷171件，调处率为100%，成功调解165件，调解成功率为96%。

（三）推进扫黑除恶专项斗争和禁毒大扫除活动。一是巩固扫黑除恶专项斗争成果。印发各类宣传资料20000份，LED滚动播放固定站点2处。印制扫黑除恶专门法治宣传册8000本，开展扫黑除恶法治宣传教育20次，发放宣传册5000份，接待法律咨询120人次。扎实开展“六清”行动，对183人次在册社区矫正对象和146名从监狱接回刑释人员开展摸排，未发现涉黑涉恶问题及线索。完成特区扫黑办转办的举报问题线索1条，实现线索清零目标。二是强力推进禁毒“大扫除”专项行动。组织政法冲锋队队员每周深入各小区开展禁毒宣传活动，发放禁毒宣传资料1000份。通过六枝司法微信公众号推送禁毒工作、禁毒“大扫除”专项行动官方宣传信息25条，公众号关注数200人；组织干部职工积极通过“贵州禁毒”微信公众号参与禁毒知识答题活动；积极参与“扫除毒害·健康生活”——贵州省2020年禁毒宣传短视频作品征集，投入0.8万元制作“‘123’扫黑除恶禁毒宣传彰显司法行政新风貌”扫黑除恶禁毒宣传短视频宣传短片。加强重点人群禁毒预防教育，对涉恶罪名的35名社区矫正对象进行重点列管，新入矫社区矫正对象首次谈话中、集中教育学习时加强禁毒预防教育，向在册社区矫正对象普及禁毒知识，动员他们积极检举揭发毒品违法犯罪线索，帮助他们顺利回归社会。加强刑满释放人员安置帮教，对涉毒犯罪的94名刑满释放人员进行重点管理，将毒品预防教育融入帮教工作，鼓励刑满释放人员积极检举揭发涉毒违法犯罪线索。

三、聚力为民服务，着力保障社会民生改善

（一）推进公共法律服务优化升级。一是建成12个易地扶贫搬迁点的公共法律服务室，安排12名律师、法律服务工作者点对点为搬迁点提供法律服务。进一步完善法律顾问体系，实现“一村（居）一法律顾问”全覆盖。完成法律援助申请受理指派及刑事全覆盖法律援助指派，办理法律援助案件474件，解答法律咨询1000人次。二是严格公证管理，办理各类公证案件750件，接待来访群众3500人次，为经济困难户减免公证费120件，公证收费35万元。三是积极参与信访接待工作。安排律师常年在信访局、检察院值班，接待解答信访案件26件，律师参与案件办理6件，有效化解矛盾。

（二）有序推进普法依法治理工作。一是组建“七五”普法终期验收工作专班，分三批次组织各成员单位进行考核指标及网上操作系统培训，及时贯彻落实省、市“七五”普法工作安排部署，打造法治示范企业六枝特区农村信合联社、法治示范机关特区市场监管局和法治示范学校特区六小。二是围绕疫情防控开展法治宣传，发放宣传资料、张贴标语共计3000份条。三是开展“关爱明天、普法先行”活动，组织法律进校园20场，上法治课10次，发放宣传资料8000份。四是投入3万元，建设法治宣传云平台，组织全区249家单位1.5万人在法宣云平台上开展学法活动。五是开展法治进乡村（社区）宣传70场次，发放宣传资料32000份；脱贫攻坚工作走访群众宣传扫黑除恶及法律常识5000人次；社区矫正人员法治宣传教育900人次；微信推送扫黑除恶知识、公务员法等法律法规及工作信息51次；参与征地拆迁法治宣传7次。投入资金2万元，拍摄司法行政短视频。向特区党办、人大、政协、政府办、组织部、政法委、人民法院、人民检察院、公安局9个单位及各乡镇（街道）的领导干部送去扫黑除恶相关法律法规汇编手册共计3000份。六是创建岩脚金星村和龙河迎新村两个省级民主法治示范村。

四、聚力夯实基层基础，全面落实管党治党责任

（一）积极开展司法行政指挥中心建设和信息化系统建设，着力提升司法行政干部履职能力。

（二）向3个律师事务所、公证处分别派驻党建指导员。

（三）认真抓好“三会一课”，规范党员干部组织生活。

（四）加强“四种形态”的正确有效运用，在元旦、春节、五一等重要节点开展廉政教育，认真落实“一岗双责”，严格执行领导干部个人重大事项报告述职、述廉等党内民主生活制度和请、休假，上下班等内部管理制度，做到规范在前、预防在先。开展干部集中约谈3次，构建风清气正的司法行政良好政治生态。

（五）认真开展党建和扶贫工作，找准与业务工作的结合点，全面加强全局基层党组织和党员队伍建设，高质量完成扶贫攻坚大普查工作任务，巩固扶贫成果。

五、聚力未来，超前谋划2021年工作

2021年，继续充分发挥职能作用，坚定信心，开拓进取，扎实工作，重点抓好以下几个方面：

（一）抓好各项中心工作。认真开展禁毒大扫除工作，结合工作实际，对标对表，积极采取措施，助推工作持续深入开展。积极主动服从服务于精准脱贫工作大局，同时围绕全区中心，积极完成区委、区政府布置的各项中心工作任务。

（二）抓好人民调解工作。防范纠纷“小转大、民转刑、个转群”，进一步加强“民转刑”命案预防和化解工作，发挥人民调解在社会矛盾纠纷化解体系中的基础性作用，完善区、乡、村、组四级人民调解组织网络建设，继续深化行业性、专业性人民调解委员会建设，切实加大区、乡、村三级调解组织调解员的培训力度，提高人民调解员业务水平。进一步完善人民调解“以奖代补”工作，促进调解办案数的增长。

（三）抓好依法治区和法治工作。认真履行全面依法治区办公室工作职责，完善绩效考评机制。继续开展好“12·4”宪法宣传日等普法宣传工作，大力开展法治示范点的创建，为全区发展提供良好的法治保障。进一步加强行政执法队伍建设，严格规范行政执法，加强行政复议与应诉，完成规范性文件清理工作，及时进行规范性文件备案，把好合法性审查关，多措并举，务实开拓，确保各项工作有序运行。

（四）抓好法律服务工作。进一步完善区公共法律服务体系运行机制，开展好法律援助民心工程，完善法律援助制度。进一步优化法律服务执业环境。积极开展执法规范化建设，全面推进行政执法“双随机、一公开”制度，建立落实法律服务红黑名单管理制度，从严规范法律服务。

（五）抓好特殊人群管理。认真贯彻《中华人民共和国社区矫正法》，着力提升社区矫正专业化水平，最大限度防治和减少社区矫正对象脱管和重新违法犯罪。认真落实监管季度分析例会和督查制度，发挥社区矫正业务管理、人员定位、实时视频音频交互等作用，扩大社区矫正社会化程度，借力社会综治资源，吸纳社区（村）干部、网络员等社会力量广泛参与，健全社区矫正网格化管理制度。加强安置帮教动态管理，加强工作衔接和日常管理帮扶，加强社会力量参与帮教工作，落实刑满释放人员就业安置和社会救助。切实建立与社会稳定相适应的社区矫正和安置帮教工作体系，有效防止社区矫正对象和刑满释放人员的脱管、漏管和重新犯罪现象发生。确保帮教安置率达100%，年度重新犯罪率控制在1%以内。

（六）抓好司法行政队伍建设。按照正规化、专业化、职业化的要求，开展好干部职工思想政治和党风廉政学习教育工作，大力加强司法行政队伍和党支部建设，积极开展司法行政队伍学习和业务培训，推动工作作风转变，努力建设一支想干事、能干事、干成事、不出事的司法行政队伍，为决胜全面建成小康社会，不断提高司法行政工作水平，努力为构建平安六枝、画廊六枝、和谐六枝做出新的贡献。

（撰　稿：司法局办公室）

六枝特区农业农村局党组 2020 年工作情况综述

2020 年，农业农村局认真学习贯彻落实党的十九大及系列会议精神和习近平新时代中国特色社会主义思想，积极主动履行全面从严管党治党主体责任，为决战脱贫攻坚、决胜同步小康，推动农业农村经济社会发展，全面推进乡村振兴提供坚强有力的政治和组织保障。

一、加强基层组织建设，凝聚发展正能量

（一）坚决落实全面从严治党主体责任。局党组切实把机关党的建设、党风廉政建设、意识形态工作等工作责任扛稳、抓牢、做实，与业务工作同安排、同部署、同落实、同检查、同考核。明确科级领导干部职能、职责和党风廉政建设、意识形态工作“一岗双责”。2020 年，组织召开党组会议 16 次，开展党组中心组专题学习研讨 4 次。强化廉洁自律要求。督促 10 名职工在操办红白喜事的事前、事后向局党组报备，7 名干部职工自觉签订《不操办“升学宴”承诺书》，全局未出现违规操办酒席现象和其他不良风气现象。2020 年，研究部署机关党的建设和党风廉政建设工作 6 次。书面向特区党委、纪委、监委报告 2020 年度履行主体责任情况 2 次。

（二）加强党组织建设。认真履行抓机关党建工作的主体责任，落实从严治党主体责任。制定《中共六枝特区农业农村局党组 2020 年机关党建工作计划》，抓实基层党建工作。组织全体党员干部集中学习 28 次，组织开展党组中心组理论学习 4 次，各支部组织开展专题学习 12 次。及时将单位重大决策、项目管理、资金使用、党费收缴等情况进行公示。对局机关党委书记和委员进行补选，完成下属第一、二、三支部及离退休支部换届，使基层党组织焕发生机和活力，充分发挥党组织和广大党员战斗堡垒作用和先锋模范作用。涌现孙士峰、廖冰等全省脱贫攻坚优秀共产党员、优秀基层党组织书记。

（三）抓党建引领促脱贫攻坚。以脱贫攻坚统揽全局工作，建立健全脱贫攻坚干部联系服务群众制度，安排党员领导干部驻村轮战，选派 5 名年轻优秀科级干部或后备干部到关寨镇担任第一书记，安排 6 名同志担任驻村队员，科级领导干部驻村轮战，协助村支“两委”开展脱贫攻坚工作。建立健全党员干部联系帮扶困难群众机制，142 名党员干部职工与关寨镇 278 户贫困户建立结对帮扶关系，强化帮扶措施落实。

二、全力抓好工作落实，谱写出彩新篇章

（一）农业农村经济稳定发展。围绕巩固、提升、扩面的发展思路，以抓好脱贫攻坚春季攻势、夏秋决战等工作为重点，围绕产业革命“八要素”优化一产结构，实施“十大产业”加快结构调整，产业发展取得突破。2020 年完成第一产业增加值 42.33 亿元，增速 6.5%，畜牧业增加值占比达 27.5%；农产品加工转化率达 48%；农村居民人均可支配收入 11692 元，增速 10%。

（二）全面抓实粮食生产。粮食播面产量稳定增长。全区粮食播面 55.77 万亩，较上年 55 万亩增长 1.4%；总产量 18.73 万吨，较上年 18.49 万吨增长 1.3%。其中，夏粮播面 26.29 万亩，总产量 5.04 万吨；秋粮种植面积 29.48 万亩，总产量 13.69 万吨。

（三）大力推进农业产业发展。2020 年安排实施 40 个财政资金项目，投入 1.29 亿元支持产业结构调整，围绕“两高、两道”、坝区及农产品优势区调整优化产业结构 73.74 万亩。完成种植结构调整 4.06 万亩，

14个坝区4.8万亩流转土地（含入股）4.14万亩。蔬菜播面27.2万亩，产量54.21万吨。建成食用菌基地28个，食用菌种植面积2700亩（万棒）。茶叶投产面积10.71万亩，产量3000吨。建成规模化、标准化茶叶加工厂17个。水果投产面积9.53万亩，产量10.7万吨。猕猴桃播面2.8万亩，投产面积1.25万亩，产量5000吨。中药材播面4.08万亩，产量1.53万吨。刺梨种植面积10.76万亩，产量4万吨。全年肉类总产量37130吨，禽蛋产量2900吨，年末存栏牛9.27万头、羊4.68万只、生猪22.44万头、家禽250万羽。全年出栏牛3.36万头，羊3.97万只，生猪28.91万头，家禽284.37万羽。

（四）统筹推进乡村振兴建设。启动建设“十百千”工程。全区共涉及12个乡镇21个村。争取市级资金58.25万元补齐示范村基础设施，壮大产业规模，提升产业带动能力。持续改善人居环境。安排乡村综合整治巩固提升项目1244万元，重点打造“小康菜园”高标准示范点36个，带动全区建成各级示范点220个，综合整治村寨213个。积极推动“农村厕所”革命建设，共建成卫生厕所10.878万户，211个行政村建设改造公共厕所全覆盖。

（五）深入推进产权制度改革。农村集体资产清产核资工作应建清查单位2486个，已建2486个，完成100%；全面确认农村集体经济组织成员身份，入户调查初始登记219个村居，认定汇总14.55万户53.48万人。推进经营性资产股份合作制改革，完成确股资产确认的村219个，完成成员过渡股东的村219个，完成股份量化的村219个，村级股份经济合作社登记赋码颁证219个村。

（六）夯实农业农村基础设施建设。完成耕地休耕试点任务1万亩。启动实施1.87万亩高标准农田建设。全区共编制168个村庄规划。稳步推进农村“厕所革命”，完成户用卫生厕所建设改造7382户，建设行政村公共厕所70个。全区213个行政村30户以上村寨共布放垃圾箱2783个，行政村垃圾治理覆盖率达85%以上。推进“三改、三化”建设，累计完成改厨21977户、改厕22302户、改圈594户、房屋靓化21606户、硬化串户路773293米、硬化庭院901415平方米。

（七）全面提升农产品品牌效应。累计培育17家省级农业产业化龙头企业，47家市级农业产业化龙头企业。3家合作社获“国家级示范社”称号，3家合作社被《农民日报》评为2019年全国农民专业合作社500强。全区有6家省级示范社，3家市级示范社。认证绿色食品13个、有机食品5个、地理保护标志产品11个。通过东西部扶贫协作积极搭建销售平台，组织区内鸭蛋、红米、茶叶等农产品销售到大连，销售金额1200万元。

（八）扎实抓好重大动物疫病防控。落实重大动物疫病防控责任。全区参加非洲猪瘟防控工作19.23万人次，监测排查30头以上生猪养殖场9.13万场次，散养户148.24万户次。设置卡点28个，检查调运生猪车辆7900车次，累计检查生猪11.48万头。以禽流感、口蹄疫、猪瘟、高致病性猪蓝耳病、小反刍兽疫等免疫为重点，应免疫畜禽免疫密度达100%，群体免疫密度常年保持在95%以上，免疫抗体合格率达到70%以上。

（九）严厉查处农业生产领域违法案件。共出动执法人员242人次。开展农资市场巡回检查40次，检查种植、养殖基地60家，农资经营网点84家次，立案查处违法行为26起，查获违法农资360公斤，没收违法所得1485元，罚款7.639万元。开展渔政专项执法9次，依法取缔渔具16具，查处违法行为13起。

三、坚定发展目标，以新跨越描绘新蓝图

2021年，农业农村局党组将以党的十九届五中全会精神为指导，深入学习并贯彻落实中央经济工作会议、中央农村工作会议及省市特农业、农村工作有关精神，坚持新发展理念、高质量发展战略，以实施乡村振兴战略为总抓手，加快农业现代化建设步伐，实现农业农村高质量发展、高品质提升、高效益带动，农村经济综合实力显著提升。一是保障粮食安全生产。抓好粮油扩能增产，增加复种指数，提升粮食单产水平，提高农业机械化耕作水平。优质水稻稳定在11万亩，发展优质红米5000亩以上；优质杂交油菜播面达16万亩以上；优质小麦种植达8万亩以上；马铃薯种植达20万亩以上；发展高粱、大豆等特

色杂粮5万亩以上。二是推进产业提质增效。突出生态绿色有机发展，推进重点产业提质增效和适度扩面。茶叶产业稳定投产面积10万亩以上；蔬菜产业发展河谷坝区喜温蔬菜基地和高山坡地喜凉蔬菜基地3万亩，建设常年商品蔬菜基地1万亩，发展一批特色蔬菜优势单品辣椒1万亩、生姜1万亩、魔芋5000亩以上。发展食用菌达3000万棒以上，扩大林下菌种植面积500亩。推进猕猴桃SPV项目1万亩目标全面建成，建成百香果、沃柑基地0.1万亩。新发展中药材1.5万亩以上。重点打造1～2个刺梨标准化示范基地，通过补植、补种等措施提质管护12万亩。加快推进大樱桃示范基地、精品水果基地建设，发展百香果、沃柑等水果0.2万亩。三是做强、做特畜牧业。依托“凉都跑山猪”特色品牌，二表哥公司和大北农公司分别建年出栏1万头育肥场2个以上，带动生猪出栏达30万头以上。推进肉牛政银企SPV全产业链项目，带动肉牛出栏达3.5万头以上。四是加强主体培育和品牌创建。积极组织申报省市级重点龙头企业，培育省、市级重点龙头企业5个，力争培育1个省市级流通型龙头企业、培育1个国家级龙头企业。大力加强品牌创建和应用推广，把月亮河有机红米品牌做大做强；加大二表哥跑山猪基地创建力度，着力打造“凉都跑山猪”品牌；充分发挥区内绿色、有机、地标产品品牌效应。五是推进农业科技化创新。加强农业技术人才创新，实行产前、产中、产后综合服务。加强新型职业农民培育，2021年计划培育新型职业农民1000人。六是夯实农业发展基础。加快高标准农田建设，围绕“两高、两道”沿线和14个坝区及农产品优势区和食粮主产区，建成机耕道、灌溉沟渠高标准农田3.5万亩。推进农业机械化服务，提升耕种收机械化水平。2021年完成机耕面积41万亩，机播面积1000亩，机收面积2000亩。落实农机购置补贴政策。计划购置各类农业机械800台套，使用中央补贴资金50万元以上。七是加强农业信息化建设和推广应用。充分利用大数据平台，大力推进“互联网＋”现代农业发展模式，示范推广一批让合作社和农民群众“用得起”“用得好”的物联网设备。持续跟进申报的标杆项目和示范项目。加强信息进村入户工程建设，继续推进170个益农信息社示范提升工程建设，实现信息服务全覆盖。

（撰　稿：农业农村局办公室）

六枝特区能源局党组 2020 年工作综述

2020 年，在特区党委、政府的正确领导下，在市能源局及有关部门的支持指导帮助下，能源局党组认真贯彻落实党的十九大和十九届二中、三中、四中、五中全会精神，深入学习贯彻习近平总书记关于能源发展系列重要讲话精神，落实新冠肺炎疫情防控责任，按照年初的工作思路和工作目标，坚守发展、生态、安全、维稳“四条底线”，着力推动能源企业转型升级，释放产能，扎实抓好能源行业领域安全监管服务工作，不断提高能源企业安全基础，增强抗风险能力，助推全区能源产业高质量发展。现将 2020 能源局党组工作综述如下：

一、工作取得的成效

2020 年，一场新冠肺炎疫情席卷全国，面对新冠肺炎疫情严峻形势，在特区党委、政府的坚强领导下，特区能源局始终坚持把人民生命安全放在第一位落到实处，扎实开展能源发展各项工作，在大战大考中经受了考验，取得一定成效。

（一）**煤矿方面**。一是煤炭产量逐年增加，煤炭供给能力逐年提升。全区生产原煤 224.28 万吨，与 2019 年同比上升 8.12%，煤炭生产逐渐走入正轨，煤矿数量逐年减少，原煤产量逐年上升。区内电煤供应量达 151.51 万吨，占进煤量的 48.09%，电煤供应呈逐年增加的趋势。二是调整煤炭产业结构，按要求完成淘汰落后产能 30 万吨的目标任务。三是实施煤矿兼并重组，调整优化产业布局。明确兼并重组批复保留煤矿 21 处，总产能规模为 1170 万吨 / 年，缺失配对关闭指标的煤矿 2 处。优化布局后保留煤矿 19 处，产能 1815 万吨 / 年；设置矿权 5 处，规模 540 万吨 / 年，共计产能 2355 万吨 / 年。四是狠抓煤矿“两化”改造，促进煤炭安全效益双提升。全区“两化”改造顺利进行，正常生产煤矿全部开展机械化改造，辅助系统智能化率达 100%，建设矿井“两化”与矿建同步推进。五是强化协调指导，盘活现有煤矿及洗煤厂。启动聚鑫煤矿、宏顺发煤矿建设，盘活碧海洗煤厂、景新洗煤厂，延伸产业链，不断提高煤炭附加值。

（二）**非煤能源方面**。一是着力构建电力产业新格局。全区正常运营火电厂 1 座，光伏发电站 3 座，垃圾发电站 1 座，瓦斯发电站 1 座，水电站 11 座，瑞安水泥厂余热发电站 1 家。在受疫情影响的情况下，全区累计发电 68.22 亿度。二是统筹规划天然气管网，狠抓城乡管网建设，建成六枝至水城天然气管道六枝过境段 52.403 公里，建成城市中压管网 92.293 公里，庭院低压管网 181.45 公里，木岗镇管道 3.5 公里，居民用户 11409 户，商业用户 436 户，改造燃煤锅炉 41 套。年销售气量为 150 万立方米（含煤层气和煤矿瓦斯抽采利用），实现年产值 4500 万元。三是加强清洁能源利用，加快煤层气开发。煤层气利用 220.27 万立方米，牛场开发利用项目已完成 6 个钻井平台、36 口井完钻，22 口井压裂产气，现日产气量达 9100 立方米，待剩余 14 口井压裂排气后，预计产气量将达到每天 12000 立方米。

（三）**能源行业安全生产方面**。2020 年度全区能源行业没有发生生产安全事故，安全生产形势总体平稳，安全生产基础逐步夯实，安全可控度得到提升，为奋力开启能源高质量发展打下坚实基础。

二、主要工作举措

（一）**狠抓组织建设，不断加强党对能源工作的领导**。坚持把党的政治建设放在首位，全面落实新时代党的建设总要求，把党的领导贯穿能源发展工作各方面、全过程，切实发挥党组把方向、管大局、保落实的作用。一是强化政治担当，切实保障主体责任落实。把党建工作与能源发展工作同安排、同部署、同检查、同落实，充分发挥党组（局机关党委）政治核心作用，召开6次党组（扩大）会，4次中心组集中学习会议、4次党员大会，上党课4次，及时组织学习上级文件会议精神，研究党建、党风廉政工作及重大事项、重大活动，解决重点、难点问题，汇报党建和党风廉政工作，进一步统一思想、行动、步调。二是规范制度建设，扎实开展党支部组织生活。每月一次支委会、主题党日活动，每季度开一次党员大会、上一次党课，领导干部带头参加双重组织生活，带头参加党支部组织生活、带头学习、带头讲党课。认真开展集中学习研讨、学习体会交流、革命传统教育、形势政策教育、理想信念教育、先进典型教育、警示教育等。邀请特区纪委监委宣教室张丽佳同志给全局党员干部上廉政党课，深入学习和剖析六盘水市乃至六枝特区的相关典型案例，教育和警醒大家引以为戒、心存敬畏、廉洁自律。及时开展民主生活会和组织生活会，结合预防提醒谈话，开展谈心谈话。三是强化宣传思想和精神文明建设。成立意识形态工作领导小组，全面落实党组意识形态工作责任制。四是抓好党员管理工作，树立党员“新风尚”。按照《党员管理工作条例》文件要求，积极引导党员严格履行义务，保障党员充分行使权利，组织党员参加党的活动，保持党员队伍的纯洁性，统一规范管理党员。五是做好机关党务相关工作。根据省、市、特区相关文件要求，每月、每季度报送相关资料；收集整理好相关党务会议记录，健全档案管理；收集整理好每月驻矿人员生活费收据，保证党风廉政工作落实到基层。六是严格监管执法过程中的廉洁性。在执法监管方面，严格执行相关制度规定，加强对干部职工的教育、管理和监督，以党纪、党规及现存的规章制度来规范和约束干部职工的行为，督促其依法、依纪、依规开展工作，坚决纠正损害群众利益的不正之风。全区能源系统没有“吃、拿、卡、要”等不正之风的现象发生。

（二）认真贯彻落实上级关于能源发展的决策部署，全力推进传统煤炭产业发展。一是深入贯彻习近平总书记关于能源发展的重要论述和党中央、国务院对于能源发展的系列决策部署，全面落实各级政府关于能源行业新机制、煤炭行业高质量发展要求，扎实推进全区能源行业领域安全健康发展。二是实施煤矿兼并重组，调整优化产业布局。经优化布局和资源整合后，六枝特区原有批复保留21处矿井优化整合为19处，矿井数量减少2处，总规模增加645万吨/年；设置矿权5处（黑塘、梁山、古茶、大寨、夜郎），规模540万吨/年，优化后总体产能达2355万吨/年。淘汰退出产能关闭煤矿3处（凸山田煤矿15万吨/年、湘发煤矿15万吨/年、华际煤矿15万吨/年）。三是深化煤矿瓦斯综合利用，变废为宝的同时“以用促抽”，进一步提升全区煤矿瓦斯治理能力。区内六家坝煤矿瓦斯发电站装机容量2400千瓦，总投资1600万元，利用瓦斯211.82万立方米，共发电562.18万度，待全区煤矿新一轮技改完成后，全部煤矿建成配套瓦斯发电项目。

（三）解决电煤供应，保护优质产能，以良性循环保障产业转型升级。一是结合煤炭工业高质量发展三年行动，紧盯煤炭转型升级、提质增效、继续推进煤矿机械化、智能化升级改造，快速释放安全高效产能，稳定电煤供应。2020年共供应电煤116.93万吨（向贵州福泉电厂供应电煤16.03万吨，贵州福能六枝电厂供应电煤100.9万吨）。二是加大对福能电厂周边配煤场的扶持力度，鼓励配煤场从周边县区和区内煤矿采购煤炭进行掺配后供应电厂，保障全区电煤量的供给。三是加大对区内洗煤厂的扶持力度，提升资源就地转换率，有效补充电煤的不足，确保煤炭产业可持续健康发展。采取优质煤与电煤置换的方式，引导区内主要生产优质煤矿井的产品供应到区内洗煤厂，洗煤厂将生产出来的附属产品（中煤及泥煤）销售到电厂，有效缓解电煤的不足，达到互利共赢的目的。四是严格按照动力煤一律保境内电厂原则，保障电厂的电煤供应工作，确保全区煤、电联动安全运行，避免因电煤短缺造成电厂运行紧张，影响全区正常经济社会秩序。

（四）狠抓煤矿“两化”改造，促进煤炭安全效益双提升。一是全区正常生产煤矿中3处已完成机械化改造，六龙煤矿和六家坝煤矿为综合机械化采煤，中渝煤矿为“柔性掩护支架+截煤机采煤”，其余正常生产煤矿已与中介机构签订机械化改造技术服务协议，按照“一矿一策”要求，明确每个煤矿机械化改造采煤工作面和工作推进时间节点，每周一调度，及时解决推进过程中的难点问题，确保在规定的时限内完成改造。二是全区正常生产煤矿全部完成辅助系统智能化子系统建设，辅助智能化率达100%。

（五）扎实开展煤矿安全专项整治三年行动，从根本上消除事故隐患。一是及时安排部署，制定实施方案，严格实行清单化管理，建立党委、政府和监管部门、企业层面的问题隐患和制度措施“两个清单”（党委、政府和部门层面存在的问题31项，完善制度措施75条；各企业存在的问题隐患233项，完善制度措施544条）。二是对照“开小灶”第一阶段和第二阶段反馈的突出问题和共性问题，不断完善问题隐患和制度措施“两个清单”。75条制度措施已落实到位44条并形成长效机制；企业层面的544条制度措施已落实到位324条。对照国家煤矿安监局“开小灶”督导反馈问题自查的政府、部门和企业层面共439条问题已落实整改417条，其余正在整改中。

（六）强化技术指导，加大服务力度，推动非煤能源健康发展。一是统筹协调，加强谋划。为充分利用六枝特区的光伏资源，紧抓碳达峰、碳中和的发展机遇，利用国有企业、上市公司的技术力量，在六枝特区寻找适合建设光伏的地块，“十四五”期间，共计申报项目14个。二是积极主动作为，全力调整生态红线。我局高度重视适合建设光伏发电且被生态红线占压的部分调整，主动对接测绘公司出具红线图，及时向省、市自然资源、能源等部门上报，恳请协调调整，截至2020年年底，已经将“十四五”期间所有项目的生态红线上报调整，经核实，基本确定调整且最具有开发价值的项目共5个。三是有效释放产能，减少二氧化碳排放量。六枝特区全力指导服务企业，实现总发电量4902.31万度，折算节约标煤6024.93吨，减排二氧化碳16387.83吨，实现产值3257.32万元。

（七）狠抓新冠肺炎疫情防控工作，确保能源企业尽早复工复产。一是高度重视，迅速动员部署。召开局党组会议，专题研究部署应对新冠肺炎疫情防控工作，明确责任分工和具体措施。二是细化措施，确保能源行业尽早复工复产。在1月22日，局党组就开始动员区内12处煤矿克服春节和疫情等困难复工复产，安排专人到企业进行蹲点驻守，协调帮助企业解决在复工复产中面临的困难和问题，确保生产不停顿、供应不掉链，快速有效保障电煤供应，在3月底时，煤炭生产量已经恢复至年前水平。同时为能源企业累计分配一次性口罩及口罩内垫5730副、消毒液250多公斤，体温枪10把，确保能源企业复工复产物资保障到位。2020年，六枝特区能源行业无一人感染新冠肺炎。

（八）强化措施，狠抓落实，确保能源行业安全生产形势持续向好。一是强化贯彻落实。认真贯彻学习习近平总书记、李克强总理等各级领导作出指示批示和各级煤矿安全生产会议文件精神，深刻吸取省内外生产安全事故教训，牢固树立“红线”意识“底线”思维，认真开展能源行业安全生产大排查、大整治，将隐患消灭在萌芽状态，促进全区能源行业持续安全稳定。二是强化宣传教育。开展“警示教育月”、“5·12”防治减灾日、“安全生产月”“国际减灾日”等活动。活动期间，共悬挂横幅500条，开展专题讲座10次，发放防灾减灾宣传图册5000份，宣传品1500份，接受群众现场咨询3000人次，切实提升能源行业从业人员安全意识。三是强化隐患排查治理。盯煤矿顶板、瓦斯、水害，长输气管道高后果区管控、地质灾害等重大灾害治理重点、难点，结合能源工作特点，制发《六枝特区“五一”期间能源行业安全检查方案》和《六枝特区能源行业“国庆”暨第四季度安全生产大检查方案》等工作方案，以执法检查、煤矿瓦斯参数测定、煤矿管理人员的业务能力的考核等工作为抓手，全面巩固能源行业安全生产基础。2020年，共查出隐患2186条，已督促企业全部落实整改；共处罚煤矿35矿次，警示约谈煤矿安全管理人员52人次，处罚金额为289.8989万元；查出重大隐患2条，已按照要求挂牌督办销号摘牌。

三、取得的主要经验

一是坚持党的领导，把党的政治建设放在首位，全面落实新时代党的建设总要求，把党的领导贯穿能源发展工作各方面、全过程，切实发挥党组把方向、管大局、保落实的作用，统筹推进能源产业转型升级和高质量发展工作。

二是坚持服务与监管并重的原则，统筹协调好安全生产与产能释放工作。加大对煤矿等行业督促指导力度，同时在风险可控、安全有保障的情况下尽快达产，助力全区经济社会发展。

三是坚持推进能源行业防范重大风险工作。坚持以习近平新时代中国特色社会主义思想为指导，全面贯彻落实习近平总书记关于着力防范化解重大风险的系列重要论述，切实履行防范化解工作责任，制定具体防范化解措施或长效防范机制，并认真抓好贯彻执行，组织对能源行业风险点进行综合研判，并对风险程度做出程度高、中、低的综合判断，并按照防范化解措施或长效防范机制做好防范化解和稳控工作，杜绝能源行业重大风险发生。

四是坚持应急值班值守。严格执行领导带班、值班制度，值班人员 24 小时在岗制度，并按照规定及时上报相关信息，严格报送程序，迅速响应、妥善处置，营造和谐、稳定的能源健康发展环境。

（撰　稿：能源局办公室）

六枝特区人力资源和社会保障局党组 2020年工作综述

2020年，六枝特区人力资源和社会保障局在特区党委、政府的坚强领导下，在市人力资源社会保障局的有力指导下，深入贯彻党的十九大及十九届四中、五中全会精神，认真学习习近平总书记重要讲话精神，立足服务全区经济发展，坚持以“服务民生、服务发展、服务基层”为主题，突出抓好创业就业、社会保障、人才发展、劳动关系等重点工作，立足于工作实际，认真履行部门职能。

一、主要工作成效

（一）核心指标完成情况。2020年，六枝特区城镇新增就业13086人，完成任务数10586人的119%；城镇登记失业率3.07%，有效控制在5%范围内；全区城乡居民养老保险参保24.32万人，完成任务数24.2万人的100.50%，开展建档立卡和易地扶贫搬迁劳动力培训7835人次，培训任务完成240%。

（二）重点群体就业情况。失业人员再就业1798人；就业困难人员实现就业947人；通过就业见习、“教师特设岗位”“三支一扶”、事业单位等解决高校毕业生就业813人；开发公益性岗位托底安置就业困难人员409人，开发临时城镇公益性岗位安置就业困难人员182人；建立城镇零就业台账且动态清零。

（三）就业扶贫攻坚成效。六枝特区建档立卡贫困劳动力68784人，累计就业创业65180人，就业率达94.76%；12个易扶搬迁安置点累计搬迁3557户16621人，有劳动力的易地扶贫搬迁家庭3352户劳动力16108人，累计就业创业8114人，就业率达94.16%。有劳动力的贫困户、易地扶贫搬迁户已全部实现“一户一人”以上稳定就业目标。

二、主要做法

（一）在稳岗拓岗就业帮扶上下功夫。一是促进农村劳动力有序返岗。2020年，成立区级“农民工就业工作专班”，组织十二家区直部门相互联动，下设四个工作组，全面协调开展农民工返岗就业工作，动员各乡（镇、街道）结合农民工工作实际，分类施策，确保农民工顺利外出返岗就业。通过区级公益性劳务公司，采取“点对点、一站式”的方式有组织劳务输出45批1767人；二是大力开展职业技能提升。按照“全员培训、规定培训、精准培训、建档培训、持续培训”的要求，围绕六枝特区猕猴桃、茶叶、食用菌、养殖等农业产业发展，龙头企业用工情况，有针对性地开展岗前培训、以工代训、技能提升等培训，引导企业开展以工代训2732人；岗前培训1197人；开展职业技能提升行动培训9432人次。落实职业技能提升培训专项资金1184万元。三是全面拓宽就业服务渠道。2020年，线上线下开展现场招聘会，累计收集发布用工岗位1.2万个，招聘需求人数13.26万人，实现对全区各乡（镇、街道）招聘活动全覆盖；通过“八个一批”劳务就业扶贫岗位，累计开发区内岗位3815个，其中吸纳贫困劳动力就业3293人；通过劳务就业扶贫大数据平台使用，收集登记发布用工岗位7432个，向有就业意愿未就业人员推荐岗位2472次，累计帮助实现就业1032人。四是强抓政策落实力度。落实就业援助补贴114.48万元；落实就业扶贫专岗补贴315.5万元；落实公益性岗位补贴1008.88万元、社会保险补贴529.81万元；落实灵活就业人员一次性困难补贴7.1万元；落实企业吸纳高校毕业生就业社会保险补贴48.93万元；落实就业见习补贴277.52万元；落实创业场租租赁补贴63户79.2万元；落实创业担保贷款239户3267万元。

（二）在稳岗拓宽就业渠道上下功夫。一是强化整合公益岗位兜底。积极开发阶段性东西部扶贫劳务协作就业扶贫专岗，吸纳贫困劳动力 503 人。同时，结合中央“两直达”系列政策，开发公益性岗位托底安置就业困难人员 409 人，开发临时城镇公益性岗位安置就业困难人员 181 人，开发临时乡村公益性岗吸纳贫困劳动力和易地扶贫搬迁劳动力 300 人实现就近、就地就业。二是强化服务体系建立就业扶贫车间。加强和完善易地扶贫搬迁培训和就业服务体系建设，大力兴办就业扶贫车间促进就业。2020 年，建设就业扶贫车间 11 家，累计带动就业 810 人，其中建档立卡贫困劳动力 140 人。三是强化有效发布用工信息。认真收集公布区内、外用工岗位信息。2020 年以来，线上开展“2020 年春风行动网络专场招聘会”“百日千万网络招聘专项行动”等活动，下线开展“奋力冲刺 90 天——坚决打赢歼灭战劳务就业扶贫系列招聘会”“2020 年劳务就业扶贫助力脱贫攻坚专场招聘会”等，累计收集发布用工岗位 1.2 万个，招聘需求人数 13.26 万人，实现对全区各乡（镇、街道）招聘活动全覆盖。

（三）在就业创业政策落实落地上下功夫。一是落实贫困劳动力就业援助补贴。对符合条件的贫困劳动力，给予每人每月 400 元的就业扶贫援助补贴，现已累计兑现补贴 114.48 万元。二是落实贫困劳动力培训补贴。2020 年以来，按照规定兑现培训补贴 279.75 万元和贫困劳动力培训期间生活补助 129.84 万元。三是落实就业扶贫专岗补贴。针对就业困难的贫困劳动力和易地扶贫搬迁劳动力，开发就业扶贫专岗，现已累计兑现 315.5 万元；四是落实公益性岗位补贴。符合公益性岗位开发条件的，给予岗位补贴和社会保险补贴，2020 年以来发放公益性岗位补贴 1008.88 万元、社会保险补贴 529.81 万元。四是落实创业担保贷款贴息补贴。2020 年以来拨付创业担保贷款贴息资金 4119 户 866.99 万元。五是鼓励企业吸纳毕业生。2020 年兑现六枝特区富民村镇银行吸纳高校毕业生 19 人，社会保险补贴 19.18 万元；葵花药业集团（贵州）宏奇有限公司吸纳高校毕业生 18 人，社会保险补贴 16.51 万元。六是落实就业见习补贴。截至 2020 年年底，就业见习补贴 179.91 万元。

（四）在社会保障服务上下功夫。一是启动全民参保计划。在全区范围内开展全民参保登记、宣传工作，动员符合参保条件的城乡居民参保、续保，提高群众自我保障意识。充分利用电子滚动屏、张贴标语、过街横幅、发放宣传册和村干部入户等形式，广泛宣传社会保险的重大意义及作用、基金征收标准、补偿比例等相关政策，引导群众积极参保，提高参保效率，2020 年，全区城乡居民养老保险参保达 24.32 万人，征缴城乡居民养老保险基金共计 1634 万元。二是以养老保险跨省转移接续业务为重点，深化“放管服”改革要求。认真做好退役军人养老保险关系转移接续工作，积极推进养老保险关系转移接续业务联网办理，成功转接接续退役军人养老保险关系 137 人，取消 15 项办事证明事项，通过数据信息共享，转变服务理念，创新服务流程，打通服务群“最后一公里”。三是落实社会保险费减、免、缓及返还稳岗补贴政策。2020 年，实施社会保险费减、免、缓政策已为全区企业减负 3801.84 万元，为 16 家企业办理社会保险费缓交 311.67 万元，惠及 2847 人。放宽稳岗返还条件，为全区 133 户企业发放失业保险稳岗返还补贴 208.65 万元，惠及 3140 人。四是健全失业保险制度，确保失业人员基本生活。积极推进失业保险线上申领服务，实现业务全程不见面办理。2020 年，全区共有 4426 人次申领失业保险金，发放失业保险共计 713.03 万元。全面推动六枝特区扩大失业保险保障范围有关工作，切实保障参保失业人员基本生活，进一步做好困难群众兜底保障，维护社会和谐稳定。2020 年，扩大失业保险范围发放失业补助金 971 人次 900592 元。2020 年，发放失业人员物价临时补贴 4140 人次，补贴金额 76.04 万元。

（五）在人才队伍建设上下功夫。全面落实国家、省、市有关政策，为全区各级事业单位做好人才招聘、干部调配、工资审核、档案管理及考核聘用等工作。坚持“按需引才”，对高层次人才、急需紧缺人才和特殊人才，通过“绿色通道”简化引进程序，对具有较高水平的高层次和急需紧缺人才，不受时间、地点等因素限制，采取“一事一议”“一人一策”的方式专项引进。2020 年，组织开展公开招聘事业单位工作人员 448 人，已落地聘用 346 人；参加“中国贵州人才博览会”，赴省内外高校为六枝特区人民医院、六盘水市第二中学、中共六枝特区委员会党校等 10 家单位引进各类人才共 107 人，已落地聘用 64 人；

2015年农村订单定向免费医学生落地聘用6人；特岗教师转入地方事业编制正式聘用187人；“一事一议”引入急需医疗人才1人。

（六）**在维护和谐劳动关系上下功夫**。一是快捷高效办理劳动人事争议案件。坚持以“快立、快办、快结”的原则处理全区劳动人事争议案件，创新工作理念，变“坐堂办案”为“上门服务”，深入社区、医院、企业及劳动者家中，力争把劳资双方的争议纠纷化解在萌芽状态。2020年，仲裁院共立案受理253件（涉及劳动者258人），其中，包含基层调解组织20件，按规定不予受理39件。共办结案件253件（含上期未结案件1件），其中，调解135件，裁决96件，撤销撤诉等其他处理方式22件，剩余1件按规定正在办理中。仲裁结案率为99.61%，调解成功率为56.78%，仲裁终结率为70.75%，案件同期录入办案系统率为100%。涉案金额为831.27万元。立案受理案件中，按争议类型来分：确认劳动关系20件，占了受理总数的7.9%；劳动报酬98件，占38.74%；社会保险72件（其中工伤待遇71件），占28.46%；解除、终止劳动合同45件，占17.79%；其他未签订书面劳动合同双倍工资等18件，占7.1%。按用人单位的性质来分：私营企业210件，占受理总数的83%；国有企业5件，占1.98%；事业单位38件，占15.02%。二是常态化维护劳动关系健康发展。紧紧围绕建立和谐劳动关系的工作目标，严格按照劳动法律法规精神，不断加强对用人单位监管力度，以维护劳动者合法权益为宗旨，以规范劳动力市场秩序、查处各类违反劳动法律案件为突破口，充分发挥劳动保障监察的职能作用。2020年，共接待投诉欠薪案件20件，已全部受理结案，清欠拖欠民工工资586.56万元，涉及农民工956人，受理工伤认定178件，认定155件。开展用工备案230户，涉及工人3740人。督促建筑施工企业缴纳农民工工资保障金，共收取10户企业工资保障金2015.64万元。

（撰　稿：人资社保局办公室）

团结务实守初心　奋勇争先担使命
贯彻新发展理念推进创新协调绿色共享发展

——六枝特区自然资源局党组2020年工作综述

2020年，六枝特区自然资源局党组坚持以习近平新时代中国特色社会主义思想和党的十九大精神为指导，在区委、区政府和市自然资源局党委的坚强领导下，围绕中心服务大局，牢牢抓住“党建引领、事业争锋、疫情防控”三条主线，认真贯彻新发展理念，坚持规划引领、生态优先、保护资源、保障用地，推进创新协调绿色共享发展，较好完成了全年各项目标任务。

一、主要工作成绩

（一）国土空间布局持续优化。一是完成生态红线评估调整工作，六枝特区生态红线调整前为418.63平方公里，评估调整后为340.77平方公里，待上报国家确认；二是完成六纳晴高速、六安高速重点建设项目永久基本农田补划方案的编制，补划面积249.4613公顷；三是六枝特区国土空间总体规划（2020—2035年）及相关专题等编制工作有序开展。

（二）全力做好土地要素保障。一是加强用地保障。抓好建设用地报批工作。获批新建安顺至六盘水铁路工程建设用地（六枝境内段）1498.18亩；获批2018年度第三、四批次城镇建设用地603.7亩，2019年度第一、三、四、五、六批次城镇建设用地（含增减挂钩用地）1131.82亩；六枝特区2020年度第一、二、三批次城镇建设用地（含增减挂钩用地）申报面积462.62亩，已呈报省自然资源厅审查；2020年度第四、五、六批次城镇建设用地申报面积137.75亩，已呈报特区政府审查；2020年落别、梭戛乡农村村民建房用地（易地扶贫搬迁用地）申报面积44.46亩，已呈报特区政府审批；正在编制2020年度第七批次城镇建设用地和第一批次工业用地申报工作，拟申报面积381.73亩；落实“增存挂钩”，做好土地划拨。划拨供应全区重大项目用地，供应面积共计249.75亩；2020年六枝特区建设用地产出率为23674.24万元/平方千米。二是严格耕地保护。2020年六枝特区获批的建设用地占用耕地面积2110.55亩，均完成占补平衡指标落实；完成自然资源部下达的地类审查不严问题，整改不实耕地指标146.23亩；对农村乱占耕地建房问题加以整治，对38778个图斑进行摸排，据摸排录入信息93814条，摸清占地面积共9.91万亩（耕地3.42万亩，基本农田面积1.93万亩）。三是积极探索经营性集体建设用地入市。拟定六枝特区农村集体经营性建设用地入市工作实施方案，现已修改完善并报特区政府审核。

（三）安全生产狠抓不懈。一是地质灾害防治滴水不漏。落实监测人员123人、巡查员2316人；2020年获批木岗镇地质灾害综合防治工程项目等2个项目，共获批复资金2789.05万元，减少受胁群众7968人；建成61处隐患自动化监测并投入运行，组织地质专家开展业务培训工作2次，培训人次共计25600人次。二是森林防火紧盯严防。截至2020年年底，全区森林火灾受害率0.02‰，控制在上级下达指标0.7‰范围内。

（四）用好自然资源执法“武器”。组织开展自然资源执法监察巡查1703次，投入经费34.37万元；立案调查自然资源违法案件68件，结案22件，收缴罚没款87.82万元。认真开展违法用地专项整治，共清理31宗违法用地，涉及土地面积474.728亩。依法开展严厉打击破坏野生动物资源违法犯罪专项行动，共清理野生动物驯养繁殖场所58处，清理野生动物加工经营场所33处，检查野生动物活动区域865处，检查餐馆场所60家；查处野生动物行政案件16起，行政处罚16人，罚款1765元。

（五）生态保护修复稳步推进。全区需开展矿山地质环境恢复治理的历史遗留121家矿山中，96家已完成治理，17家正在开展治理，8家被占用，不再进行治理；对全区开采损毁土地42个图斑已全部录入系统；六龙煤矿、六矿瑞安水泥厂等2个企业已完成绿色矿山建设。

（六）自然资源服务持续优化。办理用地预审和规划选址意见书、用地规划许可证、工程规划许可证等办理时限由41个工作日压缩至23个工作日；完成行政审批办证35份，涉及面积761026.79平方米；组织召开专家评审会审查通过项目18个，涉及建设用地面积264982.31平方米。积极配合办理用地手续，服务好重大项目用地，办理临时用地5宗，共计89.45亩；认真落实2020年新增特别国债项目涉及六枝项目用地预审13宗，面积677.55亩；完成4个项目的征地工作，征地面积39.74亩；完成8个项目使用林地申请审核上报工作，涉及使用林地面积13.8569公顷；审核同意发放林木采伐证16份，采伐林地面积85.5公顷，采伐林木蓄积14755立方米。做好项目谋划申报，共申报拟入库项目20个，涉及总投资5.33亿元。

（七）确权登记不断夯实。完成城镇不动产权籍补充调查工作，实现省、市、县不动产登记信息平台统一；不动产一般登记、抵押登记业务办理时间压缩至3个工作日以内办结；签约建设完成16家房开企业“互联网＋不动产登记”信息平台、6家银行“互联网＋不动产抵押登记”。共受理不动产登记40052件，颁发证书9936本，颁发证明15062份；完成5乡（镇）房地一体测量19245宗地，调查15762宗地，成果输出11153宗地，已签字确认7459宗地。

（八）自然资源管理利用集约高效。一是土地整治完成补充耕地3791亩，超目标任务161亩；建成高标准农田面积952.43公顷；易地扶贫搬迁复垦、复绿验收合格1500户，合格面积180亩；完成2016年增减挂钩（300亩）预算审核。二是基本完成第三次全国国土调查中统一时点更新调查。三是加强矿业权批后监管，对在建生产煤矿与非煤矿山进行储量动态监测与测绘监测。

（九）土地出让及矿权出让积极作为。完成新增储备各类土地3000亩；出让土地32宗，出让面积494.56亩，出让金33710万元；正在挂牌公告14宗，面积为900.71亩，出让金预计为65775万元，到2020年12月底，全年出让土地共计46宗，出让面积共计1395.27亩，出让金预计共99485万元；出让采矿权7宗，出让收益金981.88万元；积极申报土地储备纾困资金，已申报9宗，申报金额38420.47万元；编制完成2021年土地储备计划，2021年六枝特区计划储备地块26个，面积1735.2075亩。

（十）林业生态建设积极向好。一是完成退耕还林工程13900亩；完成2019年度石漠化综合治理工程林业生态建设项目31800亩。二是落实天然林管护面积70.7万亩；义务植树800株，完成面积20亩；完成牂牁江生态修复项目楠竹种植600亩，慈竹种植222亩，香蕉种植300亩。三是配合完成全区2019年度森林覆盖率县级自查工作。四是完成全区食用野生动物人工养殖签订退出处置协议13家，转产（退出）13家，处置野生动物种类4种1535只（头、条）。五是完成新增刺梨种植4.5万亩，建成年加工3000吨的刺梨加工厂1座；全区林下经济累计完成20万亩，总产值为315万元。六是完成1500亩百香果及1500亩精品水果种植任务，聘用天保工程森林管护护林员47名，落实贫困人口生态护林员选聘1644名。

二、主要做法

（一）努力提升审批效能，提高服务水平和服务质量。认真落实“放管服”制度改革要求，完善“多审合一”制度建设，推进“多证合一”制度建设，强化“多规合一”制度建设。合理划定“三生”空间，明确规划的“底线”和“红线”，建立健全刚性约束机制，合理布局城乡空间资源，优化空间布局，有效配置土地资源。

（二）建立统一的确权登记系统，健全自然资源资产产权制度。一是持续推动不动产登记提质增效，持续优化营商环境；进一步规范林权类不动产登记；推进农村土地承包经营权登记成果资料移交接收工作。二是推进自然资源管理制度改革，加快构建自然资源资产产权制度。三是加大重点储备区域土地报批力度及深挖低效存量建设用地，及时清理批而未供土地；积极向上申报土地储备专项债券、纾困资金等解决收储资金难题。

（三）正确处理开发和保护的关系，全力推进矿山地质环境修复。大力探索构建"政府主导、政策扶持、社会参与、开发式治理、市场化运作"的矿山地质环境恢复和综合治理新模式；争取地方财政资金投入，积极谋划项目争取补助资金倾斜，以资金带动分年度逐步安排实施治理，及时还清旧账，解决历史遗留矿山地质环境突出问题。

（四）加强矿业权管理，有序推进绿色矿山建设。积极推进六枝特区的大坝萤石矿（锂）、温泉、大理石、梁山煤矿、硅砂等相关矿权的办理；努力处理好矿业权与生态红线及各类保护区重叠问题；进一步与六盘水市公共资源交易中心就符合条件的矿山企业完成采矿权招牌挂工作进行沟通对接；加强督促指导，建立惩罚机制，按期完成六枝特区的绿色矿山建设工作。

（五）全面强化"防、避、治"，提升地质灾害防治水平。提高地质灾害防治监测科技水平；积极谋划项目，争取资金支持，加大隐患治理力度，做到减少存量、控制增量；树牢"人民至上、生命至上"防灾理念，强化责任落实，紧紧围绕主汛期关键时间节点，持续做好隐患排查、监测预警、风险评估、应急处置、综合治理等工作，切实保障好全区人民群众生命安全。

（六）坚持以项目建设为重点，持续加强用地供给。根据发展规划和重点项目用地计划需求，"十四五"期间完成万亩各类项目土地用途转用的审核、报批工作，重点保障六枝特区重点项目、重大工程的用地需要；积极开展集体经营性建设用地入市工作；构建六枝特区自然资源交易和监管平台，建立完善自然资源价格体系；促进自然资源资产集约开发利用发挥自然资源资产产权制度在严格保护资源、提升生态功能中的基础作用，以及在优化资源配置、提高资源开发利用效率中的关键作用。

（七）扎实开展自然保护地管理工作。持续开展森林公园、湿地公园及风景名胜区开发建设招商引资工作，推进森林公园、湿地公园及风景名胜区开发建设；开展自然保护地管理及优化调整工作，彻底解决历史遗留问题，实现经济社会发展和生态保护并重；开展贵州六盘水牂牁江国家湿地公园迎接国家验收工作。

三、取得的经验

（一）"不忘初心、牢记使命"，抓实党建促各项工作落实。特区自然资源局党组始终坚持以党建工作引领中心工作，将党建工作与业务工作同安排、同部署、同落实。一是配齐配强支部班子。按照特区机关工委要求，结合人员变动，及时补选产生新的支委班子，配齐、配强局支部班子。严格按照党组织标准化建设内容，开展党支部标准化、规范化建设达标创建工作。二是落实党建工作目标。一年来，严格按照"三会一课"制度开展党务工作，形式多样开展主题党日活动，将机关党建融入业务工作中，形成以党建促业务、以业务辅党建的互促互动局面。

（二）加强党风廉政建设，为全面完成自然资源管理目标提供坚强的政治保障。一年来，特区自然资源局党组坚持"两手抓，两手硬"的工作方针，始终把党风廉政建设和反腐败工作作为一项政治任务紧紧抓在手上、扛在肩上。思想上高度重视，召开会议及时安排部署党风廉政建设和反腐败工作，传达上级关于加强党风廉政建设和反腐败工作的要求；责任上压紧压实，局党组书记与班子成员、班子成员与分管的股室站所负责人、负责人与一般职工签订党风廉政工作责任书，明确责任分工，层层压紧、压实；预防上多措并举，通过开展警示教育、谈心谈话、在重要时间节点预防提醒约谈、查找廉政险制定防控措施等方式，扎紧制度笼子，营造风清气正的政治生态。

（三）积极主动服务，为全区经济发展提供要素保障。围绕区委、区政府确定的中心工作，突出重点、注重实效，强化主动服务意识，在推动企业复工复产、做好“六保六稳”、优化营商环境等方面，提供坚实的用地支撑和保障。

四、存在的问题

一是自然保护地划入生态保护红线存在困难。二是部分指标突破土地利用总体规划控制指标。三是生态红线、耕地、林地、矿区及建设用地之间的矛盾依旧突出。四是森林防火职责不明，相关政策法规指引工作开展难。五是林业生态建设适宜土地资源少，工程推进难度大。

五、解决措施

充分做好国土空间规划调研，按照国家、省、市的要求，结合六枝特区实际，完成六枝特区国土空间规划及专题的编制工作，为特区今后的发展做好规划保障；森林防火厘清机构，履行职责；矿山地质环境恢复治理积极谋划项目，向上争取资金支持，争取“加快还旧账，不再欠新账”。

（撰　稿：龚忠敏）

六枝特区财政局党组 2020 年工作综述

2020 年，特区财政局党组始终坚持习近平新时代中国特色社会主义思想为指导，在特区党委、政府的坚强领导下，在特区人大、政协的监督下，在上级业务主管部门的关心和支持下，全区财政工作坚持稳中求进的工作总基调，科学研判财政形势，合理编制财政预算，切实兜实“三保”底线，持续深化财政改革，有效防范政府债务风险，全力打好三大攻坚战，促进全区各项事业稳步发展。

实践和成效

（一）**坚持党建引领，强化政治建设。**局党组将党建工作纳入财政工作目标中，列入重要议事日程，坚持党建工作与业务工作同安排、同部署，定期讨论、研究党建工作，进一步转变“重业务、轻党建”的现状，使抓好党建工作成为最大的政绩工作。一是制定党建工作计划，提出具体措施，完善工作制度，使党建工作切实做到年初有计划、半年有检查、年终有总结。二是细化分解党建工作责任，形成党组书记牵头亲自抓、支部委员协同抓、分管领导具体抓，形成一级抓一级，层层抓落实的党建工作格局，为党支部开展党建工作提供了有力的保障。三是认真落实上级党组织部署的各项工作，积极完成党报党刊征订、党费收缴等各项重点工作，并及时上报工作信息、进展情况。四是发展党员队伍，2020 年培育 2 名积极分子，3 名预备党员转正。五是认真落实“三会一课”等制度，坚持民主集中制原则，做到民主充分、集中有力、决策科学，打造思想素质高、业务能力强的党支部班子。

（二）**坚持积极有为，助推经济发展。**一是积极支持企业复工复产，最大限度降低疫情对经济发展的影响。全面落实减税降费政策，共减免各项税费 2.7 亿元，减轻企业税收负担。实行国有资产租金减免，为承租政府单位和国企房屋的企业、个体工商户减免房租 331 万元，降低企业经营成本。加大企业补助，区级筹集资金 500 万元，对受疫情影响严重的中、小、微企业在房屋租金、电费、燃气费及贷款利息等方面给予补助，切实帮助企业纾困解难。二是支持实体经济发展。加大政策扶持力度，拨付 2020 年度中、小企业发展专项资金 617 万元，兑付企业补助资金 205 万元。支持信用担保体系建设，增加鑫诺公司注册资金 700 万元，增强其担保能力。2020 年，鑫诺公司为中、小、微企业担保贷款 979 笔，减免担保费用 750 万元。三是牢牢把握国家政策机遇，积极与上级相关部门沟通协调，争取到专项债券、抗疫特别国债、中央预算内投资等各类资金近 15 亿元，有效缓解高铁站前广场、综合仓储物流中心、小城镇垃圾收运系统等 20 个项目建设资金困难，推动区域重大基础设施和公共服务建设，助力经济高质量发展。

（三）**坚持以人为本，兜牢民生底线。**一是全力以赴做好疫情防控资金保障工作。统筹区级预算、抗疫特别国债、重大公共卫生专项资金 4658 万元，支持核酸检测、基层哨点、发热门诊等疫情防控基础设施建设和防疫药品、物资储备，着力补齐疫情防控短板。二是在多年难遇的洪涝灾害面前，本着“生命至上”的原则，拨付灾后重建资金 2614 万元，促进生产生活尽快恢复。三是落实就业优先政策，争取上级财政就业专项补助资金 2216 万元、县级投入 579 万元，保障居民稳定就业，新增城镇就业人数 13086 人。四是大力保障困难群众基本生活需要和各项惠民政策落实，拨付困难群众生活补助资金 21512 万元，比 2019 年增加 3886 万元，惠及困难群众 4.7 万人。五是巩固脱贫成效，区级预算安排 8960 万元、整合涉农资金 28795 万元分别用于 59 个农村基础设施项目和 60 个产业项目建设，全力支持农村产业发展及基础设施建设，助力乡村振兴。2020 年，八大项民生重点支出完成 347862 万元，占一般公共预算支出的 84.72%。

（四）坚持底线思维，防范债务风险。一是坚持目标导向，提前制定化债工作方案，明确每一笔债务化解的责任人、资金来源、完成时限，压实工作责任。二是坚持多措并举，通过安排年度预算资金、盘活资源资产、公司经营性收入、PPP 化债等方式筹集资金用于债务化解，同时积极与金融机构协商，采取展期、调头、借新还旧等方式，千方百计缓释债务风险。三是强化预算约束，严把项目审批，“有保有压”建项目，通过“整合一批、压缩一批、核减一批”的方式，坚决杜绝新增政府债务。2020 年，全区牢牢守住不发生区域性系统性债务风险的底线，并实现政府债务风险等级由“红”转“橙”。

（五）坚持绩效优先，提高资金效益。2020 年，六枝特区采取“三强化、三确保”的工作措施，全力推进预算绩效管理工作。一是强化绩效目标审核，确保资金精准使用。在选择项目和安排资金时，结合六枝特区资源禀赋及区位优势，通过实地考察调研、科学论证等方式，召集实施单位共同设置和审核绩效目标后再安排资金，确保资金精准使用。2020 年，完成 265 个项目的绩效目标编审工作，涉及金额 132610 万元。二是强化绩效监管，确保绩效目标实现。在项目实施过程中，采取单位日常监管、财政部门重点监管的方式，选取 95 个项目进行重点监管，发现问题 66 个，涉及金额 86901 万元，已全部整改完毕，有效纠正绩效偏差，确保绩效目标的实现。三是强化绩效评价，将预算绩效评价结果作为财政资金分配、年度综合目标考核和领导干部追责、问责的参考依据。2020 年，对 12 个项目开展重点绩效评价，涉及金额 55125 万元，对 6 个单位开展整体支出绩效评价，涉及金额 2993 万元。

（六）坚持财政改革，提升理财能力。一是深化预算改革，严格按照“零基预算”的要求，改变原有“基数 + 增长”的预算编制方式，一切从实际出发，逐项审核各项费用的支付内容及开支标准，削减低效无效和长期闲置资金，基本建立能增能减、有保有压的预算管理机制。二是持续推进财政信息化建设，采取“线上监测，线下督导”的方式，建立健全财政资金使用可追溯监管机制。三是深化项目预结（决）算评审改革，制定《六枝特区政府性投资项目预决算评审管理暂行办法》，明确责任及工作流程，实行全过程造价控制，提高项目投资效益。四是深化财政票据改革。以深化“放管服”改革为抓手，顺应六枝特区“互联网 + 政务服务”的发展需要，实现财政电子票据开具、管理、传输、查询、存储、报销入账和社会化应用等全流程无纸化电子控制，进一步提升财政票据监管效能。五是深化区乡财政体制改革，出台《六枝特区加强乡（镇）财政预算收支管理实施意见》，合理划分区乡两级财政收入，对乡（镇）超收部分给予分成，切实增强乡（镇）管事理财的积极性。

主要做法及经验

（一）注重理论知识学习，强化思想政治建设。局党组始终把加强党员干部理论学习放在首要位置，在抓好业务工作的同时，坚持以理论学习为指导，不断提高全体党员的思想政治觉悟。有针对性地开展学习习近平总书记系列重要讲话和治国理政新理念、新思想、新战略等学习教育。继续推进“两学一做”学习教育常态化、制度化。一是全面开展“遵党章、学党章、讲党章”活动。由局党组书记领学和解读《中国共产党章程》。二是抓党纪、党规学习。继续抓好《中国共产党廉洁自律准则》《中国共产党纪律处分条例》《中国共产党党内监督条例》《关于新形势下党内政治生活的若干准则》等学习，坚持把“条例”的学习与党章的学习紧密结合起来，纳入党员学习内容。三是进一步抓好党员经常性教育工作。通过局党组理论中心组学习、党支部组织主题党日活动等一系列学习活动，引导全体党员树立正确的世界观、权力观、事业观，严格抓好意识形态工作。

（二）加强民主集中力度，增强党组党风廉政建设。认真执行民主集中制，加强集体领导，完善民主决策程序。局领导班子以身作则，争当表率，积极发挥领导班子核心作用，全局上下合力、发力，加强党内监督职能，自觉接受群众监督。建立健全民主决策工作机制，完善工作议事制度，加大执行和维护民主集中制的力度，增强党组班子成员的党性观念、组织观念和集体观念，围绕大局、分工合作的领导机制，保障班子成员有职、有权、有责，共同协作抓好全局各项工作。将党风廉政建设纳入党政班子、领导干部目标管理，紧密结合经济建设、精神文明建设和财政业务工作，提升廉洁自律的自觉性。

（三）深化财政管理改革，提高财政服务发展能力。一是加强政府性投资项目预、结（决）算评审管理。为规范政府性投资项目预、结（决）算评审行为，切实提高资金使用效率，维护资金安全，结合六枝特区项目预结（决）算评审情况，出台《六枝特区政府性投资项目预结（决）算评审管理办法（试行）》，明确项目预结（决）算评审的范围、内容、程序、要求、工作职责等方面内容。二是加强预算绩效管理工作推进。为加快推进六枝特区全面实施预算绩效管理工作，构建全方位、全过程、全覆盖的预算绩效管理体系，出台《六枝特区全面实施预算绩效管理推进工作方案（试行）》以及《六枝特区预算绩效管理办法（试行）》，确保全区绩效管理工作有章可行。

存在的困难及 2021 年工作打算

一是财政收入总量小，质量有待提升。二是刚性支出增长过快，收支矛盾突出。三是部分单位绩效理念不强，资金使用效益不高。四是政府债务偿债压力大，隐性债务风险不容忽视。对于这些问题，我们将通过深化财政改革、不断完善预算管理制度等方式，积极采取措施研究解决。

（一）做大财源培植，提高保障能力。一是发挥财政政策对产业布局、产业培育的引导作用，探索通过市场化运作、财政奖补等方式撬动社会资本参与建设，大力推动新型工业化、新型城镇化、农业现代化和旅游产业化加快发展，放大财政资金使用效益，激发企业发展内生动力。二是强化项目谋划储备，围绕省级“政策刚性加基金弹性叠加投入”的财政资金投入方式，认真学习研究中央、省、市重大政策，对照重点资金、重大项目支持领域，积极争取专项基金、专项债券等资金支持，助力经济加快恢复发展。三是立足各产业园区优势，围绕“7+2”产业链条，加大产业和重点企业扶持力度，加快形成集聚效应，稳步推进财源建设。四是不断优化营商环境，不折不扣地落实减税降费政策，将该减的税、该降的费落到实处、落在明处，防止减税降费政策红利弱化，助力企业做大、做强，增强经济发展活力。

（二）优化支出结构，保障重点支出。一是牢固树立过“苦日子”的思想，大力压减非刚性、非重点支出，严控“三公”经费预算，取消低效、无效支出，在预算压缩公用经费 11% 的基础上，力争在执行中再削减、再压缩，确保重点领域投入。二是大力清理编外人员，对编外人员实行精细化管理，对无政策支撑、发挥效益不高的人员及时进行清退，全力压缩编外人员规模。三是坚持“量力而行，尽力而为”的原则，将“三保”支出放在财政支出的优先位置，严格按照“保基本民生、保工资、保运转”的支出顺序全力保障“三保”支出需要，对全区民生政策实行清单化管理，严格执行中央、省级标准，增强民生政策可持续性。四是严格落实“四个不摘”要求，过渡期内在保持财政支持政策总体稳定的前提下，加快补齐村（寨）水、电、路、气、通信等基础设施短板，积极培育多元化新型农业经营主体，实现巩固拓展脱贫攻坚成果和乡村振兴的有效衔接。

（三）加大管控力度，严守风险底线。一是规范融资化债渠道。聚焦关键领域和薄弱环节依法合规开展融资，积极争取并用好、用活政府债券资金；加强市区平台公司的沟通对接，整合优质资源项目，拓宽融资渠道，确保既能妥善化解存量债务，又能保障合理的经营性融资需求，促进平台公司市场化转型。二是强化债务监管措施。严格落实“八个一批”“新十条”具体化债措施，结合实际打好债务风险防范化解“组合拳”。加强防范化解政府性债务风险工作与信贷、融资等政策的协调配合，做好监管政策协调，依法实现债务人、债权人合理分担风险，防范“处置风险的风险”。三是严肃监督问责力度。依法依规严肃查处落实主体责任不到位、违规举债、违规用债等行为，对防范化解债务风险工作不力或引发债务风险的单位、相关责任人进行追责、问责。

（四）加强资金监管，提升管理能力。一是持续深入推进财政内控制度建设。依托预算管理一体化系统等信息化手段，建立“制度+技术”财政运行监督机制，在公共财政预算资金分配、下达、支付等环节，对各级各类财政资金实施全流程动态监管，全面构建财政大数据监督新格局。二是健全预算管理制度。加快构建全方位、全过程、全覆盖的预算绩效管理体系和系统建设，建立分行业、分部门、分领域的绩效指标体系。强化绩效评价结果运行机制，更加强调成本效益、注重结果导向，推进预算绩效管理工作往深里走、细里走、实里走。三是强化会计质量监督检查。严格按照《中华人民共和国预算法》《中华人民共和国预算法实施条例》等财经法纪规定，按照“双随机、一公开”的原则，抽取部分单位从内部控制、支出审批程序、会计处理及时规范、银行账户管理、票据管理等方面进行专项检查，通过“以查促改、以查促学”的方式，全面提升管理能力，确保资金安全、高效运行。

（撰　稿：财政局办公室）

六枝特区扶贫开发办公室党组 2020 年工作综述

2020 年，六枝特区扶贫开发办公室党组努力克服新冠肺炎疫情、灾情对脱贫攻坚的影响，始终把脱贫攻坚成果巩固提升、“确保高质量、打好收官战”作为主攻坚目标，认真贯彻落实习近平总书记在决战决胜脱贫攻坚座谈会上的重要讲话精神，按照省委、省政府，市委、市政府和区委、区政府的安排部署，把补短板强弱项作为返贫、致贫重要抓手，确保脱贫攻坚质量高、成色足。

一、主要工作成效

2020 年，在新冠肺炎疫情和灾情一个接一个“加试题”面前，特区扶贫办按照特区党委、区政府的决策部署，不等不靠，主动作为，深入开展疫情、灾情对脱贫攻坚影响排查，战疫情、抓灾后重建，千方百计推进脱贫攻坚各项工作。

（一）强化打好收官之战，全面巩固脱贫攻坚成果

1. 聚焦数据质量提升。一是强化动态监测。及时建立健全《六枝特区脱贫攻坚防贫监测预警机制》，制定《六枝特区防止返贫致贫监测和帮扶工作实施方案》，按照部门预警、入户排查、动态监测、定期评估的方式，每月对全区脱贫不稳定户和边缘易致贫户进行常态化动态监测和帮扶。2020 年全区共有“两类人员”451 户 1832 人，均已落实帮扶措施，均已消除返贫、致贫风险。二是强化数据清洗。按照“七查”要求，制定《六枝特区全面提升建档立卡数据质量工作实施方案》，区、乡明确专门的建档立卡系统数据清洗人员，切实加强系统数据清洗人员的业务指导和培训，按照国家和省数据清洗规则，加强对人员劳动力、年龄、健康状况、务工情况、在校情况等相关指标的逻辑性和关联性问题进行自查、反馈、核实和修改。采取下发相关工作提示或通报的方式，对反馈问题数据进行二次复核，跟踪督促乡、村两级及时核实、及时修正，高效推进建档立卡数据清洗工作。2020 年，全区共清洗修改系统问题数据 5 万条，切实提升建档立卡数据质量。三是强化档案资料更新。对全区建档立卡户“一户一档”“爱心包”“二级档案”“3+1”明白栏、“连心卡”等档案资料的审核、更新进行再强调、再要求，确保建档立卡相关档案资料，及时收集、及时更新。同时，根据省、市脱贫攻坚建档立卡人口自然变更的时间要求，全区及时组织各村村支“两委”、驻村工作队、帮扶责任人，结合常态化帮扶走访工作，切实掌握建立全区建档立卡户家庭成员的出生、死亡、婚入、婚出、迁入、迁出、服刑、服役情况，及时建立建档立卡人员自然增减台账，及时开展“四有”情况比对，组织各乡（镇、街道）扶贫工作人员进行系统增加和减少，确保建档立卡人员动态管理、精准识别。四是强化贯彻落实。根据《2020 年度贵州省扶贫对象动态管理和信息采集工作方案》的通知（黔扶通〔2020〕18 号）精神，结合全区脱贫攻坚工作实际，及时研究部署、及时贯彻落实。及时制定《六枝特区 2020 年度扶贫对象动态管理和信息采集工作方案》，明确时间节点、细化工作任务、严格工作要求，做到任务清、时间明。组织全区 18 个乡（镇、街道）、扶贫、教育、住建、医保、民政等 12 家部门分管领导及业务人员等 90 人进行集中培训，对重点任务、关键环节进行培训和强调，进一步提升各级工作业务能力，确保保质保量按时完成动态管理和信息采集工作，建档立卡人口基础信息入户采集和系统更新情况进行抽查督查，确保工作过程全监管，工作责任全落实，高质量、高成效推进此次动态管理和信息采集工作。五是强化协作配合。自脱贫攻坚普查工作开展以来，全办精兵强将担任普查组数据审核员入驻盘州开展普查工作；剩余人员融入特区脱贫攻坚普查办公室，全程开展普查进

度调度、普查疑似问题监测和整改。配合完成全区224个村、30663户（有效普查户30591户、整户失联7户、整户自然减少65户）的入户普查登记工作，全面完成普查数据的比对和普查分析报告撰写等工作。

2.抓受灾情况排查帮扶。根据省、市做好防止因灾返贫致贫工作安排，组织开展全区农户受灾情况排查和统计，强化责任意识、强化宣传调度、强化风险和帮扶，每周对全区脱贫户、边缘户及其他非建档立卡户受灾情况进行调度，强化与应急、民政等部门的数据交换，确保帮扶措施及时落实，及时帮扶。通过排查调度，全区共有受灾农户553户2643人，共制定帮扶措施732条，确保受灾农户无返贫、致贫风险，并及时录入贵州扶贫云受灾情况模块。

3.抓贫困劳动力就业信息登记。为克服新冠肺炎疫情影响，全面做好贫困劳动力务工就业工作，积极组织调度各级帮扶责任人员，加强对全区贫困劳动力就业信息的排查，积极配合特区人资社保局完成劳动力“四个一”就业台账建立和更新；督促完成全区69554名贫困劳动力的务工就业信息的App登记；制定《“确保高质量、打好收官战”贫困劳动力就业专项排查工作方案》，按照“七查”要求，以正在开展的“查缺补漏”和年度动态管理和信息采集工作为契机，深入、全面地开展贫困劳动力就业信息排查更新，确保就业信息精准有效，为进一步的就业推进提供精准目标。全区2020年农村贫困劳动力外出务工共59091人。其中，省外务工31051人，省内县外务工8187人，区内务工19853人。有意愿外出但还未外出的共2799人，跨省点对点输送建档立卡贫困劳动力1731人。

4.聚焦问题整改销号。2020年，特区扶贫办收到国家反馈问题1个，收到省级反馈问题和对照省级相关文件自查问题25个。为及时抓好反馈问题的整改工作，特区扶贫办高度重视，压实整改责任，明确整改责任人，建立问题整改台账，限时对存在的问题进行整改，加强问题整改调度和督促指导，通过认真搜寻问题，国家反馈1个问题，省级反馈和自查的17个问题整改销号并录入问题整改系统。工作人员对反馈问题做到问题真改、实改，录入系统上级部门审核认可。

5.聚焦常态督查指导。2020年，特区攻坚办机关督查组、8个乡（镇、街道）督查组，围绕脱贫攻坚问题整改、“3+1”明白栏张贴、“冲刺90天打赢歼灭战”安排部署及落实情况、脱贫攻坚全员摸底排查、2020年度财政专项扶贫资金项目和东西部扶贫协作资金项目建设、贫困劳动力劳务就业信息排查、建档立卡基础信息排查、持续落实“四个不摘”、脱贫攻坚差缺补漏、灾后重建、小康菜园建设等重点工作进行综合性督查，以督导促落实，切实压紧各级各部门责任，紧盯工作重点，持续落实“四个不摘”，确保“3+1”明白栏张贴、脱贫攻坚全员摸底排查和劳务就业扶贫工作台账的建立按期高质量完成，建档立卡基础信息排查高效推进，各级干部思想逐渐紧绷、全面备战，全面夯实脱贫攻坚基础，为2020年度脱贫攻坚成效考核做准备。

（二）强化项目资金监管，确保资金使用安全有效

1.强化项目建设监管。加大项目监管，根据职责加强项目建设督促指导，围绕项目进度、资金拨付、资金报账3个基本环节，加快项目建设和资金使用进度，切实提高项目实施效果和资金使用效率，确保资金如期发挥扶贫效益。一是加快扶贫资金立项审批。全年共批复扶贫项目58个、资金16940万元。其中，中央和省财政扶贫资金项目40个、资金12914万元，东西部扶贫协作资金项目18个、资金4026万元。二是加大涉农资金整合力度。围绕2020年巩固脱贫成果目标，2020年统筹中央、省、市、特区资金共计28795.2万元，计划整合资金28795.2万元，整合率100%，安排实施项目119个。三是规范脱贫攻坚项目库建设。围绕产业扶贫、就业扶贫、农村基础设施、农村医疗教育公共服务、“扶贫扶智”等方面，优化程序、资金使用和项目实施方式，强化项目谋划、储备和实施，并优先入库，注重科学合理、操作性强、服务基层，根据政策变化、项目实施等信息，及时更新数据，进一步提高项目储备和实施质量。四是严格执行公告公示制度。2020年在特区人民政府网站公告公示中央和省级财政扶贫资金分配结果12419万元、项目40个，东西部扶贫协作资金分配结果4026万元、项目18个，主动接受群众和社会监督，没有收到任何意见和问题。同时加强乡、村两级公告公示工作指导，拓宽渠道加强扶贫资金监管，切实提高群众知晓率和资金安排使用透明度。

2.强化资金使用监管。一是加强扶贫资金实时管理。2020年在国办系统备案中央和省级财政扶贫12419万元、项目50个，资金备案率100%、下拨率100%、报账率92%；通过“一卡通”发放小额扶贫贷款贴息1305万元、全员培训补助120万元。二是加强督战督查管理。根据省市督战和督查的工作要求，联合财政局、农业农村局等部门，围绕项目建设、资金使用、程序规范、效益发挥等方面，实地开展督查和指导，进一步规范项目建设，提高资金使用效益。三是强化调度通报。实行“周调度、周通报”的工作机制，签订项目推进承诺计划，整合乡镇8个督导组力量，加强实地督促检查，压实责任，以督促进，确保项目和资金有序推进完成。

3.加快推进扶贫资产清理。根据上级要求，及时研究部署，组织全区开展扶贫资产核查、登记、评估、确权、处置、管护等工作。通过建立扶贫资产“三本台账”、明确扶贫资产权属、加强扶贫资产管护、规范扶贫资产收益分配等工作措施，扶贫资产管理试点工作有序推进，经初步评估，处置经营性扶贫资产193个、金额15917.4027万元，处置公益性扶贫资产90个、金额3428.1万元，到户资产171个。

4.强化网上受理办理。通过民生监督云、一卡通发放系统审核发放累计22793户，累计发放金额101589万元，累计贴息金额8952.02万元。积极配合开展财政资金绩效监管。

（三）强化山海携手同谋，实现所需所能互补连通

1.强化组织领导，落实扶贫协作战略。一是加强领导互访。完成政府主要领导互访工作，召开高层联席会议。二是加强研究部署。开党委常委会、政府常务会、领导小组会议、专题会议共40次。持续高位推动、各方参与、前后联动的工作运行机制。三是加强宣传报道。充分利用各种宣传媒介，加大宣传力度，六枝特区融媒体中心全平台刊发东西部协作稿件共计76条，在中央、省、市级主流媒体刊发稿件共计28条。

2.强化人才交流，落实智力帮扶引领。一是加强人才交流。2020年特区推荐挂职的5名人选已经到大连市甘井子区报到。大连市甘井子区共有32人到六枝特区，主要集中在教育、医疗卫生、农业等方面。二是加强专业技术人才培训。培训农业技术干部、农业经营主体负责人2期220人次。三是加快组团式帮扶。开展教育“组团式”帮扶的特区职校、特区十一小、特区五小支教老师到位9名；开展医疗“组团式”帮扶的市二医医务人员到位4名。

3.强化资金管理，提高资金使用效率。2020年大连市财政援建六枝特区项目资金总额为4026万元（其中，项目管理费26万元），建成大连市财政援助资金项目17个，完工率100%。报账资金4006万元，报账率99.53%。

4.强化产业合作，助推产业升级发展。2020年，新增产业合作项目2个，张家港太平洋氨纶纱线有限公司年产2万吨包芯沙项目，完成投资6330.93万元；大连佛伦德农业科技有限公司大樱桃研发示范基地三期项目，完成投资508.776万元。带动贫困户439人增收。

5.强化劳务协作，助力贫困人员就业。2020年，累计输送建档立卡贫困户31人前往大连市务工；就地、就近就业643人；转移到东部其他地区就业405人。线上推荐大连市就业岗位信息743个，举办线下招聘会1场，推荐岗位2640个。新建8家就业扶贫车间，带动贫困劳动力106人就业，已建成就业扶贫车间带动68人，其中，残疾人4人。开展贫困人口职业技能培训10期415人。

6.强化消费扶贫，助力脱贫攻坚。全年，县级认定扶贫产品的供应商数33家，107个产品，商品价值总量3.7亿元，全区销售岩脚面、红米、菜籽油、蜂蜜等产品2215.97万元，占年度目标任务数2000万元的110%。

7.强化携手奔小康，深化帮扶成效。一是开展结对帮扶工作。甘井子区13个企业结对六枝特区9个深度贫困村，每个村得到帮扶资金4万元。甘井子区3个村结对六枝特区3个村，每个村得到帮扶资金10万元。大连市6家市直单位对口帮扶六枝特区6个乡镇，收到援助资金123.33万元。二是积极开展贫困村创业致富带头人培训。已下发《关于〈六枝特区2020年贫困村创业致富带头人培训工作方案〉的通知》

（六扶领办字〔2020〕46号），明确2020年培训216人的目标任务，截至2020年年底，已开展两期培训，第一期培训80人，第二期培训136人，完成全年的培训目标任务。

二、主要措施

（一）强化组织保障。按照“五级书记抓脱贫”和“六主、五包”的思路，成立1个区级脱贫攻坚决胜指挥部、18个乡镇（社区）决胜工作团、211个村级决胜工作队、13个工作专班，形成统一指挥、多级联动、分级负责的作战指挥体系，实现脱贫攻坚政令畅通、高效有序。

（二）强化政策支持。因人而异、因户施策，针对产业发展、基础设施建设、易地扶贫搬迁、医疗教育住房保障等不同领域，先后制定农业产业扶贫、社会保障扶贫、就业扶贫等政策性文件113份，明确攻坚任务，确保贫困群众精准脱贫。

（三）强化责任落实。以责任倒逼工作落实，先后制定压实工作责任、“五级包保”等制度性文件，按照“四定三集中”要求，实行县级领导包乡镇和贫困村、区直部门包村、干部包户制度，压紧、压实区、乡、村三级干部工作责任，形成上下贯通、责任到底、合力攻坚的责任体系。

（四）强化调度督促。采取日调度、周通报等运行管理机制，每天调度掌握各乡级脱贫攻坚工作推进情况，每周召开视频调度会，打出“面上调度黄牌警告法”“按村销号分批转段法”“打造样板复制推广法”“负向扣分正向销分法”等组合拳，在全区上下形成比学赶超、奋勇争先的攻坚氛围。

（五）强化考核问效。充分发挥考核“指挥棒”作用，把脱贫工作成效与年度目标考核奖金发放、评先选优及干部选拔任用挂钩，加大脱贫攻坚在年度考核中的占比，用最严格的考核确保脱贫质量。

三、取得的主要经验

（一）“一二三四五”模式，助推脱贫攻坚“三精准”。六枝特区扶贫办采取“一排查、二研判、三分类、四精准、五个100%”的方式，全面提升精准识别、精准帮扶、精准脱贫。一排查，全面体检查“病灶”；二研判，深入问诊找“病根”；三分类，联合会诊定“方案”；四精准，对症下药突“实效”；五个100%，夯实基础强“责任”。

（二）“三化”发力，确保脱贫攻坚建档立卡推进有力。万丈高楼平地起，基础信息精准是脱贫攻坚工作的第一粒“纽扣”，是开展脱贫攻坚工作的基础，六枝特区一直保持昂扬的攻坚斗志，持续以高度的使命感和责任感，坚持精准识别、精准帮扶、精准脱贫的“三精准”标准，按照“四个不摘”和“五个保持不变”的要求，采取全员出动、全程参与、全力攻坚的方式，通过多轮次、多层面地排查采集、更新录入和核实修改，全力提升建档立卡基础信息，为打好、打赢脱贫攻坚收官战奠定坚实基础。一是基础信息排查常态化，二是动态管理工作专项化，三是“两类人员”监测动态化。

（撰　稿：特区扶贫开发办公室）

六枝特区城市管理综合行政执法局党组 2020年工作综述

2020年，在特区党委、政府的领导和市城市综合执法局的指导下，特区城市综合执法局紧紧围绕特区党委、政府的中心工作，以转变管理理念、提高管理标准、提升城市精细化管理水平为全年工作主线，以行政综合执法队伍规范化建设为抓手，切实履行城市管理综合执法职能，以改善人居环境和营商环境为目标，促进全区经济社会和谐稳定发展，不断推进各项工作稳步进行。

一、抓党建促党风，坚持把党建工作放在首位

（一）抓好理论学习，提高班子理论水平和自身修养，增强班子凝聚力和战斗力。大力倡导学习之风，始终把科学理论武装头脑放在思想政治建设的首位，制定党组中心组学习计划，组织学习《中国共产党章程》《中国共产党廉洁自律准则》《中国共产党纪律处分条例》《中国共产党问责条例》等条例和准则。通过强化党员“两学一做”“三会一课”“不忘初心、牢记使命”主题教育，把抓好党员的思想建设放在首位，以党章、党规、党纪促进党员的思想建设，不断增强党员党性意识，教育引导党员自觉按照党员标准规范言行，提升党员素质。努力建设“学习型”的党组织。2020年度开展“防风险、守底线”及民主生活会、组织生活会、民主测评党员大会各1次，参加人数达125人次；召开党员大会6次、主题党日活动11次；党组书记上廉政党课1次，参加人数达101人次。通过学习及开展批评与自我批评，使党员干部的思想政治理论水平和综合素质得到进一步深化。局党组始终秉承“讲团结、讲奉献、顾大局、识大体”的工作作风，在推进学习工作的同时增进班子之间的感情，有效地提高领导集体的凝聚力和战斗力。班子成员之间经常互相交流思想，统一认识，勇于开展批评与自我批评，坚持大事讲原则、小事讲风格，形成互相尊重、互相信任、互相支持、互相理解的良好氛围。

（二）加强党风廉政建设，综合运用监督执纪“四种形态”，增强班子反腐倡廉能力。加强党风廉政建设和廉政法规教育，强化约谈提醒，对重点领域、关键岗位负责人适时提醒打招呼。2020年度，我局共进行23次预防提醒集体约谈，涉及人数924人次。其中，主要领导对干部职工约谈10次，涉及人数866人次；约谈班子成员及改非领导2次，涉及人数12人次；约谈主管企业六枝特区环境工程有限（垃圾发电厂）负责人1次，涉及人数3人次；约谈新上任股级干部1次，涉及人数4人次、主要领导约谈道路管理施工单位现场负责人1次，涉及4人次；约谈兴城环卫公司新任职人员1次，涉及人数2人次。党组成员程慧副局长约谈股室负责人2次，涉及4人次、约谈2020年有干部职工子女参加中、高考，严禁办理及参加升学宴、谢师宴等酒席1次，涉及4人次；党组成员朱兴江约谈分管股室负责人2次，涉及8人次；支引方副局长约谈分管股室、站所等重要岗位人员2次，涉及17人次。局党组分别与李彪、刘平2名同志进行谈心谈话1次，涉及人数2人。通过开展提醒教育约谈，对党员干部中的苗头性、倾向性问题，做到早发现、早提醒、早纠正。

二、坚持多措并举，扎实开展各项业务工作

（一）强化环境卫生管理，打好生态攻坚战

1.加强清扫保洁。巩固提升“两提一树”专项行动，强化“以克论净·深度保洁”工作法，日常路

面清扫保洁率达 100%。针对路段油污现象，做到随发现随冲洗，确保中心城区环境卫生质量。根据天气情况出动雾炮抑尘车，配合做好城区降尘降温工作，有效地降低污染，改善环境及空气质量，有效提高道路精细化保洁效率。现阶段中心城区机械作业率达到 95% 以上，清扫保洁全覆盖。

2. 垃圾收运及处理。落实环境卫生精细化管理措施，强化城区市政道路、公共场地常态化清扫、清运，突出抓好中心城区主次干道、广场、景区景点及医院校园周边卫生保洁。实行主干道机扫作业为主，人工作业为辅的作业模式，机械化作业率 95%；为确保垃圾清运工作，加大城乡生活垃圾清运、转运力度，生活垃圾实行不落地作业。每天出动 170 辆垃圾收、转运车，其中，城区 50 辆，乡镇 120 辆。对城乡垃圾进行收运和转运。中心城区垃圾清运工作确保做到日产日清，乡镇村寨垃圾做到清运及时。2020 年度清运城乡生活垃圾共 14.38 万吨，全区城乡生活垃圾无害化处理率达 85.13%。

3. 非正规垃圾堆放点整治。2020 年度完成郎岱镇坝子村、新窑镇新窑村、新场乡新场街以及新华镇兴隆村等 4 个非正规生活垃圾堆放点整治工作，截至 2020 年 12 月 31 日，六枝特区 13 个非正规生活垃圾堆放点已全部整治完成并销号。

4. 农村人居环境整治。六枝特区下辖三个街道办、15 个乡镇、211 个行政村，1907 个 30 户以上通水泥公路村寨，共投放垃圾箱 3041 个，下派垃圾收运车 120 辆，收集清运农村生活垃圾，生活垃圾清运覆盖率达 95%。

5. 垃圾清运费收取。中心城区单位、住户垃圾清运费的收取，根据六价字〔2000〕22 号文件标准，2020 年度共收取垃圾清运费约 106 万元。

（二）强化市容秩序管理，打造城市品牌

1. 加强常态管理。持续提升市容秩序长效管理水平，实施疏堵结合，严格管控市容秩序。加强校园及医院周边市容秩序综合治理，对文化路等路段实行分时、分段管理。2020 年度，共治理超门面经营 11000 家次、占道经营 13000 人次、流动摊贩 22000 人次、乱堆乱放 1974 起、机动车乱停乱放 792 起、噪声污染 3000 起、“野广告”314 起，暂扣物品 628 件；拆除破损门面广告及户外广告 207 幅，查处乱倒垃圾、超门面经营、乱堆乱放、张贴“野广告”等行为 26 起，处罚金额共计 750 元；签订“门前三包”责任状 4070 份。

2. 严格管控建筑工地。按照“721”工作法，以及“三步”工作法，推动建筑工地文明施工、规范施工，营造良好的营商环境。2020 年度出动执法人员共计 160 人次、执法车辆 240 台次，查处抛洒滴漏污染路面工地 7 起，处罚带泥车辆 19 人次，累计处罚金额 15900 元，批评教育整改 93 人次。

3. 加强违法违章建筑监管。2020 年度，办理住建领域移交案件 13 起、规划领域案件 4 起，已下发处罚决定书 6 起，共计处罚金额 53.56 万元，没收房屋 464.92 平方米。

（三）强化市政设施管护，提升城市综合实力。2020 年度共计投入资金 340.9 万元，保障城市市政基础设施功用。维修破损、坑洼、缺失、松动人行道板 9689.99 平方米、盲道 1120 平方米、道牙石 201.1 米，维修车行道破损沥青路面 16230.4 平方米，维护检查更换井盖 177 套、雨箅子 120 套，安装隔离石球 46 个，更换设置便民椅 116 个，清掏中心城区各主次干道雨箅子 1469 个；悬挂、拆除迎春灯笼 1435 串，维修路灯 4119 盏、LED 灯笼 186 个，处理线路故障 153 处，更换灯线 25 组、电缆 1524 米；更换交流接触器 16 台、空开 10 台、时控器 10 台、路灯井盖 95 块、控制柜线路 2 组、灯罩 26 个，拆除及校正灯杆 29 根，更换灯杆检查孔盖板 75 块，拆除那平路和咩洞大道 LED 仿真树 178 根，保证设施完好率达 100% 及城市亮灯率达 96% 以上。

（四）强化园林绿化管养，打造画廊六枝。2020 年度共计投入 26.37 万元，做好各种绿化苗木的养护、修剪等工作，定期清理清除主要街道绿化带、公园、广场、绿道等的各类杂草、枯叶、淤泥、垃圾杂物，保持绿化卫生整洁。修剪城区绿化带绿篱和草坪 11 次，达 55 万平方米，清理中心城区绿化带杂草达 33 万平方米，对城区绿化带绿篱及花卉苗木进行浇水管护工作 300 次，移栽隔离带绿篱 360 平方米，移栽各类树种136棵。推进城区主次干道、居民小区、公园绿地绿化景观提级改造，城区绿化覆盖率达37.58%。

（五）强化项目建设，推进城乡垃圾一体化工程实施

1.垃圾焚烧发电项目建设。建成每日500吨生活垃圾焚烧发电项目，总投资24414万元。截至2020年12月31日，已累计完成投资23800万元，占总投资95%，已经具备点火发电条件。该项目于2021年1月18日开始接收垃圾，1月30日点火并网发电。

2.六枝特区餐厨垃圾收运与处理项目。总投资估算4729.61万元，2020年9月完成项目核准、规划选址、用地预审、用地规划、勘测定界、地质勘测，可研、能评、稳评、环评等工作及场平、施工道路等“三通一平”工程，2020年11月30日完成场平和地质补勘察工作，进行基础施工，完成投资476万元，预计2021年10月建成投运。

（六）强化服务，促进“六保”“六稳”稳步进行

1.多措并举抗疫情。一是废弃口罩回收处理及时。自疫情防控开展以来，共设置废弃口罩等特殊垃圾收集点915处，累计收集处置废弃口罩1255公斤。二是防控防护消杀到位。消杀环卫作业车辆170台次，消杀果皮箱1450个、垃圾桶1090个次，消杀城乡公厕30座次，消杀垃圾中转站32座，消杀垃圾填埋场90次，公共区域日均消杀面积达28029平方米。三是管控减少人群聚集。安排执法人员加大对城市公园、广场、居民小区等的检查指导力度，严防人员、流动摊贩聚集。清理整治流动摊点、占道经营46000起，劝离聚集人员14650人次，对流动摊点、聚集人员等宣传教育14020人次。

2.开展生活垃圾分类工作。由我局牵头，各级党政机关、企事业单位、团体组织全面启动生活垃圾分类工作。充分利用六枝融媒体、报纸、广播电视、微信公众号、自媒体等媒介开展线上、线下多维度的生活垃圾分类知识普及和公益宣传，逐步知晓率。截至2020年12月31日，共计设置便民椅垃圾分类标语60条次、灯杆装宣传标语480条、融媒体宣传报道10次、各单位微信公众号100次、LED显示屏播放宣传标语近1000条次、出租车公交车显示屏上宣传标语500条次，开展生活垃圾知识集中培训20次，共发放宣传资料5万份，完成中心城区主次干道果皮箱颜色及标识改造1500个。分类示范区、中心城区公共机构已基本配备生活垃圾分类收集设施，垃圾分类工作正在以点带面逐步铺开。

3.持续提升指挥中心监督管理。加强城管指挥中心常态化监管，有效提升城市管理效率。2020年度，接“12319”“12345”投诉电话共计645起，视频辅助核验调度处理案件共计220起，办结率100%，处理结果均回复投诉人，满意度达95%以上。

4.新增便民疏导点，激活“地摊经济”，保民生保就业。为推动经济复苏，提高就业率，我局经实地走访、勘察，在中心城区设置了27个便民疏导点（含人民北路、东苑小区夜市街及广场路、煤机巷、建材城农副产品露天市场）。截至2020年12月31日，已有829户摊贩登记并进入疏导点经营，解决了部分低收入人群就业困难问题。

三、主要做法

（一）增强四个意识，强化党风廉政建设。一是强化学习意识，保持纯洁性。提倡读书养性，增长德识，认真开展个人自学与集中学习相结合，认真做好读书笔记和廉政心得，促进廉洁自律。二是强化宗旨意识，树立为民观念。树立正确的权力观、地位观、利益观。强化“解决民生问题是最大的政治，改善民生问题是最大的政绩”的理念，认真做好群众工作，真心诚意为群众排忧解难，树立党员干部的良好形象。三是强化制度意识，提高约束力。修改完善《六枝特区城市管理综合行政执法局党风廉政建设工作制度》《六枝特区城市管理综合行政执法局意识形态工作责任制追责问责》等10项工作制度，狠抓干部队伍管理，坚持做人有准则、做事有原则、工作有规则，进一步健全完善学习、议事及重大事项决策、谈心促廉、财务管理、公务用车管理等各项规章制度，通过规范行为、规范程序、规范服务深化干部队伍作风建设。

不断推进党风廉政责任制，提高领导拒腐防变的能力。四是强化自律意识，增强免疫力。通过学习典型案例、廉政文章、警示教育，告诫干部职工要时刻保持警惕，处处严于自律，切实保持纯洁，树立党员干部“讲党性、重品行、做表率”的良好形象。努力做到在思想上设防、在生活上寡欲、在行动上慎独。

（二）增强四种意识，转变工作作风。一是增强大局意识，在班子建设上下功夫。通过加强理论学习，增强班子成员的党性修养，增强免疫力。在工作中分工不分家、配合不推诿、尊重不发难。二是增强责任意识，在提高执行力上下功夫。责任意识的强弱决定执行力度的大小，执行效果的好坏。三是增强创新意识，在创新管理上下功夫。创新是提高效率、提高质量的重要方法。树立改进就是创新，提高、完善就是创新，创新无处不在的新思路，用创新的思想促进各项工作的开展。四是增强质量意识，在提升工作效益上下功夫。在平常管理工作上下功夫，健全制度，明确职责，分工协作，实行责任追究，加强过程管理，要做到责任明确，严格落实。

四、取得的经验

（一）用好政策是关键。党中央、省、市、特区的各项相关政策是各级各部门开展各项工作的定盘星和指南针，只有在工作中加强对各级各项政策的研究和学习，才能更好地推进工作。

（二）抓好落实是保障。任何工作缺少落实，再好的决策都只是纸上谈兵，再好的思路和措施都很难见成效。抓好落实，主要体现在工作方法和工作作风上。要站在实现党和人民根本利益的高度为民着想，要有政治责任感和为民服务的情怀，在工作落实中，要敢向人民群众说真话、诉真情、想实招、办实事。

（三）服务群众是根本。一是要有服务群众的意识，时刻想着群众，想群众之所想、急群众之所急；二是要有服务群众的能力，服务群众最终还要体现在为群众办实事谋利益上，必须具备这种能力才能真正为群众服务；三是要有服务群众的作风，经常深入群众，关心他们的疾苦和困难。

（撰　稿：特区城市综合执法局办公室）

六枝特区教育局党委2020年执政情况综述

2020年，在特区党委、政府的坚强领导下，在特区人大常委会的监督和支持下，在市教育局的指导下，在全区广大教职工的精诚协作下，特区教育局党委进一步围绕中心、服务大局，全面抗击新冠肺炎疫情，深入贯彻党的教育方针，落实“立德树人”根本任务，全力推进脱贫攻坚教育保障、基础教育改革、教师队伍建设、特色教育发展、校园安全综合治理等重点工作，全区教育事业发展取得了阶段性成效。

六枝特区现有各级各类学校386所，在校（园）学生（幼儿）141426人。其中，幼儿园209所，在园幼儿25267人（公办幼儿园80所，梭戛乡安柱小学附设幼儿班1个，在园幼儿13501人；民办幼儿园129所，其中，普惠性民办幼儿园74所，在园幼儿11766人，包括普惠性民办园8146人）；小学136所（完全小学118所、教学点18个），在校学生69243人；初中31所（初级中学25所，九年一贯制学校6所），在校学生32235人；高中6所（普通高中3所，完全中学1所，民办十二年一贯制学校2所），在校学生12096人（高一招生数4145人）；中职学校2所，在校学生2473人；特殊教育学校1所，在校学生79人；工读学校1所，在校学生33人。有在职教师7226人，其中，在职在编教师6150人，特岗教师397人，编外教师345人，合同制教师334人。2020年全区学前三年毛入园率、九年义务教育巩固率、高中阶段毛入学率、适龄残疾儿童少年入学率分别达95.09%、113.29%、95.28%、96.17%。

主要工作成效

（一）各项指标任务顺利完成。2020年学前三年毛入园率为95.09%，公办幼儿园幼儿占比为53.43%，普惠率为85.67%；九年义务教育巩固率为113.29%，小学六年巩固率为108.46%，初中三年巩固率为97.05%；高中阶段毛学率为95.28%；残疾适龄儿童少年义务教育入学率为97.84%；随迁子女在公办学校就读比例达95.24%。

（二）教育保障攻坚战全面告捷。认真贯彻落实教育扶贫政策，通过采取“四级包保”（区、乡、村、校）措施对适龄学生进行动态排查和跟踪管理，实现义务教育阶段学生控辍保学动态“清零”。累计发放各级各类教育资助44454人6020.46万元，营养改善计划惠及10.66万人8059.97万元，实现了“应助尽助、精准资助”。

（三）教师队伍建设加快升级。累计公开招聘教师299名，教师队伍进一步充实。打造以骨干教师为主体的本土专家学科团队997名，区级以上“三名”（名师、名校长、名班主任）队伍430名，区级以上“三名”（名师、名校长、名班主任）工作室47个。累计培训教师5.3万人次。邀请大连甘井子区、中国科学技术大学专家名师28人到六枝特区开展送培、送教、支教，现代化育人新理念、新思想、新观念加快植入。

（四）教育基础短板加快补齐。2020年，全区教育工程项目建设任务数为97所，由于项目施工方融资困难，导致大量项目未开工或停工。经多方统筹协调，目前已复工项目25个。10所城镇小区配套幼儿园专项治理任务，除3所因小区长期停工申请延期治理外，其余7所治理任务全面完成，全区公办园在园幼儿占比为53.43%。

（五）素质教育理念深入贯彻。充分利用全区28所乡村学校少年宫，广泛开展“扣好人生第一粒扣子”“四心向党”和“我们的节日”等系列载体活动10万人次。组织师生参加各类科技、艺术等活动2200人次，获各级各类奖项500人次，学生德、智、体、美等方面得到全面、充分发展。

（六）**教研教改扎实推进。**实行教研员划片包保制度，定期到协作区基地校及成员学校开展教研指导80次。打造覆盖全区各级各类学校的学科教研团队42个，指导督导学校开展各级各学科教研活动400次，进一步缩短城乡之间、学校之间学科教研差距。

（七）**扎实抓好校园安全等综合治理。**排查整改校园及周边安全隐患126起，整改率100%，创建省级安全文明校园和全国平安校园1所（六枝特区第六小学），拟创建省级防震减灾示范校2所（特区九中和特区五中），省级安全文明校园1所（六枝特区实验幼儿园）。

主要工作措施

（一）**统一思想抓认识。**2020年，特区教育局党委高举中国特色社会主义思想伟大旗帜，坚持以习近平新时代中国特色社会主义思想为指引，深入学习贯彻党的十九大和十九届四中全会、省委十二届六次全会、市委七届十次全会精神，以及习近平总书记在贵州省代表团重要讲话精神，全面贯彻落实全国、全省、全市和全区教育大会精神以及中央、省、市、特区关于教育工作的各项部署要求，按照“五位一体”总体布局和“四个全面”战略布局，增强“四个意识”、坚定“四个自信”、做到“两个维护”，坚持稳中求进总基调，坚持高质量发展总要求，更加突出党对教育工作的全面领导，更加注重新时代教育事业改革发展的科学性、全局性和持续性，更加彰显教育的现代化、特色化发展内涵，建设教育强区，办好人民满意的教育，确保“十三五”圆满收官。

（二）**细化目标抓落实。**全面推进“四位一体”从严管理干部工作，结合实际、细化方案，建立季考核评价、半年回顾小结、年度总评考核办法，制订奖惩措施。分解目标任务，细化责任落实，做到各项工作有人抓、有人管、有人落实。

（三）**聚焦重点抓实效。**紧扣全力打好“疫情防控”和“脱贫攻坚”两大主题，明确六枝特区2020年教育工作总体围绕“常态化推进疫情防控、党建工作、意识形态工作、学前民办教育改革发展、义务教育优质均衡发展、普通高中示范引领行动计划、中等职业教育特色发展、转变育人方式、环保教育、教师队伍建设、校长职级制改革、教育体制机制改革、教育扶贫、东西部扶贫协作、人才评价机制改革、中小学（幼儿园）教研工作、教育信息化建设、教育经费管理使用、校园安全管理、提升部门服务水平”20个方面，全面发力、多点突破、纵深推进，着力增强新时代教育特色化、现代化发展的系统性、整体性和联动性。

（四）**强化纪律抓作风。**全面落实党风廉政建设“一岗双责”，加强对干部职工的管理，强化工作纪律。加大对民生资金管理使用的监管力度，确保资金使用安全规范。加大执纪问责力度，有效推进各项工作的落实，有力提升全区各学校的管理水平。开展层层约谈，强化约谈警示教育作用，全面实现约谈常态化。

取得主要经验

（一）**疫情防控常态化有力有效。**2020年年初以来，面对突如其来的新冠肺炎疫情，在党中央、省、市的坚强领导下，在全区各级各部门的共同努力下，全区教育系统广大师生紧密团结、迅速反应，齐心协力、主动作为，科学防控、精准施策，牢固筑起一道坚实的安全屏障，疫情防控各项措施得到全面落实，有力保障了广大师生生命安全和身体健康。全区386所中小学和幼儿园14.1万名师生在春季学期和秋季学期平安、健康、顺利开学。

（二）**中考高考成果再创佳绩。**中考方面，全区参考学生8085人，均分352.37分，比全市均分

347.3 分高 5.07 分。高考方面，参考人数 4248 人，本科上线率为 58.92%，比 2019 届提升 4.89 个百分点，比全市本科上线率 53% 高出 5.92 个百分点，创全区新高。全区高考 600 分以上 41 人，700 分以上 1 人，被清华大学录取 1 人、北京大学录取 1 人、上海交通大学（硕博连读）录取 1 人、浙江大学录取 2 人，自 2017 年以来时隔 3 年再次实现“清北梦”。

（三）大连实验班七中落地生根。2020 年 9 月 1 日，由大连市的 7 名支教教师专家团队组成的六枝特区第七中学“大连班”（山海二班）正式开班，在教学、德育、校园文化、课程建设等方面全力打造大连实验班。各支教教师均兼任学科教研组长，带领七中教师深入钻研，推进课堂教学的有效化。针对青年教师成长、生涯课程、学科建设等方面定期开展教育教学系列讲座。同时，注重与高考的有效对接，力争在优生培养及高三复习备考方面研究出切实可行的方式。

（四）申示工作取得新进展。郎岱镇第一幼儿园省级示范幼儿园于 2020 年 11 月 24 日至 27 日接受省级第一次评估；特区职业技术学校创建省级示范性中等职业学校通过省级初评。

（五）党对教育工作的领导进一步深化。利用“五·四”“六·一”等节日开展“四心向党”主题教育 464 场次。从组织、宣传等部门和乡（镇、街道）选聘干部 18 人兼任 18 所学校思政课指导员，举办思政课 53 场次。全面做好各乡（镇、街道办）学校 75 个党支部 1120 名党员组织关系转接工作。92 家公办学校和 156 家民办学校采取“1 + N”方式完成联建共建。标准化、规范化建设党支部 15 个，新建党总支 3 个、党支部 9 个，通过单建、联建、挂建和选派党建工作指导员等方式，全区 386 所学校党组织建设和党建工作实现两个“全覆盖”。

存在的问题及下一步打算

2020 年，尽管特区教育局在全面抓实各项工作上做了大量的努力，也取得了一定的成绩，但在教育均衡发展水平、办学条件改善、专业化教师队伍建设、教育教学质量、教育治理体系和治理能力等方面仍然存在一些问题，距离特区党委、区政府的要求和广大群众的期盼仍然存在一定的差距。

下一步，六枝特区教育局党委将坚持以习近平新时代中国特色社会主义思想为指导，贯彻落实党的十九大和十九届二中、三中、四中、五中全会精神，贯彻落实习近平总书记关于教育的重要论述和全国教育大会精神，进一步增强“四个意识”、坚定“四个自信”、做到“两个维护”，坚持和加强党对教育工作的全面领导，全面贯彻党的教育方针，落实立德树人根本任务，深化教育综合改革创新，深度融入新发展格局，推动教育更加公平、更高质量发展，为“十四五”时期教育高质量发展开好局、起好步，以优异成绩庆祝中国共产党成立 100 周年。

（撰　稿：杨双龙）

强化“旅游+多产业”深度融合
助推六枝特区文化旅游高质量发展

——六枝特区文体广电旅游局党组2020年工作综述

2020年，特区文体广电旅游局党组在特区党委、特区政府坚强领导下，深入学习贯彻党的十八大、十九大及十九届历次全会精神，深刻领会、认真贯彻习近平总书记重要讲话精神，特别是关于文化、体育、广电、旅游重要论述，面对极其严峻复杂的国际、国内形势，前所未有的困难挑战，全区文、体、广电、旅游系统“不忘初心、牢记使命”，统筹推进疫情防控、脱贫攻坚和经济社会发展，圆满完成各项任务，在一次次大战、一场场大考中交出让特区党委、政府放心，让人民满意的答卷。

一、主要做法和经验

（一）文化事业蓬勃发展。一是公共文化服务体系基本建成，结合8个方面39指标任务，县级文化场馆创建指标逐步完善，乡级文化站建设加速推进，村（居）综合性文化服务中心建设逐步铺开，共有国家县级二级文化馆、图书馆各1个，博物馆1个，乡（镇、街道）综合文化站18个，村（居）综合性文化服务中心245个，招聘“三区人才”近30人，培育区、乡、村三级群众文化团队232支，招募文化志愿者700人，软硬件任务基本完成，县、乡、村三级公共文化服务体系网络初步形成，国家公共文化服务体系示范区创建初步完成。二是文物保护有序开展，完成李伯平故居抢险加固工程、田家大院东院墙修缮工作，完成唐家马店、永昌盐号养护工作；推进羊场近现代商贸建筑群、懒龙桥彝文摩崖石刻两个项目的验收工作；争取省级修缮补助经费30万元用于启动江西会馆（星光读书会、世界语学习班旧址）修缮项目。三是文化活动繁荣有序，图书馆每周免费开放时间不低于56小时，累计接待群众154616人次，借阅量88365册次。累计开展全民阅读推广活动60次，迎新春书画展共征集北京、广东等地作品200件，实现全区总分馆体系图书通借通还的服务。文化馆每周免费开放时间不低于42小时，累计接待群众52000人次，到馆培训20000人次，送活动进景区35场次，送文化进基层70场次。四是非物质文化遗产保护稳步推进，收集非物质文化遗产项目“神仙豆腐”“布依族斗纹布纺织技艺”等17项，其中，15项被列为六枝特区第四批县级非物质文化遗产代表性名录；推荐都元祥等10人申报为第三批市级代表性传承人，推荐刘玉伦等7人申报为第五批为省级代表性传承人。收集整理箐苗民族文化录音资料6小时、录像资料7盘、视频资料5小时，照片资料721张，文字资料2万字。

（二）体育事业精彩出彩。建设乡级农体工程1个、村级农体工程26个、全民健身路径工程4条，建成多能运动场2个、健身步道10公里，完成7个社会足球场建设，配置更换38套行政村篮球板。支持社会资本举办六枝第一届三人篮球赛及第一届“兴盛杯”篮球赛；联合教育局共同举办六枝特区第四届校园足球联赛。在牂牁江成功举办第八届滑翔伞赛、第二届铁人游跑两项邀请赛及第一届攀岩赛，赛事共吸引来自北京、江苏等16个省市、地区共500名运动员参与。

（三）广电工作有序开展。对乡村两级广播设施进行排查维修，累计修复功放机4个、喇叭110个，音柱8个。顺利完成2020年多彩贵州“广电云”户户用工程新增1500户任务，开展多彩贵州“广电云”户户用“大排查、大回访”工作，累计排查47489户，解决故障和处理问题6601件。广播电视安全播出保持“零事故”。

（四）旅游产业健康发展。一是旅游业稳步复苏，及时召开文旅行业复苏大会，引导景区推出各类套餐活动；利用端午节到贵阳开展旅游推介；引导景区等30家企业进驻云上贵州多彩宝平台；70家企业进驻“一码游贵州”智慧旅游平台；组织文化旅游企业参与发放旅游消费券5.35万张、凉都全域旅游惠民卡2500张，积极鼓励市民到景区旅游，全年旅游接待人数750万人次，实现旅游综合收入35亿元（数据待省评估），旅游业有序复苏。二是旅游业态逐步丰富，新增4星级酒店1家、3星级酒店1家，牂牁江景区获评国家AAAA级旅游景区、省级旅游度假区。谋划包装招商引资项目9个，外出开展招商引资、旅游推介、邀请客商考察等10次，签约项目3个（逸爽酒店托管运营项目、落别318户外拓展运动基地项目、六枝特区牂牁江水上运动项目），签约金额1.5亿元；在谈项目3个（贵州六盘水牂牁江滑翔伞项目建设运营、巴士酒店、凉都乡舍），拟落地项目3个（巴士酒店、凉都乡舍、牂牁飞行故事小镇建设项目），计划投资2.83亿元。三是全域旅游示范区创建稳妥推进，全域旅游示范区创建资料送审、陈述答辩、省级暗访相关工作顺利完成，省级验收认定结果待上级部门批复。

（五）行业管理稳步推进。强化新冠肺炎疫情防控及安全生产监管，2020年以来，累计开展文化和旅游安全检查、联合检查105次，检查文化和旅游经营单位、企业605家（疫情防控期间排查检查未列入），出动执法人员1452人次，发现存在的问题732个，已整改725个，限期整改8个，行业内全年未发现新冠肺炎疑似或确诊病例，对29家网络视听节目进行监听、监看运行常态化监管，累计组织文旅市场经营业主召开5场400人培训，关停无证游泳池8家；处理无证娱乐场所6家；取缔“黑网吧”4家，对12家疑似黑网吧进行断网，处理“黑导游”1名；对违法违规经营单位累计处罚1.49万元，全区文旅市场安全有序运转。

（六）疫情防控持续开展。及时组织创作快板《画廊六枝战疫情》、六枝花灯《春暖花开病离去再来相聚笑开颜》、三句半《风雨过后见彩虹》和防疫歌曲《静待花开》等疫情防控文艺宣传作品，为有关乡镇、村居、小区及企业发放230个喊话器（小喇叭）、42台拉杆音响、94个车载音响、73个优盘，推进新冠肺炎疫情防控宣传全覆盖。

二、创新亮点

2020年是“十三五”的收官之年，也是极不平凡的一年，全区文、体、广电、旅游系统经受住战疫、战贫、战灾“三重”考验，充分体现担当作为，取得优越成绩。一是全员“战疫”保安全。常态化狠抓疫情防控和安全生产，实现文旅行业无疫情和重大安全事故发生，为旅游产业化、高质量发展创造良好的基础和环境。全区文体广电旅游系统累计捐资捐物35万元支持抗疫，文、体、广电、旅游局党组及2名同志在疫情防控中获得表彰。二是多措并举促复苏。严格落实旅游优惠激励政策，引导景区推出各类优惠套餐促销活动，发放旅游消费券5.35万张、凉都全域旅游惠民卡2500张，30家企业进驻云上贵州多彩宝平台，70家企业进驻“一码游贵州”智慧旅游平台，推动文化旅游业快速复苏。三是主动作为增动力。召开全区文化旅游行业复苏大会，提振市场主体信心。举办首届网红主播培训，创新营销方式。谋划包装招商引资重点项目9个，到北京、深圳、成都等地开展招商引资、旅游推介10次，签约项目3个，签约金额1.5亿元。培育新增4星级酒店1家、3星级酒店1家。牂牁江景区获评国家AAAA级旅游景区、省级旅游度假区，落别牛角景区入列省文化旅游服务产业集聚区。2020年，全区接待游客719.79万人次，实现旅游综合收入36.03亿元。

三、存在的问题及下一步工作打算

局党组清醒认识到，在推进旅游高质量发展道路上，仍有不少问题亟须解决，仍有很多短板亟待补齐。一是人才队伍不强。全区文化旅游人才队伍存在总量不足、水平不高、结构不优现象，尤其是缺乏能规划、懂项目、善营销方面的人才。二是产业结构不优。文化旅游产业结构与高质量发展要求不适应，同质化现象较为严重，缺少高层次、吸引力强的文化旅游新业态；大部分景区债务重、融资困难，投入产出不成比例，亟需盘活。三是市场主体不大。供给能力与市场需求不匹配，文化旅游企业“散、小、弱”问题较为突出，缺乏具有带动效应的龙头企业；各类文旅企业在经营管理、服务质量、人才储备等方面均有待加强。

针对以上问题，局党组将进一步增强忧患意识、危机意识，强化风险防控，在危机中育先机、于变局中开新局，砥砺前行、奋起直追、领航领跑。对标中央、省、市及特区决策部署：

一是持续推进国家公共文化服务体系示范区、全域旅游示范区工作，巩固提升文化、旅游基础业态，按照制定的制度和服务规范，完善服务项目和服务流程，开展“菜单式”“订单式”“联合式”服务，推进公共文化机构互联互通，实现区域文化共建共享，提升服务保障能力。争取实现齐全的旅游供给要素，围绕现有资源打造旅游目的地品牌体系，推进现有旅游景区进一步提质增效，争取申报第三个国家 AAAA 级旅游景区。

二是积极争取省、市主管部门政策、资金支持。坚持推进送文化下乡系列活动，巩固现有文化品牌，培育新文化元素，分步推进文保单位的修缮维护，强化非物质文化遗产挖掘保护。举办 2021 年“翱翔贵州”第九届牂牁江滑翔伞，“速度贵州”第二届牂牁江游跑两项邀请赛及六盘水第二届“极限牂牁”青少年攀岩赛。引导社会资本参与各类文体活动，减少财政投入。

三是围绕政府工作任务及“十四五”规划，积极筹备六盘水旅发大会，持续推进郎岱山地旅游扶贫度假区项目建设，积极促进全域旅游集散中心建设项目、“巴士嘉年华”酒店建设项目落地，建设、谋划、包装、提升相关业态，创新办会模式，强化办会成果。推进六枝特区综合城市体育馆建设，力争在 2021 年建成并投入使用；继续围绕飞行小镇，打造牂牁江国际滑翔伞基地，对已签约的滑翔伞俱乐部负责做好服务，不断引进滑翔伞俱乐部长期开展带飞体验、飞行培训等业态布置。围绕 2021 年全市第三届运动会和 2022 年的第十一届省运会，谋划好赛事、活动，继续开展好“六月六”樱桃节、宣传推介等活动，积极发现人才、培养人才，力争 2021 年取得较大突破，为 2022 年省运会输送优秀选手。

（撰　稿：李开平）

全面依法统计、依法治统
充分发挥统计风向标、晴雨表作用

——六枝特区统计局党组 2020 年工作综述

2020 年，六枝特区统计局以习近平新时代中国特色社会主义思想为指导，认真贯彻落实党的十九大和十九届三中、四中、五中全会及国家、省、市统计工作会议精神。在特区党委、区政府的正确领导下，认真践行“求真、务实、及时、优质”的工作理念，以“不进则退”的紧迫感，聚焦中心、融入大局，精准发力，全面深化统计管理体制改革，着力提高统计质量和统计服务水平，成功组织完成全区第七次全国人口普查等各项工作任务，并围绕经济社会发展、产业结构调整、百姓生活等方面，深入基层开展调研，积极为经济社会运行测量好“体温”，完成一批批有数据、有分析、有见解的经济运行分析报告，为特区党委、区政府科学决策、研判形势提供准确的统计参考依据，为特区经济社会平稳发展提供优质的统计服务，充分发挥统计参谋助手作用。

一、主要工作成效

（一）注重质量，扎实做好各项常规统计工作。切实把定、季、年报工作当成统计系统工作的核心业务来抓，按照国家、省、市统计部门的部署，严格执行国家统计标准，贯彻全国统一的基本统计报表制度，及时召开统计业务培训会，组织精干力量克服工作任务重、时间紧的困难，扎实开展好综合核算，按时按质完成工业、商贸业、建筑业、房地产业、固定资产投资、规上服务业、农业、能源、劳动工资等专业的定、季、年报工作，认真开展好统计数据质量核查工作，切实做到数出有据，应统尽统，如实反映特区经济发展情况。

2020 年，全区地区生产总值同比增长 4.6%；规模以上工业增加值同比增长 6.6%；500 万元及以上固定资产投资同比增长 5.5%；社会消费品零售总额同比增长 4.6%；城镇、农村居民人均可支配收入分别同比增长 4.6%、8.8%。

（二）履行职能，统计服务取得新成效。一是加强相关统计信息的发布。2020 年发布《六枝特区 2019 年国民经济和社会发展统计公报》《2020 年领导干部手册》，完成 11 期《六枝特区经济要情》的编印，适时为特区党委、区政府提供经济运行情况分析报告，充分发挥统计咨询职能。二是加强统计数据监测分析。通过监测数据，更加科学地研判、分析专业经济发展趋势，分析统计报表数据的合理性及趋势，使得监测数据与报表数据互为重要的支撑和补充，为各级领导分析形势、制定政策提供参考依据。

（三）严格执行普查方案，高质量做好第七次全人口普查各项工作。在特区人普办、各乡（镇、街道）及全区 3000 名普查指导员、普查员共同努力下，全区严格按照《第七次全国人口普查方案》及国家、省、市的统一安排部署，积极克服困难，高质量完成六枝特区第七次全国人口普查各阶段工作任务。一是强化组织领导，狠抓基础保障。成立由政府区长担任组长、分管常务工作的副区长为常务副组长的六枝特区第七次全国人口普查领导小组，全面统筹推进特区普查工作。二是领导高度重视、部门协调配合。特区党委、区政府高度重视人口普查工作，多次将人口普查工作作为专题事项进行研究部署；特区人普办与特区公安、卫健、民政、人资社保、医保、教育、扶贫等部门加强协作，充分共享相关人口数据信息，

为人口普查工作的顺利开展提供坚实的数据基础。三是强化宣传引导，营造良好氛围。制定《六枝特区第七次全国人口普查宣传工作方案》，明确时间节点、工作重点，全区上下联动，线上、线下结合，在全区范围内营造浓厚的人口普查工作氛围。四是强化业务培训，提高普查能力。积极组织普查业务骨干参加上级业务培训，认真抓好本区普查“两员”的培训，打造一支高素质的普查“两员”队伍。五是严把时间节点，做好各项工作。严格按照省、市普查安排，全面完成普查区划分、建筑物标绘、普查试点、普查摸底登记、入户登记、数据质量核查、比对复查、行职业编码等工作。

（四）尽职尽责、充分发挥主体帮扶作用。2020年，局党组紧紧围绕特区关于脱贫攻坚工作的安排部署，认真开展脱贫攻坚工作，充分发挥主体帮扶作用。一是强化组织领导，压紧压实责任。始终严格按照“四个不摘”的工作要求，把驻村帮扶和结对帮扶工作作为全局工作中的一项重要工作，积极开展驻村帮扶和结对帮扶工作。2020年年初把扶贫工作列入局工作计划中，及时对脱贫攻坚工作进行专门研究和部署，根据各级要求严格落实派驻干部的后勤保障，脱贫工作做到有组织、有措施，坚持将驻村帮扶和结对帮扶工作落到实处。二是强化党建引领，以党建促帮扶。以“不忘初心、牢记使命”主题教育为契机，深入推进“牢记嘱托、感恩奋进，迈向更加美好新生活”、党建扶贫“六一”慰问活动等主题活动。积极参与基层党建工作，为党建扶贫村解决活动经费问题，切实发挥基层党组织战斗堡垒作用。积极开展春节慰问活动，在2020年春节之际，为贫困户送去米、油等生活物资。利用院坝会、“龙门阵”、走访贫困户等多种形式，为广大群众宣传国家相关扶贫政策等，为开展扶贫工作打下坚实的思想基础。三是强化物资保障，力所能及帮扶。2020年年初，新冠疫情肆虐，在口罩等防疫物资短缺的情况下，局党组多方筹措，为派驻关寨镇的四个帮扶村提供部分防疫物资口罩。驻村第一书记、驻村工作队坚守岗位，组织村支委迅速开展防控工作，奋斗在防疫第一线。在推进“千家万户”小康菜园建设工作中。我局按照“一个棚架、一组果园、一垄菜园”和“四季有花、四季有果、四季有菜”的建设标准和要求，立足所帮扶村实际，为所帮扶村提供格桑花花种，助力建设“四季有花”的小康菜园。

（五）严抓责任落实，全面完成各项工作。一是抓好疫情防控工作。在新冠疫情发生以来，特区统计局党组把疫情防控工作作为压倒一切的头等大事来抓，在特区党委、区政府的坚强领导下，第一时间召开会议并做出安排部署，第一时间制定工作应急预案和成立相应防控工作领导小组，形成职责明确、联防联控的工作格局，确保防疫工作有效有序推进；严格按照特区统一部署，积极抽调人员投入疫情防控工作中，为特区疫情防控工作贡献统计力量。二是严格按照有关要求，认真抓好意识形态工作、安全生产、慢性病防控、网络舆情、保密、“四创”、安全、综治、扫黑除恶、精神文明建设等工作。

二、主要措施

（一）学习新时代理论，加强党的政治建设。强化思想建党，聚焦理论武装。将学习贯彻党的十九大报告，中央领导关于统计工作的重要讲话指示批示精神，党规党纪及省委、市委、特区党委经济工作会议精神等作为重大政治任务和中心工作，增强“四个意识”，坚定理想信念。全面落实“两个责任”，坚持中心组理论学习制度、坚持“三重一大”等制度，进一步增强维护党中央的思想自觉和行动自觉。

（二）围绕中心工作，着力提升统计服务水平。持续加强名录库建设，切实抓好“四上”单位入库，利用部门信息加强单位摸排，挖掘入库潜力；建立专业联动机制，加强现场核查；严格按照《市人民政府办公室关于印发〈加强企业入规入库入统工作措施〉和〈加强项目入库入统工作措施〉的通知》《六枝特区人民政府办公室关于印发六枝特区加强企业入规入库入统工作十项细化措施的通知》等文件精神；做好企业、项目入库、入统指导工作。

（三）发布统计信息，充分发挥统计工作职能职责。一是发挥助手作用，为特区党委、政府及各部门、社会各界提供统计咨询服务。二是发挥参谋作用。坚持做到每月必须对当月数据进行分析，每季一次经济运行情况分析，为区委、区政府领导提供参谋。坚持办好《六枝特区经济要情》，使之成为特区党政领导和相关部门掌握全区经济形势的重要渠道，适时为特区党委、区政府提供经济运行情况分析报告，充分发挥统计咨询职能。

（四）遵守统计法规，坚持依法统计提高统计数据质量。一是认真学习中央、省、市有关严防、严惩统计造假、弄虚作假有关规定，并抓好贯彻落实。认真学习《关于深化统计管理体制改革提高统计数据真实性的意见》《统计违纪违法责任人处分处理建议办法》《防范和惩治统计造假、弄虚作假督察工作规定》《省统计局关于做好统计执法检查处理信息和领导干部违规干预统计工作记录调查的通知》等文件精神。二是建立健全企业统计信用制度和统计人员信用档案，对统计守信的企业和人员，依照《中华人民共和国统计法》等法律法规，给予统计行政奖励，对统计失信的企业和人员给予统计行政处罚。三是严格开展统计执法。根据贵州省“双随机、一公开”工作要求，每季度在省双随机平台上按一定的比例抽取部分联网直报单位进行检查。

（五）加强党风廉政建设，坚守廉洁从政底线。一是坚持以政治建设为统领，严格遵守政治纪律和政治规矩，坚决做到“两个维护”。旗帜鲜明讲政治，带领全体党员干部和职工增强“四个意识”、坚定“四个自信”、做到“两个维护”，把准政治方向、站稳政治立场、保持政治定力，严守政治纪律、政治规矩，不忘初心、对党忠诚，坚决维护习近平同志在党中央、全党的核心地位、维护党中央权威和集中统一领导。

二是落实全面从严治党主体责任，狠抓各种工作责任制落实。始终坚持贯彻落实党的十九大精神，严格落实省委、市委、特区党委的相关决策部署，认真落实全面从严治党主体责任，以党风廉政建设和反腐败工作为抓手，层层传导压力、落实主体责任。落实意识形态工作责任制，明确党组书记为第一责任人，切实承担起对本单位意识形态工作的主体责任，做到“三带头、三亲自”，即带头抓意识形态工作、带头管阵地把导向强队伍、带头批评错误观点和错误倾向，重要工作亲自部署、重要问题亲自过问、重大事件亲自处置。党组其他成员根据工作分工，按照“一岗双责”要求，紧抓分管股室的意识形态工作，切实履行对职责范围内的意识形态工作的领导责任。

三、取得的主要经验

（一）增强思想意识，坚持党对统计工作的领导是根本。一是严格落实管党、治党责任。坚持统计工作与党建工作“两手抓”、宣传教育与工作落实“两手硬”，协调推进统计系统党的思想建设、组织建设、作风建设、纪律建设、制度建设，切实做到严字当头、真管真严、敢管敢严、长管长严。二是营造党建促业务氛围。以党建为平台、以业务为载体，办好“讲习所”，持续推进主题教育、“两学一做”学习教育常态化、制度化，扎实巩固好“不忘初心、牢记使命”主题教育所取得的成果，实现党建和业务双学、双促、双提升。

（二）加强统计分析，发挥统计“风向标”“晴雨表”作用是前提。一是加强统计综合分析，提升统计服务水平，积极开展统计调研分析，加强统计分析、统计信息撰写，增强统计服务区域经济建设的功能。二是将统计服务向客观独立反映、预测预判和对策建议并重转变，确保统计数据真实、权威，充分发挥好统计“风向标”“晴雨表”作用，为特区党委、区政府科学决策和宏观调控提供坚实可靠的统计服务。

（三）严防统计造假，坚持加强统计作风行风建设是关键。一是坚持“作风建设永远在路上”管住人。坚持深入整治“四风”问题，切实改进统计干部工作作风；坚持守纪律讲规矩，坚决执行统计系统“零物质交往”。着力推进作风建设制度化、规范化，打造廉洁型统计。二是坚持对统计违法“零容忍”管好数。切实提高政治站位，把依法统计、不出假数作为重大的政治纪律和政治规矩，在统计造假、弄虚作假面前敢于亮剑，对统计违法行为实行“零容忍”，努力营造风清气正、积极向上的统计工作氛围。

（四）狠抓数据质量，坚守统计数据“生命线”是底线。数据质量是统计工作的“生命线”。2020年，局党组加强理论武装，持续提高党性修养，不断改进工作作风，进一步提高工作效率，坚持用数据说话、用数据决策、用数据管理、用数据创新，统计数据质量稳步提高，监测分析能力明显提升，用真实可信的统计数据，反映经济社会发展全貌，揭示经济社会运行规律，为党和政府科学决策提供优质服务。

（撰　稿：穆　靖）

六枝特区应急管理局党委 2020 年工作综述

2020 年，在特区党委、政府的坚强领导下，特区应急管理局党委认真贯彻落实党的十九大和十九届二中、三中、四中、五中全会精神，深入学习贯彻习近平总书记关于安全生产，应急管理和防灾、减灾、救灾工作重要论述，牢固树立安全发展理念，始终坚持人民至上、生命至上，在统筹疫情防控的同时，主动适应新形势、新常态和新要求，牢牢守住安全生产“红线”和“底线”，以安全生产专项整治三年行动为抓手，以防范重特大事故为重点，扎实开展安全生产各项工作。2020 年，全区共发生生产安全事故 12 起、死亡 9 人，全部为道路交通安全事故，其他行业领域未发生生产安全事故。发生自然灾害 12 起，其中 4.0 级地震 1 次、风雹灾害 2 起、洪涝灾害 9 起，造成经济损失 14051.59 万元，涉及受灾群众 108372 人次，未造成人员伤亡。安全生产和自然灾害防治形势总体稳定。

一、取得的成效

2020 年是极不平凡的一年，面对新冠肺炎疫情和暴雨、洪涝、地震等自然灾害的严重冲击，在特区党委、区政府的坚强领导下，特区应急局始终坚持把人民生命安全放在第一位落到实处，扎实开展应急管理各项工作，在防范化解重大安全风险、及时应对处置各类事故灾害中担当作为，在大战大考中经受了考验，各项工作取得一定成效。

一是责任体系不断完善。调整充实安委会、防汛抗旱指挥部等议事协调机构成员单位，严格落实“党政同责、一岗双责、失责追责、齐抓共管”“三个必须”，明确细化工作职责，全面推行企业全员安全生产责任制，压紧、压实党政领导责任，部门监管责任和企业主体责任，安全监管责任体系不断完善。二是基层基础不断夯实。持续巩固“双控”体系建设成果，通过强化责任落实、教育培训、隐患排查、示范带动等举措，不断夯实安全生产基层基础，牢牢守住安全生产基本盘。23 家加油站、1 家氧气充装站、2 家烟花爆竹批发公司、10 家非煤矿山企业达到三级安全生产标准化，1 家非煤矿山企业达到二级安全生产标准化。三是防灾减灾救灾能力不断增强。统筹落实预防预备、风险排查、综合会商、预警预报、转移避险、抢险救援、灾后救助、过渡安置和恢复重建各项工作，成功应对处置“9・6”特大暴雨和洪涝灾害以及“9・18”4.0 级地震，切实把灾害影响降到最低，尽最大努力保障人民群众生命财产安全。荣获 2020 年度全省县级防震减灾先进单位，统筹推荐铁路社区作为创建全国综合减灾示范社区的工作获得市级肯定。四是应急处突能力不断提升。持续深入开展应急救援资源普查，摸清应急救援物资底数，不断完善全区“应急救援一张图”，组织修编各类应急预案 97 次，组织开展地质灾害、消防、地震、煤矿巷道坍塌等各类演练活动 207 次，抽查调度乡（镇、街道）和部门值班值守情况 1954 次，为应对突发事件和抢险救援各项工作有序开展打下坚实基础。

二、主要工作举措

（一）狠抓组织建设，不断加强党对应急管理工作的领导。坚持把党的政治建设放在首位，全面落实新时代党的建设总要求，把党的领导贯穿应急管理工作各方面、全过程，切实发挥党委把方向、管大局、保落实的作用。一是强化组织建设。按照省、市统一安排部署，全面加强组织建设工作，顺利完成应急局党组改设党委，配齐配强党委班子，进一步强化政治引领，不断加强党的应急管理工作的领导，推动全区应急管理工作实现新使命、展现新形象。二是强化责任落实。充分发挥党委核心作用，主动履行全面从严治党主体责任，定期研究党建、党风廉政工作及重大事项、重大活动，解决重点、难点问题，将党建工作与中心工作同安排、同部署、同检查、同落实；严格落实中心组学习制度，推动全局党员干部把政治理论学习往心里走、深里走、实里走。三是强化党风廉政建设。局党委始终把讲政治放在首位，定期、不定期召开会议研究党风廉政建设和反腐败工作，深入落实“两个责任”和“签字背书”，严格落实中心组学习制度，严格执行“三重一大”制度，深入开展“防风险、守底线”、先进典型教育、警示教育等形式多样的廉政教育活动。2020 年，共开展作风督查检查 26 次，预防提醒谈话 20 次，约谈科级干部 17 人次、一般干部 130 人次。四是强化宣传思想和精神文明建设。成立意识形态工作领导小组，全面落实党组意识形态工作责任制，对涉及本单位行业领域的信息实时发布信息。五是强化能力建设。以强化政治理论学习为保障，通过领导班子带头学、例会集体学、“学习强国”学习平台等平台载体，带领全体干部职工加强政治理论学习教育，筑牢拒腐防变的思想和制度防线，织牢信仰根基和廉洁防线，全力打造一支信念坚定、素质过硬、清正廉洁的应急队伍，先后参加安全生产执法培训 4 批共 33 人，参加全国应急管理干部大培训 4 期 183 人次，参加省安监大课堂培训 60 人次。六是强化党员先锋作用。在疫情防控工作中，党员干部带头重温入党誓词，慷慨解囊爱心捐款，主动请战到疫情一线参与防控，排查信息，宣传疫情知识，汛期党员积极奋战一线开展防汛救灾，树立比、学、赶、超标杆，充分发挥党员先锋模范作用。

（二）狠抓安全责任落实，层层筑牢安全防线。一是严格落实《地方党政领导干部安全生产责任制规定》，调整充实特区安委会、防汛抗旱指挥部等机构成员单位，制发安全生产工作职责清单，进一步明确有关部门和单位安全防范等工作职责，全面加强全区安全防范工作的组织领导。二是落实目标责任制，与各乡（镇、街道）、安委会有关成员单位签订目标责任书，进一步明确年度目标、量化工作任务。组织开展全区安全生产考核工作，对各乡（镇、街道）、各有关部门年度安全生产工作完成情况进行通报。三是强化督查问效，充分发挥安委办等议事协调机构职能作用，采取“四不、两直”、暗察暗访等方式对各单位开展综合督导检查，压紧、压实党政领导责任，部门监管责任和企业主体责任，拧紧安全责任阀。2020 年，共开展督查 144 家次，提出问题或建议 1262 条，均已按期整改回复。

（三）严格监管执法，直管行业领域事故得到有效遏制。一是坚持以党建为引领，深入贯彻安全发展理念，抓要害、抓关键，严格落实安全生产“三同时”，坚决执行“不安全不生产”有关规定，严格安全条件审查和市场准入，对违法违规行为实施“零容忍”，坚守“隐患就是事故”的理念。二是深化安全生产标准化建设，23 家加油站、1 家氧气充装站、2 家烟花爆竹批发公司、10 家非煤矿山企业达到三级安全生产标准化，1 家非煤矿山企业达到二级安全生产标准化。三是扎实开展安全风险隐患大排查、大整治，以“三年行动”为抓手，突出重点时段、重点部位管控，深入开展非煤矿山、冶金工贸、危险化学品和烟花爆竹行业领域风险排查整治。2020 年，应急管理局直管行业领域共排查隐患 1968 条，均已整改完毕；查处烟花爆竹违法、违规经营户 57 起，共查获土炮 23406 头、烟花 1941 件、爆竹 1002 箱。危化、烟花爆竹、非煤矿山、冶金工贸等直管行业领域实现“零事故、零死亡”。

（四）狠抓制度措施落实，纵深推进“三年行动”。一是精心组织实施六枝特区“三年行动”，在不折不扣落实省、市“1+2+14”的工作总体布局上，结合六枝特区工作实际和风险特点，明确各阶段重点任务，形成六枝特区实施方案，经特区政府常务会专题研究通过后下发实施。二是坚持以落实“两个专题”为抓手统揽专项整治工作，通过理论学习中心组专题学习、举办培训班等形式积极开展宣贯活动，坚持读原著、学原文、悟原理，学深悟透习近平总书记关于安全生产重要论述。牵头组织 3 期对全区 546 名副科级以上干部和安全监管骨干进行培训。三是全面开展排查建立“两个清单”，制发“两个清单”工作方案，组织召开安全生产专项整治工作推进会议，扎实推进各行业领域建立问题隐患和制度措施“两个清单”，突出在建章立制上下功夫，扎实抓好制度措施建设，着力夯实安全生产基层基础。

（五）狠抓应急措施落实，有力应对新冠肺炎疫情。一是强化组织领导，成立局疫情防控领导小组，下设6个工作组11个工作专班，制发《疫情防控工作方案》，统筹研究和部署疫情防控、安全生产、应急管理和自然灾害风险防范工作。二是强化责任担当，对公安机关推送的4000条信息进行落地现场核查；抽调7名同志到卡点一线开展疫情防控工作，驻村干部加强对村（居）安全服务，协助守卡、信息核实、疫情摸排等各项工作。三是强化服务指导，组建5个片区应急安全服务队，在对疫情防控定点救治医院、指定发热门诊、乡镇卫生院等开展安全监管指导服务的同时，做好疫情防控物资生产和仓储企业、生活必需品生产运输、农资等企业和单位"一企一策"服务。四是强化物资保障，根据各乡（镇、街道）和疫情防控卡点应急物资需求情况，向公安、交通、卫健等部门调拨帐篷、棉被、折叠床等价值81.538万元的救灾物资，用于开展疫情防控工作。

（六）狠抓灾害风险管控，着力防范化解重大风险。统筹落实预防预备、风险排查、综合会商、预警预报、转移避险、抢险救援、灾后救助、过渡安置和恢复重建各项工作，成功应对处置"9·6"特大暴雨和洪涝灾害以及"9·18"4.0级地震。一是强化监测预警，根据气象预测，会同气象、水务、自然资源等单位进行风险会商研判，及时发布极端天气预警短信和工作提示，提前落实好防范应对措施。2020年，共发布各类气象预警614期，推送预警短信74万条。二是强化会商研判，根据不同季度、不同重点时段组织召开会商研判会议，分析研判全区安全防范工作面临形势，着力解决安全风险防范中存在的突出问题。2020年，共组织开展风险会商研判13次，制发风险会商研判报告13期，梳理突出风险462条，提出对策措施建议991条。三是扎实开展风险大普查工作，按要求全面安排部署全区自然灾害风险大普查工作。2020年，累计出动自然灾害风险大普查工作组153组次，出动普查人员576人次，普查风险467条。四是强化灾害救助，2020年共调拨帐篷、棉衣、棉被等应急救灾物资4468件，下拨救灾资金361万元，核定理赔受损房屋915户。

（七）强化统筹协调，合力推进安全防范工作。特区应急管理局在履行直管行业领域安全监管职责的同时，充分发挥特区安委办综合协调作用，强化对全区安全防范工作的统筹协调。一是根据不同季度、重点时段，及时组织召开安全防范工作会议，贯彻落实各级关于安全防范工作的决策部署，对全区安全防范工作进行再安排再部署。二是以安全生产专项整治三年行动为抓手，坚持专项整治与日常监管相结合，深入开展以煤矿、道路交通、危险化学品和烟花爆竹、消防、建筑施工等为重点的各行业领域隐患排查治理。2020年，全区共出动5130个检查组，检查企业场所9410家次，组织排查一般隐患6778条，全部整改完毕；排查重大隐患2条，已按相关要求挂牌督办并复查销号摘牌。三是始终保持"打非治违"高压态势，强化部门协调联动，坚持从严执法、从严治理、从严督查、从严处置，严厉打击各类非法、违法生产建设经营行为。2020年，共打击非法违法行为2951起，查处烟花爆竹违法、违规经营户57家，查收私炮1002箱，烟花1941个，土火炮23406头，实施行政处罚547.16万元。四是在特区人民政府网站上开设安全生产宣传专栏，紧紧围绕"消除事故隐患，筑牢安全防线"主题，结合"安全生产月""防灾减灾日""落实企业主体责任宣传月"等活动，全面普及安全生产和防灾、减灾等知识常识。2020年，开展各类宣讲260次，发放宣传资料12万份，张贴宣传标语7800条。五是持续深入开展应急救援资源普查，摸清应急救援物资底数，备齐、备全应急救援物资，不断完善全区"应急救援一张图"，组织修编各类应急预案97次，组织开展地质灾害、消防、地震、煤矿巷道坍塌等各类演练活动207次，为应对突发事件和抢险救援各项工作有序开展打下坚实基础。六是强化应急值班值守，严格落实24小时领导在岗带班值守备勤制度和"日报告、零报告"制度，畅通信息渠道，定期、不定期调度全区安全风险防范动态和值班值守情况，确保一旦发生事故或险情，能及时快速响应，积极有效应对，及时处置。2020年，共抽查调度乡（镇、街道）和部门值班值守情况1954家次。

三、主要经验

一是坚持党的领导，把党的政治建设放在首位。全面落实新时代党的建设总要求，把党的领导贯穿应急管理工作各方面、全过程，切实发挥党委把方向、管大局、保落实的作用，统筹推进安全生产、应急管理和防灾、减灾工作。

二是坚持压实责任，推动安全生产各项措施落地落实。严格落实《地方党政领导干部安全生产责任制规定》，充分发挥安委办综合协调作用，用好约谈通报、警示曝光、督导回访等组合拳，压紧、压实“三个责任”，确保责任上肩。

三是坚持齐抓共管，健全完善联防、联控工作格局。处理好“统”与“分”、“防”与“救”的关系，进一步厘清应急管理部门与行业部门职责职能，确保各部门间各司其职、各负其责、相互配合、齐抓共管，形成强大合力。

四是坚持应急准备，持续完善“1+22”应急救援指挥部工作运行机制，建立联合会商机制，统筹推进应急队伍建设，整合应急管理资源，着力构建统一指挥、专常兼备、反应灵敏、上下联动、平战结合的应急管理体制。

五是坚持风险研判，定期开展风险研判会商，分析研判形势，提出防范措施建议，形成会商报告，发送至各有关单位。根据气象预测，及时发布极端天气预警短信和工作提示，提前落实好防范应对措施，做到早预警、早干预。

（撰　稿：应急局办公室）

认真履职担使命　奋发有为印初心
以务实的作风不断谱写六枝民政事业新篇章

——六枝特区民政局党组 2020 年工作综述

2020 年，在特区党委、政府的正确领导下，在省、市民政部门的关心指导下，特区民政局坚持以习近平新时代中国特色社会主义思想为引领，坚持“民政为民，民政爱民”工作理念，以充分发挥民政兜底保障在脱贫攻坚和社会建设中的重要作用，求真务实、攻坚克难，促使民政各项事业稳步有序推进，工作成效明显，现将 2020 年工作开展情况综述如下：

一、主要工作成效

（一）夯实社会兜底保障，为全区脱贫攻坚“减贫摘帽”保驾护航

1. 扎实抓好 2020 年全区低保提标工作。全面完成全区 2020 年低保提标工作。全区 2020 年低保提标工作已于 6 月全面完成，全区保障农村低保对象 18376 户 35562 人，全年累计发放农村低保资金 13609.14 万元（其中，提标补发 1—5 月差额 382.01 万元）；保障城市低保对象 5367 户 11438 人，全年累计发放城市低保资金 5119.42 万元。2020 年符合农村低保季节性缺粮食救助对象 2694 户 5172 人，发放粮食 140280 公斤，较好地保障了困难群众的基本生活。民政兜底保障对象在建档立卡脱贫户中有 11734 户 25133 人，民政兜底保障数与建档立卡脱贫人数占比 18.77%，为全区实现稳定脱贫做实基础工作。

2. 加强特困人员救助供养工作，全面提升特困人员集中供养能力和供养机构管理服务水平。一是将特困人员排查工作纳入低保年度核查同安排、同部署。根据全区统一安排部署，结合 2020 年城乡低保提标工作同步安排对城乡特困人员认定和自理能力评估年度复核工作。二是调整提高特困人员救助供养基本生活标准，公布辖区 2020 年救助供养标准。2020 年全区特困人员供养标准为基本生活费 1013 元 / 月。照料护理费根据其自理情况分别为：全护理照料费 1670 元 / 月 · 人；半护理照料费 834 元 / 月 · 人；全自理（集中）护理照料费 334 元 / 月 · 人。三是按月兑现特困人员救助供养待遇。全年累计发放特困人员救助供养基本生活和照料护理费共计 1836.53 万元。四是落实特困人员救助供养服务机构消防、食品等安全制度，确保不发生安全事故。

3. 深入抓好临时救助和“救急难”工作。按照《六枝特区临时救助制度实施办法》，按照特区政府出台的《六枝特区临时救助制度实施办法》，2020 年，千元以上临时救助 1345 人，救助资金 192.9 万元；急难救助 25 人，救助资金 32 万元；各乡镇（街道）千元以下临时救助 588 人，救助资金 54.31 万元。同时，加强易扶搬迁一次性临时救助工作，确保搬迁群众中符合易扶搬迁贫困移民一次性临时救助发放条件者，能不落一户、不漏一人地得以发放到位。2020 年，发放易扶搬迁一次性临时救助 208 户 950 人，发放资金 142.5 万元。

4. 临时价格补贴工作。严格按照省、市文件要求及时启动救助保障与物价上涨联动机制，为城乡低保对象、特困人员发放价格临时补贴。2020 年共发放城乡低保、特困人员价格临时补贴 479936 人次，救助资金 2485.73 万元，及时有效地保障困难群众基本生活，促进社会稳定和谐。

5. 精简退职工作有序推进。全区有 20 世纪 60 年代精简退职老职工 41 人，每月人均补助 200 元救济费，

全年累计发放资金 10.28 万元。

（二）坚持依法行政，社会事务管理水平不断增强。

一是认真推进民间组织管理工作。全年共登记社会组织 8 家，根据国务院《社会团体登记管理条例》等相关规定，对全区社会组织进行年检。

二是认真实施《婚姻登记条例》，着力提高依法登记水平。婚姻登记合格率均达到 100%。全年办理结婚登记 5400 对，离婚登记 1622 对。

三是开展流浪乞讨人员救助。通过加大部门联动、强化街面巡查等措施，累计救助各类流浪乞讨人员共计 196 人次，其中，未成年人 15 人次；在站长期滞留人员共计 29 人，其中，委托机构代养 12 人，精神病院救助 17 人。

四是殡葬改革工作稳步推进。全年全区火化遗体 1064 具，火化率为 35%；集中安葬 245 例；实施困难群体补助救助 230 人次，救助资金 21 万元；劝止违规搭蓬治丧行为 21 起，中心城区集中治丧率达 100%；取缔非法碑石加工制作点 7 处，取缔非法销售封建迷信丧葬用品摊点 1 处，违规殡葬行为得到有效遏制，殡葬服务及用品市场逐步规范，全区城市文明形象得到大幅提升。

（三）全面深化改革，社会福利事业取得新发展

一是出台了《六枝特区人民政府办公室关于印发〈六枝特区社会养老服务体系建设规划（2015—2020 年）〉的通知》（六府办发〔2015〕142 号）《六枝特区人民政府关于加快发展养老服务业的实施意见》（六府发〔2016〕2 号）等相关政策文件，着力推进特区养老产业发展。

围绕大健康养老基地打造战略，推进养老服务体系建设。累计建成收养型养老机构 20 所（其中公办养护楼 1 所，农村敬老院 15 所，社会福利院 1 所，民办养老机构 3 所），在建养老机构 4 所（其中公办 1 所，社会资本投资 3 所），实现中心城区和所有乡镇全覆盖；建成新型老年人日间照料中心 2 所（塔山、银壶街道各 1 所）；建成农村幸福院 121 个，各乡镇不同程度均有分布。

二是深入实施老年人普惠工程，全年发放 80 周岁以上高龄津贴 1300 万元，惠及老年人 1.27 万人，有效提升高龄老人的获得感和幸福感，减轻养老压力。

三是加强孤儿基本生活保障。全区现有孤儿 140 人，其中散居孤儿 121 人，集中供养 19 人。孤儿生活方面，2020 年，特区散居孤儿基本生活费按每人每月 1050 元发放，集中供养孤儿基本生活费按每人每月 1600 元发放，确保孤儿基本生活费适应物价上涨水平，能够有效解决基本生活问题，超过 18 岁仍然在校就读的，继续发放孤儿生活费。2020 年，全区共发放孤儿基本生活费 178 万元，春节期间慰问金 7.5 万元。

四是摸清全区留守儿童、困境儿童人数 8855 人，其中农村留守儿童 8076 人，困境儿童 779 人，按照一人一档原则全部落实干部包保，定期开展回访。全区留守儿童无人辍学，户籍问题全部解决到位，根据实际困难，解决农村低保 748 人次，解决临时救助 360 人次，落实医疗救助 1795 人次。

五是落实重度残疾人护理补贴政策。2020 年，全区重度残疾人护理补贴标准进一步提高，达到一级残疾人每人每月 70 元，二级残疾人每人每月 50 元。全区有一级重度残疾人 1928 人、二级重度残疾人 3982 人。2020 年共发放重度残疾人护理补贴 399 万元，在减轻重度残疾人护理压力、提升残疾人保障水平方面发挥更加积极的作用。

（四）坚持以民为本，基层民主自治建设取得明显成效

一是积极开展城乡社区疫情防控。印发《六枝特区民政局关于引导村（居）民委员会积极做好新型冠状病毒感染肺炎防控工作的通知》，要求乡级强化对村（居）民委员会干部的管理，做好舆情监督和应对，及时向群众宣传和解释有关疫情防控政策措施，避免群众产生恐慌心理，积极配合各级各部门抓好疫情防控措施落实，不断夯实基层疫情防控工作基础，为六枝特区打赢疫情防控战做出积极的贡献。

二是有效推进“两项改革”工作落实。认真履行“两项改革”牵头单位职责，抓好《六枝特区加强和完善城乡社区治理实施方案》《六枝特区加强乡镇政府服务能力建设实施方案》文件落实，以六枝特

区城乡社区治理工作联席办名义下发有关工作提示，强化工作跟踪和调度，积极对乡（镇、街道）及各有关部门就“两项改革”进行再安排和再部署，及时配合特区党委督查室就有关改革事项推动情况进行督查指导，并圆满完成市人大常委会赴六枝特区开展城乡社区治理体系建设调研工作。有力地提升六枝特区城乡社区治理综合效能，为推进全区治理体系和治理能力现代化不断夯实基础。

三是扎实抓好地名管理服务工作。完成上报《中国地名大会》题目约稿 10 条，审核并标注六盘水市地图六枝特区境内地名点 10 个，完成六盘水地名录第二部分至第九部分地名词条共 1588 条，完成省级地名录典志编纂培训并上报《贵州省地名录》词条共 1723 条，完成《贵州省标准地名词典》词条共 866 条。认真落实《省民政厅关于开展国家地名信息库更新完善工作的通知》（黔民办函〔2019〕47 号）文件精神，结合六枝特区第二次全国地名普查实际，按要求完成国家地名信息库六枝部分的更新和完善工作，修订完善国家地名数据库六枝部分 3199 条。推动特区政府新批复的花铺路、牂牁大道、南山大道、栖凤路等道路名称标识标牌设置和中心城区部分道路地名标牌补设工作落实，预计补设地名标识标牌 40 块，进一步提升六枝特区的城市品位，有效促进地名管理在推动全区经济社会发展和方便人民群众生活方面的作用。

四是深入开展扫黑除恶专项斗争。围绕巩固基层政权建设中心工作，扎实抓好村（居）民委员会干部背景审查。2020 年，局党组积极配合特区组织等部门再次对全区 253 个村（居）委会 1748 名村（居）干部进行背景审查，发现曾被行政处罚村（居）干部 32 人，鉴于审查中没有发现有村（居）干部受过刑事处罚的情况，村（居）干部任职资格联审小组同意通过由乡（镇、街道）采取批评教育、提醒谈话等方式处理后继续留用，为打造一支高效、纯洁、一流的村（居）队伍奠定坚实的基础。将扫黑除恶专项斗争工作与民政社会组织、殡葬改革、城乡低保、流浪乞讨等其他核心业务工作结合起来，深入推动民政各行业领域专项治理，切实解决村（居）干部落实惠民政策不规范、村（居）务公开民主管理不到位、殡葬服务工作不到位、城乡低保发放不规范等群众关心的一些突出问题，助推民政工作迈上新台阶。

五是深入推进六枝特区易扶搬迁安置点“和谐社区、活力社区”创建，积极争取省级城乡社区建设以奖代补资金 40 万元用于关寨镇中坝、梭戛乡长田坎、新场乡建康、落别乡落别居委会等涉及易扶搬迁的居委会社区服务设施建设，着力改善搬迁居民的管理和服务；积极开展创建全国文明城市活动，指导乡、村两级修订完善村规民约（居民公约），将文明城市建设有关内容融入村规民约（居民公约），支持农村开展移风易俗、破除陈规陋习，并完成区内 22 个村（居）的省级村规民约示范村推荐申报工作；开展城区户外劳动者综合服务站建设，协调业务主管的仙鹤山生态陵园有限公司，将其桃花公园北门销售点作为民政户外劳动者综合服务站进行打造，及时为环卫工人、快递从业人员、交警、城管等户外劳动者提供服务。

二、主要措施

一是把民政为民作为工作的出发点和落脚点，以牢固的为民思想、执着的为民情怀、过硬的为民本领、扎实的为民作风，为每一位民政对象办好每一件事情。对群众的各种困难，以设身处地之心体贴人民群众的困难，以情同手足之情关心群众的困难，以刻不容缓的行动解决群众的困难。

二是认真学习政治理论、文化知识、法规政策、民政业务。做到政治方向明、思想境界高、法规政策熟、业务技能精、道德风尚好、干部品行端。工作中要勤于思考，深入调查研究，对每一项工作都精心策划、精心组织，有方案、有检查、有评估、有总结。

三是密切联系群众、深入群众、依靠群众，倾听群众的呼声、反映群众意愿、集中群众智慧、发挥群众力量才能把各项工作做好。首先广泛接触群众，走进农户，广泛与群众打成一片，多掌握群众的意见和反映，多了解群众的生产和生活状况。其次在感情上贴近群众，在与群众打交道中，要视人民群众为至尊，把群众组织好、发挥好，任何困难和问题都能迎刃而解。

四是保持廉洁自律的作风。局党组强化廉洁自律，进一步当好民政对象的红管家，做好理财人，班子成员和民政干部年初集体签订廉洁自律承诺书，个人不能有半点私欲和邪念，面对金钱和物资，做到心不动、手不伸，两袖清风、一身正气。

三、取得的成效

（一）**理论武装全面加强**。把学习贯彻习近平新时代中国特色社会主义思想作为首要政治任务，党员干部“四个意识”更加自觉、“四个自信”更加坚定、“两个维护”更加坚决，做好民政工作的自豪感、使命感、责任感持续增强。

（二）**民政事业全面推进**。一是坚决做好脱贫攻坚兜底保障工作，制定实施脱贫攻坚巩固提升方案，强化社会兜底保障，实现符合条件的贫困对象应保尽保。二是加快发展养老服务和福利慈善事业，养老服务项目持续推进，困难残疾人生活补贴和重度残疾人护理补贴制度分别惠及全区5910名残疾人。三是大力创新基层政权建设和城乡社区治理，创新推广示范村（社区）标准化建设，完善村规民约和居民公约，开展村民自治领域扫黑除恶专项斗争。四是规范管理社会组织，各级社会组织党的建设全面加强，打击整治非法社会组织专项行动持续开展，社会工作专业人才和各类志愿服务活动广泛开展。五是完成《六盘水地名录》第二部分至第九部分地名词条共1588条，完成省级地名录典志编纂培训并上报《贵州省地名录》词条共1723条，完成《贵州省标准地名词典》词条共866条，修订完善国家地名数据库六枝部分3199条。完成花铺路、牂牁大道、南山大道、栖凤路等道路名称标识、标牌设置和中心城区部分道路地名标牌补设工作落实有效促进地名管理在推动全区经济社会发展和方便人民群众生活方面的作用。六是不断强化社会事务管理，开展漠视侵害群众利益和殡葬领域突出问题专项整治，全面规范村（居）规民约，部署推进婚丧礼俗改革。

（三）**管党治党全面从严**。狠抓中央、省、市及特区巡视反馈问题整改，建立内部巡视制度。充分运用“四种形态”查处违规违纪行为。认真开展一批民政先进模范人物典型事迹宣讲，全面排查整治侵害群众利益的不正之风。

四、存在的问题

一是养老产业发展程度不深，体系建设不完全，在居家养老、社区照料方面还需要加强。

二是殡葬改革步伐需要加快，推动各乡镇进入火化区还需要大量艰苦细致的工作。

三是社会工作、社会福利等民政事业发展不充分。

五、2021年工作打算

一是巩固低保提标成果，推进扶贫低保两项制度在标准、对象、管理上的无缝衔接，切实增强社会救助兜底脱贫功能，切实做到应保尽保，按标施保，应退则退。

二是积极开辟养老服务业发展新路子，倡导养老服务发展与农旅养结合、医养结合，护理型养老床位建设达35%。

三是要继续深化社会组织管理制度改革，加大社会组织培育扶持力度，进一步完善社会组织监管制度，加强社会组织诚信建设，健全年度检查、查处和退出机制。进一步加强殡葬基础设施建设，尤其是做好区内重点乡镇、旅游乡镇的农村公益性公墓和城市公益性公墓的建设。

四是履行好农村社区建设工作职责，着力整合各有关单位社区建设资金资源，积极探索向农村社区购买服务的办法措施，提高农村社区建设整体工作水平，将社区干部工作重心转移到提高社区管理和服务上来，着力提高基层社会治理和社区服务能力。

（撰　稿：卢运勇　曾加华）

牢守抗疫防线统筹　推动交通运输高质量发展

——六枝特区交通运输局党组 2020 年工作综述

2020 年，六枝特区交通运输局党组，在特区党委、区政府的正确领导下，在上级交通部门的关心和支持下，以习近平新时代中国特色社会主义思想为指导，紧紧围绕特区党委、政府的中心工作及 2020 年的各项工作目标任务，以提高交通运输能力为目标，以交通基础设施建设为重点，坚持建、养、管、运全面发展的总思路，切实抓好交通行业的各项工作，为全区疫情防控和经济社会发展提供坚实的交通运输保障。

一、年度工作情况

（一）以项目建设为中心，不断增强交通基础设施。全年完成投资 13.8 亿元（其中高速公路完成 12.04 亿元，地方交通项目完成 1.76 亿元）。

高速公路建设情况：纳雍至晴隆高速公路，六枝特区境内全长约 47 公里，总投资约 99 亿元；六枝至安龙高速公路，六枝特区境内全长约 22 公里，总投资约 36 亿元，均已开工建设。

国省干线建设推进情况。G356 六枝落别至大用公路改扩建工程，路线全长 9.096 千米，总投资为 47439.18 万元，已完成投资 9163.22 万元，占总投资的 19.3%。S214 六枝梭戛至岩脚公路改扩建工程，路线全长 17.64 公里，总投资 21592 万元，已完成投资 13974.85 万元，占总投资的 64.72%。S310 六枝大草坝至新华公路改扩建工程，全长 7.8 公里，总投资 0.957 亿元，已完成总工程量的 80%，完成投资 0.766 亿元。

农村公路（桥梁）建设情况。永丰大桥项目。全长 2.531 千米（其中桥梁长度 288 米），总投资 5048.67 万元，累计完成总投资的 21.53%，约 1086.89 万元。危桥改造工程。2020 年六枝特区获得省交通运输厅下达农村公路危桥改造工程项目 4 座，总投资 341.65 万元。截至 2020 年年底，已完成 1 座，工程总体进度 70%，完成总投资 239.16 万元。县乡道堤等改造项目。六枝特区 2020 年第一批县乡道提等改造项目为郎节坝至箐口公路，项目全长 14.5 公里，项目总投资 1450 万元。截至 2020 年年底，项目已全部完成，完成投资 1450 万元。

其他公路项目建设情况。西嘎至毛口旅游公路，全长 19.184 公里，总投资为 56841.77 万元，完成投资约 16427.54 万元，占总投资的 28.9%。大用至木岗公路，项目全长 14.56 公里，总投资 35784.86 万元，累计完成投资约 34016.56 万元，占总投资约 95.06%。大用至化处矿连接公路工程，项目全长 7.75 公里，总投资 10531.09 万元，完成投资约 6071.16 万元，占总投资的 57.65%。S531 线猴场至花贡（六枝特区境）灾毁恢复重建工程，项目全长 7 公里，预算总投资 1908.80 万元，完成投资约 1488.64 万元，占总投资的 77.99%。S215 六枝郎岱至毛口公路改扩建工程（灾毁恢复），全长 1.067 公里，总投资 2913.34 万元，已完成投资约 1487.4 万元，占总投资的 51.05%。

六枝中心客运站建设。选址于六枝特区南环路西段，那固村小河沟组，占地面积 64.89 亩，总投资 1.48 亿元。项目分两期进行，第一期为客运站场建设工程，已建成投入使用，累计完成投资约 6800 万元。

（二）以疫情防控为重点，不断提升防控能力。强化交通管控卡点设置。疫情防控交通管控期间，充分发挥交通管控参谋助手作用，在全区高速公路、国省干道、县乡公路设置交通管控卡点 26 个，并从交通运输行业抽调 91 名干部职工参与卡点值勤管控，参与交通管控卡点排查车辆 37520 辆次，排查人员 83500 人次，劝返车辆 3250 辆次，劝返人员 7520 人次。

强化宣传引领。充分利用标语、橱窗、车载 LED 显示屏和车载电视、QQ、微信、微博、手机短信等宣传媒介，全方位多渠道开展疫情防控宣传。上半年，张贴、悬挂各类宣传标语 1000 条次，利用车载 LED 和单位办公区域 LED 电子显示屏滚动播放宣传标语 500 万条次。张贴“贵州健康码”图标和海报 1000 张。强大的宣传声势，营造交通疫情防控的良好氛围。

强化交通保障。在全区实行交通管制期间，一是明确 30 辆出租车、10 辆公交车、10 辆班线客运车作为交通管控期间疫情防控应急运输车辆。疫情防控以来，出动应急车辆 72 台次，接送集中隔离点康复人员 264 人。二是开通点对点农民工返岗复工和学生返校复学包车服务。疫情防控以来，开展点对点农民工返岗复工包车 102 车次，接送农民工 635 人。开展点对点学生返校复学包车 126 车次，接送学生 1910 人。三是与源头监管部门联网审批并办理应急物资运输车辆通行证 7250 辆次。畅通全区应急物资和重要民生物资运输通道，保障群众生产生活需求，全面维护社会和谐稳定。

（三）以完善行业管理为重点，不断提高交通运输服务水平。一是加大执法监管优化行业管理。采取专项治理与日常执法相结合、机动巡查与集中打击相结合的方式，检查班线客运车辆、危货运输车辆、非营运车辆 1461 辆次，检查客运企业、货运企业、维修企业、驾校 208 家次，依法查扣涉嫌非法营运车辆 328 辆次，查处违法违规车辆 97 辆次。加大超限运输车辆治理力度，检查超限运输车辆 5.1 万辆次，超限卸货车辆 383 辆，超限劝返车辆 147 辆。开展公路巡查 357 次 2.6 万公里。检查渡口渡船及码头 115 道次、船舶 245 艘次。二是加强服务协调提升运输效率。建成投运六枝中心客运站（一级客运站），日发送旅客达 600 人次。243 个行政村“通村村”实现全覆盖，“通村村”平台线上有班线客运 256 辆，出租车 297 辆，通客运率 100%，“通村村”平台软件下载人数达 1800 人。全区 131 辆公交车、312 辆出租车清洁能源、新能源应用率达 100%。

（四）以强化隐患排查整治为基础，持续保持安全生产平稳态势。全区交通运输系统安全生产工作开局良好，交通出行秩序井然，项目建设有序推进，安全生产专项整治三年行动工作有序推进。一是道路交通领域，认真履行“三关一监督”工作职责，积极落实安全生产监管责任，深入开展各项安全生产专项整治行动，加强道路交通安全源头监管，组织检查组 173 组次，检查企业 176 家次，查出一般隐患 41 条，落实整改 41 条，隐患整改率达 100%。二是水上安全领域，深入推进水上交通安全生产专项整治，对辖区水域开展“横向到边、纵向到底”拉网式排查，强化重点时段、重点水域的海事现场监管。全年检查渡口渡船、码头 97 道次、检查船舶 260 艘次、检查航运企业 26 家次。共查出隐患 9 起，已整改 4 起，对查出的部分船舶证件不齐等隐患大力度督促航运企业完善，并签发海事停航通知书 5 份。三是工程建设领域，出动执法人员 89 人次，出动执法车辆 22 辆次，开展安全巡查 50 次，下达抽查意见通知书 18 份。四是管养公路领域，补载和更换安全桩 122 根、设置抗凝冻安全警示牌 26 块；设置安全警示标志 30 块；路面小修养护及油路面挖补 5800 平方米，清理塌方 1300 立方米；清理路肩淤泥 505 立方米；回填坑槽 2000 平方米；恢复路基缺口 14 处；清割边沟杂 370 公里。检查中发现县乡公路一般安全隐患点 84 处，整改隐患 14 处（整改中隐患设置安全桩 70 处）。

（五）以“建养一体化”为抓手，不断提高公路养护管理水平。2020 年，全区农村公路纳入管养的里程为 3754.802 公里（其中，新增省道 188.906 公里，县道 483.114 公里，乡道 679.589 公里，村道 1171.619 公里，通组公路 1146 公里，新建接养公路 85.574 公里）。2020 年小修保养全部实行市场化运作，由根业公司承担养护。全年完成沥青水泥路面坑槽挖补 7800 平方米，完成日常路基路面保洁任务。2020 年汛期，组织人力、车辆、机械清除坍塌方、疏通边沟，及时抢修公路，确保公路安全畅通。共计清理坍塌方 17000 立方米，恢复路基缺口挡土墙 1200 立方米。提前完成 2020 年安全生命防护工程处置隐患 374.88 公里，安装波形护栏 223.55 公里的计划任务。

（六）以党的建设为保障，不断深化从严治党。坚持党要管党、从严治党，牢固树立“抓党建就是抓关键”“抓作风就是抓重点”的理念，全面落实党建工作责任制。认真开展党性教育，各支部严格落实“三会一课”制度。积极发展党员，2020年，预备党员转正2名，接收预备党员1名，确定发展对象1名，确定积极分子1名，3名预备党员和2名积极分子正在培养中。严格落实党风廉政和反腐败工作主体责任，通过开展集中警示教育、组织集中学习、强化“两个责任”约谈等方式坚持不懈地抓好党员干部作风建设，严肃监督，强化干部职工作风纪律，提升交通运输行业形象。2020年，局党组书记对系统干部职工集中约谈39人，分管领导对分管领域开展约谈5次，约谈人数122人，签订廉政承诺书161份。对有子女升学的干部职工进行提醒谈话并签订承诺书。

二、工作中存在的问题

由于地方财力不足，不能按时足额到位资本金和配套建设资金，征地拆迁工作难度大、单位部门协调配合不力，严重影响项目建设进度和建设质量。工程建设领域拖欠和道路运输、城市客运方面受历史遗留影响，矛盾纠纷较为突出，行业维稳压力仍然较大。

交通行政执法人员不足，行业监管难以实现全覆盖；非法营运人员结构复杂，打击难度加大；公路养护管理资金和人员严重不足，公路安全保畅难度增大。

综合交通、城乡交通一体化水平还不够高，群众对交通运输服务和保障有新的更高要求，管理服务水平与人民群众对安全舒适便捷出行的期待还有差距。

三、下一步工作打算

（一）项目建设再发力。一是加大对农村通村通组公路项目收尾工程的监管督促力度，加大项目验收移交管护工作进度。二是继续实施农村公路危桥改造工程。三是继续实施农村公路安全生命防护工程。四是继续实施农村公路灾毁恢复重建工程。

（二）行政执法再深入。一是多部门联动，社会广泛参与，开创“打非治违”新举措，切实解决“黑车”多现象。二是加大工作经费投入，加强路检路查、水运执法、交通质量监督力度。三是加大执法装备及人员投入。四是切实做好宣传报道工作。五是加大治理超限力度，严禁超限车辆在我管辖公路上行驶，努力争取建设智能治超站点。六是进一步采取措施，安排专门的路政管理执法人员，专门负责全区所辖公路的路政管理工作，切实保护路产，维护路权。

（三）平安交通再注力。一是持续推进交通安全专项整治三年行动。二是扎实推进交通安全监管智慧化建设进程。三是强化风险管控和隐患排查治理。四是提高安全执法监管现代化水平。五是不断健全完善安全生产综合治理联动工作机制。

（撰　稿：赵紫涵）

六枝特区住房和城乡建设局党组 2020 年工作综述

2020 年，特区住房城乡建设局党组在中共六枝特区委的坚强领导下，全面贯彻落实党的十九大，十九届四中、五中全会等重要会议精神，始终以习近平新时代中国特色社会主义思想为指导，勇于奋斗、砥砺作为，全面推进住房城乡建设领域各项工作，为全区经济社会发展提供有力保障。

一、强化组织领导，落实全面从严治党主体责任

（一）强化学习教育，加强党的政治建设。始终把党的政治建设摆在首位，坚持以习近平新时代中国特色社会主义思想为统揽，组织班子成员和干部职工利用局党组会、党组中心组学习、专题学习会和干部职工会等多种形式深入学习贯彻习近平总书记重要讲话精神，党的十九大，十九届四中、五中全会精神，省委十二届七次、八次全会及市委七届十一次、十二次全会精神和《关于新形势下党内政治生活的若干准则》等党内重要法规，引导住建系统党员干部增强“四个意识”、坚定“四个自信”、做到“两个维护”，确保在政治立场、政治方向、政治原则、政治道路上同党中央保持高度一致。

（二）强化责任担当，推进全面从严治党。认真贯彻落实中央、省、市、特区关于党风廉政建设的工作部署，研究制定并下发《六枝特区住房和城乡建设局 2020 年党风廉政建设及反腐败工作要点》《六枝特区住房和城乡建设局 2020 年党风廉政建设责任分解表》，明确党组书记、分管领导、中心、站室负责人的工作职责，层层签订目标责任书 106 份，形成一级抓一级、层层抓落实的工作格局。针对住建系统工程建设项目多、资金流量大、社会各界关注广的特点，组织党员干部通过学习典型案例、参观三线建设博物馆、观看廉政警示教育片等多种形式开展廉政教育。2020 年，共开展警示教育活动 3 次，涉及干部职工 106 人，引导干部职工进一步筑牢拒腐防变的思想基础，凝聚团结奋进的强大正能量。

（三）夯实基础工作，推进机关党组织建设。督促指导机关各党支部严格按照发展党员“5 个阶段 25 个步骤”工作要求，积极认真做好发展党员工作，2020 年确定入党积极分子 2 名，确定发展对象 2 名，接收预备党员 4 名，研究预备党员转正 3 名，为党支部补充新鲜血液，注入新的生机。认真落实“三会一课”、主题党日、民主生活会、组织生活会、民主评议党员和谈心谈话等基本制度。2020 年机关党组织召开党员大会 10 次、支部委员会议 16 次、主题党日活动 16 次，上党课 7 次，切实增强党内政治生活的政治性、时代性、原则性和战斗性，涵养良好的政治生态。

二、加快城市建设和更新，持续提升城市品质

（一）推进城市基础设施建设。2020 年新增建成城市公共停车位 602 个。新增建设城区污水管网 41.5 公里，城区污水管网总长度达 134.5 公里。新增建设供气管网 10.15 公里，累计供气 532.87 万立方米。六枝特区独立工矿区对外连接道路路网工程（六定路、醒狮路、工农路、富强路）已建成投用，三线配套基础设施建设项目二标段（胜利路）、地宗矿对外连接道路二期项目均已完成沥青铺设，民生路（特区第十三小学进场道路）完成投资 1300 万元，阳光路完成总产值约 4000 万元，矿业路延伸线、文化路延伸线、城南大道二期已于 2019 年建成通车，城区南部大通道实现贯通，四横八纵路网格局全面形成。安六高铁长箐站站前广场已全面完工并投入使用，六枝南站站前广场建设项目已争取到专债资金 2.57 亿元。

（二）**推进六枝河水体污染综合整治。**完成六枝河主河道新建污水管网10160米和9条支流新建污水管网15226米；建成6个分散式污水处理设施4430m^3/d并调试运行；完成雾步冲水库截污工程建设，完成东风水库截污工程主管网工程量的50%；建成中心城区污水处理厂二期工程（总规模2万m^3/d，近期先实施1万m^3/d）并投入试运行；完成老黑山垃圾填埋场新增污水处理站建设并调试运行。委托保定金迪地下管线探测工程有限公司于2020年4月底完成全区排水管线及设施普查项目。排查发现中心城区污染源点64个，已整改11个；排污口52个，已整改28个，其余问题正在整改中。

三、加强管理和服务，促进房地产业和建筑业健康发展

（一）**推进房地产业和建筑业健康发展。**2020年，新增监管资金10亿元，办理核拨467宗8.59亿元。2020年，为景城华庭、玲珑公馆等11个房开项目办理预售许可证，批准预售面积42.56万平方米，其中住宅3046套36.34万平方米，商业6.22万平方米。2020年上报商品房销售面积36.98万平方米，同比下降7.24%；房地产项目投资8.32亿元，同比下降6.69%；房地产从业人员劳动报酬5097.3万元，同比增长15.5%。2020年完成建筑业产值16.62亿元，同比增长11.1%，完成建筑企业入库1家。

（二）**强化建筑工程质量安全和建筑工地文明施工监管。**2020年，共检查施工项目158次，企业415家次，出动监管人员170人次，查出隐患810条，现已整改730条，整改率为90%。其中，下发停工通知书11份，限期整改通知书76份，检查记录7份，移送城市综合执法局案件11件，确保六枝特区全年未发生质量和生产安全事故。大力开展建筑工地扬尘治理和渣土运输车带泥上路整治，全年共开展专项巡查检查68次，下发扬尘污染治理工作督查通知50份。

四、加强住房保障，切实改善人居环境

（一）**统筹推进城镇住房保障工作。**2020年累计发放住房困难租赁补贴2768户139.12万元。完成2019年老旧小区改造2个257户。2020年改造老旧小区5个2836户，计划投资3714万元，其中，中央补助资金1548.06万元，缺口资金2165.94万元。三分局家属区、教师小区、广场小区、老财政局家属区改造项目已基本改造完成，六十四家属区改造项目已完成地下管网铺设，工程进度达到40%。

（二）**持续推进农村住房保障工作。**全覆盖入户排查30563户建档立卡贫困户、255户“边缘户”，坚决杜绝“建新房住危房”“年轻人住新房，老年人住旧房”“易扶搬迁两头住”等情况；排查整治汛期因灾受损房屋，共排查出受损农房263户（其中建档立卡户96户），通过修缮、翻新、搬迁等措施已完成6户危房和257户透风漏雨房屋整治工作，有效保障农户住房安全。

五、加强公共服务，推进传统村落保护和共同缔造工作

梭戛乡高兴村旅游核心区消防设施配备、给排水、排污系统、垃圾转运中心和日常维护管理体系等已建设完成；木岗镇戛陇塘村传统村落消防基础设施建设已完成；落别乡长湾村长田组中国传统村落档案制作及传统村落数字博物馆建设已完成，传统村落保护发展项目建设完成70%，累计完成投资368万元。打造了岩脚镇青杠林村和联合村、落别乡新寨村和纳骂村、郎岱镇迎祥社区5个村（社区）美好环境与幸福生活“共同缔造”活动试点、示范点，完善垃圾箱配置等基础设施和公共服务设施，建立环境卫生长效管护机制，教育引导农村群众养成良好卫生习惯。

六、存在的问题

（一）**房地产行业规范管理有待加强。**部分房开企业自律意识不强，未严格按照行业法规从事经营活动，部分企业在未取得预售许可前变相以订金、诚意金、借款、集资等方式预售；部分房开项目因资金链断裂，导致“烂尾”库存量大。很多项目因自身资金链断裂，项目停缓建引起部分群众上访，信访

调解压力增大。

（二）**城镇老旧小区改造资金筹措困难**。2019年，老旧小区改造项目所获资金主要是中央补助资金及中央预算内投资，中央补助资金给予的资金量较少，户均9800元，地方配套能力不足。2020年全区改造老旧小区5个，计划投资3714万元，市级分配中央补助资金1350.25万元，户均仅4761元，缺口资金2363.75万元需靠争取中央预算内投资，而中央预算内投资是按照项目总投资比例下达，缺口资金需地方配套，由于地方财政有一定困难，配套资金筹措难度较大。

（三）**本地建筑企业发展乏力**。受经济下行压力和疫情影响，六枝特区在库建筑企业16家中有4家企业未承接项目，处于停产状态。辖区内本地建筑企业实力较弱，承接项目难，区内高铁站、碧桂园、生活垃圾焚烧发电项目等重大建设项目均为外地企业实施，一定程度上影响住建行业经济指标。绿色建筑推进情况不理想。

（四）**部分企业安全生产主体责任落实不到位**。部分企业安全生产投入不足，安全生产隐患治理流于形式。安全生产措施费用投入不足，安全意识不强，安全生产管理工作不规范，缺乏有效的安全运行机制，隐患排查治理自查自纠不到位。

七、下一步打算

（一）**加强房地产市场调控和监管**。根据“十四五”住房发展规划，结合六枝特区实际，做好房地产市场精准调控。加大房地产开发企业违规销售打击力度，完善信用管理、约谈等制度，加强对开发企业、中介机构的监督管理。严格打击以“放号”“内部认购”“内部登记”“排号认购”“摇号认购”“VIP卡”等形式变相预售商品房的行为，严厉查处逃避资金监管的开发企业。加快推进润田优品、翡翠悦府、碧桂园等商品房项目建设。在房地产健康持续发展的情况下，保证2021年商品房销售、从业人员及从业人员工资持续增长。完善商品房预销售管理制度，提高预售资金监管账户的安全性。加强网签系统信息管理，公开房源状态信息，更好地服务房地产企业和广大购房群众。做好与相关部门的信息共享工作，加强楼盘销售监管，推动问题楼盘处置工作，着力化解房地产纠纷，依法规范信访工作行为，切实维护和服务好全区改革发展大局。

（二）**推进老旧小区改造工作**。结合区内城镇老旧小区实际，全面做好2020年各项中央补助资金申报工作，加快三分局小区和六十四家属区改造进度，积极督促业主单位完善老公安局家属区、广场小区、教师小区等老旧小区改造项目的现场扫尾及资料收集工作，并且进行审计后组织验收。尽快启动获批的2020年4个老旧小区改造项目配套基础设施项目建设，及时启动实施2021年老旧小区改造工作，共涉及12个片区974栋7690户，计划投资14936.27万元。

（三）**加强建筑市场监管**。加快提高本地企业人员素质、人员培训及建筑业企业资质，鼓励企业办理劳务资质，提高本地企业的建筑业占比。建立健全行业自律机制，进一步加大建筑市场调控力度，稳步推进全区建筑领域平稳健康有序发展。加大磷石膏建材、绿色建筑和装配式建筑的使用和推广力度，做好新型建材的招商工作，做好全区建设工程新建、改建、扩建项目的建筑节能工作。针对排查中发现的严重拖欠农民工工资的社会投资建设项目，依法、依规督促企业业主和工程施工单位落实具体的解决措施，督促没有进入劳务用工实名制监管平台的项目加入平台，进行实名制用工监管，做好拒不支付劳动报酬案件的依法查处工作。深化工程建设项目审批制度改革，推动全区营商环境“办理建筑许可”指标进一步提质进位。

（四）**加大安全生产监管力度**。加大安全生产工作的宣传力度，进一步推进安全生产专项整治三年行动，推动建筑行业领域落实安全生产各项措施。加强安全生产检查力度，发现问题或隐患要求业主单位立即整改，对拒不整改或整改不到位的项目将按照程序提交综合执法局从严、从重处罚。督促各在建工地必须按照8个100%要求完善工地设施，确保扬尘和污水规范排放。严格执行群众投诉处理制度，督促施工单位做好工程使用功能、质量通病治理、质量回访保修等工作。与消防救援机构构建联合惩戒机制，对消防验收备案项目进行抽查，对施工中以次充好、使用不合格材料且屡教不改，伪造、出具虚假检测报告等行为的单位和个人进行惩戒。逐步建立、完善诚信激励和失信惩戒机制，营造消防建设领域“守信者处处受益，失信者寸步难行”的市场信用环境。

（撰　稿：住房和城乡建设局办公室）

六枝特区医疗保障局党组 2020 年工作综述

2020 年，特区医保局党组在省委、市、区委的正确领导下，以习近平新时代中国特色社会主义思想为指导，深入贯彻党的十九大和十九届二中、三中、四中、五中全会精神，坚决贯彻党的基本理论、基本路线、基本方略，深入贯彻习近平总书记对贵州工作的重要指示批示精神，增强“四个意识”、坚定“四个自信”、做到“两个维护”。特区医保局紧扣脱贫攻坚和全面建成小康社会目标任务，坚持稳中求进的工作总基调，在省、市医保部门的关心和指导下，围绕决战脱贫攻坚、决胜同步小康，奋力开创百姓富、生态美的贵州新未来目标。医保局从实际出发，以落实医保民生工程为核心、以把握稳定和发展为重点，较好地完成了全年各项工作任务，保障了全区广大参保群众的基本医疗需求。通过落实“三重”医疗保障政策，助力六枝特区脱贫攻坚工作，保障全区医疗保障工作健康持续发展。

工作实践和成效

一、深入贯彻中央、省委、市委、区委全会精神，始终在思想上、行动上与党中央、省委和市委保持高度一致

坚持把学习好、领会好、贯彻好习近平总书记重要讲话精神和党的十九大和十九届二中、三中、四中、五中全会精神以及省委、市委、区委全会精神作为一项重大政治任务，切实把学习贯彻转化为干部职工统一思想、武装头脑、指导实践、推动工作的强大正能量，促进干部职工在认识上有新提高、工作上有新举措、精神上有新面貌、事业上有新进步。运用“学习强国”App、党报、党刊等媒介，抓好个人学习，保证 2020 年单位党员干部人均学习时间不低于 200 个学时；党支部组织政治业务学习 6 次，班子成员上党课 4 次；单位组织开展业务学习 3 次，培训百余人次。

二、以决胜脱贫攻坚为统揽，扎实开展脱贫攻坚工作

局党组把党建扶贫作为单位的一项重要工作来认真研究，安排单位 3 名副科级以上党员干部轮战驻村，采取有效措施抓实、抓好各项党建扶贫工作。一是按特区攻坚办要求，做好帮扶人员访看、政策宣传等扶贫帮扶工作。在特区攻坚办及新窑镇政府的安排部署下，开展好帮扶村的村情、贫困人口情况等驻村扶贫工作、驻村党建工作。二是按市县要求落实驻村工作经费 1 万元。三是 2020 年医保局党支部多次到党建扶贫村新窑镇桥梁村开展关心关爱帮扶工作。2020 年 1 月，慰问新窑镇桥梁村党员及困难老人 33 人；2020 年 6 月，慰问新窑镇桥梁村特困老人 10 人、慰问六枝特区新窑镇第三小学 357 名学生。四是在新窑镇党委、政府的统一安排部署下开展做好党建扶贫桥梁村新型冠状病毒的个人肺炎疫情防控的各项工作，解决疫情防控经费 0.5 万元。五是切实支持党建扶贫村产业发展，发展小康菜园等项目。

三、应保尽保，确保人民群众医疗有保障

2020 年，六枝特区城乡居民医保参保人数共计 602292 人，基本实现应保尽保。

四、全面落实医疗保障待遇政策

一是城乡居民医保就诊141.97万人次，医保基金支付3.79亿元。二是2020年城职工医保（含离退休人员）参保30097人，报销375119人次，医保基金支付10667.15万元；生育保险参保22148人，报销1658人次，基金支付1016万元。三是大病保险报销14018人次，报销3539.05万元。四是医疗救助69365人次，报销2643.84万元。五是面对突发疫情，采取预拨400万元给特区人民医院、预拨200万元给辖区内的市二医，用于新冠肺炎治疗。

五、精准实施医保扶贫政策

作为脱贫攻坚“三保障”之一的部门，为更准更实打赢实施医保扶贫攻坚战，结合全省医疗保障扶贫现场会在六枝特区顺利召开，实施医保精准扶贫工作目标。一是精准认定医保扶贫对象。全区建档立卡贫困人口共计133878人，除死亡、参军、服刑、参加其他医保等情况2419人外，均100%参加城乡居民医保。二是精准管理医保扶贫对象。对扶贫部门动态调整的新增贫困人口已完成参保工作，确保新增的贫困人口医疗同样得到有效保障。三是精准落实参保资助政策。全区累计资助建档立卡贫困人口132096人，资助金额1694.36万元。四是精准实施医保待遇政策。建档立卡贫困人口共计住院25789人次，产生医疗总费用12454.98万元，医保政策内总费用11358.73万元，实际补偿10803.8万元（基本医疗报销补偿8054.06万元、大病保险报销补偿917.38万元、医疗救助补偿1832.36万元）。全面实现对贫困人口“三重医疗保障”全覆盖。

六、推进DRG医保支付方式改革

2020年，持续在辖区内县级公立医疗机构六盘水市第二人民医院、六枝特区人民医院开展DRG付费改革工作，DRG付费结算34485人次，报销11300.53万元，遏制了不合理医疗费用的增长。

七、全面简化优化便民服务

全面实现及优化基本医疗保障、大病保险、医疗救助“一站式”结算。

八、强化基金监管

采取派驻院代表到医疗机构进行日常监管、全覆盖督查检查，配合上级业务部门飞行检查，开展打击欺诈骗保等多种有效方式进行监管。追缴协议处罚金额约30万元。

特色和亮点

一、突出党的建设不动摇，党风政风展现新面貌

贯彻好习近平总书记重要讲话精神和党的十九大和十九届二中、三中、四中、五中全会精神以及省委、市委、区委全会精神作为一项重大政治任务，切实把学习贯彻转化为干部职工统一思想、武装头脑、指导实践、推动工作的强大正能量，持续“不忘初心、牢记使命”主题教育，特区医保局党员干部的思想政治素质明显提高，提升干部职工工作精气神，局党组织建设进一步得到加强。

二、突出凝聚发展合力，弘扬崇德向善的正能量

扎实开展主题党日教育活动及“明礼知耻·崇德向善”和“积德榜”活动，激发干部职工崇德向善的正能量。

三、突出医疗扶贫保障，助力脱贫攻坚及全面小康

2020年，全区累计资助建档立卡贫困人口132096人，资助金额1694.36万元、25789人次，产生医疗总费用12454.98万元，医保政策内总费用11358.73万元，实际补偿10803.8万元（基本医疗报销补偿8054.06万元、大病保险报销补偿917.38万元、医疗救助补偿1832.36万元）。全面实现对贫困人口“三重医疗保障”全覆盖。

四、突出改革创新，全面深化医保改革

牢牢把握改革方向，扎实开展六枝特区实施DRG支付方式改革。2020年DRG支付方式付费结算病人32193例，DRG付费10636.75万元，比按项目付费同比减少309.3万元。遏制了不合理医疗费用的增长。

五、突出基金监管，保障医保事业健康发展

完成全区定点医药机构全覆盖督查，开展不定期抽查及暗查10次，协议处罚30万元，保障基金安全及医保事业健康发展。

体会和经验

回顾2020年的工作，取得了一些成效，在看到成绩的同时，应清醒地认识到：一是医保在医改的一些重点领域、关键环节尚未取得明显突破，深层次体制机制矛盾仍需进一步破解。二是经办服务水平有待提高。获得的经验有以下四点：一是始终坚持“十个手指弹钢琴”，找准政治思想教育与中心工作的结合点，紧扣医疗保障工作，实现中心工作与政治思想教育工作“两不误”“两促进”“两提高”。二是坚持每周一学习的制度，集中带领干部职工学习中央、省、市、特区各级文件和会议精神，学习国家政策、方针、制度，学习法律知识，用理论知识武装头脑、指导实践。三是始终坚持以上率下、“上行下效”，并使之成为常态。坚持领导以身作则，带动干部职工实干、苦干。四是始终坚持实干导向，以干部出实绩、工作出实效、群众得实惠为导向，靠扎实的工作创造实在的业绩。

下一步工作目标

持续深入贯彻党的十九大及十九届历次全会精神，以习近平新时代中国特色社会主义思想为指导。一是持续深化医疗保障制度改革，加强医疗保障服务体系和队伍建设，助力巩固脱贫攻坚成效及全面小康建设。二是完善三重医疗保障“一站式”报销工作机制，提升便民利民实效。三是坚持“三医联动”原则，推进医改再创新突破，争取在重点领域和关键环节改革取得更大成效。四是保持严厉打击欺诈骗取医疗保障基金行为的高压态势。确保医保基金安全、健康运行，守好人民群众的“救命钱”。五是加强与财政、民政、扶贫、卫健等部门加强沟通协作，充分发挥医疗保障阻止“因病致贫、因病返贫”的作用。六是全力抓好党建工作，坚决落实中央八项规定及实施细则精神，持之以恒纠正“四风”，加强医保行风建设，营造医保系统良好政治生态，确保下一步各项工作高标准、高质量完成。

（撰　稿：特区医保局办公室）

勠力同心　砥砺前行
全力推进“两个移民”工作高质量发展

——六枝特区生态移民局党组2020年工作综述

2020年，六枝特区生态移民局党组在特区党委、政府的坚强领导下，全面贯彻落实党的十九大、习近平新时代中国特色社会主义思想和对移民系统提出的新要求，大力弘扬苦干实干、勇于担当的移民干部精神，坚决克服新冠肺炎疫情影响，不断加强思想建设、作风建设、组织建设和制度建设，把易地扶贫搬迁作为脱贫攻坚“当头炮”和重中之重，始终遵循“六个坚持”总体要求，认真落实“五个三”后续扶持措施和建设“五个体系”配套政策，以“五先五后”攻坚战法践行“五步工作法”，以创建“和谐社区·活力社区”为载体，以“钉钉子”的精神把“两个移民”主体责任牢牢扛在肩上、抓在手上，弹好“钢琴”，转好“盘子”，统筹推进“两个移民”工作向纵深发展，为“十三五”的收官交出一份沉甸甸的答卷。

主要工作成效

一、指导思想

始终高举中国特色社会主义思想伟大旗帜，以毛泽东思想、邓小平理论和“三个代表”重要思想、科学发展观、习近平新时代中国特色社会主义思想为指导，深入学习贯彻党的十九大和十九届二中、三中、四中、五中全会精神，习近平总书记关于扶贫工作重要论述和对贵州工作的重要指示批示精神，习近平总书记对移民系统作出的重要指示批示精神，切实增强“四个意识”、坚定“四个自信”、做到“两个维护”，主动担当作为、敢于创新，在全力抓实“两个移民”后续扶持工作上勇挑重担、敢啃硬骨头，始终干在实处、走在前列，确保搬迁群众“稳得住、有就业、逐步能致富”，打造居住花园式、管理社区化、服务人文化的移民美丽新家园。

二、成绩（成果）展示

（一）易扶搬迁后续扶持旗开得胜。2020年，移民局持续巩固提升易扶搬迁工作成效，搬迁群众落实补助奖励政策100%，旧房拆除复垦率100%，项目审计结算完成率100%。申报项目42个，总投资30898.34万元。共培训853人次，让有劳动力家庭实现一户一人以上就业，动态消除“零就业”家庭。建设劳动密集型易扶工厂6个，投产4个，投入东西部协作扶贫资金1070万元，吸纳劳动力就业195人。12个安置点新成立居委会10个，2个融入安置点所在村（居）管理，配备村（居）支“两委”人员88人，建立警务室7个，配备警力32名。在10个安置点成立基层党支部，配齐配强支部班子，共有党员179名，搬迁群众党员67人，培养入党积极分子25名，搭“五桥”建“五家”共筑幸福千万家。

（二）水库移民工作开展卓有成效。水库移民工作开展卓有成效。紧紧围绕保障水利工程建设顺利进行做好水库移民搬迁安置监管，指导各有关乡镇单位依规依策做好移民安置实施、验收工作，按时完成征地补偿、移民搬迁、安置实施和验收任务，保障9座大、中、小型水利工程建设顺利进行。一是加强移民安置前期工作指导。为落实好上级关于尽快启动和开工一批成熟水利工程的要求，一年来，把好移民安置政策关，为丁孝塘、竹林脚水利工程启动和开工建设创造条件。二是强化资金保障助推征拆工作。积极主动争取移民资金保障，全年共发放移民安置资金4246.28万元，有效推进黔中水利枢纽支渠工程、懒龙河水库、头塘水库等工程征地补偿搬迁安置工作，全力保障水利工程建设顺利进行和增加被征地群众的转移性收入。三是认真落实移民安置验收制度。及时完成头塘水库、松树林水库、阿雨水库工程蓄水阶段移民安置验收工作和茅草寨水库工程竣工阶段移民安置验收工作，特别是完成旧院水库工程完工后的水库移民竣工验收工作，确保省、市和特区人民政府的年度目标考核任务如期完成。四是切实维护移民群众利益。实事求是、扎实工作，较好地将移民政策和实际情况结合起来，切实维护移民群众利益。五是更加注重移民安置效果。以健全移民安置管理体制、强化移民政策宣传解读、重视信访调解工作、后期扶持与精准扶贫相结合等为主要举措，全力做好移民安置实施工作，许多移民村寨成为当地最美乡村样板。比如，光照水库毛口集镇安置点的美丽家园建设，呈现一派生态宜居村庄美、兴业富民生活美、文明和谐乡风美的新面貌；再如，黔中水利枢纽工程六枝特区移民户，均住房面积210.86平方米，较搬迁前增加113.81平方米，移民人均可支配收入为14647元，超出同区域农村居民人均可支配收入的39%。移民安置后居住条件、生活环境、基础设施等较搬迁前有较大程度改善，生产生活水平逐步提高，保障了移民妥善安置和移民区经济社会持续发展与和谐稳定。

（三）水库后期扶持成效突出显著。一是改革创新深入推进。不断深化水库移民后期工作改革创新，提高政策实施效果。奋力突破移民产业发展的惯性思维和思想禁区，以“三变”改革为抓手，探索“飞地经济”“物业经济”新业态新模式，争取2000万元水库移民后期扶持资金采取异地置业方式投入落别乡龙井温泉产业项目，投入2992万元在移民村实施美丽建设项目，入股特色优质产业实现移民分红87.52万元，推动后扶产业转型升级、推进美丽家园建设、巩固移民脱贫攻坚成果。二是惠民资金直达移民。加强后扶人口动态管理，确保扶持对象精准识别，及时足额发放大、中型水库移民直补资金596.25万元，着力解决群众最关心、最直接、最现实的利益问题，移民群众幸福感、满意感得到较大提升。三是考察交流促进提升。近年来，六枝特区水库移民美丽家园建设、“飞地经济”等工作取得一定成效。省市移民部门多次推荐六枝特区水库移民后期扶植工作给省内外移民系统进行考察调研，2020年10月、12月，黔东南州天柱县移民系统、湖南省娄底市库区移民事务中心及5个（市、区）移民机构分别到六枝特区开展水库移民后期扶持产业开发专题调研。通过考察交流，清醒地认识到六枝特区水库移民后期扶持存在的问题、面临的新挑战，为今后逐步把移民村打造成设施完善、生态文明、宜居宜业的美丽家园提供有益借鉴。

（四）新冠肺炎疫情防控稳常态化开展。特区生态移民局党组第一时间响应号召，印发《机关疫情防控管理措施》抓好机关疫情防控工作。督促调度5个乡镇移民站10名同志、7名驻村干部第一时间赶赴乡村一线配合做好疫情防控各项工作。利用LED、“双微”平台播放推送医学疫情防范知识1000条；在包保区域、联系村和易扶安置点张贴各类疫情防控宣传画册500张，在12个易地扶贫搬迁安置点印制并张贴2100份《致全区易地扶贫搬迁群众的一封公开信》，引导搬迁群众按照“六个坚持做到”做好疫情防控，筑牢疫情防线。创新提出易地扶贫搬迁安置点疫情防控“三三战法”，组织发动安置点80名党员和196名群众志愿者积极参与安置点疫情防控；创新提出“五步排查法”，党建扶贫点驻村党员干部带领基层党员干部群众排查256户1248人，指导参与易扶安置点排查3559户16612人；水库移民集中安置点区域共排查22处7875人，做到不落一户、不漏一人。开展特殊主题党日活动募捐8300元“爱心款”，助力特区疫情防控工作。

主要措施

一、重视思想教育把稳思想之舵

思想是行动的先导，是“总开关”，局党组以建设“学习型移民队伍”为目标，始终坚持思想建党、理论强党，以中心组集中学习、“三会一课”、新时代市民讲习所、每周一例会等形式，结合“学习强国”学习平台等网络学习平台，多方位、深层次、全覆盖全局党员干部。深入学习党的路线方针政策，习近平新时代中国特色社会主义思想，党的十九大，十九届二中、三中、四中、五中和省委、市委、区委全会精神。学习易地扶贫搬迁和水库移民法规政策，全面系统学、深入思考学、联系实际学，做到学、思、用贯通，知、信、行统一，全年召开干部职工大会 50 次，中心组集中学习 4 次，党组书记上党课 4 次，开展新市民讲习所活动 27 次，主题党日活动 12 次。通过学习，教育引导全局党员干部不断增强“四个意识”、坚定“四个自信”、做到“两个维护”，筑牢信仰之基、补足精神之钙，拧紧思想“总开关”，紧紧团结在以习近平同志为核心的党中央周围，自觉在思想上、行动上全面贯彻落实好上级各项决策部署在移民系统中取得扎扎实实的成效。全面落实意识形态工作责任制，制定意识形态工作方案，安排专人负责做好移民系统意识形态工作和宣传思想工作，定期开展意识形态领域工作的风险排查，牢牢把握意识形态工作的积极性和主动性，营造良好的舆论宣传氛围，引导正确的舆论方向，教育引导移民系统党员干部和移民群众感党恩、听党话、跟党走。

二、重视素质提升建强队伍之基

持续深入开展新时期“三能干部”（即能说、能写、能干）建设，着力提升全局党员干部综合能力素质，打造一支召之即来、来之能战、战之必胜的移民队伍，确保交出“十三五”规划的满意答卷。一是易地扶贫搬迁“上半篇文章”圆满收官。组建“五支团队”抓建设速度，“五级联动”抓搬迁入，“五聚五保”抓后续扶持，“五治融合”抓社区治理，谱实建、搬、扶、治“四步曲”，全区 12 个安置点搬迁安置 3557 户 16621 人，超任务提前完成省、市下达的“十三五”期间搬迁目标任务。二是易地扶贫搬迁“后半篇文章”开局良好。始终以“五个体系”建设和“和谐社区·活力社区”创建为抓手，积极探索“五聚焦”工作机制，高质量抓实易地扶贫搬迁后续扶持工作，确保搬迁群众“搬得出、稳得住、逐步能致富”。12 个安置点“五个体系”建设全部通过市级评估核查验收，6 个 200 户以上安置点“两个社区”创建全部通过市级评估核查验收。2020 年荣获全省、全市、全区脱贫攻坚先进个人称号，1 名移民党员干部荣获全国“十三五”奋进易地搬迁干部称号，5 名移民党员干部分别荣获省、市表彰，塔山街道办和聚福新苑安置点党支部荣获省级表彰。易地扶贫搬迁安置房不动产登记“六个一”工作法得到省、市高度肯定，并在省推进会上作为唯一县区进行经验交流发言。三是水库移民安置和后期扶持工作创新落实。头塘水库、旧院水库、懒龙河水库、河头上水库、黔中水利枢纽工程干渠等大、中型水库移民安置工作顺利推进，通过实施美丽家园等项目建设，库区移民群众生产、生活条件得到有效改善。创新“三借模式”助力库区贫困群众脱贫攻坚，库区总体实现和谐稳定发展。四是巩固脱贫攻坚成效显著。持续派驻 7 名党员干部同志驻村配合村支两委开展好脱贫攻坚各项工作任务，督促各帮扶责任人定期下乡做好政策宣传、“三新一清洁”、小康菜园建设等，切实巩固好脱贫攻坚成果成效，顺利通过脱贫攻坚大普查。

三、重视全面从严治党确保大局之稳

始终把全面从严治党和党风廉政建设作为党组工作的重要内容，摆在突出位置，深入学习贯彻落实《中国共产党廉洁自律准则》《中国共产党党内监督条例》等，自觉遵守中央八项规定精神和省、市、区十项规定精神，始终把政治纪律和政治规矩挺在前，筑牢思维底线。健全“一把手负总责、分管领导各负其责、

班子成员齐抓共管”的工作机制，层层压实工作职责，层层抓落实。制定《六枝特区生态移民党组全面从严治党主体责任清单》和《六枝特区生态移民局党风廉政建设岗位风险点及解决措施一览表》，将全面从严治党和党风廉政建设工作任务逐项分解，落实到人。严格落实《中国共产党党组工作条例》，凡“三重一大”等事项坚持纳入集体决策范围，交由集体讨论研究，严格按程序和规定办事，全年召开党组会议 38 次。全面落实约谈制度，做到逢会必谈党风廉政。2020 年，局党组集体约谈和个别约谈干部 10 次，做到抓早抓小、防微杜渐，督促全局党员干部做到心中有底，不踩“红线”、不闯“雷区”，变被动为主动，变压力为动力，变风险为契机。2020 年移民系统未发生重大违法、违纪案件，移民环境清爽干净、大局稳定。

四、主要经验

一是压紧、压实责任是做好党组工作的保障。党组书记要切实履行好第一责任人的工作职责，各党组成员切实履行“一岗双责”，加强党建工作和业务工作同安排、同部署、同落实，确保“两手抓、两手都要硬”。

二是抓住关键少数是做好党组工作的基础。局党组要紧密团结在以习近平同志为核心的党中央周围，坚持党的领导，认真贯彻落实好中央、省委、市委和区委各项决策部署，坚持以上率下，做好表率，充分发挥先锋模范作用，自觉带头学习、带头干事，主动担当作为，当好“领头雁”，做好榜样。

三是突出重点是做好党组工作的关键。要切实从“十三五”中的经验与教训中总结提炼工作思路、方法，打好“十四五”开局战，盯紧靶心，找准新时期移民工作的方向和重点，创新和改进移民工作的内容和方式，始终保持奋发有为、昂扬向上的精神风貌，做到开新局、创新绩。

四是坚持民本思想是做好党组工作的前提。习近平总书记强调，江山就是人民，人民就是江山，人心向背关系党的生死存亡。为官之本在于为官一场，造福一方。要牢固树立民本思想，坚持以人民为中心开展各项工作，始终以保障移民群众生产生活条件为切入点和着力点，以最大限度地解决移民群众最关心、最直接、最现实的利益问题作为当前和今后工作的重点和努力方向，始终与移民群众心连心、同呼吸、共命运。“大鹏之动，非一羽之轻也；骐骥之速，非一足之力也。”移民事业想要蓬勃发展、飞得更高，必须汇集和激发全区移民群众的磅礴力量。

新的机遇千载难逢，新的目标催人奋进，新的征程任重道远。当前，我们已经迈入一个崭新的发展阶段，在新的起点，让我们在特区党委、政府的坚强领导下，坚持以习近平新时代中国特色社会主义思想为指导，深入贯彻落实中央、省委、市委和区委各项决策部署，大力弘扬苦干实干、勇于担当的移民干部精神，团结带领全局党员干部、移民群众，以高昂的斗志、饱满的热情、务实的作风、超常的举措，为谱写六枝特区高质量发展新篇作出应有的努力！

（撰　稿：生态移民局办公室）

六枝特区市场监督管理局党组 2020 年工作综述

2020 年，在特区党委、特区政府的坚强领导下，六枝特区市场监督管理局党组始终坚持以习近平新时代中国特色社会主义思想为指导，切实增强“四个意识”、坚定“四个自信”、做到“两个维护”，全面落实中央、省、市、特区各项决策部署，以党的建设为统领，在打好疫情防控阻击战、脱贫攻坚战的同时，坚持目标导向、问题导向，各项市场监管业务不断迈上新台阶，现述职述廉如下：

一、压紧压实从严治党政治责任，风清气正的政治生态不断彰显

（一）深化理论武装，在强化“两个维护”方面紧抓不放。2020 年，始终把学习贯彻习近平新时代中国特色社会主义思想作为首要政治任务和主题主线，传达学习、研究贯彻习近平总书记最新重要讲话和重要指示批示精神，及时跟进学习习近平总书记 2020 年 1 月 25 日、2 月 3 日、2 月 12 日、2 月 21 日、3 月 4 日、3 月 18 日组织召开中央政治局常委会及在广东、上海等地考察时对新冠肺炎疫情防控所作的重要批示指示精神。全面学习习近平总书记在陕西、山西考察时关于生态环保、脱贫攻坚、乡村振兴的系列重要论述。深入学习习近平总书记在深圳经济特区建立 40 周年庆祝大会、在浦东开发开放 30 周年庆祝大会、在中国人民志愿军抗美援朝出国作战 70 周年大会上的重要讲话精神，并结合实际抓好疫情防控、脱贫攻坚等各项重点工作的贯彻落实，切实将学习成果转化为推动市场监管工作高质量发展的不竭动力。

（二）坚持严的主基调，巩固党风廉政建设成果持续推进。2020 年，六枝特区市场监管局领导班子坚决落实特区党委、特区政府关于党风廉政建设系列决策部署，深入贯彻落实十九届四中、五中全会精神，十九届中央纪委四次、十二届省纪委四次、七届市纪委五次、十一届特区纪委五次全会精神以及国务院第三次、省政府第三次、市政府第四次、特区政府第四次廉政工作会议精神，坚定不移地开展党风廉政建设和反腐败斗争工作。强化对《中华人民共和国民法典》《中华人民共和国公职人员政务处分法》等法律法规的学习，严格执行各项党内法规。持续整改 25 个需长期坚持整改的巡察问题，通过召开党风廉政警示教育大会、到三线建设博物馆开展专题警示教育、组织开展“防风险、守底线”专题会议等内容，实现警示教育常态化，始终坚持抓实、抓细各项党风廉政建设责任。

（三）大抓创先争优，不断推动作风建设成果出新出彩。2020 年，先后获得省级抗击新冠肺炎疫情防控先进集体、区级新冠肺炎疫情防控宣传工作先进集体、新冠肺炎疫情防控卫生健康工作先进集体、新型冠状病毒感染的肺炎疫情防控阻击战中表现突出的党组织等荣誉称号，因春季复学和创建全国文明城市工作成效显著，被评为县级尊师重教先进单位和市级创建全国文明城市工作先进集体。新冠肺炎疫情防控以来，毕艳、张一玉 2 名同志被六盘水市妇女联合会评为新冠肺炎疫情阻击战中表现突出的先进个人，曹敏获得县级新冠肺炎疫情防控宣传先进个人。

二、围绕中心服务大局，疫情防控和助力经济高质量发展共谱新篇

（一）勠力同心，坚决打赢疫情防控阻击战。2020 年，面对突如其来的新冠肺炎疫情，全局上下尽锐出战。第一时间认真落实中央、省、市和特区疫情防控决策部署。于 1 月 22 日全面启动疫情防控工作，成立疫情防控机构、制定疫情防控方案和预案，组建 23 个工作组，按路段、按片区压紧、压实疫情防控责任，大年三十全局干部职工全部集结完毕，投入一线。第一时间采取超常规措施阻击疫情。在疫情防

控初期，制定《商场（超市）、农贸市场疫情防控 8 条标准》《禁止赶集公告》《禁止办理酒席公告》《禁止餐饮服务单位承办酒席公告》等 7 个疫情防控规范性文件，累计关闭活禽宰杀店、花鸟市场等市场主体 18042 家，应关闭市场主体关闭率达 100%，取缔赶集 128 场次，取缔酒席 219 场次，与农业农村等部门共同联合采取超常规的价格干预措施，稳定猪肉等生活必需品价格。第一时间强力推动复工、复产、复学。2020 年 2 月 18 日以后，根据《省应对新冠肺炎疫情防控领导小组关于分区分级做好疫情防控工作的通知》等文件精神，先后制定《企业复工复产优惠政策摘要》《餐饮行业复工复产 6 条标准》发放到各市场主体，及时协调防疫物资等助力企业复工复产，餐饮行业在全市率先恢复堂食，制定《春季复学食堂疫情防控管理规范》，复学疫情防控工作扎实有效。第一时间启动冷链食品疫情防控。2020 年 7 月，北京、新疆、大连等地发生疫情后，迅速将疫情防控工作重点向冷链食品倾斜，截至 2020 年年底，共抽取核酸检测样本 392 份，从事冷链食品经营的从业人员已有 116 人接种新冠疫苗，接种率达 100%。第一时间强化执法维护市场秩序。2020 年，共办理行政处罚案件 432 件，罚没款到位 196.44 万元，其中，查处口罩案件 8 件，查处假冒伪劣“飘安”牌口罩 3 万副、防护服 30 套，查处药品大案 1 件。

（二）奋发有为，千方百计保市场主体。新冠肺炎疫情防控进入常态化阶段后，全面履行“保市场主体”牵头部门职责，坚持市场主体存量、增量和变量同抓的总原则，以“稳企”促“活市”、以“活市”促增长，稳住市场主体基本盘，全区市场主体保持平稳持续发展。一是全面摸清企业受损情况。2020 年 6 月，开展最大规模的市场主体受损情况排查，完成排查各类市场主体 2 万户，有针对性地制定工作方案，助力市场主体复工复产。二是充分运用财政和货币政策保市场主体。与税务、人资社保等部门联合，坚决落实中央、省、市、特区关于保市场主体的各项决策部署，综合运用金融、减税降费、“两直达”资金等保市场主体措施，降低市场主体经营负担，纾缓企业经营压力，从 3 月份开始，全区市场主体逐渐实现恢复性增长，全年延续快速增长的好势头。2020 年，新增市场主体 5814 户，新增注册资本 60.56 亿元，增长率分别为 19.49%、15.4%，超额完成特区目标任务。其中，第一产业新增市场主体 352 户、新增注册资本 5.1 亿元，分别占 5.87%、8.43%；第二产业新增市场主体 341 户，新增注册资本 3.36 亿元，分别占 5.68%、5.53%；第三产业新增市场主体 5307 户，新增注册资本 52.1 亿元，分别占 88.45%、86.04%，全区市场主体总量突破 3.6 万户。

（三）积极进取，深入实施“两个战略”。一是深入实施知识产权战略。2020 年，六枝特区专利申请量 234 件（发明专利 24 件，实用新型专利 194 件，外观设计专利 16 件），获得有效专利数 140 件（发明专利 2 件，实用新型专利 118 件，外观设计专利 20 件），全区注册商标申请量 428 件，成功注册 277 件，全区商标有效注册量累计达到 1237 件。成功申报全省 2020 年县域经济知识产权战略推进工程项目，获得资助 20 万元，成功申报岩脚面地理标志产业化促进项目，获得资助 50 万元。组织贵州金指纹科技有限公司、贵州鸿霖农业科技有限公司、六枝特区华兴管业制品有限公司 3 家企业申报 2020 年贵州省知识产权优势企业培育工程项目。贵州康众医药发展有限公司、贵州大禹王农业发展有限公司完成地理标志产品专用标志换标。二是深入推进质量兴区战略。2020 年，在市政府组织的质量考核中，考核结果为 A 级，六矿瑞安水泥有限公司获得市长质量奖提名奖，深入开展“有机产品认证宣传周”活动，共发放宣传资料 500 份，新增有机产品转换认证证书 2 张，开展认证认可知识培训和行政约谈 42 人，查处强制性认证产品抽检不合格案件 2 件。开展工业产品质量检查 600 家次，开展工业产品质量抽检 50 批次。指导企业开展产品标准自我申明公开 1 项。

三、聚焦“放管服”改革，“三个环境”与“三个安全”同频共振

（一）优服务强监管，着力打造“三个环境”。一是着力打造公平有序的竞争环境。2020 年，组织各部门、乡（镇）、园区对涉及市场准入、资质标准等涉及市场主体经营活动的规章、规范性文件和其他政策措施进行公平竞争审查，共清理政策措施 93 件。大力推进“双随机、一公开”监管覆盖常态化。跨部门联

合“双随机、一公开”联合抽检事项达到18项，开展随机抽查活动271次，随机抽取监管对象1001户，实施部门联合抽查20次，抽取检查对象69户，“双随机、一公开”抽查企业比例达到5.8%。大力开展企业年报公示工作，2019年度应年报企业4770户，实际年报4616户，企业年报率达96.77%，位于全市前列。二是着力打造服务民生的诚信经营环境。持续开展保供稳价工作，开展商品房销售明码标价样本和商品销售明码标价样本监制17件，查办价格违法案件8件，没收违法所得1.0514万元，罚款5.025万元。抓实转供电环节价格专项治理。共完成清理转供电市场主体21家，涉及需清退14家，需清退总金额121.01万元，实际清退92.01万元，立案查处2件。深入开展防范和处置非法集资专项行动。利用元旦、春节等重要时间节点开展防范非法集资宣传教育活动，共发放宣传册2000份，接受现场群众咨询110人次。三是着力打造安全放心的消费环境。强化消费者维权，全年共接到“12315”平台等投诉110件，受理90件，涉及金额14.50万元，挽回经济损失8.7万元，立案查处4件，查处诉转案8件。持续推进扫黑除恶工作，共出动执法人员5000人次，排查各类农贸市场、集贸市场213家次，旅游市场6家次，各类行业协会201家次。加大打击利用“区块链”“大数据”等名义从事网络传销的行为，发放宣传资料3万份，解答群众咨询306人次，累计巡查网站1486次。开展白酒市场、广告市场、农资市场、旅游市场、禁毒等专项整治行动8次。

（二）聚焦风险防控，坚决守住“三个安全”底线。一是严守食品安全风险底线。2020年，代特区政府拟定《六枝特区关于深化改革加强食品安全工作的实施方案》。累计完成1984家餐饮服务单位、33家食品生产单位、1739家食品流通单位的风险等级评定。全区已有756家餐饮市场主体完成“明厨亮灶”工作，大、中型餐饮市场主体“明厨亮灶”实现100%覆盖。全面落实食品安全“四个最严”要求，累计检查各类食品经营市场主体23552家次，整治各类食品安全隐患3400条，查处食品案件100件，罚没款72万元。大力推进食品加工小作坊及小餐饮规范管理，共办理小作坊登记136户，小餐饮登记354户。深入开展校园食品安全工作，出动执法人员330人次，检查学校食堂及周边食品经营户830户次。深入开展农村食品安全整治行动。共出动执法人员2685人次，车辆350台次，检查整治食品生产主体46个次、食品经营主体3372个次，检查批发市场、集贸市场等各类市场458个次。抽检食品及食用农产品1013批次。二是严守药品质量安全风险底线。2020年，共完成药品抽检100批次。上报药品不良反应报告450例、医疗器械不良事件监测105例、化妆品不良反应50例、药物滥用监测106份。完成208批次不合格化妆品的专项检查。完成新开办药品经营企业7家和有效期届满换证98家。检查药品生产企业4家次、药品批发企业4家次、药品经营企业763家次、医疗机构226家次、化妆品店472家次，责令整改36家，立案查处8件，罚款20万元。三是严守特种设备安全风险底线。持续巩固省级电梯安全管理示范城市创建成果，在用电梯档案信息完整率、注册登记率、定期检验率等8项电梯安全指标在2020年年底全部达到100%。制定《特种设备安全生产专项整治三年行动实施方案》，完成气瓶信息化系统录入3.6万只，气瓶安全信息化、标准化工作取得积极进展。

四、扎实开展意识形态工作，牢牢把准正确的政治方向

2020年，先后组织召开2次党组会议研究意识形态工作，制定意识形态相关工作方案，强化党的创新理论武装，先后召开4次党组中心组学习会议进行集中学习，全年召开的28次党组会议，每次都将理论学习贯穿始终，充分利用“双微平台”宣传市场监管先进典型，传递市场监管正能量，发出市场监管好声音，天眼等媒体平台先后30次报道我局的相关工作，全年开展宗教场所市场主体排查专项行动5次。

回顾2020年，各项市场监管工作虽然取得一定成绩，但也存在一些问题和不足：一是防风险、守底线工作方面还有短板，主要表现在食品、药品、特种设备安全工作方面都还有一定差距。二是在知识产权、质量兴区等工作方面还存在不足，服务经济高质量发展能力有待提高。三是部分业务工作与特区党委、特区政府的要求还有一定差距。对于这些问题，2021年将主要采取以下措施解决：

（一）**着力守好市场监管领域安全底线。**在食品安全方面，持续强化生产、流通、餐饮环节风险分级管理，力争食品、食用农产品抽检合格率达到全市平均值以上，统筹推进冷链食品监管等疫情防控工作。在特种设备安全方面，力争电梯各项安全指标达到省级电梯安全管理示范城市的要求，年度特种设备隐患率低于 0.6%。在药品安全监管方面，对药品经营企业、医疗机构药品质量监督检查全覆盖，对新冠疫苗等疫苗接种点质量监督检查全覆盖。严格按要求报告药品不良反应、医疗器械不良事件、化妆品不良反应。力争药品抽检合格率达到 100%。

（二）**着力提升服务经济高质量发展能力。**持续深化商事制度改革，优化营商环境。加大行政执法力度，着力维护公平有序的竞争环境、良好的消费环境、诚信的经营环境。用好质量兴区战略、知识产权战略两个抓手，不断创新载体和方法，进一步提升产品和服务质量。促进知识产权创新、运用和转化，加大知识产权保护力度。持续推进质量兴区战略的实施，做深、做实质量提升基础性工作，力争质量考核成绩持续保持 A 级，排名全市前列。工业产品质量抽检合格率稳定在 90% 以上。进一步发挥质量认证功能作用，大力推广绿色产品认证、管理体系认证，培育一批特色农产品。

（三）**坚决履行从严治党政治责任。**牢牢把握新时期党的建设总要求，以理论学习常态化、提醒约谈常态化、警示教育常态化、效能和作风督查常态化为抓手和载体，纵深推进党风廉政建设和反腐败斗争工作，大力营造风清气正的政治生态。大力推进党史学习教育，引导全局党员干部做到学史明理、学史增信、学史崇德、学史力行，引导全局党员干部学党史、悟思想、办实事、开新局，不断推动各项市场监管工作迈上新台阶。

（撰　稿：市场监管局办公室）

认真履职尽责　不断提高审计监督能力水平

——六枝特区审计局党组 2020 年工作综述

2020 年，六枝特区审计局在特区党委、特区政府和上级审计机关的坚强领导下，以习近平新时代中国特色社会主义思想为指导，全面贯彻党的十九大精神和习近平总书记在贵州省代表团重要讲话精神，紧紧围绕特区党委、特区政府中心工作及省、市审计机关安排的审计任务，按照“两学一做”学习教育常态化、制度化和“不忘初心、牢记使命”主题教育要求开展好各项工作。坚持“依法审计、廉洁审计、文明审计”，进一步加大扶贫资金、民生、重点领域、重大项目、重大违法违规问题审计力度，为六枝特区经济社会不断发展和同步小康做出不懈的努力。

一、工作成效

（一）业务工作。2020 年，计划内审计项目 8 个，市局和特区安排项目 2 个。共完成审计项目 10 个，出具审计报告 11 份。查出问题资金 26331 万元，其中，违规资金 2001 万元，管理不规范资金 24330 万元。审计处理处罚 11693 万元，其中，应上缴财政资金 5352 万元，应归还原渠道资金 4518 万元，应调账资金处理 1823 万元。向特区纪委监委移送案件线索 1 件、向区委组织部移送案件线索 1 件，审计提出建议 27 条。代表政府向特区人大常委会报告审计工作，向区委审计委员会、政府常务会汇报审计工作，得到肯定和好评。

（二）党的建设工作。局党组认真抓好党的建设及全面从严治党各项工作的落实，发挥好党组织的战斗堡垒和共产党员先锋模范作用。

1. 政治理论学习方面。持续加强学习中国特色社会主义理论，特别是党的十九大，十九届三中、四中全会精神和习近平新时代中国特色社会主义思想；认真学习党章党规、习近平总书记重要讲话精神。一是进一步增强政治意识、大局意识、核心意识、看齐意识，增强建设好、发展好六枝的信心和决心；二是认真学习马克思主义世界观和方法论，不断改造党员干部主观世界和客观世界，以“两学一做”“不忘初心、牢记使命”衡量工作的是非得失；三是学习党风廉政建设各项规定、法律法规、“两准则、三条例”等，做到既提高工作效益又廉洁自律，全局干部职工特别是共产党员理论素质和党性修养有很大提高。

2. 政治思想方面。一是把学习上级重大决策部署、意识形态工作有关要求作为局党组、理论中心组、干部职工会、组织生活会等的重点学习内容，做到联系实际学、融会贯通学、自学与集中学习相结合，进一步强化思想理论武装，不断增强政治自觉、思想自觉和行动自觉。二是常态化、制度化持续推进“不忘初心、牢记使命”主题教育，压紧、压实第一责任人的责任和班子成员的责任。党组经常自查“两个责任”落实情况，全面准确把握局内党风廉政建设和反腐倡廉状况，按时开展严肃的党内政治生活，对干部职工进行约谈 20 人次。领导干部在民主生活会上对上次民主生活会查找的相关问题整改情况进行说明。三是开展意识形态工作责任制落实，将党风廉政建设与意识形态工作同部署、同落实、同考核。局长与分管局长、分管局长与股室签订党风廉政建设责任书和意识形态责任书，层层压实党风廉政与意识形态工作责任。四是从严把握选人用人政治关、廉洁关和作风关。五是进一步增强“四个意识”、坚定“四个自信”、做到“两个维护”。通过持续参加“不忘初心、牢记使命”主题教育常态化制度化学习教育，进一步增强政治意识、大局意识、核心意识、看齐意识；牢固树立道路自信、理论自信、制度自信、文化自信；坚定不移地做到坚决维护习近平同志在党中央、全党的核心地位，坚决维护以习近平同志为核心的党中央权威和集中统一领导，政治上思想上行动上与以习近平同志为核心的党中央保持高度一致，永远忠于党、忠于祖国、忠于人民，做政治上的明白人。

3. 学习贯彻落实习近平总书记重要指示批示精神和中央、省委、市委和区委重大决策部署方面。按照习近平总书记“学懂、弄通、做实”的要求，始终把深入学习党的十九大，十九届三中、四中全会精神，习近平新时代中国特色社会主义思想和习近平总书记对贵州工作重要指示精神，省委十二次党代会，省委十二届五次、六次全会精神，以及市七次党代会，区委七届九次、十次全会精神作为首要的任务；认真打好三大攻坚战、推进三大战略行动、农村产业革命和开展乡村振兴战略各项工作，促进经济社会协调高质量发展；坚持党对审计工作的集中统一领导、牢牢把握意识形态工作的主动权和话语权，遵照法律、法规赋予的职责使命，紧紧围绕特区党委、特区政府决策部署和上级审计机关工作安排，坚持稳中求进的工作总基调和审计服从、服务于国家治理体系和治理能力现代化的大局，树立新发展理念，认真履行审计监督职责。

4. 脱贫攻坚工作方面。积极作为，巩固脱贫攻坚成果。一是继续按照“一宣六帮”和党建引领的工作思路，认真落实省委“春风行动”令和夏季攻势，打好“四场硬仗”，动员和引导好村合作社等新集体经济组织有序发展。二是积极争取项目和资金支持，继续抓好同步小康六项行动计划，加大帮扶村基础设施建设。协调和落实 6 个项目，资金 83 万元。三是帮助抓好村党的基层组织建设和全面从严治党等工作，引导村党支部切实发挥战斗堡垒作用。四是积极引导村民移风易俗，提升人居环境治理力度等工作，全面以党建引领脱贫攻坚。通过努力，使村支“两委”走出软弱涣散基层组织的行列。五是为群众解决实际困难和办好事、实事 12 个件。组织发动群众实施 1000 亩蜂糖李种植；支持帮扶村新场乡白果村脱贫攻坚工作经费 2 万元；落实 1 万元资金支持村安装旗杆和活动室围墙加固；协调特区交通局、交投公司和施工单位，落实 2 万元，对白四组通组路不当施工而破坏农户土地的纠纷给予解决；到特区龙马公司协调 6 个垃圾箱投放到组；对李开勇、张云华、罗长发等精神病人协调安排到康宁医院进行治疗；协调民政等部门落实村中宋邦华、曹杰 2 名特困户的临时救济申请；邀请农业专家到村开展农业产业发展培训等。

二、重要举措

（一）财政审计。一是以区级预算执行及其他财政收支审计为抓手，重点关注公共财政收支、社会保险基金收支、地方政府债务、减税降费等情况。审计发现欠拨村级办公经费及村干部报酬 2517 万元、应收未收土地出让金 5750 万元、违规出借财政资金 2000 万元等问题。二是组织对具备大数据审计条件的 72 家区级一级预算单位（本级）的 2019 年度预算执行和其他财政收支及决算草案情况进行数据审计。审计采集了财政一体化平台系统、72 家单位的财务电子数据和决算数据，运用大数据技术集中重点分析部门预算和决算草案编制、非税收入管理、基本支出和项目支出预算执行、结余资金管理使用、中央八项规定精神落实、政府采购政策落实、国库集中支付政策执行以及会计核算管理和数据信息规范性等多个方面的情况。审计发现：一是部分单位违规扩大项目资金开支范围。比如，六枝特区统计局在项目经费统计抽样调查科目中列支单位水费、电费等。二是部分单位项目预算执行进度缓慢，影响财政资金使用效益。比如，六枝特区教育局 2019 年小学教育科目预算执行率为 44.66%，学前教育科目预算执行率为 42.39%。三是部分单位超预算、无预算列支公务用车购置及运行维护费。比如，大用园区 2019 年公务用车运行维护费无预算支出 3.83 万元。四是部分单位支取大额现金。比如，特区文化馆 2019 年初现金余额 12.32 万元，当年支取 60.52 万元，核销 42.78 万元，2019 年末现金余额 30.06 万元。五是部分单位往来款项未及时清理。六是部分单位会计数据信息不完整，会计核算管理不规范。比如，六枝特区文化馆

2019年春晚演员误工补助等费用核销票据均无单位领导签字。上述问题大部分得到整改落实，往来款项未及时清理等问题正在整改中。

（二）**疫情专项审计**。疫情就是命令，防控就是责任。按照省审计厅采取统一组织、授权审计的方式，严格对六枝特区疫情防控资金和捐赠款物开展专项审计。发现在六枝特区塔山街道办事处挤占和改变防控资金用途0.63万元、六枝特区红十字会在疫情防控期间对捐赠款项未按规定设置专账专户管理等问题，这些问题均已整改完毕。

（三）**经济责任审计**。开展经济责任审计项目1个（梭戛苗族、彝族、回族乡党委原书记李廷斌和政府乡长张亮才2018年至2019年度任期经济责任审计）。审计结果表明，李廷斌在任期内能够基本履行职责，张亮才在任期内能够较好履行职责。存在以下问题：一是账表不符，梭戛乡决算报表经费支出与实际发生数相差107.37万元。二是干预和插手村集体资金分配使用，致使所建养殖房屋闲置，村集体资金损失29.52万元。三是扩大开支范围，在年初无预算的情况下，将财政预算内资金拨付给乡派出所，用于发放警务助理人员补助19.2万元。四是梭戛乡报账员未建现金备查账簿，库存现金过大，公款私存。以上问题梭戛乡均在积极整改中。

（四）**灾后重建资金专项审计**。组织对六枝特区2020年灾后重建资金开展二期专项审计，审计对分配、管理、使用灾后重建资金的特区财政局、特区应急管理局等7个部门和单位进行调查。审计发现的7个问题已整改完成。

（五）**交办任务**。全力支持“全省审计一盘棋”的工作理念和“大兵团作战”的工作部署。积极协助和协调完成上级审计机关对六枝特区的各项审计项目，指导和督促审计发现问题的整改落实。

（六）**“不忘初心、牢记使命”主题教育有序开展**。局党组和支部认真贯彻党中央、省委、市委和区委决策部署，牢牢把握“不忘初心、牢记使命”主题教育和“学习贯彻习近平新时代中国特色社会主义思想”主线，全面贯彻“守初心、担使命，找差距、抓落实”总要求，坚决做到“四个到位”，不折不扣将学习教育、调查研究、检视问题、整改落实“四项重点措施”贯穿始终，取得一定的成效，达到预期目标。评估结果显示，群众对党组总体评价“好”占100%，得到市审计局指导组的肯定和好评。

三、存在的主要问题

一是严重缺少专业人员的配给，审计很难实现“全覆盖”。二是人员年龄结构老化，知识结构不能适应新形势下审计工作的需要，审计质量和水平有待提高。三是审计机关面临“引进人才难”和“留住人才难”的双重矛盾。四是审计发现问题整改难度大，有屡审屡犯的情况。

四、2021年工作重点

（一）**目标任务**。计划完成审计项目9个，其中，县级财政预算及县级部门预算执行审计项目6个，固定资产投资审计项目1个，领导干部任期经济责任审计项目2个。

（二）**工作重点及措施**

1.以财政收支的真实性、合法性为基础，以支出审计为重点，加强预算执行情况审计，突出对重点单位预算执行的审计监督，扩大审计面，把预算执行审计向二级预算单位延伸，提高预算执行的水平和效果。

2.稳步推进经济责任审计，积极探索推行审计新方法，形成审计监督与纪检监察监督、组织监督的合力，从源头上预防和治理腐败，进一步加强对领导干部权力的制约和监督。

3.重点突出国家建设项目投资审计，对政府投资重点建设项目进行全过程跟踪审计，提高建设资金的使用效益。

4.进一步加强对扶贫资金、民生资金的审计，促进各项扶贫政策和惠民政策落到实处。

5.全力配合上级审计机关抓好稳增长、促改革、调结构、惠民生、防风险政策措施落实情况的跟踪审计。

6.继续加强审计干部队伍建设。以深入开展“两学一做”学习教育常态化、制度化为方向，加强审计队伍建设。一是加强领导和管理，真正落实好各项规章制度，引入竞争机制，科学评价和考核审计业绩。二是通过加强理论及业务知识的学习和培训，不断提高审计干部队伍的综合素质。三是把不断提高审计干部队伍的政治思想素质作为审计工作的一项长期任务来抓。

7.党组要始终履行好党风廉政建设主体责任和“一岗双责”的职责。一是要继续强化审计干部队伍廉洁从审意识。二是按照全面规划，逐一落实学习宣传、廉政建设、党风教育、文明创建等工作，严格按照年初签订的党风廉政责任书，保证每项具体工作有专人管、有专人抓、有专人干，形成齐抓共管、人人负责的良好局面，确保党风廉政建设有效顺利开展。

（撰　稿：谢永东）

夯实退役军人工作基础　展望六枝新未来

——六枝特区退役军人事务局党组2020年工作综述

2020年，六枝特区退役军人事务局党组在特区党委、政府的坚强领导下，在市退役军人事务局的精心指导下，圆满完成各项工作任务。

一、工作实效

（一）**完善服务保障体系建设。**特区党委、政府高度重视退役军人工作，不断推动六枝特区退役军人服务能力和水平提升。2020年7月成立六枝特区双拥服务中心，核定编制2名，专门负责双拥宣传、政策法规落实等工作。11月成立六枝特区烈士陵园管理所，核定编制2名，专门负责烈士纪念设施维护、烈士遗物和革命史料陈列等工作，进一步完善六枝特区退役军人服务保障体系。

（二）**积极动员参与疫情防控。**一是向广大退役军人发出倡议书，动员全区退役军人主动投身到疫情防控工作，充分体现“退役不褪色”的军人担当。二是号召退役军人、党员干部开展献爱心活动，累计捐款1.27万元，捐物428件。三是大力协助党建联系村开展人口排查、卡点防控、防控宣传等疫情防控工作，并抽调2名同志长期驻守火车站，参与疫情防控值守。

（三）**安置就业提质增效。**一是提升安置质效，圆满完成8人安置任务，所有安置人员全部落实编制待遇，全面实现“阳光安置”。二是积极推动就业。扎实做好退役军人领域“六稳”“六保”工作，组织退役军人专场招聘会2场，解决就业问题。三是积极推荐彭成荣竹艺、雷彧沙石画等4组退役军人创业典型，参加第四届“中国创翼”创业创新大赛市选拔赛、省决赛，其中，彭成荣团队、雷彧团队获市选拔赛三等奖，胡兴碧团队获优秀奖，雷彧团队获省决赛优秀奖。四是积极开展教育培训。组织严达文等142人参加线上、线下适应性培训，推动他们尽快融入社会；组织刘龙等49人参加驾驶技术（C照）技能培训，何艺等6名人参加健身教练培训，付文达等23名人参加种植和养殖、餐饮服务行业等培训，提升就业竞争力。

（四）**精准落实优待抚恤政策。**一是切实做好优待抚恤工作，严格落实优抚对象抚恤补助金标准要求，按时足额发放抚恤补助金，切实加强优抚资金的收支管理，确保专款专用。2020年以来，完成发放优抚对象抚恤补助金、慰问金，确保优抚对象的生活稳定。二是深入推进部分退役士兵社会保险接续工作，完成社会保险受理、养老保险核查、医疗保险核查等工作，社会保险接续缴费工作正在有序推进。

（五）**尊崇褒扬做深做实。**一是切实加大褒扬力度。适时开展走访慰问，关心、关爱退役军人，慰问退役军人及家属，发放米、油等慰问物资；新增悬挂光荣牌，持续增强悬挂光荣牌家庭的光荣感、荣誉感。扎实开展立功喜报送达活动，完成立功喜报送达，激励现役军人为实现强国梦、强军梦再立新功。二是大力弘扬英烈精神。9月30日，联合相关单位组织退役军人、烈士遗属、机关干部、少先队员等600人前往大用烈士陵园开展纪念活动，营造崇尚英烈的浓厚氛围。三是强化烈士纪念设施管护。积极向上争取烈士纪念设施修缮专项资金60万元，对大用镇大煤山18座散居烈士迁葬到大用烈士陵园统一安葬管护，对岩脚烈士陵园实施修缮改造，拟将关寨镇境内修建贵昆铁路的22座散居烈士墓迁建集中安葬。

（六）**双拥创建成果得以巩固。**特区党委、特区政府主要领导在“八一”期间采取送物质慰问形式，对六枝特区驻境部队进行慰问，发放 6 万元慰问物质。“八一”前夕，局党组组织开展“送政策进军营”、篮球比赛等军地联谊活动，进一步巩固同呼吸、共命运、心连心的新型军民关系，增进军民双方友谊，促进军民关系和谐发展。2020 年 11 月，经贵州省委、省政府、省军区决定，授予六枝特区退役军人事务局为爱国拥军模范单位。

二、取得的成绩

2020 年，局党组坚持创新工作思路，挖掘深化服务举措，坚持以机构改革为契机，充分整合服务职能，以岩脚镇为试点，探索创新将乡级退役军人服务站与武装融合办公，实行“一套人马，两块牌子”的工作机制。通过队伍联建、事务联办、力量联合的“三联”服务运行模式，促进乡级现役、退役军人工作同谋划、同关心、同服务，实现“入伍—服役—退役”服务保障工作“一条龙”，切实打通联系和服务退役、现役军人“最后一公里”。4 月 18 日起，六盘水市六枝特区退役军人事务局、贵州省退役军人事务厅、退役军人事务部官网陆续刊报六枝特区岩脚镇“三联”服务模式信息。5 月 13 日，省退役军人事务厅厅长孙拥辉莅临六枝特区，专程调研指导“三联”服务工作，并对工作成效给予肯定。六枝特区的“三联”服务工作对于推进新时代退役军人事务领域治理体系和治理能力现代化建设、提升退役军人服务保障水平提供了一定的思路参考和实践借鉴。

三、经验教训及下一步工作举措

（一）加强职业培训，拓宽退役士兵就业创业渠道

1. 加强职业技能培训。一是将退役军人就业创业培训纳入国家学历教育和职业教育体系，利用普通高校、职业院校等教育资源，加强退役军人学历、技能培训，改善其知识结构，开拓就业、创业眼界。二是持续开展“订单式”“定向式”“定岗式”培训，提高就业成功率。三是支持退役军人参加农村创业创新人才培训、青年就业创业培训、返乡创业培训等。

2. 加大就业支持力度。一是加强与相关部门沟通协调，完善退役军人就业动态信息台账，精准提供就业服务。二是机关、企事业单位在招收录人员时，适当放宽对退役军人的年龄和学历条件，同等条件下优先招录聘用退役军人。

3. 拓宽就业、创业渠道。一是选派退役军人参与社会治理、脱贫攻坚、乡村振兴等重点工作，鼓励退役军人到基层党组织、城乡社区担任专职工作人员。二是强化创业扶持，不断强化创业平台建设，对有创业意愿者采取创业培训、项目推荐、创业担保贷款、创业补贴等方式，引导、鼓励、扶持退役军人，帮助他们通过自主创业实现就业。

（二）弘扬烈士纪念设施的红色基因

1. 不断完善基础设施建设。加大投入，有序推进散葬烈士墓的迁移、整合和修缮工作，不断完善烈士陵园设施建设，让烈士陵园的观瞻档次得到提升，进一步提高烈士陵园纪念建筑物的文化品位，提升烈士陵园红色旅游的价值，最大限度地发挥精神文明教育基地的作用。

2. 认真履行职责。坚持以园内纪念建筑物及墓碑为载体和教材，经常组织开展精神文明教育活动，组织配合各级部门在陵园组织的各种悼念革命烈士的活动；坚持把节日集中教育与经常性教育有机结合起来，采取走出去、请进来等形式，大力宣传革命先烈的丰功伟绩，扩大宣传教育面。

3. 强化功能发挥。注重提高陵园管理工作，适时维护陵园园区安全及卫生环境，将烈士纪念设施打造成爱国主义、革命传统、国防教育、党风廉政等教育基地，发挥烈士纪念设施的主题教育功能。

（三）提升退役军人服务能力

1. 加大资金投入。积极争取财政支持，各级部门每年将退役军人服务中心（站）建设运行经费列入财政预算予以保障，不断完善各级服务中心（站）硬件设施。

2. 深化服务能力建设。聚焦保障好、维护好退役军人合法权益“一条主线”，不断提升退役军人思想政治、就业安置、优待褒扬、权益维护等各方面服务能力和水平，畅通联系服务退役军人“最后一公里”机制，不断增强退役军人荣誉感、幸福感、归属感。

3. 强化风险防范。加强稳定形势研判，抓好网络从业人员队伍建设和网络舆情分析；畅通信访渠道，引导依法信访，开展个性化化解，确保信访事项事事有着落、件件有回音；持续开展好走访慰问，人员谈心、谈话和思想教育转化工作，促进社会大局稳定。

（撰　稿：李　旺）

六枝特区水务局党组 2020 年工作综述

2020 年，特区水务局深入贯彻党的十九大，十九届二中、三中、四中、五中全会精神及习近平总书记对贵州工作系列重要指示精神，积极践行“节水优先、空间均衡、系统治理、两手发力”的新时代水利工作方针和水资源、水生态、水环境、水灾害统筹治理的治水新思路，践行“水利工程补短板，水利行业强监管”的水利改革发展总基调，进一步深化党的建设、加强党的领导，落实国家、省、市和特区关于加快水利改革发展的决策部署，为实现经济社会持续健康发展提供强有力的水利支撑。

一、主要工作成效

（一）**切实加强政治建设**。一是强化党建责任担当。坚决维护习近平总书记的核心地位，坚决维护党中央权威和集中统一领导，认真学习贯彻落实中央、省、市和特区各项决策部署，始终把政治建设作为抓班子带队伍的首要任务，教育引导广大党员增强“四个意识”、坚定“四个自信”、做到“两个维护”，坚决把全面从严治党要求贯穿于各项工作中，确保党的方针政策切实落实。认真贯彻落实《中国共产党党组工作条例》，根据区委党建目标责任书，制定下发年度党建工作要点，分别与各股室、各支部签订党风廉政建设、党建工作等责任书，定期开展全面从严治党督导检查，压实水务系统的管党治党责任。二是严肃党内政治生活。严格贯彻执行《中国共产党支部工作条例（试行）》，严格落实双重组织生活制度，党员领导干部以普通党员身份参加所在党支部组织生活会、支部活动，并落实上党课要求。组织开展党组织书记抓基层党建述职评议工作，党内政治生活得到进一步规范。

（二）**切实加强思想建设**。一是常态化抓好理论学习。围绕学习习近平新时代中国特色社会主义思想、党的十九大、十九届五中全会精神和习近平总书记对贵州工作重要指示精神，开展中心组学习，组织专题研讨。督促干部职工认真开展理论学习，充分利用“学习强国”学习平台等方式开展线上学习，领导干部理论水平进一步提高。二是认真落实意识形态工作。高度重视意识形态工作，纳入局年度党建工作计划，每半年听取一次工作汇报，全面提升领导干部的政治敏锐性和鉴别力。强化阵地建设及网络安全管理，列出意识形态工作清单，针对重大舆情事件及时处置，切实把意识形态工作领导权牢牢掌握在手中。

（三）**切实加强领导能力建设**。一是抓学习，提高把关定向的能力水平。坚持把“重视学习、主动学习、深入学习”作为建强班子的基本原则，深化理论武装，不断提高思维层次和决策水平。每周一雷打不动落实党组中心组学习，周密制定计划，规范内容，完善措施，狠抓成效。定期组织“一班人”结合单位的使命任务、岗位职责和思想状况，积极研究解决水务改革、作风建设、项目推进中遇到的矛盾问题，群策群力集智攻关，切实以学习成果指导实践推动工作。领导班子善于从全区大局谋划和推进工作，善于把中央、省委、市委和区委的重大决策部署转化为部门的具体任务，扭住不放解决工作中的突出矛盾和问题，不断提高治理能力和治理体系现代化的本领。二是抓团结，培塑同心同德的战斗集体。严格落实民主集中制，凡集体研究决定的决议，班子成员决不随意表态；凡涉及重点工作、干部任用、大项开支等重大敏感问题，一律上会研究，切实保证党组议事质量。班子成员之间经常谈心、交心，相互间大事讲原则、小事讲风格，配合默契，切实做到党组如家、主管如筷、班子如拳。三是抓能力，培养实绩突出的人才队伍。想方设法为干部成长搭“梯子”、建“舞台”。认真贯彻好干部标准，严格组织干部考核，全面客观和准确识别干部。采取以会代训、专题培训等方式，抓好水务骨干尤其是年轻干部的学习培养。

（四）**补齐水利基础短板**。一是狠抓骨干水源工程，基本解决工程性缺水问题。围绕党的十九大，提出把水利摆在基础设施网络建设首要位置的精神和“加快完善现代水利工程网络，实现市州有大型水库、县县有中型水库、乡乡有稳定水源，全面解决工程性缺水问题”的水利发展目标，认真谋划水利工程“181”项目建设，大力实施骨干水源工程，工程性缺水问题基本得到解决。二是建立健全农村饮水安全管护体制机制，切实提升供水保障率。进一步争取、协调落实管护运行经费。现阶段已争取到部分管护经费200万元，用于全区管护人员工资补贴。其他管护经费正在按照相关程序处于积极申请中。积极组织开展全区农村地区村级管水人员业务知识培训。2020年5月29日、30日，针对全区有意愿参与到管护工作中来的434名村级管水人员进行相关业务知识培训，其中建档立卡贫困户183名。通过针对全区村级管水人员的业务知识培训，为后期的运行管护工作高效开展打下一定的基础。强化水源保护和水质保障。全区累计完成453处农村地区饮用水水源地保护公示牌配套安装工作，完成386处农村地区供水工程消毒设施配套安装工作，落实水质检测机构，确保全区农村地区饮用水水质按照规定实现一年两次检测（丰水期、枯水期各1次），2020年已完成全区农村地区丰水期、枯水期水质检测工作各1次，分别是2020年3月份1次（枯水季节）、2020年7月中旬1次（丰水期）。三是着力提升污水处理能力，改善水生态水环境。六枝特区中心城区污水处理（二期）工程。工程现已完成所有主体结构及装饰工程施工，厂区绿化已施工完成，现施工场外自来水及道路硬化，已完成设备整体调试运行，2020年8月15日进污水首次运行调试，9月15日后处理污水约8000立方米/天，出水初步检测达标排放。四是高规格实行“河长制”，实现河湖永续利用。构建区、乡、村三级“河长”组织体系，由区委书记和区长共同担任双“总河长”，相关区领导担任主要河库的“河长”，加强水体污染综合防治，推动河库生态环境保护与修复。乡、村级河长由乡、村主要负责同志担任。落实巡河保洁员，一人管理一格，大格套着小格，层层传递责任，实现监管无缝隙，确保每条河流、每座水库有人管、管得住、管得好，全面实现河畅、水清、岸绿、景美目标。全区共设河长396名（其中，区级河长28名、乡级河长85名、村级河长283名），覆盖全区河流53条、水库24座。

（五）**加强党风廉政建设**。一是科学谋划部署。把党风廉政建设纳入党组工作要点，与业务工作同部署、同落实、同考核。局党组书记与分管领导、分管领导与分管股室负责人、股室负责人与股室职工分别签订党风廉政建设责任书，层层压实责任，层层抓好落实。二是强化警示教育。抓小抓早，预防为主，围绕筑牢党员干部拒腐防变的思想防线，采取中心组学习、专题辅导、观看廉政警示片等形式，深入贯彻各级有关文件和会议精神，积极营造廉政文化氛围。三是规范权力运行。严格执行民主集中制，坚持“三重一大”集体决策，建立起“集体领导、正职监管、副职分管、民主决策、相互制约、相互监督”的权力制衡机制。不定期召开党组会，对党风廉政建设工作目标任务等事项进行集体讨论研究。四是严格财务管理。坚持实行收、支两条线，票款分离，专项资金接受审计、财政和发改等部门的审计，做到专款专用，不挤占、不挪用。工程款项按照由技术员认定、主管领导审核、单位负责人审批拨付的原则。对水资源费的征缴严格按照特区物价部门关于水资源费价格标准执行，专户储存，不挪作他用。五是落实“八项规定”。围绕民生、涉农资金监管、工程领域突出问题以及“四风”问题等，开展监督检查，对违反工作纪律的职工进行责任追究。倡导务实节俭过节新风，抓住中秋、国庆节等重要节假日开展教育，严格落实节假日廉洁自律各项规定，杜绝公款宴请、公款旅游和公款消费娱乐等行为。强化领导干部廉洁自律，严格执行领导干部收入申报、重大事项报告、领导干部操办婚丧嫁娶报告备案。杜绝公车私用、私车公养。

二、主要措施

（一）**加强领导，合理分工**。坚持集体领导和科学分工的原则，凡属方针政策性大事，采取“集体领导、民主集中、个别酝酿、会议决定”原则进行决策，着力树立并维护集体领导者的形象和权威，不断增强集体领导的吸引力和凝聚力；根据班子成员各自的专业、成长阅历、熟悉业务、性格特点等情况合理确定各成员分管职责，做到以人为本、人岗相宜、人尽其才。党组书记以抓全盘为主，合理分工，充分调动副职的积极性。

（二）强化统筹，超前谋划。结合水务工作实际，按照国家治水新思路，坚持改革创新，系统谋划2020年度水利工作计划；努力增加水利项目储备，盯紧国家政策，超前开展规划和项目前期工作，及时收集、整理必要的前期资料，积极申报一批科技含量高、现实效用强的水利项目，全力为六枝特区经济发展增光添彩。

（三）强化学习，着力提高干部职工综合素质。一是从严完善中心组学习制度，精选学习内容。政治理论学习由水务局中心学习组带头执行，坚持把政治理论学习摆在自身建设的首要位置，作为提升班子成员和干部理论素质的方向标，切实加强监督，做出表率。二是从严要求参学人员提高学习认识，端正学习态度，切实增强政治理论学习的敏锐性和鉴别力。三是加强学习，终身学习，切实以理论上的清醒促进政治上的坚定。严守共产党人的精神追求，时刻从严要求警醒，严把思想关口。

（四）强化落实，加快推进水利工程建设。盯紧水利工程建设程序，实行“一个项目、一套班子、一抓到底”模式，全程跟踪、督促；明确责任，实行捆绑式协调调动工作机制，确保项目顺利实施；加强督查，进行不定期深入各建设工地督促水利项目进度，强化质量与安全监管，确保水利项目保质保量按期完成。

（五）强化党风廉政建设，努力打造廉洁队伍。坚持高尚精神追求，培育高尚的道德情操和良好的工作作风，强化抵制形式主义、官僚主义、享乐主义和奢靡之风的侵蚀，时刻以《中国共产党章程》《中国共产党廉洁自律准则》和《中国共产党纪律处分条例》从严要求班子成员和党员干部，进一步增强慎独意识和自律观念，做到勤政务实、勤俭节约、秉公用权、生活正派，自觉接受各级党组织的监督。

三、取得的经验

（一）要突出党的建设，筑牢水务发展工作的政治根基。一是要持续强化理论武装。以政治建设为统领，持续深入学习贯彻习近平新时代中国特色社会主义思想，坚持边实践边学习，努力把“不忘初心、牢记使命”主题教育成果转化为坚定理想信念、砥砺党性心性、忠诚履职尽责的思想自觉和行动自觉。二是要持续强化组织建设。树立抓好基层党建的鲜明导向，进一步加强党建工作指导力度，规范提升基层党建工作水平。深入开展“机关联基层”工作，丰富和拓展机关支部与基层的“互助共建”内涵和外延，推动基层党建高质量发展。三是要持续强化班子合力。严格执行民主集中制和领导分工负责制，刚性落实水务局党组议事决策规则，努力提高领导班子谋大事、解难事的能力，充分发挥领导班子的头雁效应，不断增强领导班子的领导力、凝聚力、创造力。四是要持续强化党风廉政。教育引导党员干部自觉在思想上划出红线、言行上明确界限、道德上坚守底线。严格执纪问责，督促党员领导干部把“两个维护”扎根在心灵深处，落实到实际工作中。

（二）要加快水利工程建设，夯实经济社会发展的水利基础。一是要加快骨干水源工程建设，提高城乡供水保障能力。紧紧围绕解决工程性缺水瓶颈问题，大力推进水利工程建设和水务改革发展，狠抓骨干水源工程建设，破解工程性缺水难题。坚持以水利发展“十三五”“乡乡有稳定水源”“181”工程等上级规划为引领，谋划水利发展“十四五”规划，充分结合区域经济发展规划和水资源禀赋情况，再开工建设一批水源工程，实现乡乡有稳定水源，全面解决工程性缺水问题。二是要加快供水水源及输配水网连通工程建设，构建覆盖全区互联互通的骨干水网。认真落实《贵州省水网建设专项行动方案》精神，利用已建和在建的骨干水源工程，大力推进大、中、小型水库和输配水网连通工程建设，完善水网建构基础，构建形成系统完善、安全可靠的城乡供水一体化现代水网，有效提高水资源综合调配能力和区域供水安全保障水平，基本全区实现水网连通有突破、工程供水能力有提升，基本实现农村供水城市化、城乡供水一体化服务，确保全区供水安全和生态安全。三是要加快城乡生活污水治理工程建设，有效管控居民生活污水乱排乱放现象。中心城区和建制镇污水处理设施要实现全覆盖，乡（镇、街道）政府驻地和部分较集中村寨逐步完善污水处理设施，有效解决水体污染问题，进一步提升水环境质量，提高城乡卫生水平，保护六枝美丽的人文和自然风景，促进旅游业发展和吸引企业投资入驻。

（三）加快水务一体化改革，推动水务治理体系和治理能力现代化。在重点推进骨干水源、供水水源及输配水网连通、农村饮水安全巩固提升、城乡生活污水治理等工程建设的基础上，构建河湖管理、水利工程质量监管、水利市场监管、农民用水户协会、智慧水网监测等管理体系，深化水利投融资体制、供水价格、管理体制、水利工程建设等改革，打好城市黑臭水体治理、水源地保护、碧水保卫三场攻坚战。

（撰　稿：水务局办公室）

六盘水市生态环境局六枝分局党组 2020 年工作综述

2020 年，六盘水市生态环境局六枝分局在特区党委、特区政府及市生态环境局党委的正确领导下，坚持以习近平新时代中国特色社会主义思想为指导，深入贯彻党的十九大，党的十九届三中、四中、五中全会精神，深入贯彻落实中央、省、市生态环境保护工作会议精神和特区党委、特区政府对生态环境保护工作的重要部署，以党的建设为统领，增强"四个意识"、坚定"四个自信"、做到"两个维护"，以改善环境质量为核心，全力推进中央、省委生态环境保护督察反馈问题整改，坚决打好、打赢污染防治攻坚战，坚守发展和生态两条底线，强化治污减排，严密防控环境风险，解决突出环境问题，切实保障环境安全，为打赢污染防治攻坚战、决战脱贫攻坚、决胜同步小康、开创百姓富生态美的"画廊"六枝新未来做出应有的贡献。

一、坚持把党建工作放在首位

（一）**严明纪律规矩，确保政令畅通。**局党组始终坚持把维护党章、严肃党的纪律作为全面从严治党的第一任务，要求干部做到政治信仰不变、政治立场不移、政治方向不偏。一是班子成员坚决维护以习近平同志为核心的党中央权威和集中统一领导，认真贯彻落实上级党委、政府各项决策部署，始终把全面从严治党工作放在心上、扛在肩上、抓在手上，切实担负起主体责任。二是严格组织生活。组织开好班子民主生活会和支部组织生活会，通过认真检视整改问题，确保与上级保持思路同心、目标同向、行动同步。根据特区组织部要求，召开单位"防风险守底线"专题会议，在深入学习研讨的基础上，班子成员围绕守好发展和生态底线等 6 个方面深刻检视剖析，在会上进行严肃批评与自我批评。三是加强干部监督管理。严格落实党风廉政建设责任制，对党员领导干部思想弱化、党的组织建设缺失、全面从严治党主体责任落实不到位、贯彻中央八项规定及其实施细则精神不力等问题，依纪依规进行严肃处理。四是进一步发扬党内民主。严格执行民主集中制，坚持"三重一大"集体决策，认真落实集体领导、正职监管、副职分管、民主决策、相互制约、相互监督的权力制衡工作机制。

（二）**加强组织建设，压实责任主体。**始终把党风廉政建设工作作为首要工作任务，放在突出位置，加强党风廉政建设工作的组织领导、统筹谋划和推进落实。一是健全工作机制。研究制定《六盘水市生态环境局六枝分局 2020 年全面从严治党主体责任清单》《六盘水市生态环境局六枝分局 2020 年全面从严治党暨党风廉政和反腐败工作计划》，坚持把全面从严治党主体责任贯穿于各项业务工作的全过程，始终坚持同部署、同推进、同落实。二是加强研究部署。根据党风廉政建设工作要求，对六枝分局党风廉政建设工作进行全面安排部署。2020 年，召开专题会议研究涉及党风廉政建设工作 8 次，进行党组中心组理论学习 4 次，开展有关党风廉政学习教育 30 次。

（三）**持续正风肃纪，严格队伍管理。**以作风建设永远在路上的恒心和韧劲，保持强有力的工作态势，驰而不息地纠正"四风"，坚决打赢作风建设的攻坚战、持久战。一是"严"学习，抓实思想教育。充分利用每周一干部职工集中学习会、中心组理论学习会、"两学一做"学习教育常态化、制度化，组织党员干部集中学习党章党规，学习习近平新时代中国特色社会主义思想，学习党的十九大及十九届二中、三中、四中、五中全会和各级纪委全会精神以及各级政府廉政会议精神，学习发生在群众身边的违规、违纪典型案例，做到学纪、知纪、守纪，营造良好的政治生态环境。二是"严"制度，夯实组织保障。

严格执行干部请销假制度、公务用车管理制度、公务接待管理制度、差旅费管理规定、领导干部重大事项报告制度等规定，将干部的行为予以约束，将干部的工作予以约定，明确可为与不可为的界线，形成用制度管干部、促工作的良好格局。三是“严”管理，保持队伍清正廉洁。采取定期、不定期和随机抽查的方式，对干部职工职责履行、制度执行、工作纪律情况进行督查，对违反纪律规矩的行为进行严肃处理，让“咬耳扯袖”“红脸出汗”、接受监督成为常态，教育引导党员干部守纪律、讲规矩，不触碰红线、不逾越底线。2020 年，开展 13 次预防提醒谈话、1 次提醒谈话、1 次批评教育、1 次示警约谈，给予全局通报批评 1 人。

（四）支持纪检工作，净化政治生态。坚持把纪律规矩挺在前面，始终把纪律立起来、严起来，营造风清气正的政治生态。一是全力支持联系纪检组开展监督执纪问责工作，不包庇、不袒护违纪、违规干部，对违纪、违法案件零容忍，始终保持惩治腐败高压态势。二是主动接受监督，按要求开展相关工作。支持并配合联系纪检组开展单位党内政治生活专项监督检查、党组履责情况专项监督检查、专项整治漠视侵害群众利益等工作；配合建立六盘水市生态环境局六枝分局政治监督活页；按要求建立科级以上干部廉政档案；报送“三重一大”月报 12 期；按时完成贵州省党风廉政建设社会名义抽样调查工作；严格执行有关廉政报备制度，报备干部职工子女参加高考、中考 3 名。三是强力推进巡察反馈意见整改。高度重视钟山区交叉巡察组反馈意见整改，先后 7 次召开专题会议研究整改工作。钟山区交叉巡察组共反馈党的政治建设等 7 类 25 个方面问题，已完成整改 22 个，正在整改 3 个，新建制度 7 个，完善制度 16 个。正在整改的 3 个问题，已采取相应措施逐步推进整改。

（五）夯实党建基础，凝聚组织力量。一是抓思想建设，确保根基不动摇。坚持党的理论武装，严格落实“三会一课”制度，坚持每月一次“两学一做”党员集中学习会、过一次主题党日。2020 年，共召开支委会 12 次，支部党员集中学习会 20 次，上专题党课 4 次，开展主题党日活动 12 期。二是抓组织建设，确保方向不跑偏。立足组织建设抓党建，抓住重点全面履职。严格按照《中国共产党支部工作条例（试行）》开展好支部工作，认真组织召开组织生活会和民主评议党员，赋予党员享受组织生活的权利；落实党员发展规程，积极发展 2 名预备党员，为支部党建工作注入新鲜血液。三是抓队伍建设，确保队伍不涣散。坚持党要管党、全面从严治党，践行新时代党的建设总要求和党的组织路线，努力锻造一支忠诚、干净、担当的高素质干部队伍。2020 年，组织开展党员干部革命理想信念教育 3 次，廉政警示教育 3 次，进一步增强干部职工遵规守纪意识，激发干事创业的积极性与主动性。

二、扎实推进污染防治攻坚战目标任务

（一）五大攻坚战完成情况

一是持续打好大气污染防治攻坚战。按照大气污染防治工作要求，制定《六枝特区 2020 年春节期间烟花爆竹禁放工作实施方案》（六特环督改办通〔2020〕1 号）、《六枝特区露天矿山综合整治两年攻坚行动实施方案》（六特环督改办通〔2020〕2 号）等文件，以六大综合治理（降煤、控尘、治车、减排、增绿、打违）方针为抓手，推进环境空气质量持续改善。

二是持续打好水体污染防治攻坚战。按照“水十条”考核要求，不断强化治污基础能力建设。持续推进六枝河污染整治工作，省控上易黑断面全年水质达到Ⅲ类；完成中心城区污水处理厂二期工程建设并投运，中心城区污水处理率达到 85.5%。深入开展千人以上集中式饮用水水源地环境隐患排查及专项整治工作，完成省级水源地问题整治任务 9 个；完成千人以上集中式水源地现场核查 2 次，新增 15 个水源点，落实规范化建设，划定监管范围并纳入日常监管；完成全区小坝田等 7 个千吨万人水源地保护区划分、规范化建设及环境问题整治工作；完成 21 家、76 个加油站地下油罐更换双层罐或者设置防渗池改造。

三是持续打好土壤污染防治攻坚战。完成 5 个重点企业（六枝黔鑫能源、恒鼎焦化、鑫顺焦化、岩脚河焦化、群力焦化）地块采样监测工作。将全区 16 个已关闭重点企业纳入预关注地块管理和录入全国

污染地块土壤环境管理系统，明确以上地块未开展土壤污染状况调查前不得进行开发利用。完成全区受污染耕地安全利用和严格管控12.88万亩（含安全利用类11.75万亩，严格管控类1.13万亩），其中，实施安全利用类措施或治理修复类措施4.95万亩，实施严格管控类措施耕地7.47万亩，结合全区355件农产品监测样品分析结果（未超标农产品347件，农产品合格率97.75%），受污染耕地安全利用率为96.49%，高于市级下达92%的目标。

四是持续打好固体废物污染防治攻坚战。聚焦危险废物管理，处置医疗废物28.52万公斤（新冠肺炎疫情防控期间，处置废弃口罩1253.54公斤），全区107家医疗机构与六枝特区医疗废物处置中心签订医疗废物处置合同，执行转移联单制度，规范医疗废物产生、登记、分类、储存环节管理，实现全区医疗垃圾处置全覆盖；88家危险废物产生单位均签订危险废物转移处置合同，委托转移危险废物44家次，转移处置危险废物（废机油）30.77吨。2020年生产147.95万吨固体废弃物，利用118.36万吨，利用率80%。

五是持续打好农村环境综合治理攻坚战。完成2020年省级环保专项资金库竞争立项谋划项目现场勘查，配合第三方服务机构编制《六枝特区波凹村等四个行政村生活污水收集处理项目可研报告》，项目已录入贵州省环保专项资金库系统，待进入国家环保专项资金库评审。配合省、市生态环境主管部门完成2020年中央环保专项资金库竞争立项项目申报，分别为《六盘水市六枝特区地下水污染防治试点项目》《六盘水市六枝特区月亮河乡戛陇塘村等27个行政村农村环境综合整治项目》。督促加快关寨镇人居环境整治（农村生活污水处理设施建设）推进力度，11个行政村已开工建设，完成铺设管网175千米和人工湿地8个。完成全区2020年水污染防治计划15个行政村农村环境综合整治。

（二）生态环保督察反馈问题整改情况。2017年至2020年年底，中央、省委生态环境保护督察及“回头看”共计开展4次，反馈问题40个，经责任单位自查，问题整改完成37个，正在推进问题整改3个；警示片反馈问题1个，正在推进整改；交办信访63件，已全部办结上报。

（三）扎实推进“双十工程”开展。针对部分污水处理厂运行不正常的问题，制定印发《关于对2020年十大行业治污减排全面达标排放专项行动排查评估发现问题进行整治的通知》，要求问题涉及单位、乡镇根据存在的问题，按照“一厂一策”的整治原则，推进整治工作。截至2020年年底，涉及六枝特区郎岱镇污水处理厂、岩脚镇污水处理厂、木岗镇污水处理厂和六枝特区污水处理厂均完成整改，并收集完善整改资料上报市级部门进行验收。

（四）持续强化监管执法，形成长效机制。持续开展环保执法“六个一律”等执法专项行动，严厉打击数据弄虚作假、无环保审批的“黑项目”等违法行为。2020年，全区共出动执法人员700人次，检查企业330家，下达行政处罚执法文书49份，立案查处环境违法行为15起，罚款198万元，移送公安机关2起。加大对企业污染源自动信息处理系统的管理，继续做好来访来电工作，2020年，共接到环境信访投诉71件，全部按要求进行处理，处理率为100%。

（撰　稿：生态环境局办公室）

六枝特区卫生健康局党委 2020 年工作综述

2020 年，六枝特区卫生健康局坚持以习近平新时代中国特色社会主义思想为指导，全面贯彻落实党的十九大，十九届二中、三中、四中、五中全会精神，全面深入落实习近平总书记视察贵州重要讲话精神和对卫生健康工作的重要指示精神，始终坚持以脱贫攻坚统揽全局的发展思路，健康扶贫成绩卓著，基本药物制度实现全覆盖，医疗卫生服务体系逐步健全，基本公共卫生服务均等化稳步推进，计划生育服务转型，共克时艰，奋力“战贫”“战疫”，夺取了疫情防控和健康扶贫工作的共同胜利，出色地完成了卫生健康工作的各项任务。

一、基本情况

六枝特区现有卫生机构 313 个，其中，县级医疗机构 3 个，公共卫生机构 4 个；乡（镇）卫生院 15 个，街道卫生服务中心 3 个；村卫生室 211 个、社区卫生服务站 18 个，民营医院 20 个、门诊部 1 个，诊所 38 个。编制床位 3210 张、实际开放 2707 张。卫生技术人员 3382 人、执业（助理）医师 1376 人、执业护士 2179 人。

二、卫生健康工作开展情况

（一）党建引领，站稳政治阵地。2020 年，六枝特区卫生健康局成立党委，在党委的督促指导下，对建有党组织的 34 家医疗卫生机构进行划转，实现卫生健康系统党建一体化、规范化管理。全年共建立 26 家标准化、规范化党支部，并对系统内各支部书记和党务工作者 98 人进行为期 7 天的党建业务培训，统一各党支部党建工作规范化标准，以规范的制度、规范的流程、规范的考核评估，建立和完善基层党建工作的标准化、制度化的考核评价体系。

（二）严防死守，主攻疫情防控。在疫情防控工作主战场，六枝特区卫生健康系统全体干部职工以坚定果敢的勇气和坚韧不拔的决心，扛起疫情防控重大责任。派出 21 名医务人员援助湖北、大连、省将军山医院等地。累计集中隔离留观 2405 人，医院留观 101 例（已全部解除），全区共核酸采样检测 49624 人，反馈结果均为阴性。开展重点人员流行病学调查 564 人，对各单位、企事业等重点场所开展疫情防控预防性消杀消毒培训 500 次，培训 1000 人，全区累计开展重点场所环境消毒 1.2 亿平方米。疫情进入常态化管理以来，重点抓实以下三方面工作：一是提升医疗救治能力。组织 600 名医务人员线上培训《新冠肺炎诊疗方案（第八版）》，进一步提升各医疗机构医务人员新冠肺炎患者医疗救治能力。划拨预检分诊台及红外线门禁监测系统至各级医疗机构，完善防疫屏障。规范六枝特区人民医院发热门诊建设，设置 20 张负压隔离床位，采购负压型救护车 2 台，提升疑似患者的转运能力，保障人民群众身体健康。二是提升硬件设施建设。紧紧围绕发热门诊规范建设、核酸实验室建设、核酸检测物资储备、哨点工程建设、乡镇转运能力、冷链能力提升项目、冷库硬件建设、流调现场处置能力建设、医疗卫生机构物资储备等县级 9 项工作任务，统筹安排 3393.77 万元用于保障区级“九大能力”建设工作及相关工作任务，进一步增强公共卫生服务能力。三是全员核酸检测能力全面提升。全区 2 家公立医院、1 家疾控中心均建成新冠病毒核酸检验实验室，储备核酸检测人员 40 人，核酸采样人员 389 人。

（三）尽锐出战，狠抓健康扶贫。一是 2020 年为 846 名脱贫攻坚驻村干部开展健康体检。按照“四定、两加强”原则持续开展大病专项救治工作，累计救治建档立卡大病患者 2473 人，实现应治尽治。二是做细做实家庭医生签约服务。2020年，共签约服务建档立卡贫困人口125170人，其中，高血压患病签约7889人，糖尿病患病签约1660人，结核病患病签约94人，严重精神障碍患病签约1121人，做到“签约一人，履约一人，做实一人”，实现应签尽签。三是紧抓对口帮扶，提升基层诊疗能力。辽宁省人民医院派驻特区人民医院专家5名，甘井子区派驻妇幼保健院专家1名，大连医科大二附院派驻市二医专家3名。甘井子区派2名中医方面专家分别到银壶街道卫生服务中心和九龙街道卫生服务中心开展帮扶工作。派出38名业务骨干到中国科学技术大学学习卫生管理，派出4名技术人员到中国科学技术大学进修学习半年；派出24人到各地进修学习。

（四）预防为主，提升健康素养。一是传染病防控能力持续加强。2020年，坚持“预防为主”的工作方针，全力开展传染病防治工作，全年没有发生重大传染病疫情暴发，没有甲类传染病报告，法定传染病报告发病率控制在500/10万以内，共报告乙、丙类传染病14种1598例，发病率为314.03/10万，报告发病数较2019年下降22.76%，新冠肺炎疫情保持“零病例”的良好态势。肺结核患者成功治疗率达97.10%、管理率达98.51%，麻风病患病率控制在1/10万以下。二是职业病防治及职业危险因素控制取得新进展。2020年，普查重点行业501家企业，经核实，列入普查的企业149家，完善六枝特区职业病危害因素基本数据库。完成全区重点职业病监测采集职业健康核心指标个案500例任务数。三是爱国卫生运动深入开展。开展以“防疫有我，爱卫同行”为主题的爱国卫生月活动。加大病媒消杀力度，共发放约7吨消毒液用于各乡镇（街道办）公共区域的灭杀消毒，以及17万片消毒药品用于旱厕的消杀，消杀范围覆盖全特区18个乡镇（街道办）及其校园，消杀旱厕数量达7.7万个。完成2020年春季病媒生物消杀，室内消杀共计1341家用药20115包，发放蟑螂药12件、鼠药0.5吨；外环境投放鼠药约3.2吨。创建45个省级卫生村，3家无烟单位。四是妇幼健康工作全面加强。2020年，持续加强高危孕产妇管理工作，按要求进行分色管理，孕产妇艾滋病、梅毒和乙肝检测率达99.76%，乙肝感染孕产妇所生新生儿乙肝免疫球蛋白注射率达100%，艾滋病母婴传播率和先天梅毒报告发病率均为0。增补叶酸预防神经管缺4697人，完成年度任务107.98%。开展孕前优生健康检查2682对，完成率96.13%。发放儿童营养包74934盒，发放率为107.05%，有效服用率95.31%。新生儿数疾病筛查6869人，筛查率达98.71%。为辖区0～6岁儿童保健及视力检查48559人。发放母子保健手册5991本。为农村妇女开展“两癌”免费筛查工作，其中，乳腺癌完成筛查3045例，完成率101.5%；宫颈癌完成筛查3028例，完成率100.9%。五是基本公共卫生服务全面落实。2020年，为辖区内居民建立电子健康档案48.12万人，建档率95.19%。共发放健康教育印刷资料数量525563本，举办健康知识讲座1621次，参加健康教育知识讲座人数31055人。适龄儿童免疫规划疫苗接种率达95%以上。新生儿访视率达94.05%。0～6岁儿童健康管理率达93.02%，孕产妇早孕建册率为91.93%。产妇产后访视率93.33%。65岁及以上老年人健康管理率70.19%。高血压、2型糖尿病规范管理率分别为86.39%、84.04%。严重精神障碍患者规范管理率80.53%。65岁及老年人中医药管理率65.71%，0～36个月儿童中医药管理服务率80.23%，全部达到省市指标。六是紧急医学救援建设全面巩固。2020年，累计接听电话32797次，无效电话26116次，有效电话6681次；出诊6681次，空诊588次，接诊病人6388人。累计为全区各类大型活动、会议、演练提供卫生应急保障367次，出动医护人员1000人次。

（五）多措并举，切实提升医疗卫生服务能力。一是项目建设有序推进。2020年，通过申报地方专项债、中央预算内投资及新型城镇化等项目积极向上争取资金2.5亿元，其中，六盘水市第二人民医院改扩建项目1.2亿元；六枝特区中医医院能力提升项目0.8亿元；六枝特区妇幼保健院建设项目0.5亿元。六枝特区第二人民医院建设项目5000万元。各个项目建设进度稳步推进；总投资7650万元用于六枝特区第二人民医院建设项目，目前征地工作基本完成，正在编制项目规划。完成5个规范化村卫生室建设。二是医药卫生体制改革进一步深化。特区人民医院作为建立现代医院管理制度国家、省级试点单位，在2020年建立健全现代医院管理制度省级试点动态调整排名中名列第二位。督促六盘水市第二人民医院、特区人民医院备齐抗病毒血清等应急药品储备。三是卫生信息化建设稳步推进。2020 年，全区利用远程医疗服务体系完成 9702 例影像会诊、1696 例心电会诊、检验归档 78851 例，超声归档 2612 例，临床会诊 121 例。申请远程医疗延伸科室共 11 个，并配齐相关设备。切换 18 家乡镇卫生院公共卫生系统，实现 HIS 系统调阅居民健康档案，推广公共卫生 App 在村级（50 岁以下村卫生员）使用，区域卫生健康信息云平台完成医药监管开发。四是国家基本药物制度持续完善。在全区 18 个乡（镇）卫生院、街道卫生服务中心，211 个村卫生室全部实施药品零差率销售制度和国家基本药物制度；村级所有药品必须所属乡（镇）卫生院统一采购，确保 18 个乡（镇）卫生院、街道卫生服务中心均配备 300 种以上药品，村级配备 100 种以上药品，有效缓解群众看病贵问题。五是医共体工作取得成效。在医共体带动下，六枝特区基层医疗卫生服务能力进一步提升，基层群众在家门口就能享受到优质、高效、温馨、便捷的医疗服务，外出就诊率逐步下降。极大减轻老百姓外出看病产生的车旅费、食宿费、陪护费等额外经济负担，有效遏制“因病致贫，因病返贫”现象的发生。逐步形成基层首诊、双向转诊、急慢分治、上下联动的分级诊疗模式。六是老龄健康服务扎实推进。制定《六枝特区失能老年人综合评估和健康服务试点工作实施方案》工作方案；加强月亮河乡卫生院、落别乡卫生院等 6 家单位作为老龄健康试点机构；开展“做健康老人，享幸福生活”主题宣传周、“敬老月”宣传活动；完成 1000 例失能老年人能力评估和健康服务试点工作；5041 人失能老年风险核实核准工作。七是加强医疗卫生行业综合监管，规范行医行为。制定《六枝特区特区改革完善医疗卫生行业综合监管实施方案》和《2020 年全省医疗卫生行业综合监管督查指标任务分解表》，牵头组织成员单位根据各自职责，完善相应工作，切实做到全方位、多渠道开展综合监管，促进医疗卫生机构依法执业、依法办事水平。全区所有医疗机构申办、校验均由卫生健康综合行政执法大队现场审核通过，规范医疗机构诊疗行为。

（六）中西医并重，大力发展中医药事业。一是加大中医药服务机构建设。六盘水市第二人民医院、特区人民医院开放床位达到 60 张。18 个乡镇卫生院（街道卫生服务中心）中医馆均配备相关医疗设备，能开展针灸、拔罐、熏蒸、推拿、刮痧、敷贴等 10 种以上中医适宜技术，同时为 12 个易扶搬迁安置点卫生室及 9 个深度贫困村卫生室合理划分中医诊疗区，并配备相应诊疗设备。二是不断提升中医药服务能力。全区现有 153 名中医类别（含中西医结合）执业助理医师以上人员，中医从业人员 318 人，26 人取得省卫健委下发的中医确有专长人员合格证；通过现场授课或远程教学等方式，每周定期组织专家进行技术传授，并下沉到各乡（镇）卫生院指导中医医疗服务更加规范、有效。在全区大范围内开展中医药适宜技术培训，2020 年已累计培训 2000 人次。三是积极拓展中医诊疗服务。不断加强对常见病、多发病、慢性病的中医药防治研究，既传承前人已有的治疗方法，又加以创新诊疗手段，进一步丰富中医临床疗法，充分发挥中医药服务特色优势，提高临床疗效、缩短疗程，有效提高对急危重症、疑难杂症的中医诊疗服务能力。全区目前能够开展中医治疗的疾病已涵盖内科、妇科、儿科、疼痛科、肛肠科、老年病等 34 种常见病和慢性病。重点打造塔山街道卫生服务中心肝病专科、银壶街道镜检腰腿疼痛专科、六枝民康医院神经阻滞治疗专科等特色专科。

（七）坚持人口均衡发展，全面加强计生优质服务。2020 年，全区总出生 5580 人，人口出生率 7.99‰，人口自然增长率 3.72‰。常住人口出生 4794 人。在全面实施省“四项制度”基础上，以创建幸福家庭为中心，大力推进农村计划生育家庭生活富裕奔小康，通过一折通系统集中统发奖励扶助资金 11350 人 485.043 万元。卫生健康局代发人口计生公益金 4 万元、高考女孩一次性奖励金 3.55 万元，惠及 22 人。进一步完善计生特殊家庭帮扶关爱制度，落实“三个全覆盖”措施，开展春节、端午节、中秋节慰问，组织 62 名特殊家庭成员在六盘水市第二人民医院参加健康体检、健康知识讲座并开展中秋、国庆联谊活动。

三、存在的问题及下一步打算

在看到成绩的同时，卫生健康局党组清醒地认识到工作中存在的问题和不足。一是卫生与健康服务资源总量不足、质量不高、结构不合理、分布不均衡，特别是乡村服务能力薄弱等问题依然比较突出。二是医改的一些重点领域、关键环节尚未取得明显突破，深层次体制机制矛盾仍需进一步破解。三是疾病预防控制体系基础薄弱，特别是在应对新冠肺炎疫情中，体现出了人员配备不合理、基础设施不足等问题。

2021 年，六枝特区卫生健康工作要坚持以习近平新时代中国特色社会主义思想为指导，深入贯彻党的十九大和十九届二中、三中、四中、五中全会精神，始终坚持党对卫生健康事业的全面领导，始终坚持以人民为中心，始终坚持高质量发展，推进健康六枝建设。一是坚持预防为主，健全公共卫生服务体系，建立稳定的公共卫生事业投入机制，织牢公共卫生防护网，加强疾病预防控制体系建设和能力建设，提高应对突发公共卫生事件能力。二是坚持基本医疗卫生事业公益属性，加大政府“六项投入”。三是持续深化医药卫生体制改革，加快优质医疗资源扩容和均衡布局，推动区域医疗中心建设，打造智慧医疗服务体系建设。四是提质医共体建设，促进分级诊疗体系建设。五是坚持中西医并重，大力发展中医药产业。六是支持社会办医，完善多层次、多元化医疗保障体系。七是提高健康素养，提升健康教育、慢病管理和残疾康复服务质量，重视精神卫生和心理健康。八是深入开展爱国卫生运动，促进全民养成文明健康生活方式。九是加快发展健康产业，打造一流的康养、医养目的地。十是积极应对人口老龄化。提升优生优育服务水平，健全普惠托育和婴幼儿照护服务体系，建立综合连续、覆盖城乡的老年健康服务体系，推进生育。十一是推动健康扶贫与乡村振兴有效衔接。稳定基层卫生人才队伍，持续改善医疗卫生基础条件，不断提升基层医疗服务能力，巩固拓展好健康扶贫成果。政策和相关经济社会政策更加配套衔接。

（撰　稿：卫生健康局办公室）

勇担使命　实干笃行
服务六枝特区经济社会全面发展

——中共国家税务总局六枝特区税务局委员会2020年工作综述

2020年，面对突如其来的新冠肺炎疫情冲击以及艰巨繁重的税收改革发展任务，六枝特区税务局在市税务局党委、特区党委、特区政府的坚强领导、大力支持之下，深入学习习近平新时代中国特色社会主义思想，认真落实习近平总书记对税收工作的重要指示批示精神，按照总理李克强、副总理韩正等领导的要求，把加强党的政治建设摆在首要位置，认真开展政治机关意识教育，纵深推进税务系统全面从严治党，攻坚克难，锐意进取，担当作为，履职尽责，有力、有效服务“六稳”“六保”大局，为统筹推进疫情防控和经济社会发展做出积极贡献。

一、工作成效

2020年，六枝特区税务局始终聚焦“优惠政策落实要给力、‘非接触式’办税要添力、数据服务大局要加力、疫情防控工作要尽力”的“四力”要求，在抗疫情、促发展中顺利办成和扎实推进以下事项：

（一）党建引领建强组织。2020年，六枝特区税务局始终坚持党建引领，牢记税务机关首先是政治机关的原则，深化党的全面领导，坚决站稳政治立场，加强基层党组织建设，营造良好政治生态，提高党员干部政治能力。按要求对党支部进行相应的调整和增设，设7个分局党支部、8个机关党支部（含退休支部），推动建设“黔税先锋”星级党支部，有效发挥党支部、党员在税收工作中的战斗堡垒作用、先锋模范作用。

（二）税费收入提质增效。2020年，六枝特区税务局始终坚持组织收入原则，依法、依规征税收费，紧盯重点企业、工程项目、欠税管理，实施精准分析、精准风控、点上突破，加大征管力度、堵塞征管漏洞，努力把疫情带来的影响降到最低。全年累计组织税收收入7.52亿元，完成年度目标7.51亿元的100.24%；完成社会保险基金收入（含职业年金）5.19亿元，同比上升26.52%，增收1.09亿元；完成非税收入3964万元，同比上升33.84%，增收1002万元。

（三）疫情防控彰显担当。2020年，六枝特区税务局始终坚持不断建立和完善疫情防控常态化工作机制，抽调29名税务干部参与驻村帮扶点和社区疫情防控志愿服务，全局干部疫情防控捐款1.5万元，1名同志获六盘水市“疫情防控优秀志愿者”，8名党员同志获全区疫情防控阻击战“三八红旗手”“巾帼建功标兵”“最美家庭”称号，第一税务分局获全区疫情防控阻击战“三八红旗集体”称号。

（四）脱贫攻坚收官决胜。2020年，六枝特区税务局始终把脱贫攻坚工作作为首要政治任务，认真贯彻“五先五后”工作法，因户施策，选派驻村第一书记、驻村干部14名，129名干部扎根脱贫攻坚一线，对口帮扶的5个村384户贫困户全部脱贫摘帽，为全区撕掉千百年绝对贫困“标签”贡献税务力量，其中1名同志获“全区脱贫攻坚优秀共产党员”荣誉称号。

（五）复工复产服务到位。2020年，六枝特区税务局始终紧紧围绕“战疫情 促发展 服务全面小康”主题，及时广泛做好各项减税降费政策和应对疫情的税收优惠政策的宣传，“一企一策”政策帮扶3967户大、中、小微企业，上半年复工复产率即达100%；组建6个服务组持续开展“两直达”走访调研解难题工作，服务上门、政策到家，主动服务纳税人、缴费人，全年累计走访企业 180 户，收到问题 20 条，帮助企业获得 300 万元的纳税信用贷款，进一步帮助中小微企业纾困解难，推动“六稳”“六保”落实落地。

（六）减税降费落实落细。2020 年，六枝特区税务局始终坚定不移地落细、落实减税降费政策，确保红利直达市场主体，有效提振市场主体信心、抑制经济下行，为实现“六稳”“六保”、稳住经济发展基本盘注入新动能，获得市税务局和区委、区政府领导的高度肯定。通过“线上”“线下”宣传辅导，为纳税人答疑解惑，帮助企业学习掌握新冠肺炎疫情防控期间最新税收优惠政策，全年落实税收优惠减免税款 2.7 亿元。尤其个人所得税成效突出，在 2018 年基础上，全区工资薪金项目个人所得税减少 2417 万元，降幅达到 57.9%。

（七）纳税服务不断升级。2020 年，六枝特区税务局始终坚持优化纳税服务，全力推行“非接触式”服务，落实 197 个涉税事项线上办，拓展服务渠道，积极引导纳税人选择“网上办、邮政办、自助办”等“非接触式”途径办税缴费，避免传播风险。一年来，4000 户纳税人加入“六枝特区税务办税 e 站”，线上累计提供涉税咨询服务 1200 人次，自助办税终端代开发票 9120 份，电子税务局申领发票 106 万份，网上办税缴费比例同比上升 80%，进厅办税缴费人人数减少 60%。开展“升质访谈 1 对 1”活动，对全区纳税人实行全覆盖式 1 对 1 电话访谈，并根据反馈意见对纳税人进行一一回访，逐条录入走访情况、记录整改措施，逐户整改销号，在省税务局 2020 年度满意度调查中排名全市第二位。

（八）营商环境持续优化。2020 年，六枝特区税务局始终坚守使命、一心为民，税收营商环境持续优化。全年依法、依规精简办税证明事项，减少 60 项税收证明，精简实名证明材料，强化实名登记结果应用。全面推进涉税事项“网上办”，实现 75% 以上的办税事项“最多跑一次”。通过“税路无阻‘六稳’‘六保’直通车”风险提醒卡，以事前提醒的方式，在不违反税法刚性的前提下，让纳税人感受到纳税服务的温度。加强“线上银税互动”合作机制，推动税务、银行信息互通，按月对区内 11 家涉税服务专业机构进行信用公告，促进涉税服务专业机构良性竞争。2019 年度辖区内入级纳税人 37 户，增长 131.2%，辖区内纳税人诚信纳税意识显著增强。

（九）税费征管成效显著。2020 年，六枝特区税务局始终坚持强化税费征管努力程度，抓紧抓实主责、主业、主动权。加强建筑行业管理，明确建安项目按照“信息治税”与“台账管税”相结合的方式管理，通过设置“五个台账”完善建安项目动态管理体系，2020 年实现建筑业税收 1.25 亿元，同比增收 7.52%，在全市建筑业中税收增幅第一。加强欠税管理，按照征管流程进行催报催缴、积极主张债权，积极参与破产清算，加强对欠税企业银行存款账户的查询、管理，2020 年开展 2 轮欠税企业账户余额查询及强制扣款工作，追缴入库欠税金额 2605 万元，较 2019 年上升 36.1%。采取“分类 + 重点”办法，持续加强房开企业税收管理，房地产行业税收实现正增长。创新“以图控税”征管新模式，得到省税务局领导肯定性批示。做到资源税认定全省首例，省税务局领导带队到特区税务局考察调研。

（十）队伍建设富有成效。2020 年，六枝特区税务局始终持续加强干部队伍建设，不断提升干部队伍综合素质。一年来，职务与职级并行改革平稳落地，70 人次实现职级晋升，干部成长平台逐步拓宽。“人才强税”战略和素质提升“115”工程富有成效，获法律职业资格 3 人、税务师证书 1 人、注册会计师 1 人，43 人通过税务师及注册会计师考试部分科目。其中，1 人入选全国税务系统大企业税收管理人才库、2 人入选全省税务系统纪检监察人才库。

（十一）文明创建硕果累累。2020 年，六枝特区税务局始终坚持聚焦精神文明创建活动，文明创建硕果累累。全局共获得 11 类各级荣誉，其中，城区户外劳动者综合服务站荣获“省级示范点”称号，1 个分局被评为六盘水市“工人先锋号”，2 个分局荣获六盘水市税务系统“文明行业示范窗口”称号，25 名员工分别荣获贵州省“五一劳动奖章”、全省税务系统“减税降费工作嘉奖”、全省税务系统“黔税先锋”党员、六盘水市“疫情防控优秀志愿者”等多类县区级以上表彰。

二、主要措施

2020 年，六枝特区税务局以忠诚之心扛起政治担当，紧握旗帜，一以贯之。深入贯彻新时代党的建设总要求，以最高标准、最严要求纵深推进全面从严治党。深入学习贯彻党的十九届五中全会及习近平总书记重要讲话精神和指示批示精神，强化理论武装，把牢政治方向。以实干之心狠抓组织收入，守牢底线，锲而不舍。全区税务系统克难奋进，紧盯重点企业、工程项目、欠税管理，征管质量稳步提升。全年组织各项税费收入 7.52 亿元，圆满完成调整后的税费收入预算任务。以责任之心助力复工复产，“实”字托底，勇战疫情。紧紧围绕总局“四力”要求，用好“凉都税惠”，确保政策直达、优惠尽享，全年共减免税费 2.7 亿元，为市场主体纾困解难。以至诚之心优化营商环境，乘势而上，再获佳绩。深化“放管服”改革、打造“网上办税为主、自助办税为辅、实体办税兜底”的立体化办税模式，拓展“非接触式”办税，优化升级纳税服务举措，赢得纳税人的高度认同，2020 年度全省纳税人满意度调查排名第十位、全市纳税人满意度调查排名第二位。以进取之心强化队伍建设，内外兼修，提振精气神。全局 70 名人员晋升职级；领导干部结构进一步优化；全员参加征管法和税务师考试，干部队伍能力素质进一步提升。以必胜之心助力脱贫攻坚，同心同德，同步小康。贯彻落实全省脱贫攻坚“冲刺 90 天打赢歼灭战”动员大会精神和区委、区政府工作要求，扎实开展挂牌督战、驻村轮战等工作，在脱贫攻坚战场上贡献税务力量。

三、主要经验

2020 年，六枝特区税务局在干事创业中积累下不少弥足珍贵的经验。必须坚持党对税收工作的全面领导这一根本保证，坚决做到“两个维护”，坚决服从“双重管理”，才能确保税收改革方向正确、蹄疾步稳。必须坚持中国税务精神和新时代贵州精神“两种精神”的融合，大力培育时代先进文化，才能确保干事创业百折不挠、勇往直前。必须坚持创新驱动、法治推动、专业化带动的协同发力，才能确保税收工作实现可持续发展、加速度推进、规范化运行。必须坚持事合、人合、力合、心合“四合引领”，切实打牢继往开来再出发的基础和根基，才能确保合并后的干部队伍风正气顺、心齐劲足。必须坚持系统思维、战略思维、辩证思维、历史思维、底线思维等“五种思维”观念，构建要素齐全、内涵丰富的税收治理体系，高质量推进税收现代化，才能当好国家财力的保障者、宏观调控的执行者、国家战略的服务者。

四、存在的问题

2020 年，六枝特区税务局统筹推进各项工作，取得一定的成效，但仍存在以下不足：一是党建业务融合方面还有待进一步加强。由于工作内容较多且杂，党建与税收中心、务实与务虚的融合还有探索空间；主动查找纳税人难点、堵点力度不够，如何充分发挥全体干部特别是党员干部的主观能动作用方面，还缺乏强有力的抓手，对税收风险评估工作带动强征管、促收入工作方面仍有空间。二是税收监管体系建设还有待进一步完善。对一些重点工作能及时研究并制定落实方案，但安排后疏于监督，存在由于人手不够导致工作没有达到理想效果的问题，在完善机制方面略显不足，如工作亮点总结和反馈不及时；对照目标研究不够，特别是对“十四五”期间如何发展税收工作调查研究还不够深入，措施还不够长远，狠抓落实的拼劲、钻劲、韧劲还有待加强。三是落实全面从严治党主体责任方面还有待进一步深化。对“两个责任”的认识和重视程度不够，落实主体责任仍然不够，风险防范意识有待加强，对关键部门关键岗位常态化监督检查力度不够；全面从严治党的落实力度和效果逐级递减，对干部职工的日常监督管理还局部存在着失之于宽、失之于软，个别部门工作效率不高，作风不够扎实。

五、下一步打算

2021年，六枝特区税务局将以习近平新时代中国特色社会主义思想为指导，深入贯彻党的十九大和十九届二中、三中、四中、五中全会及中央经济工作会议精神，认真落实党中央、国务院领导重要指示批示精神，落实好《关于进一步优化税务执法方式的意见》部署，坚持党对税收工作的全面领导，坚持稳中求进工作总基调，立足新发展阶段，贯彻新发展理念，构建新发展格局，以党建高质量发展为引领，带好队伍展现新气象，以进一步优化税务执法方式为引擎，干好税务开拓新局面，以党建抓改革，以机关带系统，以智慧税务建设，高质量推进新发展阶段税收现代化取得新成效，更好发挥税收在国家治理中的基础性、支柱性、保障性作用，为保持经济运行在合理区间、实现“十四五”良好开局做出新贡献，以优异成绩庆祝中国共产党成立100周年。

特区税务局委员会将从以下几点着力提升：一是深入学习贯彻习近平新时代中国特色社会主义思想，以税务系统党的建设高质量发展迎接中国共产党成立100周年。二是进一步巩固拓展减税降费成效，促进完善现代税收制度，助力高质量发展。三是扎实稳妥完成预算确定的收入任务，推动税费收入质优量增。四是稳妥实施发票电子化改革，为推进信息化建设迈出实质性步伐。五是切实强化精确执法。六是大力推行精细服务。七是科学实施精准监管。八是深入推进精诚共治。九是深化全面从严治党。十是加强干部队伍建设。

（撰　稿：税务局办公室）

群团工作

六枝特区总工会党组 2020 年工作综述

2020 年，是“十三五”规划收官之年，也是六枝特区持续巩固脱贫成效，深入推进高质量发展、谋篇布局“十四五”和常态化开展疫情防控工作的关键之年。在特区党委、六盘水市总工会的坚强领导下，特区总工会坚持以习近平新时代中国特色社会主义思想为指导，全面贯彻党的十九大和十九届二中、三中、四中、五中全会精神，深入学习贯彻习近平总书记关于工人阶级和工会工作的重要论述，认真落实中央、省委、市委和特区党委各项决策部署，突出政治引领、坚持服务大局、做实维权服务、深化改革创新，不断加强自身建设，各项工作扎实推进，取得一系列新成效。

一、主要工作成效

（一）重点工作有作为。“新市民·追梦桥”工程纵深推进。紧扣工作主题，按照任务清单，紧紧围绕搭“五桥”建“五家”重点内容，在特区党委高度重视下，在特区党办的牵头指导下，联合团委、妇联，协同区直有关部门，在 12 个易扶点全面铺开工作。下发工作提示 6 期，深入点上指导工作 56 次，开展就业培训 5 期，培训 395 人，开展招聘活动 2 场，促进就业 86 人；充分结合工会“金秋助学”活动实施困难帮扶，资助 29 名学生上大学，发放资助金 11.2 万元，慰问留守儿童 92 名，发放慰问金 1.35 万元，学习用具 45 套；组织开展各类讲习、宣讲活动 20 多场，参与群众 2000 多人次，开展法治宣传 22 场，心理咨询 365 人次。12 个易扶点和易扶点企业全部挂牌成立工会组织，发展会员 4141 人，申报获批市级职工书屋 12 个，市级职工之家 2 个；持续实施“温暖帮扶超市”困难群众购物补贴，累计落实补助资金 41 万元，群众满意感、获得感不断提升。

推进户外劳动者综合服务站建设。按照省、市关于城区户外劳动者综合服务站工作有关部署，在特区党委、特区政府的高度重视下，在六盘水市总工会的精心指导和大力帮助下，协同有关单位和部门，全面完成 2020 年政府十件民生实事之一——城区户外劳动者综合服务站任务 100 个，投入创建资金 40 万元。截至 2020 年年底，已有 6000 名户外劳动者不同程度地享受到服务站带来的便利，户外劳动者和广大群众目前已有近 3 万人次的使用，真正达到“冷可取暖、热可纳凉、累可歇脚、急可如厕”的站点服务功能。六枝特区户外劳动者综合服务站的建设，得到省、市总工会的认可，并在全省作交流发言。

全面参与新冠疫情防控阻击战。积极响应号召，按照特区党委、特区政府和市总工会总体工作部署，制定《关于做好新型冠状病毒感染的肺炎疫情防控工作的紧急通知》，向全区各级工会和职工群众发出《致全区各级工会组织和广大职工群众的倡议书》，充分利用互联网、工会云 App 等工会载体，在职工群众中开展防疫抗病宣传教育。坚持面向基层、面向一线，组织慰问一线职工、援鄂医务人员家属，助力企业复工复产，累计投入资金 30 万元，充分发挥工会组织围绕中心服务大局的作用。

持续巩固提升脱贫攻坚成效。继续确保轮战领导、第一书记、驻村人员常驻脱贫攻坚一线，协助联系帮扶的洛阳村开展“五个专项治理”“四个不摘”“小康菜园”“脱贫攻坚大普查”“后进村整顿”等有关工作，研判问题短板，解决实际问题。帮扶村解决疫情防控和脱贫攻坚专项经费 1 万元，第一书记专项工作经费 1 万元，“小康菜园”建设专项经费 1 万元。2020 春节期间慰问 17 户清零户、23 户贫困户，17 户未脱贫户按期脱贫，实现“两个清零”目标，脱贫攻坚大普查保质保量完成。协调组织有关部门、单位在帮扶联系点开展“金秋助脱贫”主题活动，开展“10 个 10”慰问活动，协调解决资金 2.8

万元解决实际问题，脱贫成效进一步巩固提升。

（二）**常规工作品牌化**。深化建功立业行动。以“践行新理念，建功十三五”为主题，大力弘扬“劳动精神”“劳动精神”“工匠精神”，创建“凉都工匠场”4个、“工人先锋号”3个，12个易扶搬迁安置点全部命名市级“职工书屋”，聚福新苑、落别、群力、新城社区安置点获评省级职工书屋示范点，聚福新苑、落别安置点获评市级“职工之家”。

深化技能提升行动。结合困难职工、农民工不同特点、意愿和市场需求，在易扶点大力实施“护工就业行动培训”“农民全员培训”，培训职工、农民工400人，促进就业80多人。积极选派优秀选手参加全市职工职业技能竞赛“沁心杯”手工制茶大赛，荣获一等奖1个、二等奖2个、三等奖2个。参加全市职工职业技能竞赛电工、钳工、焊工决赛，获钳工三等奖、优秀组织奖。

深化劳模引领行动。推荐评选全国劳动模范1名，接受党中央、国务院表彰；推荐评选贵州省劳动模范3名、先进工作1名，接受省委、省政府表彰；首次将全区劳动模范和先进工作评选表彰纳入重点工作。2020年“两节”期间走访慰问困难劳模3名，发放困难补助金3000元。组织辖区内各级劳模、援鄂医生参加市总组织的疗、休养活动，承办在六枝特区落别龙井温泉度假区举办的全市劳模疗、休养活动，此举受到普遍好评。

（三）**服务职工多元化**。工会帮扶持续深入开展。2020年“两节”期间，慰问困难职工、农民工930人，困难企业2户，发放慰问资金48.12万元。对20名全国级在档困难职工实施生活救助，发放生活救助金23.22万元。“六一”期间，动员各方力量，慰问易扶点留守儿童92人、援鄂医生子女18人，发放慰问金2.25万元。在全区继续推行职工医疗互助活动，第五期参加单位76家2434人，2020年累计为63人次职工申报医疗互助金，获批15.57万元。“雁归圆梦”为4户企业申报省、市总工会创业贴息贷款，获批省、市总工会贴息资金16.29万元，特区总工会配套贴息资金3万元，撬动银行贷款资金707万元。对全区2020年9月5日至6日城市内涝受损企业、单位发放救灾资金12万元，有效帮助企业平稳度过因疫情、水灾带来的负面影响。

维权服务工作扎实有效。大力推动企业厂务公开民主管理工作和工资集体协商深入开展，全面有效排查化解矛盾风险，构建和谐劳动关系，全区已建工会企事业单位职代会和厂务公开建制率均超过90%。累计发放各类工会法律、法规知识宣传资料5000多份。疫情防控期间，做好职工新冠肺炎疫情心理疏导，参与安全事故调查2起。

普惠服务工作更加深化。不断加强服务职工中心建设，做优、做实困难职工、一线职工和工会会员帮扶救助、就业服务、法律援助及普惠服务工作。按照省、市总工会要求，在全区及时转发“多彩贵州促消费百日专项行动”有关文件精神，联合大三变公司、贵州银行六枝支行下发《2020年工会会员普惠活动方案》“爱心扶贫订单”，在全区广泛推广；以落别龙井温泉命名为省级、市级职工疗养基地为契机，开展工会服务卡优惠消费活动，让广大职工群众真切感受到普惠实惠。

二、主要工作措施

（一）以“政治”引领

1.坚持把习近平新时代中国特色社会主义思想作为工会工作的行动指南。不断提高政治站位，强化理论武装，深化职工思想政治引领。

2.坚持把讲政治、强根本的要求贯穿到工会工作的全过程。强化意识形态工作，增强“四个意识”、坚定“四个自信”、做到“两个维护”，引导职工群众激情拥抱新时代。

3.坚持把工会工作放到党委工作大局中去思考、把握和推进。围绕中心、服从大局、服务发展，使工会的工作思路和步调与特区党委吻合，与行政相一致。

4.坚持“以德为先”。加强职工职业道德建设，把社会主义核心价值观融入政治立场、价值追求、职业操守、精神境界等各方面，引导职工群众把“个人梦”“职业梦”和“中国梦”紧密联系在一起。

（二）以“文化”培元

1.大力实施职工思想引领行动。引领职工听党话、跟党走，爱岗敬业、勤奋工作，为单位建设和发展贡献力量。

2.大力弘扬劳模精神和医匠精神。积极培育全国、省级、市级劳动模范和五一劳动奖章等各级各类先进典型，以劳模上讲堂、援鄂医务人员事迹报告宣读为载体，将先模人物的事迹讲出来，展示出来，达到教育职工、激励职工的作用。深化“凉都工匠场”和“工人先锋号”创建，并以此为依托，搭建人才培养平台，推动职工队伍素质的整体提升。

3.大力提高职工文化素养。积极创建职工书屋，引领职工讲好“扶贫故事”，举办读书比赛征文活动，处处营造“人人读书，天天阅读”的全员读书氛围。

（三）以“竞赛”育人。聚焦坚决打赢“三大攻坚战”和实施“三大战略行动”，以“当好主人翁、建功新时代”为主题，广泛深入持久开展各种形式的劳动和技能竞赛。积极推动在新产业、新业态、新组织和非公有制企业中开展劳动和技能竞赛，提升竞赛覆盖面和实际效果。深入开展技术革新、技术协作、发明创造、合理化建议、网上练兵、“五小”等群众性经济技术创新活动，激发职工创新活力。

（四）以“维权”服务。健全职代会制度，让职工充分享有重大决策的参与权和表决权，拓宽职工诉求渠道，让职工充分享有表达权利。及时把握职工的思想动态、心理需求、实际困难，特别是关注新冠肺炎疫情给职工影带来的困难和影响，及时掌握职工的需求和思想动态，帮助解决职工遇到的烦心事、揪心事，解决他们的实际困难。

三、积累主要经验

（一）领导重视，齐抓共管是做好工会工作的重要保证。工会组织是党领导下的群众组织。必须始终不渝地坚持党的领导，服务大局这条主线，工作中领导的高度重视，努力积极争取各级党委、政府的支持，主动参与协调有关职能部门的支持和配合，才能全面开创工会工作的新局面，才能使工会工作效率和效果进一步提升。

（二）开拓创新是做好工会工作的重要前提和保障。新时期工会工作面临机遇和挑战，工会工作不与时俱进、开拓创新，就会落后于时代的要求，落后于党的建设新要求，落后于广大职工群众的期盼。过去一年，特区总工会工作虽然取得一定的成绩，但与上级工会的要求和职工群众的期盼还具有不小差距。在今后的工作中，我们将根据新形势、新任务的需要，积极探索加强工作效率的有效途径，不断增强工作的针对性和实效性，努力把党的各项工作提高到一个新水平。

（三）改进作风、求真务实、克服工作的随意性是做好工会工作的关键。随着社会的不断发展，依法维护职工合法权益的工作更加任重而道远，新形势下，工会工作的要求越来越高。所以在工作中重点内容要明确，工作程序要严谨，工作步骤以及过程要规范，工作目标要精确，减少盲目性，才能提高工作实效，才能使工会工作更加贴近基层、贴近职工群众，最大限度地发挥工会组织服务经济、服务职工的重要作用。

四、存在的问题

一是受企业利益等因素制约，新领域、新群体等非公、社会组织工会组建进展慢，部分已建工会形同虚设，有架构无活动，无经费保障。二是随着《贵州省总工会关于印发〈贵州省基层工会经费收支管理实施细则（暂行）〉的通知》（黔工总字〔2018〕12号）文件出台实施，工会经费保障仍然是当前亟待解决的问题。三是职工群众参与企事业单位民主管理意识不强，在维护职工合法权益等方面出现的新情况、新问题不断增多，缺乏有效的解决手段。

五、下一步工作打算

一是聚焦政治责任，凝聚发展共识。持续兴起党的十九届五中全会“大学习”热潮，深化“中国梦、劳动美”主题宣传教育，认真落实意识形态工作责任制，加强劳模典型引领，充分发挥作用。二是聚焦中心大局，助推全面发展。服务疫情防控和经济社会发展，扎实推进产业工人队伍建设改革和劳动技能竞赛，扎实开展农民工创业扶助工程。三是聚焦主责主业，促进社会治理。持续做实“送温暖”工程，精心打造10个基层工会组织示范点、10个户外劳动者综合服务站提质增效示范点，不断提升服务职工能力和水平。四是聚焦服务群众，共享发展成果。打造多元职工服务体系，大力开展先进职工之家（小家）创建工作。五是聚焦强基固本，激发组织活力。精心筹备六枝特区工会第十次代表大会，配齐配强兼职、挂职工会干部，通过换届，促进工会改革落地落实。

（撰　稿：刘兴平）

共青团六枝特区委员会党组 2020 年工作综述

2020 年，六枝团委党组在特区党委、特区政府的正确领导下，在团市委的关心指导下，紧紧围绕党政中心工作，按照全团决策部署，立足“凝聚青年、服务大局、当好桥梁、从严治团”四维工作格局，坚持与党同心、与时俱进、与青年共甘苦，各项工作取得一系列新成效。

一、主要工作成效

（一）打好“组合拳”，抓实抓牢基层团组织建设

1. 注重“建”字，夯实团的组织基础。依据《中国共产主义青年团章程》和《中国共产主义青年团发展团员工作细则》，结合团员底数摸排情况，对全区团员发展实行总量控制和名额分配，2020 年全区共发展团员 2000 名。为继续推动团组织建设全覆盖，纵深推进少先队改革打牢基础，召开基层团组织建设推进会、学习会，学习团中央关于基层团组织的意见等文件，安排部署基层团组织整理整顿工作，针对性指导团组织建设，着力提升团组织的组织力和凝聚力。

2. 突出“学”字，提升组织建设实效。组织辖区团干部认真学习习近平新时代中国特色社会主义思想、《习近平关于青少年和共青团工作论述摘编》、习近平总书记重要讲话精神和十九届五中全会精神，不断提升团干部的政治理论素养。多次召开基层团干部培训会，学习团章、《中国共产主义青年团支部工作条例（试行）》等，讲解“三会两制一课”、团员教育管理等共青团业务知识，进一步提升团干部抓好新时期共青团工作的能力，真正做到方向明、思路清、工作实、效果好。持续抓好“青年大学习”网上主题团课学习，促进全区广大团员青年党团知识水平的提升，进一步深学细悟习近平新时代中国特色社会主义思想，坚定理想信念，筑牢思想根基。2020 年，全区参与“青年大学习”的团员青年达 1 万人。

3. 聚焦“活”字，推动基础团务创新。抓好“智慧团建”系统建设，推动基层团组织架构和组织形式优化调整，充分发挥基层团组织和基层团干部的职能，严格落实“智慧团建”系统录入工作，真实、全面反映团组织、团员活动全貌，按要求时间节点完成任务，为管团治团打下坚实基础，确保按时、按质、按量有序推动工作落实。同时，加强“学社衔接”的路径探索，不断完善服务触手，拓宽服务阵地，服务完善毕业生团员线上转接，保障团员青年“不离团”“不忘团”“不舍团”。

（二）做好“传帮带”，加强关爱帮扶，投身主战场

1. 坚持扶贫助困。持续开展“中国茅台·国之栋梁——2020 希望工程圆梦行动大型公益活动”“习酒·我的大学”助学项目，帮助全区 167 名贫困学子获得助学金共计 83.5 万元。

2. 争取对口帮扶。积极对接联系大连团市委资助落别乡新寨村 88 名学生共计发放 30 万元助学金，同时捐赠 5 万元的爱心图书。

3. 汇聚爱心力量。到岩脚镇走访慰问两名戒毒康复人员和两户涉毒家庭子女，了解家庭、就业、孩子学习等实际生活状况，并为戒毒康复人员及家属送上月饼、牛奶、文具、水果等慰问物资和就业帮扶。

4. 用好团属品牌。组织开展创业培训以及创业咨询，支持安置点的青年创新创业。充分发挥 5 所夜校的阵地作用，按照“扶贫先扶志，扶志必扶智”的理念，向群众宣传党的方针政策、安全常识、脱贫政策、文明礼仪、金融政策等内容，丰富农村群众的业余文化生活，切实增强贫困群众的脱贫意识和脱贫能力。

（三）唱响“协奏曲”，助力疫情防控，助推复工复产

1. 闻令而动，用青春共筑防疫长城。党有号召，团有行动。全区共青团第一时间启动抗疫志愿服务、助力复工复产、为奉献者奉献、服务青年就业 4 项工作“组合拳”。面向社会招募疫情防控志愿者 363 名，积极投身于疫情防控阻击战中，从事各乡、镇、街道办出入人员信息登记、挨家挨户走访排查、情绪安抚疏导、测量记录体温、宣传防疫知识、暖心热线应答、困难群众帮扶等工作，累计开展各类志愿服务 1500 次，为坚决打赢疫情防控阻击战贡献青春力量。

2. 青春助跑，助力企业复工复产。前往六枝特区生活垃圾焚烧发电厂建设项目工地进行走访慰问，为项目建设一线职工送去 300 副口罩、50 公斤消毒水、60 瓶消毒酒精、15 块手工消毒皂和 6 箱方便面，同时，邀请 5 名志愿者为 55 名工人理发，以实际行动助力企业安全有序复工复产。

3. 创新形式，提供就业服务。转发“空中双选会”专场招聘信息，并联合昆山团市委，发布“春风送岗”就业信息，让大学生直接通过“云端”线上掌握招聘岗位信息，根据自身所学专长和兴趣爱好，选择其心仪的岗位，有效增加高校毕业生的就业机会。

（四）下好“先手棋”，致力推动青少年成长成才

1. 统筹做好“新市民·追梦桥”工程。12 个易扶安置点均已建立共青团员、少先队员台账，安置点累计建立团组织 12 个，目前西部计划志愿者常驻易地扶贫搬迁安置点开展工作 33 人。一是利用“新市民·追梦桥”服务中心、“四点半课堂”“青创汇”“青年之家”等团属阵地围绕加强政策理论宣传，开展爱国主义教育主题特色宣讲活动 118 场，覆盖人数 8000 人，弘扬正能量要求，切实引领广大安置点青少年牢记嘱托，感恩奋进。二是开展青少年儿童家庭大走访，安置点西部计划志愿者深入开展青少年儿童家庭大走访活动，为青少年儿童提供心理辅导，疏导搬迁儿童因环境变化而产生的陌生感，走访率达 75%，外出家庭通过电话、微信等方式联系率达 100%。三是积极开展“童心向党，筑梦‘六一’，争做新市民”“温暖连心，快乐成长”等主题系列特色活动 10 次，覆盖人数 500 人，积极搭建好新市民的“感恩桥、致富桥、连心桥、平安桥、融合桥”。四是在聚福新苑安置点创办省级示范“青年志愿者脱贫攻坚夜校”开展垃圾分类、禁毒知识、汉字读写、普通话、防汛抗旱、地质灾害、小康菜园等政策宣讲和教学。整合工青妇书屋，建设“新市民·追梦桥”书屋，组织安置点青少年儿童参与社区举办的“读书日”活动，提升青少年儿童的课外文学知识和素养。

2. 聚力青年实际需要，搭建成长平台。一是银团合力，促进就业创业。联合六枝特区农村信用社推出“青扶贷”农村青年创业贷款，为青年提供初创资金，进一步支持农村青年创业就业，助力脱贫攻坚和企业复工复产同步推进。2020 年共发放贷款 9000 多万元。及时推送“抗疫情、助复工”等公益保险相关信息，为更多中小企业提供政策保障支持，让公益保险为生产“一线”保驾护航。二是助力青年择业、创业、就业，联合中公教育开展“双线发力·协助备考”国家公务员公益培训活动。三是开展 2020 年六枝特区大学生“返家乡”暑期社会实践活动，共招募 26 名大学生，并为大学生提供多种实践岗位，帮助广大青年在实践中成长，在磨砺中进步。

3. 筑牢思想根基，强化青年思想政治引领。为进一步深化六枝特区广大团员青年对五四精神的理解和传承，增强敬团、爱团意识，坚定不移听党话、跟党走。一是举行“青春战疫战贫·坚定制度自信”主题团日活动暨六枝特区 2020 年新发展团员集中入团仪式。通过线上直播和线下同步入团的仪式教育，激励和引导全区新团员弘扬以“爱国、进步、民主、科学”为核心的“五四”精神，努力成长为新时代中国特色社会主义事业的合格建设者和可靠接班人。全区共 600 名青年通过线上直播的形式参与活动。二是深入开展团省委“青春长征”线上火炬点亮活动，积极组织 3000 名团员进行点赞留言。进一步强化团员意识教育，增强团员对团组织的认同感和归属感，切实引导全区广大青少年传承红色基因。三是面向全区征集“青春长征——枝青 LOOK 网络文化征集活动”，以劳动节、青年节为切入点，以歌颂劳动者、赞美青年奋斗精神为主题，用创意作品描绘时代的精神图谱，共收集到原创作品 47 幅。四是以“青春永不停息”为主题，面向全区青年开展“青春长征——我想说”青春物语征集活动，邀请青年朋友们一起打开历史、感知现在、奔向未来，讲述自己的故事，聆听青年的心声。活动开展以来，共收到100条感悟，1500次观看。五是2021年1月18日，中国少年先锋队六枝特区第一次代表大会在特区生产力发展中心圆满召开，会议审议通过中国少年先锋队六枝特区第一次代表大会关于工作报告的决议，选举产生由31名委员组成的六枝特区第一届少工委。

（五）做好“总抓手”，聚焦志愿服务点亮文明之光

1. 爱心助考，服务学子。开展绿丝带爱心送考公益活动和高考点爱心志愿服务，为六枝特区高考学子服务，进一步弘扬社会正能量，参与爱心送考车辆300台，高考点共服务学生和家长2000人次。

2. 践行服务，提升意识。开展“垃圾分类，你我同行”“健康人生，绿色无毒”“为了明天，青春护航益起来”等主题系列志愿服务活动30次，不断增强群众对党的各项方针政策的认识，让讲与听心心相印，让传与学产生共鸣，把党的正确主张变成群众的自觉行动的实践力量。

3. 服务党政，做好服务。圆满完成“牂牁江滑翔伞大赛”“2020年脱贫攻坚成效考核”“2020年贵州省非洲猪瘟疫情应急演练”等大型赛会志愿服务10次，更好地为全区各类大型赛会提供高质量、高水平的服务，充分展现六枝青年的青春风采，做六枝形象的最美宣传使者。

4. 践行使命，服务青年。新招募大学生志愿者90名，分别充实到18个乡（镇、街道）。在岗志愿者173名，从事基础教育、医疗卫生及基层社会管理等工作，其中，基层社会管理81名，科教文卫服务62名，脱贫攻坚30名。积极引导毕业生扎根基层、拼搏奉献，到祖国最需要的地方建功立业、成就梦想。

二、工作经验

（一）坚持党的领导。必须自觉坚持、紧紧依靠党的领导，始终坚持党的基本路线，坚决执行党的决策部署，坚持“党有号召、团有行动”，旗帜鲜明讲政治，切实加强党的建设，不折不扣地落实好全面从严治党的各项要求。

（二）围绕党政中心。坚持围绕特区党委、特区政府中心，将团的工作与党的中心工作紧密结合，积极争取党政领导的重视和支持，结合共青团工作实际开展内容丰富、形式多样的活动，引导广大团员青年立足实际、积极作为，为特区经济社会发展贡献青春、智慧和力量。

（三）全面从严治团。把从严治团各项要求贯穿于团的建设全过程，着力从思想建团、制度治团、纪律管团、作风强团等方面下功夫，从严管理团的组织、从严管好团干部队伍、从严管好全体团员，对标全面从严治党的标准和要求，全面推进从严治团，坚定政治立场，强化身份意识，倡导严实作风，让团干部更像团干部，团员更像团员，团的基层组织更加充满活力。

（四）密切联系青年。坚持以青年为本、以青年需求为导向，深入了解和研究青年所思、所想、所盼，紧紧围绕青年成长成才、实现人生价值、追求丰富精神文化生活的需要开展工作，积极搭建社会实践和展示自我的平台，着力帮助青年解决在学习和工作生活中的实际困难，促进青年更好成长，不断增强青年的获得感和认同感。

三、存在的问题

2020年，团委工作虽然取得一定的成果，但与上级的要求和青年的期盼相比，仍然存在一些问题，面临许多新的挑战。一是对青少年的思想教育引领的针对性和有效性还需持续加强。二是服务青年的能力、水平和实效还有待提升。三是团的基层组织有效覆盖还不够全面，从严治团各项工作还需强化。四是基层团干部身兼数职，更换频繁，导致团干部队伍专业化水平不高，不利于基层团组织工作的持续开展。

四、下一步工作打算

（一）**抓思想**。深入贯彻习近平总书记关于青年工作的重要思想，始终坚持中国特色社会主义群团发展道路，改革创新团的工作理念、组织方式、运行机制、制度体系、执行能力，着力提升团的组织力、引领力、服务力，努力建设一个更加现代化的马克思主义青年组织，不断提升共青团对坚持和完善中国特色社会主义制度、推进国家治理体系和治理能力现代化的贡献度。

（二）**抓教育**。以关爱青少年健康成长为重点，开展法治宣传、禁毒宣传教育等，引导青少年树立正确的人生价值取向。同时，持续关注青少年特别是贫困家庭青少年、留守儿童等群体的成长需求，积极争取社会支持，提供多角度、多层次的帮扶。

（三）**抓服务**。扎实做好青年就业促进工作，做好青年创新创业服务工作，开展符合青年特点的就业创业宣传活动，积极开展创业技能大赛、创业巡讲、职业规划、互助帮扶等多种方式，做好青年引路人，带动更多青年就业脱贫，创业致富。

（四）**抓重点**。抓好"团队衔接""学社衔接"，严格"推优入团""推优入党"标准和程序，切实发挥好党的后备军作用。

在以后的工作中，特区团委将高举习近平新时代中国特色社会主义思想伟大旗帜，全面贯彻党的十九大精神和团的十八大精神，认真落实特区党委、特区政府和上级团委的决策部署，聚焦主责主业、认真履行引领凝聚青年、组织动员青年、联系服务青年的职责使命，持续团结带领六枝特区团员青年为奋力续写百姓富、生态美的"画廊六枝"发展新篇章贡献青春力量。

（撰　稿：团委办公室）

扬帆奋进　勇于担当
为巩固脱贫成效与实施乡村振兴贡献巾帼力量

——中共六枝特区妇女联合会党组 2020 年工作综述

2020 年，在特区党委、特区政府的领导下，在市妇联的精心指导下，特区妇联依托各级妇联组织，充分发挥妇女群众在社会和家庭的“两个独特”作用，找准定位、主动发力，发挥优势、凝聚合力，引领广大妇女群众响应党的号召，发扬“四自”精神，积极参与到脱贫攻坚和新冠肺炎疫情防控工作中，围绕中心、服务大局，主动作为，履职尽责。

一、主要工作成效

（一）强化组织建设，夯实组织基础。一是以建设“坚强阵地”和“温暖之家”为目标，进一步提升完善“妇女之家”综合服务功能，以点带面，把“妇女之家”建设成为基层妇联组织开展各项工作的重要阵地。今年共申报创建 2 个“省级示范妇女之家”（分别是聚福新苑易地扶贫搬迁安置点和木岗抵簸村），共获得建设经费 4 万元。二是按照组织安排，召开特区妇联九届八次执委会，选举增补 1 名特区妇联九届执委、主席，配齐配强领导班子。三是完成 18 个乡（镇、街道）妇联和 21 个区直机关妇联（妇委会）换届选举工作，为区级妇联换届工作做好充分准备。

（二）强化能力提升，注重项目培训。一是组织 2 名易地扶贫搬迁安置点妇联主席参加 2020 年全省易地扶贫搬迁安置点社区妇联主席培训，全面提升易扶点妇联主席综合素质，增强带领易扶点妇女群众创业致富能力。二是组织 15 名农村女性致富带头人、自主创业贫困妇女、从事电商创业贫困妇女参加 2020 年全省女性创业创新电子商务远程培训。三是组织 2 名农村妇女带头人参加全省 2020 年“乡村振兴巾帼行动”培训。四是组织 2 名妇联主席参加全省新任村居妇联主席培训。

（三）强化巾帼行动，助推脱贫发展。一是加强宣传教育，激发贫困妇女群众内生动力，组织巾帼志愿者开展惠民政策宣传 60 次。二是加大农村贫困“两癌”妇女救助项目宣传，争取全国贫困母亲“两癌”救助金 19 万元，为“两癌”贫困母亲各送上 1 万元一次性救助金；积极争取“粉红馨爱・重塑美丽”义乳项目，为 5 名乳腺切除贫困妇女重塑美丽。三是关心关爱受灾妇女，积极向省、市妇联争取中国妇女发展基金会联合技术赈灾及安全教育基金“母亲邮包”50 个（价值 1.5 万元），对中寨乡 50 名洪涝受灾严重的贫困母亲进行慰问。四是推进巾帼示范基地创建，申报省级示范基地 2 个，获得专项扶持资金 8 万元，其中，六枝特区合怡兴民族手工艺品农民专业合作社获省级“巧手脱贫基地”称号，六枝特区黔灵女职业培训学校获省级“巾帼脱贫基地”称号。五是整合资源，携手六枝特区黔灵女职业培训学校在 12 个易地扶贫搬迁安置点挂牌“黔灵女学校就业小屋”，把用工招聘需求和培训服务等连成水平线，更好为妇女群众提供就业机会。六是组织 60 名妇女参加六枝特区家政技能服务提质扩容培训班，进一步提升妇女们创业就业技能。七是按照全国、省妇联的要求，对 2000 年至 2019 年在六枝实施的“大地之爱・母亲水窖”涉及 5 个乡（镇、街道办）、9 个村的项目开展自查，农村群众对“母亲水窖”项目实施普遍给予好评，群众认为这是惠民工程。

（四）强化典型引领，彰显巾帼风采。一是联合文广局组织 60 名机关干部完成“春晚走秀”活动，体现了六枝女干部风采。二是开展2020年“巾帼心向党·建功新时代”庆“三·八”寻找疫情防控阻击战事迹突出、积极作为、主动担当、勇于奉献的集体和个人活动，共寻找表彰111户“最美家庭”、54名“三八红旗手”、42名“巾帼建功标兵”、21个“三八红旗集体”。三是按照省市妇联安排，完成六枝特区税务局纳税服务中心申报2020年“贵州省巾帼文明岗”、六盘水市第二人民医院申报2020年“贵州省巾帼建功先进集体”、六枝特区第七中学校长刘代娟同志申报2020年“贵州省巾帼建功标兵”推荐评选工作。

（五）强化家庭文明建设，好家风、带民风、促社风。一是发挥家庭在社会和谐、基层治理中的独特作用，开展“家书传家风”活动，收集家书3封，激发广大家庭爱国爱家情怀。二是以榜样力量引领和激励广大家庭参与绿色生态文明家庭创建，助力全区生态文明建设，向市级上报3户“最美绿色生态家庭”，其中，1户（向士贤户）获得2020年省级表彰为“最美绿色生态家庭”。三是组织50人妇联系统干部、易扶点妇女代表到禁毒警示教育基地开展警示教育活动。四是组织村（居）妇女同胞、易地扶贫搬迁居民在“妇女之家”开展“幸福家”家庭、家教、家风宣讲10次600人，引导教育广大妇女同胞和搬迁家庭遵纪守法、家庭和睦、邻里和谐。五是联合工会、团委到月亮河乡洛阳村开展“金秋助脱贫”活动，现场慰问10名贤妻孝女孝媳、10户最美家庭和10户重视教育家庭（2020年考取大专以上院校高校学生家庭）。六是联合特区纪委监委开展“廉洁文化进家庭”系列活动，组织全区47家单位60人到新窑镇廉政教育基地参加活动，进一步提高党员干部的廉洁意识，特别是党员领导干部保持清正廉洁、筑牢拒腐防变思想防线意识。七是按照特区政法委的安排部署，在妇联系统认真开展婚育观念教育工作。

（六）强化社会帮扶，关心关爱困境儿童。一是以妇儿工委办名义下发《关于开展2020年“六·一”国际儿童节庆祝活动的通知》，各机关单位从实际出发，因地制宜，为党建扶贫村留守儿童开展形式多样的关爱活动。二是加强东西部协作，主动联系大连市甘井子区妇联，争取贫困儿童助学金1.74万元资助29名贫困学生。三是积极争取大连市妇联“贫困女童”助学金0.24万元，资助聚福新苑易扶安置点4名贫困学生。四是到聚福新苑居委会、落别易扶小区、凉水井小学开展“六·一”儿童节慰问活动，共发放慰问金1.35万元，书包、文具盒各75个，笔记本50个，铅笔50支、电子表25块，鼓励孩子们好好学习，永葆乐观向上的精神。五是完成2020年度省级示范点儿童保护“三个一”工程创建打造（聚福新苑）。

（七）强化维权服务，保障妇女儿童合法权益。一是深入开展“建设法治六枝·巾帼在行动”活动，以“三·八”维权周、“六·一”儿童节、“6·26”国际禁毒日等为契机，采取上下联动，组织巾帼志愿者集中开展《中华人民共和国民法典》《中华人民共和国反家庭暴力法》《中华人民共和国未成年人保护法》《贵州省家庭教育促进条例》、扫黑除恶专项斗争等法律、法规宣传，进一步提高妇女群众法律意识、法律素质和依法维权能力。2020年以来，全区各级妇联共开展法律宣传活动350次，现场发放宣传折页1200份，覆盖2300人。二是联合工会、团委等部门到易地扶贫搬迁安置点开展“平安桥”建设活动，组建10支巾帼志愿者服务队在各易扶搬迁安置点开展职工、青少年、妇女儿童权益保护法律宣传220次，覆盖1500人；积极探索自治、法治、德治相结合的社区治理机制；在全区易扶搬迁点开展“平安家庭”创建活动，评选出2020年区级“平安家庭”21户，其中，10户被评选为六盘水市“平安家庭”。三是开展“12338”热线维权服务工作，保持“12338”热线24小时畅通，除因感情因素造成家庭暴力纠纷情况（已向市妇联报告）外，未接到“12338”热线举报。四是参与21起特区检察院未成年人检察科和特区公安局刑侦部门未成年人代理家长陪审工作。五是联合检察院举办六枝特区法治进校园暨“12·4”宪法宣讲活动。六是通过上门调解等方式化解19起婚姻家庭矛盾纠纷，2020年无因婚姻家庭矛盾纠纷引起的命案发生。

（八）强化农村环境卫生整治，助力脱贫攻坚。一是以专班名义下发《关于迎接国家脱贫攻坚大普查“三新一清洁”环境卫生整治紧急工作提示》等，凝聚各级妇联组织持续投身脱贫攻坚，开展好乡村家庭环境卫生大整治行动，营造干净整洁的乡村环境氛围。2020年累积集中开展环境卫生整治40次，参与群众26000人次。二是联合工会、团委到月亮河乡洛阳村现场慰问12名村级卫生保洁员（含护林员）和10户“三新一清洁”示范户，全区累计评选“三新一清洁”示范户200户。三是着力组织涉及乡镇妇联开展安六高铁“三新一清洁”环境卫生整治，改善安六高铁（六枝段）沿线城乡环境卫生面貌，切实改变高铁沿线“脏乱差”现状。

（九）强化搭“五桥”建“五家”，纵深推进“新市民·追梦桥”工程实施。聚焦做好易地扶贫搬迁“后半篇文章”，目前六枝特区12个易扶安置点均挂牌成立“新市民·追梦桥”服务中心，组织服务有力。一是依托“妇女之家”，精心组织群众开展“巾帼心向党·奋进新时代”“说说我的心里话”（新身份、新家园、新梦想）等主题活动，聘请心理讲师到易扶安置点小区开展心理健康专题辅导，搭建妇女群众思想引领“感恩桥”，创建奋进之家。二是工青妇、塔山街道等单位联合在聚福新苑居委会组织500名群众参加“感恩共产党、当好新市民”活动，为45名困境儿童每人发放300元慰问金，合计1.35万元；在落别易扶小区开展“六·一”儿童节慰问活动，发放书包、水杯各25个，铅笔50支、文具盒25个，电子表25块；整合资源，各安置点妇联常态化开展“新市民·追梦桥”政策宣讲，全面做好暖人心、稳人心、聚人心的服务工作，搭建群众排忧解难“连心桥”，创建温暖之家。三是各级妇联深入易扶搬迁安置点开展《中华人民共和国反家庭暴力法》《贵州省反家庭暴力条例》《中华人民共和国民法典》和扫黑除恶等法律法规宣传，积极参与邻里纠纷、婚姻家庭矛盾调解工作，切实解决27个家庭纠纷问题，搭建妇女群众权益维护“平安桥”，创建和谐之家。四是组织安置点儿童开展暑期亲子阅读活动，覆盖儿童300人次；安置点妇联组织妇女儿童开展“端午节”包粽子活动。在梭戛乡长田坎居委会开展家风、家训、家教宣讲活动，评选出5户“最美家庭”，搭建市民意识培养“融合桥”，创建文明之家。五是指导落别安置点“凉都锦绣坊”（六枝特区合怡兴民族手工艺品农民专业合作社）申报创建“贵州省锦绣计划巧手脱贫基地”，获得省妇联4万元专项扶持资金；利用微信公众号发布招聘信息，大力宣传创业、就业扶持政策和就业信息，转发岗位需求3万个；各安置点“锦绣坊”和易扶工厂吸纳带动搬迁群众200人就业；落别易扶安置点“锦绣坊”开办培训班2期，培训105人次，其他安置点通过短期专题培训方式开展电商、家政等培训；搭建群众创业就业“致富桥”，创建幸福之家。

（十）强化疫情防控，巾帼上阵显担当。疫情防控期间，充分发挥基层妇联作用，彰显六枝巾帼风采。一是拟发《关于号召妇联系统响应特区红十字会抗击新型冠状病毒感染的肺炎疫情捐赠倡议活动的通知》，发出《致六枝特区广大妇女群众和家庭的一封信》和《“阻击疫情守护六枝”爱心捐赠倡议书》，依托各级妇联组织，把疫情防控工作落实落细到村组、社区，落实到每个家庭，巾帼志愿者坚守在疫情卡点一线，用心、用情、用力做好正面宣传，为齐心协力打赢疫情阻击战贡献“半边天”力量。二是抽出2名同志到特区新冠肺炎疫情防控办公室工作。三是携手爱心企业到高速路口、学校捐赠抗疫物资，慰问公安干警、检察官、教师和全国妇女儿童维权先进个人，坚决打赢疫情防控阻击战。四是与省妇联对六枝特区援鄂女医护人员进行慰问；工青妇三家对援鄂医护人员孩子进行“六·一”儿童节慰问；积极向上级争取抗疫物资，与市妇联慰问全国和全省巾帼示范基地、凉都锦绣坊、黔灵女职业培训学校。五是积极向市妇联、省妇联争取中国妇女发展基金会抗疫物资270份，对疫情防控一线表现突出的基层妇联干部，女医护人员、公安干警、教育工作者、新闻工作者和防控办工作人员等各行各业代表进行集中慰问。

二、主要措施

特区妇联以提升能力、夯实基础为重点，强化妇女群众政治引领，筑牢思想根基，持续加强妇联自身建设，积极探索新形势下服务妇女儿童的好做法，不断增强妇联组织的凝聚力和影响力。突出“联”的作用，把深入学习贯彻习近平新时代中国特色社会主义思想作为首要任务，把践行社会主义核心价值观作为开展各项工作的行动指南，传递真善美，做好暖人心、稳人心、聚人心的工作，让妇联组织真正成为党委、政府联系妇女群众的“连心桥”、凝聚妇女群众的“娘家人”，确保特区党委、政府各项决策部署落实到位。

三、取得的主要经验

把围绕中心、服务大局作为妇联基本职责，找准工作切入点、结合点、着力点，特区妇联严守政治纪律和政治规矩，主动作为，勇于担当，引导妇女群众听党话、跟党走，增强“四个意识”、坚定“四个自信”、做到“两个维护”，把妇女群众思想和行动统一到中央、省委、市委和特区党委的决策部署上来，全区妇女群众同心、同向、同力，大力传播党的声音，弘扬时代主旋律，凝聚全区妇女团结奋斗的强大精神力量，把智慧和力量凝聚到巩固脱贫攻坚目标任务上来。

四、存在的问题及下一步工作打算

（一）**存在的问题**。一是进一步加强基层妇联组织建设。乡（镇、街道）妇联专职副主席兼职较多，村（居）妇联主席更换频繁，干部队伍不稳定，职能发挥难。二是因特区财政困难，妇联系统有关工作推进滞后。三是妇联人少事多，出现管理与业务工作推进不平衡的现象。

（二）下一步工作打算

1.常态化组织开展“三八”妇女节活动。一是主动融入特区党委、政府中心工作，组织开展推荐各级“三八红旗集体（手）”活动，提升妇女精气神。二是在“三八”维权周，大力推进《中华人民共和国民法典》等法律、法规的宣传，做好妇女儿童信访工作，增强妇女法律意识。三是认真做好妇女群众意识形态工作，多做统一思想、凝聚人心、化解矛盾、增进感情的工作主动性。

2.加大培训力度，促进妇女创业就业。一是继续实施锦绣计划，组织开展少数民族刺绣培训，进一步促进妇女手工发展。二是稳步开展好“凉都锦绣坊”创建工作。三是大力打造“巾帼示范基地”创建。四是纵深拓展“巾帼家政提质扩容行动”，帮助更多妇女群众提供就业平台。

3.夯实基础，加强基层妇女组织建设。一是全方位增强妇联组织建设力度。二是培育创建区、市“星级示范妇女之家”，重点打造省级星级示范妇女之家。三是加大指导民营企业建立妇联组织力度。四是纵深推进“新市民·追梦桥”工程实施。在易地扶贫搬迁安置点深入开展“强妇建促发展”工作，强化“妇女之家”功能发挥，帮助易地扶贫搬迁妇女搬得出、稳得住、能致富。五是强化新任妇联干部培训，提升妇联系统干部工作能力和水平。六是加强对妇女儿童工作热点、难点问题调研。

4.常态化突出价值引领。注重从基层一线、平凡岗位、妇女群众身边推选新时代六枝“巾帼建功标兵”，抓好三八红旗手（集体）和“最美家庭”“文明家庭”等推荐工作，加强典型引领，引导全区妇女群众展巾帼风采、树巾帼正能量，使广大妇女学有标杆、赶有目标，争做时代追梦人。

5.服务妇女儿童，依法维权。一是依托各级妇联组织，全面开展妇女儿童关爱服务工程，为他们身心健康，做好妇女儿童信访工作，推进“平安家庭”创建。二是形式多样，全方位开展心理健康知识宣传，为广大妇女提供心理评估、心理辅导等服务，提高其适应社会能力，引导妇女群众培养良好心态。三是整合资源，协同有关部门推进农村婚育专项治理工作，着力改变农村群众的婚育观念。

6.聚焦家风、家教，共促社会和谐。一是多形式开展寻找“最美家庭”“文明家庭”评选活动，促进家风带民风、带社风。二是开展家庭教育讲座，增进家庭幸福、社会和谐。三是以“家家幸福安康工程”为总抓手，全面构建覆盖城乡的家庭教育指导服务体系，充分发挥妇女的独特作用，进一步弘扬新时代家庭观，推动社会主义核心价值观在家庭落地生根。

7.持续推进“乡村振兴·巾帼行动”。充分发挥妇联组织的团结、动员、引导作用，持续引领妇女群众开展“三新一清洁”农村环境卫生整治活动，创建长效管理机制，引导农村妇女“转思想、转观念、养习惯”，进一步提升美丽乡村颜值、乡村气质、乡村品质，为实施乡村振兴战略贡献巾帼力量。

8.按时按要求完成特区党委、特区政府及上级妇联临时交办的各项任务。认真开展好党的建设、党风廉政、意识形态等工作，进一步加强单位自身建设，不断提升妇联干部履职尽责能力，把妇联干部锤炼成忠诚干净担当的政治品格，把特区妇联建设成为基层妇联更具有底气、朝气和有担当的“领头雁”，切实担负起新时代赋予妇联的神圣使命。

（撰　稿：六枝特区妇联）

不忘初心担使命　奋勇前进谱新篇

——六枝特区工商业联合会党组2020年工作综述

2020年，工商联高举习近平新时代中国特色社会主义思想伟大旗帜，深入学习贯彻党的十九大，十九届二中、三中、四中、五中全会精神和省委十二届八次全会、市委七届十二次全会、区委十一届十次全会精神，认真贯彻落实省委、省政府，市委、市政府，特区党委、特区政府决策部署，坚持政治建会、团结立会、服务兴会、改革强会，围绕中心服务大局，紧扣“两个健康”工作主题，以服务民营经济高质量发展为重点，团结和带领全区广大民营企业和企业家振奋精神再出发，凝心聚力决胜脱贫攻坚，争当新时代民营经济发展的领跑者和示范者，为建设“画廊六枝”新篇章做出积极贡献。

一、工作成效

（一）提高政治站位，不断加强党的建设

一是强化理论学习。把深入学习贯彻习近平新时代中国特色社会主义思想作为首要政治任务，发挥党组理论学习中心组领学促学作用，党员领导和干部职工深入系统学、及时跟进学、联系实际学，切实用理论武装头脑和指导工作。开展党组理论中心组学习3次、党组“防风险、守底线”专题会议1次，组织干部职工集中学习50次。

二是加强机关党建工作。深入推进“两学一做”学习教育常态化、制度化，深化“不忘初心、牢记使命”主题教育成果。制定《工商联2020年党建工作计划》，坚持好民主集中制、“三会一课”等制度。班子成员上党课3次，5月份完成工商联党支部换届工作。

三是落实意识形态工作责任制。将意识形态工作作为党建工作重要内容，纳入重要议事日程。坚持正确的舆论引导，加强对非公经济人士思想政治引导，强化网络阵地规范管理。党组研究意识形态工作3次，召开意识形态工作专题会议4次。

四是推进党风廉政建设和反腐败斗争。认真学习贯彻中央、省、市、特区纪委全会精神，落实廉政风险防控措施，把力戒形式主义、官僚主义作为监督重点，激励干部担当作为，推动构建亲清政商关系。切实履行主体责任，严格执行“三重一大”制度，制定出台《工商联2020年党风廉政建设和反腐败斗争工作计划》，党组研究党风廉政建设5次，召开从严治党专题会议2次、党风廉政建设专题会议4次，开展集体约谈3次、警示教育1次、党风廉政专题党课1次，积极组织全体干部职工参加《中华人民共和国公职人员政务处分法》知识竞答活动。

（二）抓好疫情防控，引导企业复工复产

一是认真开展信息筛查。工商联作为六枝武汉籍企业家筛查组牵头单位，严格按照特区疫情防控领导小组的要求，认真做好所属商会、特区招商投资促进服务中心的企业库及在特区市场监管局登记开办的企业、个体户的筛查工作，并及时汇报筛查的情况，为特区疫情的防控工作提供精准信息参考。

二是引导做好疫情防控和复工复产。疫情发生后，及时将各级关于疫情防控和复工复产的政策和要求通过微信工作群、上门宣传等方式传达给广大民营企业，引导他们做好复工准备和工作谋划，将疫情防控各项措施落细、落实，确保复工复产安全有序。针对复工民营企业缺少口罩的实际情况，积极向上级争取，为15家民营企业解决医用口罩1100副、口罩卷90个、口罩片1500片，缓解部分企业复产所需疫情防控物资不足的状况。

三是动员民营企业助力打赢情防控阻击战。疫情防控期间，及时向各商（协）会、民营企业及广大企业家发出倡议，动员全各商（协）会、民营企业及广大企业积极响应党委、政府号召，积极开展捐资捐物，为疫情防控阻击战中做出应有的贡献。据不完全统计，全区广大非公企业捐赠物资价值共计170万元。

四是持续开展常态化疫情防控。组织干部职工认真学习贯彻各级疫情防控有关文件精神，号召广大民营企业组织职工开展健康扫码和推广使用“通信大数据行程卡”。

（三）履行社会责任，巩固脱贫攻坚成效

一是落实主体责任。始终把脱贫攻坚作为重要政治任务来抓，认真学习贯彻中央、省、市、特区脱贫攻坚相关会议、文件精神，多次召开专题会议安排部署脱贫攻坚工作。认真落实脱贫攻坚“四个不摘”责任，组织帮扶责任人按要求走访贫困群众，核实基础信息，查漏补缺，巩固提升脱贫攻坚成效，确保脱贫群众不返贫，不断提升群众认可度。帮助青龙村实施调减低效作物面积240亩种植高粱，协调资金12000元帮助青龙村和隆茂村建设小康菜园。

二是开展慰问活动。春节期间积极协调物资，慰问郎岱镇青龙村贫困群众16户，向每户贫困户送去1袋米、1桶油、1床棉被、1件棉衣等慰问品，确保贫困群众安心过好春节，提升贫困群众满意度。“六一”期间，组织爱心企业捐赠书包60个，慰问青龙村、抵耳村、洛阳村60名贫困儿童。国庆期间，联合区委宣传部、民政局、向阳花公益联盟慰问军烈属16户。

三是强化社会担当。组织全区广大民营企业开展“百企帮百村”精准扶贫行动提质增效活动，2家民营企业荣获全省“千企帮千村”先进民营企业称号。积极与大连市甘井子区工商联对接东西扶贫协作企村结对帮扶事宜，甘井子区12家民营企业帮扶9个深度贫困村每村4万元实施种养殖项目成效明显。

（四）强化职能职责，服务民营经济发展

一是深入开展理想信念教育。深入直属商（协）会、会员企业宣讲党的十九届四中、五中全会精神，习近平总书记在企业家座谈会上的重要讲话、对新时代民营经济统战工作重要指示精神，全国“两会”精神，筑牢政治共识，坚定非公经济人士跟党走的决心和信心。

二是积极参政议政。切实发挥工商联作为人民政协界别的作用，聚焦全区经济社会发展特别是“两个健康”中的重大问题，察实情、建净言、献良策。2020年特区“两会”期间，工商联界提团体提案1个，其他提（议）案11个，为特区党委、政府提供决策参考依据。

三是搭建民营企业交流平台。春节前组织六枝籍20名企业家参加特区党委、政府举办的“六枝籍企业家返乡迎新春联谊活动”，10月组织部分民营企业到江苏省江阴市、浙江省安吉县学习考察，与安吉县工商联缔结为友好工商联（商会），搭建招商引资和劳务输出的平台。

四是提升服务民营企业水平。春节期间慰问24家民营企业，把党委、政府的关怀温暖送进民营企业，鼓励民营企业坚定发展信心。完成民营经济组织专业技术职务任职资格申报381人参加市级评审。常态化开展民营企业运行情况调查，组织200家民营企业在网上参加全国、省工商联关于民营企业经济运行情况、企业复工复产调查6次。开展《中华人民共和国民法典》、税务、融资等培训3次。组织10家民营企业代表参加特区人民检察院开展的“服务‘六稳’‘六保’护航民企发展”检察开放日暨“两长”（检察长、董事长）座谈会，树立法治意识。牵头与特区人民法院、人民检察院、公安局、司法局出台《六枝特区服务保障民营经济发展联系协作工作办法》《六枝特区服务保障民营经济发展“五长”座谈会制度》。

五是不断加强自身建设。指导创建和巩固市级“四好”商会各1个，指导成立六枝特区美容美发化妆品行业协会，发展会员900个。扎实抓好平安建设、法治教育、创文、关工委、双拥等各项工作。

二、主要措施

一是认真贯彻落实“党要管党、从严治党”的要求，严格落实党组抓党建工作责任制，制定下发党建工作要点，细化分解任务定期召开党组会、党建工作例会，研究、安排部署党建工作，推动党建工作责任制全面落实。

二是抓好基层党组织阵地建设。结合“两个健康”行动，围绕“四好商会”建设、协调企业积极参与“精准扶贫”、光彩事业等一系列措施，进一步服务非公经济，不断提升民营企业党组织的影响力。以党建促发展、以发展抓党建，把党建工作成效体现在非公经济发展上，开创民营企业党建工作发展的新格局。

三是坚定不移地推进作风建设，自觉增强“四个意识”，深入推进“两学一做”学习教育常态化、制度化，持续推进作风建设，真正把中央八项规定、《中国共产党廉洁自律准则》《中国共产党纪律处分条例》《中国共产党问责条例》《关于新形势下党内政治生活的若干准则》《中国共产党党内监督条例》《中国共产党巡视条例》，省委、市委、区委“十项规定”等作为“基准线”“警戒线”“高压线”，努力打造一支让党放心、让人民群众满意的工商联党员干部队伍。

四是强化责任落实，实行一把手负责制，落实行业部门职责，充分调动力量，做好下派帮扶工作，以“抓党建促脱贫攻坚”为抓手，加强帮扶村基层党组织建设，切实提高党员领导干部的政治站位，把打赢脱贫攻坚战作为第一位的政治任务和民生工程抓实抓好，以旗帜鲜明讲政治的态度、以对人民群众高度负责的精神、以求真务实的作风，确保完成脱贫攻坚各项任务。

三、取得的经验

（一）加强非公有制经济人士思想政治工作是推动新时代工商联工作的关键。随着全面深化改革的不断推进，经济社会结构发生深刻变化，非公有制经济人士作为动态发展的新兴社会群体，自身形成多元，思想观念的独立性、选择性、多变性、差异性十分明显。有少数人还存在着一些不适应、不符合新时代发展要求，以及与社会主义核心价值体系存在偏差的问题。大力宣传习近平总书记关于非公有制经济的重要论述和党的方针政策，加强对这一群体的教育引导工作，不断提高其自身素质，引导他们充分发挥在改革开放和社会主义现代化建设新时期中的积极作用，逐渐培养起一支坚决拥护共产党领导、坚定走中国特色社会主义道路的积极分子队伍，推动新时代工商联工作迈上新的台阶。

（二）提高干部队伍素质是促进新时代工商联工作的根本。根据新时代工商联工作要求，建立起一支政治坚定、作风清廉、业务精通、素质优良、富有人格魅力的非公有制经济人士思想政治工作队伍。这支队伍包括工商联全体干部，还包括非公有制经济代表人士特别是被表彰的会员企业中的优秀中国特色社会主义事业建设者、人大代表、政协委员、工商联执委、行业商会负责人。在强化服务中增强做好非公有制经济人士思想政治工作的主动性、自觉性和创造性；与有关部门积极配合，在具备条件的行业商会和非公有制企业中建立党团组织。通过建立健全机构、明确人员，强化非公有制经济人士思想政治工作队伍的骨干力量。

四、下一步工作打算

（一）加强党的建设。深入学习贯彻党的十九大精神，全面贯彻落实习近平新时代中国特色社会主义思想，坚决贯彻落实中央、省、市、特区党委、特区政府决策部署，着力抓实党建和党风廉政建设，推进“两学一做”学习教育常态化、制度化，认真贯彻落实各项党内法规，进一步完善符合自身特点的工作制度，明确职责，实现机关工作制度化、规范化。强化作风建设，深入贯彻落实中央八项规定实施细则和廉洁自律各项规定，着力加强干部队伍建设，努力造就一支学习勤奋、业务精良、求实创新、廉洁自律、团结奉献的干部队伍。

（二）**巩固提升扶贫成效。**强化履职担当，进一步理清思路，做好脱贫后续帮扶工作，在帮扶村做好巩固拓展脱贫攻坚成果同乡村振兴的有效衔接。强化社会参与，继续组织动员非公企业积极参与“百企帮村”等社会公益事业活动，巩固提升脱贫成效。

（三）**发挥主渠道作用，积极推动非公有制经济人士参政议政。**认真做好非公经济人士政治安排的推荐工作，在建言献策上取得新进展。深化理想信念教育，引导非公经济人士爱国敬业、依法经营，积极参与乡村振兴战略。

（四）**强化服务职能，为六枝特区经济社会发展做出应有贡献。**加强服务民营企业工作力度，健全会员企业服务机制，丰富服务手段，搭建交流平台，努力推动营造民营经济更好的发展环境，持续做好服务保障民营经济发展联系协作相关工作，促进六枝特区非公经济健康发展。

（五）**以活动促发展，进一步开拓工作新局面。**组织经济考察活动，为企业搭建沟通平台，实现资源共享，实现可持续发展。

（六）**稳步推进组织建设，努力实现商（协）会发展的新跨越。**进一步加强对商（协）会工作的统筹指导，组织指导“四好”商会建设，推进行业商（协）会的组建，加快会员队伍的发展。

（七）**加强自身建设，打造“活力”商会。**提高商（协）会知名度和吸引力，增强商（协）会工作的活力；加强机关党的建设、队伍建设、作风建设和制度建设。

（撰　稿：尹建航）

守初心　担使命
不断提升残疾人事业高质量发展

——六枝特区残疾人联合会党支部2020年工作综述

2020年，六枝特区残联、残联党支部坚持以习近平新时代中国特色社会主义思想为指导，深入学习贯彻党的十九大和十九届四中、五中全会精神，全面贯彻习近平总书记关于残疾人事业的重要指示批示精神，在特区党委、特区政府的正确领导和市残联的精心指导下，紧紧围绕“脱贫攻坚持续助力、常规工作齐头并进、创新工作探索提升”三个方面狠抓落实，残疾人事业取得新进展、新成绩，残疾人的获得感、幸福感、满意度进一步提升。现将2020年的工作综述如下：

一、主要工作成绩和措施

（一）**加强党组织建设力度。**年初，残联党支部书记亲自主持拟定了党建工作公开承诺书，并对照承诺完成情况进行现场述职和测评。同时按照把学习贯彻习近平新时代中国特色社会主义思想与残联党支部标准化、规范化建设有机结合起来，在学、思、践、悟中不断增强政治判断力、政治领悟力、政治执行力；要把学习成效体现在贯彻总书记视察贵州重要讲话精神的生动实践中，落实到提高残联党支部建设深度和提升服务残疾人温度的执行力上，不断把残联党支部建设成为让党放心、残疾人满意的党组织。一是严格党员培训、教育、管理；二是加强后备队伍建设和干部日常监督管理；三是完善“三会一课”等各项制度；四是深化“学习型、服务型、廉洁型、创新型、效能型”机关建设；五是加大“三重一大”制度的执行力度，对工作中重大问题进行专题讨论、研究、决定和安排部署。通过一系列的措施、方法和全方位的监督、管理和服务，全面提升支部党员干部工作科学化水平和综合能力。

（二）**加大党风廉政建设力度。**切实履行党支部党风廉政建设的主体责任，坚决贯彻执行“一岗双责”等制度，层层签订党风廉政建设责任书、廉政承诺书。并认真组织全会党员干部学习《中国共产党党内监督条例》《中国共产党廉洁自律准则》《中国共产党纪律处分条例》等。严格执行党的政治纪律、组织纪律、廉洁纪律、群众纪律、工作纪律、生活纪律，严格执行中央“八项规定”，将落实党风廉政建设“主体责任”作为一项重大政治任务放在心上、扛在肩上、抓在手上、落实在行动上，夯实同腐败现象作长期斗争的理论基础和政策基础。

（三）**促进就业创业，巩固脱贫成果。**坚持以培训促创业就业，促进残疾人及家庭持续增收、稳定脱贫。一是制定培训方案，组织228名残疾人参加各类培训。二是创建残疾人就业企业示范点3个（六枝特区凯丽达服饰有限公司、六枝特区布依情源种养殖农民专业合作社、六枝特区进朝种养殖农民专业合作社），安置残疾人就业26人，发放扶持资金14万元。三是实施残疾人转股分红东西部协作扶贫基地3个（六枝特区布依情源种养殖农民专业合作社、六枝特区进朝种养殖农民专业合作社、六枝特区如伦种养殖农民专业合作社），每个基地入股扶持资金10万元，共30万元，55个没有劳动力的贫困重度残疾人每人每年分红600元（可分红5年）。四是扶持残疾人家庭创业33户，发放扶持资金10万元。五是对受疫情影响的4个残疾人创业基地、1个辅助性就业机构、1个盲人按摩机构和20户残疾人创业家庭户进行扶持，发放补助21700元。

（四）加强兜底保障，落实助残政策。1.做好残疾人“两项补贴”的审核发放工作。2020年1—12月，累计发放重度残疾人护理补贴71016人次342.7925万元，发放困难生活补贴2908人次421.75万元。对省、市残联反馈的598名残疾人死亡后继续领取护理补贴的情况进行清理，追回资金1.2万元。2.发放160名残疾人机动轮椅车燃油补贴41600元。3.落实阳光助学和学前儿童助学项目，为14名残疾大学新生发放助学金2.8万元，为2名残疾学前儿童发放助学金0.6万元。

（五）深化公共服务，增进民生福祉。一是紧抓残疾人（儿童）康复（救助）服务，对3296名残疾人提供康复服务，发放辅具177件，帮助困难残疾人假肢安装12例，为0～14岁困难残疾儿童发放轮椅5台，实施残疾儿童康复救助45例（其中“脱贫攻坚·汇聚爱心”贫困残疾儿童康复救助12例，本级救助33例）。二是推进“阳光家园”建设，提高残疾人托养服务能力，2020年已完成精神、智力和重肢体残疾居家托养30人，正在实施223人，另有400人的居家托养项目正在招标。三是建立心理健康服务体系，在特区残联设立1个心理健康辅导室，积极为残疾人的身心健康保驾护航。四是以残疾人需求为导向，为112户残疾人家庭实施无障碍改造，不断改善残疾人生活条件。五是推进残疾人公共服务事项改革，安排一名同志进驻特区政务服务大厅，深入开展“减证便民”专项行动，全面取消向办事群众收取各类证明材料复印件，办结时限从原来的15个工作日压缩到1个工作日，实现群众办事“最多跑一次”。

（六）保障合法权益，维护社会稳定。一是以开展“全国助残日”、残疾人“五个一”活动为契机，联合相关部门加强法制宣传和法律服务，帮助残疾人及时获得法律援助、法律服务和司法救助。二是夯实残疾人信访工作，加强源头治理，引导残疾人依法有序表达利益诉求，不断提升残疾人信访工作的有效性和公信力。

（七）乡（镇、街道）残联组织规范性建设工作和落实残疾人工作者待遇。现18个乡（镇、街道）都配有兼职残联理事长和乡（镇、街道）的残疾人专职委员。基本公共服务设施建设逐步提升，同时按每月乡镇1670元和村居80元标准落实乡级和村级专职委员报酬。

（八）疫情防控工作。认真学习贯彻落实习近平总书记关于疫情防控工作的重要指示和批示精神，特区残联做好疫情防控工作的同时，狠抓受疫情影响的辅助性就业机构等机构的扶持补助，补助21700元。

二、取得的主要经验

一是注重领导班子建设。以“抓一流班子、带一流队伍、创一流业绩”为目标，在全面加强和改进党组织建设的同时，把领导班子和干部队伍建设放在突出位置，努力提高班子的领导水平和执政能力。

二是紧紧围绕残疾人增收为主要抓手。抓好党建促业务，坚持党建引领，促进残疾人事业不断创造新业绩。

三、存在的问题及解决方案

一是安排残疾人就业难度较大，部分残疾人担心就业后取消低保，就业意愿不高。二是基层残联组织力量薄弱，残疾人专职委员待遇低，有时不保障，队伍不稳定，干事的积极性和执行力不高。三是残疾人康复设施建设有待加强。

解决问题的建议：特区残联将坚持用习近平新时代中国特色社会主义思想指导残联工作实践，进一步统筹谋划残疾人基本公共服务托底补短与加快推进残疾人全面小康进程，推动六枝特区残疾人事业更高质量、更高水平发展。一是加快推进残疾人小康进程。继续抓好农村残疾人扶贫基地建设和残疾人家庭创业扶持，以残疾人扶贫基地为依托，持续安置、带动困难残疾人就业，促进残疾人增收。二是完善残疾人社会保障制度。配合民政部门做好困难残疾人生活补贴和重度残疾人护理补贴标准动态调整。配合医疗保障部门、税务部门做好残疾人参加基本医疗保险、基本养老保险补贴等基础信息的核实工作。三是推进残疾人基本公共服务体系建设。贯彻落实《残疾预防和残疾人康复条例》《六枝特区残疾儿童康复救助实施办法》，以全区残疾人基本服务状况和需求调查为依据，加快实施残疾人精准康复服务，进一步提高全区残疾人基本康复覆盖率。四是持续深化和推进残联改革。紧紧围绕增“三性”（政治性、先进性、群众性）、去“四化”（机关化、行政化、贵族化、娱乐化）要求，制定实施好《六枝特区残疾人联合会改革实施方案》，推进基层残联组织服务能力提升。五是落实全面从严治党主体责任。牢牢把握新时代党的建设总要求，深入贯彻落实全面从严治党主任责任，充分发挥残联党组织领导作用和党员先锋模范作用，深入推进反腐败斗争，营造风清气正的政治生态，确保服务残疾人相关政策落地落细落实。六是做好全区“十四五”残疾人事业规划编制工作。

（撰　稿：刘汉卫）

街道、乡（镇）党委工作

务实创新　稳中求进
努力开创银壶转型发展新篇章

——中共银壶街道工作委员会2020年执政情况综述

2020年，银壶街道党工委在区委、区政府正确领导下，在区直各部门的大力支持下，以邓小平理论、“三个代表”重要思想、科学发展观、习近平新时代中国特色社会主义思想为指导，深入学习贯彻党的十九大、十九届五中全会、省委十二届八次全会、市委七届十二次全会和区委十一届十次全会精神，以脱贫攻坚成效巩固为主线，坚持疫情防控和经济社会融合推进，团结和依靠群众，同心协力，抢抓机遇、开拓创新、锐意进取、攻坚克难，努力开创银壶转型发展新篇章。

2020年，街道完成财政收入2500万元，占年计划的100%，完成固定资产投资6.7亿元，招商引资实际到位资金2.14亿元，新增亿元项目1个。生猪存栏数1.45万头、牛存栏数780头、羊存栏数1317只、活家禽存栏数11.1万羽，生猪累计出栏数1.84万头、牛出栏数100头、羊出栏数300只、活家禽出栏数3.31万羽。城镇居民、农村居民人均可支配收入分别为25168元、8046元。较好地完成了预期的各项工作目标和任务，主要做法如下。

一、群防群控强防守，众志成城抗疫阵地书“新篇”

在疫情防控中坚持党工委班子靠前指挥，10名科级干部全部下沉村（社区）一线挂点督战的基础上，以支部为作战单元设置工作专班21个、组建党员先锋队8个、干部志愿队8个、卡点群众联防队63个，在规模小区设置卡点临时支部5个；组织支部“点对点”转接卡点移交“疫区”返乡重点对象234人次，支部书记“一车一护”送诊筛查重点对象179人次；争取上级政策资金10万元、物质60件套，调动干部捐助疫情防控爱心资金3万元，发动群众捐助防控物质70人次2000件套，政治引领在疫情防控作战中体现抓出“新高度”。围绕群防群控和小区封闭管理，组建志愿者“红袖套”作战连14个、流动“党旗”作战队9个、健康监测“白衣”先锋队1个，下沉到村（社区）防控一线开展疫情排查7.8万人次、播放音频资料200次、发放防控宣传资料20万份，设置小区封闭管理党员“卡点责任”岗23个、党员“楼道责任”岗223个，为辖区居家“特殊群体”提供代购代办业务352次、上门解决难题200件次，在“抗疫”阵地坚守中抓出干群合作“新深度”。

二、双向联动强推进，抓意识形态工作责任落实“强引领”

认真落实书记意识形态工作“第一责任人”制度，及时组织调整成立街道、村（社区）2级意识形态工作领导小组9个，组织召开党工委意识形态工作专题研究会2次，街道“一把手”负总责、班子成员各负其责、责任科室各负其责的意识形态工作责任体系进一步完善。结合区委意识形态工作重点要求，制定出台《意识形态工作联席会议制度》《意识形态工作督查考核方案》等工作文件6个，把意识形态工作纳入综合目标考评，与业务工作同部署、同落实、同检查、同考核，先后组织开展意识形态工作督查1次、工作联席会2次、专题研判会1次、督促整改短板弱项问题6个，利用院坝会、座谈会、培训会开展党的政策方针和民族宗教政策宣传10场次，在方案机制“双向”联动中，街道意识形态工作责任落实目标得到进一步压实。

三、管治结合强管理，抓党风廉政建设优化“强作风”

坚持党风廉政融入中心、党建融入业务工作，采取学习与培训相结合、指导与督查相联合、教育与预防相联动的方式，逐级签订党风廉政和党建工作目标责任状30份，组织开展各类理论学习培训、党的政策法规解读和中央、省市、特区全会精神宣讲20期，召开党建、党风廉政专题会15次，班子成员带着职责、任务、目标到基层支部开展工作督查指导20次，街道“书记牵头抓总、班子成员协调抓精、支部量化抓细”的党建主责体系建设更加牢固。以支持纪工委“三转”促监督执纪“专精化”为抓手，建立完善街道党风廉政“双向公示”、履职“双向向述”等工作制度，全年支持配合纪工委完成明生资金备案8个1100.34万元，收集办结民生意见反馈10个、查办民生领域案件2起，组织开展廉政集中约谈9次、学习典型案例50件次，按季度开展“三资”使用和“两务”到村到组公开公示4次，结合上级文件要求调整修改完善街道制度机制3个，街道纪工委监督执纪责任落实更加精准。

四、创新变革强能力，抓组织队伍管理创新“树新风”

持续推进“不忘初心、牢记使命”主题教育成效巩固提升工作，围绕“五联五共”党建模式，大力发掘街道基层支部“资源共用、经验共享、组织齐抓、发展互促”组织建强内在优势，全年发展党员9名、组建非公企业联合支部2个，打造“党建物流联盟”示范点、产业“党建同盟体”3个、市级示范党支部2个，联建“机关连支部带企业”党员活动阵地10个、创建“一站两中心”党建服务阵地18个，党的基层“两覆盖”落实双100%。全力推进村（社区）党组织书记“一肩挑”和二级班子“竞争上岗”工作，跨区域调整支部书记转任1人、落实支部书记“一肩挑”2人、双推换任二级班子9人、考察调入干部8人，创新推出优秀党员表彰“荣誉墙”、先进事迹进讲堂等激励关怀举措抓队伍建设，街道干部队伍管理体系进一步强化。结合疫情防控小区封闭管理情况开展微信“线上”党费收缴300人次、党员组织关系网上“转接”和党员网络线上学习260人次，利用“线上”与“线下”相结合的工作方式，逐步形成“工作网上走、事在线上办、情在群中续”党员管理“新格局”。

五、政策蓄力强基础，抓脱贫攻坚成效巩固“孕动力”

按照摘帽不摘政策、不摘责任、不摘帮扶、不摘监管的要求，持续开展脱贫成效巩固战，围绕疫情防控组织开展“八个一批”劳务就业摸底登记369人、推荐省外就业29人，争取扶贫资金310万元新建扶贫“三变”项目2个，跟进落实到户项目成效跟踪4个、入股分红项目3个，发放扶贫产业分红9.78万元，全年发放教育资助243人次、新增申报教育资助43人，落实健康扶贫“一站式结算”76人次。围绕脱贫攻坚普查，完成2个行政村、571户贫困户普查户户见面，收集印证资料修改错误数据5个批次103条，利用政策兜底补齐收入短板5户、公益性岗位安置4人、落实易扶搬迁一户一就业48人，新增小额扶贫信贷2户97.2万元、追缴到期应还贷款12户，223名帮扶干部定期入户走访常态化落实，2020年收入核算录入和“重点台账”建设有序推进，脱贫攻坚成效巩固措施精准有效。

六、内外同治强运转，抓企业项目复工复产“激活力”

街道坚持“疫情防控不能松、复工复产任务更不能缓”总要求，在推进3个扶贫项目、2家规模企业封“闭环”复工复产的基础上，抽调股室核心业务骨干13人组建产业结构调整、复工复产保障等业务专班4个，先后组织开展复工意向企业摸排调查17家、摸排登记返乡务工人员就业意向5000人次，提供就业咨询2300人次、推送就业岗位230个、签订就业意向合同16个，在统筹兼顾中抓好“抗疫复产”任务落实。统筹落实低保户、残弱病等特殊群体生活保障工作，先后组织召开脱贫攻坚短板症结研判会、城镇低收入群体政策落实研判会3次，跟进落实下派项目分红3笔、新增申报滚动发展项目4个，调整产业分红、兜底政策补齐贫困户脱贫成效巩固短板23户，协调解决城镇困难群体领时救助15人1.3万元、发放救助物质40件套，督促复工启动建设扶贫项目1个、协调解决扶贫产业复工问题短板4个、扶贫项目建设纠纷3起，在精准研判抓措施制定中，全面构建复工复产保障“新体系”。

七、建管结合强发展，抓农业产业结构改革“促增长”

聚焦“八要素”“十大主导产业”高位推进农村产业革命，开展各类农业技术培训3场次、发放培训资料2000份，完成玉米调减种植628.37亩、调减“两高”沿线低效作物169.2亩，完成新一轮退耕还林种植450亩、兑现退耕还林补助资金26.016万元，新增申报农业种植产业项目2个、现代化农旅基地项目1个，建设“小康菜园”市级示范点1个、规范提升县级示范点2个，农业产业发展稳步推进。围绕支农惠农政策兑现，重心前移抓好政策性农业保险工作，严格粮食直补、农机具购置补贴等涉农资金的发放，发放各类涉农补贴436.32万元、排查统计上报农作物自然灾害3次1340亩。规范开展农村乱占耕地综合治理，狠抓防汛抗旱、森林防火、抗凝冻工作，严格规范土地流转程序、创新流转方式，完成农房排查录入843户、新增流转土地137亩、发放土地流转资金3笔14.4万元，有效提高土地集约化、产业化经营水平，带动农业增效、农民增收。

八、精准兑现强落实，抓政策兜底保障服务“惠民生”

严格按照低保政策申报、审核、审批低保对象及其待遇，做到应保尽保、应退尽退，全年发放城镇低保212.42万元、农村低保192.27万元、特困供养341.078万元。围绕重点群体抓关怀，及时解决群众生活困难问题，全年发放临时救助21.48万元、医疗救助1.7万元、易扶搬迁一次性救助2.7万元、两节慰问金额2.74万元。围绕双拥老龄保障政策落实，狠抓特殊群体关怀服务，全年完成征兵送兵任务，发放退役军人残疾抚恤金、复员军人补贴、带病回乡退役军人补助、参战人员补助金、残疾人燃油补贴，按月申报发放高龄补贴、残疾人护理补贴，完成城乡居民养老保险收缴、发放养老保险待遇，新增住房补贴6户、续保248户，组织开展百万公众网络学习、全民科学素质网络竞赛1200人次，各项民生重点事项均实现阳光透明公开。围绕卫生医疗服务能力提升，建立已婚育龄妇女生殖健康档案卡及电子档案323份、65岁及以上老人健康档案4491份、家庭医生签约3935人，完成卫生业务接诊门诊患者7860人次、住院患者1430人次，医疗业务收入800万元，院内基础“五苗”接种率均达到98%以上。

九、分类施策强统筹，抓重点领域风险防控“保稳定”

以网格化管理为切入点，采取定时随访、按月走访、季度集中回访等形式，入户开展政策宣传、文明引导、信息采取、意见征求等工作，先后组织开展矛盾纠纷和居民信息集中入户走访摸排10.8万人次，排查调处矛盾纠纷30件、基层调处率100%。围绕深入推进民族宗教宣传工作，把引导辖区居民群众正确认识民族宗教问题作为主要工作来抓，利用LED电子屏、墙体标语、微信公众号等媒介投放民族宗教政策宣传标语20条，发放民族宗教宣传资料1.2万份，开展民族宗教场所消防安全排查9次、开展宗教场所联合座谈4次、发放弱势群体关怀资金物资20人次。紧盯强化社会综合治理目标，整合干部队伍力量加大综合治理、禁毒和信访调解工作，定期开展安全生产定期排查9次、铲毒禁毒踏查、治安巡逻210人次，召开扫黑除恶联席会2次、研判处置案件线索问题3个，并结合各类活动和重大“节会”安保要求，开展政策宣传活动3场、专题讲座2期，街道全年无治安群体案件、安全生产事故和非法群体事件发生。

在肯定成绩的同时，银壶街道党委也清醒地认识到街道发展仍面临着诸多困难和问题。例如，面对突来的疫情影响，贫困人口收入受到冲击较大，脱贫成效巩固任务仍然十分艰巨，基础设施还比较薄弱，民生保障和社会事业发展与人民群众的期望还有差距，影响社会和谐稳定的矛盾和问题还比较多，征地拆迁工作形势不容乐观，信访调解等问题仍然比较突出，等等。对此，在新的一年里必须以直面困难的勇气和敢于担当的精神，不断改进和提升街道工作水平，采取更有针对性的举措认真加以解决。

（撰　稿：李　云）

抢抓机遇　主动作为
全力开创九龙街道城市基层治理新篇章

——中共九龙街道党工委2020年执政情况综述

2020年，九龙街道党工委、街道办事处按照中央、省委、市委、区委的战略决策部署，充分发挥街道党工委总揽全局、协调各方的领导核心作用，以习近平总书记系列讲话为指导，坚持以新的发展理念为引领，以保持党组织先进性和优化街道办发展环境为主题，以群众对街道办工作的认同感为落脚点，坚持以街道办党建为核心，大力推进城市建设和管理的进程，积极维护社会稳定，加强精神文明建设，巩固脱贫成效，统筹推进社会各项事业持续、平稳、健康发展。

执政实践和成效

一、把党的政治建设摆在首位，确保各项工作始终保持正确的政治方向

（一）落实好基层党建工作机制。建立党建激励制度，对发挥作用好、工作表现优异的党组织及党员进行表彰。工作中，每月对党建工作进行检查、每季度召开一次党建推进会、半年对党建工作进行一次总结、每年对党建工作进行全面总结评议。

（二）加强党员发展质量，严把入口关。截至2020年年底，共有47个党支部，其中，村党支部6个，社区党支部11个，非公有制经济组织支部28个（其中，联建22个，单建6个），机关党支部有2个支部。共有党员921名，有15人转为正式党员，有入党积极分子16人，预备党员14人。

（三）认真落实“不忘初心、牢记使命”主题教育。在全街道党组织和党员干部中，营造“守初心、担使命，找差距、抓落实”的浓厚氛围，引导广大党员干部增强为九龙街道各项事业发展贡献力量的信心和决心。

（四）抓好基层党建的活动阵地。对12个村（居）的基层党建活动阵地进行摸排打造，做到制度健全、内部设施齐全，12个村（居）均有服务大厅为群众办理日常事务，并落实8小时坐班制度，确保各村（居）群众办事方便快捷。

（五）基层党建工作创新有提升。强化村（居）干部的配备，增强班子人员配备力量，提升村（居）干部的整体素质。设立光荣榜和“四位一体”从严管理干部机制，结合街道办党委“荣誉表彰、经济待遇、培养选拔、学习提升、人文关怀、容错免责、记分评优”等7个方面的激励措施，通过正向激励激发干部工作积极性，让干部有奔头、有干头。

（六）落实好党风廉政建设主体责任

1.街道将八项规定精神落实与改进作风相结合，切实提高工作效率。一是组织对街道办及各村（居）落实中央八项规定精神、纠正“四风”等情况，自查自纠2次、明察暗访1次、发现问题1个并已督促整改完成。二是坚持以人为本、民生为先的工作理念，狠抓作风建设不松劲，定期或不定期组织多形式全方位监督检查，深入开展巡察问题整改、“访重助”、农村饮水安全等专项监督检查11次，发现问题9个，现已全部督促整改完成。三是以调处群众反映的热点、难点问题为重点，以落实矛盾纠纷化解各项措施为主线，坚持领导挂牌接访、定期排查矛盾，及时有效地化解矛盾纠纷31起，最大限度地消除不和谐因素。

2. 强化监督执纪，从严惩治腐败。一是按照纪委“三转”要求，全力支持街道办纪工委回归主责主业开展工作，并积极为纪工委履行职责提供有利条件。组织召开党工委会研究案件 2 次，听取纪工委工作情况汇报 5 次，线索专题汇报 3 次，组织开展监督检查 75 人次，党政纪处分 3 人，示警约谈 2 人，通报批评 11 人次。二是强化干部警示教育，组织观看违纪、违法警示教育片 2 次，筑牢干部拒腐防变思想堤坝。组织干部职工开展警示教育大会 2 次，牵头开展“一案一整改”专题会 2 次，组织开展“以案说纪”11 次 170 人次。三是坚持抓早抓小、防微杜渐，深化“四种形态”运用，专题约谈干部 10 次 726 人次。

（七）加强意识形态工作，筑牢思想防线。一是强化组织领导。落实党委书记为意识形态工作第一责任和分管领导意识形态工作直接责任人责任、其他班子成员意识形态工作“一岗双责”责任，组织召开意识形态工作研判会 2 次；向上级党委报告街道意识形态工作情况 2 次；党内通报意识形态领域工作情况 2 次；意识形态领域工作联席会召开 2 次。二是强化理论武装。街道党工委成立以来，党工委理论中心组学习已开展 4 次，集中研讨 4 次，警示教育 1 次，纪念革命先烈 1 次；“学习强国”学习平台人均每日学习积分 35 分。三是强化舆论引导。党员干部参加特区意识形态工作讲座 1 次、开展主题党日活动 1 次、警示教育 1 次。

二、以党建工作为引领，推动各项工作取得新成效

（一）主要经济指标完成情况。2020 年九龙街道一般公共预算收入目标任务（税收）1.5 亿元。截至 2020 年年底，辖区内实现税收 1.66 亿元，超额完成任务指标。辖区内在建项目 10 家，新建项目 11 家，主体完工 14 家，其他类型的 6 家。2020 年新增固定资产投资入库 2 个，总投资 2.184 亿元，正在建设中项目 1 个，总投资 600 万元。

（二）狠抓产业提质增效，切实促进农民增收。一是抓好农业产业结构调整。秋冬种植计划 4800 亩，已完成 4880 亩，完成率 101.67%。其中，累计完成油菜 2000 种植亩、马铃薯 500 亩，绿肥 1000 亩、水果 100 亩，蔬菜 1000 亩，羊肚菌 15 亩，草莓 65 亩、猕猴桃 200 亩。二是扎实做好“千家万户小康菜园”建设工作。涉及 5 个行政村、8 个示范点，涉及总户数 289 户，完成打造 289 户；非示范点涉及 223 户，223 户已经全部完成。

（三）脱贫攻坚纵深推进，有力助推乡村振兴。紧紧围绕“一达标、两不愁、三保障”，依托产业扶贫、就业扶贫、健康扶贫、教育扶贫、金融扶贫、社会扶贫、危房改造、社会保障兜底、基础设施建设等“十大工程”建设为抓手，创新工作思路，突出重点，扎实有效开展脱贫攻坚工作。一是贫困户识别和退出等动态管理工作得到提升，国办系统贫困户从 2014 年的 881 户精简为现在的 850 户。二是项目实施监管有力、利益联接真实有效。2020 年分红覆盖贫困户 135 户，涉及资金 15.86 万元。

（四）“文明在行动·满意在贵州”工作圆满达标。一是停车收费工作。街道办停车收费工作正式启动以来，共有收费员 68 名安排在辖区内道路上负责 628 个车位。二是“文明在行动·满意在贵州”。活动以来，辖区 12 个村（居），已全部整治完毕，“文明在行动·满意在贵州”工作圆满达标。三是环境整治工作。九龙街道办 2020 年组织不同群体在辖区内开展环境卫生整治 500 次，出动人力上千人，清除生活垃圾 1000 吨；协调龙马环卫公司动员大型垃圾清运设备，清除陈年垃圾及各类建筑垃圾 1000 吨；清除各种破损广告、废旧广告、野广告 2000 处。其中，特区各包保单位不定时、不定期到指定网格里面开展环境卫生整治。辖区 12 个村（居）召集、组织村支“两委”、同步小康、驻村队员、青年志愿者等到户外进行卫生整治。四是整治滥办酒席。对乱办、滥办酒席者，进行入户宣传与签订承诺书 1450 份，劝阻及制止 25 家。五是六枝河治理。自开展六枝河治理以来，进行督查工作 158 次，清理河道累积长约 48 公里，清理垃圾约 79 吨。

（五）社会大局和谐稳定。一是落实治安综合治理及命案防控工作。以派出所民警为主力，街道办、村（居）配合，在辖区内开展治安巡逻，提高见警率，同时对重点领域开展摸排工作，切实防止命案的发生，在辖区内创造良好的社会治安环境，保障人民群众安居乐业。二是认真开展反邪教工作。三是认

真开展扫黑除恶及禁毒工作。2020年九龙街道共收到中央督导组、特区扫黑办转办和街道自己排查的问题线索20条，经街道调查核实、研判分析，均不属于涉黑、涉恶问题。有涉毒人员1079人（含种毒1人），对在册吸毒、贩毒人员进行全面的管控。四是认真开展信访调解工作。严格贯彻执行信访工作“七个一”机制和“三到位，一处理”。

（六）抓实武装民兵工作。2020年度完成兵役登记，确定上站初检对象，完成体检政审和2020年度新兵入伍。

（七）深入开展各项重点专项行动，确保辖区安全生产。2020年，街道主要领导、分管领导带队定期对辖区内的建筑工地复工复产进行排查督查，对辖区内的危险化学品、烟花爆竹、物业小区消防安全进行排查，对非煤矿山九龙砂石厂、加气站开展安全巡查，对村居、道路交通、森林防火、地质灾害隐患进行安全排查。截至2020年年底，组织检查交通运输安全隐患76次195人次，排查出交通安全隐患47条；组织检查危险化学品41次112人次，排查出危险化学品隐患11条；组织检查消防安全205次586人次，排查出消防安全隐患114条；组织检查非煤矿山4次14人次，排查出非煤矿山隐患5条；组织检查建筑工地16次58人次，排查出建筑工地安全隐患16条；组织检查森林防火49次123人次，排查出森林防火安全隐患23条；对32家幼儿园学校培训机构全面进行复学检查，对检查出的隐患能立即整改的督促立即整改，不能整改的要求限期整改，按时复查，现整改率均达100%。2020年街道办未发现重大安全隐患，未发生任何安全事故。

（八）基础设施不断改善，城乡面貌焕然一新。一是通过危房改造、“三改”配套设施、老旧房整治，使5个行政村42个村民小组1125户4725人（其中建档立卡户252户1134人）的房屋居住环境明显得到提升，村庄和农户居住环境改善率达到100%。二是完成“组组通”公路硬化5.71公里，30户以上组寨通组路、产业路、户与户硬化路实现100%覆盖；完成串户路硬化12854米、庭院硬化13251平方米。三是高质量完成六安高速路、六枝特区万博至五小片区的征收工作及安六高铁沿线农村老旧房屋整治、老旧小区改造、房屋拆除和拆违控违工作。

（九）疫情防控常态化开展，推动复工复产安全有序开展。一是街道办组织人员在辖区内开展排查。二是通过发动群众、凝聚群众，招募志愿者500人参加疫情防控阻击战。三是利用“村村响”等方式加大宣传力度，提高群众防护意识。四是一手抓防控疫情，一手抓复工复产，努力降低疫情对辖区生产经营的影响，稳定经济运行。

执政亮点

一、建强党的组织体系和打造党建示范点

街道办严格落实党工委、党支部工作条例，新修订的党委、党支部工作条例，党的工作机关条例等制度规定，全面加强街道办党工委、各党支部政治、思想、能力、作风建设，全面推进党支部标准化、规范化建设，分领域在各村、城市居委会、非公企业和公立医院等基层党组织中打造提升一批党建示范点。加强党建经费保障力度，结合实际情况提高街道办党组织经费保障。

二、强化街道办综合治理创建平安和谐街道办

街道办开展的“三服务”活动，是围绕“永远的爱，和谐的家”为目标，创建集“服务、学习，休闲、娱乐，健康”于一体的街道办综合服务性平台；秉承“做百姓贴心人、全力为民服务”的宗旨，坚持以面向社会、服务街道办、走向家庭为原则，创建一个能为街道办广大居民特别是空巢老人、留守儿童、特殊家庭和流动人口等特殊群体提供优质服务的信息化管理系统；不断推进基层社会和谐化进程，从“公共服务”“自办服务”“协作服务”三个服务着手，推进平安建设。

三、持续压实攻坚责任，衔接乡村振兴

深化脱贫攻坚“下抓两级”“下考两级”制度，落实各党总支、党支部书记抓脱贫攻坚政治责任。建立完善街道办党、政正职履职要点和激励措施，全面落实村党组织书记备案管理制度，加大脱贫攻坚工作统筹力度，做好脱贫攻坚与乡村振兴战略衔接，把防止返贫摆到更加重要位置，健全稳定脱贫长效机制，加强脱贫攻坚与乡村振兴统筹衔接。

存在的主要问题

一是基础设施建设不够完善。二是村集体经济发展和农民持续增收的难度较大。三是维护稳定的形势仍然严峻。四是少数党员干部年龄偏大，知识结构老化，适应不了新形势、新任务的要求等。

下一步工作重点

2021 年是“十四五”的开局之年，街道党工委将继续以习近平新时代中国特色社会主义思想为指导，紧扣全面建成小康社会的目标任务，全面贯彻党的十九大和十九届历次全会精神，坚持“党建聚力、产业富民，生态宜居、乡村振兴”发展定位，以党的建设高质量推动经济社会的发展，谱写新时代的发展篇章。

（一）巩固疫情防控成效。继续按照“外防输入、内防反弹”总体防控策略，因时因势调整工作着力点和应对策略，稳固好来之不易的防控成果，驰而不息地持续打好疫情防控阻击战，全力维护人民群众生命安全和身体健康。

（二）持续抓好脱贫攻坚、民生保障与安全稳定工作。一是继续抓好产业扶贫工作。主攻波凹、波乍、和小寨产业结构调整，加快五龙蔬菜基地项目建设进度。二是抓好民政双拥等社会事业发展。三是抓好生态环境保护。突出抓好六枝河流水源保护力度，加强供水全过程管理，确保饮用水安全。四是持续深入扫黑除恶专项斗争。五是扎实推进安全生产工作。做好、做实隐患排查，持续推进安全生产工作平稳发展。六是抓好基础设施建设。加快中心城区智能电网建设，完成新一轮农村电网改造升级，形成布局合理、技术先进、安全可靠的电网结构体系。

（三）抓好乡村振兴工作，全力实现全面小康任务。一是以实施乡村振兴战略为总抓手，按照产业兴旺、生态宜居、乡风文明、治理有效、生活富裕的要求，抓重点、提质量、增动能、强基础。二是抓好农村人居环境整治。着力打造基础设施健全、生态宜居的示范村，培育村强、民富、景美、人和的农村新面貌。三是引导群众养成良好的乡风文明习惯。全面开展“讲文明、除陋习、树新风”专项行动，持续推进农村移风易俗工作，治理婚丧陋习、天价彩礼、老无所养等不良社会风气。

（四）抓好基层党组织的规范化建设，推进基层党建全面进步。一是继续巩固和用好主题教育成果。选优配强村（居）党组织书记，全面推进村（居）党组织书记、村（居）委会主任“一肩挑”，规范村级活动场所，支持有条件的村改、扩建活动阵地。二是加强意识形态工作力度，筑牢党员干部思想防线。进一步完善意识形态工作清单制度，健全意识形态工作责任制评价考核体系。三是统筹抓好“扫黄打非”工作，持之以恒地开展舆论斗争，理直气壮地批评错误思潮，努力形成健康、文明、向上向善的社会风气。

（五）抓好城市建设管理，推动城市面貌再上新台阶。一是健全城市管理长效机制，持续巩固提升创文、创卫及拆违控违整治成果，继续加大老旧小区基础设施、服务设施和环境建设力度，规划建设辖区健身广场、街头公园等市民休闲区。二是进一步完善辖区公益性设施建设，逐步配套无障碍设施。三是加强辖区公共设施的维修养护。四是做好辖区绿化美化提升，建设生态宜居的魅力九龙。

（撰稿：文　丽）

中共塔山街道工作委员会2020年执政情况综述

2020年，塔山街道在特区党委、特区政府的正确领导下，以党的十九大及十九届二中、三中、四中、五中全会精神和习近平新时代中国特色社会主义思想为指导，坚决贯彻中央、省、市、特区关于疫情防控、脱贫攻坚和经济社会发展的各项决策部署。紧紧围绕工作职能，团结拼搏、开拓进取、真抓实干，完成了全年各项预定目标任务。

一、主要工作及成效

2020年塔山街道财政收入完成942.48万元；税收完成1047.87612万元，其中，县级收入561.4730万元；非税收入完成1.36万元。全年预算支出1032.73万元，其中，一般公共服务支出215.12万元，文化体育与传媒支出15.25万元，社会保障和就业支出131.31万元，农林水事务支出593.86万元，城乡社区支出42.32万元，其他支出34.87万元。

（一）抓经济建设，发展动力明显增强。一是招商引资引领经济发展。固定资产投资入库2个，总投资2亿元；招商引资引进项目3个，总投资1.1亿元。预计农民人均可支配收入达11692元，同比增长10%，城镇居民人均可支配收入达33661元，同比增长9%。二是重点项目建设有序推进。实施高铁南站站前广场及路网工程、综合仓储物流中心征地、阳光大道拆迁、高铁沿线土地征收及坟墓搬迁等重点项目，六枝高铁南站、客运站等重大项目完工投入运行。全年发放房屋补偿款49户、646.13元，对接发放过渡安置费152户、177.79元，房屋拆除247户、面积27338.686平方米，地上附着物清除面积415827.52平方米，地上附着物房屋拆除43户、面积11709.11平方米、2467.84元。

（二）抓平安建设，社会保持和谐稳定。创建“无毒社区”。抓好禁毒“大扫除”专项行动工作，整治外流贩毒。排查在册吸毒人员、现有吸毒人员、吸毒死亡人数、社区戒毒人数，为社区康复人员建档。认真开展社区矫正工作。加大各项专项工作的宣传力度，目前社区矫正对象7名。对所有刑满释放人员全部建立个人档案，并确定具体的帮教人实施帮教；大力开展普法教育活动10场次，发放各类宣传手册、宣传单3200份，各类法律咨询共1200人次。扫黑除恶。通过提升站位、充分认识“线索清仓”的重要性，加强联动、确保线索政策定性准确。坚持以人为本、多做思想疏导工作，紧紧依靠群众、切实接受群众监督等落实扫黑除恶。共移送线索3条，已办结1条系涉恶犯罪，正在立案侦办1条系涉恶犯罪，1条系资产纠纷，不存在涉黑涉恶犯罪。命案防控。结合防控工作实际对易发矛盾纠纷进行摸排化解，把矛盾纠纷消除在萌芽状态。通过网格排查矛盾纠纷168次，排查矛盾纠纷120件，调处矛盾纠纷成功120件，做到“公共服务在网格落实、矛盾风险在网格化解、群众满意在网格实现”。同时，科学设置“十联户”单元，提升预测预警预防各类风险隐患的能力水平，夯实平安建设根基。加强婚育政策的宣传力度，增强群众依规守法的自觉性。

（三）抓生态建设，城乡环境展现新面貌。坚决构筑生态安全屏障。坚守政治定力，强化责任担当，对辖区内“六枝河污染”问题持续开展“拉网式”复核、“过筛子”排查整治，开展“创文”“文明在行动、满意在贵州”等活动。常态化开展环境整治工作，对辖区内背街小巷、小区院落卫生保洁差和卫生差、乱堆乱放等进行整治；对辖区主干道、楼道内出现的乱贴、乱画野广告进行清除，大力实施垃圾分类行动。坚决拆违治乱。成立拆违控违队伍，开展占道经营取缔及控违工作，2020年巡查拆除违法建筑65户，其中，6户自行拆除；高铁沿线整治投入资金9.6万元，房屋整治12户，沿线宣传氛围广告喷绘布置5处；卫生清理7处，整治垃圾量198吨，面积约850平方米。创建文明城市。对辖区内环境卫生进行清除整治，约清理垃圾8吨，开展河道巡查整治，累计签订河道保护承诺书223份、发放“致沿河居民住户的一封信”439份；发放12个喇叭、63套红袖章用于开展河道宣传覆盖约2000人，组织7650人次开展河道巡查工作，河道及河坎垃圾清理量9.8吨。

（四）抓事故预防，安全生产形势稳定。安全工作网格化。切实落实“党政同责、一岗双责”和监管机制，全面落实“五级五覆盖、五落实五到位”方针。严格督促落实安全生产主体责任，加大安全检查和执行力度。成立塔山街道办消防安全网格化管理组织，大网格由街道办主任负责，中网格由各村（居）书记负责，小网格由各村民小组负责。以此将消防安全网覆盖整个辖区内，力保群众的生命财产安全。加大宣传，强化培训。深化各类各级人员的安全教育与培训。采用悬挂横幅、召开培训会、印发宣传资料、街头宣传、干部进村入户、利用广播电视等形式，广泛开展安全知识宣传活动。共分发森林防火资料2000份、安全创建宣传手册500份，消防安全宣传资料800份，建安全生产宣传栏，发放食品安全知识等宣传资料1000份。突出重点，深化整治。着力开展安全生产大检查和重点领域专项整治行动。狠抓重要时间节点开展森林防火、非煤矿山、公众聚集场所消防安全、易燃易爆物品管理、道路交通、建筑施工、烟花爆竹、食品卫生、学校、企业生产等专项整治检查工作。全力开展“打非治违”专项行动。面向超市、市场、小作坊、学校食堂、餐馆等出动检查组414组次，检查人员811人次，共检查企业873家次，查出隐患433条，整改433条，整改率100%，确保全年安全生产无人员死亡事故的发生。

（五）抓社会事业，民生服务坚实有力。一是卫生健康方面。全年共出生241人，完成节育手术103例，进行生育服务登记79对。利益导向方面，按户发放独生子女保健费、特殊家庭冬季取暖共73户209人，按人发放节育奖、手术并发症、特别扶助等166人238户。免费孕前优生健康检查全部完成总任务数181对。二是民政方面。常规做好高龄新增和退出工作，现共有80岁以上高龄人员690人，死亡注销63人；现有困境儿童37人，全部实行各村（居）自行包保，事实无人抚养儿童14人；住房补贴共有133户，退出45户，新增2户；优抚定补方面，发放的退伍军人补贴，发放“八一”慰问金。三是劳动保障方面。城镇新增就业任务数完成1594条，“一户一技能”职业培训完成410人，通过培训大大提高贫困劳动力的职业技能，提高就业率；城乡居民养老保险2020年工作任务数52.34万元，完成60.585万元；开通贵州省网上办事大厅，受理办件量约为4.4万件。四是文化宣传方面。按标创建国家公共文化服务体系示范区，建立1个街道文化站，10个村居综合性文化服务中心，各服务中心常态化保持场馆免费开放，现存图书1.2万册，满足基本公共文化服务需求，街道、村居一年共开展24次新市民讲习活动。五是社会救助方面。重点完成低保提标、农村低保转城镇低保、“单人户”和“双人户”低保清理等工作。现有低保户1273户3760人，调整54户、新增567户（含农转城）31328人，取消66户。现有特困人员25人，发放特困资金300人次30.39万元，发放千元临时救助17人1.16万元。六是武装征兵方面。严格落实民兵整组、训练，兵役登记等。2020年，兵役登记、上站体检顺利完成，有若干应征青年符合入伍条件，向部队输送新兵若干，尤其动员高某某二次入伍在辖区内树立了标杆；召开“七一”追忆先烈扫墓、“八一”建军节座谈会等活动，营造民爱军、军爱民的良好社会新风尚。同时，抓好练兵和用兵。坚持在实践中锤炼队伍，更好地发挥了民兵在全面建成小康社会、发展农村经济、开展扶贫帮困、抢险救灾、维护社会稳定等工作中的生力军和突击队作用。

（六）坚守一线，打赢疫情阻击战。第一时间成立防控工作领导小组，制定应急预案，联系村（居）领导到一线指挥调度，实行网格化包保管理，采取拉网式、地毯式、以房找人等方式全覆盖摸排，街道总户数9859户35969人，辖区内居住6538户26066人，共排查38408人。通过党员带头，发动寨老、贫困户、低保户、志愿者、退役军人等380人组建党员先锋队，从“宣、防、控、统、督”五个方面出实招，全面摸底排查，做好疫情监测、管控和信息上报，加强19个卡点（疫情检疫点）值守服务，累计发放宣传资料2万份，张贴画报152份，张贴宣传标语137幅，高峰村与六定路卡点被市级授予“新冠肺炎阻击战先锋队”称号，稳妥推进街道疫情防控等各项工作，同时做好辖区内复工复产企业的服务保障工作。

（七）积极动员，全民参与人口普查。第七次全国人口普查塔山街道共划分118个普查小区，严格落实“机构到位”“人员到位”“培训到位”“宣传到位”“经费到位”“责任落实到位”“督查到位”7个到位。在职干部、退役军人、社会志愿者等共123名普查员参与人口普查，初步摸底辖区内总人口为16533户53110人，其中，常住户8965户31644人，全户外出有5207户18853人。做到“区不漏房、房不漏户、户不漏人、人不漏项”，圆满完成人口普查各项工作任务，为科学制定“十四五”规划、服务经济社会发展提供翔实的人口数据支撑。

（八）巩固脱贫攻坚成果，稳步推进乡村振兴。2020年蔬菜、食用菌、精品水果种植面积共2300亩，玉米调减350亩，打造“千家万户小康菜园”示范点5个，高峰村蔬菜基地稳步推进，“三品一标”覆盖面不断扩大。环境持续改，全面清理整治非正规垃圾堆放点，行政村垃圾治理率100%，农村厕所普及率100%，建设污水排放道100米长。深入推进乡风文明，以党的十九大精神为指引，切实贯彻社会主义核心价值观，推动乡风文明建设，助力乡村振兴战略，建设文明和谐新乡村。治理持续有效。街道选派1名工作人员驻村，实现街道行政村全覆盖，践行新时代“村规民约”创建工作。生活持续富裕。在高峰村建设蔬菜基地1个100亩，修建便道120米，沟渠110米，覆盖群众215户936人，实施退耕还林205.5亩种植精品水果。

二、主要工作举措

（一）把住根本方向，深化政治建设。紧扣统筹推进疫情防控、经济社会发展重大部署和决战决胜脱贫攻坚硬任务，确保各项工作在党的领导下目标务实、过程扎实、结果真实。研究制定党风廉政建设主体责任清单14项72条，开展廉政学习11次、专题研讨9次，主要负责人、支委开展经常性全面从严治党宣传教育、有针对性讲授党课等活动60次深化思想建设；部门内开展廉政谈心谈话26人次，及时更新领导干部廉政档案，坚决纠正“四风”突出问题，2020年约谈3人，通报10人，办结所有信访件6件，对3名违纪党员进行处置深化纪律建设；围绕十一届区委第七轮第六巡察组巡察塔山街道反馈整改问题清单共46个问题聚焦担当作为，坚持目标不变、标准不降、力度不减推动持续整改深化作风建设。

（二）筑牢基层力量，建强战斗堡垒。加强党员发展质量，严把入口关，认真落实“三会一课”制度，切实抓好党员发展培训。2020年转正7人，发展预备党员5人，列为发展对象3人，新发展入党积极分子18人，积极开展“党建引领促脱贫，小康菜园进万家”“高铁圆梦时刻共见证，三线建设精神铭记心”等主题党日活动。稳步推进支书主任“一肩挑”工作，完成比例达50%。完成13个党支部标准化规范化建设，其中，高峰村党支部为特区示范点，聚福新苑居党支部为省、市、特区三级示范点，新建非公企业党支部2个。按照“四个不摘”要求，驻村干部吃住在村、工作在村，街道10个村（居）村干部均配齐。储备村（居）后备干部60人，并按照规定建立“一人一档”，确保信息准确，思想素质、政治素养过硬。

（三）持续加压发力，激活基层治理。“基础不牢、地动山摇”，塔山街道以加强社会治理和服务体系建设、加强基层社会队伍建设为契机，以构建网格化管理、精细化服务为动力，以根植为民服务之心，深入推进区域社会治理现代化、基层社会治理创新和平安创建活动，开展“一中心、一张网、十联户”基层社会治理创新工作，以扎实作风，迎接群众期盼。按照“住户相邻、邻里守望”的原则，科学划分“十联户”单元，共划分53个网格，521个十联户，其中，党员联户长15人。提升预测、预警、预防各类风险隐患的能力水平，夯实平安建设根基，为建设更高水平的平安凉都打下坚实基础。

（四）创新载体、发挥作用，开辟群团建设新领域。在辖区内安置点以搭“五桥”建“五家”为抓手大力实施“新市民·追梦桥”工程，不断健全社区治理机制，激发搬迁群众爱家情怀，增强群众参与社区维护治理能动性，打造五桥、五家服务阵地，充分发挥好思想引领、创业就业、排忧解难、权益维护、意识培养的作用。开展以工、青、妇为主要对象的政策理论和先进典型宣讲活动 10 场，受益群众 540 人，组织协调开展实用技能培训 17 次，培训人次 845 人，开展“法治宣传进社区”活动共 20 次，活动影响覆盖 1290 人。四点半课堂常态化开放，爱心陪伴活动共计 64 次，覆盖人数 1131 人。

三、经验和做法

（一）坚持围绕中心，服务大局。紧紧围绕区委、区政府重点工作任务，牢牢把握疫情防控、脱贫攻坚、经济社会发展这个关键，积极发挥党工委的团结凝聚作用以及党工委第一责任人的职责，认真抓好全体干部职工的思想政治教育工作，确保上下级思想统一、步调一致。通过强化工作措施、量化工作任务、优化工作方式，使全街道党员干部形成工作合力，不折不扣落实好上级党委的各项决策和部署要求。

（二）坚持深入实际，联系群众。始终坚持理论联系实际、密切联系群众的工作方针，切实加强自身建设，把抓好党建工作与业务工作有效结合，团结和带领全体党员干部，不断改进服务群众工作的内容和形式，拓宽服务群众的载体和渠道，进一步转变工作作风，提升工作效率，努力提高服务群众的能力和水平，通过深入实际，坚持为基层群众说真话、想实招、办实事，充分体现出党工委和广大党员密切联系群众的服务宗旨和内在要求。

（三）坚持与时俱进，开辟创新。首先，组织全街道党员干部深入学习领会党的十九大精神，积极应对新形势、新任务，全面把握国情、省情、市情、区情，按照统筹兼顾、全面协调可持续发展的要求，不断改进党的自身建设，坚持以创建学习型、服务型党工委为要求，多举措加强党的执政能力建设。其次，敢于突破经验模式，坚持工作创新。积极找准突破口，创造性地贯彻执行区委、区政府的各项决策部署，深入分析研究，善于总结经验。善于集思广益、群策群力，进一步理清工作思路，完善工作举措，落实工作任务，不断推进各项工作再上新台阶。

（撰　稿：塔山街道党政办）

中共郎岱镇委员会2020年执政情况综述

2020年，在区委、区政府的坚强领导下，郎岱镇以习近平新时代中国特色社会主义思想为指引，深入贯彻落实党中央和省、市、特区各级党委、政府的决策部署，推动疫情防控工作，努力完成经济社会发展目标。固定资产项目投资入库目标任务数3个，项目总投资4亿元。2020年完成项目入库11个，计划总投资101217万元，完成71531万元。全年完成财政总收入1610.32万元，其中，税收完成733.81万元，非税完成876.51万元。

主要工作及成效

一、风雨同舟、众志成城，构筑疫情防控的坚固防线

一是疫情防控责任压紧压实。第一时间成立新冠肺炎疫情防控领导小组，创新建立“2+2+6+N”的调度模式，即2名防控指挥长、2名数据报送员、6名村居信息调度员、N名其他工作负责人。提出先做“加法”再做“减法”的数据收集方式，提取省、市、特各级的调度内容，重新设计制作表格，开展排查，迅速核准数据。二是强化防控宣传及网格管理。积极发动广大党员干部、群众投身疫情防控一线，共入户排查54300人，发放《致全镇广大群众的一封信》共460份，悬挂横幅宣传标语1314条，张贴发放大小海报、宣传单20300张，劝导取消红白喜事25件。三是优化疫情服务管理。成立村（居）防疫微信群，建立便民快捷服务中转站，解决疫情防控带来的生活不便。创新制定发放出行证，严格控制外出人数。发动全镇1007名党员自愿捐款支援疫情防控工作。全镇党员累计捐款5.66万元，接受社会捐款共5.8万元，防疫物资10万元。四是推进疫情防控常态化。开展一次疫情防控工作“回头看”，查漏补缺，认真落实“外防输入，内防反弹”的常态化防控措施。加强秋冬季病毒性流感的防控，避免流感及新冠肺炎疫情风险叠加。

二、勇于担当、求真务实，提升政府效能，力戒虚功

一是强化思想建党，锻造坚强领导核心，在理论武装上做实抓深。高标准、高起点、高质量地启动镇政府“效能提升年”活动，着力整治纪律松懈、作风懒散、工作飘浮、效率低下、干事不勤、落实不力等问题。镇党委书记、镇长和纪委书记利用赶场天开展接访，到便民服务大厅亲自查看各窗口干部业务办理情况，主要领导带头向老百姓详细解读业务办理流程，进一步增强干部的效能意识和服务本领。二是提高政治站位，抓实从严治党主体责任，长期坚持“严”的主基调。进一步增强紧迫感、责任感和使命感，不断把党风廉政建设和反腐败工作推向深入，努力建设“干部清正、政府清廉、政治清明”的廉洁政府。2020年，镇纪委收到问题线索23件，初核了结11件，暂存待查1件，函询了结1件，立案8件8人，给予党内警告4人，党内严重警告3人，撤销党内职务1人，移送特区纪委特区监委审理2件1人。查处违反中央八项规定精神问题4起9人，其中，给予诫勉谈话4人，提醒谈话3人，通报批评教育2人。三是严格政府行政职能，增强全面法治观念，推动法治政府水平不断提高。坚持做到严格、依法、公开、公正的原则，按有法依法、无法依政策、无政策按惯例、无惯例请示领导的行政效率规则，严谨地开展各项依法行政工作，工作实效明显，行政执法工作规范有序。

三、强化产业、融合发展，巩固提升脱贫攻坚成果

坚定不移抓好第一、二、三产业融合发展。一是把培育农业产业作为脱贫攻坚的根本出路。郎岱镇通过不断地探索尝试，在原来“茶叶＋蔬菜＋猕猴桃”的产业布局上，不断开发“新动能”，稳固促进农业增效、农民增收。稳定发展特色产业茶叶12000亩、蔬菜4500亩、红高粱800亩、食用菌40亩、红椿1400亩。水产基地新增200亩，全镇水产养殖总面积达1000亩。生猪年出栏18162头，呈祥农业有限公司、东方园艺公司、民源公司3家公司总养殖数量达到8500头，年出栏9500头。牛年出栏2572头，羊年出栏4579只，四肉总产量达2966.49吨。重点打造“好有花脚”“稻香舍都”“香土青龙”3个市级示范点打造工作。积极鼓励群众把农家庭院“方寸地”建成群众脱贫致富的“增收园”。二是把工业产业作为后发赶超的强大推动趋势。把矿产资源的开发作为经济腾飞的新动力。2020年5月，贵州省六枝特区平桥萤石（锂）矿精查项目开工建设，项目勘查面积为67.46平方千米。提交勘查区查明萤石矿资源10万吨，共伴生氧化锂20万吨，为矿产的开发利用提供有力支撑。三是把生态旅游产业的发展作为补齐发展短板的新引擎。以特色文景旅游为核心，打造集古镇旅游、农业观光、休闲度假于一体的全域旅游。做好茶叶、食用菌、西瓜、油桃、葡萄等产业管护，提供采摘体验服务。开放坝子水产养殖基地，推进垂钓、观光、烧烤、休闲融合发展。主推好有花脚、稻香舍都、香土青龙小康菜园体验游。郎岱古镇国家AAA级旅游景区的申报已经通过市委评审，进入关键环节。

四、动态跟踪、精准帮扶，为困难群众提供有力保障

切实解决好贫困户的“两不愁三保障”问题。一是跟踪关键数据。开展100%的全覆盖动态跟踪，避免部分脱贫户因病或因意外事故、因灾等问题导致生活水平急速下降或者存在返贫风险。二是跟踪政策落实。全镇建档立卡贫困人口住院（先诊疗后付费）累计达54人次，住院总费用3.2万元，自付费用0.64万元，报销2.6万元，住院报销比例均达90%以上。全镇7类13种大病救治人数为154人，其中建档立卡贫困人口52人，非建档立卡贫困人口102人，住院报销比例均达90%以上。三是跟踪重点对象。强化就业引导，持续完善与大连市、甘井子区劳务输出合作机制，2020年输送劳动力到大连市甘井子区5人，到东部沿海城市务工就业100人。

五、紧抓重点、保障民生，紧抓惠民实事不放松

一是加强基本民生保障力度，强化兜底保障。严格落实低保工作，维护郎岱镇的社会稳定。2020年年底，全镇农村低保户1167户2216人，其中，贫困户有382户785人，城市低保411户827人。全年城乡低保发放金额达1286.98万元；1014位高龄对象享受高龄补助；86人享受特困供养政策，其中，贫困户45人；累计发放特困供养对象及照料护理人员1008人次133.97万元；发放重度残疾人护理补贴5585人次31.6万元；冬春救助1592人次40.1万元；事实无人抚养儿童生活费139人次12.04万元。二是加强安全生产监督检查不放松。全年组织了317个“打非治违”执法检查组，参加执法检查人数达1747人次，检查企事业单位和经营场所500家次。出动煤矿安全检查组36组137人次，检查煤矿企业38家次。非煤矿山安全检查31组133人次，检查非煤矿山企业33家次。销毁违规烟花爆竹产品：光雷33个、烟花84件零44个、爆竹73箱36件零112串、闪光雷10箱、雷王（开门红）2710头。三是加强环保治理投入力度。投资1060万元，组织实施六枝特区郎岱镇坝子村历史垃圾堆放点封场工程项目，2020年8月开始施工，2020年11月26日完工。投入110万元对污水处理厂进行整改。2020年11月15日，污水管网修复完成，污水处理厂日进水量从修复前的640立方米提高到1288立方米，污水处理负荷率明显提升、进水浓度明显提高，达到进水浓度要求。四是加强就业和社会保障力度。2020年，共组织在23个村（居）开展专场招聘会50场，通过政企对接，统一安排交通工具向外输送的劳动力有2000人次，其中，贫困户

劳动力200人。城乡居民养老保险年征缴137万元，全镇23374人参保，享受养老金待遇6976人，每月发放养老金68万元。五是深入推进“扫黑除恶”专项斗争工作。组织开展宣讲2次，分发宣传资料6000册，未成年人预防教育3次，摸排出涉黑涉恶线索1条，上级交办17条，均已核查上报。

存在的问题和下一步打算

2020年，郎岱镇坚持新发展理念，坚持高质量发展，把握好农村产业发展“八要素”，深入践行“五步工作法”，产业扶贫和农村产业结构调整取得重大突破。但镇党委也清醒地认识到，工作中依然存在很多问题，比如，基础设施建设还不够完善，产业发展布局不平衡，市场掌控能力弱，产业带富能力不足以及少数干部存在精气神不够、患得患失，担当力、执行力、落实力难以适应新时代新要求。

2021年是“十四五”开局之年，郎岱镇将认真做好“十四五”发展规划。坚持从群众中来、到群众中去，把人民对美好生活的向往作为奋斗目标。牢牢把握中国特色社会主义进入新时代的新要求，贯彻新发展理念，迎难而上，努力建成和谐郎岱、幸福郎岱。

一是坚持摘帽不摘责任，进一步增强后续巩固提升的责任感和紧迫感。坚持把“治贫”和“防贫”摆在同样重要的位置，对全镇建档立卡户和非建档立卡户进行常态化监测，精准掌握贫困人数底数，因人因户精准施策，确保贫困群众稳定脱贫不返贫，非贫困群众政策保障到位不致贫。

二是高位谋划乡村振兴，进一步增强民生福祉。进一步加大农业支持保护力度，加强农业基础设施建设，优化产业结构，合理规划布局，为经济平稳较快发展和社会和谐稳定提供有力支撑。充分利用郎岱镇林地资源及森林资源优势，大力发展林下经济。加大招商引资力度，强化茶叶、食用菌、红米、高粱技术业务培训，抓好调整前巡查和调整后管护，谋划2020年明前茶、春节鲜菇、富硒红米、高产高粱等进行品牌打造，补植补种和扩大优势产业规模，形成拳头产品。进一步延长产业链条，积极发展农产品粗加工，鼓励和支持农民合作社和家庭农场等新型经营主体发展保鲜、储藏、分级、包装等设施建设，促进农产品顺利进入终端市场和后续加工环节。大力发展农产品精深加工，引导龙头企业建设农产品加工技术集成基地和精深加工示范基地，增加精深加工产品种类和产品附加值。

三是因地制宜，进一步找准目标谋划项目。以迎祥郎岱为中心，坚持东西稳固坝区红线、南北拓延城镇核心范围，兼顾洒志片区小工业区配套服务设施，满足南部片区文、教、卫和集散地的需要，积极谋划申报“十四五”项目36个，对64个在建拟建项目强化调度。

四是坚持以人民为中心，进一步增强人民群众安全感。将坚持人民利益高于一切鲜明地写在自己的旗帜上，把全心全意为人民服务作为根本宗旨，把实现好、维护好、发展好最广大人民根本利益作为一切工作的出发点和落脚点，全面推进教育、文化、卫生、体育事业发展。

征途漫漫，唯有奋斗。郎岱镇将坚持贯彻以人民为中心的发展思想，聚焦人民群众普遍关心、关注的民生问题，采取更有针对性的措施，一件一件抓落实，一年接着一年干，让人民群众获得感、幸福感、安全感更加充实、更有保障、更可持续。

（撰　稿：郎岱镇党政办）

强化党建引领　深化改革创新
努力实现新时期新发展

——中共岩脚镇委员会2020年执政情况综述

2020年是全面建成小康社会和“十三五”规划收官之年。面对突如其来的新冠肺炎疫情和严峻复杂形势，中共岩脚镇委员会在特区党委的正确领导下，全面贯彻落实党中央及省委、市委、区委决策部署，沉着应对各种困难和挑战，团结带领全镇各族人民，在抢抓机遇中砥砺前行、在应对挑战中奋力拼搏，统筹推进疫情防控、脱贫攻坚和经济社会发展，维护社会大局和谐稳定。呈现出党的建设全面加强、经济运行稳中有进，群众生活持续改善，脱贫攻坚成效巩固良好，群众获得感、安全感、满意度不断提升的良好局面，为“十三五”收官画上圆满的句号。

一、坚持党要管党、从严治党，执政水平不断提高

（一）加强政治建设，夯实绝对忠诚的执政根基。党的政治建设是党的根本性建设。政治建设构筑好，政治方向、政治立场、政治大局把握住，党的政治能力有提高，党的建设就铸了魂、扎了根。岩脚镇领导班子始终把思想政治建设摆在班子建设的首位，在增强“四个意识”、坚定“四个自信”、做到“两个维护”上做表率。把忠诚作为班子组织第一位的政治要求和职业品格，始终站在党的立场说话做事，始终与党同心同德，以政治纪律为准绳，始终保持政治敏锐性，不断增强政治判断力。紧紧围绕党的政治路线来确定工作思路、工作部署、政策措施，自觉同党的政治路线对标对表、及时校准偏差，不为传闻谣言所惑，不为杂音噪声所扰，旗帜鲜明地批评纠正党员干部不正确的言论，强化政治引领、坚定政治信仰、提高政治能力、严明政治纪律，始终同以习近平同志为核心的党中央保持高度一致，坚决将习近平总书记重要指示精神和党中央决策部署不折不扣地落实到位。

（二）强化理论基础，持续巩固主题教育成果。一是加强理论学习。班子成员带头学习贯彻习近平新时代中国特色社会主义思想，党的十九届五中全会，省委、市委和区委全会精神，习近平总书记对贵州工作的重要指示批示精神等，把握正确政治方向，提高政治能力。全体党员跟进学习习近平总书记重要讲话精神，全面推进全镇各党支部学习习近平新时代中国特色社会主义思想常态化、制度化，使学习教育往深里走、往心里走、往实里走，使全镇党员干部筑牢信仰之基、补足精神之钙、把稳思想之舵。扎实开展集中学习研讨，深入推进“三个以案”警示教育，通过以会代训的方式，对党支部书记进行3次轮训。二是加强党建工作指导。镇领导班子成员联系指导党支部，结合推进脱贫攻坚、乡村振兴、生态环保、整顿软弱涣散村党组织等开展调研，到各自联系指导的支部指导支部建设和宣讲理论知识，全年共宣讲20次。三是加强整改见效。坚持把改字贯穿始终，注重将学习教育、调查研究和检视反思发现的问题纳入其中，明确整改任务。对调研发现的问题、群众反映的问题、自身查找的问题、上级点出的问题列出清单、建立台账，逐条研究制定具体的解决办法和整改措施，确保问题整改全部落实落地。对于2019年区委巡察组反馈的7个方面28项内容均得到有效整改，村（居）75个问题已经整改并形成长效机制，长期坚持。

（三）加强组织建设，发挥战斗堡垒作用。一是强化组织领导。压实党建工作责任，加强基层党建

工作督查调度，坚持每季度党建工作调度会，组织各党支部书记和党务工作者进行培训，基层党建工作水平明显提升。二是稳步推进党组织标准化、规范化建设复合验收工作。截至12月底，基层组织标准化建设达标率70%，建立动态管理台账，每月“回头看”，确保达标不反弹。三是严抓发展党员工作。严把党员发展入口关，对党员发展对象严格政治审查。全年共发展党员28名，其中，农村党员16人，40岁以下党员13人，完成任务的100%。组织报送3次发展对象培训班，培训发展对象28名，已全部接收为预备党员，截至2020年12月30日，全镇中共党员共有987名。四是强化村后备干部培养教育。积极对村级班子运行情况调研，完善后备干部信息库，共培育储备89名村（居）党组织后备干部，51名村级经济组织后备干部。组织农村党支部优秀年轻党员培训4次，开展换届摸底调研工作2次。五是发展壮大村集体经济。根据新院村、锦钟村实际，争取上级扶持资金200万元，入股特区民生能源公司，每年固定分红，预计年增加村级集体经济收入8万元，部分用于壮大村集体经济、部分分红到贫困户、部分用于激励村干部。目前项目进展顺利，已签署合作协议。

（四）加强党员干部管理，扎实开展党建基础工作。一是持续开展党组织和党员基本信息采集，党组织和党员信息系统、党员年报统计系统录入和党组织关系转接等工作，确保党员信息完全、准确，完成区级村党组织书记备案管理27人。扎实开展党费收缴工作，全年共计收缴党费60033元，党员义务意识不断增强。二是开展困难党员关怀慰问113人次，发放慰问金7.35万元，离任村干部220人，发放补贴40.62万元。三是建立健全遏制黑恶势力滋生蔓延的长效机制，持续开展党员扫黑除恶专项斗争专题警示教育，不断强化全体党员和辖区群众的法纪意识。四是积极组织党员干部开展主题教育巩固提升和主题党日活动，着力强化党员干部初心意识和宗旨意识。研判并整顿新院村软弱涣散基层党组织。五是建立健全奖惩机制，落实年轻干部培养规划，开展“七一”表彰，评选优秀共产党员16人，优秀党务工作者8人，先进党组织8个。对区委组织部反馈的3名背景审查有问题的村干部进行约谈，调整不胜任工作的支部书记1名。

（五）加强党内民主建设，突出党建带群团。进一步拓宽党务公开的范围、内容和渠道，增强党务工作的透明度。在镇醒目处设立意见箱，畅通民主渠道，精心组织召开各类人员的座谈会，每年开展1次以上问卷调查，2020年共发放征求意见问卷调查500份。坚持重大事项向镇党委请示报告制度，坚决不搞“一言堂”，2020年共召开党委会49次，专题会议6次。一是支持人大、武装工作，支持镇人大常委会依法履职，充分发挥人大代表主体作用，围绕优化营商环境、垃圾分类、财政预算等重点工作开展监督。坚持党管武装，统筹抓好兵役登记、民兵组织建设、民防、国防教育、备战应急训练等各项工作。二是积极发挥群团作用，充分发挥群团组织宣传、教育、引导、凝聚、服务群众的功能。建立“留守儿童之家”“四点半课堂”“客创教室”，组织广大青少年参与创业创新、公益服务等主题活动，积极开展“寻找最美家庭”活动，有力地推进团建工作。三是加强统战工作制度化建设，推进“新市民·追梦桥”达建，抓好统战代表人士储备，建立座谈会制度、联系交友制度、信息沟通制度、听取意见制度，通过落实不同形式的工作制度，保持与党外代表人士经常性的沟通与交流、听取他们的意见和建议，发挥民主党派和党外代表人士参与民主管理和民主监督的作用。

（六）加强党风廉政建设，突出管育并重。持续推进党风廉政建设，制定岩脚镇“党风廉政建设和反腐败工作实施方案”，落实从严治党“四责协同机制”，制定责任清单，细化责任内容，完善村级监督员管理机制，推进监察责任制向基层延伸。持之以恒落实中央八项规定，严防“四风”反弹。2020年，召开党风廉政建设专题会议4次，与班子成员按规定开展廉政谈话4次，建立镇、村两级干部廉政档案69份，规范科级干部廉政档案10份。开展集中约谈2次160人次，预防提醒股级干部18人，预防提醒一般干部14人，纠错诫勉谈话3人，问责处分谈话12人。对于漠视侵害群众利益的不正之风和腐败问题，全力支持镇纪委严肃查处。2020年，镇纪委共查处各类违纪违法案件13件，开除党籍2人，留党察看1人，党内严重警告1人，党内警告6人，政务警告1人。

二、坚持党建引领、党管一切，经济社会不断进步

（一）聚焦主动作为，疫情防控取得了好成绩。防控新型冠状病毒肺炎疫情战役打响以来，在区委的坚强领导下，在镇党委的带领下，全体党员、干部不畏艰险、挺身而出、忠诚履职，始终坚持在抗疫第一线，用实际行动诠释“不忘初心、牢记使命”的铿锵誓言，让党旗在疫情防控第一线高高飘扬、熠熠生辉。根据中央、省、市相关文件、会议以及镇党委书记王忠的“五个全面”精神，紧盯“找人”“管人”“找病”“治病”四大任务，积极应对新型冠状病毒感染的肺炎疫情防控工作。全面加强重点环节、重点部位、重点场所、重点人群排查管控，有效遏制住疫情输入扩散。共排查出武汉返黔人员 55 人，湖北除武汉返黔人员 87 人。认真居家观察“十个做到”、医学隔离“十条措施”、市民防护“十个注意”、群防群控“十条措施”，筑起疫情防控的铜墙铁壁，成功阻断疫情在六盘水扩散蔓延，疫情防控阻击战取得重大战略成果，为全区“零确诊”“零疑似”贡献岩脚力量。组织全镇 1099 名党员通过微信、现金等方式自愿捐款 6.34 万元支持疫情防控，捐款率达 100%。

（二）聚焦真抓实干，脱贫成效巩固良好。围绕“两不愁三保障”核心指标，以疫情常态化防控下“保运转促复苏”、脱贫攻坚全员普查线索问题数据“清零巩固”为基础，大力实施产业扶持跟进到户、政策保障跟踪到户、就业创业帮扶措施扶持到户“三大巩固行动”。先后组织开展扶贫到户产业成效跟踪走访、扶贫“三变”项目分红督查 2 次，督促农户补购到户滚动养殖猪牛 500 头；集中开展惠农普惠到户政策清理 1 次；摸排建立受疫情影响务工人员信息台账 13993 人、签订就业意向书 330 份，推荐就业岗位信息 100 条、推送贫困家庭劳动力就业 18 人、公益性岗位安置贫困人口 111 人。通过逐户核对查找、清单化管理、分类定措帮扶的“工作模式”运用，精准搭建产业、政策、就业到户成效巩固保障“兜底网”。脱贫攻坚大普查实现高质量，顺利通过国家财扶资金绩效评价考核。蓝天碧水净土保卫战有力推进，岩脚镇坚持把改善民生放在更加突出的位置，持续加大社会事业投入力度，增强公共服务供给，让发展成果惠及人民群众，加快推进社会事业全面发展。

（三）聚焦稳中求进，保持经济高质量发展态势。岩脚镇紧紧把握发展第一要务，围绕经济建设这个中心，积极调整优化产业结构，努力开拓经济发展空间，着力提高经济整体素质，开创了经济发展新局面。2020 年共完成一般公共预算收入 1220.12 万元，其中，税务完成 1015.92 万元，财政完成 204.2 万元，占目标任务数 101.68%。2020 年 1—11 月财政拨款收入 1874.72 万元，公共财政预算支出完成 1737.16 万元，其中，人员支出 1538.2 万元、日常公用经费支出 150.96 万元、专项支出 48 万元，比上年同期减少 14.83%，减支 302.44 万元，各项经济指标稳中向好。2020 年，我们强力推进就业创业、稳住就业“基本盘”。

（四）聚焦初心使命，在改善民生福祉上开创新局面。一是突出民生优先。2021 年度医保收缴 55929 人，完成进度 98.28%，收缴金额 1334.90 万元，全额代缴人员 100% 参合。2020 年新增农村低保户 158 户 412 人。现保障 1772 户 3535 人。人均享受标准从 328 元提高到 352 元。2020 年发放农村低保金 1598.87 万元、补发 1—5 月差额 40.82 万元。城市低保 2020 年累计新增 96 户 331 人，现有城低保 398 户 842 人。2020 年累计发放城市低保金 315.37 万元、补发 1—5 月差额 13.7 万元。2020 年累计新增特困人员 3 户 3 人，累计发放特困供养金 124.7 万元、护理费 32.6 万元，补发 1—5 月差额 2.2 万元。柳岸水乡岩脚消除绝对贫困，在全面建成小康社会的路上，没有一户落下、没有一人掉队。二是强力推进就业创业。针对提出的“六稳”“六保”中的“保就业”，结合“新冠肺炎”疫情防控，围绕全员培训的目标，及时开展就业需求摸排，根据农户需求分别开展共计 7 个班次的职业技能培训，惠及 450 人，工作还在持续开展中；建立贫困户“四个一”劳务就业台账、易地扶贫搬迁劳动力就业台账，实行 1 个月一更新，针对零就业、少就业家庭开展就业推荐工作；对接浙江省安吉县部分企业，开展了现场招聘会，促进就业，成立镇级劳务分公司，根据需求开展劳务派遣工作。三是提升社会治理能力。加快社会治理体系和治理能力建设，扎实开展“一中心、一张网、十联户”社会治理机制工作，全镇共划分“十联户”单元 1399 个，每个“十联户”推选

联户长1名，强化基层社会治理末梢力量，通过联防、联治，促进平安建设。常态化开展扫黑除恶专项斗争，严厉打击各类犯罪活动，构建全方位立体化平安网，全面提升社会治理水平。深入推进基层治理现代化，加强和改进信访工作，有效预防和多元化化解社会矛盾纠纷。深入推进法治岩脚建设，广泛开展法治宣传教育，营造遵法、学法、守法的法治氛围。2020年，共开展法治宣传教育4次500人次。四是着力防范化解风险。牢固树立总体国家安全观，切实维护国家安全和政治稳定。认真落实常态化疫情防控措施，坚持人防物防、技防结合，坚决巩固来之不易的疫情防控成果。大力推进安全生产源头治理、依法治理，全面提升安全生产保障能力，严格落实领导干部“安全生产责任制细则”，严格落实党政同责、一岗双责、一把手负总责，安全生产形势平稳可控。积极开展政法“大走访”活动，积极化解合理合法利益诉求，初信初访、积案化解率达90%以上，全面达成线索清零目标。加强地质灾害、自然灾害、气象灾害隐患排查治理，完善防灾、减灾、救灾体制机制，牢牢守住、守好各领风险底线，深入推进平安岩脚创建，完成综治中心、网络安全建设全覆盖，进一步巩固和提升镇党委群众安全感、满意度。

新时代赋予新使命，新征程召唤新作为，我们高举习近平新时代中国特色社会主义思想伟大旗帜，紧密地团结在以习近平同志为核心的党中央周围，牢记嘱托、感恩奋进，坚决贯彻落实习近平总书记对贵州工作重要指示精神，为续写新时代岩脚发展新篇章，开创百姓富、生态美的柳岸水乡岩脚新未来而努力奋斗，以优异的成绩向中国共产党成立100周年献礼！

（撰　稿：崔海艳）

认识新常态　抢抓新机遇　实现新跨越
为加快建设美丽和谐新大用而不懈努力奋斗

——中共大用镇委员会 2020 年执政情况综述

2020 年，在特区党委、特区政府的坚强领导下，大用镇上下认真贯彻中央和省、市、特区的一系列重大决策部署，坚持稳中求进、好中求快，攻坚克难、开拓进取，坚持稳增长、促改革、调结构、惠民生、防风险，落实全面从严治党方略各项工作，全镇经济运行呈现总体平稳、稳中有进、进中向好的发展态势，基本实现全年工作目标。在 2020 年的 10 月份，镇党委一般公共预算收入累计完成 345.44 万元，为年初任务数 249 万元的 138.73%，提前完成了全年任务。完成规模以上工业产值 7587.3 万元，累计完成固定资产投资 42042 万元，全镇村集体经济积累为 614.88 万元。

执政实践和成效

一、狠抓农业产业促脱贫

一是顺利完成调减任务。图斑内任务数 2030 亩，图斑外新增公路沿线调减 1432.67 亩，2020 年已经全部完成调减任务。同时积极开展镇境内 10.4 公里高铁沿线环境整治及优化产业布局，黑晒村杨昌坝点土地流转已完成，猕猴桃水泥杆已栽完毕。二是“千家万户小康菜园”打造工作有力提升。按照“一陇菜地”“一个棚架”“一组果树”的“三个一”建设标准，通过“以点带面，全面铺开”的模式在全镇范围内着力打造示范小康菜园。镇党委除对去年已实施的 167 户做好巩固提升外，新增凉水井村箐脚组市级观摩点“千家万户小康菜园”建设，该点涉及农户 87 户，已完成环境整治 87 户，栅栏安装 290 米，翻砌石墙 100 米，道路维护 500 米，小康菜园工作得到质的提升。三是做好大用田坝土地流转费发放工作。按时、保质完成 2020 年大用田坝的流转费发放工作，共计发放流转费 58.75 万元。四是做好退耕还林工作。对主要公路沿线、安六高铁沿线等区域 15 度以上的坡耕地纳入新一轮退耕还林，2020 年完成退耕还林还草任务 0.128 万亩。截至 2020 年年底，蔬菜、食用菌、猕猴桃、刺梨、水果、粮油等粮油作物完成 3.55 万亩，养殖业出栏 1.5 万头（羽）。五是做好公益林补助和退耕还林补助。发放公益林补助和退耕还林补助 444.25 万元，发放护理员工资 132.9 万元。

二、全力落实政策保民生

一是抓实各类救助、补助及惠民资金发放工作。发放农村低保金、城市低保金 576.91 万元；发放临时救助、冬春救助、困难群众生活救助、特困金、军属优待金等各类资金 156.13 万元；发放公益林补助和退耕还林补助 444.25 万元；发放护理员工资 132.9 万元；发放计生利益导向资金 23.3 万元。二是抓实医疗保障工作。2020 年新农合筹资特区下达的任务数 22111 人，大用镇实际参合人数 22228 人，超额完成任务。除已参加职工医保、居民医保、入伍、异地城乡医保、死亡，共计 104 人，应参合 4056 人，实际参合 4056 人，建档立卡贫困户已实现应保尽保。建档立卡贫困人口共计住院 460 人次，产生医疗总费用 289.5586 万元，实际报销费用 243.0474 万元；低保人口共计住院 187 人次，产生医疗总费用 125.6762

万元，实际报销费用110.8143万元，医保待遇政策得以精准实施。三是抓实养老稳岗就业工作。城乡居民养老保险完成121.57万元、完成率104.3%，超额完成目标数；城镇新增就业目标数350人，完成388人，完成率110.8%；贫困劳动力全员培训目标数220人，共培训380人，完成率172.7%；农村富余劳动力转移就业目标900人，完成农村富余劳动力转移929人，完成率103%；城镇登记失业率有效控制在4.2%以内，建档立卡贫困户均实现“一户一就业”目标。四是抓实教育保障工作。大用镇共有建档立卡各学段学生1059人，其中幼儿园120人、小学379人、初中243人、高中102人、中职78人、专科63人、本科及以上74人。2020年义务教育享受营养改善计划学生人数4655人，划拨资金126.93万元。学前教育享受营养改善计划1386人，划拨资金27.43万元。义务教育阶段家庭经济困难寄宿生生活补助1457人，划拨补助资金57.69万元。学前幼儿奖补208人，补助资金5.2万元。同时，按照“三避免、一落实”的工作要求，结合“七长”责任制层层签订控辍保学责任书，有效控制辍学现象。全镇小学、初中辍学率为0。

三、夯实基层党建强堡垒

一是抓队伍建设。对三个贫困村“两委、一队、三个人”进行研判，对思想松懈、工作散漫的及时提醒谈话，对工作不能胜任的及时调整更换，不断强化战斗堡垒作用。加强各村（居）后备干部储备力量，落实村党组织书记区级备案管理。递交入党申请书3人，现有积极分子8人，发展对象4人，预备党员12人，储备后备干部48人，向区委组织部备案党组织书记8人。二是抓意识形态工作。全年组织召开4次意识形态工作专题会议，成立以党委书记为第一责任人的意识形态工作领导小组。党委领导班子按照“一岗双责”要求，抓好分管各办、站所，村（居）的意识形态工作。大用镇2020年未发生意识形态领域工作的重大问题、重大事件，全年意识形态领域工作主流态势向上向好。三是抓标准化建设。严格按照建设要求，加强党支部标准化、规范化建设。现党群、农林水等9个支部正在积极对照标准开展达标建设，一项一项规范、一项一项改进，推动党支部补短板、强弱项、达标准。四是抓软弱涣散党组织整治。镇党委制定整顿措施，着力解决沿港村党组织“管理混乱、矛盾问题突出”问题。通过整治，现村支“两委”宣传政策力度和为民服务水平均得到加强，矛盾纠纷化解能力有所提升，党员学习教育实现常态化、制度化，群众认可度较高，整顿效果良好。五是抓制度建设。严格“三会一课”、民主生活会、民主评议党员等党内组织生活，以深入开展主题党日活动为抓手，持续抓好党员队伍管理，在“七一”前后开展庆祝中国共产党成立99周年系列庆祝活动。落实激励关怀帮扶措施，在2020年元旦、春节和疫情防控期间开展走访慰问生活困难党员、老党员和一线党员干部、群众进行慰问。发放慰问金共计4.85万元。

执政特色和亮点

工业经济稳步增长。一是认真贯彻国家产业政策，积极向国家、省、市、特区争取项目支持镇党委重点产业，帮助企业发展壮大，完成规模以上工业总产值7587.3万元。二是持续抓好招商引资工作，营造良好的招商工作氛围。2020年完成固定资产投资42042万元。

城镇面貌全面改观。一是认真做好房屋排查工作。对全镇6050户（其中，建档立卡户996户，边缘户40户）房屋进行排查，不存在建新房住危房、子女住新房、老人危房等现象。同时在汛期大力开展房屋安全隐患大排查工作，做到户户见面，家家过堂，截至2020年年底，排查出受山体滑坡、垮塌威胁房屋104户，已迁出安置17户，监测观察87户。二是认真做好公共租赁住房和租赁补贴发放工作。镇党委享受租房租赁补贴10户15人，累计发放资金1.191万元。三是顺利完成安六高铁沿线房屋工作。整治房屋75栋，其中，房屋外立面整治72栋，完成抹灰6510.41平方米，喷漆9945.18平方米，换瓦3821.56平方米；拆除3处6262.5平方米。完成投资270万元，其中，特区住房和城乡建设局拨付资金76万元，已支付施工单位76万元。

社会事业协调共进。基础教育各项指标均达标，留守儿童关爱服务工作取得实效。加强医疗队伍建设，提高医务人员的医疗水平和服务能力，完善合作医疗报销程序，积极推动各类健康教育宣传及培训活动，开展卫生监督协管工作，保证辖区公共卫生安全，2020 年未发生食品安全事故及重大公共卫生事故。在人口计生服务方面，不断充实专业技术人才，全镇计生服务工作水平得到不断提升。

党建引领全面提升。一是党建引领决胜脱贫攻坚。紧扛抓党建促脱贫政治责任，坚持“抓两头、带中间”，强化“精品”意识、“景点”意识，以点连线带面，大力加强基层党建示范带建设，创建示范村 3 个（凉水井村、黑晒村、汨港村）。以猕猴桃产业联动为基础，整合骂冗村、凉水井村支部战斗力，成立苌楚联村党委，以“三变”改革为契机，按照“农旅一体化”标准，以“公司 + 合作社 + 党支部 + 农户 + 贫困户”的运营模式，以土地入股方式参与猕猴桃基地建设和管理，采用“土地分红 + 劳务分红 + 利润分红”模式，公司、合作社按股比进行分红，农民土地入股头五年每年保底分红 800 元 / 亩；5 年后按 30% 利润进行分红，促进农户增收，做到“党建带扶贫、扶贫促党建”，形成“命运共同体，利益一条链”。二是党建引领严控疫情。创新提出“一二三四”工作法，即冲锋在一线，镇机关除指挥部人员外，全部下沉到各村，把责任和担当扛在肩上，用实际行动当好疫情防控的践行者；成立双组长，为切实加强新型冠状病毒感染的肺炎防控工作的组织领导，成立党委和政府主要领导双组长疫情防控工作领导小组，全权调度全镇防控工作；凝聚三方力量，由镇干部、医生和民警组成卡点防控人员进行执勤，动员党代表和人大代表参与疫情防控工作，保证每个镇级卡点至少 1 名党代表和人大代表；做到“四个到位”，全镇先后有 280 名党员参加到疫情防控中，做到宣传教育到位、摸底排查到位、重点人员监管到位、严格督查到位，稳妥推进疫情防控工作。三是党建引领集体经济腾飞。制定了《大用镇 2020 年发展壮大村级集体经济工作计划》，创新发展壮大村级集体经济形式，多途径增加村级集体经济可支配收入。现 7 个行政村村集体经济积累总额为 614.88 万元，经营性收入达 108 万元，集体经济积累最高的达 243.8 万元。

执政经验

一、精准发力，精准施策，脱贫攻坚巩固提升稳步推进

一是顺利完成省第三方评估工作。4 月 27 日至 4 月 29 日，大用镇大用村顺利迎接省第三方评估工作，共评估贫困户 40 户，非贫困户 132 户，扶贫项目 2 个。评估效果较好。二是顺利完成 2020 年脱贫攻坚大普查工作，脱贫攻坚普查各项工作得到国家普查组的高度认可。三是顺利完成国家对省财扶资金绩效评价工作。11 月 12 日，镇实施的猕猴桃产业项目、高标准农业建设项目接受考核，访谈贫困户 12 户，村干部 2 人，无问题反馈，评估效果好。四是大力推进项目实施。大用镇 2016—2020 年实施的项目 33 个，共投入资金 4270.14 万元，其中，财政专项扶贫资金项目 8 个 473.89 万元，以工代赈项目 1 个 430 万元，整合资金项目 24 个 3366.25 万元。累计实现贫困户分红 148.3906 万元，覆盖贫困户 904 户，实施的 33 个项目全部完工。对启动实施的 33 个项目严格按照特区目录清单进行收集整理，每个项目均做到档案资料 1 册，报账资金 1 册。落实一个项目一个档案盒规范装档，33 个项目全部通过特区业务部门审查，已全部完成档案整理工作。2014 年至 2019 年已脱贫 996 户 4160 人，贫困人口已全部脱贫，贫困发生率为 0。

二、加大城镇建设力度，彰显城镇亮化

一是加大人居环境整治力度，重点解决垃圾、污水治理难题，改善人居环境条件，提升村容村貌。二是完成镇建设发展规划编制，勾画镇发展蓝图，为实施乡村振兴战略做好准备。三是推进城镇化建设，着力打造生态大用，继续推进小城镇建设，完善基础设施，提高城镇化率，着力打造和谐、美丽、生态大用镇。

三、强力推进脱贫攻坚巩固提升，全面建成小康社会

把脱贫攻坚巩固提升作为头等大事和第一民生工程，坚持精准施策、“一户一策”，举全镇之力，集全镇之智，扎实巩固“一达标、两不愁、三保障”，使贫困群众生产生活条件显著改善，促进自我发展能力不断提升。同时，加强农村基础建设，全面解决农村人口饮水安全问题；利用产业结构大调整，加快贫困村特色优势产业发展，实现村村有产品、寨寨有产业。进一步强化“四个不摘”工作，对“边缘户”实施大力巩固，对脱贫不稳定、受疫病影响、疾病致贫等95户贫困户进行帮扶，落实帮扶资金6.865万元。完成住房整治4户，扶持养猪、养牛、养鸡6户，大病救助9户，采购四件套（衣柜、橱柜、电磁炉、电饭煲）发放76户。

四、巩固党的执政基础，全面加强党的建设

抓好党委主体责任。加强党委的领导作用，认真贯彻落实全面从严治党战略部署，严格落实党委主体责任，扎实做好反腐倡廉各项工作，切实加强基层党建工作，发挥各级党组织的核心领导作用，围绕转变机关作风、增强服务观念和提高办事效率，开展监督检查，坚决查处服务承诺不兑现、办事拖拉推诿等行为，促进干部作风的进一步好转和经济社会发展软环境的进一步优化。加强纪委监督责任。加大监督检查和责任追究力度，不断增强检查考核的针对性和有效性，逐步形成责任分解、检查监督、倒查追究的完整链条，落实纪委监督责任。加强组织协调、严格纪律监督、深化作风监督、强化履职监督、严肃查办案件、开展警示教育等6个方面履行纪委监督职责。加强落实从严管理干部要求。建立管理全面、标准严格、环节衔接、措施配套、责任分明的从严管理干部制度，进一步修订和完善《大用镇“四位一体”镇干部考核管理办法（试行）》《大用镇干部职工管理办法》，着力把好干部选出来、用出来、管出来、带出来，为全面做好脱贫攻坚巩固提升工作提供坚强的组织和纪律保障。

存在的问题

一是脱贫成果巩固工作仍有不小压力。贫困人口脱贫质量有差距，部分已脱贫群众想要进一步致富的愿望不强烈。受新冠肺炎疫情影响，贫困人口出现难就业或就业后用工不稳定等情况，严重影响农户家庭经济收入，给脱贫攻坚巩固提升带来挑战。二是助推经济发展思路不多。对全镇经济发展思路不多、措施不细，没有形成“人人参与招商、人人支持招商”的良好氛围；项目谋划不多、不细，思路较为单一，统一完整的规划性不够，利益链接机制不明显。三是产业提质增效发挥不明显。各村产业发展不均衡，增收效益不明显，镇内农民专业合作社发展规模、水平、层次仍然不高，合作社负责人的发展意识不强，加之农村青壮年劳动力外出务工较多，导致农业劳动力投入相对不足，推进现代农业向第二、三产业拓展延伸能力较弱，文化、生态软实力转化成经济硬实力效果不好。四是社会及历史遗留问题较多。影响社会和谐稳定的“两拖欠”问题、土地流转、工程施工、大项目建设等信访问题较为突出，一些信访积案、缠访的问题化解难度较大。

下一步工作重点

一、精准施策，统筹把握好全局与重点，提升脱贫成果，真正抓关键、出亮点

一是持续巩固抓基础信息精准工作成果。全力做好信息跟踪服务，完善建档立卡信息系统，强抓数据质量清洗。实现贫困户实际情况、国办系统数据、纸质资料三个统一。二是持续提升产业扶贫效益。重点管护已实施的猕猴桃、养蜂、魔芋种植等产业，提升产业发展效益；完善利益联结机制，实行异地置业分红，实现特殊群体增收。按照省委产业发展“八要素”，对全镇7个村现有产业进行精细管理，结合各村产业发展状况，因地制宜并进一步谋划其他特色项目。

二、压实责任，统筹把握好宏观与微观，打好“四大战役”，真正谋大势、抓大事

一是打好“产业突围战”，深化产业转型升级，实现产镇融合，加大招商引资力度，形成“人人参与招商、人人支持招商”的良好氛围。二是打好“项目攻坚战”，继续推进小城镇建设，完善基础设施，提高城镇化率，推进第一、二、三产业融合发展，着力打造和谐、美丽、生态大用镇。三是打好“城镇提质战”，结合大用镇环境资源、基础设施建设及产业布局编制大用镇建设发展规划，为实施乡村振兴战略做好铺垫。四是打好“安全保卫战”，全力维护社会政治稳定，有效防范和化解各类风险挑战，保障“平安大用”。

三、强化举措，统筹把握好创新与落实，练好“四项基本功”，真正出新招、见实效

进一步落实责任，强化监管，练好安全生产基本功；进一步排查矛盾，抓实稳控，练好社会稳定基本功；进一步夯实基础，加大投入，练好党的建设基本功；进一步深化转型，聚焦重点，练好经济产业发展基本功。

四、攻坚克难，统筹把握好干事与干净，守好“六条底线”，真正有作为、树形象

守好安全生产的底线，坚持守土有责、守土负责、守土尽责；守好稳定的底线，确保社会稳定、和谐、有序发展；守好生态的底线，实现道路绿化、镇村亮化、环境美化的村寨新格局；守好规划的底线，努力做好城镇规划、力争村村美丽，户户整洁、人人干净；守好民生的底线，做到以人为本、民需为要、人民幸福、人民满意；守好廉政的底线，继续狠纠“四风”、强化监督、强化执纪问责，让权力始终在正确轨道上运行，营造风清气正的政治生态环境。

（撰　稿：刘　毅）

深入学习贯彻党的十九届五中全会精神 抓住脱贫攻坚巩固拓展新机遇　以高质量发展统揽新窑经济社会发展全局　开启社会主义现代化建设新征程

——中共新窑镇党委2020年执政情况综述

2020年，新窑镇党委坚持以习近平新时代中国特色社会主义思想为指导，深入学习贯彻党的十九大精神、习近平总书记在贵州省代表团的重要讲话精神和习近平总书记的重要指示批示精神、党的十九届四中全会、省委十二届七次全会、市委七届十一次全会、区委十一届九次全会精神，不折不扣地贯彻落实中央、省委、市委、特区党委的决策部署，思想上、政治上、行动上自觉同以习近平同志为核心的党中央保持高度一致。一年来，我们在特区党委、特区政府的坚强领导下，坚持以脱贫攻坚统揽经济社会发展全局，全镇上下"不忘初心、牢记使命"，坚定信心、攻坚克难，共同推进新窑经济社会和谐稳定发展，全面完成了党委年度工作目标任务。

一、主要工作成效

（一）坚持强基固本，围绕思想建设抓工作。加强政治建设，夯实政治根基。党委自觉扛起意识形态工作主体责任，党委书记主动履行"第一责任人"责任、班子成员自觉履行意识形态工作"一岗双责"职责，强化思想引领、夯实党的阵地建设，牢牢把握意识形态工作的领导权、话语权和主动权。加强思想建设，夯实信仰根基。采取党委会议、党委中心组学习、干部职工政治理论学习等学习形式深入学习习近平总书记的重要指示批示精神、习近平总书记在贵州代表团的重要讲话精神、党的十九届四中全会、省委十二届七次全会、市委七届十一次全会、区委十一届九次全会精神。组织党委班子开展"防风险、守底线"专题会议、各支部开展警示教育活动和爱国主义教育及党支部主题党日活动，进一步增强全心全意为人民服务的意识，提高为人民服务的本领，统一思想，凝聚发展合力，"不忘初心、牢记使命"主题教育成果得到巩固。加强组织建设，夯实执政根基。强化支部书记履职能力和党务工作者业务能力提升培训，督促指导各支部规范开展"三会一课"、党员评议、党组织生活会，着力整顿软弱涣散党组织，着力创建标准化、规范化示范党支部，着力开展"五联五共"，充分发挥党支部组织群众、宣传群众、发动群众、引领群众的战斗堡垒作用，党群干群关系进一步密切。加强队伍建设，夯实人才根基。大力推进村干部"一肩挑"，逐村（居）对现有"两委"班子及后备干部进行分析研判，着力培养党性强、素质高、敢担当、能带富的年轻党员后备干部，严格执行发展党员规程，严把党员发展入口关，2020年共培养积极分子17人，发展对象16人，预备党员15人，进一步壮大队伍，为党注入新鲜血液。

（二）坚持开拓进取，围绕经济建设抓工作。狠抓工业发展，鼓励辖区内的企业改扩建，大海水泥制品厂扩建2000平方米，新增投资约2000万元；鼓励辖区内煤矿产能提升，兴旺煤矿、新兴煤矿、播雨煤矿从原有的30万吨提升至60万吨；鼓励辖区内引进新企业，桥梁坝子易扶工厂引进贵州探新科技有限公司入驻，生产新型气缸制品，现已投资2000万元。狠抓农业发展，采取"公司＋合作社＋农户"

的模式发展花椒、猕猴桃产业，种植花椒3600亩，新增种植猕猴桃2000亩；支持马路村18户养殖户共同组建养殖小区1个，有生猪存栏5000头，牛50头；推进建成跑山猪规模化养殖场1个，有生猪存栏5000头；“三变分红”对1987户贫困户实现全覆盖。

（三）坚持巩固提升，围绕脱贫攻坚抓工作。开展脱贫攻坚巩固提升专项排查。对已录入系统的边缘易致贫户36户169人和脱贫不稳定户16户64人进行动态监测，补齐短板，上好措施，对贫困人口实行动态管理自然增加贫困人口89户96人，自然减少122户128人。开展创业就业工作。城镇新增就业1103人，就业培训427人，其中，贫困劳动力全员培训171人，返乡农民工就业创业908人，创业担保贷款完成9户134万元，全镇建档立卡贫困劳动力4384人，已就业人数为3662人，实现有劳动力家庭一户一就业的目标。开展金融扶贫工作。累计发放扶贫小额信贷资金1260户5920.31万元，累计申报贴息563万元，为打赢脱贫攻坚战贡献金融力量，为脱贫户稳定发展奠定坚实基础，在脱贫攻坚大普查中未发现颠覆性问题。新窑镇代表六枝特区接受国家扶贫资金绩效考核、代表六枝特区接受省对市县2019年脱贫攻坚成效考核工作、代表六枝特区接受省对扶贫开发领导小组办公室开展“四个不摘”检查，均得到各级领导的充分肯定。

（四）坚持结构调整，围绕产业发展抓工作。紧紧围绕产业发展“八要素”，着力调整农村产业结构。紧盯“两高三道”沿线发展产业。引进贵州盛勋生态发展有限公司发展花椒产业，共有完成土地流转3600亩，已种植3000亩；实施猕猴桃种植3600亩，累计用工9万多个，务工收入达630万元，人民群众真正享受到产业发展的成果；其他产业蓬勃发展，形成大产业顶天立地、小产业铺天盖地的产业发展格局。紧盯小康菜园建设。坚持示范带动，以新河村、那玉村、联盟村、洗马河村为示范点，巩固提升新河沙沟为市级示范点，全镇“小康菜园”工程涉及493户1867人，其中，贫困户82户292人。紧盯造林护林工作。完成造林面积3000亩，种植小班16个，发放公益林补助资金52.64万元，新聘用25名生态护林员，组织对护林员开展培训2次110人，大大提升造林护林的工作效率。

（五）坚持和谐稳定，围绕社会治理抓工作。紧盯信访调解不放松。坚持按照“四个常态化”开展信访调解工作，按照“七个一”制定化解方案，共化解矛盾纠纷和信访案件，矛盾纠纷化解率达100%，全年未出现重大节假日非正常上访事件。紧盯安全生产工作不放松。坚持安全生产底线不动摇，认真落实“党政同责、一岗双责、三个必须和属地管理”原则，扎实开展安全生产集中整治和大排查、大整治、大演练工作。常态化开展安全巡查工作，对辖区内煤矿、非煤矿山、烟花爆竹销售点、地质灾害点开展巡查58次，对3家存在安全隐患企业已责令停产并强制关闭；常态化开展道路交通安全工作，组织召开道路交通安全专题会议5次，与各学校、幼儿园、各村（居）签订道路交通安全责任书，镇级每周一、周三常态化开展联合执法，村级开展道路交通劝导和红白喜事打招呼进入常态，全年实现安全生产“零”事故目标。紧盯社会治安综合治理工作不放松。常态化开展矛盾纠纷排查和调处工作，对肇事肇祸精神障碍患者、留守儿童和大龄单身人员进行重点关注；常态化开展校园周边环境整治工作，对全镇中小学校、幼儿园定期开展治安巡逻、交通保畅、食品安全综合大整治；常态化开展禁毒三年大扫除行动，对在册吸毒人员进行定期调度，对外出务工人员开展行前教育等禁毒宣传活动；常态化开展铁路护路工作，定期到沿线中小学开展宣传教育，组织人员开展巡逻和安全隐患排查，全年境内未发生铁路安全事故；常态化开展消防安全排查和治安巡逻工作，对三合一场所、酒吧、夜市摊点、企业等重点区域场所开展检查。全镇社会治安持续向上向好，人民群众安全感满意度大幅提升。

（六）坚持利民为本，围绕社会事业抓工作。聚焦民政兜底不放松。城镇低保和农村低保发放1800万元，发放特困救助供养金100万元；发放临时救助、重度残疾人护理补贴、高龄津贴、冬春救助金等补助金80万元，切实把党的温暖和关怀送到困难群众手中。聚焦防灾减灾工作不放松。2020年全镇遭受特大暴雨洪涝灾害，临时转移安置房屋受损严重的7户农户到新窑镇养老服务中心集中安置，全镇共发放受灾困难群众生活救助195户16万元，申报农房保险20户，获得保险公司理赔6万元。聚焦教育事业不放松。

积极争取对樊家田小学的改扩建，目前主楼已基本施工完成。大力实施营养改善计划。学前普惠幼儿园享受营养改善计划和发放义务教育阶段家庭经济困难寄宿生生活补助。聚焦医疗事业不放松。2020 年参合人数共计 43579 人，其中，精准扶贫建档立卡贫困人口 8826 人，建档立卡贫困户参合率 100%，全镇共资助参保 11207 人 140 万元。聚焦科教卫生事业不放松。扎实抓好疫情防控工作，全年无一例疑似病例，疫情防控形势总体向好；家庭医生签约服务实现覆盖率 100%，孕前优生健康检查有序开展，一孩、二孩生育服务证有序办理；建成镇级图书室 1 个，村级图书室 13 个，收藏图书 32 类 2 万册，文化创建工作有序推进。聚焦社会其他事业不放松。两个易地扶贫安置点“新市民、追梦桥”工程有序推进；第七次全国人口普查工作如期完成；高度重视人民武装工作，适龄青年兵役登记全覆盖；高度重视民族宗工作，严格按照有关要求抓落实且抓出成效；高度重视环保工作，定期开展河道治理和农村环境卫生整治；残联、青年、妇女儿童、老年教育等各项事业齐头并进。

（七）坚持正风肃纪，围绕作风建设抓工作。认真落实全面从严治党“两个责任”，严明党的政治纪律和政治规矩，切实扛起管党治党的政治责任，“不敢腐、不能腐、不想腐”有效机制已全面形成。一是常态化开展思想教育。深入贯彻落实“中央八项规定”和省委、市委“十项规定”精神，继续落实作风“十不准”，常态化开展党规、党纪学习和案件、案例通报，组织开展“防风险、守底线”专题会议，收到提醒警醒意见 74 条，组织 23 个支部召开“防风险、守底线”主题党日活动。二是常态化开展警示教育。充分发挥廉政文化教育基地作用，组织本单位党员干部参观廉政文化基地 23 次 436 人次，配合外单位开展警示教育 2000 人次，组织党规党纪学习 30 次和案例通报 48 个，让“不敢腐、不能腐、不想腐”的思想教育入脑入心。三是常态化开展督导问责。组织专项监督检查 56 次，通报批评 2 人，立案审查 7 件 8 人；开展党委集体约谈 3 次 100 人次，个人提醒约谈 16 人次、纠结错诫勉约谈 4 人。

二、主要措施

一是依靠特区党委、特区政府的坚强领导。二是全镇广大党员干部群众不忘初心、牢记使命、苦干实干。三是依靠各位代表和社会各界人士鼎力相助、积极参与。

三、取得的主要经验

（一）高质量抓党的建设。一是紧抓意识形态工作。通过认真学习贯彻党的十九大精神，加强党对意识形态工作的领导，进一步发展壮大社会主义意识形态工作，不断增强意识形态领域工作的主导权和话语权，始终坚持正确舆论导向，加强阵地建设和管理，弘扬时代主旋律，讲好新窑好故事，打好意识形态工作主动仗。二是紧抓党的政治建设。始终把党的政治建设摆在首位，旗帜鲜明讲政治，在政治立场、政治方向、政治原则、政治道路上同以习近平同志为核心的党中央保持高度一致。持续开展“不忘初心、牢记使命”主题教育学习，强化理论武装，不断提高党员干部的“八大本领”，引导广大党员干部更加自觉地为新时代党的历史使命不懈奋斗。三是紧抓党的队伍建设。加强党员队伍建设，稳固党的群众基础，夯实党的执政根基。不断培养、发掘一批有识之士、有能力之士加入村干部队伍中；强化干部履职能力培训，提升发展能力和为民服务的本领。四是紧抓党的组织建设。持续推行“村社合一”“龙头企业＋合作社＋农户”发展模式，着力发展壮大村级集体经济，提升基层党组织战斗力。严肃党内政治生活，认真贯彻落实“三会一课”、民主生活会、组织生活会及民主评议党员等党内制度，充分发挥党支部的战斗堡垒作用。

（二）高质量抓经济发展。一是全力抓好产业结构调整。重点打造那秀、上云盘、新窑、马路、桥梁花椒示范基地建设；不断扩大联盟、联合猕猴桃产业；沿“两高三道沿线”合理布局全镇经济作物、油料作物种植。二是全力抓好刺梨、花椒、猕猴桃产业。扎实开展刺梨、花椒、猕猴桃产业提质增效，加大管护力度，不断推进农业产业绿色化、集约化发展，全力打造新窑品牌。三是全力抓好企业发展。

努力推动现在企业的改扩建，大力引进新型企业落户新窑，不断打造新型工业化示范乡镇，助力新窑经济高质量发展。

（三）高质量抓社会各项事业。一是高度重视安全生产工作。认真履行主体责任和“一岗双责”职责，常态化开展安全生产集中整治和大排查大整治大演练行动，严格按照“三必须”原则落实责任。二是高度重视医疗卫生养老工作。加大医疗、卫生、养老投入，积极争取项目，改善医疗环境，提升医疗服务能力水平；加大对农村养老服务保障体系建设。三是高度重视社会治安综合治理工作。坚持常态化开展矛盾纠纷排查化解不动摇，坚持常态化开展禁毒大扫除专项行动，坚持常态化开展铁路护路和信访调解工作。四是高度重视教育和文化工作。巩固提升义务教育均衡发展成果，着力加强师德师风建设，为义务教育提供优质保障；巩固提升国家公共文化服务体系示范区成果，完善综合性文化服务中心建设。

（四）高质量抓脱贫攻坚成果拓展巩固与乡村振兴有效衔接。一是抓实工农产业齐发展。激发工业活力，培育优势产业，以新窑村华兴管业和鸭塘村大龙砂石厂为中心，进一步规范和壮大传统加工业，完善工业企业基础设施，进一步加大招商引资力度，利用闲置厂房、村部、校舍引进中小型加工企业落户。二是抓实小城镇建设。努力打造特色农产品，大力发展休闲农业，以六六高速、六安高铁、六郎路等为主骨架，以猕猴桃、花椒种植产业为基础，全面推进道路及周边的“农旅一体化”发展。三是抓实生态宜居新农村建设。大力实施村寨清洁行动，做好主要干道、村委会、学校等区域环境治理，增强村（居）民生态环境意识，提高参与人居环境整治的主动性、积极性；大力弘扬优秀农村传统习俗，反对糟粕习俗，抵制乱办酒席等，推进文明乡村建设。四是抓实乡村治理工作。加大乡村人才培养引进力度，提升村级公共服务能力；加大环境整治力度，提高群众环保意识，积极引导群众主动参与村规民约制定，不断完善村规民约；深入推进社会治安防控体系建设，健全矛盾纠纷排查化解机制，强化人民调解员队伍建设；深入推进“平安法治村”“平安家庭”等典型选树活动，促进社会更加和谐稳定。

（五）高质量抓全面从严治党。一是突出长效机制。强化从严落实责任、从严教育警醒、从严查处腐败、从严落实制度、从严监督管理、从严整治“四风”、从严执纪问责、从严建设队伍，始终坚持零容忍的态度不变、严厉惩处的尺度不松。持之以恒贯彻中央八项规定精神，全面构建起一道反腐倡廉的铜墙铁壁，努力构建“不敢腐、不能腐、不想腐”的长效机制。二是突出风清正气。严格落实全面从严治党“两个责任”，持续推进风清气正政治生态，抓住“关键少数”带动绝大多数。常态化开展约谈、警示教育，正确把握运用监督“四种形态”，及时发现问题、纠正偏差。

四、存在的问题

一是党的建设工作落实不均衡，由于村党组织书记和党务工作者能力和文化水平差距，出现理解政策和文件精神不深不透，党建工作在部分村落实得不够好。二是农业产业发展不均衡，虽然大部分村都已经有自己的主导产业，但部分村还没有形成规模，各村产业发展层次不齐。三是社会各项事业发展不均衡，比如，镇党委产业、工业发展初具规模，但旅游业发展还没有得到充分的开发和利用。

五、下一步的工作打算

（一）强化理论武装，思想高度统一。始终把政治建设放在首位，增强“四个意识”、坚定“四个自信”、做到“两个维护”。全力抓好政府系统党的建设和意识形态工作，坚持用习近平新时代中国特色社会主义思想武装头脑。继续深入学习贯彻党的十九大报告、习近平总书记的重要指示批示精神、习近平总书记在贵州代表团的重要讲话精神、党的十九届四中全会、省委十二届六次全会、市委七届十次全会、区委十一届五次全会精神。推动广大党员干在学懂、弄通、做实上下功夫，把思想紧紧围绕在以习近平同志为核心的党中央周围。

（二）强化工作落实，责任压紧压实。一是厘清思路，强化学习。二是紧盯重点不移，焦点不偏。三是压实责任，确保队伍不散。四是明确新目标，切实提高政治站位。

（三）强化民生实事，社会各项事业落实落地。始终把保障和改善民生作为根本出发点和落脚点，提高民生幸福指数和满意程度。一是坚持教育优先发展战略地位不变。二是积极促进创业就业。三是大力发展医疗卫生事业。四是全面提升社会保障水平。五是加快发展文化体育事业。六是强化安全生产和社会矛盾风险管控。

（四）强化自身建设，打造服务型法治政府。班子成员要多深入基层，深入群众，倾听群众呼声，关心群众疾苦，及时解决群众反映强烈和不满意的问题。始终把改善民生作为政府工作的出发点和落脚点，把民意融入思想情感里，体现在政策措施中，落实到具体行动上，为人民群众谋利益、造福祉，让人民群众共享更多、更好的发展成果。

（撰　稿：新窑镇党政办）

面向新时代　立足新起点　实现新作为 奋力谱写“富美新华”

——中共新华镇党委2020年执政情况综述

2020年，在特区党委、特区政府和镇党委的领导下，在镇人大的监督支持下，镇人民政府团结和依靠全镇各族人民，全面贯彻党的十九大精神、习近平总书记重要讲话精神，持续深化“不忘初心、牢记使命”主题教育成果。坚持主基调、主战略，牢牢守住发展、生态、安全三条底线，响应六盘水市委、市政府，六枝特区委、特区政府号召，全力以赴开展脱贫攻坚交叉考核评估验收工作，带领全镇人民，坚定信心、齐心协力、锐意进取、攻坚克难，促进镇党委经济的快速发展和社会的全面进步，为加快科学发展、建设幸福和谐美丽新华打下坚实的基础。

2020年，镇党委整体综合实力持续攀升。2020年一般公共财政预算收入完成80.17万元，其中，税务完成59.41万元，财政完成20.76万元。2020年1—10月拨付各项涉及扶贫方面的惠农、惠民资金1576.47万元，其中，农村人居环境整治资金858.82万元，农村产业发展资金105万元，产业分红资金34.45万元，退耕还林补助369.26万元，贫困户上措施补短板资金46.86万元，通村公路建设资金45万元，教育补助资金2.14万元，易扶搬迁一次性补助资金68.55万元，脱贫攻坚冲刺阶段临时救助资金46.39万元。

执政实践和成效

一、镇域产业稳步提升，综合实力不断增强，执政成效明显

一是特色农业产业进一步优化，经济效益逐步提升。不断提高农村土地利用率，在基本稳定粮食生产面积的基础上，特色农业产业结构得到进一步优化，2020年已完成经果林1000亩，刺梨230亩，其他1490亩，小菜园建设311户。全年播种总面积达7.802万亩，其中，粮食播种调减种植低效作物面积0.272万亩，蔬菜种植0.4万亩，马铃薯种植4万亩，油菜种植0.67万亩，小麦0.8万亩，种草0.1万亩，高粱、吊瓜0.3万亩，绿肥种植1万亩，中药材（刺梨）0.26万亩。新华镇大力鼓励群众减少玉米种植量，共种植有白菜、萝卜、莴头、魔芋、小瓜、四季豆、辣椒等蔬菜，优化镇党委农业产业结构，促进农户增产增收。

二是坚持“工业强镇”战略，进一步强化服务意识。坚持创新服务方式，提高服务效率，热心待商、诚心助商，为外商营造一个投资效益好、安全系数高、投资成本低、政府效率高、服务质量好的投资环境。坚持走“转型发展绿色化”的路子，坚决不放松工业工作，做好企业服务工作，结合新华镇的煤矿资源，服务好煤矿，让新华煤矿尽快投产，从而带动新华镇的经济发展。积极引导个体工商户和私营企业发展，提升工业招商服务，转变服务理念。2020年以来，个体工商户和私营企业户持续增加，工业总产值不断提升。

二、聚焦脱贫攻坚各项工作，确保镇党委全力打赢脱贫攻坚战顺利“清零”

新华镇2020年脱贫攻坚工作目标任务是贫困户全部“清零”暨149户519人脱贫；对全镇2014年以来已脱贫户1001户4532人（包括2018年脱贫户220户7986人）开展“回头看”巩固提升工作，均不存在返贫风险。镇党委紧紧围绕2020年脱贫攻坚贫困户“清零”任务，建立健全领导机构，制定脱贫

攻坚工作制度，新增脱贫帮扶措施，增派脱贫攻坚工作人员，按照上级扶贫部门的工作安排，及时完成各项脱贫攻坚工作任务。至2020年年底，镇党委2019年脱贫攻坚目标任务已顺利通过镇扶贫工作站多次核查研判，149户519人贫困人口达到“一超六有”脱贫标准；三个已退出贫困村无返贫情况，达到巩固提升目标，全面完成当年脱贫攻坚工作任务。

（一）聚焦基础设施建设

1.通村公路建设方面。积极配合交通部门完成镇域内通村公路38.9公里，协调矛盾纠纷120起，实现全镇村村通公路、组组通公路，惠及全镇5个行政自然村寨，41个村民组百姓出行，有效解决出行难问题。S310道路建设方面，六枝大草坝至新华段，全程改扩建工程7.8公里，配合交通局业主代表对全路段进行征地拆迁，其中，征用土地300多亩，拆迁房屋18间，处理各类阻工150起，确保工程建设顺利推进。

2.饮水安全方面。新华镇辖9个村89个村民组共实施8个工程项目点饮水工程，共涉及2901户11732人，新建水池20个1640立方米，管理房10个，铺设管道70.422千米，各点泵站、输配水主管及入户支管安装完毕，安装完成饮用水源标识牌39块，二氧化氯投加器消毒设施46台，现已实现全镇8个村（双屯村、新寨村、田坝村、新田村、王家冲村、新平村、兴隆村、成功村）自然村寨正常通水，现已解决2901户11732人饮水安全问题。为切实保障工程长久有效运行，各工程点均聘有管护人员进行工程管护，管护人员正常开展水源巡查、抽水作业、管道排查及检修、用水政策宣传、防冻宣传，现正有序开展用户供水协议签订、抄表登记及水费收缴工作。

（二）聚焦易地扶贫搬迁。易地扶贫搬迁工作认真贯彻“六个坚持”，全面落实“五个三”综合配套政策，确保群众搬得出、稳得住、能致富。新华镇易地扶贫搬迁任务数为114户572人，已全部搬迁入住，其中无房户13户、连体房10户；应拆除旧房91户，已拆除91户。

（三）聚焦产业扶贫。新华镇党委、镇政府极力通过发展生猪养殖、中蜂养殖、茶叶种植、入股砂石厂等方式，通过企业（合作社）实施扶贫产业，对有劳动力的推荐务工，没有劳动力的采用“三变”分红的模式等带动149户519人贫困脱贫。2019年度共获得分红资金46.6万元，户均增收3127元。

新华镇党委、镇政府极力通过实施生猪养殖、中蜂养殖、茶叶种植、资金入股砂石厂、生猪养殖及加工等项目，通过企业（合作社）实施扶贫产业，对有劳动力的推荐务工，没有劳动力的采用“三变”分红的模式等带动1015户4537人贫困脱贫。2020年度，共获得分红资金43.6万元，户均增收420元。

新华镇2020年度实施扶贫项目3个：一是养牛项目，总投资300万元，新华镇党委、镇政府高度重视，派专人负责，截至11月30日，项目涉及建设内容（能繁母牛、肥料、饲料及能繁母牛冻精）等全部采购到位，能繁母牛120头、能繁母牛冻精4000支、牧草肥料50.34吨、养牛饲料73.53吨等。二是农业结构调整项目，投入资金140万元，种植黄精280亩，截至11月30日已全部竣工报账结束。三是东西部扶贫协作小康菜园“示范点”打造项目，涉及资金10万元，在兴隆村、双屯村打造小康菜园“示范点”3个，截至2020年9月30日项目全部竣工报账结束。三个项目共覆盖贫困户285户1041人，项目报账率100%。

（四）聚焦教育、医疗、住房、环境保障

1.教育保障。一是基础设施建设。为了解决学生的吃、住、学、乐，镇中学投入97万元，镇小学投128万元，上级教育部门投入400万元左右，完善学校基础设施和硬件设施。二是全力抓好控辍保学和教育资助政策工作。教育资助工作如下：对建档立卡贫困户的孩子上高中、中职、大学根据不同的学历必须享受国家教育资助政策，责任落实到每一位帮扶人和老师身上，印制教育资助明白卡到帮扶对象家里，开展国家对大中专学生及高中学生的资助政策，确保每一位贫困家庭的孩子都能享受国家资助，完成学业。控辍保学如下：按照“全覆盖，零辍学”的要求，镇政府出台《新华镇控辍保学工作实施方案》，明确责任，将每一个辍学学生包保到全镇帮扶干部和村干部身上；落实“七长责任制”，控辍保学工作人人肩上有担子，截至2020年年底，没有义务教育阶段辍学学生。

2. 医疗保障。一是村卫生室建设。2019 年新华镇 9 个村全部实现卫生室全覆盖，包括配套村医、基药等满足开方就诊的条件。二是实现贫困人口 100% 参合。2019 年参合人 23354 人，贫困户实际参合人数 5051 人，除 49 人在外参合，建档立卡户参合率达 100%，家庭医生签约 8049 人。建档立卡贫困户家庭医生签约应签 5047 人，实签 5047 人，签约率达 100%。完成慢性病 386 人的调查核实工作，其中，贫困人口高血压人数 308 人，糖尿病人数 44 人，重度精神病人数 34 人。

3. 住房保障、聚焦环境整治。大力发展小城镇建设，加快小城镇的规划和建设，完成《新华镇总体规划（2015—2030 年）》和 10 个村（居）村庄规划，统筹城乡一体化发展，合理布局产业，增强城镇综合承载能力，高质量编制城镇规划，增强规划对城镇建设的可持续发展。结合新华镇棚户区改造综合整治配套基础设施建设项目，加大城镇基础设施建设力度，不断完善镇中心区内道路设施建设，以城镇路网建设为重点，全面推进给排水、供电、通信、供气、排污管网等城镇基础设施建设，完善城镇功能，新建、改扩建一批医疗医共体项目、新华镇第二幼儿园、文化广场等公共服务配套项目设施。大力推进农村人居环境整治工程，实施庭院硬化 60167.41 平方米，串户路 86821.2 平方米，危房改造 155 户、透风漏雨整治 554 户、易地扶贫搬迁 113 户。开展“三新一清洁”活动，引导群众自觉革除各种陈规陋习，结合千家万户“小康菜园”工程，不断亮化农村人居环境，促进农村更加干净、整洁、有序，镇村风貌得到进一步改善。对全镇建档立卡贫困户和边缘户，开展拉网式逐户排查，加快补齐农村基础设施短板，全面消除建档立卡贫困户房屋透风漏雨现象及危旧房带来的潜在安全隐患，真正实现农村住房安全保障和人居环境提升。新华镇 9 个村的农村乱占耕地建房问题摸排工作于 2020 年 9 月 29 日已全部摸排结束，共计 5785 户。红线内图斑数 1488 个，其中，涉及外县乡镇 3 个，已完成特区农房办返回数 821 个，余下的 667 个力争在特区要求的时间内完成。S310 道路改扩建工程。此工程由四川鼎恒公司承建，其中，新华段里程共计 11.758 公里，涉及镇党委新田、新平、田坝 3 个村。截至 2020 年年底，完成 4.1 公里沥青路铺设，其余 7.658 公里正在建设之中，累计完成投资 5580 万元，累计完成征地 350.3967 亩，其中，征地补偿款已付 324.5884 亩 961.3647 万元。X017 道路改扩建工程。此工程由中铁十八局第二施工队承建，其中，新华段里程共计 7.7 公里，涉及镇党委鼠场、兴隆、新平 3 个村。截至 2020 年年底，已全部完成并使用。“十三五”期间，通村公路建设 18 条，71.122 公里，平均每平方公里 3.89 公里公路，通组公路率为 100%，改变了老百姓肩挑背驮和出行难的问题。新华镇城市棚户区改造综合整治配套基础设施建设项目（新华广场项目），总投资 3000 万元，项目占地面积 5667.4 平方米。主要建设内容为配套城市棚户区基础设施，项目 2017 年动工，现已全面完工。累计硬化面积 5000 平方米，铺设道路 2 条，建成多功能广场 1 个，标准篮球场 1 个，五人制足球场 1 个，标准羽毛球场 1 个；绿化面积 10000 平方米，种植桂花、银杏、樱花 300 株，新建路灯 140 盏，拓展商业街道 400 米。新华镇如今建成全国、全省、全市、全区的卫生乡镇。基础设施进一步完善，人民群众对幸福生活的获得感进一步得到提升。

（五）聚焦就业扶贫。2020 年新华镇罗汉地石灰石厂和远宾高山茶叶合作社、王家冲村黔德福火腿加工厂吸纳 160 个贫困劳动力务工；开展贫困劳培力全员培训共两期，培训 100 人次，涉及 2 个村贫困劳动力，覆盖 100 户贫困户，推荐就业 60 人次，组织贫困劳动力 50 人参加由特区组织的招聘会 1 场。解决贫困劳动力就近就业问题。对无法外出、发展不足的贫困户，采用设置公益性工位、招聘护林员等方式，解决 60 人的就业问题，户均收入增加 10000 元以上。

三、坚持以人为本、统筹全局，推动社会各项事业建设

（一）安全生产管控到位。对非煤矿山的日常检查，每月开展 2 次检查，汛期每月至少开展 4 次检查，共计检查 24 次，落实隐患整改 100 条。对镇村道路安全监管，每周 1 巡查 1 劝导（打招呼），联合路政、交警、派出所执法 15 次，查扣机动车 29 辆台次。对民爆物品、烟花爆竹、危化物品、放射源等易燃易爆物品的生产、经营、运输、储存、使用、处置等严格监管，联合应急局查处违法经营烟花爆竹 1 家，

收缴烟花爆竹1.5吨进行销毁。对已发生和可能发生地质灾害区域的监测工作，坚持避让为主，制定防灾预案，对6个地质灾害点明确领导包保，共巡查检查50次，撤离安置受威胁农户14户。

（二）认真落实深化平安建设。提升人民群众安全感满意度工作，加强综治基层基础及防控建设，加强矛盾纠纷排查化解，确保社会和谐稳定，认真排查梳理全镇重大社会矛盾纠纷突出问题，村（居）排查化解矛盾纠纷50起，综治办协同各责任单位排查化解矛盾纠纷20起。认真开展严打整治、禁毒5个专项行动，加强宣传，深入开展防毒、反毒摸底排查工作，开展无毒单位、村居、学校创建工作，认真组织开展禁毒专项测评工作，禁毒工作取得良好的效果。

（三）社会事业协调共进。农低保1583户2668人。发放农低保金额5945315元，城低保305户481人。发放城低保金额1261211元。发放五保（特困）供养金35户43人543321元。高龄补助金发放340380元。临时救助发放12500元。发放冬春救助30万元，发放季节性缺粮大米19605公斤。切实解决低收入人群的生活问题。2019年完成年度孕前优生检查85对，进行两癌筛查义诊3次，落实奖励扶助制度端午、中秋对失独家庭慰问4户5人。

（四）"扫黑除恶"工作力度持续加大。定期对辖区学校、各村（居）、重点行业领域等场所进行全面摸排，通过实地察看、走访群众等方式，全面了解掌握辖区扫黑除恶情况，司法行政部门对辖区的村支"两委"人员进行涉黑涉恶及犯罪前科进行摸排。共签订承诺书120份，形成严打高压态势。落实扫黑除恶包保责任制，将全镇10个村（居）划分为10个大片区，83个小片区，各挂村领导包保所联系的村（居），各村村干部、同步小康第一书记、驻村工作组成员根据各村片区划分区域进行包保。组建10个村（居）宣传队，结合新农合、精准扶贫等工作，开展"扫黑除恶"宣传，并鼓励群众积极检举、揭发涉黑、涉恶违法犯罪活动线索。截至2020年年底，增设扫黑除恶宣传栏25块，设置扫黑除恶举报信箱13个，制作扫黑除恶永久宣传标语63幅，悬挂大型宣传横幅2幅、宣传横幅500条、写真标语1000条。在新华微博和新华镇工作交流群上推送扫黑除恶工作开展情况、宣传海报、举报方式等。共发放宣传册20000份，张贴公告3000份，制作宣传海报4000张，宣传车出动180次。疫情防控阻击战凝聚强大力量。面对突如其来的新冠肺炎疫情"加试题"，坚持把人民生命安全和身体健康放在第一位，狠抓外防输入、内防反弹，打好疫情防控的人民战争、总体战、阻击战，不断汇聚众志成城抗"疫"战"贫"的强大力量，同时间赛跑、与病魔较量。

（五）坚持把党的建设作为工作重点，加强自身素质建设。坚持民主法治建设不动摇。自觉接受法律监督、民主监督和司法监督。坚决落实中央、省、市作风建设各项规定。依法治镇深入推进，基层民主政治建设进一步加强，人民群众的知情权、参与权、表达权和监督权得到保障，公民法治素质明显提高。坚持体制机制改革不动摇。"村财镇管"体制改革试点工作有序推进。坚持勤政廉政建设不动摇。围绕建设"诚信、高效、为民、廉洁"政府的目标，加快政府职能转变，强化行政监察、审计监督和工作督查，全面落实廉政建设责任制。进一步健全管理机制和问责机制，政风、行风建设得到加强，政府执行力进一步提高。

四、聚焦思想建设抓党建

（一）旗帜鲜明抓主责、担主业，党的建设全面加强。一是提高政治站位，坚持把党建工作放在重要位置，举全镇之力把党建工作抓好抓实。严肃党内政治生活，规范支部"三会一课"制度，丰富主题党日活动，以"两学一做"学习教育和"不忘初心、牢记使命"主题教育为载体，不断强化党员的政治理论学习和党性修养，通过抓思想教育，党员干部不断增强"四个意识"、坚定"四个自信"、做到"两个维护"，激发党员干部担当作为。二是层层压实责任。将党建作为"主业"，建立班子成员联系村、联系分管领域抓党建工作制度，形成党委统一领导、书记负总责、分管副书记具体负责、党支部书记抓落实的工作格局，全面抓落实的要求。三是宣传工作不断强化。党委书记带头深入村（居）宣讲党的十九届五中全会精神，主持召开党委会议26次，专题研究基层党建6次，听取支部党建工作专题汇报7次，研究解决基层党建问题20个，网信舆情分析有力，思想引领和阵地建设得到加强。四是积极引导宗教与社会主义社会相适应，严格按照“保护合法、制止非法、抵御渗透、遏制极端、打击犯罪”的原则，加强党的政策宣传，强化意识形态工作，大力开展统一战线工作，团结各民族和宗教界人士，引导宗教与社会主义社会相适应，净化镇党委社会风气，使得民风回归淳朴。

（二）基层基础不断夯实。一是强化活动阵地建设。针对农村基层阵地建设薄弱的问题，全力推进9村1居活动室基础设施建设，完善服务群众的功能。二是不断壮大村集体经济积累，引导有实力的年轻人加入村集体合作社，选好选准好的项目，不断壮大村集体经济积累。三是开展驻村帮扶，健全完善镇党委班子成员联系村指导基层党建工作，切实履行好镇党委党建工作主体责任，通过驻村帮扶，在工作中增进党群、干群关系，锤炼干部的民生情怀，解决群众实际困难，基层战斗堡垒的作用得到彰显。四是推进“强村联弱村”工作机制。经过认真研判，将战斗堡垒作用发挥好、带动群众致富强、服务群众能力强的村结对帮扶能力相对弱的村，通过帮扶带动，实现党建能力有力延伸，基层党建工作质量和整体水平持续提高。五是推进软弱涣散党组织的整顿。在特区组织部的指导下，对全镇18个基层党支部进行全面排查，通过集体研究，决定将田坝村党支部纳入软弱涣散基层党组织进行整顿，通过整顿提升，不断推进各党支部的建设，督促各支部建立流动党员管理QQ群、微信群，加强流动党员的管理，严肃党内政治生活，规范“三会一课”，完成支部14个基层党组织标准化建设的验收工作。

（三）党风廉政建设取得实效。坚持正风肃纪不止步，认真落实党风廉政建设主体责任，大力开展党风廉政“护脱贫、促脱贫”行动，坚持有腐必反、有贪必肃，切实加强对权力运行的制约和监督，以“零容忍”态势抓好党风廉政建设和反腐败斗争。2020年以来，围绕脱贫攻坚工作和扶贫领域腐败问题开展专项督查1649次，立案审查4件4人，报特区监委立案审查4件4人，上缴违纪款5.748万元。持之以恒地贯彻落实中央八项规定和省、市、区若干规定精神，扎实开展专项整治。坚持廉政教育全覆盖，深入开展警示教育活动，组织廉政观影2次，干部任前谈话4人次。

（四）队伍建设坚强有力。一是注重培养年轻党员。按照党员发展程序发展党员，吸收预备党员3名，培养入党积极分子20名，为党组织注入新鲜血液。二是选树一批先进典型。培育全省、全市、全区优秀党组织书记3名，全省、全市先进基层党组织1个，全市优秀共产党员1名，区级优秀党务工作者1名，先进基层党组织2个。三是壮大扶贫力量。并配齐配强领导班子，新聘用了21名大学毕业生进入村干部队伍。四是抓班子带队伍。注重在脱贫攻坚一线锻炼干部、考察干部，促进干部成长。2020年，推行职务与职级并行，晋升四级调研员一人；二级主任科员2人，建立乡、村两级青年干部人才库，注重从致富带头人、返乡农民工、退伍军人、大学毕业生中招聘村干部，为2021年村支“两委”换届打下坚实基础。

存在的问题

在看到成绩的同时，也要清醒认识到，镇党委的工作离特区党委、特区政府的要求和人民群众的期望还有一定的差距，发展中还面临不少困难和问题：

一是脱贫攻坚工作虽然取得阶段性成果，但后续巩固发展、团结和带领广大群众发展致富压力依然巨大。二是产业转型升级成效还不明显，特色产业支撑不足，支柱产业带动能力不强。三是部分群众收入不稳定。四是基层社会治理有待加强。五是全面从严治党仍须加强，少数干部不作为、慢作为、不想为、不敢为、不善为现象客观存在。六是基础设施条件依然落后，贫困面广、民生短板较多，特别是交通和饮水严重影响人民群众的满意度，脱贫攻坚后续巩固提升任务十分艰巨。七是生态环境脆弱，资源循环利用率低，循环经济支撑不足，生态文明建设压力巨大。八是软弱涣散基层党组织仍然存在，部分基层组织战斗堡垒作用不强，少数党组织及党员干部落实“两个责任”不力，“四风”问题屡禁不止，少数基层党员干部不作为、乱作为、滥作为时有发生，全面从严治党任重道远。对此，我们既要客观认识，更要辩证看待，化压力为动力、化挑战为机遇，直面突出问题、聚焦主要矛盾，着力解决好制约新华高质量发展的重点、难点问题。

下一步工作打算

2021年，是中国共产党成立100周年，是“十四五”开局之年，是深入实施乡村振兴战略的关键之年，做好2021年的各项工作，意义重大，影响深远。

一、突出党的建设，坚持高位推动

坚持把党的政治建设摆在首位，旗帜鲜明讲政治，牢牢把握意识形态工作领导权，始终坚持正确舆论导向，加强阵地建设和管理，弘扬时代旋律，把握意识形态工作主动权。突出政治功能引领，持续推进基层组织建设，积极创建标准化基层党组织，激发基层党建工作活力。坚持党管干部原则，贯彻新时期好干部“五个标准”，突出德才兼备、以德为先用人导向，不断推动干部专业化能力提升，加大业务培训力度，增强干部的专业素养、专业水平和专业精神。大力弘扬艰苦创业精神，切实增强干部队伍忧患意识、底线思维，提高防范化解业务风险能力。大力弘扬真抓实干、一抓到底、抓铁有痕、踏石有印的优良作风，坚决破除形式主义、官僚主义。坚决整治“怕、慢、假、庸、散”等作风顽疾。严格落实全面从严治党“两个责任”，深入贯彻执行《中国共产党问责条例》，坚持问题导向，抓住“关键少数”，深化标本兼治，持续推进风清气正的政治生态。

二、突出文化引领，推动精神文明建设

全面加强思想文化建设，坚定文化自信，强化文化驱动，深入推进社会主义精神文明建设，持续唱响社会主义核心价值观主旋律。深入开展社会主义核心价值观和“不忘初心、牢记使命”主题教育。充分发挥农家书屋功能，倡导全民阅读，提高整体素质和社会文明程度。突出以文惠民，坚持引导公共文化资源向村组延伸，持续加强村级公共文化设施建设，继续保护传承和创新发展优秀民族文化，加大非物质文化遗产的保护力度。加快多种媒体融合发展，扩大文化对外交流，加强和改进新闻宣传报道工作，真实、立体、全面地展示新华“农业强镇、工业富镇、城镇亮镇、旅游活镇、绿色兴镇”的魅力，不断提升新华知名度、美誉度和影响力。

三、突出法治建设，推动社会和谐稳定

健全党委领导、政府负责、社会协同、公众参与的社会管理格局，加强和改进基层党组织工作，发挥群众组织和社会组织作用，形成社会管理服务合力。健全党委主导的维护群众权益机制，完善人民调解、行政调解、司法调解联动的工作体系，整合各方面力量，建立调处化解矛盾纠纷综合平台。畅通和规范群众诉求表达、利益协调、权益保障渠道，正确处理人民内部矛盾，把各种不稳定因素化解在萌芽状态。继续开展扫黑除恶专项斗争，加强排查化解安全生产隐患，坚决杜绝安全生产事故发生。深化民族团结进步教育，加强各民族交往交流交融，积极引导宗教与社会主义社会相适应，提升宗教工作法治化水平，团结宗教界人士，积极引导信教群众树立正确的人生观、价值观，通过自己的努力脱贫致富，推动镇党委民族团结，和谐稳定。深入推进黄、赌、毒专项斗争。积极做好老龄、老干部和关心下一代工作。深化全民国防意识，深入开展双拥共建活动，退役军人事务管理，不断巩固新型军政、军民关系。

四、突出产业支撑，推动产业结构转型升级

进一步优化农业产业。按照产业结构调整“八要素”要求，大力发展“茶、菜、菌、果、药”等农业产业，紧盯生态种植业的发展，突出车厘子产业，培养立体种植模式，提升土地使用空间，延伸产业链条，拓展群众增收渠道；全力推进辣椒产业，建成辣椒加工厂，提升品牌效应，拓展市场营销，做成镇支柱产业。大力推进食用菌产业，充分发挥林地优势，建成全市最大仿野生菌基地，培育好赤松茸产业，带动发展康养产业。稳固提升茶叶、刺梨、烤烟等产业，全力推进产业生态化、生态产业化。加强宣传引导力度，加大招商引资力度，大力推进“回乡创业带富工程”，培育带领全镇经济发展发动机，加快培育农业规模化服务组织，推进农业生产全程社会化服务进程。

五、突出生态脱贫，推动实施乡村振兴战略

脱贫攻坚工作虽已取得阶段性成效，全镇贫困人口已全部清零，但在成效巩固提升上任重道远。生态是新华最好的财富，绿色是新华最大的特色，牢固树立和践行“绿水青山就是金山银山”的理念，加强环境保护和生态建设，把“绿色兴镇”作为推动美丽乡村建设的根本底色，着重完善村庄布局规划，坚持保护与开发、传承与创新相结合，注重保留村庄原有自然风貌、乡村风情和文化民俗，打造一批自然生态型村庄、特色产业型村庄，大力推进乡村振兴战略，建立垃圾处理、道路修护、绿化养护、河道管护、公共设施维护长效管护机制。继续严格执行环境保护制度，实施严格的生态环境保护措施，全面整改落实负面清单，突出抓好生态空间管控和保护，严守生态保护红线。进一步加大环境综合整治力度，严格落实河长制，持续推进生态文明乡村创建工作，强化农村环境治理，积极推进农业产业结构调整，稳步推动乡村振兴战略。

六、突出以人为本，推动民生社会事业发展

坚持以人民为中心的发展思想，以更高标准、更大力度统筹推进各项社会事业健康发展，让人民群众对美好生活的向往逐渐变成现实。拓宽富民增收渠道，拓宽群众就业、创业渠道，努力让群众拥有更稳定的工作、更满意的收入。加大创业扶持力度，促进高校毕业生、返乡人员自主创业，以创业带动就业，不断增加经营性收入。扩大社会保障制度覆盖面，认真做好农村养老保险、合作医疗工作。进一步加大对助残、救孤、济困、医疗、卫生等社会事业的投入。全面推动教育事业科学发展，高位推进素质教育。

（撰　稿：新华镇党政办）

中共木岗镇党委2020年执政情况综述

2020年，木岗镇党委、镇政府在特区党委、特区政府的正确领导下，在特区人大常委会、政协的指导、关心和支持下，认真组织学习贯彻落实党的十九大精神，团结带领全镇干部职工，紧紧围绕“一手抓疫情防控工作，一手抓经济发展”，落实各级党委、政府的工作部署，有力促进各项工作的顺利开展，实现全镇经济社会更好、更快发展。

执政实践和成效

一、经济指标健康增长

财政收入完成1346.78万元，完成任务的116.81%。

二、特色小城镇建设加快推进

投资1.95亿元推进木岗镇陆港片区棚户区改造货币安置工程，投资2415万元的六枝特区2018年木岗镇城镇棚户区改造项目已竣工；投资4302.12万元的六枝特区2018年木岗镇棚户区改造配套基础设施建设项目，已完成三分之一；投资70万元的六枝特区木岗镇戛陇塘村建行帮扶项目已竣工；投资52.635万元的六枝特区木岗镇派出所民警备勤用房食堂及配套基础设施建设项目，已基本竣工；投资3000万元的六枝特区木岗镇大牲畜交易市场，已竣工投入使用；投资50万元建成戛陇塘传统村落消防设施安装工程；投资41万元建成木岗镇客运站续建项目。项目的实施提升了小城镇居民的幸福感、满意度，完善了小城镇基础设施及整体风貌。

三、脱贫攻坚取得实效

一是加强组织领导，全面部署强责任、抓落实。根据省、市、特区相关文件精神及工作会议之后，立即行动，召开脱贫攻坚查缺补漏工作部署会，传达学习各级精准扶贫会议精神，对脱贫攻坚查缺补漏工作进行安排部署，认真落实扶贫工作意见方案，进一步明确细化脱贫攻坚查缺补漏工作任务、工作重点和具体措施。

二是扎实建档立卡，保证对象底数清、措施准。坚持把建档立卡作为精准扶贫的基础性工作，健全档案资料，以专项治理、扶贫对象基础信息排查和动态管理为主要抓手，按照阶段性工作要求，严格推进各项脱贫攻坚基础信息工作。完善帮扶措施，动态掌握基本信息，推行系统里录的、墙上挂的、袋里装的、贫困户实际存在、干部掌握的相互印证“五统一”制度，全镇共识别扶贫对象1269户5284人。切实做到底数清、问题清、任务清、对策清、责任清。

三是聚焦产业扶贫，发展产业促增收、“脱穷帽”。坚持把产业扶贫作为精准脱贫的主攻方向和着力重点，积极培育发展现代化集中式种养殖业、中药材、劳务输出、乡村旅游等特色产业，大力发展农民专业合作社，发挥各村致富带头人的示范引领作用，壮大村集体经济。开展就业务工培训，使每户贫困家庭至少有1项增收产业，有1人掌握致富技能，努力增加困难群体的收入。

四是强化金融支持，融通资金破瓶颈、解难题。坚持把金融扶贫作为精准扶贫的重要手段，创新金融扶贫机制，强化扶贫资金保障，搭建起商业银行、龙头企业、致富能人和贫困户互惠合作的融资平台。累计发放小额扶贫贷款 914 户 4140.8 万元，其中，147 户 696.45 万元通过入股政府平台公司分红利益联结方式，累计获得分红 120 万元，其余 767 户 3444.35 万元自行发展种养殖生产经营，极大提高了贫困户内生发展动力。

五是完善公共服务，强化保障惠民生、增福祉。坚持把基本公共服务向贫困村、贫困户延伸，从贫困群众最关心、最直接的教育、医疗、社会保障兜底等问题入手，加快村级社会事业发展。

加大贫困劳动力就业创业培训力度，以产业发展为依托、以木岗工业园区劳动力密集型企业为重点、以“大众创业、万众创新”为突破，全面排查和建立就业创业信息台账，进一步完善就业服务体系。木岗镇劳动力全员培训现已覆盖 10 个村 800 人，城镇新增就业方面完成就业人数 950 人、贫困劳动力就业创业人数 2769 人、返乡农民工创业就业 613 人，开展贫困劳动力有组织劳务协作输出到大连市有 5 人。强化医疗卫生社会保险服务，实施村（居）卫生室健全配套建设 11 个，并配备村卫生员及必要设备。全面抓好新农合缴费工作，2020 年除参加居民医保、区外参合、参加职工医保、服刑、入伍及新生儿随父或随母新农合报销外，其余贫困户全部参保，贫困户参保率 100%。因病返贫或因病致贫得到控制，巩固脱贫成果。

六是创新扶贫机制，整合资源汇力量、聚合力。结合“双联”行动开展，将帮扶机制和项目整合机制作为脱贫攻坚精准脱贫的坚实保障。健全完善驻村帮扶机制，挂帮单位、帮扶企业、在职在编干部全部帮扶贫困村、贫困户，实行面对面、点对点精准帮扶；木岗镇共有 10 个驻村帮扶工作队，特区选派到镇党委贫困村担任村党组织第一书记 7 人，队长 3 人，由帮扶干部、驻村干部、教师医生和村支“两委”村干部组成“四位一体”的脱贫攻坚查缺补漏工作队，实现所有贫困村、贫困户帮扶全覆盖。

四、农业产业持续发力

采取产业竞赛方式加快农业产业，图班内完成 1380 亩，图班外完成 3630 亩。对 2018—2019 年退调成效巩固完成 16272 亩，完成生姜 2500 亩，辣椒 1000 亩，魔芋 700 亩，马铃薯 2000 亩，高粱 6500 亩，牧草 1000 亩，水稻 7000 亩，红薯、花生、薏仁等 1500 亩，猕猴桃 4000 亩，水果 2800 亩，刺梨 2120 亩，食用菌 100 亩，蔬菜（复种计算）22300 亩，中药材 500 亩，茶叶提质增效 4000 亩。家禽存栏 73582 羽（其中含蛋鸡），养牛存栏 1003 头，生猪存栏 3141 头。养兔存栏 3000 只，石蛙养殖 30 亩，小龙虾养殖 20 亩。养蜂 1088 箱。投资 3000 万元的六枝特区木岗镇大牲畜交易市场，占地 20 亩，年交易额 8000 万元。引进龙头企业，建高标准蔬菜扶贫产业示范园 1000 亩，猕猴桃产业 3000 亩，农光互补光伏产业 1045 亩。引导建立合作社 33 家。建设 1030 户千家万户小康菜园。

五、社会事业持续改善

一是抓劳动就业。木岗镇现有劳动力总数为 16003 人，就业创业 12917 人，完成城镇新增就业 529 人，全面完成上级下达的目标任务数。富余劳动力转移就业共 859 人，就业困难人员再就业 59 人，大学生创业就业 41 人，村级公益性岗位安置共计 38 人（东西部协作扶贫专岗 26 人，就业援助 12 人），认定就业扶贫车间企业 2 家（贵州太平洋纺织有限公司和贵州天宇服饰有限公司），安置贫困劳动力就业 26 人。完成养老保险续保和新参保人员 2254 人，基金征收 50.21 万元，城乡居民基本医疗保险参保人数 1033 人，征收城镇居民基本医疗保险金 24.2 万元，成功调解了 3 起境内农民工务工欠薪事件。

二是抓社会保障。发放农村低保金 421.6020 万元；发放城市低保金 97.2735 万元；发放冬春救助资金 46.9 万元；发放临时救助款 4.2 万元；发放特困供养金和护理补贴 28.2952 万元；发放高龄补贴资金 45.2 万元，申请上报特区保险公司农房灾害保险房屋受灾群众 31 户，赔付政策性农房保险资金 2.49 万元。发放农村低保季节性缺粮 10785 公斤。

三是抓卫生计划生育。制定《人口和计划生育统计管理制度》《计划生育信息共享》《六枝特区PCMIS数据保障制度》等工作制度并规范管理，严格落实计划生育各项工作。

四是抓平安建设。2020年，发放扫黑除恶、无邪教创建、无传销创建、铁路护路安全宣传等宣传资料5000份，安装电子设备协助维护治安。

五是抓安全生产。完善管理体系，全面落实安全责任，专门明确1名党委委员、副镇长主抓安全工作，通过建立制度，细化职责，责任到人的工作举措，完善镇中各办（站、所）、村（社区）、组三级安全生产防范网络，实行层层落实“包保”责任，2020年镇党委未发生重大安全事故。

六、“善创新”强化基层治理

坚持和完善中国特色社会主义制度、推进国家治理体系和治理能力现代化落地落实，深入一线调研，综合研究基层治理存在的问题，围绕“花海陆港，爱在木岗”内涵主题，从规范设置村规民俗，融合自治、法治、德治之力，倡导乡村文明新风，探寻“三轮响应”“一二三四”工作法，通过网格包保、层层压实责任、签订滥办酒席责任书、组织镇村干部制止违章建筑等方式细化基层治理措施，完善机制，常态化保持开展打击，化解基层矛盾20起，清理拆除和制止违章建筑建设20处，深入助推基层治理取得实效。

七、基层党组织建设有力夯实

开展党建引领“看、学、思、比、干”产业大比武，通过外出观摩学习、实地考察、调研、专题培训，提升干部能力素质，大力培养人才和发展产业，认真开展党员档案排查、非公经济组织和社会组织建设摸排工作、支部标准化规范化建设工作和“一肩挑”工作。现有村级后备力量72人，每个村居均达到3名以上村级党组织储备后备人才、3名以上村级经济组织储备致富带头人。2020年，递交入党申请书8人，积极分子40人，发展对象23人，预备党员10人。

执政经验

1.必须坚持“天线”与“地气”相结合。既要坚决贯彻中央、省市和特区党委的决策部署，又要结合实际，倾听群众呼声，回应社会关切，化解突出矛盾和问题。

2.必须坚持出思路与抓落实相结合。既要有推动工作的战略思维、宏观思路和全局眼光，又要有具体办法和措施，找准工作抓手，高效快速推动木岗各项工作。

3.必须坚持借势与扬势相结合。既要善于把握新常态，主动向上争取支持和向外借力，又要充分挖掘自身潜力，增强爆发力，用超常规的措施实现弯道取直。

4.必须坚持抓长项与补短板相结合。既要因地制宜、因势利导，把长板做强做优，又要把短板补齐、补全，做到扬长补短，促进协调发展。

5.必须坚持抓发展与抓民生相结合。既要坚持发展为了人民，发展依靠人民，又要坚持发展成果由人民共享，在共享发展中让人民有更多获得感。

6.必须坚持敢作敢为与善作善成相结合。既要树立高线、守住底线、不踩红线，善于“扣扣子”、勇于“担担子”、勤于“钉钉子”，又要强化专业思维、提高专业素养、用好专业方法，用实绩说话，靠作风“吃饭”。

（撰　稿：木岗镇党政办）

党建引领聚合力　抢抓机遇促发展
全力绘就百姓富、生态美的水雾关寨新未来

——中共六枝特区关寨镇委员会2020年执政情况综述

2020年，关寨镇党委在省委、市委和特区党委的正确领导下，坚持以习近平新时代中国特色社会主义思想为指导，全面贯彻党的十九大和十九届四中、五中全会精神及中央、省、市、特区经济工作会议精神，深入贯彻习近平总书记对贵州工作的重要指示批示精神，持续以脱贫攻坚统揽全镇经济社会发展大局，稳经济、促发展、战贫困、斗疫情，始终坚持以发展为第一要务，以稳定为第一责任，较好地完成了各项目标任务。

受经济下行压力和新冠肺炎疫情影响，全镇经济发展受到一定程度的影响但仍取得一定的成绩。

执政实践和成效

一、同心战“疫”，统筹推进经济社会有序发展

面对年初突如其来的新冠肺炎疫情，我们坚决贯彻习近平总书记系列重要指示精神，全面落实中央、省、市和特区重大决策部署，举全镇之力打响疫情防控阻击战。全镇88名医护人员、292名镇村干部从大年三十开始，放弃春节与家人团聚的时光，坚守岗位，不分昼夜冲锋在一线、战斗在一线，按照“村不漏组、组不漏户、户不漏人”的要求，将全镇划分为96个网格，对辖区所有人员进行拉网式排查。各党支部及全体党员投身疫情防控第一线，737名党员自愿捐款3.785万元支援疫情防控。全镇率先组建20支“疫情防控党员先锋队”和1个临时党支部，充分发挥党组织战斗堡垒和旗帜作用，鼓舞近1000名群众自发参与疫情防控，所有防控工作井然有序、成效明显。这次战役，我们多方筹资36.8万元用于防控工作开展，做到疫情防控和复工复产两手抓。通过全镇上下的艰苦努力，疫情防控取得明显成效，经济社会加快恢复。全年完成一般公共财政预算收入383.5万元，同比上升5.24%；工业产值完成9.6亿元，其中，规模以上工业总产值完成2.6亿元，同比上升146.15%；工业增加值完成4.06亿元，其中，规模以上工业增加值完成1.1亿元，同比上升12.78%；固定资产投资项目3个，投资额1.15亿元，同比下降23.84%；全年完成招商引资项目2个，投资额0.5亿元，同比下降83.87%。2020年，关寨镇获得特区党委组织部表扬通报，获得六盘水市应对关寨镇新冠肺炎疫情防控领导小组授予“六盘水市新冠肺炎疫情防控阻击战先锋队”称号。

二、强基固本，持之以恒抓好新时代党的建设

坚持党的建设与经济社会发展同谋划、同部署、同推进、同考核。一是加强组织建设，夯实执政根基。建立党委班子成员联系党支部工作制度，把党支部建设作为基层党建重要任务，从组织设置、队伍建设、制度执行、任务落实、保障配套等方面，对2020年22个党支部开展规范化、标准化达标创建工作，对2019年已达标的11个党支部持续巩固提升。二是加强队伍建设，夯实人才根基。建立常态化的培养选拔机制，育好苗、墩好苗、扶好苗，选优配强“两委、一队、三个人”，积极推动村党组织带头人队伍优

化提升，开展党员档案专项整治和20个村（居）党组织书记任职档案管理全覆盖，储备党组织书记及村民委员会主任候选人，建立农村致富带头人、村级后备干部人才队伍台账120人。积极培养入党积极分子，注重党员发展质量，吸收预备党员6名。三是加强作风建设，夯实廉政根基。认真落实中央八项规定及其实施细则精神，在“春节”“五一”“国庆”等节假日及重大会议时间节点对值班值守情况检查15次，对镇各站所、村（居）工作作风明察暗访50次，脱贫攻坚相关会议会风会纪督查10次，疫情防控履职情况督查40次。同时，督查各村（居）同步小康驻村工作组到岗到位及脱贫攻坚工作开展情况30次。建立村干部廉政档案36个，股级干部廉政档案2个。支持镇纪委聚焦主责主业，对20个村（居）开展监督检查，发现问题13个，其中，立案3件3人，涉案金额0.34万元，党政纪处分2件2人，组织处理1件1人，上缴财政0.1万元，返还群众0.24万元。

三、精准施策，全力推进脱贫成效巩固提升

始终加强党对脱贫攻坚工作的领导，坚持把脱贫攻坚作为头等大事和第一民生工程。一是打好产业扶贫“攻坚战”。以方竹产业为主导，持续巩固小米核桃、刺梨、蔬菜、生态畜牧业、中药材、茶叶等优势产业。完成1万亩老刺竹基地的提质改造，完成以李子为主的近4000亩精品水果基地提质增效，积极推进关寨小米核桃高枝嫁接和核桃深加工。结合退耕还林政策新增方竹种植4684.1亩、刺梨种植4200亩、核桃种植300亩，实施完成500亩工业辣椒项目。完成众生农业有限公司年出栏1万头生猪养殖项目和广皓合作社年出栏3万羽肉鸡养殖项目，正在实施年出栏1万头凉都跑山猪项目，30万羽养鸡项目正在办理前期手续。引进贵州顺骋实业有限公司入驻中坝易扶加工厂建服装加工厂，解决搬迁群众就近务工需求。通过发展产业分红和异地置业分红的方式累计发放分红资金79.77万元，有效带动全镇所有贫困群众增收致富。二是打好社会保障“兜底战”。落实建档立卡人口民政兜底保障910户1752人，救助临时困难群众20户2.45万元；贫困人口参合率达100%，家庭医生签约服务常态化开展。争取义务教育阶段贫困生补助3627人次143.58万元，学前教育资助340人次8.5万元，营养餐补助418.56万元。发出劳务用工信息9000条，就业指导1000次，贫困劳动力培训282人次，残疾人培训7人次，组织劳务输出7140人，创业扶持13户，完成小额信贷资金清收674户3018.13万元。三是全面完善防贫监测机制。动态管理扶贫对象，落实监测户23户105人和边缘户29户126人的持续跟踪管理。围绕因疫、因灾、因病、因学等易致贫返贫风险人群强化排查研判监管，先后筹集7.63万元补齐短板弱项，解决6户暴雨受灾群众住房安全问题，坚决防止返贫致贫。经过坚持不懈的努力，镇党委顺利通过2019年度和2020年度省级脱贫攻坚成效考核以及脱贫攻坚全面普查的实地检验，关寨镇党委荣获“全市脱贫攻坚先进党组织”称号。

四、建设为先，持续推进新农村面貌改善

始终坚持加强和夯实基础设施建设，不断提升群众幸福感、满意感。一是城镇建设扎实推进。投资500万元新建关寨镇文化广场，面积8726平方米，建立30户以上自然村寨文体小广场24个、太阳能路灯安装4200盏。服务保障“长箐站”及安六高铁建成开通运营。纳六晴高速项目进驻施工建设，实施乡村公路养护120公里，正在推进S102道路改造工程建设。二是生态环境不断改善。加强辖区环境保护力度，组织开展镇容环境卫生“四边”区域“脏乱差”集中整治；开展周五“赶集日”市场集中规范化整治；进一步改造提升环卫基础设施建设，提高处理清运能力。认真落实“河长制”，持续抓好水污染防治工作，加强中坝水库县城集中式饮用水源点管护。持续开展退耕还林4200亩，完成2018年和2019年森林火灾补植补造2000亩。三是“小康菜园”不断优化。打造市级“小康菜园”示范点1个（郎节坝村）覆盖农户100户456人。以乡村综合整治巩固提升项目为契机，完成高标准“小康菜园”示范点建设2个（荒坝村下坝组、中坝居委会中坝组）。完成14个贫困村“小康菜园”建设，覆盖农户1350户6787人。通

过小康菜园的实施，群众的卫生意识得到提升，村寨环境持续改善。

五、民生为要，全面推进社会事业蓬勃发展

始终想人民之所想、急人民之所急、谋人民之所盼，统筹推进教育、医疗、安全等各项民生事业协调发展，确保人民群众享受到更多、更直接的发展成果。一是社会保障持续有力。全年共发放城市低保金161户149.38万元，农村低保金1365户928.57万元，城乡医疗和临时救助121户33.08万元，特困人员救助和孤儿补贴等94人115.19万元，重度一、二级残疾人护理补贴20.15万元。发放农村低保户季节性救助粮233户15255公斤。发放冬春救助款34.1万元。完成城乡居民基本养老保险收缴122.16万元，医疗保险征缴990.93万元。发放优抚定补及60岁以上退伍军人生活补助金151.46万元。完成易扶搬迁安置点幸福院和益童乐园建设，对全镇582名留守儿童加强跟踪管理；对80周岁以上老年人进行动态服务管理，全年共发放高龄补助771人79.63万元。二是基本社会服务不断完善。持续促进教育均衡发展，加强教师培训培养，协调2所民办幼儿园获得开园许可，完成关寨镇中心幼儿园中坝分园开园筹备物资采购，缓解幼儿入园难问题。镇基本卫生服务体系逐步完善，建立居民健康档案2.82万人，完善家庭医生签约服务，定期开展慢性病人入户随访，持续加强健康教育和健康咨询力度。积极构建关寨镇公共文化服务体系，创建关寨镇公共文化服务站，建成农家书屋20个，综合利用农村文化小广场建设、农民讲习所、“村村响”等文化惠民工程深入开展群众性精神文明创建活动，举办文艺会演、居都村“仡佬族”吃新节、箐口村老年协会重阳节等群众活动，加强意识形态领域工作的宣传力度，弘扬社会主义核心价值观，传承中华优秀传统文化，切实提升群众文化生活品质。三是党建带群团组织建设取得显著成效。关寨镇关工委获得市级“五好”基层关工委和区级“先进集体”荣誉称号。镇妇联完成换届，在各项重点工作中发挥妇女“半边天”力量。镇工会建立户外劳动者服务站示范点2个，打造中坝安置点职工书屋1个，加强职工服务保障。全力推进安置点“新市民·追梦桥”工作。完成镇武装部阵地规范化建设，超额完成征兵任务；完成民兵预备役整组建制分队。四是安全稳定全面提升。加强安全防范管理，常态化开展各行业各领域安全检查，并及时排查和消除隐患。全年紧急避让地质灾害受胁群众144户664人，分批次发放过渡安置费38.21万元。及时储备25万元应急救灾物资，使用应急救灾资金12.57万元用于排危除险工作，实时监测地质灾害隐患点变化情况，正在推进社勒村地质灾害点搬迁项目。全年安全生产平稳有序，无重大安全生产事故发生。五是社会治理成效显著。多方位强化综治网格，深入推进禁毒、扫黑除恶专项斗争和网络安全建设，完成综治中心所有村（居）的任务。全面加强普法教育，开展各类法治宣传活动12场次，编印发放普法知识宣传资料9000份。扎实开展社会矛盾化解“五集中”专项行动及命案防控工作，有效化解信访案件，成功调处31起矛盾纠纷，全年无重大刑事案件，全年无命案发生。与此同时，统筹推进史志、档案、老年教育、民族、宗教、统一战线等方面工作取得新进展。

六、脱贫攻坚全面告捷

顺利通过2019年度和2020年度省级脱贫攻坚成效考核以及脱贫攻坚全面普查的实地检验。全面完善防贫监测机制。动态管理扶贫对象，2020年自然增加132户148人，自然减少152户153人；落实监测户23户105人和边缘户29户126人的持续跟踪管理。围绕因疫、因灾、因病、因学等易致贫返贫风险人群强化排查研判监管，先后筹集7.63万元补齐短板弱项，解决6户暴雨受灾群众住房安全问题，坚决防止返贫致贫。落实建档立卡人口民政兜底保障910户1752人，救助临时困难群众20户2.45万元。贫困人口参合率达100%；家庭医生签约服务工作常态化开展。多渠道增设就业创业途径。发出劳务用工信息9000条，就业指导1000次，召开招聘会2场，组织劳务输出7140人，贫困劳动力培训282人次，残疾人培训7人次，创业扶持13户，完成小额信贷资金清收674户3018.13万元。夯实教育医疗保障服务。争取义务教育阶段贫困生补助3627人次143.58万元，学前教育资助340人次8.5万元，营养餐补助

418.56万元。有序推进扶贫产业发展。完成生猪、养鸡、易扶加工厂等4个扶贫项目，扶贫产业项目分红79.77万元覆盖所有贫困户。引进贵州顺骋实业有限公司入驻中坝易扶加工厂建服装加工厂，解决搬迁群众就近务工需求。

执政体会和经验

回顾一年来的工作，全镇经受了很多困难和挑战，破解了一批制约发展的突出矛盾和问题，充分展现了关寨干部群众特别能吃苦、特别能战斗、特别能奉献的精神。这些成绩的取得，是全镇广大党员和干部群众苦干实干、团结奋斗。

成绩固然可圈可点，镇党委也要清醒看到，与上级党委、政府的要求相比，与人民群众的期盼相比还存在不小差距。一是财政收支不平衡，历史发展遗留欠账多，保基本运转困难。二是交通条件明显改善，但水利、环保等基础设施还有不少欠账，与人民群众的期待还有较大差距。三是产业结构不优，产业化水平较低，村级集体经济壮大和农民增收方式不够多元。四是基层党建工作整体水平参差不齐，部分党支部管党治党责任落实不到位，战斗堡垒作用发挥不明显，基层党组织服务引领能力亟待加强。五是一些党员干部还不善于运用法治思维和法治方式解决问题，解决群众关注的热点、难点问题的方式方法有待提高。这些问题和不足需要我们高度重视，进一步采取切实有效的措施，在今后的发展中找准靶心，逐一解决。

下一步工作目标

2021年是中国共产党百年华诞，是“十四五”规划的开局之年，是机遇与挑战并存的一年。站在“两个一百年”的历史交汇点，全面建设社会主义现代化国家新征程即将开启。一是全面加强疫情防控，提高应急管理水平。二是全面加强党的领导，凝聚发展强大合力。三是全面巩固脱贫成果，有效衔接乡村振兴。四是全面优化产业调整，有力促进经济发展。五是全面改善民生服务，提高群众生活品质。六是全面加强社会稳定，创造良好发展环境。

征途漫漫，唯有奋斗。镇党委将坚持辩证思维、系统观念，立足新发展阶段、贯彻新发展理念、构建新发展格局，全面巩固拓展脱贫攻坚成果，深入推进乡村振兴战略，审时度势、顺势而为，真抓实干、埋头苦干，把机遇牢牢抓住，把优势用好用足，全力以赴完成各项目标任务，努力向全镇人民交上一份优异答卷。

（撰　稿：卢　静）

中共龙河镇党委 2020 年执政情况综述

2020 年，面对错综复杂的国际形势、艰巨繁重的国内改革发展稳定任务，特别是新冠肺炎疫情严重冲击，在特区党委的正确领导下，龙河镇党委团结带领全镇广大党员干部群众顽强奋斗，战胜了前进道路上出现的各种艰难险阻，全面建成小康社会取得决定性成就。

执政成效

一、聚焦经济发展，协同发力，加快产业转型升级

（一）经济指标健康增长。2020 年全年完成一般公共财政收入 219.6965 万元，占全年目标任务 81.03%，全年规模以上工业总产值 13.23 亿元，同比增长 3.5%；坚持把社会固定资产投资和招商引资工作作为发展全镇经济的第一要务来抓。共引进项目 2 个，实到资金 0.25 亿元，完成指标的 100%；完成固定资产投资 10.05 亿元，同比增长 22.7%。农民人均可支配收入达 11723 元，同比增长 10.3%；城镇居民人均可支配收入达 33661 元，同比增长 9%。

（二）农业产业优化调整。一是迎风村完成花椒种植 205.13 亩，兑现分红资金 4.5 万元，涉及农户 50 户 230 人。二是养牛项目兑现分红资金 1.2 万元，涉及红旗村农户 14 户 41 人。三是迎风村骟鸡养殖项目，兑现分红资金 3 万元，涉及农户 100 户 375 人。四是永丰村中蜂养殖项目，兑现分红资金 3 万元项目，涉及农户 100 户 430 人。五是猕猴桃种植项目 2020 年成效 4000 亩，产量 1100 吨，带动周边 1777 户农户分红及就业。

（三）重大项目着力推进。完成滨河大道工程征地 42.8 亩。紧密结合“两不愁三保障”和脱贫攻坚巩固提升的要求，2020 年申报扶贫项目 2 个，投入资金 210 万元，分别为龙河镇扶贫工厂配套设施建设项目和林场村精品水果种植项目。完成招商引资项目 2 个，累计投入资金 2500 万元。

二、聚焦基层组织建设，齐心协力，增强凝聚力和战斗力

一是加强理论学习，促进党员政治素质提升。一年来，党委会、党委中心组累计集中学习 30 次，利用干部职工会组织党员干部学习 20 次，镇党委组织开展学习 6 次，各党支部开展学习 8 次，上党课 8 次，学习资料涵盖党章、十九大精神、习近平新时代中国特色社会主义思想、党风廉政建设、新宪法、《中华人民共和国民法典》、宗教政策法律法规等，资料丰富，覆盖面广，让党员干部学得新、学得精、学得深，思想意识上能紧跟时代潮流，紧跟党的步伐。二是确保党员教育活动正常进行。严格落实“三会一课”和主题党日等党支部制度，从严从实组织党员过好组织生活。每年至少组织开展党委民主生活会 1 次，支部组织生活会 1 次。充分利用“七一”建党节，组织班子成员、各党支部书记赴安家窗子洞革命红色革命基地、六枝“三线”博物馆开展实地教育，让党员思想受到震撼、党性得到锤炼、教育得到实效，干事创业的劲头更足，构成全局上下凝聚一心谋划工作的良好氛围。三是深入具体抓党员档案专项清理工作。根据党员档案专项清理的工作要求，镇党委高度重视党员队伍教育、管理工作。成立以镇党委副书记为组长，党政办工作人员、各党支部书记为成员的工作小组；累计召开 4 次专题党建工作调度会，明确责任，问题现场移交，进行专题研判。全镇 422 名党员，建立一人一档 400 个，整改完成问题

档案 85 个。四是“党建 + 村集体经济”致富增收。按照“以企带村、以村促企、互惠双赢”的原则，探索“村企联建”模式，有效整合党建工作资源，促进村企优势互补。通过村党支部引领和农民专业合作社、企业的共同参与，逐步扩大党组织的覆盖面和影响力，有效解决农村土地抛荒与农业企业难以扩张的难题，形成新的“支部 + 农民专业合作社 + 农户”经济发展模式，全镇村级领办合作社 11 个，共种植蔬菜 350 亩、猕猴桃 4000 亩、花椒 260 亩、中蜂养殖 400 箱、水产养殖 200 亩。五是强化党组织书记的教育培训。着力提高村（居）支部书记能力和水平，加大对党组织书记培训力度。按要求组织支部书记参加基层党组织书记学习，组织党支部书记抓党建专题培训 4 次。六是大力加强后进党组织整顿转化。制定后进党组织整顿转化方案，完成新场坝村和林场村软弱涣散党组织整顿和巩固提升。七是充分发挥驻村工作组作用。一年来，同步小康驻村工作组共走访群众 1000 人次，培训党员干部群众 800 人次，召开群众会 50 次，帮助群众解决实际困难 32 个，化解矛盾纠纷 60 起。八是落实全面从严治党。党委书记主动承担党风廉政建设第一责任人职责，班子成员认真履行“一岗双责”。坚持把查处党员干部违纪违法问题作为从严管党治党、惩治腐败的重要手段来抓。全年共立案审查 2 件，结案 2 件，给予党纪处分 2 人次。对违反工作纪律的镇村干部职工开展针对性的约谈，全年开展集中约谈 3 次共 30 人，个人约谈 2 次 2 人，警示震慑教育作用明显。

三、聚焦打赢“三大攻坚战”，统筹用力，聚力补短板、促提升

（一）**脱贫攻坚成效明显**。一是围绕“一达标、两不愁、三保障”标准，紧扣家庭户籍和人口相关基础信息，对全镇 2443 户建档立卡户、10 户非建档立卡边缘户进行专项排查，详细掌握每一户建档立卡贫困户家庭收入、住房、就业和惠民政策享受、脱贫巩固困难、返贫风险等情况，因户施策、因人施策、对症下药，镇、村两级采取“一日一调度”“一日一研判”方式，共核实和整改上级反馈、帮扶人上报、各级督查等各类问题数据 16825 条，短板全部补齐到位。二是推进就业培训，助力稳定脱贫。结合新冠肺炎疫情防控工作，建立返乡务工人员的台账，正确引导外出务工人员错峰出行，对春节返乡的建档立卡人口 419 人引导错峰返城务工，采取点对点减免交通运输费用到省外企业务工，对不能返城务工的人员实行就地转移就业，在镇内猕猴桃园区、苗圃基地、扶贫电子厂、服装加工厂等企业上班；全镇 2443 户建档立卡户家庭中实现一户一人稳定就业 1975 人，灵活就业 506 人。三是推进项目建设深化脱贫。紧密结合“两不愁三保障”和产业发展、脱贫巩固提升的需求，紧盯产业薄弱环节，按照“资金跟着项目走、项目跟着规划走、规划跟着脱贫需要走”原则科学谋划，2020 年申报扶贫项目 2 个，投入资金 210 万元，分别为龙河镇扶贫工厂配套设施建设项目和林场村精品水果种植项目。

（二）**重大风险防线筑牢**。一是纵深推进各类风险化解。制定相关方案和应急处突预案，对涉稳人员实行重点关注。各村（居）、各部门共排查出矛盾纠纷 6 件，已化解 6 件，化解率达 100%。2020 年以来，全镇妥善处理各级各部门转来信访事项。反映问题主要集中在城乡建设、国土资源领域，全镇未出现影响社会稳定的重大矛盾纠纷。二是纵深推进扫黑除恶专项斗争。密切结合“六进六有三提升”的工作标准，组织召开群众会 26 场、小组院坝会 32 场，全力营造社会面扫黑除恶专项斗争宣传的浓厚舆论氛围。利用赶场天集中开展宣传活动 31 场次，发放宣传资料 23000 份，印刷标语 33 条，张贴海报 135 幅，悬挂横幅 64 条，确保人员集中区域宣传全覆盖。三是纵深推进禁毒工作。龙河镇在册涉毒人数共计 263 人。建立“五账”实现了“五清”，即流入人员台账清、流出人员台账清、吸毒人员台账清、贩毒人员台账清、外流涉毒重点人员清。同时，全面排查出租屋 33 家、茶叶加工基地 3 个、林场 3 个、空厂房 9 间，建立了“四台账”，做到对重点场所实时管控。

（三）**环保整治成效明显**。一是打赢蓝天保卫战，针对农忙季节焚烧秸秆的问题，及时在各村加强宣传教育，使农民群众认识到焚烧秸秆弊多利少，将秸秆进行还田或喂养家畜等综合利用。二是打好碧

水保卫战，通过加强饮用水水源水质监测、做好饮水水源点的保护，加强黑臭水体的排查治理，做好镇重点区域、流域环境综合整治工作，实现污染物有序排放、固体垃圾集中堆放目标，进一步改善镇的水环境质量。三是开展环境卫生集中整治，清理占道经营、流动摊点400起，拆除乱搭乱建20处。清理各类生活垃圾450吨，清理大小塘沟60处，整治占道经营120起，乱堆乱放90起。清理垃圾1000吨、“野广告”200条，整治乱堆乱放300起。

四、聚焦群众“获得感”，用心用力，着力保障民生

（一）社会保障水平不断增强。2020年年底，全镇共有农村低保861户1657人，其中，建档立卡低保户687人；共有城低保268户581人，其中，建档立卡低保户310人。2020年共计发放城乡低保金985.7万元。68户69人纳入特困供养范畴，其中，建档立卡人口51人，发放供养金及照料护理费共计117.4万元。发放镇级千元以下临时救助金2万元、救助困难群众28户，其中，建档立卡10户，低保户6户，其他一般农户12户；发放区级临时救助150户13.2万元，建档立卡贫困户67户；易扶搬迁贫困移民一次性临时救助金6户26人3.9万元。全镇共有一级、二级重度残疾人365人（一级124人、二级241人），累计发放护理补贴24.5万元；发放残疾人专职委员误工补贴2.39万元；发放残疾人机动车燃油补贴2户520元。

（二）就业创业水平持续增强。申报返乡创业奖励资金扶持创业8户120万元。完成创建充分就业村11村2个居委员会。完成就业培训566人，培训结束推荐就业494人。

（三）安全生产监管有序推进。一是充分利用LED、横幅标语、宣传资料、宣传栏等多种形式，宣传普及安全生产法律法规和安全生产常识，利用安全生产月“119”消防日等活动发放宣传资料1.5万份，在赶集天举办现场咨询和宣传活动25次，印制标语30幅、横幅42条，组织各村（居）安全协管员培训4次，参训200人次。二是组织船舶业主、义务消防队员、烟花爆竹业主、非煤矿山法人、幼儿园负责人等人参加各类安全培训4次300人次。组织全镇生产经营行业负责人400人开展了落实企业主体责任宣誓行动。三是排查整治安全隐患，2020年全镇共开展安全检查50次，受检单位180家次，查出的安全隐患已全部整改完成销号。

（四）疫情防控常抓不懈。一是依托脱贫攻坚组织体系，在镇辖13个村（居）各成立一支群防群控队伍，在全省疫情防控一级响应期间每日开展地毯式、分层次、分重点排查。同时，以村（居）为单位，在主要出入口设置防控卡点，做到应设尽设，确保不留死角、不留盲区，共设置镇级卡点1个、村级卡点26个，所有卡点安排人员24小时值守，凡进出人员、车辆，都逐一查验身份和检测体温。共登记车辆9000辆次，登记人员25000人次。二是实行重点对象稳控包保责任制，先后制定下发文件，明确镇、村两级干部以及镇卫生院，村卫生室医务人员对全镇135个重点对象进行包保，每日进行走访监测，做到紧盯看牢、包保到底。三是做好新冠肺炎疫情常态化防控工作，在全省疫情防控调整为三级响应后，坚决克服麻痹思想、厌战情绪、侥幸心理、松劲心态，把底线思维贯穿战“疫”始终，每日持续开展对中高风险地区旅居史以及境外入境人员的排查工作，严格落实日报告、零报告制度，因时因势完善“外防输入，内防反弹”“应检尽检”等各项防控措施。

工作不足

在充分肯定成绩的同时，我们也清醒看到前进道路上还有诸多困难和不足：一是党建促发展示范带动作用还不够明显，基层组织战斗力还有待提升。二是经济基础薄弱，带动群众创业致富步伐不够快，路径不够广，各村发展集体经济的水平还需进一步提升。三是财政收支平衡压力较大，改善民生的任务依然较重。四是各类遗留问题和新问题相互交织，矛盾纠纷协调化解难度大，维护社会和谐稳定形势依然严峻。五是新冠肺炎疫情防控和经济社会发展“两线”作战形势复杂。对此，全镇上下将以高度的责任感和紧迫感，坚持问题导向，积极应对、科学谋划，更加精准施策，着力破解发展难题。

2021 年工作内容和主要目标

2021 年是“十四五”规划的开局之年，龙河镇党委将继续坚持以习近平新时代中国特色社会主义思想为指导，全面贯彻党的十九大和十九届二中、三中、四中、五中全会精神，紧扣高质量发展和全面建成小康社会目标任务，统筹推进疫情防控和经济社会发展工作，立足“十四五”规划新起点，坚持稳中求进工作总基调和新发展理念，以饱满的热情、务实的作风，在新征程上起好头，向第二个百年奋斗目标进军，谱写“十四五”新篇章。

一是聚焦党建引领，持续深化党的建设。全面贯彻落实新时代党的建设总要求和新时代党的组织路线，着力提高各级党组织推动高质量发展的能力和水平，建设全面进步过硬的基层组织，打造忠诚、干净、担当的干部队伍，加强全面从严治党力度，巩固发展风清气正的政治生态，切实凝聚推动高质量发展强大合力。

二是聚焦乡村振兴，持续巩固脱贫成效。加大产业扶贫力度，充分发挥农民合作社、专业大户、龙头企业等新型农业经营主体的带动作用，持续协助农业部门做好产业结构调整工作，盘活各村集体经济。持续做大做强猕猴桃、花椒产业，增加群众收入来源。协助做好脱贫户子女在中、高职业技术学院就读资金补贴工作，进一步营造社会各界和爱心人士帮助脱贫户子女完成学业的良好氛围，增加脱贫户子女的就业机会。持续抓好医疗保险费的征缴，确保建档立卡贫困人员与易地扶贫搬迁人员参保全覆盖，持续落实“三重医疗保障”。

三是聚焦农业农村农民，持续深化改革。推动农业发展向主要依靠科技进步、劳动者素质提高、农业物质装备条件改善和社会化服务能力提升转变，大力培育现代农业经营主体，促进农业生产经营的专业化、标准化、规模化和集约化。落实好农村乱占耕地整治工作，提高农业资源利用效率，大力发展生态农业、循环农业，加强生态建设，推进农村节能减排，保护农村环，为保持经济社会持续健康发展提供有力支撑。继续加强与高校之间的校地合作，依靠科技进步与创新，推动农业增产增效和技术水平整体提升，推动优势资源的产业化技术开发，不断培育新的经济增长点，取得实效。

四是聚焦民生福祉，持续夯实民生基础。常态化制度化推进疫情防控工作。强化“外防输入、内防反弹”措施，抓实“排查、隔离、救治”三个关键环节，形成对传染源管控的工作闭环。健全完善公共卫生应急管理体系。做实做细家庭医生签约服务，加大健康扶贫政策宣传培训力度，加强疾病预防控制工作。做好社会保障兜底工作。加强农村低保制度与扶贫开发政策衔接，确保应保尽保。做好临时救助、特殊群体救助、未成年人救助保护等工作，确保救助资金和物资及时、足额发放到位。建立健全防灾、减灾、救灾工作机制。做好困难群众生活救助工作，加强和规范灾害救助工作管理。做好减灾、救灾能力建设工作，完善应急相关基础设施，强化应急演练，提升管理水平。全力推进就业创业工作。力争有劳动力家庭至少 1 人实现就业，确保建档立卡贫困劳动力和易地扶贫搬迁劳动力有就业意愿的全部就业，大力开展职业技能培训，提高劳动者就业能力和转换岗位能力。

五、聚焦社会稳定和谐，持续提升治理能力

深入持久开展好“扫黑除恶”专项斗争工作。把“扫黑除恶”作为重点工作和首要政治任务，确保扫黑除恶专项斗争工作成果持续巩固。全力做好安全生产工作。始终坚持“安全第一、预防为主、综合治理”的方针，牢固树立“以人为本，构建和谐社会”的发展理念，狠抓监管、强化责任，为镇域经济发展创

造和谐稳定的社会环境。强化红线意识，坚决落实责任。健全隐患排查治理常态化机制，狠抓重点行业领域专项整治，强化源头管理和过程监管。大力推进生态文明建设。牢固树立“绿水青山就是金山银山”的理念，贯彻推动长江经济带发展“共抓大保护、不搞大开发”要求，大力实施生态环境提升行动。构建国土空间开发保护新格局，加强生态环境治理和保护修复，坚决打好污染防治攻坚战，大力发展绿色经济，完善生态文明制度体系，打造更高水平生态文明。

（撰　稿：龙河镇党政办）

坚定信心　抢抓机遇
奋力谱写和谐美丽牂牁发展新篇章

——中共牂牁镇党委 2020 年执政情况综述

2020 年，在特区委、特区政府的正确领导下，牂牁镇党委团结带领全镇广大党员干部群众，紧紧围绕特区党委、特区政府的各项决策部署，坚持围绕“六稳”“六保”总方向，守住发展、生态、安全三条底线，充分发挥党建引领作用，统筹推进“十三五”和脱贫攻坚圆满收官，较好地完成了全年各项目标任务。

一、抓主责、担主业，党的建设全面加强

（一）思想政治建设全面加强。深入学习贯彻习近平新时代中国特色社会主义思想，牢牢把握意识形态工作主动权。2020 年 3 月，镇党委制定《牂牁镇 2020 年农村基层党建提升年工作方案》等 13 个 2020 年基层党建指导性文件，召开党建工作专题安排部署会，对党建工作进行系统安排，明确目标措施。2020 年，镇召开党委会 32 次，专题研究党建工作 20 次，召开党建工作专题调度会 4 次。到各党支部开展全覆盖挂牌督战 4 次。通过压实党建责任，党建工作在“经常看、反复想、长期干”中落地生根。

（二）基层组织建设得到夯实。以“抓党建是本职、不抓党建是失职、抓不好党建是渎职”的强烈责任意识，加强基层党组织建设。根据工作需要调整细化明确镇党委班子主体责任清单、主要领导第一责任人责任清单、班子成员“一岗双责”责任清单，坚持党建工作和业务工作一起谋划、一起部署、一起落实、一起检查，使各项举措在部署上相互配合、在实施中相互促进。上下联动、齐抓共管共同推进各项工作任务。

（三）党风廉政建设不断加强。严格执行从严治党主体责任，坚决落实党风廉政建设责任制，严格执行廉洁从政的各项规定，有力地促进全镇党风廉政建设和反腐败斗争的深入开展，实现经济社会发展与党风廉政建设的同步推进。强化监督执纪问责，用好监督执纪“四种形态”，抓早抓小、防微杜渐。保持有腐必惩、有贪必查的高压态势，“治病树、拔烂根”，使全镇党员干部职工自觉遵守廉洁自律准则，严守党纪党规，知敬畏、明底线，永葆清廉本色。2020 年，开展党风廉政及警示教育专题会议 2 次，集中约谈 2 次 100 人；累计发现和收到问题线索 10 个，其中，初核了结 1 个，正在初核 4 个，转立案 4 件 4 人，党纪处分 4 人，党内警告处分 1 人，开除党籍 3 人。

二、抓经济、调结构、全力助推脱贫攻坚

（一）经济运行稳中有进。2020 年，全镇招商引资目标任务 2 个共 1.02 亿。至 2020 年年底，圆满完成招商引资 1.02 亿元，完成固定资产投资 1.8899 亿元，完成全年计划的 94.5%。共谋划储备项目 28 个，其中，“十四五”规划项目 12 个，2021—2025 年补短板项目 13 个。截至 12 月，实现一般预算收入 151.8 万元。

（二）产业结构不断优化。认真贯彻落实习近平总书记关于“三农”问题作为全党工作重中之重的指示精神，举全党、全社会之力推动乡村振兴，促进农业高质高效、乡村宜居宜业、农民富裕富足。突

出抓基层、强基础、固基本的工作导向，围绕独特的气候和自然资源，坚持“生态产业化、产业生态化”发展理念，始终以“八要素”为根本，“六个转变”为目标，“五个三”为重要路径，结合生态修复、低效作物调整、小康菜园，及时改进工作思路，分片集中发展精品水果和特色经济作物。累计发展农业特色产业27100亩，建成千亩以上连片农业产业基地7个。有农业经营主体33个，其中，农民专业合作社28个、龙头企业5家。2020年，农业产业总产值2730万元，累计带动群众3647户13840人增收致富。

三、惠民生、强保障，增强人民福祉

（一）脱贫攻坚持续深入。党政主要领导对全镇进行全面调研和督导村级脱贫攻坚工作，明确攻坚方向和攻坚重点，率先垂范带动各级领导干部认真履责。坚持分级负责，始终把脱贫攻坚作为“一把手”工程，在镇、村两级严格实行工作团团长、专班组长、工作队队长负责制，采取面上工作实行专班负责制、区域性工作实行决胜工作团负责制、点上工作实行脱贫攻坚决胜工作队负责制的方式持续攻坚，确保责任层层压实、工作全面落实。坚持重心下移，镇党委、镇政府主要领导带头，带动工作队队长、帮扶干部工作在一线开展、问题在一线解决，做到脱贫不脱钩、扶上马送一程。

（二）民政兜底全面保障。2020年全镇有农低保785户1791人，城低保70户131人。每月农低保资金实行社会化发放45.0229万元，城低保发放4.2704万元。城乡低保人数占比8.7%，农村低保每月人均享受251元，城镇低保每月人均享受326元。全镇80周岁以上老年人有316人，均享受高龄补助，季度发放8.337万元。“五保”孤儿共有32人，其中，“五保户”28人，孤儿4人，已将其列入留守儿童重点管理对象。

（三）安全饮水保障健康。向群众广泛宣传《中华人民共和国水法》、水利法规等，全方位推进水务工程和水务设施建设工作，加强各村农村安全饮水工程管理，保障人畜饮水安全供给，解决2810户12670人的安全饮水问题。

（四）基础教育资助保障。新“两基”指标达标并通过国家评估验收。全面落实“两免一补”政策，2020年完成学前教育资助60人，兑现资金1.665万元；中小学寄宿生生活补助495人，兑现资金27.575万元；省外就读高中及以上教育资助学生68人，兑现资金19.3620万元；省内就读高中及以上学生在就读学校申请教育资助，资助由就读学校已经发放到位，无漏资助学生情况存在，也无辍学学生情况发生。

（五）卫生健康持续保障。圆满完成卫生健康各项目标任务。进一步完善卫生院硬件设施建设，启动扁朝村卫生室建设项目，加强人才队伍建设，建立合理的村卫生室人员流动机制，进一步加强完善农村重大疾病医疗救助范围，提高救助水平，全面实现家庭医生签约服务，基本消除农民家庭“因病致贫、返贫”现象。计划生育奖励扶助、关爱女孩行动和独生子女父母奖励等工作按政策要求办理。

四、重文化、强基础，增强发展后劲

（一）旅游文化健康发展。打造集旅游观光、民族特色、水果采摘、运动体验为特色的旅游环境，高质量协助完成全市第四届旅游发展大会，并借此为契机，鼓励发展农家乐、民族服饰、民间手工艺、民宿、旅游客船、垂钓等旅游服务业，带动群众致富。立足奇山秀水的自然生态、神秘的古夜郎文化、牂牁江区位三大优势，依托良好的旅游资源条件、区位优势，文化服务体系日渐完善。圆满完成2020“翱翔贵州”第八届牂牁江滑翔伞公开赛暨“速度贵州”第二届牂牁江铁人游跑2项邀请赛圆满举行。

（二）社会事业稳步提升。完善社会事业是全社会“民心工程”，事关社会稳定大局。加强困难群众保障，特别是关爱鳏寡孤独老人、孤儿、残疾人、留守儿童、精神障碍病人等困难群体，切实让困难群体感受到党和国家的关爱和温暖。持续深入开展“双拥”工作，营造“双拥”氛围，落实“双拥”政策，为军队和国防建设添砖加瓦。加强全镇劳动力就业培训，实行先培训后输出。医疗保险、养老保险继续加大宣传，基本实现全部参保。全镇2020年度参加城乡居民医疗保险15159人，贫困户参合率为100%。城乡居民社会养老保险参保人数2284人，实现贫困户适龄参保率为100%。

（三）**基础建设持续加强**。以统筹城乡发展为主旋律，全力优化镇村发展环境，紧扣“三改三化”农村环境美化提升，提高城镇品位，提升镇域经济带动力。2020年，开工建设母猪田水库项目和棚户区改造项目二期工程，持续推进毛口至西戞通村路项目建设，修复郎毛路塌方地段6处，维护村组道路23.6公里。

五、抓安全，严防控，促进社会和谐

（一）**严抓安全生产**。深入落实“五级五覆盖”“五落实五到位”责任体系建设，明确各单位工作职责，并与各村、各单位、股室站所及辖区内的企业签订安全生产责任书，继续深化领导干部包村，明确安全生产责任人。按照“谁主管、谁负责”和“属地管理”的原则，狠抓责任制的落实，确保“横向到边、纵向到底、责任到人、不留死角”。2020年，全镇执法检查100次，参加执法检查人员400人次，查处车辆违法违章81起，检查镇辖区门店223家次，查处消防安全隐患4起，对辖区益寿渔业公司乱占航道进行执法2次，对航运船舶安全教育123次。

（二）**严守疫情防控**。新冠肺炎疫情发生后，党中央高度重视，习近平总书记坐镇指挥、亲自部署，科学研判疫情形势，发表一系列重要讲话，作出一系列重要指示，为全镇统筹抓好疫情防控和经济社会发展各项工作，为决胜全面建成小康社会、决战脱贫攻坚，提供了科学指引和行动指南。镇党委、镇政府带领全镇干部职工和广大群众迎难而上，冲锋在前，在全镇范围内展开阻击疫情的人民战争，取得阶段性胜利。

（三）**抓实信访调解**。强化队伍建设，不断加大矛盾纠纷调处力度，并针对当前全镇比较突出的新情况、新问题开展调解工作。开展涉疫矛盾纠纷排查化解。加强重点场所排查管控。建立健全台账管理，做到底数清、情况明。深入排查婚姻家庭、感情、邻里、土地宅基地等矛盾纠纷。重点关注有两地分居、家暴、上门、失独、婚姻变化、抚养关系变动、遗产继承等特殊情况家庭，主动上门进行化解、疏导，及时进行调解或申请法律援助，确保镇村安全稳定。压实工作责任，严格按照“三到位、一处理”的工作方式，对信访案件按照“属地管理、分级负责”的原则落实“七个一”。2020年，完成办理上级转交信访件、接待来访群众。

（四）**综治平安和谐建设**。进一步做好重大风险防范化解工作，集中攻坚化解重大风险点，倡导“平安建设人人有责”的思想理念，深入开展平安建设活动，创新治安防控工作措施，净化社会治安环境，坚持推进禁毒“大扫除”专项行动，持续开展扫黑除恶专项斗争工作，实施“两早”专项治理，提升社会治理水平，深入推进防范处理邪教工作。

（五）**精神文明扎实推进**。加强社会主义精神文明建设，加强农村思想道德建设，坚持爱国主义、集体主义、社会主义教育，加强社会公德、职业道德、家庭美德建设，引导人们树立建设中国特色社会主义的共同理想和正确的世界观、人生观、价值观。普及科学知识，推进农村移风易俗。积极推行全镇环境卫生保洁社会化运作，将环境卫生纳入村规民约。积极培树先进典型，做到村有示范组、组有示范户，示范带动其他群众，群众精神面貌和生活状态不断改善。全镇推动形成文明乡风、良好家风、淳朴民风的良好氛围。2020年8月19日荣获市级文明乡镇称号，西陵村、扁朝村、沈家村、西拉村、兴隆村、牂牁村荣获市级文明村称号。

同时，镇党委还加强和改善对人大常委会、政协工作的领导，支持人大代表依法履职、政协委员依法监督。统一战线和民族、宗教工作取得新进展，团委、关工委、工会、档案、统计、妇联、残联、信息等工作取得新成效。党管武装得到加强，基层民主不断发展。

（撰　稿：牂牁镇党政办）

中共新场乡委员会 2020 年执政情况综述

2020 年，在特区党委、特区政府的坚强领导下，在各级各部门的关心支持下，新场乡党委始终坚持以习近平新时代中国特色社会主义思想为指引，全面贯彻落实党的十九届四中全会、省委十二届七次全会、市委七届十一次全会精神，积极贯彻中央、省委、市委、和区委的各项决策部署，始终坚持以脱贫攻坚统揽经济社会发展全局，勇于担当、敢作敢为，不断理思路、想法子、找路径，全乡经济社会得到高质量发展，人民群众幸福感、获得感、安全感显著提升，各项工作得到圆满完成。

一、主要成效

（一）***疫情防控有力有序***。面对突如其来的新冠肺炎疫情，新场乡始终坚持人民至上、生命至上，把人民群众生命安全和身体健康放在第一位，坚决扛起疫情防控政治责任，全力守好新场乡这片净土。一是加强组织领导。成立乡党、政主要领导任双组长的疫情防控领导小组和指挥部，先后召开疫情防控部署会、研判会、专题会、调度会 50 次，下发工作提示 20 期，认真贯彻落实各级疫情防控决策部署，并结合全乡实际组织开展疫情防控，全力打好疫情防控阻击战。二是认真组织力量。第一时间发出“动员令”，号召全体干部放弃休假，全员上岗。共组织干部职工、村支“两委”、同步小康驻村工作组（队）、教师队伍、医务人员、村民小组长、乡护林员等 800 人投入战斗。三是紧紧依靠群众。广泛宣传发动全乡 4 万人群众，积极参与到疫情防控中来，形成群防群控、联防联控的良好工作格局。同时，200 名返乡大学生、中学生主动请缨，作为疫情防控志愿者，承担部分卡口管控、宣传动员、体温检测等工作。形成新场乡疫情防控全民参与、全民管控的良好氛围。四是强化排查监测。共组织 17 个工作队分赴各村（居），通过拉网式开展全员人口排查，确保外来人员数据精准。共排查出从武汉市返乡人员 64 人，湖北省除武汉市以外其他市州返乡人员 169 人，追踪到密切接触者 700 人，六枝以外其他县区、其他省返乡人员 7994 人。同时，认真落实四级包保责任制，建立乡科级领导包片、乡干部、村支“两委”、村民小组长为主的监测管控机制，村医配合对重点返乡人员和密切接触者的动向、体征情况进行全天监测，层层压实责任，确保不漏一户一人，监测管控到位。五是加强宣传引导。做到宣传铺天盖地、不留死角，共印发《六枝特区应对新型冠状病毒感染的肺炎疫情防控指挥部令》《致全区人民的一封信》等文件 30000 份，制作宣传横幅 500 条，张贴宣传标语 20000 张、警示标牌 1000 块、写真海报 2000 张。组建 3 个宣传队，利用皮卡车运送宣传员敲锣打鼓在全乡范围内流动宣传。同时，各村（居）充分利用“村村响”、小喇叭、流动宣传队伍和车辆等全天候宣传疫情防控知识，坚决打通疫情防控信息宣传“最后一公里”。六是做好物资保障。全力做好一线疫情防控人员、居家观察隔离人员、生活困难农户以及建档立卡贫困户的物资保障。广泛凝聚社会各界爱心力量，多方面、多渠道筹集物资，形成打赢疫情防控阻击战的强大合力。共收到爱心人士和爱心企业捐赠口罩 20000 副、方便面 5000 盒、矿泉水 10000 瓶、大米 10 吨、水果 308 箱、咖啡 150 件、植物油 334 桶、乳制品 200 件，为打赢疫情防控阻击战提供了充足的物资保障。七是持续抓好常态化疫情防控。严格按照中央、省、市及特区常态化疫情防控工作有关要求，认真落实 2 小时信息报送机制，明确专人负责，每日调度上报区外返乡人员，特别是中高风险地区返乡人员情况，严防境外输入。共排查出从除湖北省以外的其他省市和省内其他县、区返回或流入新场乡人员 8053 人，湖北省除武汉市外其他市州返区且在本乡居住人员 222 人，国外入境返回或流入新场乡人员 8 人。新场乡疫情防控工作得到特区党委、市委领导的高度认可，乡党委荣获“全市疫情防控阻击战表现突出基层党组织”称号。

（二）**脱贫成效不断巩固**。始终以脱贫攻坚统揽全乡经济社会发展全局，全力解决“两不愁三保障”、饮水安全等方面存在的问题和短板。在省“四个不摘”检查考核中，新场乡脱贫攻坚工作得到考核组的一致认可和高度评价，同时顺利通过脱贫攻坚“大普查”。一是完善基础设施。紧紧围绕“水、电、路、房、讯、寨”等重点工作，累计建成通组路 101.938 公里、串户路硬化 13.19 万平方米，硬化覆盖率 100%，实施安全饮水保障工程实现安全用水覆盖率 100%，有效补齐住房短板 22 户，确保户户都有安全住房、户户满足日常用水需求。二是强化措施保障。持续抓好政策宣传和政策落实，确保住房、医疗、教育、饮水安全等政策宣传到位、措施保障到位。全乡参加新型农村合作医疗保险 35566 人，其中，建档立卡贫困户参合率 100%，家庭医生签约率 100%。合作医疗住院报销 365 人次，报销金额 30.4 万元，其中，建档立卡户 167 人次，门诊报销 22942 人次，报销金额 114.3 万元。同步实施 2020 年大病商业保险补偿、控辍保学和教育资助政策，发放教育资助 135.8 万元，确保义务教育阶段适龄儿童不因经济原因而辍学。三是加大资金投入。全面摸清贫困群众住房、医疗、教育、饮水等方面存在的问题，对标对表问题加大资金投入整改，逐一补齐短板弱项，共投入资金 23.8104 万元，解决 124 户建档立卡户存在的短板。四是注重利益链接。坚持把产业发展、利益链接贫困群众作为脱贫致富有效措施。先后整合扶贫资金、财政资金 1847.3 万元入股贵州二表哥生态农业有限公司，发展“凉都跑山猪”养殖产业，实现利益分红 100.97 万元，覆盖建档户 623 户，最高可分红 1000 元。同时，拿出 100 户实行差异化分红，在原有分红的基础上追加 300 元对支持工作、勤劳肯干、内生动力强的建档户，鼓励劳动就业、发展产业等，利益链接覆盖到短板弱项补齐、人居环境整治、产业发展等方面，进一步带动贫困群众增收致富。五是抓实创业就业。按照一户一就业要求，鼓励贫困劳动力外出就业 5760 人，其中，省外 4000 人，省内 1760 人。积极组织未就业贫困劳动力开展技能培训 4 期，培训人数 230 人次，对暂时不能外出人员，主动对接乡内企业提供就业岗位 5000 人次。六是创新建立防贫机制。为密织防贫“保护网”，筑牢防止返贫的最后一道堤坝，新场乡严格落实特区党委、特区政府工作安排，始终坚持以脱贫攻坚统揽全乡经济社会发展，压实扶贫、交通、教育、产业、医疗、安全饮用水等脱贫攻坚专班工作职责，完善工作机制，勇于“第一个吃螃蟹”，探索建立乡级“防贫保”机制，首开全省乡（镇）实施“防贫保”先河，于 2020 年 10 月 15 日与太平洋保险公司六枝分公司签订“防贫保”协议，对因病、因灾、因学、因意外事故等存在返贫致贫风险对象实施保险兜底，保障全乡已脱贫户稳定不返贫、边缘户及时干预不致贫，按全乡农村人口的 10% 参保规模测算，救助金以每人每年 100 元为标准，设立每年 40 万元的防贫保救助基金池，有效控制贫困增量，巩固提升脱贫成果，切实增强贫困群众幸福感获得感，为确保高质量、打好收官战奠定坚实基础。

（三）**产业调整稳步进行**。紧紧围绕产业发展“八要素”纵深推进农村产业革命，持续抓好农业产业结构调整，为乡村振兴提供有力的产业支撑。一是积极推进产业结构调整。2020 年全乡低效作物调减 4025 亩，其中，种植蔬菜 280 亩、辣椒 152 亩、马铃薯 1201 亩、水果 68 亩、刺梨 277 亩、烤烟 13 亩、红豆杉 720 亩、其他粮食 1314 亩。有效促进农业增效、农民增收。二是全力打造“千家万户小康菜园”。坚持把实施“千家万户小康菜园”作为深化农村产业革命、改善农民膳食结构、亮化乡村人居环境、提升群众生活品质的重要举措，按照“四一、四有、四提升”要求，全力打造“千家万户小康菜园”示范样板，围绕高速路沿线和主要公路沿线的新寨、旧院、松坝、黑塘、新场、戛纳、落龙、仓脚、沙地等村全力打造小康菜园。已打造新寨村中寨组市级观摩点，完成小康菜园示范点建设 13 个。

（四）**民生工程有效推进**。全面落实兜底保障政策，做到应保尽保、应兜尽兜，有效保障城乡低保对象、特困供养人员、优抚对象、受灾群众等困难群体基本生活，让改革发展成果更多更公平惠及全乡人民群众。一是完善公共服务保障。进一步完善城乡居民养老服务和医疗服务，扎实推进乡村公共文化服务中心建设，打造易扶搬迁安置点“新市民·追梦桥”“新时代农民实践站”等活动阵地，不断推进民族宗教、妇女、儿童、老龄、残疾人、工会、团委、关工委等各项事业取得新进展，公共服务体系更加完善。二是强化民生兜底保障。及时将符合条件的无供养老年人、孤儿、残疾人等困难人群和低收入家庭纳入低保保障范围，切实保障困难群众基本生活。全乡共有低保对象2227户4022人，月发放低保金1366284元，其中，建档立卡户1123户2262人，城市低保27户37人，做到应保尽保，不漏一户一人。三是扎实做好社会救助保障。对因灾因病暂时困难的人员和农村籍退役军人实施临时救助，发放临时救助资金，发放一、二级重度残疾人护理补助金，发放60周岁以上农村籍退役士兵生活补助。

（五）综治稳定进一步保障。把综合治理作为维护社会稳定有力抓手，全力抓好综治、信访调解、扫黑除恶、反邪教、禁毒等工作。一是加强组织领导。成立扫黑除恶、禁毒、信访调解等工作领导小组，及时召开党委会、专题会、全乡干部职工大会等会议，传达学习有关文件、会议精神，研究落实全乡社会稳定有关工作。2020年，共召开10次党委会、8次干部职工大会安排落实扫黑除恶、信访调解、禁毒等工作。二是加强宣传引导。通过广播宣传、发放宣传手册、组织开展宣传活动等形式，广泛宣传扫黑除恶、禁毒等相关知识。共开展活动宣传20次、发放宣传手册8000份、制作宣传标语100条。同时，通过广播等形式各村全覆盖进行宣传。三是加强矛盾排查处置。强化对矛盾纠纷排查化解力度，努力维护社会长久治安。共排查化解矛盾纠纷200起、涉黑涉恶线索60次。同时，统筹抓好禁毒、反邪教等工作。四是积极做好信访调解。做好来信来访答复，共接待初信初访15件，答复上级转交办案件7次。五是全面管控安全生产。树牢安全生产“红线意识”和“底线意识”，全面摸排全乡范围内地质灾害隐患点、重点河流、山塘水库、道路交通等，制定工作方案，加大宣传力度，有序组织应急演练。共组织全乡干部职工60人、群众100人进行应急演练。发放《建筑工地安全生产告知书》《节日期间安全生产通知书》《六枝特区森林防火令》等宣传单2000份，张贴宣传标语120条，排查各类生产经营场所100家，没收非法违法物品58件。全乡安全生产齐抓共管、集中整治总体形势较好。

（六）经济发展稳步推进。深入学习领会习近平总书记关于贯彻新发展理念、做好经济工作的重要论述，贯彻落实中央、省、市和特区关于统筹推进新冠肺炎疫情防控和经济社会发展工作相关文件、会议精神，精准研判经济形势，切实做好“六稳”“六保”工作，全力打好经济发展“主动战”，为决胜全面建成小康社会、决战脱贫攻坚、推动新场乡高质量发展提供坚强保障。

（七）党的建设不断增强。抓好支部标准化规范化建设。2020年，拟建设达标18个基层党支部。抓好软弱涣散基层党组织排查整顿，对排查出1个基层软弱涣散党组织，通过制定整顿方案，明确责任人、整改时限，切实做好整顿工作。抓好党员发展，加强党员发展教育管理，严格落实政治审查制度，坚持慎重发展、均衡发展，成熟一个、发展一个的要求。2020年，共接收预备党员6名，发展对象2名，入党积极分子9名。调整各站所负责人10人次，结合个人优点或长处轮岗锻炼、挂村锻炼、驻村锻炼40人次，推荐年轻干部到市、特区有关部门跟班学习10人次，向组织推荐解决正科级，四级调研员，副科级，三、四级主任科员等领导干部职务职级晋升10人，干部队伍建设有效得到增强。

（八）政治生态风清气正。坚持把党风廉政建设与其他工作同安排、同研究、同部署、同落实，班子成员认真履行党风廉政“一岗双责”。2020年，开展层层约谈182人次，集中约谈2次98人，全乡通报批评3个村和24人，提醒谈话8人，立案审查5件5人，结案3件3人，2件2人已送审待结案，党内警告处分2人，政务警告处分1人。全乡政治生态向好向上。

二、经验总结

一是用创新驱动全乡发展，把创新作为发展引擎，从实际出发，不断探索实践全新工作方法，积极构建新型产业体系，完善发展体制机制，打造特色亮点工程，最大限度释放活力和动力。二是秉承绿色发展理念，坚定不移走绿色发展之路，始终坚持既要金山银山又要绿水青山，恪守生态底线，大力发展生态经济，努力营造绿色循环低碳发展格局。三是用协调发展解决发展不平衡问题，坚持问题导向、找准薄弱环节，既抓经济又抓党建，既抓发展又抓民生，既抓产业又抓增收，大力破解难题，强力予以攻坚，补齐发展“短板”。

三、存在的问题

一是财源结构单一。虽然超额完成目标数，但从总体财源建设来看，全乡财政收入组织仍然困难，纯农业乡的情况仍然未发生根本性改变。二是经济发展缓慢，农村人口比重大，经济供给总量不足，可开发利用土地偏少，产权结构复杂，产业结构调整仍面临不小挑战。三是基层干部的整体素质还有待进一步提升，村基层在发展年轻干部群体上做得还不够，在少做多干上还要深下功夫。

四、下一步打算

2020 年，全乡上下团结一心、拼搏奋进，努力克服疫情影响，坚决夺取脱贫攻坚和经济社会发展“双胜利”，全乡经济社会总体向好。但对标对表目标任务和上级要求，我们也清醒地认识到，工作中仍然存在一些问题和不足。下步工作中，我们将严格落实中央、省、市和特区党委、政府各项工作安排部署，坚持抓具体抓深入，重点抓好以下方面工作，奋力谱写新场乡高质量发展新篇章。

一是进一步巩固脱贫成果。对照上级督查、本级自查、各类调研时发现的问题，建立工作台账，制定工作措施，抓好整改清零，一户一户对账销号。强化监测预警，围绕“一达标、两不愁、三保障”，组织开展排查核实，加强对“两类人员”家庭问题短板的分析研判，提前介入、提前帮扶，聚焦农户短板，制定针对性、有效性措施补齐问题短板，消除返贫致贫风险。

二是进一步培育优势特色产业。充分发挥龙头产业示范带动作用，加大对贵州二表哥生态农业有限公司扶持力度，力争到 2021 年底养殖面积扩大到 2.5 万平方米，年产能达 20 万头家畜规模，强势带动全乡种植业、其他养殖业和其他领域经济社会高速发展。

三是进一步调优产业结构。严格按照《六枝特区 2020 年今冬明春农业产业结构调整方案》，结合新场乡实际，立足资源禀赋和产业基础，围绕“两高两线”、图斑内等重点区域，依托优势产业、绿色生态、黔货出山，统筹抓好农业产业结构调整工作，对照目标分解的指标、调减区域进行细化分解落实到地块，明确到责任人，不折不扣地完成好今冬明春产业结构调整，确保产业结构调出实效。

四是进一步有效衔接乡村振兴。聚焦“产业兴旺、生态宜居、乡风文明、治理有效、生活富裕”总要求，打好乡村产业基础，进一步探索“公司＋合作社＋农户”发展模式，依托龙头企业，有效利用资源共同发展。发展壮大村集体，实现村社合一组团发展。强化就业需求培训。抓好人居环境治理，深入实施农业农村污染治理攻坚战行动计划，聚焦目标短板，进一步解决垃圾、污水、村庄治理等方面的短板问题。

五是进一步打造“千家万户小康菜园”。坚持道法自然、因地制宜、就地取材的原则，按照“四一、四有、四提升”要求，统筹整合资源，加强分类指导，突出本地特色，围绕高速公路、主要公路沿线，延伸到各村各寨，广泛宣传发动群众参与，全面推进小康菜园建设，实现“漫山遍野大产业，千家万户小菜园”格局，为巩固提升脱贫攻坚质量和成色、实现乡村振兴奠定坚实基础。

六是进一步抓好重大项目落地建成。统筹推进“凉都跑山猪”养殖项目、小长冲水库建设项目、旧院村整村推进“美丽家园”项目、新场乡采煤沉陷区综合治理项目建设，加快推进牛新线、新场至岩脚快速通道、新场至长箐高铁站快速通道、新场至梭戛快速通道建设进度，切实打通道路交通“中梗阻”。在项目用地、征地拆迁、矛盾纠纷调解等给予大力支持，助推项目落地落实，惠及更广大人民群众。

七是进一步保障民生和巩固社会稳定。严格做好“六稳”工作，落实“六保”任务，加大基本民生保障资金投入力度，切实做好教育、医疗、民政、社会服务等工作，深入推进依法防治，加大矛盾纠纷排查和信访积案化解力度，严格落实安全生产责任制，统筹抓好应急管理、防汛抗旱、防灾减灾等工作，用工作实绩向党和人民交出一份满意答卷。

（撰　稿：新场乡党政办）

保持定力　乘势而为
以开拓进取的担当精神努力开创落别工作新局面

——中共落别布依族彝族乡委员会2020年执政情况综述

2020年，落别乡以习近平新时代中国特色社会主义思想为指导，深入学习贯彻党的十九大和十九届二中、三中、四中、五中全会精神，贯彻落实中央、省、市、区决策部署。一年来，动员全乡各党组织、广大党员干部和群众保持定力，乘势而为，加快社会各项事业发展取得一定的成绩，本年度荣获“第七批全国民族团结示范区”“中国美丽休闲乡村”“全国旅游重点村”“全区年终综合考核第一名”等光荣称号，先后受到国家民委、农业农村部、文化和旅游部、六枝特区党委、六枝特区政府的表彰，以开拓进取的担当精神努力开创落别工作新局面。

一、主要工作成绩

2020年，全乡经济、政治、文化、社会、生态文明、脱贫攻坚和党的建设各项事业再上新台阶。完成公共财政预算收入496.47万元，完成招商引资项目5个，完成项目入库5个，完成固定资产投资2亿元。全年农村居民人均可支配收入达11922元，比2019年增加1143元。2020年，乡党委总揽全局、协调各方，沉稳应对，担当履职，主要做了以下工作。

（一）脱贫攻坚方面。始终坚持以脱贫攻坚统揽经济社会发展全局，把确保高质量打赢打好脱贫攻坚战作为全乡上下最大的政治、最重的任务、最严的责任，牢牢掌握决战决胜脱贫攻坚的制胜权、主动权，脱贫成果全面巩固，脱贫质量全面提升。坚决扛起重大政治责任。始终把脱贫攻坚作为必须扛起的重大政治责任、必须肩负的光荣使命，紧盯“一达标、两不愁、三保障”目标，深入推进“冲刺九十天、打赢歼灭战”“确保高质量、打好收官战”专项行动，全面开展“巩固提升专项排查”“查缺补漏”等行动，圆满完成脱贫攻坚普查工作。持续加强产业扶贫和就业扶贫，加快易地扶贫搬迁后续扶持“五个体系”建设，持续加强定点帮扶、结对帮扶、社会扶贫等工作。纵深推进农村产业革命。坚持把产业作为脱贫攻坚的根本之策，按照省委、省政府“来一场振兴农村经济的深刻的产业革命”的统一安排部署，紧紧聚焦农业产业“八要素”和“五步工作法”，找差距、补短板、强弱项，认真谋划和推进农业产业发展，持续推进产业结构调整，聚焦增量提质做强做优主导产业，强力推动“茶叶、刺梨”和精品水果、家禽、生猪、水产等优势特色产业发展，完成低效作物调减2808.92亩，新增农业特色产业3540亩，提质增效产业5000亩，通过农业产业带动农户持续增收。千方百计促进稳岗就业，努力克服新冠肺炎疫情影响，坚持内输外拓两手抓，千方百计稳岗、拓岗。精准开发岗位，从产业、就业、扶贫车间深挖就业岗位650个，开发公益性岗位96个，不断扩大就业岗位增量，确保全乡劳动力有岗可就、有业可扶，在拓宽渠道、政策支持、持续增收的基础上，引导充分就业，督促各类用工主体按时足额支付劳务工资，全乡贫困劳动力4112人，已就业贫困劳动力3785人，就业率达92.05%（327人因家庭、健康等原因暂时未就业）建档立卡贫困劳动力家庭实现“一户一人以上”就业。多措并举巩固脱贫成果。乡党委始终紧盯巩固脱贫成果这一目标，按照省、市“冲刺九十天、打赢歼灭战”“确保高质量、打好收官战”等决策部署，建立“双台账”、压实“双责任”，落实“双问责”，强化主责意识、主场意识、主攻意识，做到思想不滑坡。严格落实“四个不摘”要求，保持原有的指挥体系、扶贫政策、攻坚队伍、帮扶力度不变，做到力量不削弱。持续用好“5 个 100%”攻坚法，深化开展“七查”工作，常态化对标“两不愁三保障”标准发现问题、解决问题、补齐短板，做到工作不松劲。及时兑现教育、医疗等脱贫政策，有效防止返贫和新的贫困发生；重点围绕“3+1”保障、稳岗就业、易扶搬迁后续扶持、脱贫不稳定户和边缘户监测帮扶等巩固提升脱贫效果，做到标准不降低。

（二）疫情防控方面。认真贯彻落实中央、省委、市委、区委关于疫情防控的各项决策部署，采取有力措施，统筹推进疫情防控、脱贫攻坚和经济社会发展，确保两场战役都打赢。全面落实防控策略。第一时间成立疫情防控工作领导小组，严格执行疫情“零”报告制度，持续做好返乡人员排查工作，发挥村民自治作用，以村寨为单元，强化网格化管理，开展全面排查，共计排查 10730 人次。持续做好跟踪监测管控工作，加强中高风险地区来黔返黔人员排查监测工作，针对疫点返回人员，全部开展核酸检测，并实施集中隔离医学观察或居家隔离医学观察 14 天，明确隔离包保责任人，确保人员在隔离观察期不随意接触他人。抓实常态化疫情防控。疫情防控转入常态化阶段后，乡党委坚决扛起“外防输入”政治责任，倍加珍惜来之不易的防控成绩，绷紧防控之弦，抓紧、抓实、抓细常态化疫情防控措施，不断巩固持续向好的防控形势。因时因势完善落实外防输入举措，坚持必要的人员管控和健康监测措施，严把“境外管控关”“境内防控关”，坚决防止输入性病例。积极引导群众做好必要防护，继续强化学校、景区等重点区域疫情防控，全面消除聚集性疫情风险。

（三）产业发展方面。始终坚持以习近平新时代“三农”思想为引领，全面打好乡村振兴战略，继续深入推进农村产业革命，围绕产业革命“八要素”找差距、补短板、强弱项。农林产业稳步调整提升。围绕春季农业生产暨农业产业结构调整各项目标任务，重点发展茶叶、蔬菜、精品水果三个主导产业，完成蔬菜、高粱等特色农业产业种植 1.67 万亩、实施茶叶提质增效 5000 亩，新增种植樱桃、李等精品水果 1300 亩，新增刺梨种植 2240 亩；完成出栏生猪 4945 头、牛 128 头、羊 268 只、家禽 94710 羽；完成全乡股份经济合作社组建，并赋码办证，按照“四一、四有、四提升”标准及特区的“六要六同”要求，完成“小康菜园”建设 975 户，规范建设特色果菜棚架 482 个、围栏 14381.53 米，规范化种植菜蔬 183.8 亩。加快工业项目建设步伐。加快新型工业化发展步伐，大力巩固提升传统产业，紧紧依托木岗工业园区，坚持“科学规划、市场运作、集约经营”的发展思路，将全乡优势生产要素集聚轻工业园，推进葵花药业公司二期工程尽快启动、确保鸿森茶叶加工厂、群炯江茶叶加工厂等企业投入使用。持续做优旅游产业。深入实施“旅游兴乡”战略，促进旅游和文化创新融合发展，依托龙井温泉、“318 浪哨缘房车营地”等大型旅游景点，多渠道开发文化产品，培育壮大温泉疗养、康养旅游，全面提升景区基础设施，基本形成吃、住、行、游、购、娱一体化的旅游度假胜地。牛角村先后获得全国乡村旅游重点村、贵州省乡村旅游村寨等荣誉称号。2020 年，全乡各旅游景点共接待游客 39.55 万人次，实现旅游收入 2081.27 万元。

（四）民生保障方面。始终坚持以人民为中心的发展思想，大力推动基本公共服务增量提质，安全稳定的社会环境更加巩固，社会综合治理水平不断提高，社会矛盾得到有效稳控。社会保障持续巩固。民政社会救助基本实现应保尽保，就业、教育、住房、医疗等公共服务更加优质便捷，民生发展难题不断破解，2020 年，共发放低保、特困供养补助、各类临时救助等共计 1358.53 万元，民生急需短板有效补齐。社会治理不断创新。始终坚定不移地抓社会治理和平安建设，社会综合治理水平不断提高。各类社会矛盾得到有效稳控，禁毒整治工作持续巩固，法治政府建设、反邪教、民族宗教等工作有序推进，信访、打击传销、扫黑除恶等工作取得成效，为营造全乡安全稳定的发展环境保驾护航。风险底线不断筑牢。全面落实党委、政府监管责任和企业主体责任，严格落实安全生产“党政同责、一岗双责、齐抓共管、失职追责”制度，统筹抓好煤矿、非煤矿山、消防、学校、交通、食品药品等行业和领域的安全生产工作，做到守土有责、守土负责、守土尽责。共开展交通安全检查 72 次，组织消防逃生演练 2 次；组织地质灾害、防汛、煤矿、非煤矿山、施工领域等重点领域检查 578 次，共计查处一般隐患 149 条，全部整改完毕。

（五）党的建设方面。始终把党的政治建设摆在首要位置，深入贯彻新时代党的建设总要求，坚定不移全面从严管党治党，全面优化提升全乡各基层党组织党建工作水平。基层基础不断夯实巩固。共召开13次党委会研究党建工作，建立党政班子联系分管领域党建工作制度，形成以上率下、层层落实的党建责任体系，识别整顿2020年软弱涣散村党组织1个，对2019年识别整顿的软弱涣散村党组织进行“回头看”，基层组织战斗力不断提高。基层队伍素质稳定提升。共吸收发展对象15名、预备党员22名、正式党员12名；积极选树先进典型，召开中国共产党成立99周年表彰大会、表彰优秀基层党组织8个、优秀共产党员和党务工作者42人；深入开展村干部背景审查、对91名村干部和拟任村干部进行背景审查，常态化村干任职审查机制逐步形成，党风廉政建设持续深化。严格执行廉洁自律各项规定，强化监督执纪问责。开展预防提醒约谈4次，覆盖90人次，处置问题线索9件，初核了结2件，立案审查调查5件，给予党纪政务处分3人，警示谈话1人，通报批评7人次，提醒谈话17人次。意识形态工作不断深入。严格落实意识形态工作主体责任，将意识形态工作纳入乡党委重要议事日程和年度目标责任考核范围。先后多次召开党委会、专题会研究意识形态工作，明确乡班子成员意识形态工作“一岗双责”职责，规范“两微”平台日常管理，加强网络舆情分析，壮大主流舆论阵地，增强对各类错误思想入侵的抵抗力，确保意识形态领域工作可管可控，加强与寺观、教堂的交流，强化宗教政策法规宣传，深入推进法律法规、社会主义核心价值观和中华民族优秀传统文化等进宗教活动，民族事业发展日益繁荣。同时，还加强和改善了对人大常委会、政协工作的领导，统战和民族、宗教工作取得新进展，工会、共青团、妇联、工商联、老干部、关工委、双拥等工作取得新成效。党管武装得到加强，基层民主不断发展。

（六）文化宣传方面。一是1月26日至3月12日配合特区宣传文化、融媒体中心对落别乡疫情防控进行宣传和发放广播宣传设备15件，在对乡内撰写新闻稿件58篇，在《贵州日报》天眼新闻发稿16篇，在市、区新闻媒体发稿22篇。加大全乡疫情防控的宣传力度，纳骂村、抵耳村被评为市级疫情防控先锋队，落别乡被评为区级疫情防控宣传先进集体，乡文化站伍荣腾补评为区级疫情防控宣传先进工作者。二是4月24日配合特区宣传部、文化旅游部门在落别龙井温泉举行2020年文旅产业复苏动员大会暨旅游产业促销百日专项行动新闻发布会。三是在4月份向特区政府成功申报布依神仙豆腐、布依织锦、布依斗纹布、布依婚俗为县级非物质文化遗产名录。同时申报可布村马明学为布依神仙豆腐、牛角村韦厚珍为布依斗纹布县级非物质文化遗产传承人。四是4月份配合特区文化和旅游局委托贵州科迈文化发展有限公司进驻落别乡实施乡文化站和13个村农家书屋系统升级及网络端口开通。五是配合特区宣传部做好全国11家主流媒体到全乡樱桃采摘进行采风。六是8月份完成创建国家文化服务体系示范区工作软硬件工作材料。七是在11月份配合特区融媒体做好十九届五中全会精神的宣传工作。抓好牛角村全国民族团结示范村打造工作。

二、工作措施

（一）建立健全各项工作机制，着力加强乡党委自身建设。一是建立健全理论学习机制，着力提高乡党委总揽全局的水平。二是坚持内容与形式相结合。要围绕领导班子的思想、工作、作风实际，按照“缺什么补什么”的原则，开展生动活泼的学习培训，不断提高领导干部运用科学理论分析问题、解决问题的能力。三是引导领导干部发扬理论联系实际的学风，紧密联系思想和工作实际，运用科学理论指导实践，注重增强理论学习的目的性和实效性，切实在理论与实践的结合中求真知、练配合、长才干，真正把理论学习的过程作为提高素质、推动工作、促进发展的过程。四是坚持自评与考评相结合。要在引导领导班子，领导干部定期认真总结反思自身理论学习的基础上，健全“督学、述学、评学、考学”制度，作为评优表模和选拔任用干部的重要依据，充分调动领导干部学习理论的主动性。

（二）建立健全工作运行机制，着力提高乡镇党委领导发展的能力。一是把完善工作运行机制作为提高乡党委执政能力的重要保证，以求真务实，全面建设务实型党委。完善决策机制。按照深入了解民情、充分反映民意、广泛集中民智、切实珍惜民力的要求，着眼于健全领导、群众相结合的决策机制，完善领导班子重大决策的规则和程序，推进决策的科学化、民主化。二是完善责任机制。要完善集体领导和个人分工负责相结合的制度，引导领导班子成员既服从大局，积极参与和自觉维护集体领导，又各司其职，根据集体的决策和分工，创造性地开展工作，切实做到到位不越位、分工不分家、负责不推责，充分发挥领导班子的整体优势。三是完善督查机制。通过建立健全形势分析会、进度通报会、工作现场会等制度，及时分析研究、汇报重点工作进展情况，在领导班子成员之间形成相互促进、比学赶超的局面，推动领导班子成员抓好各自分管工作的落实。

（三）建立健全联系群众机制，着力提高乡党委服务群众的实际。一是健全领导干部联系群众制度。落实班子成员联系离退休老干部、党外人士、拔尖人才和困难群众等制度，主动与他们交流、交心、交友，广泛听取他们的意见和建议，切实帮助他们解决实际困难。二是健全领导干部联系点制度。经常深入调查研究，听取意见、了解情况、督办检查、具体指导，帮助联系点查找工作差距，厘清工作思路，解决实际问题，努力把联系点建成示范点、“试验田”，发挥以点带面的作用。

（四）建立健全竞争激励机制，着力增强乡党委干事创业的活力。要把竞争激励作为激发党委班子干事创业活力的重要举措，全面建设开拓型党委。

三、工作经验

（一）全面加强党的建设，确保执政能力有效提高

1.切实加强党的思想政治建设。深入学习贯彻党的十九届四中、五中全会精神以及习近平新时代中国特色社会主义思想，把学习的收获转化为推动全乡工作的动力和良策。坚持和完善党委中心理论组学习等各项学习制度，自觉坚持和贯彻党的群众路线，树立一切为了人民群众、一切向人民群众负责、向人民群众学习的观点。

2.切实加强领导班子和干部队伍建设。完善和建立各种长效制度，把乡、村领导班子的思想政治建设提高到一个新水平。大力培养优秀年轻干部，注重培养妇女干。加强党对人才工作的领导，把优秀人才的聪明才智和创造力凝聚到提高执政能力上来，集聚到各项事业的发展中来。

3.切实加强党的基层组织建设。加强党的执政能力建设，必须抓基层、打基础。进一步加强农村基层党建工作，充分发挥村级党组织在带动农民勤劳致富、保持农村社会稳定中的领导核心作用。

（二）积极推进农业、生态建设，确保农业产业化见实效

1.继续加快农业产业结构调整。加快推进农业产业化进程，狠抓落实，加强管理和指导，确保粮食安全。加大农业技术推广力度，进一步优化品种结构，强化科技支撑，普及良种良法。加快推行“公司 + 基地 + 农户”的模式，形成重要产业支撑。

2.深化土地流转。大力宣传中央关于农村土地所有权、承包权、经营权三权分置的新政策，以土地确权登记颁证工作为基础，引导发动做好土地流转工作，支持鼓励集约化、机械化承包经营土地，提高农业效益，解放农村劳动力，以农业三项补贴改革为切入点，解决农田丢荒弃耕问题，同时做好富余劳动力转移工作，增加农民劳务收入。

3.加强林业生态建设。大力植树造林，开展全民义务植树活动，加强森林资源保护和森林防火宣传、巡查工作，从严查处山火事故及违法用火行为，全力以赴做好森林防火工作，保护青山绿水。

（三）继续狠抓重点工作，确保经济发展上新台阶

1.脱贫攻坚是最大的政治生活，是最大的民生工程，认真做好巩固脱贫攻坚工作的成果，科学规划，精心组织，周密安排，落实责任，强化措施，做到分门别类、千方百计提高脱贫户和村集体经济收入，确保工作落到实处。

2.进一步推进重点项目和谋划新项目。维护好各旅游景区建设的成果，继续抓好农村人居环境综合整治、农贸市场整治改、安全饮用水等项目需进一步推进落实。积极谋划新项目，认真打造牛角村农旅结合型、新寨村小康菜园、民族团结进步示范点，继续强力开展重点项目建设，引进资金的各项工作，努力改善发展环境，吸纳各方建设资金，促进经济社会快速发展。

（四）积极推进基础设施建设，确保村镇面貌大改观

1.加强乡村规划建设。以牛角、落别、抵耳片区规划建设为主线，积极推进牛角、落别、抵耳片区建设，建成集贸易、农业、生态旅游发展的六枝东部重镇。抓好扩容提质和基础设施建设，建成为产业布局合理，服务功能完善，环境优美，生态宜居的新城镇。

2.在农业现代化上下功夫，做实产业，助推高质量发展。把解决好“三农”问题作为全乡工作重中之重，全面实施乡村振兴战略，紧盯巩固拓展脱贫攻坚成果衔接好乡村振兴。一是全力巩固拓展脱贫攻坚成果。严格落实“四个不摘”要求，保持现有帮扶政策、资金支持、帮扶力量总体稳定，加快健全防止返贫监测帮扶机制，强化动态管理。持续推进易地扶贫搬迁后续扶持“五个体系”建设，确保搬迁群众稳得住、有就业、逐步能致富。有效衔接乡村振兴，选取1～2个村寨先行先试，总结经验逐步推广。二是纵深推进农村产业革命。更加注重产业发展后续长期培育，深入实施农业提质增效工程，大力推进茶叶、刺梨、樱桃、猕猴桃、食用菌等为代表的优势产业提质增效，提高产业产品标准化、规模化、品牌化水平，坚持农、林、牧、副、渔全面发展、全面发力，在全力做好污染源防治的基础上，以规模化养殖为主导、以千家万户分散养殖为补充，加快推动养殖业提质增效，进一步拓展群众增收空间。三是持续推进农业产业旅游化。围绕特色优势种植业、养殖业，加大招商引资力度，推进农特产品精深加工，把更多的农产品变成旅游产品，把初级产品变成高端产品，提高农产品附加值。全力推进“千家万户小康菜园”建设，精雕细琢，将示范点建设作为提升乡村旅游的重要抓手，加快农旅一体化进程。

（五）在旅游产业化上下功夫，做活旅游，助推高质量发展。紧紧抓住今年疫情对旅游业“大洗牌”的契机，积极策划实施有针对性的旅游产品，做大旅游总量、提升旅游质量，促进旅游大发展。一是做好旅游品牌。围绕“全国乡村旅游重点村”“贵州省乡村旅游甲级村寨”品牌，充分利用天然避暑优势，加大招商引资力度，围绕现已建成的旅游核心区，编制一批康养项目打造康养小镇，发展山地运动、户外拓展、户外体育等康体旅游。二是做强旅游商品。深入挖掘民族文化，将“六月六”、篝火晚会、长桌宴等民族文化变成民族产品，将手工艺品、民族服饰等民族品牌变成民族经济。三是做精旅游服务。加强对现有景区景点管理，加强旅游市场监管，对强买强卖、欺客宰客行为“零容忍”，强化社会治安，畅通举报渠道，完善投诉处理机制，树立乡村旅游新形象。

（六）着力抓好党的建设，持续提升基层组织建设水平。一是加强思想建设，以思想和制度建设为抓手，持续巩固深化“不忘初心、牢记使命”主题教育成果，持续组织党员干部深入学习党章、党规和习近平新时代中国特色社会主义思想，促使广大党员干部自觉把维护党章、尊崇党章、贯彻党章内化于心、外化于行，切实增强“四个意识”、坚定“四个自信”、做到“两个维护”。二是加强干部队伍建设。认真开展换届选举前期准备工作，进一步选优配强村级干部队伍，进一步加大干部轮岗交流锻炼，注重从村居一线和脱贫攻坚战场中培养选拔年轻干部。进一步改善工作环境，稳定干部队伍。加强与组织人社部门的对接，加大招考和人才引进，充实干部力量。三是加强干部日常监管。严格落实管党治党责任，坚持把党的领导贯穿在各项工作全过程，坚持《廉洁自律准则》“高线”，守住《纪律处分条例》“底线”，增强基层党员干部的责任感、使命感，认真落实“四位一体”从严管理干部的要求，确保作用充分发挥，人尽其才。加强党风廉政建设，认真落实“一岗双责”的党风廉政建设、全面从严治党主体责任和纪委监督责任，全面推进教育、制度、监督并重的惩治和预防体系建设，突出党要管党、从严治党，把党风廉政建设和反腐败工作纳入党的建设和经济社会发展总布局，及时解决人民群众反映的问题，营造风清气正的发展环境。

综上所述，2020 年落别乡取得的成绩来之不易，集众智可定良策，合众力必成伟业，全乡走过的每一步足迹、取得的每一份成绩，无不彰显着智慧和坚韧，无不凝聚着拼搏和汗水，无不饱含着激情和感动。能取得这些战绩，是在党中央、省委、市委、区委的坚强领导下，团结带领全乡广大干部群众，“不忘初心、牢记使命”，踏实工作，保持定力，乘势而为，以开拓进取的担当精神努力开创落别工作新局面。

（撰　稿：伍荣腾）

中共月亮河乡党委 2020 年执政情况综述

2020 年，是月亮河乡经济社会发展不平凡的一年，大事多、要事多、难事多，挑战前所未有，发展极为不易。2020 年，在特区党委、特区政府的坚强领导下，坚持深入学习贯彻习近平总书记对贵州工作的重要指示精神，认真贯彻落实党的十九大和十九届四中、五中全会精神，省委十二届七次、八次全会和市委七届十一次、十二次全会精神，坚持稳中求进工作总基调和高质量发展要求，深入贯彻新发展理念，团结带领全乡干部群众真抓实干、砥砺前行，统筹推进疫情防控、脱贫攻坚和经济社会发展各项工作，全乡疫情防控取得阶段性胜利、脱贫攻坚成果持续巩固提升、全面小康事业取得决定性成就，经济建设、政治建设、文化建设、社会建设、生态文明建设和党的建设不断加强，为“十三五”圆满收官、“十四五”顺利开局奠定坚实的基础。

一、主要工作成效

（一）坚持学习习近平总书记系列讲话精神，自觉做到“两个维护”。始终坚持用习近平新时代中国特色社会主义思想武装头脑、指导实践、推动工作，以上率下带动全乡广大党员干部不断增强“四个意识”、坚定“四个自信”、做到“两个维护”。推动党的创新理论武装走深走心走实。扎实开展贯彻落实习近平总书记重要讲话和指示批示精神情况“回头看”，先后对各村和各学校开展督查 10 次，对存在的问题及时采取措施，抓好整改，补齐短板，确保件件有着落。深入学习宣传贯彻落实党的十九届四中、五中全会及习近平总书记关于意识形态工作的重要讲话精神，全面坚定中国特色社会主义制度自信。召开乡党委会议、党委理论中心组学习会，对标学习贯彻落实党的十九届四中、五中全会和省委、市委、区委全会精神；要求各村和各学校积极开展宣讲 100 场，参加的群众达 1.7 万人次。提高广大干部群众对中国特色社会主义制度和国家治理体系的认识，更加坚定中国特色社会主义道路自信、理论自信、制度自信、文化自信。

（二）坚持党建引领，基层组织建设不断夯实。始终把党的政治建设摆在首要位置，深入贯彻新时代党的建设总要求，一以贯之、坚定不移全面从严治党，全乡政治生态向上向好。管党治党责任压紧压实。坚决落实全面从严治党主体责任，坚持把党的建设与经济社会发展同谋划、同部署、同推进、同考核，定期听取各党支部的工作汇报，全面提高各党支部把方向、管大局、作决策、保落实的能力。开展党委书记和党支部书记上党课 18 次，慰问困难党员 110 名，贫困群众 800 人；完成 11 个党支部标准化规范化建设；完成洛阳村后进村软弱涣散党组织整顿；加强扶贫工作队、村支“两委”、帮扶责任人的管理，充分发挥三支队伍的引领帮扶作用；组织召开年度党员领导干部民主生活会和各支部组织生活会；发展预备党员 13 名，培养入党积极分子 16 名，党员队伍不断发展壮大。2020 年，考察任用村干部 80 名，向上级各部门推荐优秀干部 5 名，向组织推荐优秀干部 12 名，其中，副科级提拔为正科级 1 人，副科级干部转岗 1 名，二级主任科员 1 名，三级主任科员 9 名，切实配齐配强班子成员，不断增强党政班子的凝聚力、号召力、战斗力。

（三）坚持从严治党，切实转变作风建设。2020 年，乡党委狠抓纪律教育。积极组织党员干部开展纪律教育学习活动，通过学习《中国共产党章程》《中国共产党党内监督条例》《微腐败警示录》以及观看教育片，激励广大党员干部深入检查自身“四风”方面的问题和管理上的漏洞，及时纠正，在思想上加强拒腐防变能力和执行党的纪律的自觉性。狠抓作风建设。紧盯重要节点、关键领域和具体问题，强化节假日的作风检查，强化项目招投标的监督管理，强化具体问题的督办。紧盯“四风”问题新动向，开展形式主义官僚主义专项检查，大力整治不作为慢作为乱作为现象，促进干部职工作风大转变。2020年，对全乡各个站所办校和18个村（居）的干部进行督查，全年累计对14个站所办、10所学校和17个村督查20次，对5人次违反作风规定行为进行严肃问责。狠抓案件查办。坚持有案必查、有贪必肃、有腐必惩的高压态势。2020年，开展脱贫攻坚、到岗到位、党建工作等监督检查62次，问责5人，经济处罚0.55万元。处置问题线索10条，初核了结6件，立案审查调查3件，给予党纪处分3人，诫勉谈话3人。全乡广大干部职工工作作风明显好转。

（四）坚持发展信心，全力打好经济保卫战。2020年，财政总收入完成198.56万元，一般公共预算收入完成138.99万元，占任务数的174.96%。其中，税收完成122.47万元，占任务数的174.5%；非税收入完成16.52万元。固定资产投资完成6个，项目入库总投资2.0099亿元。招商引进黄果树瀑布源月亮之上森林康养示范园建设项目，计划总投资6亿元。通过全乡上下艰苦努力，疫情防控取得重大成果，经济社会秩序加快恢复。

（五）坚持攻坚克难，脱贫成效持续巩固。严格落实“四个不摘”“五个保持不变”要求，做到思想不滑坡、力量不削弱、工作不松劲、标准不降低，按照省、市、特区“冲刺九十天、打赢歼灭战”“确保高质量、打好收官战”等决策部署，建立健全返贫监测预警和动态帮扶机制，及时开展全员排查、补短板和“回头看”，有效防止返贫致贫，确保11个出列村不反弹，2021户8321人不返贫。进一步加大对129户593人易地扶贫搬迁复垦复绿和后续扶持力度，引导劳动力就业促增收，实现“稳得住、能致富”。全面落实教育、医疗扶贫政策，建立控辍保学长效机制，提升基层医疗服务能力和水平。督促村支“两委”和帮扶责任人，认真核实贫困户基础信息，及时更新系统数据，实现线上数据、线下档案信息、建档立卡户家庭实际情况“三一致”；实现建档立卡漏评、错评、错退和问题数据“四杜绝”；实现系统有的、群众说的、袋里装的、墙上挂的、实际有的“五个统一”，为脱贫攻坚全面普查打下坚实基础。充分发挥产业在脱贫攻坚中的主体作用，因地制宜培育壮大扶贫主导产业和特色产业，健全利益联结机制，提高脱贫人口的参与度和受益面。进一步加强东西部扶贫协作，在就业、教育、医疗扶贫和产业协作等方面取得更大成效。全乡共减贫2021户8321人，贫困发生率为0，11个贫困村全部出列，顺利实现“两个清零”目标任务。成功接受国家、省、市、特脱贫攻坚督查80次，尤其是2020年7月下旬至8月初，历时半月的全市脱贫攻坚大普查，成效显著。贫困户收入从2016年2300元增加到2020年的6180元，撕掉千百年来绝对贫困地区的标签。

（六）坚持转型发展，产业活力明显增强。始终将产业扶贫作为脱贫攻坚“第一场硬仗”，围绕脱贫找“思路”，产业找“门路”，增收找“出路”这一目标，牢牢把握农村产业革命“八要素”，坚持以农业产业结构调整为重点，上下联动、齐抓共管，精准选定产业，充分利用月亮河乡自然气候条件优势和无污染的资源优势，大力发展优势特色产业。共投入资金1641.6万元，在中寨等9个村实施小龙虾养殖、竹荪种植等项目24个，覆盖贫困户2021户8321人，实现产业全覆盖，户均增收1000元，增加村级经济积累32.8万元。“三变”改革涉及6个产业项目，现已实现两次分红，分红资金共计69.55万元，覆盖贫困户2463人，人均增收282.4元。实现了一村一业、一村一特、一村一品的发展格局。2020年，以500亩以上的隆茂坝区和木伐田坝区为主阵地，减少低效作物种植面积，大力发展中药材、高粱等优势产业，完成玉米调减1751亩。严格按照小康菜园建设的标准，用心谋划，用情打造，用力推进。2019年完成小康菜园建设面积11453.9平方米，围栏4266.1米。2020年，共打造17个自然村寨“小康菜园”提升示范点。完成单建栅栏106户，单建棚架95户，栅栏和棚架建设75户，完成4个市级示范村寨建设。对于其他的村，以组为单位，全面启动，本着老百姓的自愿原则，需种什么蔬菜，就发展什么蔬菜，从而丰富了菜园子、菜桌子、菜盘子，小康菜园实现“小而精、小而特、小而鲜”。全乡乡村综合整治巩固得到进一步提升，为全面推进乡村振兴战略奠定坚实基础。

（七）坚持盯死看牢，疫情形势持续向好。自疫情发生以后，始终把人民群众生命安全和身体健康放在第一位，第一时间启动了最严格、最深入、最广泛的排查防控，全乡广大干部职工主动放弃春节假期，迅速奔赴抗疫一线，既“战疫”又“战贫”，同时间赛跑、与病魔较量，保卫人民健康，干、群齐心织紧织密“外防输入”防疫大网，坚决阻断疫情输入，月亮河始终保持零确诊、零疑似的防疫成果，为统筹脱贫攻坚和经济社会发展赢得了时间，疫情转入常态化阶段之后，积极组织复工复产、复学复市，实现全乡经济社会发展和疫情防控两场战役的伟大胜利。

围绕经济社会发展大局，政法、综治、安全、国土、电力、林业、卫生、教育、民族、宗教、档案、团委、工会、妇女、老龄、残疾人、地方志、关工委等各项事业协同推进。

2020年，月亮河乡机关20人受到上级党组织表彰；新春村被市级授予“民族团结进步示范村”称号；月亮河乡事业党支部被市委授予“先进基层党组织”称号；贵州多彩黔情生态农业有限公司被省级授予“千企帮千村”精准扶贫行动100家先进民营企业称号；月亮河乡被市委、市政府授予“市级文明乡镇”称号，被省委、省政府授予“省级文明乡镇”称号；月亮河有机农业专业合作社负责人韦仕龙被评为“全国劳动模范”称号。

二、工作措施

（一）加强窗口服务，落实便民措施。充分利用便民利民党务政务综合服务中心，将各职能站所直接面向党员、群众的审批和服务事项进行集中办理。实行“一站式”服务，逐步建立科学合理、行为规范、机制健全、运转协调、廉洁高效的便民利民服务工作体系。通过进一步搭建和完善综合性服务平台，形成广大党员干部服务基层和群众工作合力，方便群众办事，提高基层公共服务和社会管理水平；进一步推动发展、服务群众、凝聚人心、促进和谐的能力，密切党同人民群众血肉联系，推行代办服务，构建了便民为民的服务网络，共为群众办理实事1000件次。

（二）加强农技培训，提高致富技能。进一步建立和完善农村科技服务体系，大力开展农村各种实用技能培训，努力提高农民的科学文化素质，增强农民的致富本领。进一步扩大以粮食为主的传统种植业的播种面积，加快农产品品质结构调整，强化良种的培育和引进，多方面全方位地引导和支持农民扩大优良品种的种植面积，提高农产品的优质率和科技附加值，进一步挖掘特色农业精品的增收潜力。

（三）加强党建引领，充分发挥基层战斗堡垒作用。经调整后村支两委班子的文化程度、年龄结构、女性委员职数均有较大的改善，政治坚定、工作务实，具有较强综合素质的青年党员和返乡创业带富青年进入村级领导班子，提高班子的整体素质和战斗力，进一步巩固和加强在村民自治中的核心领导地位，18个党支部书记和村委会主任都具有带头致富和带领群众致富的本领。

三、取得的主要经验

一是宣传政策成效明显。采取开院坝会、办红白喜事、放电影及干部走村串户等方式对脱贫攻坚方面的知识进行大力宣传，群众容易接受，知晓率较高。

二是帮扶成效明显。采取“百企帮百村”、扶志与扶智相结合的方式，不断激发贫困群众的内生动力。

三是党员“双带”作用发挥凸显。月亮河有机农业专业合作社的韦仕龙，作为一名普通党员，经过不懈努力，月亮河优质大米获有机认证，带动60户贫困户发展致富，于2020年11月获“全国劳动模范”称号。

四、存在的主要困难和问题

虽然乡党委各项工作取得一定的成绩，但离上级和广大群众的期盼仍然有一定的差距。一是在用党的创新理论指导实践、推动工作上还需进一步加强。二是统筹推进常态化疫情防控、脱贫攻坚、防汛救灾、经济社会高质量发展方面还有薄弱环节。三是管党治党责任还需进一步压紧压实。四是社会事业发展离群众的期盼还有一定差距。

五、下一步主要工作打算

（一）全力严防死守，坚决防止疫情反弹。围绕“外防输入、内防反弹”，进一步加强点、线、面管控，坚决防止境外输入病例，抓紧、抓实、抓好各项疫情防控措施，不断巩固持续向好的防控形势。建立健全常态化防控、应急处置和调配机制，积极引导人民群众做好必要防护，加强基层防控能力建设。压紧压实乡、村两级疫情防控责任，继续强化重点区域疫情防控，全面排查消除疫情风险隐患。强化公共卫生队伍建设，加大医疗设备投入，备足防疫物资，全方位、全周期保障人民健康安全。

（二）全力补齐短板，持续巩固脱贫成效。建立健全返贫监测机制，科学制定脱贫后续帮扶计划，严格落实“四个不摘”要求，及时开展补短板和“回头看”，有效防止返贫致贫。在产业扶贫、就业扶贫、教育扶贫、健康扶贫、金融扶贫上敢创新，提高贫困群众自我脱贫能力。进一步巩固提升贫困户中长期产业发展项目，拓宽就业渠道，扩大公益性岗位就业，推进就近就业、劳务输出和自主创业。开展产业就业技能培训，推进“志智”双扶，补齐“精神短板”，激发脱贫内生动力。鼓励群众通过政策帮扶和自力更生实现脱贫致富，进一步提升群众对政策的知晓率和满意度。

（三）全力改革开放，稳步增强综合实力。牢牢守好发展和生态两条底线，以“抓项目、招大商”为着力点，充分发挥自身优势，调整招商思路，加强招商渠道建设，加大与各级各部门的对接力度，构建互联互通的招商格局。加大资金投入，搞好交通、通信、城镇基础设施等硬件建设，有序推进光伏发电、康养示范园等项目建设，为企业的引进和发展创造良好的条件，同时努力营造良好的政策环境，保持政策的稳定性和延续性，进一步增强政策吸引力。充分利用自媒体、新媒体等方式，积极宣传月亮河乡的优惠政策和投资环境，以亲情、友情、乡情感召外出人员返乡创业。大力培育壮大农业龙头企业，新增省级龙头企业1家以上、市级龙头企业2家以上、省级农民专业合作社1家以上，全力打造月亮河产业转型升级版。

（四）全力统筹协调，促进产业转型升级。坚持科学谋划、分类推进，编制实施全乡乡村振兴战略。依托乡村资源条件和产业基础，因地制宜发展茶叶、红米、猕猴桃、中药材等特色产业0.8万亩，食用菌190万棒。加强水产养殖基地管护，发展水产养殖500亩以上。新建猕猴桃深加工厂1个，茶叶深加工厂1个，促进产业转型升级。深入推进“小康菜园”建设，努力打造“一村一品”。加强乡村精神文明建设，大力培育乡风文明，不断丰富群众文化生活。进一步贯彻落实河长制，加大对野生动植物、饮用水水源地保护，做好农村垃圾、生活污水、畜禽污染治理工作。加大秸秆禁烧力度和农村人居环境整治力度，持续推进污染防治攻坚战，推进美丽乡村建设。

（五）全力保护环境，筑牢生态安全屏障。坚持生态优先、绿色发展，牢牢守好发展和生态两条底线，推动生态环境质量持续向好。打赢蓝天保卫战。重拳整治环境污染源，巩固空气质量整治战果，确保空气质量优良天数比例达到98%以上。突出集中式饮用水源地、河湖流域、乡村污水治理，新增污水处理厂1个，重点开展入河排污口、黑臭水体排查整治等工作，巩固水污染防治成果，确保集中式饮用水源水质和地表水河流断面水质达标率100%。新建垃圾中转站1个，积极提升垃圾处理能力，加快推进垃圾分类处理。打好绿色发展持久战。充分利用林下土地资源和空间环境条件，提高林地利用率和林业综合经济效益，发展振兴林业经济。

（六）全力织牢网底，切实保障人民福祉。以改善民生为出发点，进一步扩大城乡居民养老、医疗保险覆盖面，全面落实农村低保、特困供养人员的救助政策，严格落实各项惠民政策。深入开展扫黑除恶专项斗争，严密防范和严厉打击各类违法犯罪，加大矛盾纠纷排查和信访积案化解力度，持续抓好禁毒“大扫除”专项行动工作，持续抓好安全生产专项整治三年行动工作，加快推进“平安月亮河”建设。加大食品药品安全、交通安全等领域监管，严格落实安全生产责任制，抓好防汛抗旱、森林防火等工作，确保人民群众生命财产安全。积极做好民族宗教、统战、残联、武装、退役军人服务、工会、共青团、妇联、精神文明建设、意识形态、关工委等工作。

（七）全面从严治党，强化党的自身建设。全面加强政治理论学习和规范党内政治生活，严格执行党委中心组学习和“三会一课”制度，认真落实民主生活会和组织生活会制度，持续加强软弱涣散党组织和后进村党组织整顿，全面夯实基层组织建设基础。致力于治理体系和治理能力现代化建设，充分发挥党组织的核心作用和广大党员先锋模范作用，全面推动各项任务落实。全面推进党风廉政建设和反腐败斗争，进一步严明党的政治纪律，持之以恒加强教育警戒，驰而不息纠正“四风”问题，全力营造“风清气正”的政治生态。

（撰　稿：月亮河乡党政办）

把握新机遇 迎接新挑战 开启新征程 奋力谱写百姓富生态美画廊六枝高质量发展中寨新篇章

——中共中寨乡党委2020年执政情况综述

2020年，是中寨乡改革发展极不平凡的一年，大事多、要事多、难事更多，挑战前所未有，发展极为不易。在中央、省委、市委和特区党委的坚强领导下，乡党委坚持以习近平新时代中国特色社会主义思想为指导，深入学习贯彻习近平总书记对贵州工作系列重要指示批示精神，全面贯彻落实党的十九大，十九届二中、三中、四中、五中全会精神，省委十二届七次、八次全会，市委七届十一次、十二次全会，特区党委十一届九次、十次全会精神，牢牢把握稳中求进工作总基调和高质量发展新要求，团结带领全乡广大党员干部群众，坚持以脱贫攻坚统揽经济社会发展全局，全面加强党的建设，着力发展和改善民生，持续打好“三大攻坚战”，强力推进“三大战略行动”，牢牢守好“三条底线”，较好地推进疫情防控、脱贫攻坚和经济社会发展各项工作，全乡疫情防控取得阶段性胜利、脱贫攻坚成果持续巩固提升、全面小康事业取得决定性成就，经济建设、政治建设、文化建设、社会建设、生态文明建设和党的建设不断加强，为“十三五”圆满收官、“十四五”顺利开局奠定坚实的基础。

一、聚焦中央精神学思想

乡党委始终坚持用习近平新时代中国特色社会主义思想武装头脑、指导实践、推动工作，以上率下，带动全乡广大党员干部始终把深入学习贯彻习近平总书记重要讲话精神和中央、省委、市委和特区党委的决策部署作为首要政治任务，作为党委理论中心组学习和党委会议传达学习的重要内容，切实在学懂、弄通、做实上下功夫。2020年，共主持党委理论中心组学习4次，通过讲授专题党课、组织党员参加教育培训和开展集体学习讨论等形式，开展各类宣讲活动36次，利用干部职工会、党委会议深入学习有关党内法规和各级领导重要讲话精神40次。通过学习，全乡 广大党员干部从思想和行动上与党中央保持高度一致，切实补足“精神之钙”，增强“四个意识”、坚定“四个自信”、做到“两个维护”。2020年，始终把对党忠诚作为最重要的政治纪律，认真学习贯彻落实《中共中央关于加强党的政治建设的意见》，用铁的纪律捍卫和保障党的政治纪律和政治规矩，严肃查处违反政治纪律和政治规矩的问题，全乡党员干部知敬畏、存戒惧、守底线的意识不断增强。

二、严格疫情防控保“民生”

面对突如其来的新冠肺炎疫情，乡党委高度重视，坚决贯彻落实习近平总书记对疫情防控的重要指示批示精神，果断决策、全面领导、周密部署，组织全乡广大基层党组织、党员和群众众志成城、万众一心，采取各种硬核措施防止疫情扩散蔓延，用责任和担当筑起疫情防控的堤坝。一是积极快速反应。大年三十早上，及时组织召开全乡干部职工会议，第一时间安排部署全乡防控工作，成立由党、政主要负责同志为双组长的疫情防控工作领导小组，建立“零报告”“日报告”制度，按照统一指挥、协调联动、分级负责的原则，构建由各班子成员和联系村领导领衔，各村居支书主任负责的疫情防控体系，全面加强群防群控。二是强化防控措施。积极推进返乡人员的排查、武汉返乡人员居家隔离观察、重点人员核酸检测、疫情防控知识的宣传等工作，对排查出的重点人群严格落实核酸检测“应检尽检”措施。对乡境内超市、诊所、学校等人员密集及特殊场所开展常态化防控工作，严格落实清洁消毒、测温扫码等措施。建立健全疫情防控工作督查、交通卡点值守、防护物资储备等工作机制，外防输入工作成效显著，全乡实现“零感染”目标。三是积极推动企业复工复产。多措并举解决乡境内企业的困难，为企业派驻医疗队，提供口罩支持企业复工复产，疫情防控期间，帮助煤矿等企业解决实际问题20个，选派医护人员指导帮助企业开展消杀100次，全乡各大、中、小企业全面复工复产，经济持续向好。

三、巩固脱贫攻坚促发展

坚决落实习近平总书记“不获全胜、绝不收兵”重要指示精神，按照“四个不摘”和“五个保持不变”的要求，继续保持乡、村两级迎检指挥体系不变，进一步突出问题导向，着力构建长效脱贫机制，进一步提升全乡脱贫攻坚的质量和效果，促进稳定脱贫、长效脱贫。持续抓好动态管理。深入开展大走访、回头看活动，强化对已脱贫户和边缘户的监测，对照“一达标、两不愁、三保障”标准，动态补齐各项问题短板。持续完善基础设施。大力实施补短板惠民生行动，着力加强基础设施和公共服务设施建设，进一步改善提升群众生产生活条件。大力实施“千家万户小康菜园建设”，深化农村人居环境整治，不断增强人民群众的获得感和幸福感。持续深化农村产业革命，进一步加大产业结构调整，不断推动产业发展与精准扶贫深度融合，按照产业“八要素”的要求，认真谋划布置各村产业，确保产业帮助群众持续稳定增收。持续强化政策保障。继续落实教育扶贫政策，加大贫困学生资助力度，不让学生因贫失学、辍学。大力实施健康扶贫，持续开展家庭医生签约服务，全力防止因病致贫、因病返贫。高质量通过脱贫攻坚大普查。

乡党委始终坚定不移贯彻新发展理念，努力克服复杂多变的经济形势以及新冠肺炎疫情不利因素带来的影响，持续推进经济社会高质量发展，截至2020年12月，全乡财政总收入完成348.6万元，完成任务数300万元的116.2%。全乡经济呈现出稳中有进、稳中向好的良好态势。一是狠抓项目促发展。围绕全乡特色农业、煤炭资源、清洁能源建设等领域重点谋划包装一批项目入库，完成新增5000万元及以上项目入库1个、项目计划总投资2.28亿元。宏顺发煤矿、聚鑫煤矿开工建设，预计完成投资5亿元，中渝煤矿急倾斜煤层机械化开采技术通过省级验收鉴定，达到国内先进水平，全乡全年煤炭产量达7.34万吨。二是狠抓农业强基础。坚持生态产业化、产业生态化，立足乡内资源禀赋、优势特色及农业发展实际，持续加大农业产业结构调整力度。2020年调减低效作物改种青贮玉米2405亩。实施退耕还林4670亩，其中第一批1280亩已落实土地绘图公示等相关工作，第二批3390亩正在进行图斑核实中。积极开展农民种养殖技术培训，全年共培训1200人次。共争取涉农整合资金276万元，实施乡村综合整治巩固提升示范点4个、蔬菜种植项目1个、葡萄种植项目1个、皇竹草种植项目1个，新场村岩脚寨小康菜园获得市级示范点称号。大力发展猕猴桃、蔬菜、精品水果等特色优势种植业和优质肉牛、生猪等特色养殖业，引进贵州黄牛集团在中寨实施3000头牛养殖项目建设，农业持续增效。三是狠抓环境整治。深入学习贯彻习近平生态文明思想，牢牢守住发展和生态两条底线，全面推进人居环境提升工程，大力推进“三新一清洁”行动，农村污染持续减少，人居环境大为改善，木则村等7个村被评为“省级卫生村”。加大对境内企业排污行为的监督，全面完成中央环保督察“回头看”存在的问题的整改，“蓝天、碧水、净土”保卫战持续巩固。

四、坚持以人为本稳和谐

乡党委始终坚持以人民为中心的发展思想，统筹推进教育、医疗、就业、安全等各项事业全面协调发展，人民群众的获得感幸福感安全感不断提升。一是民生福祉不断增强。始终把改善民生、构建和谐社会作为一切工作的出发点和落脚点。“医共体”改革持续推进，远程诊疗服务全面施行，“三重医疗保障”

全面落实，2020 年全乡参加城乡居民医疗保险 32620 人，完成特区下达目标任务的 102%，建档立卡贫困人口 100% 参合。城乡居民养老保险参保 3405 人，农村低保 1127 户 2393 人、特困供养 93 户 97 人，全年发放各类保障救助金共 1034 万元。教育基础设施短板逐步补齐，教育资助政策全面落实，全年资助贫困学生 2672 人 278.1 万元。坚持就业优先，全年新增就业 751 人。二是基础设施不断完善。全面补齐以交通、水利为重点的基础设施建设短板。中寨村活动室至高坡产业路、费戛村马家组至上费戛通组公路建设顺利进行，双夕村、四方井村高标准农田建设项目基本完成，双夕落水洞、龙潭落水洞防洪治理清淤工程全面完成，组组通公路管、养、运工作全面启动，农村电网改造工程全面完成。三是社会治理不断创新。深入推进扫黑除恶专项斗争，对现任村干部进行政治审查。紧紧围绕建设平安中寨的总体目标，坚持“打防结合，预防为主”的方针，深入推进“一中心、一张网、十联户”工作，积极开展政法信访干部大走访、大调研活动。一年来，共走访群众 1120 户、企业 7 家，帮助企业和群众解决问题 60 个，受到群众的一致好评。全力维护社会稳定，加强矛盾纠纷排查调处力度，省、市和特区各项重大活动期间，全乡无一人上访。四是各类风险防线不断筑牢。严格落实安全生产责任制，组织开展煤矿、非煤矿山、道路交通、民爆物品、校园安全、地质灾害等各类安全隐患排查检查 108 轮 422 人次，排查各类安全隐患 203 处条，下发整改通知书 172 份，在暴雨损坏、路基损毁、桥梁损毁、公路塌方等隐患点安放警示牌 180 块。2020 年，全乡没有发生重大安全生产责任事故，社会大局总体和谐稳定，五是防汛救灾成效显著。在汛期，受持续强降雨的影响，乡境内遭受严重的洪涝灾害，227 户 965 人急需转移安置。对此，乡党委高度重视、全面部署、严防死守，充分发挥党员的先锋模范作用，坚持领导带头，组织全乡广大党员干部冲在最前面，成功转移所有受灾群众，连续值班值守 60 天，确保人民群众生命财产安全。

五、强化宣传思想守“阵地”

党委始终自觉担负起举旗帜、聚民心、育新人、兴文化、展形象的使命任务，积极发挥思想引领、舆论推动、精神鼓舞作用，不断激发全乡干事创业的激情。一是认真落实意识形态工作责任制。坚持党管意识形态工作，切实把意识形态工作作为党建工作的重要内容，纳入领导班子民主生活会和领导干部述职述廉述德的重要内容，全面落实《党委（党组）意识形态工作责任制实施办法》，定期通报研究意识形态工作。2020 年，乡党委会议研究意识形态工作 6 次，认真听取意识形态工作情况汇报，及时研究解决意识形态工作存在的问题，牢牢把握意识形态工作的领导权和主动权。二是抓好舆论引导，积极传播正能量。正确引导舆论，坚持正面宣传为主，为乡的改革发展稳定提供强有力的舆论支持。2020 年向特区报送舆情信息 80 篇，回复办理网络舆情及市长信箱 16 次、政府“12345”服务热线 8 次，及时处置网络谣言、负面炒作、攻击渗透等各种网络乱象。三是培育弘扬社会主义核心价值观。大力开展“明礼知耻・崇德向善”主题实践活动，积极开展文明单位、文明村、文明家庭、“道德模范”评选活动。2020 年，全乡市级文明村复核 7 个、文明乡镇 1 个、申报省级文明村 2 个，其中，新场村荣获“省级文明村”称号，全年共推荐申报 6 人作为“身边好人・凉都榜样”候选人，2 人评为全区道德模范，村民文明素质明显提高。

六、推动“全面从严”抓党建

2020 年，乡党委始终把抓好党建作为最大政绩，坚持党要管党、全面从严治党，全面贯彻落实新时代党的建设总要求和新时代党的组织路线。一是全面落实主体责任。深入学习贯彻中央、省委、市委和特区党委关于加强基层党建工作决策部署，认真履行党委主体责任，把党建工作纳入各村（居）、各站所年度目标考核内容，层层压实责任。建立党建责任联系制度，每名党委班子成员联系 2 ~ 3 个村，每村配备 1 名党建联络员，每名党员干部职工联系帮助 1 ~ 3 名农村党员，建立村党支部书记抓党建责任清单，加大对党建工作的检查力度，以督查促落实，真正形成“书记抓、抓书记”的工作格局。二是认真抓实党建工作。一方面，狠抓“一任务两要点三清单”落实。2020年全乡共培育村集体经济组织11个，村级集体经济不断壮大，各村经济积累均超过10万元。另一方面，狠抓软弱涣散村党组织整治。整改销号中寨村、双夕村软弱涣散党组织，选优配强村党支部书记，增强村“两委、一队、三个人”战斗堡垒。再一方面，全面落实“五联五共”，推动基层党建高质量发展。在“先进村结对帮扶贫困村”的基础上，创建“强村联弱村”示范点，推动各领域基层党建高质量发展。三是持续强化队伍建设。建立村级党组织书记“一人一档”区级备案表，积极开展各村（居）两委成员换届摸排工作，通过对各村居返乡大学毕业生、致富带头人、退役军人进行摸底排查，建立村支“两委”后备干部台账。推荐各村优秀年轻党员参加上级党组织举办的业务培训14人次。狠抓党员发展，着力从优秀青年、致富能手、大学毕业生中培养党员。全年全乡共发展党员9名，培养积极分子10名。四是始终保持高压反腐。持之以恒落实中央八项规定和省、市、特区十项规定，严格规范党内政治生活，始终严守“五个必须”，坚决防止“七个有之”。全年召开党风廉政警示教育会议2次，全乡党员干部职工220人受到教育，落实常态化约谈280人次，引导党员干部知敬畏、存戒惧、守底线，切实增强纪律意识和规矩意识。积极支持乡纪委查办案件，对不收敛、不收手克扣群众钱款，以及不作为、慢作为的人和事，绝不姑息迁就，从严从快问责。全乡共立案4件4人，给予党政纪处分4人次，党内警告3人，开除党籍1件1人；通报问责作风方面6人次，谈话函询3人，诫勉谈话1人，形成有力的震慑，营造风清气正的良好环境。

七、存在的问题和下一步打算

在看到成绩的同时，乡党委也清醒认识到，所做的工作与特区党委、特区政府的要求和人民群众的期望还有一定的差距，发展中还面临不少困难和问题。一是学懂弄通做实习近平新时代中国特色社会主义思想还有差距，在用党的创新理论指导实践、推动工作上还需要进一步加强。二是统筹推进常态化疫情防控、脱贫攻坚、防汛救灾、经济社会高质量发展方面还需进一步提升。三是全面从严治党仍须加强，少数干部不作为、慢作为和违规违纪等现象还时有发生，干部作风有待进一步改进，等等。对此，全乡齐心协力、积极面对，采取有效措施切实加以解决。

2021年，是“十四五”规划的开局之年，是开启社会主义现代化建设新征程的关键一年。为做好各项工作，持续巩固好脱贫成效，全面实施乡村振兴。在新的一年里，广大党员干部必须自觉把思想和行动统一到中央、省委、市委和特区党委的要求部署上来，高举中国特色社会主义思想伟大旗帜，深入贯彻落实党的十九大和十九届二中、三中、四中、五中全会，省委十二届八次全会，市委七届十二次全会，区委十一届十次全会精神，坚持以习近平新时代中国特色社会主义思想为指导，全面贯彻党的基本理论、基本路线、基本方略，深入贯彻落实习近平总书记对贵州工作重要指示精神，牢记嘱托、感恩奋进，统筹推进“五位一体”总体布局，协调推进“四个全面”战略布局，贯彻新发展理念，融入新发展格局，坚持稳中求进工作主基调，以高质量统揽经济社会发展全局，牢牢守好发展和生态两条底线，深入实施乡村振兴、大数据、大生态三大战略行动，大力推动新型工业化、新型城镇化、农业现代化、旅游产业化，坚定不移实现好“打造转型升级新样板、厚植区域竞争新优势、构筑对外开放新高地、提升乡域治理新效能、开启幸福六盘水新生活”的新目标，扎实做好“六稳”工作，全面落实“六保”任务，奋力谱写百姓富、生态美画廊六枝高质量发展中寨新篇章。

（撰　稿：中寨乡党政办）

抢抓新机遇　贯彻新理念　融入新格局
全力绘就百姓富生态美奋进梭戛高质量发展新篇章

——中共六枝特区梭戛苗族彝族回族乡委员会2020年执政情况综述

2020年，面对突如其来的新冠疫情，面对严峻复杂的发展挑战，面对脱贫攻坚艰巨任务，面对百年不遇极端天气影响，在特区委、特区政府的坚强领导下，在各级各部门的精心指导和鼎力支持下，梭戛乡全面学习贯彻习近平新时代中国特色社会主义思想，以脱贫攻坚统揽工作全局，团结全乡上下，扎实做好“六稳”工作，全面落实“六保”任务。统筹抓好疫情防控和经济社会发展、党的建设等各项工作，各项目标任务完成情况基本达到预期。

一、2020年主要工作成效

（一）疫情防控取得阶段性胜利。以“人不解甲、马不卸鞍”的战时状态，圆满取得疫情防控阶段性胜利，全乡无疑似病例和确诊病例发生。严格落实“外防输入、内防扩散”要求，做好协调和保障服务，帮助乡境内5家重点企业有序恢复生产。

（二）经济发展势头逐步向好。千方百计培植新税源，2020年，完成一般公共预算收入64.5万元，税收36.22万元，完成融资化债690万元，新引进项目2个投资额4.1亿元，工业总产值完成3660万元，社会固定资产投资总额完成1.88亿元，农村居民人均可支配收入突破1万元大关。除财政税收外，其他经济指标均完成了目标任务，实现大踏步提升。

（三）高质量打赢脱贫攻坚战。乡境内生猪养殖场、易扶工厂、农业产业结构调整等重点扶贫项目建设稳步推进。实行警监测机制，紧盯辖区内农户生产生活情况，完成44户146人监测户、29户129人边缘户短板补齐工作，确保精准识别，杜绝错评、漏评现象发生。完成贫困劳动力全员培训任务310人，积极对接上级部门，开发保洁员、水库巡查员、护林员等公益岗位68人，共计发放公益岗位工资66.92万元。

（四）优势产业转型提质增效。坚持创新农业发展理念。聚焦产业“八要素”及“千家万户小康菜园”建设要求，调减低效作物1871.61亩，新增种植刺梨2500亩。着力打造市、特区级小康菜园示范点6个共364户。大北农年出栏15万头仔猪的母猪场建成投产，2020年年底，存栏母猪7500头，产猪仔55000头。夯实农村集体产权制度改革工作。完成农村集体清产核资和农村集体经济组织成员资格界定。严把农村宅基地审批关口。加大对农村乱占耕地建房违法行为的制止打击力度，2020年年底，全乡共计采集疑似乱占耕地建房1291户，劝导并制止乱占耕地建房45户。农业保险解群众后顾之忧，2020年生猪共计投保9224头，农作物投保共计35529.5亩。

（五）乡容村貌颜值提升。全乡22名环卫工人、34名保洁员对乡街面和农村环境进行卫生大整治，并常态化管理，全乡卫生环境日益改善。开展对马路市场、农贸街、牛马集市等人员密集场所的集中整治活动16次，规范店外经营、乱搭乱建、乱停乱放等行为20次，不断提升乡村形象。在街面重要路段安装违停抓拍设备，有效整治街面乱停乱放突出现象。认真落实“河长制”，严厉打击河流、水库区域电打鱼、网箱养鱼等违法行为，定期开展河道巡查，及时整治垃圾倾倒入河行为，确保过境段面水质达标。

（六）民生事业有序发展。教育有序推进。坚持民生优先，人民群众获得感幸福感显著增强。一是就业创业更充分。通过入户宣传就业政策，精准进行分类指导，引导全乡劳动力 12975 人全部实现就业，其中，县外务工 7780 人，无零就业家庭。二是教育事业更优化。全力做好教育资助政策落实和辍学生全覆盖摸排，确保教育资助不漏 1 人、因贫辍学“零发生”，教育教学质量明显改善，投资 3 万元安装空气能热水器，彻底解决中学学生冬季用热水难的问题。三是医疗计生更完善。“新农合”参合 20863 人，建档立卡户参合率达 100%，综合参合率 101%。贫困人口家庭医生签约应签尽签，慢性病管理全覆盖。免费孕前优生健康检查任务全面完成，兑现农村计划生育奖励扶助资金 13.75 万元。四是社会保障更普惠。发放农低保 585.24 万元、城低保 7.6 万元、特困供养补助 62.14 万元、各类临时救助 19.94 万元、重度残疾人护理补贴 10.36 万元，社会稳定有序。建档立卡户有劳动力的家庭全部实现每户至少 1 人就业的目标。发放养老保险金 202.41 万元，征收养老保险费 57.24 万元，完成率 100%，做到应保尽保。五是文化事业更繁荣。以深入开展“多彩贵州文明行动”为载体，深化文明单位、文明村寨、文明家庭等群众性精神文明创建活动，提升全民文明素质，促进社会文明进步。完善乡、村两级文化阵地功能布局，规范建设乡级图书室 1 个，村级图书室 8 个，收藏图书 32 类 1.6 万册，有序推进国家公共文化服务体系建设。六是安全生产更牢固。全力开展各类安全隐患排查检查共 495 组次，组织检查人员 1289 人次，检查企业及单位场所 634 家次，全乡无重大安全生产责任事故发生。七是社会管理更科学。持续深入开展平安建设，强力推进扫黑除恶、信访调解、禁毒、命案风险防控、反邪教等工作的落实，全乡和谐稳定。积极开展“七五”普法总结验收和提前谋划“八五”普法相关准备工作，巩固乡村治理的法治基础。第七次全国人口普查涉及任务高质量完成，民族、宗教、双拥、工会、妇联、关心下一代工作、退役军人事务管理、征兵、残联、档案、统计、统战、通信服务等全乡各项社会事业有序推进。

（七）管党治党成效明显。深入学习习近平新时代中国特色社会主义思想及习近平总书记系列重要讲话等精神，不断强化基层组织建设。发展入党积极分子 13 人、发展对象 4 人、预备党员 7 人。按照“五个规范化”创建标准，有序推进党支部标准化、规范化建设。在全乡村党组织书记、村民委员会主任“一肩挑”比例达 57.1% 的基础上继续推进。持续强化党风廉政建设。严格落实“两个责任”和“一岗双责”，召开党风廉政警示教育大会 2 次，党员干部职工 220 人接受深刻教育。开展预防提醒约谈共 111 人次，诫勉谈话 1 人 1 次。

二、主要措施

（一）科学战疫，抓疫情防控不留死角。着力精准管控，对重点返乡人员落实管控措施，创新提出了“十个一”全面加强卡点值守、“一图、三色、四台账”强化重点人群精准管理、“两重监管”“七送服务”强化居家隔离人员服务管理等举措，得到推广运用。实行常态化防控，做到机构不撤、人员不散、力量不减，尤其是在重要时间节点、重大活动中，常态化防控的强度有增无减。

（二）强基固本，抓脱贫攻坚不遗余力。始终加强乡党委对脱贫攻坚工作的领导，坚持用脱贫攻坚统揽全乡经济社会发展大局。围绕“一达标、两不愁、三保障”和责任、政策、工作“三落实”，紧盯饮水安全、住房保障、教育保障、医疗保障等重点工作的自查整改，全力补齐弱项，提高防范返贫风险能力。加快对重点扶贫项目的建设，进一步规范扶贫专项资金使用，确保报账率完成 100%。强化贫困劳动力就业服务，实现贫困劳动力就业意愿、就业技能和就业岗位精准对接。

（三）多方筹措，抓产业扶贫精准聚力。按照产业“八要素”要求，大力调减低效作物，引导群众种植经济价值更高的刺梨、蔬菜、中药材、经果林等替代作物。按照“因地制宜、道法自然”的原则推进“千家万户小康菜园”工程建设，并以点带面整乡推进，全面提升群众生活品质、乡村环境颜值、乡风文明气质、庭院经济价值。结合各村实际，积极争取扶贫资金扶持合作社发展烤烟、蔬菜等产业，依托大北农能繁母猪基地，发展生猪养殖。种养多措并举，聚焦产业结构调整，促进群众增收，巩固脱贫成效，助推高质量发展。

（四）民生为本，抓社会事业稳中求进。一是教育有序推进。全力抓好中小学及幼儿园复学工作，做好教育资助政策落实和辍学生全覆盖摸排，确保教育资助不漏一人、因贫辍学“零发生”。二是做好卫计优生共管。抓重点人群管理，开展宣传活动、免费孕前优生健康检查、兑现农村计划生育奖励扶助金。三是低保兜底应保尽保。实行动态新增农村低保户、特困供养补助、各类临时救助、重度残疾人护理补贴、残疾专职委员误工补贴、高龄补助金、发放季节性缺粮粮食按时发放。四是做好平安建设工作。千方百计提升群众满意度。赶场日在街头开展大型宣传活动“平安环境创建，平安梭戛共建，平安成果共享，‘12340’关注你的平安”，持续深入开展校园及周边安全、法治教育、群防群治、肇事肇祸等严重精神障碍患者服务管理和救助救治工作、消防安全工作的落实，全乡和谐稳定。五是积极开展安全生产法律法规宣传教育，宣传《中华人民共和国安全生产法》《中华人民共和国道路交通安全法》《贵州省安全生产条例》等有关法律法规。六是切实抓好梭戛乡安全生产专项整治三年行动工作，持续开展全国第19个“安全生产月”和“安全生产六枝行”活动。

（五）责任明确，抓安全稳定步步为营。一是压紧压实综治信访工作责任。在全乡范围内开展社会治安“严打整治”专项行动，打击各种违法犯罪活动，积极开展矛盾纠纷排查调处，有效推进平安梭戛建设。二是全面管控统筹推进禁毒工作。强化宣传教育、禁种铲毒和排查整治力度。三是牢牢将“意识形态”和“反邪教”工作作为极端重要的工作来抓。四是规范化、常态化抓好安全生产工作。开展安全隐患排查，扎实落实整改，保障社会生产稳定，人民生命安全。五是分山头定责任森林防火常抓不懈。加强森林防火宣传教育，组织护林员强化日常巡逻，从根本上消除火灾隐患，有效杜绝森林火灾的发生。

（六）认真细致，抓人口普查细之又细。一是制定完善普查方案，成立第七次全国人口普查领导小组，研究和决策普查中的重大问题。二是加强宣传，利用传统和现代化媒介手段，全方位、多角度广泛宣传，营造人口普查利国利民、全民参与有我有你的良好氛围。三是加强普查人员培训，明确普查环节中应注意的细节和重点，确保人口普查数据质量真实准确完整。

（七）学用结合，抓党的建设持续发力。始终把深入学习贯彻习近平新时代中国特色社会主义思想作为首要政治任务，作为乡党委会、乡党委理论中心组学习的第一议题，着力抓深化、抓消化、抓转化，切实在学懂弄通做实上下功夫，全乡党员干部的精神支柱和政治灵魂不断铸牢。一以贯之带头履行管党治党政治责任，深入推进党风廉政建设和反腐败斗争。全面加强党的建设各项工作，为推动梭戛高质量发展净化政治生态环境，提供坚强保障。

三、取得的经验

（一）多举措战疫战贫，奋力推动发展。以“慢不得、松不得”的韧劲，持续开展疫情防控工作。不断寻求经济复苏良机，牢固树立“项目带动发展”理念。一是坚定疫情不退我不退的决心，做好协调保障服务，理清工作思路，确保疫情受控的同时，帮助乡辖区企业复工复产。二是以招商引资作为推动经济发展的主要抓手，优化招商引资环境，创新招商引资方式，加大招商引资力度，重点围绕打造“大北农”养猪之乡发展理念上下功夫、做文章、求突破。三是围绕“十四五”规划，以实施乡村振兴作为第一要务，牢牢把使命扛在肩上、把重任挺在胸前，以时不我待的紧迫感和我为人人的担当精神谋发展、抓发展、促发展、迎发展。

（二）筑牢信念抓落实，确保政策落地。领导干部带头讲政治、勇担当、抓落实，不折不扣执行好中央、省委、市委和特区党委的决策部署，并结合实际创造性抓好落地、落细、落实，确保上级决策部署在乡党委落小、落细落实。一是将学习习近平新时代中国特色社会主义思想作为当前和今后一个时期重大任务，尤其是习近平总书记对贵州工作的指示精神以及统筹做好新冠疫情防控和复工复产工作的讲话精神，自觉增强“四个意识”、坚定“四个自信”、做到“两个维护”，坚定不移地用习近平新时代中国特色社会主义思想的真理力量和实践力量来指导工作。二是深化“不发展是落后、慢发展也是落后”的思想，强化对梭戛发展方位、发展定位、发展路径的认识，增强“等不起、慢不得、坐不住”的危机感，强化对标一流、开拓进取使命感，以只争朝夕、时不我待的紧迫感，掀起新一轮发展高潮，持续发力、持久给力，全力绘就百姓富、生态美“奋进梭戛”高质量发展新篇章。

（三）坚定不移抓生态，改善乡村面貌。始终坚持“绿水青山就是金山银山”的生态理念，做到生态产业化、产业生态化，保护好子孙后代的利益，坚持既要金山银山又要绿水青山，实现天蓝、地洁、水清、气新。一是抓产业发展与生态环保的有机结合，坚守绿色发展的初衷，树牢生态环保就是产业发展的思想，紧盯产业发展中生态环保的薄弱环节，定红线、守底线，牢牢把握生态发展这一主线。二是坚定不移走生态发展之路，结合乡情村貌，因村施策，做大做强现代高效农业，合理引进规模环保工业，以一产推动二产、激活三产，打造绿色发展产业链，不断提高生态环保产业的科学性和长效性。三是全面树立人与自然和谐共生的生态观。动员社会各界积极参与环境保护建设，企业要履行社会责任，认真遵守环境保护各项法律法规，每一位公民要从小事做起，形成爱护环境的良好行为自觉，做好环境保护宣传动员，营造环境保护人人参与的良好氛围。

（四）统筹协调保民生，力达群众满意。牢记“全心全意为人民服务”宗旨，坚定职责使命，切实解决好、维护好广大人民群众的切身利益，确保我们的各项工作拥有广泛而坚实的群众基础，赢得人民群众的支持和理解。一是筑牢“从群众中来到群众中去”民生意识，以打造服务型政府为契机转变工作方式，深入听取民声民意，切实把群众困难记在心中，落到实处。二是不断加强乡村文明建设，将“乡风文明、治理有效”在群众中兑现，不断提升农民群众基本素质。三是不断夯实社会保障、教育事业、医疗卫生等服务基础，补齐道路交通、文化事业等短板，使得百姓生活富裕，保障稳固。

（五）强基固本抓党建，提升执政水平。切实加强基层党组织和干部队伍建设，全面落实党风廉政建设“两个责任”，强化正风肃纪，突出动辄则咎，营造风清气正的良好政治生态。一是扎实开展党的群众路线教育实践活动，切实解决基层群众热切关注的热点、难点问题，进一步密切党群干群关系。二是加强党员教育管理，认真总结推广好的经验、好的做法，积极探索建立党员长期受教育、永葆先进性的长效机制。三是全面落实党风廉政建设责任制，健全反腐败领导体制和工作机制，用健全的制度来约束党员干部。四是广泛开展理想信念和廉洁从政教育，扎实推进“勤廉为民”工程，切实加强廉政风险防范管理，使广大党员干部牢固树立正确的世界观、人生观、价值观，筑牢拒腐防变的思想道德防线。五是坚决查处党员干部队伍中发生的违纪违法行为，严肃党的纪律，纯洁党的队伍，推动全乡党风廉政建设取得新的成效、迈上新的水平。

（撰　稿：陈富华　黄　宏　马　涛）

牢记嘱托　真抓实干
奋力谱写“黔中半岛、清新牛场”新篇章

——中共牛场乡党委2020年执政情况综述

2020年，牛场乡党委紧紧围绕六盘水市委、市政府，特区党委、特区政府脱贫攻坚决策部署，认真学习习近平总书记关于扶贫工作的重要论述，坚持把脱贫攻坚作为头等大事和第一民生工程统筹推进，坚持以脱贫攻坚统揽经济社会发展全局，聚焦“三精准”“三落实”“四个不摘”，尽锐出战、一鼓作气，坚持高质量打赢脱贫攻坚战，顺利实现减贫摘帽，顺利实现剩余贫困村出列，贫困户、贫困人口全部脱贫。

一、工作成效

（一）不忘初心谋出路、党的引领成效显著

1.切实加强党在各个领域的领导，严格落实党委书记抓廉政。一是党委书记负总责。按月开展党风廉政警示教育、集体约谈全乡干部职工，把工作做在前面，从经济账、政治账、生活账等多方面让干部职工在思想上得到洗礼，让“不敢腐、不能腐、不想腐”、办实事的思想根植于每位同志心底。二是乡纪委强化督查排查。将党风廉政建设纳入乡所辖干部考核的重要内容，始终把党风廉政贯穿工作的开展过程。

2.党建引领工作，将党旗插在一线，将工作干在一线，防疫防控取得重大成果。2020年，突如其来的新冠肺炎疫情肆虐全国，乡党委始终把人民群众健康安全放在第一位，全乡各级党员干部守土尽责，广大村组工作者默默坚守，打赢了防疫防控战，乡、村两级党组织及全乡干部职工也在这场战斗中经受锻炼，得到考验。

3.党建促脱贫攻坚圆满收官。面对多重考验的脱贫攻坚收官战，常态化对标“一达标、两不愁、三保障”补齐短板、巩固成果，圆满完成脱贫攻坚大普查。成功高效接受省级脱贫攻坚成效考核和国家2020年财政专项扶贫资金绩效评价考核，并取得优异的成绩。牛场乡党委荣获全省、全市、全区优秀基层党组织；牛场村荣获全国脱贫攻坚先进集体。

4.加强基层组织建设，切实提升人民美好生活向往。乡党委大幅压减一般性、非重点支出，切实保障民生等重点支出，积极引导农户到外省非疫区、推动就业创业，教育卫生、社会保障、文化体育、住房安全等事业取得新进展，人民群众获得感、幸福感、安全感持续提升。

（二）旗帜鲜明抓主责、担主业，党的建设全面加强

1.思想建设全面加强。一是提高政治站位。坚持把抓党建引领各项工作。严肃党内政治生活，规范各支部“三会一课”制度，丰富主题党日活动，以“两学一做”学习教育为载体，不断强化党员的政治理论学习和党性修养，通过抓思想教育，党员干部不断增强“四个意识”、坚定“四个自信”、做到“两个维护”，激发党员干部担当作为。二是层层压实责任。将党建作为“主责主业”，建立班子成员联系村、联系分管领域抓党建工作制度，形成党委统一领导、书记负总责、副书记具体负责、党支部书记抓落实的工作格局。三是宣传工作不断强化。党委书记带头深入村（居）宣讲党的十九届五中全会精神，主持召开党委会议31次，专题研究基层党建5次，听取支部党建工作专题汇报7次，研究解决基层党建问题

20个。四是积极引导宗教与社会主义社会相适应。严格按照“保护合法、制止非法、抵御渗透、遏制极端、打击犯罪”的原则，加强党的政策宣传，大力开展统一战线工作，团结各民族和宗教界人士，引导宗教与社会主义社会相适应，净化乡党委社会风气，使得民风回归淳朴。

2. 基层基础不断夯实。一是活动阵地大力改善。针对农村基层阵地建设薄弱的问题，全力推进建成黄坪等10个村居活动室建设，完善服务群众的功能。二是村级集体经济不断壮大。全乡村级合作社全覆盖并高效运转，每个村集体经济均达到15万元以上，每个村都争取获得中央财政扶贫村级经济100万元。三是推进“强村联弱村”工作机制。将战斗堡垒作用发挥好、带动群众致富强、服务群众能力强的村结对帮扶能力相对弱的村，通过帮扶带动，实现党建能力有力延伸，基层党建工作质量和整体水平持续提高。四是软弱涣散党组织得到有效整顿。软弱涣散基层党组织已全部转化。“第一书记”情系乡村，驻村党支部战斗堡垒作用更加突出，党群干群关系更加融洽。全面完成牛场乡党群支部、行政支部等12个基层党组织标准化建设。

3. 干部队伍建设更加过硬。一是注重培养年轻党员。严格按照党员发展程序发展党员，吸收预备党员11名，吸收积极分子19名，为党组织注入新鲜血液。二是选树一批先进典型。培育全省优秀党支部书记1名，全市优秀党务工作者1名，全区优秀党务工作者4名，全区优秀共产党员1名，全省优秀基层党组织1个，全市优秀基层党组织1个，全区优秀基层党组织1个。三是壮大扶贫力量。配齐配强村级领导班子，2020年新聘用18名大学毕业生进入到村干部队伍。为进一步提升干部队伍作战能力，夯实基层战斗堡垒。乡党委、乡政府积极启用改任非领导职务的人员和“兵支书”，启用改非领导干部和退役军人“兵支书”。启用的“兵支书”中，在脱贫攻坚中涌现出省级优秀村级党组织书记刘登松等人，龚鸿志荣获全国优秀河长。在职务与职级上晋升5人，推荐到机关担任重要岗位1人，进一步使用1人。

4. 党风廉政建设取得实效。始终坚持“严”的主基调，紧盯重点领域、关键环节精准惩治，支持纪委全面履行监督责任。2020年以来，组织开展新冠肺炎疫情防控和复工复产情况专项监督检查、脱贫攻坚专项监督检查、农村饮水安全专项督查检查等42次，立案查处1件1人，提醒谈话3人，函询1人，转特区纪委、特区监委查办案件1件1人，协助特区纪委、特区监委查办案件2件2人。

（三）凝心聚力战脱贫、谋发展、攻项目，综合实力显著提升

1. 始终坚持把产业结构调整作为主线，以项目分红增加群众收入。一是在巩固已调减19210亩低效农作物的基础上，全面完成3135亩目标任务。二是持续抓好现有茶叶、辣椒、食用菌、刺梨、冰脆李等产业的后续管护，深入推进车厘子、赤松茸、花椒、魔芋、辣椒加工厂等项目的建设进度。2020年争取财政扶贫项目1539万元，占全区1.2亿元项目约十分之一，总的实现财政扶贫资金分红159万元，实现所有贫困户分红。成功举办全区产业结构调整推进会。尤其是乡党委魔芋产业得到市委、区委高度肯定，魔芋产业在六盘水市发出牛场产业调整的正能量。在抓产业项目中，涌现出全省劳动模范养牛大王刘刚，种植大户王道国荣获团省委、省农业农村厅表彰“贵州省优秀农村青年致富带头人荣誉称号”。三是全面推进小康菜园建设，积极争取项目资金85万元，全乡全覆盖推进“千家万户小康菜园工程”。示范打造大箐村、尖岩村，进一步改善农村人居环境、拉近干群关系、巩固脱贫攻坚成果。

2. 始终坚持以人居环境提升为抓手，全面推进污染防治攻坚战。以建设“绿色牛场”“天然氧吧”为目标，抓好文明村寨建设。实施乡村环境卫生“三新一清洁”整治行动，推进生活垃圾村收集、乡转运、区处理，全面解决脏、乱、差等问题。以退耕还林、植被恢复、石漠化综合治理等林业重点工程为抓手，全面开展懒龙河流域和黔中库区水质保护，不断推进退耕还林工作，整体生态环境得到改善。

3. 始终坚持以人为本，民生优先，积极顺应人民群众对美好生活的新期待。围绕“医、教、水、住、行”等群众关心关注的问题，补齐一批关键短板。一是基础设施更完善。争取资金修建10个村（居）活动室，现已全部建设完工投入使用。政务服务中心、派出所、市民广场、小停车场、迎宾大道、农贸市场已完工并投入使用。进一步查漏补缺，全乡无一户危房户及房屋不安全户。二是饮水安全更巩固。加快推进平寨村竹林脚亿元水库开工建设，已解决全乡饮水6448户27413人，完成率100%。全乡教育教学质量双提升。

4.始终坚持深入开展社会主义法治教育，全社会学法守法用法意识不断增强。一是深入开展扫黑除恶专项斗争工作。2020年，共接到特区扫黑办转办线索2起，核查2起，收集线索0起，核查0起，持续加大扫黑除恶专项斗争力度，重拳出击扫清一切黑恶势力，还牛场朗朗乾坤。二是加强信访调解工作。建立乡班子成员信访接待制度，加强矛盾纠纷排查调处，全力维护社会和谐稳定，在重大节日及活动期间未出现非法和越级上访事件。2020年共排查处理各类矛盾纠纷5件，妥善处理信访案件。三是严厉打击黄、赌、毒违法犯罪。2020年，组织禁毒、扫黑除恶、反邪教、反恐、反诈骗、交通安全等宣传活动10次，发放各类宣传资料2000份，办理贩毒案件1起，刑事打击吸毒涉案人员，办理吸毒案件2起，强制隔离戒毒人员若干，抓获赌博4起，收缴并上缴赌资4050元，行政拘留1人，扫黑除恶案件1起，刑事打击1人。参与经过对各种违法情况的宣传和整治，有力净化乡党委社会环境。

5.始终坚持紧抓安全生产，实现“零”事故安全生产良好局面。一是压实安全生产责任。严格实行党政同责、一岗双责和“三管三必须”的要求，全面凝聚乡党委安全生产的活力。二是深入开展安全生产集中整治。扎实开展以道路交通、水上交通、危化物品、烟花爆竹、非煤矿山、食品安全为主的安全生产集中整治，全乡无一起安全生产事故的发生。三是扎实开展地质灾害防治。对每个隐患点分别制定地质灾害防治预案，开展应急演练，强化对地质灾害点监测，确保异常情况第一时间应急处置，坚决保障人民群众生命财产安全。统筹全乡统战、团委、妇联、关工委、老龄委、老干、机关效能建设等工作也得到很好的发展。乡党委荣获全区优秀关工委单位。全区武装工作会议在乡党委召开，专武干部杨秀恩荣获全市优秀专武干部、全省征兵工作先进个人。

二、存在的问题

一是产业特色产业支撑不足，支柱产业带动能力不强。二是全面从严治党仍须加强，少数干部不作为、慢作为、不想为、不敢为、不善为现象客观存在。三是基础设施条件依然落后，民生短板较多，特别是牛新线这一交通最为影响牛场快速发展。

三、下一步打算

一是坚定不移突出党的建设、党的领导优势，凝聚高质量发展的强大合力。

二是坚定不移巩固脱贫成果、助推乡村振兴，不断夯实发展基础。

三是坚定不移增进民生福祉、夯实民生保障，全民共享发展成果。

四是坚定不移防范化解风险、守牢安全底线，营造良好发展环境。

（撰　稿：中共牛场乡委员会办公室）

经开区、园区党工委工作

贵州六枝经济开发区管理委员会 2020 年工作综述

2020 年，贵州六枝经济开发区深入学习贯彻党的十九大、十九届五中全会精神和习近平新时代中国特色社会主义思想、习近平总书记重要讲话精神，紧紧围绕“五位一体”总体布局和协调推进“四个全面”战略布局，全面落实“五大发展理念”，坚守生态、安全“两条底线”，坚决贯彻落实市委的决策部署，以加强党的建设为统揽、以坚决打赢脱贫攻坚战为重点、以推进经济建设为主线，统筹兼顾、求真务实，以扎实有效的工作作风推进各项工作落细、落小、落实，在发展上呈现稳中有进、稳中向好的良好态势。

一、主要经济指标完成情况

2020 年，贵州六枝经济开发区完成 5000 万元以上固定资产投资 12.29 亿元，完成规模以上工业总产值 28.69 亿元，在库招商引资项目 18 个，新增招商引资到位资金 67152.2 万元。完成税收 7938.89 万元，完成非税收入 380 万元。

二、工作开展情况

（一）综合改革稳步推进。2020 年，六枝经济开发区深入推进“一区三园”整合改革，整合原六枝经济开发区（岩脚园区）、原六盘水路喜循环经济产业园区、原六盘水木岗产业园区，深化组织人事、基层党建、薪酬制度、平台公司、产业布局等全方位改革。2020 年 9 月，召开六枝经济开发区“一区三园”整合启动大会；2020 年 10 月，完成集中办公、资产清理工作；2020 年 11 月，完成人员调配、党组织调整及关系划转工作；2020 年 12 月，基本完成平台公司整合，制定《六枝经济开发区综合改革方案》。

（二）党建工作扎实开展。一是及时调整机关党支部。对六枝经济开发区“一区三园”原基层党组织进行规范，保留六枝经济开发区机关第一党支部、第二党支部，撤销六盘水路喜循环经济产业园区党支部、六盘水木岗产业园区党支部，新设立六枝经济开发区平台公司筹备组临时党支部，并指派临时党支部书记。机关第一、第二支部及时完成党支部支委成员补选工作，支部“三会一课”正常开展，推动全面从严治党向基层延伸，全面提升党支部组织力，切实强化党支部政治功能。二是强化组织管理。持续巩固“不忘初心、牢记使命”主题教育成果，严格党的组织制度，严肃党的组织生活，坚持民主集中制、“三会一课”制度、谈心谈话、双重组织生活制度，领导干部带头上党课。完成《全国党员信息系统》信息录入，完成 2020 年党员统计年报工作。指导推进党支部标准化规范化建设、党员档案清理等工作。严格按照《贵州省发展党员工作规程（试行）》相关规定，严把程序关、档案资料关。2020 年，共培养入党积极分子 3 人成为发展对象，培育 5 名预备党员按期转为正式党员。三是强化党风廉政建设。将党风廉政建设列入经开区党工委工作的重要议事日程，制定经开区党工委从严治党工作清单，建立党工委领导班子、班子成员、责任部门从严治党主体责任清单，推动责任落实。全年召开 14 次党工委会议涉及党风廉政建设工作，开展党风廉政专题党课宣讲 1 次，开展党风廉政建设约谈 4 次。组织召开六枝经济开发区“防风险、守底线”专题会议，深刻吸取安顺市公交车坠湖事件、大方县拖欠教师工资补贴、挤占挪用教育经费问题等典型案例的教训，以案为例、反思警醒，查找问题、剖析原因，不断增强忧患意识，坚持底线思维，提高防控能力，增强驾驭风险、迎接挑战的本领。

（三）招商引资持续向好。2020 年，立足“十四五”长远发展目标，紧紧围绕七大产业板块，结合六枝经开区资源、区位等方面的优势，累计谋划包装项目116个，计划总投资275亿元。包装《六枝经济开发区农产品加工产业园建设项目》等47个，精包装可行性极高的《六枝经济开发区污水处理厂建设项目》等17个。立足机械装备制造、新型材料、纺织业三大产业及电厂固废物上下游产业链等开展招商引资。全年累计开展招商引资16次，其中，主要领导或分管领导带队外出招商6次，累计签约项目12个，总投资4.6亿元，已开工建设9个。

（四）产业发展规划先行。2020年，六枝经济开发区按照“板块布局、产业耦合、链条发展、集聚建设”的思路和“一园一主导、一园一特色”错位发展的原则及“高起点规划、高标准设计、高水平建设”的要求，委托贵州经博蓝图规划设计有限公司编制《六枝经济开发区产业发展规划（2021—2025）》。结合六枝经济开发区发展区位、资源要素等优势，通过多方考察、多次论证，初步确定六枝经济开发区首位产业、主导产业方向，首位产业为新型建材，潜力产业为先进装备制造和特色食品加工。成立六枝经济开发区调整区位工作领导小组，负责推动调整区位具体工作，组织召开3次征求意见会，形成《贵州六枝经济开发区管理委员会关于将郎岱镇平桥片区作为岩脚园区拓展区进行规划调整的请示》向六枝特区人民政府请示，邀请省商务厅开发区处相关人员到六枝经济开发区实地调研，进一步优化六枝经济开发区空间布局。

（五）项目建设大力推进。2020年，六枝经济开发区新推在建项目5个，总投资14.459亿元。木岗产业园区2019年20万平方米标准化厂房、3.5万平方米工人宿舍及附属工程，总投资5.71亿元，已完成施工招投标，项目分两个标段实施，一标段正在场平，临时设施已基本搭建完成；二标段已完成场平，临时设施已搭建完成，正在实施孔桩挖掘。六枝经济开发区农业科技成果转换孵化中心及配套设施建设项目，总投资2.9亿元，已完成立项、可行性研究报告编制，征地工作已完成，正在开展“三通一平”工作，目前场平已完成70%，施工用电已搭接，施工用水已接通，施工道路已完成基础铺设，正在进行施工。六枝经济开发区污水处理厂及配套管网建设项目，总投资2.05亿元，已完成项目立项、可行性研究报告编制及初步选址。项目列入六枝特区2021年地方专债省级项目库，并向上申报中央预算内投资资金。六枝经济开发区增量配电网业务改革试点项目，总投资2.6亿元，已完成项目立项，已编制项目实施规划及实施方案，规划及方案已送省发展改革委相关部门进行审核。六枝经济开发区供水项目，总投资1.2亿元，已完成项目立项、可行性研究报告编制及初步选址。

（六）全面落实巡察整改。2020年6月5日至8月28日，十一届区委第八轮巡察第一巡察组对原木岗产业园区党工委和原路喜循环经济产业园区党工委进行全面巡察，并于2020年11月9日向六枝经济开发区党工委反馈巡察意见，详细指出木岗园区党工委在“三个聚焦”方面存在的20个问题和路喜园区党工委存在的16个问题。六枝经济开发区党工委坚决把问题整改作为一项重大政治任务，认真制定整改方案，精心组织整改。成立以分管日常工作的副书记为组长的巡察整改工作领导小组，及时召开整改专题会议，研究部署整改工作，形成主要领导全盘抓、分管领导亲自抓、部门负责人具体抓的三级联动机制，有效推动整改工作的落实。截至2020年年底，原木岗园区党工委存在的20个问题，已整改销号8个、正在整改12个；原路喜园区党工委存在的16个问题，已整改销号15个、正在整改1个。注重举一反三、查漏补缺、由此及彼，制定出台《六枝经济开发区干部职工文明公约》等27个管理制度，从制度层面落实整改，用制度管人，切实提升治理能力。

（七）持续狠抓安全生产。坚决贯彻落实“管行业必须管安全、管业务必须管安全、管生产经营必须管安全”的工作要求，严格执行“党政同责、一岗双责、失职追责”制度。全年召开6次安全生产专题会议安排部署安全生产工作，组织开展应急演练工作、消防知识培训、安全生产专题会等共8场，对辖区内企业认真开展安全风险摸排和排查治理269人次，发现安全隐患101条，下达整改通知书27份。加强安全生产宣传工作，督促企业张拉宣传横幅和警示标语100条。开展对在建项目督促检查工作50人次，下达整改通知书11份，所有在建项目已通过全面排查检查，发现的问题已整改，生产安全处于受控状态，全年未出现安全事故。

（八）持续狠抓环保工作。严格按照中央和省、市、特区有关要求，牢固树立“绿水青山就是金山银山”的绿色发展理念，在招商引资过程中将环保作为项目准入的首要条件，对投资项目进行严格审核把关，在承接东部发达地区的产业转移时，守住环保底线，对破坏生态、污染环境的企业，坚决不予进驻。加强《中华人民共和国环境保护法》《贵州省环境保护条例》等法律法规的宣传贯彻力度，增强环保责任意识。加大监督检查力度，督促企业落实环境保护主体责任，督促企业认真履行环保工作“三同时”，对辖区内 11 家未通过环评验收备案的企业下达环评验收备案通知书，要求企业限期完成环评验收备案。全年已完成环评验收备案企业 1 家，基本达到环评验收条件企业 8 家，拟清退企业 2 家。

（九）坚决打赢脱贫攻坚。坚决贯彻落实党中央和省委、市委、特区党委关于脱贫攻坚的各项决策部署，深入推进“两不愁三保障”，坚决落实“四个不摘”，持续选派驻村工作组，定期听取脱贫攻坚工作情况汇报。继续向“一区三园”帮扶的木岗镇抵岗村、新窑镇洗马河村、岩脚镇新寨村、岩脚镇雨海村、岩脚镇联合村、岩脚镇岩脚村 6 个村派驻驻村干部 9 人，确保帮扶力度不减；督促“一区三园”干部职工落实帮扶责任，按特区有关要求做好贫困户信息采集更新、资料收集整理、政策宣传走访等工作，为乡村振兴夯实新的基层基础。

（十）高效储备土地资源。2020 年，六枝经济开发区积极争取增量、盘活存量，多种方式保障项目用地需求。岩脚园区规划面积 11.73 平方公里（省政府批复面积），核心区 3.14 平方公里，园区内可开发建设用地 1200 亩，结合用地需求，可向外扩展开发建设用地达到 2500 亩。木岗园区审批规划核准面积为 15315 亩，建设开发面积 5813 亩，征地面积 3578 亩，实际使用面积 3018 亩。路喜园区规划总面积为 20220 亩（13.48 平方公里），核心区面积 13155 亩（8.77 平方公里），现实际获批土地 12 宗共 2065.75 亩（1.38 平方公里）。丰富的土地资源和用地空间搭建起六枝经开区全面发展的新舞台。

三、存在的问题

（一）基础设施建设跟不上发展需要。基础设施相对滞后，招商引资优势不明显。六枝经开区除华润电厂和大畅面业外，以节能环保、信息技术、新能源、生物医药为主的战略新兴产业引进难度大，项目难以落地。岩脚至六枝电厂等周边公路等级低、路况差，对电厂电煤、粉煤灰等副产品运输造成影响；岩脚园区内道路尚未建设，豆制品厂物流运输须从电厂内部道路通过，园区没有标准化厂房及相关配套设施。木岗园区与镇宁园区工业大道、普定经开区工业大道、黄铺物流园区大道未贯通，不能有效发挥木岗园区的区位优势，与当前发展需要不匹配。

（二）固定资产投资后劲发力不足。一是固投缺乏项目支撑。受基础设施及其他配套设施不完善的影响，亿元以上项目难以引进，固定资产投资缺乏重大项目支撑。二是拟引进项目退园。由于市场、疫情等各方面因素影响，个别项目退园，比如，粉煤灰加气混凝土块项目。三是产业链延伸不够。下游产业发展动力不足，岩脚电厂、海螺水泥厂等生产过程中产生的二次能源利用率不高，没有综合利用好粉煤灰、脱硫石膏、余热供热等，造成二次能源闲置浪费，产业链不长、不强、不闭环。

（三）人才工作需要进一步加强。一是专业人才匮乏。目前六枝经开区在园区规划建设、经济谈判、专业招商、资本经营、市场运作等方面的专业人才十分紧缺。二是人员流动不够。经开区体制内人员和外界交流不够，人员流动较少，特别是与特区各机关单位交流不多。

四、2021 年工作打算

（一）目标任务。2021 年，计划完成固定资产投资 15 亿元，完成规模以上工业总产值 32 亿元，完成招商引资到位资金 20 亿元，引进项目 15 个，新增规模以上企业 5 个（2000 万元口径）。围绕六盘水市产业转型升级支持重点和“7+2”产业板块，按照“要素有保障、政策有支撑、产品有市场、投资有回报、政府有税收”的标准，拟包装产业项目 25 个。岩脚园区以六枝电厂“煤电 +”为主导，以华润循环经济产业园“固废物”综合利用为龙头企业以商招商，脱硫石膏加工项目、粉煤灰加工利用项目尽快落地，引进豆制品企业5家以上并投产，加快梳理完善相关政策、推动锂电产业引进步伐。木岗园区做好标准化厂房的建设和招商工作，加快清理僵尸企业，进一步提升标准化厂房的实际利用率。推动智能装备制造项目、医用防护物资生产项目、小型消防车生产组装项目尽快投产。推动汽车装备制造相关产业、精细化工产业落地。争取引进弹力丝生产项目、柔性超薄玻璃生产项目、干燥机和茶饮机生产项目。路喜园区加快推动企业司法重组进程，推动高功率石墨电极项目和玻璃生产项目落地，争取盘活现有资产。

（二）重点工作

1.全面深化抓改革。六枝经济开发“一区三园”改革正处于起步阶段，下步工作中，重点加快去行政化改革。按照市委、市政府，特区党委、特区政府的安排，坚持市场化改革取向和去行政化改革方向，加快六枝经济开发区改革进度，突出经开区主责主业，推动经开区回归本位、重塑组织架构。初步建立激励竞争机制，最大限度地调动干部职工的积极性，推进六枝经济开发区企业化管理、全员岗位聘用工作。

2.全速推进抓建设。一是重点完善岩脚园区水、电、路等基础设施建设。重点推进岩脚园区产业大道，豆制品产业园、园区标准厂房、员工宿舍、配套路网、供水设施及污水处理等一批基础设施项目建设，健全服务功能，吸引企业入驻。二是重点完善木岗园区水、电、路等基础设施建设。重点推进木岗园区供水工程、园区标准厂房、员工宿舍、配套路网等一批基础设施项目建设。同时，积极推动黄木丁大道连接线、木岗园区至黄铺物流大道连接线开工建设，缓解园区物流运输压力，降低企业物流成本、用工成本，为建链、延链、补链、强链打好基础。

3.紧盯目标抓项目。认真贯彻落实全市七大产业板块项目现场观摩暨推进大会，尤其是市长李刚的讲话精神。按照“签约项目抓落地、落地项目抓开工、开工项目抓建设、建设项目抓投产、投产项目抓达产”的思路。一是启动路喜园区产业发展规划和锂产业发展规划编制。二是全力推进项目建设，推进有机玻璃、包芯纱、熔铝、包装袋、海绵、塑料管、厨卫系列产品等项目完工并投入运营，促使企业尽快达产。三是加强项目谋划，围绕太平洋纺织、特盈有机玻璃、智能指纹锁等重点产业，从配套产业链着手，认真谋划项目，积极引进一批下游企业入驻园区。四是加强入库企业培育，计划将特盈有机玻璃、太平洋纺织、黔塑包装袋、东辉管业等纳入规上企业管理，力争入库3家以上。

4.创新方式抓招商。一是创新招商方式，实行“走出去、请进来”的招商模式，采取领导带头、以商招商方式，及时掌握招商信息，通过抓项目储备、抓项目包装、抓项目推介、抓项目引资，形成“储备一批、推介一批、签约一批、落地一批、更新一批”的良好局面。二是围绕重点区域、重点产业，选派招商小分队到长三角、珠三角等地区驻点招商。三是进一步加强项目的跟踪、对接、服务，实行招商引资项目闭环管理，争取早日落地，实现产出和效益。四是围绕在建标准厂房进行“企业定制”式招商，引进企业入驻标准厂房或企业回购等方式，促使引进企业留得住、做得强。

5.紧扣发展抓融资。继续加强与金融部门的沟通协调，确保各项资金落实到位；积极主动争取上级中央预算内资金、专债资金、绿色基金和土地纾困资金等支持。做好银企沟通，确保企业在融资上得到最大支持。

6.统筹兼顾抓发展。一是按照上级要求，抓实、抓好脱贫攻坚工作与乡村振兴有效衔接。二是严格落实安全生产监管责任，督促企业落实安全生产主体责任；定期开展安全生产隐患排查和专项整治活动，消除安全隐患。三是严格落实环保“三同时”要求，杜绝违反环保规定建设和生产。

7.持之以恒抓党建。一是坚持党工委主要负责同志为抓好党建工作的第一责任人，其他分管领导具体抓的工作格局。二是常态化抓学习教育，扎实开展干部职工学习教育培训，认真贯彻落实党内相关制度，加强宣传工作，积极弘扬正能量，牢牢把握意识形态领域工作主动权。三是常态化抓党风廉政建设工作。将日常提醒打招呼和定期督导督查相结合，保持园区风清气正的政治生态环境。四是常态化抓扫黑除恶工作。加大对涉黑涉恶线索摸排，定期走访企业，加大宣传力度，始终坚持做到“有黑扫黑、无黑除恶、无恶治乱”，营造园区平安和谐环境。

（撰　稿：经开区办公室）

六盘水牂牁江风景名胜区管理委员会 2020 年工作综述

2020 年，牂牁江景区党工委在市委、区委的正确领导以及各级各部门的大力支持和帮助下，以邓小平理论、“三个代表”重要思想、科学发展观、习近平新时代中国特色社会主义思想为指导，认真贯彻落实党的十九大及系列全会精神、习近平总书记在贵州省代表团重要讲话精神，按照自身职责和工作实际，牢牢把握党组织建设、党风廉政建设、脱贫攻坚、旅游服务质量提升、景区运营管理等重点工作，团结带领全体干部职工苦干实、开拓进取、攻坚克难，各项工作有序推进。

由于疫情影响，2020 年，景区共接待游客 42.36 万人次，旅游总收入 1.27 亿元，分别较 2019 年下降 65.57% 和 79.98%。景区详细规划编制、项目建设等工作持续推进，进一步强化景区旅游宣传工作，景区知名度大大提升，旅游经济发展稳中向好。

执政实践和成效

一、落实党建工作，提升干部理论和思想水平

强化理论学习，严抓党建工作不放松。持续推进中心组理论学习制度落实，规范执行“三重一大”集体决策制度，严格落实“三会一课”等党内政治生活制度。组织领导干部认真学习贯彻党的各项方针、政策及理论知识，进一步提高领导干部贯彻执行党的路线、方针、政策能力。引导和督促全体党员同志按时参加党的组织生活，不仅要遵守好“三会一课”、谈心谈话、组织生活会和民主评议党员等组织生活制度，积极参加“两学一做”学习教育、“不忘初心、牢记使命”主题教育，通过开展形式多样、内容丰富的主题党日活动，不断提升党员同志政治觉悟、思想认识和工作热情，切实调动党员参与的积极性和主动性，切实加强党员日常教育管理，切实增强党员的归属感和集体感。

二、紧抓党风廉政建设不放松，增强干部廉洁意识

定期开展典型案件警示教育和党规党纪学习，充分利用理论中心组学习及干部职工会开展警示教育和党规党纪学习，让党风廉政建设形成常态，确保干部廉洁自律。制定下发《中共六盘水牂牁江风景名胜区工作委员会关于印发〈六盘水牂牁江风景名胜区 2020 年党风廉政建设和反腐败工作要点〉的通知》（牂牁工委通〔2020〕6 号）、《中共六盘水牂牁江风景名胜区工作委员会关于印发〈六盘水牂牁江风景名胜区 2020 年中心组学习计划〉的通知》（牂牁工委通〔2020〕13 号），分解完善党工委班子成员主体责任任务分工。严格按照上级党风廉政建设和反腐败工作任务要求，层层分解责任，层层签订目标责任书，党工委书记与班子成员集体廉政谈话 2 次，分管领导与各办（局）负责人谈话、各办（局）负责人与工作人员谈话各 2 次，找问题、讲责任、提要求，全体党员干部严守党规党纪，廉洁自律、克己奉公的责任意识进一步增强。

三、规划编制有步骤，推进景区规划发展

2018 年 11 月，贵州省人民政府下达《省人民政府关于六枝牂牁江风景名胜区总体规划（2018—2035 年）的批复》（黔府函〔2018〕193 号），同意并通过《六枝牂牁江风景名胜区总体规划（2018—2035 年）》（以

下简称《规划》）。《规划》确定六枝牂牁江风景名胜区东起洒耳景区的六枝特区与镇宁县界线交会处的可布村可布寨，南至牂牁江景区的牂牁镇木城村大坡上，西抵牂牁江景区的六枝特区与晴隆县界线交会处的一线天，北达延龙溪景区的岩脚镇羊场村谌家寨。地理坐标为北纬 26° 00'100" ~ 26° 21'13"、东经 105° 07'04" ~ 105° 35'25"，总面积为 142.0 平方公里，核心景区面积为 30.02 平方公里。根据《规划》确定的原则和规划结构、规划布局及专业规划，牂牁江管委会委托贵州省城乡规划设计研究院负责景区的详细规划编制，并签订《规划设计合同》（牂牁江景区、洒耳景区、回龙溪景区），该规划现已上报省自然资源厅，等待召开规划评审会。

四、营销宣传注重实效，对外品牌逐步树立

充分利用互联网、微信、微博等方式，在“五一”“十一”黄金周、“国际滑翔伞邀请赛”等一系列节庆活动期间，加大宣传力度。积极参与赴广州、长沙、贵阳等地的招商和旅游推荐会，提升对外美誉度。景区旅游经济运行总体良好，增长动力比较充足，旅游市场较快增长，旅游经济效益明显提高。受疫情影响，2020 年景区共接待游客 42.36 万人次，旅游总收入 1.27 亿元，分别较去年下降 65.57% 和 79.98%。

五、行业监管扎实到位，安全工作稳步跟进

以科学发展观为指导，牢固树立“以人为本、安全发展”理念，坚持“安全第一、预防为主、综合治理”的方针，深入开展“安全生产专项整治三年行动”、安全生产宣传周、安全生产警示月等各项活动，以旅游、建筑施工、人员密集场所等安全隐患整治为重点，认真开展节假日以及汛期安全生产大检查，进一步强化责任落实，夯实安全基础，景区安全生产工作呈现平稳向好的态势。一是明确责任，确保工作落到实处。成立景区安全生产工作领导小组，进一步明确党工委、管委会班子成员及下属各办（局）负责同志对分管工作和安全生产实施“一岗双责”，制发各项安全生产工作制度，促进安全生产工作落到实处。二是防患于未然，强化安全生产隐患排查整改。每逢节假日，对景区旅游安全进行排查，尤其是人员密集场所和沿岸区域，对排查出的问题及时整改，设置安全警示标牌，提醒游客防止安全事故发生，重点注意江边和悬崖警示标牌的设置，确保旅游安全零事故。三是高度重视，强化安全生产应急值守。将重要时间节点时段应急值守同日常应急值守相结合，严格落实领导带班和 24 小时值班制度，确保遇突发情况第一时间妥善处置，同时督促景区企业设置好旅游投诉电话，在确保景区旅游安全的同时，也致力于提高景区游客的满意度。2020 年以来，牂牁江景区管委会共组织检查 100 次，派出检查人员 200 人次，检查场所 200 处，共排查出一般隐患 70 项，已整改 70 项，整改率达 100%，共下发问题整改单 2 份，已整改销号。实现牂牁江景区安全事故零发生的既定目标。

六、以景区开发建设，推动贫困人口增收脱贫

一是严格按照“四个不摘”要求，要求干部职工每月走访贫困户不低于 4 次，做到精准排查走访，尤其是 2020 年受疫情影响，加强贫困户就业信息排查管理，认真核实贫困户基础信息，开展摸底排查行动，做好国家成效考核迎检工作。二是认真做好党建扶贫点驻村工作。根据《六枝特区扶贫开发领导小组关于调整六枝特区 2018 年脱贫攻坚“减贫摘帽”帮扶单位的通知》（六扶领字〔2018〕8 号）文件，继续选派陈兴作为脱贫攻坚第一书记，秦治彬为驻村干部，按时到党建扶贫点牂牁镇兴隆村参加驻村帮扶工作，结合实际制定轮战工作方案和轮战工作计划，按照要求安排 4 名同志作为轮战干部。同时，经党工委研究同意，向牂牁镇兴隆村落实 2000 元作为同步小康工作经费。三是大力引导旅游促扶贫，通过宣传引导景区企业优先雇佣当地建档立卡贫困户，使贫困户直接实现就业增收致富，已有 30 人到景区就业增加收入。此外，还引导景区企业租用贫困户房屋或购买贫困户农产品等，帮助贫困户盘活现有资源，促进贫困户脱贫。

七、不断提升干部效能，强化各项工作落实

按照区委、区政府及特区相关部门的文件精神和会议要求，落实全面从严治党，不断提升干部职工的工作效能，加强干部职工理论学习和实践锻炼，积极化解景区项目建设过程中产生的各项矛盾纠纷，全年无相关刑事案件和跨区信访案件发生。全面落实依法行政，全面深化景区旅游改革，认真抓好牂牁江景区“四创”工作，强化景区环境保护及景区综合治理，各项工作得到有序开展和推进。

执政体会和经验

回顾2020年的工作，取得了一些成效，看到成绩的同时，牂牁江党工委也清醒地认识到，经验弥足珍贵：一是坚持理论知识的学习。要坚持每周一学习的制度，集中带领干部职工学习国家政策、方针、制度，学习法律知识，学习中央、省、市、特区各级文件和会议精神，用理论知识武装头脑、指导实践。二是始终发扬团结协作、吃苦耐劳的干事创业精神，为建设好、开发好牂牁江景区，牂牁江党工委领导班子带头，坚持奋战在景区建设工地一线，全体干部职工上下一心，坚持不懈地为景区旅游事业发展而奋斗。三是不断深入挖掘牂牁江景区独特的旅游资源，根据景区资源优势推进景区旅游和项目的开发建设，打造智慧旅游景区，不断提升旅游服务质量，突显独具特色的布依族苗族文化，不断推进牂牁江旅游经济发展。

下一步工作目标

2021年，牂牁江党工委将持续推进景区项目建设，不断加大景区旅游资源的开发，提升景区服务质量，团结带领单位全体干部职工，重点做好以下几个方面的工作：一是强化学习，促提升。继续强化党建和党风廉政建设，加强干部职工管理，推进各项规定制度进一步落实，引导干部职工尤其是党员干部进一步增强看齐意识、党性意识、规矩意识，立足岗位履职尽责。领导干部要充分发挥表率作用，带头参加活动、带头学习讨论，推动各项工作有序开展。二是挖掘资源，树优势。不断挖掘景区潜在的资源优势，找准牂牁江独特的优质旅游资源，并充分合理地开发利用。把牂牁江打造成独具特色的旅游景区，从而促进景区旅游不断地提质增效，带动当地社会经济发展。三是引进人才，提服务。引导和督促景区建设平台公司加快旅游开发和管理人才的引进步伐，争取能最大程度地引进一批、培养一批有能力、有活力、有创新力的人才进入景区，做到为景区发展提供后援保障，提升景区旅游服务水平。

（撰　稿：牂牁党工委办公室）

附录

六枝特区 2020 年国民经济和社会发展统计公报

六枝特区统计局　国家统计局六枝调查队

（二〇二一年六月）

2020 年是近年来发展中极不平凡的一年，面对新冠肺炎疫情的严重冲击，在特区党委、特区政府的正确领导下，全区坚持以习近平新时代中国特色社会主义思想为指导，坚决贯彻落实党的十九大，十九届二中、三中、四中、五中全会精神及习近平总书记系列讲话精神，坚持稳中求进的工作基调，以供给侧结构性改革为主线，着力深化改革坚决打好三大攻坚战，在疫情防控常态化新形势下，科学统筹疫情防控、脱贫攻坚和经济社会发展，坚决做好“六保”“六稳”工作任务，并统筹推进稳增长、促改革、调结构、惠民生、防风险各项工作，人民生活持续改善，经济持续健康发展，在“十三五”收官之年、在大战大考中交出优异答卷。

一、综合

根据六盘水市地区生产总值统一核算结果，2020 年六枝特区地区生产总值 133.64 亿元，按可比价格计算，同比增长 4.6%。

表 1　2020 年六枝特区地区生产总值分行业情况表

指　标	绝对值（亿元）	增长率（%）
地区生产总值	133.64	4.6
第一产业	43.55	5.8
农林牧渔业	46.16	5.7
第二产业	27.05	1.7
工业	18.84	0.1
建筑业	8.21	5.6
第三产业	63.04	5.1
批发和零售业	3.83	1.0
交通运输、仓储和邮政业	6.37	−0.3
住宿和餐饮业	2.47	−7.1
金融业	5.91	5.5
房地产业	5.24	1.7
营利性服务业	6.06	2.9
非营利性服务业	30.53	9.2
农林牧渔专业及辅助性活动	2.63	4.6

第一产业增加值 43.55 亿元，同比增长 5.8%，第一产业增加值占地区生产总值的比重为 32.59%，较上年提高 0.7 个百分点；第二产业增加值 27.05 亿元，同比增长 1.7%，第二产业增加值占地区生产总值的比重为 20.24%，较上年提高 1.2 个百分点；第三产业增加值 63.04 亿元，同比增长 5.1%，第三产业增加值占地区生产总值的比重为 47.17%，较上年降低 1.9 个百分点。

图 1　2015—2020 年六枝地区生产总值增速（%）

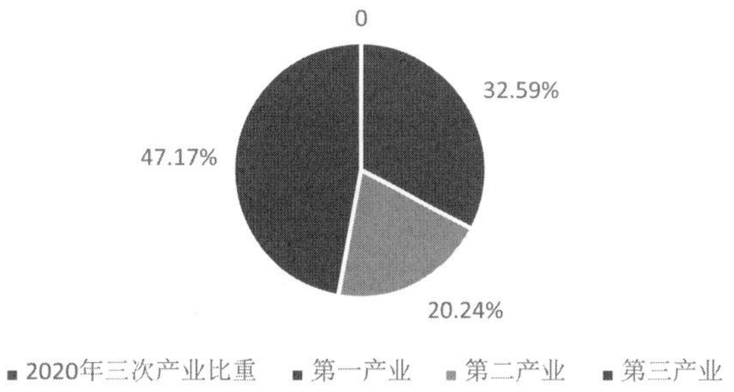

图 2　2020 年六枝地区三次产业比重（%）

2020 年非公有制经济总产值 384.32 亿元，同比增长 0.02%；实现营业收入 369.34 亿元，同比增长 0.21%；上缴税金 5.81 亿元，同比下降 3.68%。非公经济增加值达 104.44 亿元，占 GDP 的比重为 78.2%。

二、农业

2020 年，全年农林牧渔业增加值 46.16 亿元，按可比价格计算，同比增长 5.7%。粮食种植面积 33102.11 公顷，比上年增加 174.11 公顷。油料种植面积 10527.5 公顷，比上年减少 29.5 公顷。水果种植面积 12890.6 公顷，比上年增加 2309.1 公顷。蔬菜种植面积 13558.7 公顷，比上年增加 629.7 公顷。全年粮食产量 220057.3 吨，比上年增产 897.54 吨，同比增长 0.36%。

表 2　2020 年六枝特区种植业主要农产品产量表

单位：吨

产品名称	产　量
粮食	220057.3
其中：稻谷	49005.93
玉米	35626.44
小麦	9334.26
薯类	118208.79
# 马铃薯	10407493
其他	7881.88
油料	15876.50
其中：油菜籽	13613
蔬菜	309429.5

续表

产品名称	产　量
茶叶	965
水果	39554

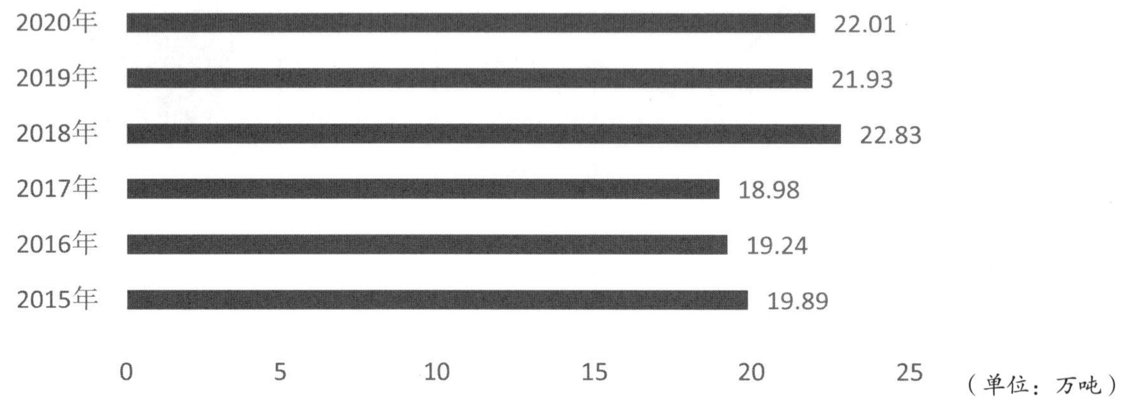

图 3　2015—2020 年六枝特区粮食总产量示意图

2020 年，农业总产值达 74.97 亿元，同比增长 5.9%，其中，农、林、牧、渔业总产值 71.10 亿元，农、林、牧、渔服务业产值 3.88 亿元。

2020 年肉类总产量 26969.15 吨，同比增长 14.14%，其中，猪肉产量 17661.21 吨，同比增长 18%；牛肉产量 4005.26 吨，同比增长 1.6%；羊肉产量 501.73 吨，同比下降 3.14%；禽肉产量 4800.95 吨，同比增长 14.28%。畜牧业产值达 18.35 亿元，畜牧业产值占农业总产值的比重为 24.48%，比上年提高 2.2 个百分点。

三、工业

2020 年工业增加值 18.84 亿元，同比增长 0.1%，其中，规模（2000 万元）以上工业增加值同比增长 6.6%，增速较 2019 年降低 0.2 个百分点。

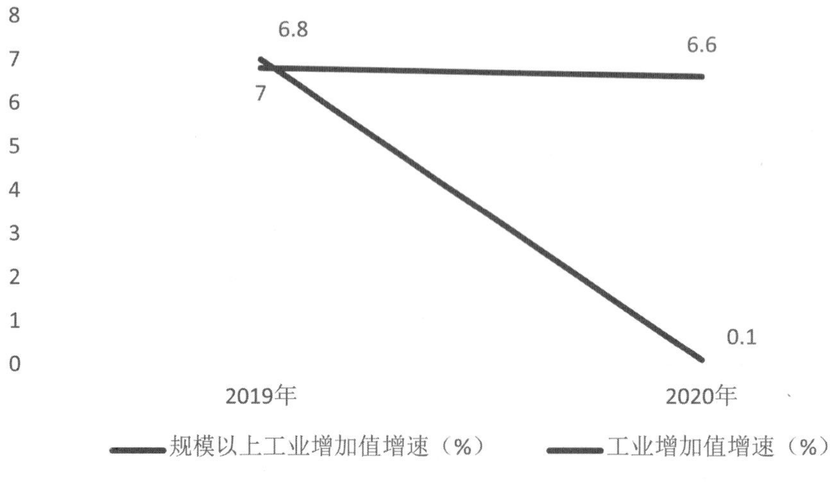

图 4　2015—2020 年六枝特区工业增加值增速示意图

2020 年原煤产量 136.1 万吨，同比增长 15.1%；水泥产量 172.7 万吨，同比下降 15.3%；发电量 619290 万度，同比下降 12.4%。

表 3　2020 年六枝特区规模以上主要工业产品产量表

产品名称	计量单位	产量	同比增长率（±%）
原煤	万吨	136.1	15.1
水泥	万吨	172.7	-15.3
发电量	万度	619290.0	-12.4
商品混凝土	万立方米	62.4	-27.4

四、固定资产投资、房地产及建筑业

2020 年 500 万元以上固定资产投资同比增长 5.5%，增速较上年提高 4.4 个百分点。全年招商引资实际到位资金 78.97 亿元，同比下降 33.85%，降幅较上年收窄 9.22 个百分点。

图 5　2015—2020 年六枝特区固定资产投资增速折线图

说明：2016 年起固定资产投资统计口径由 50 万元以上调整为 500 万元以上固定资产投资项目

2020 年房地产开发投资同比下降 6.69%；房屋施工面积 138.13 万平方米，同比下降 20.90%，其中，住宅施工面积 89.99 万平方米，同比下降 22.87；2020 年新开工面积 14.50 万平方米，其中，住宅新开工面积 14.02 万平方米；商品房销售面积 36.98 万平方米，同比下降 7.25%，其中，住宅销售面积 36.27 万平方米，同比下降 5.80%。累计核拨商品房预售资金 467 宗 8.59 亿元，办理商品房预售许可 11 宗，共计批准预售面积 42.56 万平方米。

2020 年建筑业增加值 8.2 亿元，同比增长 5.6%，增速较上年回落 5 个百分点；建筑业总产值达 16.62 亿元，同比增长 11.09%，其中，建筑工程总产值 14.06 亿元，同比增长 21.07%。

五、区内贸易和旅游

2020 年，社会消费品零售总额同比增长 4.6%。批发和零售业增加值同比增长 1.0%，住宿和餐饮业增加值比同比下降 7.1%。

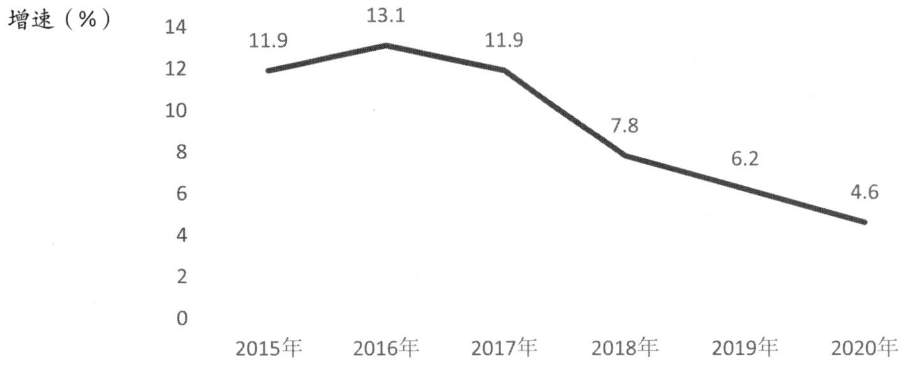

图 6　2015—2020 年六枝特区社会消费品零售总额增速折线图

2020 年，全区共接待旅游总人数 719.79 万人次，同比下降 37.47%，其中，外省游客 169.34 万人次，同比下降 73.86%；旅游总收入 36.03 亿元，同比下降 56.87%。

六、交通运输和邮电通信

2020 年交通运输、仓储及邮政业增加值 6.37 亿元，同比下降 0.3%。

2020 年，全区邮政业务总量 3458.5 万元，同比增长 13.14%；电信业务总量 8500 万元，同比增长 0.97%；固定电话用户 1.75 万户，手机用户 52.19 万户，固定互联网用户 11.27 万户。

2020 年，全区共查处各类道路交通违法行为 184224 起，依法扣留交通违法机动车 2593 辆，行政拘留驾驶机动车违法行为 48 人。截至 2020 年 12 月 31 日，六枝特区机动车保有量为 77254 辆，驾驶员保有量为 94323 人。

七、财政和金融

2020 年，全区一般公共财政预算收入 5.20 亿元，同比增长 3.05%。一般公共财政预算支出 41.06 亿元，同比增长 8.41%。

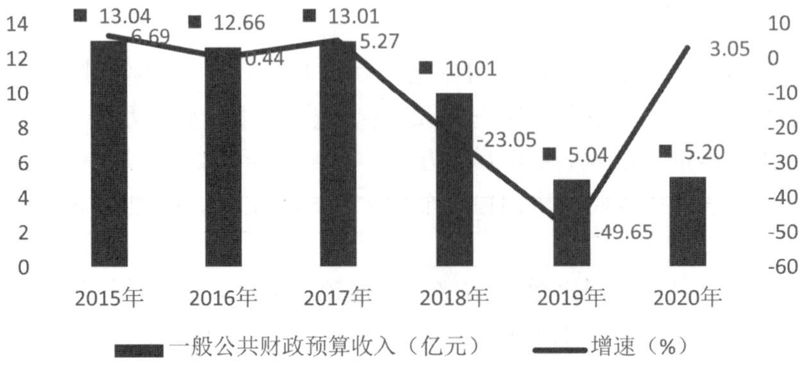

图 7　2015—2020 年六枝特区一般公共预算收入柱状图

2020 年年末，全区金融机构人民币各项存款余额为 155.74 亿元，比年初增加 3.84 亿元，同比增长 2.53%，其中，境内存款为 155.68 亿元，境外存款为 0.06 亿元。人民币各项贷款余额为 206.22 亿元，比年初增加 24.96 亿元，同比增长 13.77%，其中，境内贷款为 206.22 亿元，比年初增加 24.96 亿元，同比增长 13.77%。

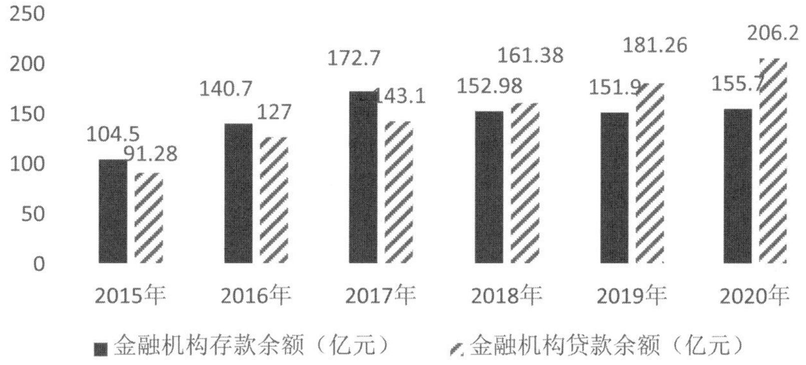

图 8　2015—2020 年六枝特区金融机构存贷款余额柱状图

八、教育、文化和卫生

2020 年年末，全区有各类学校 386 所，教职工 8938 人，专任教师 6261 人，在校学生 141441 人（含特殊教育 79 人、专门教育 33 人），全区小学适龄儿童入学率达 98.92%，小学六年巩固率达 108.46%，学前三年毛入学率达 95.09%，高中阶段毛入学率达 95.28%。

表 4　2020 年六枝特区教育事业情况表

指标	计量单位	绝对数
全区各级各类学校	所	386
其中：小学	所	118
教学点个数	个	18
社会力量办	所	0
幼儿园	所	209
专门教育学校	所	1
特殊学校	所	1
高中	所	6
社会力量办	所	2
职高	所	2
初中	所	31
教职工人数	人	8938
其中：小学	人	3154
专任教师	人	3143

续表

指标	计量单位	绝对数
中学	人	3203
专任教师	人	3013
职高	人	113
专任教师	人	105
其他	人	2468
学生人数	人	141441
其中：幼儿园	人	25267
小学	人	69253
初中	人	32240
高中	人	14569
其他	人	112

2020年，全区有线电视覆盖率达97%；图书馆书籍馆藏总量超过12.7万册，开设中文图书阅览室、电子阅览室和少儿阅览室等6个阅览室，每周开放时间不少于56小时，共接待各类读者4.1万人次，共外借图书6.8万册次，开办书法、声乐、少儿舞蹈、花灯、非遗、志愿者等六类培训班，培训学员15000人。

2020年年末，全区共有公立医院2所，乡（镇）卫生院15所，街道卫生服务中心3所，采血机构1所，妇幼保健计划生育技术服务中心1所，疾病预防控制中心1所，卫生健康综合行政执法大队1个。卫生机构床位数为3797张。2020年全区执业（助理）医师为994人。5岁以下儿童死亡数为89人，活产数为10053人，5岁以下儿童死亡率为8.85‰。

九、人口、人民生活、劳动就业和社会保障

2020年，全区年末户籍人口数约75.84万人，比上年末增加0.77万人。全区人口出生率为7.99%，较上年降低2.4个百分点；人口自然增长率为3.72%，较上年降低1.81个百分点；符合政策生育率为76.12%。

表5　2020年六枝特区户籍人口表

乡　镇	年末总户数（户）	年末户籍总人口（人）
合　计	**198378**	**758392**
九龙街道	19329	75365
银壶街道	12504	44992
塔山街道	10514	40119
岩脚镇	17188	65883
木岗镇	8796	27899

续表

乡 镇	年末总户数（户）	年末户籍总人口（人）
合 计	**198378**	**758392**
大用镇	7884	28424
关寨镇	11533	47323
牂牁镇	4993	19819
新华镇	8836	31097
龙河镇	12240	46018
新窑镇	12613	50216
郎岱镇	16579	69336
梭戛乡	5875	23622
牛场乡	7111	27286
新场乡	11882	44798
中寨乡	10279	40307
落别乡	10667	41287
月亮河乡	9555	34601

2020 年，全区农村居民人均可支配收入为 11565 元，同比增长 8.8%；城镇居民人均可支配收入为 32301 元，同比增长 4.6%。

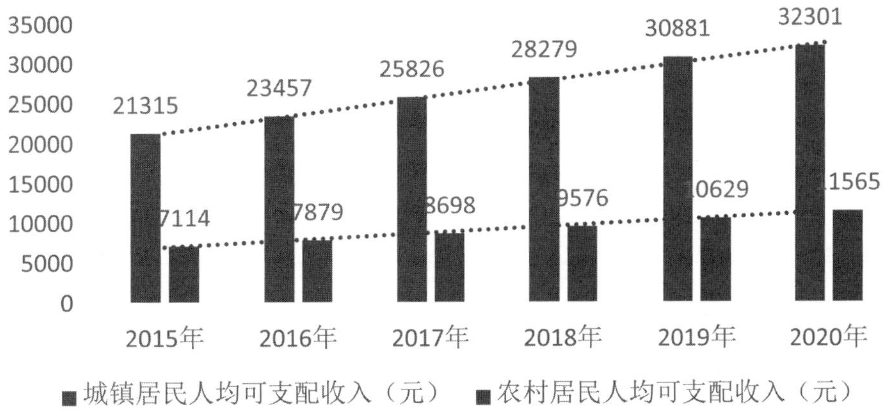

图 9　2015—2020 年六枝特区城乡居民人均可支配收入柱状图

2020 年，城镇新增就业 13086 人，同比下降 36.7%。农村劳动力转移就业 24962 人，比上年增加 2780 人，城镇登记失业率 3.07%。

2020 年年末，城乡居民社会养老保险参保人数为 24.32 万人，同比增长 8.09%；基本医疗保险参保人数为 63.23 万人，同比增长 3.56%，其中，职工医疗保险参保人数为 3.01 万人，同比增长 4.29%，城乡居民医疗参保人数为 60.22 万人，同比增长 3.53%。

十、城镇建设

2020 年，城市基础设施建设及住房配套基础设施建设稳步推进，居民住房得到进一步保障，城市形象整体提升。路网工程建设方面，进一步打通断头路、瓶颈路现象，不断完善城市路网系统，新增城市道路长 13153.27 米，城乡路网联通四方。住房保障方面，2020 年 1 月 1 日至 12 月 1 日，发放城镇低收入住房保障家庭租赁补贴 2779 户 59440 人，累计发放补贴金额 139.47 万元。棚户区改造工作方面，加快安置房建设进度，继续发放征收补偿款，基本建成 2000 套。老旧小区改造工作方面，完成老公安局家属区、老农业局家属区改造任务，并启动教师小区、广场小区、三分局小区、六十四家属区、老财政局家属区的改造工作。

十一、脱贫攻坚

按照“四个不摘”和“五个保持不变”方式，持续增强脱贫攻坚政治站位，统筹推进疫情防控和脱贫攻坚，脱贫成果持续巩固，脱贫质量有效提升。全区脱贫攻坚事业取得贫困人口全面清零、产业发展全面升级、基础设施全面完善、生活质量全面改善、脱贫成果全面巩固、干群关系全面融合、党的领导全面加强的历史性成就，夜郎故地发生翻天覆地的变化，即将开启全面建设社会主义现代化的新征程。

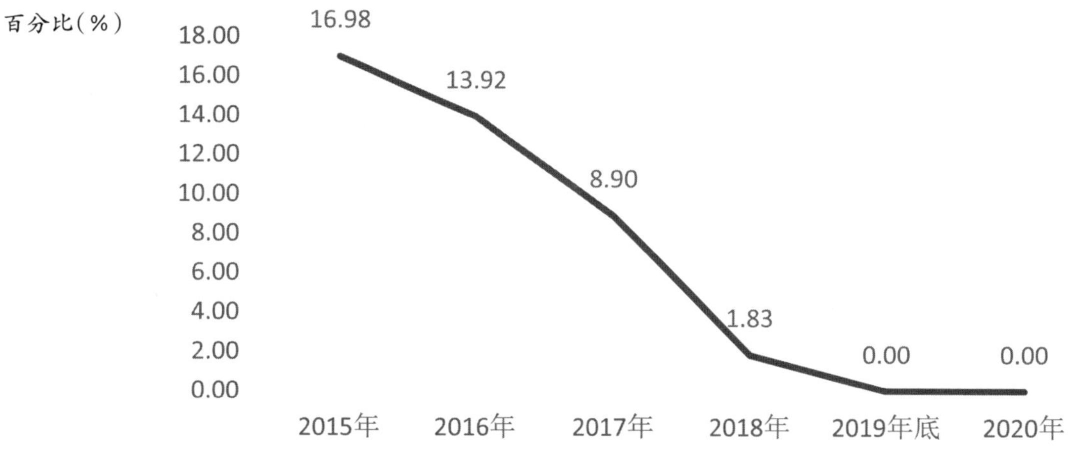

图 10 2015—2020 年六枝特区贫困发生率示意图

十二、循环经济

2020 年度，全特区资源产出率为 2217.57 元 / 吨；能源产出率为 4623.78 元 / 吨标准煤；水资源产出率为 92.52 元 / 吨；工业固体废弃物综合利用率为 80%；建设用地产出率为 7607.65 万元 / 平方千米；农作物秸秆综合利用率为 90.96%；主要再生资源回收率为 86.4%。

说明：

1. 本公报中统计数据为经市统计局认定的初步统计数，部门数据系部门提供；
2. 本公报中地区生产总值和各产业增加值指标绝对数按现价计算，增长速度按可比价计算；
3. 由于四舍五入原因，部分总数与分项数之和不等；
4. 蔬菜产量包含食用菌产量。